复旦文史专刊之十四

复旦大学文史研究院　编

全球视野中的明清鼎革

中华书局
ZHONGHUA BOOK COMPANY

图书在版编目（CIP）数据

全球视野中的明清鼎革/复旦大学文史研究院编. —北京：中华书局，2023.1
（复旦文史专刊）
ISBN 978-7-101-15859-5

Ⅰ.全…　Ⅱ.复…　Ⅲ.中国历史–研究–明清时代
Ⅳ.K248.07

中国版本图书馆 CIP 数据核字（2022）第 149119 号

书　　　名	全球视野中的明清鼎革
编　　　者	复旦大学文史研究院
执 行 编 者	董少新
丛 书 名	复旦文史专刊
责 任 编 辑	孟庆媛
责 任 印 制	管　斌
出 版 发 行	中华书局
	（北京市丰台区太平桥西里 38 号　100073）
	http://www.zhbc.com.cn
	E-mail：zhbc@zhbc.com.cn
印　　　刷	三河市宏盛印务有限公司
版　　　次	2023 年 1 月第 1 版
	2023 年 1 月第 1 次印刷
规　　　格	开本/710×1000 毫米　1/16
	印张 32¼　插页 2　字数 425 千字
国 际 书 号	ISBN 978-7-101-15859-5
定　　　价	158.00 元

目　录

前　言

　　明清鼎革（又称明清易代），是指明朝灭亡、清朝勃兴的历史过程。时段上，明清鼎革可以以1616年努尔哈赤建立后金政权为始，至1683年清朝统一台湾为止。在这近70年的时间里，中国经历了明与后金（清）战争（1618—1644）、农民战争（1627—1658）、清与南明诸政权战争（1644—1662）、清与郑成功势力的战争和迁海（1661—1683）、三藩之乱（1673—1681）等一系列大规模暴力冲突，社会失序、人口锐减、生产凋敝，经济遭到严重破坏，对外贸易遭遇巨大萎缩。明清鼎革是文化落后的满洲政权征服文化先进的明帝国，所以在易代过程中充满了意识形态、民族认同、中华宗主国认同等的崩塌与重建，文化、制度、思想等陷入矛盾、冲突、混乱后，新的秩序逐步形成。

　　明清鼎革不仅是帝制中国最后一次改朝换代，而且是17世纪中叶全球范围内规模最大的政治、军事、社会和经济事件之一，其影响不仅限于中国，亦波及整个东亚地区，改变了东亚的国际关系和政治格局，并进一步对17—18世纪的世界体系发挥深远影响。明清鼎革的消息通过西方来华传教士和商人传至欧洲，引起欧洲政治、宗教、商业、文化各界的广泛关注，进而导致欧洲对中国观念以及中欧关系的变化。换言之，明清鼎革不仅是中国历史上的重大政治事件，更是一场区域政治变革事件，而且从一定程度上讲也是一个全球性事件。正如赵轶峰写道，明清鼎革"发生在中国卷入全球化加速发展100多年后的17世纪中叶，与世界其他地方，尤其是欧洲和美洲正在发生的一些重大变局有重要关联"[①]。

魏斐德(Frederic Evans Wakeman, Jr.)在其名著《洪业：清朝开国史》开篇即说："1644年明朝的灭亡和清朝的勃兴，是中国历史上所有改朝换代事件中最富戏剧性的一幕。"[②]百余年来，这一题目不断吸引国内和国际学者的关注，涌现出大量的研究成果。如果我们把明清鼎革作为观察的焦点，把不同空间尺度作为观察焦点的不同焦距，则明清鼎革史研究大致可以分为三种范式：

第一是国别史的范式，即在中国史的框架下研究明清鼎革。这是以往研究得最深入、成果最丰富的一类。例如谢国桢、陈纶绪、樊树志等学者的晚明史研究，孙文良、李治亭等学者的明清战争史研究，顾诚、秦晖等学者的明末农民战争史研究，钱海岳、顾诚、司徒琳(Lynn A.Struve)等学者的南明史研究，孟森、魏斐德等学者的清史研究，以及大量的明遗民研究，等等。这些研究对明亡缘由、鼎革过程和清兴原因及其特征等，均做了大量阐释。

第二是区域史的范式，包括对朝鲜等周边国家卷入明清鼎革过程的研究，尤其是对明清鼎革在"儒家文化圈"范围内的影响的研究。例如孙卫国对朝鲜王朝小中华意识的研究，牛军凯对明清时期中越关系的研究，近年来孙文、楠木贤道等对鼎革期间中日关系的研究，以及韦祖辉对东渡日本的明遗民研究等。此范式突破了本国史研究框架，从双边关系的角度，在大量发掘周边国家汉文文献基础上，重点探讨周边国家对明清鼎革的态度。这一范式之下仍存在不少可继续探究的余地，例如明清鼎革时期中国对外贸易遭到严重破坏，这一状况对东亚海域周边国家尤其是对东南亚区域产生了什么影响？尽管我们从安东尼·瑞德

---

① 见本书第30页。

② [美]魏斐德：《洪业——清朝开国史》(增订版)，陈苏镇、薄小莹等译，北京：新星出版社，2017年第二版，第1页。

（Anthony Reid）《东南亚的贸易时代》中能够了解一些端倪，但这一问题显然需要从区域经济史的角度做更深入的探讨。

第三是全球史的范式，即在全球视野中考察明清鼎革。已有的研究主要通过全球气候变化（小冰期）和白银输入减少两方面，分析明朝灭亡的原因。这方面的研究由阿谢德（Samuel A. M. Adshead）、艾维四（William S. Atwell）等学者开启，中国学界如李伯重等对这一研究范式做了进一步的深化。此范式大大拓展了明清鼎革史研究的视野，但仍留有很多研究空间。明清鼎革之际，尤其是清初迁海政策实施期间，中国一定程度上可以说退出了已存在了一个多世纪的国际贸易体系，作为被贡德·弗兰克（Gunder Frank）称为世界经济重心的中国，这一退出对全球体系有怎样的影响？ 17世纪80年代清朝开海、重返国际贸易体系后，又有怎样的影响？其实魏斐德早已敏锐地注意到了这个问题，认为"甚至还有可能的是，中国如此迅速地从1650年的全球危机中站起，为18世纪早期通过茶叶和丝绸贸易实现欧洲经济复苏提供了重要契机"[①]。但自魏斐德提出这一看法以来，此问题仍未被系统研究。此外，明清鼎革的消息传至欧洲后，在西欧引发了一系列关注和讨论，甚至出现了许多以中国时事为背景或题材的文学作品。明清鼎革对欧洲的中国观产生了重要影响，但关于这方面的研究仍是缺乏的。

焦距不同，观察到的事物和结果也会不同。对明清鼎革的观察，除了可以在空间尺度上调节焦距之外，还可以在时间尺度、社会尺度、文化尺度上调整焦距。因此，有必要使用"变焦镜头"对明清鼎革史做不断的再研究。

有鉴于此，复旦大学文史研究院于2018年11月24至25日主办了题为"全球视野中的明清鼎革"的国际学术研讨会。来自中国、美国、日本和韩国的23位学者，在"全球视野下的明清鼎革"、"明清鼎革与边疆"、"明清鼎革与周边"、"明清鼎革与关内"、"明清鼎革与欧洲"、"明清鼎革与信息交流"、"明清鼎革的历史记忆"七个主题下展开研讨。

①　［美］魏斐德著，［美］梁禾主编：《讲述中国历史》，北京：东方出版社，2008年，第55页。

本论文集就是这次研讨会的主要成果。

会议结束两年多来，与会学者们对会议论文做了仔细修订乃至改写，其中部分论文已发表在学术期刊上，大部分的论文则为本论文集首发。编辑过程中，为了使主题更为集中，我们将赵轶峰先生的论文排为首篇，因为该文对以往明清鼎革史研究做了深入分析，并提出"此次变革最深远的影响在于中华文明聚合运动的基本完成；鼎革之后，中国帝制体系经历又一轮强化，中国经济发生了农商并为本业的一次持续繁荣"等甚有见地的观点，起到了本文论集"导论"的作用。其余20篇论文则以"本土"、"区域"和"全球"三种焦距为标准分为三组，从三个不同空间尺度来呈现明清鼎革史。需要说明的是，尽管第三组"全球视角"中诸篇论文的内容多与欧洲有关，但我们并非认为只要与欧洲有关即可称之为"全球"。作为方法的全球史，是把研究对象放在全球范围内考察，这一做法极大地拓展了研究视野。但用这一方法研究明清鼎革史尚属起步阶段，距离充分研究还有很长的距离。比如我们目前还不清楚明清鼎革对南亚和西亚是否有或有多少影响，更没有探讨过明清鼎革是否也与非洲历史发生关联。如果我们接受沃勒斯坦（Immanuel Wallerstein）的世界体系理论，并同意弗兰克（Andre Gunder Frank）所认为的亚洲（尤其是中国）是当时世界枢纽的观点，那么这场发生于中国的重大政治事件理应在全球范围内引起连锁反应。这一连锁反应包括17世纪中叶中国危机对世界贸易体系的冲击，也包括清朝逐步恢复秩序、重返世界体系后对全球摆脱危机的作用。这些问题都有待研究。因此，我们希望这本论文集不仅是一次学术研讨会的结果，而且能够激发出更多从全球视野中研究明清鼎革史的成果。

最后，作为此次会议的召集者和本论文集的编者，我要对所有与会同仁和论文作者表达诚挚的谢意，也对复旦大学文史研究院的支持表示感谢。

董少新

2021年3月26日

总　论

重新思考明清鼎革

——兼谈"17世纪危机"、"大分流"、"新清史"

赵轶峰

东北师范大学亚洲文明研究院

　　仅就词义而言,"明清鼎革"指明清两个王朝间的改朝换代。在这个层面对之进行思考,涉及明朝灭亡的原因、清朝兴起并得以入主中原的原因、明清两朝政权更迭的性质与后果等等。这些问题各自又可以延伸出多个分支问题,既涉及史实的认定,也涉及价值观和理论,因而历来众说纷纭。

　　相关讨论自明朝灭亡之际就已开始。当时的指向,主要是反省明朝败亡的原因和性质。不仅中国,朝鲜、日本、越南甚至欧洲来华人士中也曾出现评论。清初的言说,常含对前朝的追思,甚至反清思想,因而成为一些反清举动的助力,稍后被清朝禁止。到雍正皇帝公布《大义觉迷录》、清修《明史》颁布的时候,官方说法高度一致,社会也已稳定,民间的评论就沉息下来。直到晚清革命,中国面临国家体制和社会观念的深层改造,明清鼎革的记忆再度被取来参照,从特定的角度成为推动社会变革的资源。迄于当时,已有的讨论基本都取国家政治视角,附带对族群关系和文化冲突的关照，思考范围基本局限在中国内部。20 世纪前期，"新史学"在中国兴起，历史学视野拓宽，普遍价值与法则、跨国比较、交叉学科知识等渗入历史学，关于中国历史道路和社会形态、"资本主义萌芽"等问题的讨论把整个明清史研究与中国现代历史命运联系起来，明清鼎革研究在中国社会发展进程和历史命运的视角下，大大超出了先前单纯政治史的局限。

　　20 世纪 80 年代以后，现代化、现代性研究受到普遍注重，经济学、社会学、人类学方法在明清史研究中的运用日益纯熟，国内外研究深度连接，遂形成若干关涉明清鼎革的国际性话题。其中，全球化的时代背景促使诸多学者把明清鼎革纳入全球普遍联系中，既包括从全球经济关联角度思考明清鼎革前后的中国情况，也包括将 17 世纪"小冰河期"气候变化作为解释该时期中国变局的要素，和把中国纳入"17 世纪普遍危机"中展开的讨论。这些讨论提出了一些可以深化明清鼎革与同时期欧洲乃至世界诸多变化相关联的认识，也掺杂了许多误解和似是而非的论证。美国的加州学派主要运用经济学方法比较明清中国与西欧经济生产力发展水平，提出了晚明中国经济陷入"内卷化"模式、18 世纪末中国与西欧经济发展"大分流"等相互关联又有差异的论说。研究取径被概括为"新清史"的一些学者，从批评强调清朝统治"成功"较多依赖其"汉化"的说法入手，提出清朝不仅是一个中国历史上的王朝，也是一个内亚帝国，而其"成功"主要依赖其保持了满洲特色。这些研究，把明清鼎革带入更为复杂的问题阈。

　　视野的扩展不断带来新的阐释，但推究晚近的各种说法，原有的问题没有达成共识，新出的解释方案也是相互龃龉，分歧并未减少而是大大增加。笔者提出的明清帝制农商社会说，以阐释明清时代中国社会结构与历史演变基本趋势为核心，明清鼎革既为明清历史演变的一大关节，在明清帝制农商社会视阈中无可规避。前人研究丰厚而又歧义纷呈，这时重新思考，虽难面面俱到，但所见既有不同，亦当尽量陈说，供方家指正。

一、王朝兴衰与明亡清兴中的因果

明清鼎革最浅表因而也是最确定的含义是两个王朝的更替。王朝更替，在中国历史上不断上演，是一种不定期而有规则性的事变。从秦到清，没有任何一个王朝完整维持到300年。西汉与东汉，虽然皇室皆刘氏，其实是两个王朝。北宋与南宋皆赵氏，但北宋皇帝被掳，都城失陷，南宋已是重建的偏安朝廷，略似南明，只是维持得长久一些。其他各朝无须说明。从王朝更替是一种规则性事变的意义上看，明朝从1368年到1644年，已经达到王朝统治的时间上限，其终结是随时可能发生的情况。这不是说没有任何因素会使明朝维持得更长久一些，而是说明朝灭亡的原因中，有相当一部分与前代类似。

王朝无永存之理，明朝的灭亡在大约半个世纪前就有端倪，万历中期已经出现明朝将有大乱的警告。如万历二十五年（1597），前山西巡抚，时任刑部侍郎的吕坤上《忧危疏》，内称："臣闻治乱之兆，垂示在天；治乱之实，召致在人。窃见元旦以来，天气昏黄，日光黯淡，占者以为乱征。臣不习天文，但观人事，当今天下之势，乱象已形而乱机未动；天下之人，乱心已办而乱人未倡。今日之政，皆拨乱机而使之动，助乱人而使之倡者也……"[1]万历二十八年（1600）户科给事中田大益指出："方今内帑收贮无虚岁，无虚时，无虚月，无虚日。夫积而不泄，鬼将作祟。不有脱巾揭竿，藉为鼓噪之资，即恐英雄睥睨，席为用武之地。……怨极必乱，夫众心不可伤也。……恐玉崩衅成，决而莫制，家为仇，人为敌，众心齐倡而海内因以大溃，岂不大可惧乎？祸迟必大，国家全盛二百三十余年，已属阳九，加以迩来暴盘朘削，种种败道而犹晏然无事，东征西讨，所向快意，盖将前之掩祖德。……二竖固而扁鹊走，元神索而大命倾……"[2]

那么，哪些情况会导致明朝灭亡呢？如果一个王朝不是如秦朝那样

① （明）吕坤：《忧危疏》，王国轩、王秀梅整理：《吕坤全集·去伪斋集》卷一，北京：中华书局，2008年，第7页。
② 《明神宗实录》卷三五四，万历二十八年十二月庚辰，《明实录附校勘记》第59册，台北："中研院"历史语言研究所，1962年，第6621—6622页。

很快崩溃，而是曾经进入较长兴盛期，其灭亡的基本条件就一定是统治失序。曾经反复发生的导致王朝统治失序的原因包含如下几种：一，统治阶层严重腐败及内讧——二者如影随形；二，社会矛盾激化——民间离乱、反叛发生；三，强敌入侵——边疆势力或者外国势力入侵。在我们关于中国帝制时代历史的知识中仔细寻绎，可知每个维持了较长时间的王朝都是因为这三个原因中至少两个之作用而解体的。万历中期以后，这三个症候并皆发作而日甚一日，何而不亡？

这三种情况周期性发生的根本原因，一是由于帝制时代的王朝都由集权君主制政府统治，二是由于这些王朝都处于中华文明圈的核心区，因而受中华文明内聚运动的影响——仅晚清增加了更多外国强力挑战的因素。

集权君主制政府无一不是依赖武力建立，所谓"打天下"、"坐江山"，因而必须供养日益膨胀的皇室和军功贵族阶层，外加特权次之而规模更大的官僚阶层。最高统治者世袭，即依照血缘、宗法等规则在狭小范围内选择君主，肯定会不规则地出现统治者低能、失德、威望不足等情况，进而带来不同程度的统治失序。贵族阶层世袭而供养充裕并享有其他各种特权，人口增长率远高于庶民，必然造成社会权益、财富失衡，时日愈久，对于基层社会的挤压力愈重，造成社会矛盾激化而不可逆。官僚阶层是集权制下的国家管理者，集权积久滋生腐败，逐渐消解政府治理功能。所有制度，日久弊生，需要不断调适、改革才能保持运转，但社会上层固化、腐败，改革的有效性就会降低或消解，甚至引发统治层内部冲突。因而，王朝治理功能在长时段视野下呈起伏状态，而度过鼎盛期后会快速削弱。此后各种突发局势都可能引发王朝统治失序，包括社会矛盾激化导致的反叛，外敌入侵，统治阶层内部觊觎权力的行为，以及巨大的自然灾害。

中国帝制时代的所有王朝，其实都是中华文明共同体中处于核心区局部的政权，汉、唐、元、清覆盖程度大一些，宋、明等覆盖程度小一些。覆盖程度大的，一般最直接的挑战来自王朝内部的社会矛盾；覆盖程度小的则在内部矛盾之外都会伴随边疆危机，甚至主要由边疆危机引发全面崩溃。通常，这种中华文明共同体内部的边疆挑战来自北方，原因是与中原具有长期经济依赖关系的北方最容易聚集起强大的军事力量，并因与中原财富、文化更密切的关系而更倾向于向中原推进，同时更具有这种推进所需要的社会组织力。前述情况在帝制时代反复发生，明朝并不例外。从这种意义上说，明清鼎革是一次传统类型的王朝更迭，或者说是中华文明历史长期推演的延续，并非独一无二。前人曾经反复推敲党争、民变、建州诸因素在明朝灭亡中的角色，这些都是前述因果关系的具体表现而已。

除了传统的结构性延续作用，明清鼎革也有17世纪新的时代背景。"新航路"开辟以后，欧洲海外贸易和殖民活动快速发展，形成将亚洲、欧洲、美洲联成网络的规模空前的国际贸易体系。中国自身商品经济在15世纪就已相当活跃，形成巨大贸易和白银需求，大量外部白银涌入，加速货币白银化和政府财政税收货币化，进入了农商并重的经济结构状态。而国家管理体制，包括行政体系、军事动员与补给体制、财政制度虽有局部调整、改革，但未能与商品货币经济发展同步协调。这种经济结构与国家管理体制的不协调，与在万历时期因长城沿线防御及包括援朝战争在内的"三大征"、皇室开支恶性膨胀、后金挑战等等因素，一起造成了难以化解的财政、边防、社会稳定多重危机。[1]待天启时期下层民众反叛蜂起之际，明朝灭亡就只是短时段内的时间问题了。

明亡与清兴密切关联。如果以1644年北京失陷、崇祯帝自缢身死为明朝灭亡的标志，则明朝并非清朝而是基层社会反叛所推翻的。不过，后金/清政权对明朝的挑战长期耗费明朝大量资源，加速其统治失序，最终使清朝通过战争而将之灭亡，而且清朝建立了新的统治秩序，所以明亡清兴可以看作同一过程。

在北方兴起颇为强大的地方政权，这在中国历史上也是一种经常出现的情况。后金兴起之前，东北地方曾经出现诸多强大政权，雄霸一方

---

[1] 关于晚明财政危机的因由与情状，参看赵轶峰：《试论明末财政危机的历史根源及其时代特征》，《中国史研究》1986年第4期第55—68页；赵轶峰：《明代的变迁》，上海：上海三联书店，2008年，第232—277页。

或者谋取中原的都曾有过。建州到后金初年的经历，与前代反复发生的情况原无重大差别。但是，努尔哈赤建立的八旗制度，虽然也有辽金某些制度的影子，却比以往任何时代的边疆政权组织更为严整，而且覆盖了整个满洲社会。随着后金统一东北大部分地方，整个东北被整合成了一个军政合一的体系，收服东部蒙古以后后金统治范围又向西延伸。这样一个庞大的势力，在万历中期以后，虽尚不足单独从明朝手中夺取政权，却随时可能在明朝遭遇危险之际从而颠覆明朝。这种形势，明朝人已经有所认识，所以明万历以后的对后金／清战争，已超过一般的抚定边疆而具有生死存亡的含义了。在这种情况下，明朝在万历中期的所谓"三大征"，即平定宁夏哱拜之乱、援朝抗倭、平定播州杨应龙之役中大伤元气；天启时期民变蜂起，清朝不断从东北方向加大对明朝的压力，到李自成军队攻占北京而明朝又未能采取具有远见的策略时，清朝推进中原的时机就到来了。

清军入关后得以立足并能逐步统一全国，除了八旗体制提供的强大军政社会整合力、明朝衰败且严重丧失社会支持、民间反叛势力政略不当这三个背景条件之外，还依赖其采取了足以在竞争中胜出的策略。这种策略的核心是在严酷武力镇压反抗者的同时尽量收拾人心。为此，清朝以明朝既有基本制度为基础，恢复社会秩序，承认儒学崇高地位，声称为明帝复仇，打击李自成、张献忠部队，为崇祯帝治丧，大规模招纳降人为其所用。清朝以前，北朝多"胡人"政权，辽金曾统治中原北部，元曾灭宋，基本是借诸中原王朝失序、衰败，驱大军而入，竟能建立统治。清朝运用更为精细的策略，而明末之混乱无序毫不亚于前代，故清之胜出，有足够的根由，既非全由规律支配，也并非尽出偶然。至于其间哪些个人之何种作为发挥了怎样作用等等，已属"时势造英雄"之事，虽然也值得考索讨论，但所干宏旨，已然不著。要之，清朝代明而立，并不因为其具有比明朝更多的新社会或现代性含义，入关之际的清朝也并不比明朝有更多的国际关联。

二、明亡清兴对于中国社会发展的含义

政权更替一定带来制度、政策改变，制度与政策会深度影响社会状况，而且明清作为中国帝制时代最后两个王朝，鼎革之际关涉中国历史命运至深且巨，有超出一般制度、政策变动之外者。

明亡以后，顾炎武曾说过："有亡国，有亡天下。亡国与亡天下奚辨？曰：易姓改号，谓之亡国。仁义充塞，而至于率兽食人，人将相食，谓之亡天下。"[①] 王夫之、黄宗羲也有类似慨叹。这提示明清易代在王朝更替同时，伴随统治者族属改变的是一场文化变迁。在中原一些士大夫看来，这场变迁是由文明到野蛮的倒退。这样的感受，当然基于中原士大夫习惯辨析"华夷"的传统，含有对边疆区民族文化的鄙视意味，但是当时中原典章文化无疑总体上比边疆发达精致，而且清军入关后强力推行剃发易服、圈地等政策。顾炎武的感叹，也是当时历史的一页写照。不过，明清鼎革带来怎样的变局并非顾炎武等身当其时者所能亲见，需结合后续史事，方得真切。明清鼎革作为一场历时数十年的国家权力转移和社会秩序重组过程，伴随大量武装冲突、杀戮、掠夺，造成深重民生灾难，留下长久的心理创伤，也造成经济发展的一度停滞甚至萎缩，晚明社会所孕育的一些社会活性遭遇挫抑。历史的这一环节并不能用后来的逐渐稳定、恢复与新的发展抹杀。历史是人民生活之流，人民的生活遭受摧残，肯定是历史书写应有的内容，不应作为宏大过程的代价而被轻描淡写。对于生活在17世纪的下层民众而言，明清鼎革是一场持久的灾难，相关情况学术界耳熟能详，但从民生角度来考察明清鼎革的研究尚不充分。

转变到中国历史长久演变视角下看，这场灾难带来的最为宏远的后果则是中华文明内聚运动的推进。现代世界以主权国家为分野，然而虽然国家在人类文明发生时代就已形成，主权国家的明确概念及其普遍公认的国际法权地位，却是在17世纪才确立的。此后，国家至上，领

[①] （清）顾炎武撰，（清）黄汝成集释：《日知录集释》卷一三《正始》，上海：上海古籍出版社，1985年，第1014页。

土神圣。此前，则统治者代表国家，领土经常被统治者做政治交易，疆域变动比现代频繁而轻易。主权国家，有从疆域长久确定的传统国家而来者，有外部殖民势力重建者，有殖民地原住民实现独立后成立者，有从殖民帝国萎缩而来者，有从文明共同体演进而来者。现代中国是由文明共同体演进而来的主权国家，因而在讨论中国历史包括明清鼎革的时候，就不能没有文明的视角。

文明共同体指的是标志人类进入"历史"时代的较大规模、历时长久、具有独特文化特征的社会文化共同体。世界历史上曾出现诸多文明共同体，规模、持续时间及所达到的文明程度各异，中华文明是其中最早达到高度文明水平的共同体之一。上古时代就已形成的伟大文明，大多在后来的演变中消亡、离散，或发生大幅度变异。中华文明虽也经历种种变迁，却保持着整体性而延续下来，从古代生长进入现代。

中华文明在亚洲内陆形成，在国家形成时期和国家发展早期，其核心区在"中原"，其后在核心区与周边区域的互动中逐渐展开。以中原为核心的中华文明以农业为基础，当时相对于周边文明，更易于积累财富和生产生活经验，是经济最发达的文明，也比周边文明更具有制度建构和精细文化发育的能力，终于建构起以庞大的农业为主要基础的统一政权体系。秦汉时代中华文明核心区的国家形态，是中央集权的以皇帝、郡县、官僚为最主要支柱支撑的帝制体系；其精神文化，名义上"独尊儒术"，而实际上是以儒家学说为基础杂合百家的思维方式和价值观；社会构成，则是"编户齐民"对应于皇权统御的政府权威，以及宗法或半宗法的民间基层组织；经济上，从农业加比例较小的管制型商业、手工业为基础，逐渐转变为农业与增大比例的自由商业、手工业为基础，且商业、手工业以及海外贸易在国民经济中所占的比重加大。这种国家与社会的组织方式，一直到20世纪初才告终结。

中华文明演进历史中一个非常重要的结构性关系是核心区与边缘区的互动。其中最主要的，是中原农业文明核心区与其以北一线游牧、半游牧区的互动。东部较早融入核心区，西南山地部族疏离，难以聚合成为强大势力，惟北部游牧、半游牧地带与农耕区域之间，互动最为紧密频繁，与中华文明的聚散离合也关系最大。农耕文明相对于草原文明更易于实现财富、文化的积累和人口增殖，也更具有经营领土的意识；草原文明受气候等自然因素变动影响更大，流动性更强，其整合、兴盛也快速，其散乱也急骤。历史上，惟靠近农耕区域的游牧、半游牧地带，最易于凝聚形成强有力的政权，也具有较强的进取性。万里长城，就是中华文明农耕核心区与北部游牧、半游牧区域生活方式差异且又相互关联、长期互动的象征性建筑。这种互动在先秦时代就已经开始，秦汉帝国的统一，使得这种互动更为敏感，战争、和亲、内附、远徙皆是其展开的形式或后果。辽代以后，北部边缘区与中原的互动关系发生了一场深刻的变化，这就是北部边缘区人民在原初社会组织方式基础上，借鉴中原制度，组合成为强大、常常是统一的政权体系，并以进取姿态向中原推进，辽、金、元皆是如此。这些政权与核心区政权组织方式相似程度较高，以致后世史家将其历史与中原王朝历史同样作为"正史"。这背后是中原核心区与北部边缘区文化、社会、经济融合的深化。清政权在东北地区的兴起，已是中华文明内聚运动最后阶段的事情。清为女真后裔，其先祖曾经控制黄河以北大片农耕区域，到明代已经是以农耕、渔猎综合经济为基础的社会，长期接受明朝封号，与中原经济、文化关联紧密，其整合强盛之后的进一步发展，注定指向中原中华文明核心区。

清朝统一中国，消除了中原核心区与东北地区的政治间隔。又因清朝积极建构与蒙古各部的联盟，对西藏、回部实行积极管理，大幅度消除了中原核心区与北部草原地带之间的政治间隔。象征农耕核心区与北部边缘区差异与对抗的长城，在入清之后失去了传统作用。以往近乎周期性的北方边缘区与中原核心区之间的军政博弈之地缘政治基础发生了深刻改变，以往中国历史上频繁发生的边缘区势力推动改朝换代的逻辑大幅度弱化，中华文明的地理区域与中国统一行政管辖范围趋于重合。这样，中华文明经过漫长的帝制时代，在全球现代性关联快速增强的时代，进入了文明空间与行政空间大致重合的状态——这恰好是15到18世纪间中国历史与欧洲历史主题差异的关键所在。因而，在中华文明共同体聚合演变的长时段视野下，明清鼎革与以往的朝代更迭有重大的不同。

空间宏大且多民族内聚而形成的文明在整合为统一国家体系的时候，国家权力必然高度集中，而集中的国家权力必以基层社会自主性的让渡为条件，或者会导致后者。清代国家体系包容了差异范围更大的人群，既需要实行差异的政策，又需要有统合各异的区域、人群、政策的力量，这就构成了清代国家权力进一步集中的结构性基础。这种高度强化、集中的权力可以对社会发展产生推动作用，方便从上而下地推行政策变革或者大规模拓殖，可以快速推动某种文化风潮，同时也可能缩小社会变革推动力的影响范围，形成思想禁锢，造成统治者不主动改革就难以发生社会变革的格局。清朝要消化种种多样性带来的失序势能，在社会、文化、政治领域推行了多种保守性的政策，难得一见明显应和"现代性"变革的政治举措。但在经济领域不同，在度过明清鼎革带来的社会动乱之后，清朝延续了明中后期已经展开的市场化趋势，推进都市繁荣和贸易拓展，积极调节货币体系，使商品经济达到了前所未有的活跃程度，由此带来商人群体社会地位的提升与支配力的增强。当然所有这一切，都笼罩在帝制国家权力的影子中。社会人群构成中通常最具有创新力的科学家没有独立的社会地位，人文学者或投身仕途，或潜心于古代经典与文献的整理与研读，商人中的佼佼者，多依附权力，成为绅商。这样，17世纪以后约两百年间的中国，呈现出一种帝制国家体系与商业经济发展彼此契合，从而使两者皆呈延伸状态的局面。

明清鼎革造成的政治统合，为帝制农商社会在18世纪呈现高峰状态提供了条件。明清时代，尤其是15世纪以降，中国社会总体结构呈现出明显的商品经济活跃，货币关系发展，中外经济通过贸易往来联通，商业、手工业在经济结构中地位上升而与农业并重，帝制国家体系与商品经济互洽共生的状态。与此同时，帝制国家政治保持原有制度结构方式并继续强化，从而形成帝制统治强化与商品经济扩张并行发展的趋势。明朝中后期出现的一些旨在调适国家财政、赋税制度与商品经济发展趋势关系的改革，颇有利于商品经济发展，但并未改变既有帝制国家基本规制，也未能阻止明朝统治的失序。清朝以强力重建统治秩序，将满洲政治、社会制度与中原帝制体系嫁接,扩展了中央政府行政管辖空间,一定程度吸收了明朝统治政策教训,化解了对明朝财政和社会稳定构成持续威胁的长城沿线军政对峙、博弈与持续的庞大开支等难题,调整赋税征收方式和货币政策,推进朝廷控制下的文化建设工程。经过数十年稳定过程,在康熙中叶到乾隆后期亦即18世纪,催生了以国势强大、社会稳定为突出标志的"康雍乾盛世"。这是中国帝制时代最后也是历时最长久的一次"盛世",也是帝制体系与农商经济并同发达、国家大规模文化工程和公共工程频繁举措的帝制农商社会的巅峰。这次"盛世"提示:明代所发生的各种危机都不构成帝制本身的最后危机,帝制体系继续发展强化,社会经济包括商品经济在明清鼎革后出现继续发展,晚明人口增加导致的人地关系紧张并未达到经济发展的天花板,可耕种土地在清代大幅度增多,18世纪中国的繁荣与同时期欧洲的发展不在同一轨道上。

明清鼎革通过统治集团的更换实现,直接带来一系列制度、政策乃至文化气息的变化。在制度层面,最突出的是出现了满洲贵族主导的,满洲、蒙古贵族与汉族士大夫联盟的权力架构。这种格局增加了王朝统治上层的复杂程度,带来了王朝对于边疆区域更为积极的统治倾向,也使贵族政治出现一定程度的回潮,社会分层加深加细。同时,先前更大程度上采纳儒家文化精神的国家统治也转变为一种多元杂糅的统治状态。在这种状态中,儒家传统依然受到尊崇,但其工具化更为明显,在明代颇为活跃的士大夫群体的政治诉求销声匿迹,君臣关系向君主绝对权威进一步靠近,官场腐败则变换具体形式而有增无减。

清朝处于全球化变迁加速发展,欧洲与中国日渐关联的新时代,然而清朝政府与世界变迁潮流若即若离。以往学术界强调清代中国"闭关锁国",其说过度夸张。清朝统治者很早就吸纳欧洲传教士在朝廷任职,从事天文观测,指导火器制作,参与地图绘制,参加对外交涉,提供西学知识,从事建筑、艺术活动。这类活动,被清朝尽量控制在宫廷范围,防止欧洲人与中国民间社会直接往来,以限制天主教传播。清朝政府与欧洲多国政府及教皇之间的交涉增多,在此过程中,清朝政府处理领土和国家主权问题的经验比前代更丰富,对欧洲国家的防范意识比明代更明确，但从来没有清晰地看到世界正在发生变局的全面含义，更没有形成直接应对欧洲发展与逼近的方略。结合前述中华文明推演角度的观察，明清鼎革具有与当时西欧主导的全球化历史过程相关又并不完全吻合的含义。亚洲大陆在继续一个悠久文明聚合的过程中，强化了帝制体系、实现了农商复合经济前所未有的繁荣并伴随着大规模族群融合。这场变迁与西方主导的殖民主义与国际贸易的全球扩张并未按照同一个旋律演奏，与西欧在此前后发生的科技革命、宗教改革、启蒙思潮以及工业化也不指向同一个方向。在这个意义上说，17世纪的世界，并没有笼罩在同一个宏大历史进程中。而且，即使中国本身，也包含巨大的区域差异，并非只有一种运行的趋势。欧洲的变革，在明中期以后就通过贸易、欧洲在亚洲殖民的开拓、天主教士东来、枪炮引入而成为中国历史演变的新的重要因素，并实际上构成了17、18世纪中国历史演变新的宏观背景。这样，在欧洲殖民势力和全球贸易快速发展并渗透到全球各地原有经济社会乃至政治组织的背景下，中国形成了一个新的具有强大组织能力的王朝，预示着欧洲的全球扩展在亚洲大陆会遭遇强大国家的反应，两大文明最终的全面对接会以较强对抗形式发生。

三、"17世纪普遍危机"与明清鼎革

20世纪中期以后，从全球普遍联系的角度考察历史变动成为历史研究的趋势之一，在此背景下，"17世纪普遍危机"于60年代成为欧洲史学界的一个重要的话题。[1]1965年由特雷弗·阿斯顿（Trevor Aston）编辑出版的相关论文集，名为《欧洲危机：1560—1660》，在整个欧洲语境中讨论了各国17世纪某时期的危机现象。[2]70年代，被讨论的危机开始"普遍"化，超过欧洲而扩展到欧亚大陆，并且所指时间也延长到

[1] 一般认为，霍布斯鲍姆1954年在 *Past & Present* 上发表的《17世纪危机》是最早明确提出这个概念的论文。Michael Roberts 在1962年发表的论文中提到，当时用"17世纪普遍危机"来指称1640到1650年间欧洲社会失序就是欧洲学术界已经习惯的事情了。参见 Michael Roberts, "Queen Christina and the General Crisis of the Seventeenth Century," *Past & Present*, No.22（Jul., 1962）, pp.36—59.
[2] Trevor Aston, *Crisis in Europe, 1560—1660,* New York: Basic Books, 1965.

整个17世纪。21世纪初，中国学者开始引介相关研究，至于今日，相关讨论已经成为理解明清鼎革必须回应的重要话题。参与这一话题讨论的学者赞同无论从理论还是史实层面看，在全球历史普遍联系的基点上观察17世纪的人类历史，都可以扩展审视明清鼎革的视野。但是，在此基点上，学术界对当时全球普遍联系的程度以及应如何判断这种联系在明清鼎革中所发生的具体作用却存在很大分歧。

新西兰学者阿谢德（Samuel A. M. Adshead）在1973年发表的《17世纪中国的普遍性危机》是较早讨论"17世纪普遍危机"与中国历史关系的论文。文章开篇指出，今日世界的重要特征是发达与不发达国家之间的差别，欧洲属于前者，中国、印度和印度尼西亚属于后者："本文认为这一社会差异的起源，比如欧洲和中国之间的差异，是在17世纪产生的，特别是源于欧洲和中国对于这场同时在这两个地区爆发的普遍性危机——包括政治、社会和经济——的不同反应。欧洲社会从这场危机的重建中兴起，比以前更加强大，更加一体，而中国社会则保持了相对的不变。"[①] 显而易见，阿谢德是在20世纪50年代以后流行的东西方现代化进程对比语境中开始讨论"17世纪普遍危机"在中国的情况的，这种切入方式透露出"17世纪普遍危机"说与现代化论历史观之间存在密切关联。而且，该文包含了追问中国与欧洲走向不同历史道路的问题意识——这又显示出"17世纪普遍危机"说与后来出现的中西历史"大分流"话语的关联。在阿谢德该文之前，"17世纪普遍危机"话题限于探讨欧洲各国经济衰退与政治动荡之间的普遍联系和因果关系。阿谢德沿着这个思路把中国17世纪的事变与欧洲联系起来，认为欧洲的塞维利亚作为当时货币体系中心的崩溃，"促成了17世纪遥远的亚洲地区的革命，导致了一些显然没有关联的事件的发生，如中国明朝的覆亡、越南内战、厄鲁特蒙古在内陆亚洲的崛起以及奥斯曼帝国的混

---

① S. A. M. Adshead, "The Seventeenth Century General Crisis in China", *Asian Profile*, Vol.1, No.2（Oct., 1973），pp.271—280. 中译文见［英］阿谢德著，唐博译，董建中译校：《17世纪中国的普遍性危机》，董建中主编：《清史译丛》第11辑，北京：商务印书馆，2013年，第37页。

乱"①。文章关于晚明经济衰退和政治动荡的史实性陈述全部基于其他现代学者的研究，并没有论者亲自梳理原始文献的迹象。这样的陈述虽与当时流行看法大体一致，但不时出现似是而非处。如果逐一推敲这类问题会显得吹毛求疵，略举一二例则可有助于评估论者对明清史事的了解程度。

文章说："李自成的胜利看起来意味着一场社会与政治革命，但中国的统治阶级并不准备接受这场革命。因而，北京的高官们、军事统帅吴三桂以及致仕的内阁大学士冯铨，邀请满洲贵族入关，并将李自成赶出京城。""当满洲人抵达北京并问鼎中原之时，官员就集结在他们周围，而反对他们的，正是推翻明朝的那些社会力量。……唯一的区别就是，这些叛乱者，曾反对明朝，而今却是以明朝的名义在行动，而清王朝镇压反叛要比明朝更加卓有成效。"②这样的叙述会使读者形成这样的印象："中国的统治阶级"整体性地成为邀请清军入关的主体，南明的抵抗并无中原士大夫参与，清军入关后的敌手全部是原来明朝的反叛者。这就会造成对南明史的全面误解。接下来，同样全部基于二手研究，作者描述当时中国与世界货币体系的主要关联：中国在 16 世纪得益于白银流入增长，经历了"朝资本主义方向的经济起飞"，货币折征白银，但"……1596—1605 年，塞维利亚货币体系经历了预示着它的最后崩溃的第一次大规模紧缩。塞维利亚的这次紧缩通过跨越太平洋和大西洋的两条路线传到中国，带来白银的突然紧缺和相应的国内资源找寻，而这接下来使政治紧张气氛和派系斗争升级"。③依据行文，作者所说的"相应的国内资源找寻"明确地指万历皇帝派出矿监税使的举措。万历皇帝首次派出矿税监是在万历二十四年（1596）七月，与作者所说塞维利亚货币紧缩的开始同年。如果确如作者所说二者之间有因果关系，那么 17 世纪货币全球化的水平需达到与 21 世纪初同样的水平，而且还需要明朝与欧洲共同加入如同今日这样水平的国际金融网络中才可能。如

① [英]阿谢德著，唐博译，董建中译校：《17 世纪中国的普遍性危机》，董建中主编：《清史译丛》第 11 辑，第 39 页。
② 同上注，第 42 页。
③ 同上注，第 45 页。

果真是这样，我们就要对整个 17 世纪的全球经济史做颠覆性的重新理解了。作者做这样的因果论证，最少需要给出塞利维亚货币紧缩的总量，以及说明该量如何在同年就通过中欧贸易和中国的关税收入与财政调拨影响到明朝的政府行为，通过外贸进入中国的白银有多少进入朝廷财政才行。依据中国的文献，万历皇帝派出矿监税使的因由，主要是其扩大政府开支造成的财用匮乏，前文所说"三大征"及稍后的多起皇室婚姻等都是重要因素。欧洲白银进入肯定是影响当时中国经济状况的重要因素，但直接进入明朝财政的欧洲白银却很少，其减少之量根本不足以促成万历皇帝派出矿监税使这样的举措。白银输入对于中国经济的影响与对于政府财政的影响并不是一件事情，与对于皇室财政的影响又不是一件事情。在不能理出塞利维亚货币紧缩影响中国的具体数据和时间节点之前，深描中国庙堂政治争斗、明朝灭亡与其的关联，会带来深度曲解，因为这夸大了 17 世纪中国历史演变与欧洲的关联程度。作者接下来关于 17 世纪欧洲与中国本来"平行发展"的历史，由于各自应对危机的方式差异，导致二者虽然都重返繁荣，但却"分流"向现代社会和旧秩序的说法，无论是否反映一定事实，基础都是支离破碎的。

　　1982 年，艾维四（William S. Atwell）发表《1530—1650 年前后国际白银流通与中国经济》。[1] 该文认为该时期国际白银输入中国量的变化"很大程度上颠覆了明帝国最后数十年的经济和政治稳定"。文章描述，日本和美洲通过欧洲输入明朝中国的白银数量巨大，明朝自身白银产量不足、制钱供应不足，很大程度上仰赖外部输入白银。这些判断都有理由，但是，作者利用了全汉昇、李龙华 1972 年发表的《明中叶后太仓岁入银两的研究》，而该文统计数据其实有很严重的错误。[2] 这透露出

---

[1] William S. Atwell, "Internetional Bullion Flows and the Chinese Economy Circa 1530—1650", *Past & Present*, No. 95（May, 1982）, pp.68—90. 中译文见［美］艾维四著，董建中译：《1530—1650 年前后国际白银流通与中国经济》，董建中主编：《清史译丛》第 11 辑，第 78—104 页。

[2] 全汉昇、李龙华：《明中叶后太仓岁入银两的研究》，《中国文化研究所学报》第 5 卷第 1 期，1972 年 12 月，第 123—157 页。参看赵轶峰：《明后期太仓收支数字考》，载赵轶峰：《明代的变迁》，第 278—281 页。

该文推进证据和逻辑瑕疵之一斑。文章最后一节讲晚明白银输入减少，白银短缺升值，导致人民难以缴纳赋税和租金，甚至难以购买食物，明朝难以供养军队，逐渐失去对北部的控制，遂有清军入关。这项研究与大多数使用"17世纪普遍危机"概念来解释明清之际中国历史变动的文章一样，在说明当时中国通过贸易与白银输入而与欧洲存在紧密关联方面，汇集前人实证研究的结果作为证据，再加进一步推论，推进到将所有这些关联作为明清鼎革的原因时，却不再提供这种因果作用具体运行的证据。因而，被作为因果来讨论的关联，其实只构成背景说明。换言之，那些关联的效用在解释17世纪中国历史变动时被放大了。这种放大处理，不仅涉及对万历以后太仓白银收支的误判，涉及晚明白银输入量变动缺乏足够的确切数据和系列化整理，还忽略了晚明物价乃至经济状况的巨大区域差异、晚明财政和军队供给系统本身的长期紊乱、白银购买力以及银钱比价波动的区域差异等等。①

艾维四在2005年还发表《1635—1644年前后白银输入中国的再考察》，对其他学者就其先前关于白银输入与17世纪中叶中国变局关系论说提出的质疑做出回应，主要强调明朝灭亡前一段时间白银输入的确明显减少。该文同样没有立足于对中外原始文献的系统梳理，而是在现代学者的大量相关研究中择取有利于自己的依据，所以也并没有建立其文章标题所指向的该时期白银输入中国数量的新的数据判断。这篇文章在坚持了该时期白银输入减少的看法同时，婉转地柔化了他在1982年的文章中关于白银输入与明朝灭亡之间因果关系的主张，说他仍然对1982年文章的结论感到满意，而当时的结论是："1644年明朝的灭亡不是简单地因为白银输入的急剧下降，而是这一下降加重了明朝的困境，帮助破坏了明朝的稳定。"② 如果这样说，原是合理的，但如前所述，他在1982

① 关于后者，参看赵轶峰：《试论明末财政危机的历史根源及时代特征》，《中国史研究》1986年第4期，第55—68页。

② William S. Atwell, "Another look at Silver Imports into China, ca.1635—1644," Journal of World History, Vol.16.no.4（December 2005）, pp.467—489. 中译文见［美］艾维四著，袁飞译，董建中译校：《1635—1644年前后白银输入中国的再考察》，董建中主编：《清史译丛》第11辑，第155—179页。

年发表的文章的核心主张却是夸大白银进口减少对明清鼎革的影响。

很有意思的是,艾维四在2005年发表的前述回应并没有谈到万志英(Richard von Glahn)1996年对他的批评。万志英在《中国17世纪货币危机的神话与现实》中鲜明反对认为白银输入量迅速下滑导致明朝覆亡的观点。认为"这种假说停留在一种可疑的理论和经验基础之上"。他指出,一些学者把明朝政府税收银两的上涨作为当时中国社会对白银需求的指标,"但实际上对于白银的需求来自私人经济,而不是国库"。万志英指出的这一点非常重要。因为,晚明为军事供给而加征"三饷",使明户部的财政收入需求在很短时间内,从大致400万两增加到2000万两以上,而这种增加并不体现社会经济对白银的需求。万志英还认为,在1636至1639年间,"日本的白银出口量甚至高于从前,并且在17世纪40年代初一直保持高位。日本的外贸统计数据表明,在1640—1645年这一时期,日本出口到中国的白银大概为2400吨"。他综合统计,认为"明朝的最后一个世纪,出口到中国的白银总量粗略算来大概有7325吨。……这里所收集的中国进口白银数据在明朝衰落的年份中,没有显示出任何明显的下降。……总体上说,在明朝统治的最后几年中,中国经济并没有发生白银进口量的突然减少"。中国的白银进口在17世纪最后30年中的锐减,比明朝末年更为严重,到18世纪前期才恢复到1665年前的水平。而且,谈论17世纪中国白银输入减少造成危机的学者错误地忽略了货币总量的意义,因为新的白银流入量的作用取决于既有白银量的大小。明末铜钱贬值也不是白银短缺造成的,而是由于铜钱标准的降低和私铸泛滥。[1]对晚明白银输入量的估计显然是学者分歧的焦点之一——这个问题至今还没有足够可靠的数据支撑。与此同时,中国社会对白银的需求肯定如万志英所指出的那样,要考虑社会白银总量而不是单纯的年输入量,晚明的物价、银钱比价也需要通

---

[1] Richard von Glahn, "Myth and Reality of China's Seventeenth-century Monetary Crisis," *The Journal of Economic History*, Vol.56, No.2(June 1996), pp.429—454. 中译文见[美]万志英著,王敬雅译,董建中译校:《中国17世纪货币危机的神话与现实》,董建中主编:《清史译丛》第11辑,第125—154页。

过具体的中国历史记述来求证，而不是直接从白银输入减少推论出其间的因果关系。

1985年，对明清易代做过系统研究的魏斐德（Frederic E. Wakeman, Jr.）教授发表《中国与17世纪危机》。该文从回顾关于明代白银从欧洲大量流入的研究入手，谈到17世纪40年代白银输入急转直下，人口激增并遭逢小冰河期，灾害频发，人口锐减，并把经济日益货币化、贫富分化、明朝赋税、财政制度紊乱、官僚腐败、皇室和太监的掠夺、朝廷政治争斗、公共服务系统瓦解、农民起义等情况纳入讨论。接下来又论及清朝的秩序重建和60年代的经济恢复，并讲到清朝盛世的形成与缺少强劲竞争对手有关。结论指出："中国的17世纪危机发生在东亚世界经济体的内部，受与气候和疾病相关的全球普遍性现象的影响，而且也与当时正在形成中的大西洋世界经济体系有间接的经济上的联系。"中国恢复了秩序和繁荣，但没有改变政治制度，相对于欧洲已经落伍。①魏斐德的文章相对谨慎且以叙述方式推进，并没有展开逻辑论证。他关于中国17世纪发生的事情与世界贸易关联的说法大致成立，但对其程度的描述是模糊的，关于气候、流行病共时性的说法则是指出了显而易见的事实。总之他支持了中国卷入17世纪普遍危机的一般看法，但并没有尝试在中国的明清鼎革与欧洲货币或者经济状况之间建立确切的因果链条。

金世杰（Jack A. Goldstone）在1988年发表的《17世纪的东方与西方——斯图亚特英国、奥斯曼土耳其和明代中国的政治危机》强调17世纪英国、奥斯曼帝国和中国明朝发生了平行、相似而且相关的，主要源于政治、社会或宗教分裂的"一体化、多面向"的危机，是一场世界范围的农业和绝对主义国家因为财政恶化、精英派别活动和不忠诚，以及人民生活水平下降及破坏传统的民众争取权利活动造成的危机，三个国家的危机本质相同。他认为这场危机有共同的因果框架，人口持续增长

---

① Frederic E. Wakeman, Jr., "China and the Seventeenth-century Crisis", *Late Imperial China*, Vol.7, No.1（June 1986）, pp.1—23. 中译文见［美］魏斐德著，唐博译，董建中译校：《中国与17世纪危机》，董建中主编：《清史译丛》第11辑，第53—77页。

而土地和农业产量没有相应增长，由此造成的物价上涨与税收不足导致的政府财政恶化是主要因素。他也明确拒绝艾维四关于晚明白银输入量减少导致危机的说法，认为晚明白银输入量的变化相对于中国的经济总量而言影响微小，几乎可以忽略不计。[①] 此文研究的重要意义在于，指明了那种用晚明白银输入量减少建构一个单线因果链，而不去审查因果作用关系的实际历史情节如何的方法之无效，并能把更广泛范围的情况纳入视野，因而其结论与晚明历史文献的记载有更大的契合度。与此同时，他关于英国、奥斯曼、明朝在17世纪发生着平行、相似而且相关的危机的论断仍然掺杂了过多的想象。如果平行仅仅意味共时而没有联系，可能是历史现象偶然性的表现，对共时现象只有找到联系才能揭示其历史意义。相似，是一个含糊的语汇，相似到何等程度是重要的。相关，从气候和贸易角度说肯定存在，但还需要指明关联的方式与程度以及其间是否有因果作用关系。这些都需要用实证的方式来考察，而金世杰的研究在这方面基本依据二手文献，论述中难免粗糙和误解。例如文章说："在最富裕的地区，尤其是长江三角洲，也是士绅望族的集中之地，中央政府难以课税。虚假的土地登记及与地方官员的串通，使富有的地主能够逃避纳税。本可以用于避免灾难发生的资源从政府的税收中流失了。故而，赋税负担更为沉重地加在了更为贫困的西北地区及南方更为贫困的农民身上，而政府财政收入远远不能满足现有的支出。"[②]为这三句话，作者注出了五位学者先前的研究作为支撑，却没有提供一条来自17世纪中国的文献依据。这种在社会科学研究中可能司空见惯的做法，对于历史研究说来，意味着证据不足。明朝经济重心在江南，明朝都城陷落前，江南还是一片笙歌。直到明朝最后的几十年，长江三角洲依然为明朝提供大量赋税收入。江南士绅逃避赋税由来已久，但这

---

① Jack A. Goldstone, "East and West in the Seventeenth Century: Political Crises in Stuart England. Ottoman Turkey. and Ming China," *Comparative Studies in Society and History*, Vol. 30, No. 1（January 1988）, pp.103—142. 中译文见［美］金世杰著，徐畅译，董建中译校：《17世纪的东方与西方——斯图亚特英国、奥斯曼土耳其和明代中国的政治危机》，董建中主编：《清史译丛》第11辑，第180—227页。
② 同上注，第193页。

一点却并不是晚明政府财政危机的主要原因。又如文中称依据黄仁宇的研究,"16 世纪 60 年代的盐课监督一年的个人收入约四万两白银"①。所注黄仁宇著作该处说的却是:"在一份 17 世纪初期的非正式资料中,一个盐课监督官员每年可以挣到 3 万两(白银)。"②金世杰把黄仁宇讲的17 世纪初三万两变为 16 世纪 60 年代的四万两,需要一些推算,但却没有做出任何说明。黄仁宇的"非正式资料"(informal source)指周玄暐《泾林续记》。该书仅一卷,多记类似咸鱼翻身、地下埋银走动之类荒诞不经事,故一般列为志怪笔记。而且周玄暐在世时就因为被人指为诽谤而引发民乱,连中央政府都介入处理。③黄仁宇引用这样的书而不加考证地作为依据本是缺陷,金世杰再加朦胧转用,就越说越不可靠了。而且,周玄暐所说情况专指广州一地的盐课提举,与其他地方无关④,但金世杰的转述却造成各地盐官一年都能挣得四万两白银的印象。此外,金世杰该文为说明晚明发生了"精英派别活动和不忠诚"而列举的情况,也包含使读者放大晚明书院讲学等知识分子活动与明朝对立性的色调,其中把晚明书院类比于英国新教涉及更多的误解。⑤

稍后,对明清鼎革与欧洲危机之间联系的研究中,出现了更多表示谨慎态度的声音。尼尔斯·斯廷斯加尔德(Niels Steensgaard)在 1990年发表文章分析关于"17 世纪普遍危机"的讨论,结论很明确:"把 17 世纪危机之谜视为一种欧亚现象的解答是,它并未对亚洲产生影响,但

① [美]金世杰著,徐畅译,董建中译校:《17 世纪的东方与西方——斯图亚特英国、奥斯曼土耳其和明代中国的政治危机》,董建中主编:《清史译丛》第 11 辑,第194 页。

② Ray Huang, *Taxation and Governmental Finance in Sixteenth-century Ming China*, Cambridge and New York: Cambridge University Press, 1974, p.215.

③傅衣凌:《周玄暐〈泾林续记〉事件辑录——明末社会变革与动乱杂考之一》,中国社会科学院历史研究所明史研究室编:《明史研究论丛》第 1 辑,南京:江苏人民出版社,1982 年,第 29—35 页。

④(明)周玄暐:《泾林续记》,清华学校图书馆藏《涵芬楼秘籍》本(第 8 集),第48 页。

⑤参看[美]金世杰著,徐畅译,董建中译校:《17 世纪的东方与西方——斯图亚特英国、奥斯曼土耳其和明代中国的政治危机》,第 209—211 页。

在欧亚大陆西端,它却意味着一个新的开始。"①迈克尔·马默(Michael Marmé)2008年提醒学界考虑"我们是否是将我们的关注简单地投射到了过去"这样的问题。②他注意到:"强烈意识到距离遥远,运输和通信缓慢,物资、人员及信息的流通有限,那些试图弄明白明朝覆亡不止是一个长期发展过程的人,已将他们的精力放在了为共有的危机找一个相同的触发原因。因此人们关注白银流通、气候变化以及人口压力。"③这种谨慎的态度提示,此前关于"17世纪普遍危机"的争论有助于人们注意明清鼎革发生在全球普遍联系强化的时代,中国发生的事情与同时欧洲发生事情拥有共同的气候背景和一些关联,也存在诸多类似的组织结构和冲突现象,但是相关的讨论已经夸大了欧亚大陆不同地域事变之间的关联,将之不适当地描述成了同一个过程。而这样做的代价,就是降低那些事变具体因素和逻辑对于我们理解历史的重要性。

其实,即使局限在欧洲的范围内,差异性也是重要的。意大利学者卡洛·M.奇波拉(Carlo M. Cipolla)就认为:"今天,经济和社会史学家往往一提起16世纪,就把它称作欧洲经济和社会史上的黄金时代,而将17世纪描绘成灰暗一片,含混其词地说什么'17世纪危机重重'。将问题简单化,从根本上说,固然常常能揭示一些真理,但是这种简单化的说法应当有所保留地被接受。"他指出无论16世纪还是17世纪,欧洲的情况都是差异的,也发生了许多意义深远的新发展。16世纪前期对意大利而言并不是黄金时代,而是饱受战争、瘟疫、饥馑和贫困折磨的时代。17世纪"对于西班牙、意大利和德国来说是一个黑暗的世

① Niels Steensgaard, "The Seventeenth-century Crisis and the Unity of Eurasian History," *Modern Asian Studies*, Vol.24, No.4(October 1990), pp.683—697. 中译文见[丹麦]尼尔斯·斯廷斯加尔德著,杜涛译,董建中译校:《17世纪危机与欧亚史的统一》,董建中主编:《清史译丛》第11辑,第310页。

② Michael Marmé, "Locating Linkages or Painting Bull's-Eyes around Bullet Holes? An East Asian Perspective on the Seventeenth-century Crisis," *American Historical Review*, Vol.113, No.4(October 2008), pp.1080—1089. 中译文见[美]迈克尔·马默著,董建中译:《确有关联还是事后之明?——东亚视野下的17世纪危机》,董建中主编:《清史译丛》第11辑,第282—295页。

③ 同上注,第287页。

纪,对于法国来说至少也是一个灰暗的世纪。然而,对于荷兰,它却不失为一个黄金时代;对于英国,如果算不上黄金时代,起码也算是一个白银时代”[1]。

　　同样的问题,当然也发生在对中国和亚洲 16、17 世纪历史的讨论中。贡德·弗兰克(Andre Gunder Frank)1998 年出版的影响深远的著作《白银资本:重视经济全球化中的东方》中专有一节,题为“有一个‘17 世纪危机吗?’”。他对关于“17 世纪普遍危机”的主要研究著述进行了评析,认为 17 世纪欧亚大陆各地的确发生一些局部危机,中国 17 世纪的事变与气候及国际贸易带来的白银输入量相关,但并不存在一个普遍、长期的“17 世纪危机”,更不存在亚洲的“17 世纪危机”。欧洲的经济影响力尚未达到把世界经济全部拖下水的程度,塞维利亚也“不是任何世界体系的中心”。欧洲的许多地方在 17 世纪仍在发展,亚洲的印度、日本也看不到这种危机的迹象。他的判断十分肯定:“总之,很显然,根本不存在普遍化的长期的‘17 世纪危机’。”[2]

　　早在 1978 年,美国学者杰弗里·帕克(Geoffrey Parker)和莱斯利·史密斯(Lesley M. Smith)就曾选择一些稍早发表的关于欧洲“17世纪危机”的论文,汇集为《17 世纪的普遍危机》出版。1997 和 2005年,该文集两次出版新编版。2005 年版中,主编撰写了新的序言,并且增加了 4 篇针对亚洲的文章。[3] 其中两篇关于中国,一是艾维四的《东亚的 17 世纪“普遍危机”》,二是尼尔斯·斯廷斯加尔德的《17 世纪危机与欧亚史的统一》。艾维四该文不是他阐释相关看法的主要论文,前文已经通过对艾维四另外两篇论文的讨论呈现了他的基本看法。斯廷斯加尔德论文的主旨在前面已经提及。帕克编辑这些论文集并作序,表明了其支持 17 世纪普遍危机包括亚洲的基本主张,但最能表达其本人

①[意]卡洛·M. 奇波拉主编,贝昱、张菁译:《欧洲经济史》第 2 卷《十六和十七世纪》,北京:商务印书馆,1988 年,第 5—6 页。
②[德]贡德·弗兰克著,刘北成译:《白银资本:重视经济全球化中的东方》,北京:中央编译出版社,2000 年,第 321 页。
③ Geoffrey Parker and Lesley M. Smith eds., *The General Crisis of the Seventeenth Century (second edition)*, London and New York: Routledge, 2005.

具体主张的还是他在 2013 年出版的《全球危机——17 世纪的战争、气候变化与灾害》。该书出版的时候,20 世纪 70 年代提出的有关中国与欧洲卷入同一场危机的许多因果论证已经少有人继续坚持——这很可能与这类看法主要来自社会科学家,而魏斐德、万志英等知名历史学家虽介入讨论却对前述看法并未积极支持有关,得以保留的共识主要是 17 世纪中国时局与气候、贸易以及欧洲的事变存在关联的一般看法。帕克该书有关中国的部分是梳理前人研究写出的,除了坚持前述一般看法外,并没有实证方面新的发现,甚至也没有提出新的论证。这部著作的主要意义,是提供了一幅突出强调气候变化作用的 17 世纪普遍危机全球图景——除了欧亚大陆,非洲和美洲也被纳入讨论。该书第 5 章讨论中国情况,占 37 页篇幅,其中包括叙述明亡清兴的过程、明朝权力系统失效、财政税收失衡、皇室侵占土地与开支巨大、官僚系统腐败、党争、军队失去战斗力、李自成与张献忠的反叛、清朝崛起和明清战争、自然灾害和人民生活困境、士人离心离德等等。行文中有一些含糊夸大处甚至可商榷处,但总体平允,气候变化并没有被视为危机的总原因,也没有过分强调白银输入减少在其中的作用。①

　　前述梳理表明,"17 世纪普遍危机"所指最初限于欧洲范围,后来扩展到全球;最初是从欧洲看亚洲,也带着分析欧洲与中国历史发展道路共性与差异的意识。社会秩序的打破与重建,以及对同类失序现象的相似性与共时性分析,在前期讨论中占据了中心位置。后来,研究逐渐延伸到对同一时期各大区域历史关联性的重新审视。在将这种关联性落实到具体事实证据的过程中,研究者其实没有建立起关联性背后存在直接因果链的证据,但是在共时性变动存在共同气候背景和全球贸易背景方面意见趋于一致,在关于社会有序与无序的结构条件方面也有共识。这一话题中间涉及明清鼎革的那些论说,在提示气候变化、自然灾害和以白银输入为主的国际贸易因素在明清鼎革中发生重要作用方面

① Geoffrey Parker, *Global Crisis: War, Climate Change & Catastrophe in the Seventeenth Century*, New Haven and London: Yale University Press, 2013.

值得注意,但当时相关的讨论都没有充分注意明清之际历史事变与先前历史的连续性,包括宏观结构的连续性和推演的连续性,对于中国社会状况的区域性差异也关注不足,因而不应被视为关于明清鼎革的更有透视力的论说。

四　"大分流"、"新清史"与明清鼎革

西方学术界关于"17 世纪普遍危机"的讨论中常用的一个词汇"大分流"(great divergence),在彭慕兰(Kenneth Pomeranz)的《大分流:欧洲、中国及现代世界经济的发展》中译本出版之后成为一个流行词。差别是,早期使用"大分流"概念的学者在论述中掺杂着比较明显的欧洲中心主义预设,而彭慕兰则具有克服西方中心主义的意识。"17 世纪普遍危机"主要持论者把 17 世纪中国视为一个哀鸿遍野的残破时代,彭慕兰则认为 17 世纪中国经济发展水平甚高。尽管有这类差别,谈论中国与西方历史"分流"这种话语本身,从一开始就是误导性的。

参与"17 世纪普遍危机"的多数讨论者和彭慕兰,都是通过数据化的经济发展水平分析来谈论"分流"的,而数据化的经济发展水平所看到的是特定时期的经济某一侧面的结果。抛开前现代社会的经济数据准确程度远低于现代不说,同水平的 GDP 总量或人均 GDP、增长速度等等都可能在差异巨大的制度和文化环境中实现。也就是说,此类分析都以忽略制度、文化等复杂因素为前提,都是马克斯·韦伯所说的理想型(ideal type)思维的产物,而理想型是社会科学研究中可以被有效利用的一种通过简化观察对象的要素和关系来实现清晰定义并构建一致性思想的方法,却不是用来直接判断历史事实的可靠方法。[①] 彭慕兰《大分流》一书以中国江南地区与英国约克郡为单元进行经济增长情况的比较,得出中国与欧洲在 17 世纪处于相同的经济发展水平,而到

---

① 马克斯·韦伯对理想型作为方法的阐述集中体现在其《社会科学认识和社会政策认识中的"客观性"》一文中,见[德]马克斯·韦伯著,韩水法、莫茜译:《社会科学方法论》,北京:中央编译出版社,1999 年,第 2—61 页。按该书将 "ideal type" 译为"理想类型"。

18世纪末才主要因为西方发现并利用了矿物能源而形成"大分流"的结论，就是采用理想型的方法把中国与欧洲视为类似经济体，并基本省略制度、国家规模及其他种种复杂因素而形成的。

在彭慕兰《大分流》出版接近20年后，同为美国加州学派主要成员的王国斌（R. Bin Wong）与另一位学者罗森塔尔（Jean-Laurent Rosenthal）合作在中国出版了《大分流之外：中国和欧洲经济变迁的政治》。这本书修改了彭慕兰著作的一些核心方法，注重国家政治和国家规模、制度在经济史分析中的重要地位，改变了比较的单元，也考虑了文化差异。在这样修改之后，被彭慕兰视为中国与欧洲"分流"之关键的资源禀赋的重要性就大大降低了，从而他们相信，"在1750年以前，也就是能源和新大陆资源在历史舞台上大放异彩之前，中国和欧洲就走上了各自不同的发展道路"；"从公元1000年开始，中国和欧洲的政治逻辑就已经大异其趣，而在此后的演进过程中，这种差异又不断地被强化。13世纪忽必烈汗重新统一中国后，中国和欧洲的政治分流也最终完成"。① 尺度一改变，结论就差出了500到700多年。方法与尺度如此重要，可不慎乎？

然而王国斌和罗森塔尔的新方法仍然有问题：公元1000年（宋真宗咸平三年、辽圣宗统和十八年）以前中国与欧洲既然没有"分流"，那会是"合流"的吗？这当然又会涉及尺度，而只要分析其选择的尺度就会看到，那依然是片面的。在"分流"与否的话题中，考虑的因素愈多、愈全面，看到的差异也就愈多。其实，如果说"全球化"是一个把人类世界联系起来的过程，"全球化"之前很大程度上分别发展的国家、文化、文明之间的类型相似和关联，就都不曾达到过"合流"的程度。如果不曾"合流"，所谓"分流"也只是特定视角下的相似性而已。不过，

---

① ［美］王国斌、罗森塔尔著，周琳译：《大分流之外：中国和欧洲经济变迁的政治》，南京：江苏人民出版社，2018年，第8、10页。按近年有Roman Studer所著 *The Great Divergence Reconsidered: Europe, India and The Rise to Global Economic Power*，主要以印度为例对加州学派"大分流"说提出商榷。该书中译本由王文剑译，格致出版社2020年出版。

"大分流"到王国斌的新著这里，已经与明清鼎革问题拉远了距离，毋庸多言了。

　　另外一些关涉明清鼎革的国际性话题是美国学术界一些被称为"新清史"研究者的学者表述的，最初从罗友枝（Evelyn Rawski）与何炳棣关于清朝"成功"地实现长期统治是因为其汉化还是保持满洲特色的争论开始。双方都以清代实现了两百多年统治的这种统治力作为一个基本成就来探讨其缘由。何炳棣强调清入关之后参照中原制度文化进行调适，发生明显的"汉化"过程，这一转变是清代诸多成就的重要基础。罗友枝偏重从内亚视角提出问题，主张清朝保持两百多年统治并取得诸多成就的根本原因，是满洲统治集团保持了满洲特色，这种特色使得清朝作为一个内亚帝国统治庞大疆域和各异的族群，清朝不等于中国。[①]学术界围绕他们的主张已经展开了波及深远的讨论，细节难以详述。这里只讨论明清两代的继承性与断裂性问题。

　　如果说何炳棣的主张偏重强调明清两代的继承性，"新清史"的主张就是偏重强调断裂性的。其实，两代的继承性是明显的，断裂性也是明显的，而继承性大于断裂性。清朝"入主"中原、自称"中国"，统治了明朝的臣民与国土，继承了明朝的帝制国家体制，继续了对以儒家思想为主的国家政治学说的研习推崇，沿用《大明律》和基本赋税与经济制度，随着统治日久而与中原文化融会趋深，明代经济发展的基本趋势也在清朝统治稳定之后延伸下去。凡此种种，都确然无疑地体现明清两代的继承性，清朝统治者的"汉化"作为一个过程，也确然无疑。与此同时，清朝统治集团核心是中华文明共同体边缘区域的满洲上层，别有文化风格与军政、社会治理的思路，也有自身特殊利益考虑，"入主"之后，肯定带来一些对中原而言非传统的政令。其中影响深远的，一是强制剃发易服，从而改变了中原服饰；二是尽量保持"入主"中原以前就已形成的八旗体系以及与之配伍的多种满洲特权制度；三是在中华文明

---

① Evelyn S. Rawski, "Reenvisioning the Qing: The Significance of the Qing Period in Chinese History," *The Journal of Asian Studies*, Vol. 55, No.4（Nov., 1996），pp.829—850.

边缘区域进取经营，以差异化方式实际扩展了中央政府的治权范围。这些基本事实尽人皆知，争论者虽然就这些情况反复论证，分歧的关键其实却在于解释的倾向。何炳棣强调清朝统治中的"汉化"，对其保持的满洲传统之作用正视不足；"新清史"学者在强调满洲传统在清朝统治中作用时，将其作为消解"汉化"说的表现，其中比较极端者至于以清朝为包含中原王朝与中亚帝国的复合体。论争双方都没有注意本文前面所说的中华文明共同体的内聚运动。

自先秦时代，中原王朝就只是中华文明核心区政权，在推演中不断与周边族群聚合，其间多次出现多政权并存情况，而总体的融汇聚合趋势始终伴随核心区与边缘区的差异，而举凡大一统的中原王朝，都非单纯的汉族王朝。辽朝建立以后，北方区域整合度大为提升，向核心区的聚合势能也大为增强，从而导致元朝和清朝的两度"入主"。元朝官修《宋史》、《辽史》、《金史》，明朝官修《元史》，清朝官修《明史》，各政权无论核心统治集团族属如何，都被视为中国的"正统"王朝，并非只有"汉"居核心统治地位才属中国，这至清代已然成为传统。因而"汉"与"非汉"，并非中国与否的终极尺度。在这样的视角下，清在继承明朝中原统治同时所带来的一些断裂性，并没有超出中华文明内聚运动范围，其实现的恰是中华文明核心区与边缘区的再度整合。通过文明整合实现的国家，包容较大的族群、文化多样性。正如"现代"全球各地经济发展有巨大差异一样，前现代全球各地的国家形态也有巨大差异。

文明聚合是一个宏大复杂的过程，其间包含和平的往来与交融，也包含激烈的冲突。这种宏观运动的含义，需要在长时段演变中才能看得清楚，置身其中者，则会更多从自身直接体验出发来评论。所以，明清易代之际，是"华夷"之辩凸显的一个特定时期。中国、朝鲜、日本在这时都产生了一场历时长久的华夷秩序变更论。中国的黄宗羲在《留书》中说："夫即不幸而失天下于诸侯，是犹以中国人治中国之地，亦何至率兽而食人，为夷狄所寝覆乎？"[①]日本林春胜、林信笃父子编辑的《华夷

---

① （清）黄宗羲：《留书》，赵轶峰注说：《明夷待访录》，开封：河南大学出版社，2016年，第211页。

变态》之序言开篇即说："崇祯登天，弘光陷虏，唐鲁才保南隅，而鞑虏横行中原。是华变于夷之态也。"[1]朝鲜王朝君臣长期以"小中华"自居，沿用崇祯年号。这些情况，都体现了明清鼎革在周边长期受中华文明影响的政权引发的文化心理震动。清朝统治者入关之际的大肆掳掠、屠杀，强化了这种印象。

清朝在稳定统治之后，虽然长期保持了满洲贵族的优越地位，却也停止圈地、保护明朝皇陵、尊崇儒学、实行科举、大规模编纂历史文化典籍、兴修水利、发展经济、以中国姿态处置外事。所谓"华夷"之界限，虽始终没有完全消除，但总体趋于模糊。中华文明的文化融合程度，毕竟在清代大幅度提升。各种历史文献也显示，明清鼎革之际的文化颠覆心理逐渐平和，以至于中原的文化精英在鼎革之后的两百多年间，习惯了生活的新常态，并在 19 世纪中叶以后的国际冲突中和演变中，与清廷站在了一起。历史演变的长期趋势，并非任何个人所能设计或把控。清代的融合也非皆出于清廷的顶层设计，其间的冲突博弈、回环往复不一而足，但是总体而言，清朝在中华文明聚合这一重大问题上，还是顺应了历史的大势。所以，对于"汉化"还是"满洲性"，原无须推敲过甚，将之放在中华文明聚合的长期历史运动中，会看到更周详的情况。

五 结语

明清鼎革是中国帝制时代最后一次王朝更替，历代王朝失序瓦解重构的因果关系在明清鼎革中大多依然发生作用。同时，这次王朝更替发生在中国卷入全球化进程加速发展 100 多年后的 17 世纪中叶，与世界其他地方，尤其是欧洲和美洲正在发生的一些重大变局有重要关联。复因时逢全球气候变冷，北半球温带农业生产水平普遍降低，中国与其他气候类似地区的经济低迷，以及随之而来的社会震荡具有共时性和背景相似性。晚近学术界受全球史观影响，比前深化了对明清鼎革在全球历

---

[1]［日］林春胜、［日］林信笃编：《華夷变態》序，东京：东方书店，1981 年，第 1 页。

史大变迁角色的认识，同时也因把历史问题与现实问题联系过紧而偏重强调其国际性和特殊性，这一定程度消解了明清鼎革作为中国历史长期演变一个环节的性质，曲解了明清鼎革的世界史含义。将研究的焦点置于不同族群的关系上，也不得要领。注意明清鼎革在中华文明长期内聚运动视角下的意义，可以更好地把明清鼎革之际的政权更迭和族群的差异与融合纳入同一视野下进行分析。

明清鼎革并不是中国与西方历史发展走向"大分流"的转折点，在现代化波及全球以前，世界各大文明体系乃至大区域、距离遥远的国家之间，存在联系、互动，以及组织方式、生产力水平等方面的可比性——包括相似与差别，但综合审视，却从来不曾"合流"。"分流"之说，只能是将社会共同体的综合状况用理想化和分拆处理之后从特定角度进行分析的一种阶段性的侧面解读。17世纪以后，中国帝制体系经历了又一轮强化，中国经济也发生了农商并为本业的一次持续繁荣，中华文明共同体的进一步整合是这个时代中国历史的一个重要主题。而这些进程与同时期欧洲正在发生的变动，依然关联，却并不在同一轨道上。在欧洲开始主导以殖民地开拓、国际贸易、民族国家发展、科技革命、宗教改革、文化思想变迁等为主要形式的现代化运动时代，欧亚大陆还在发生一些其他规模宏大的历史进程，沙皇俄国、奥斯曼帝国、中国清朝都有不同于西方的历史推演。在这个意义上，研究者既应注意17世纪前后世界历史的普遍联系，也应注意不要轻易把这种联系夸大到与各区域历史证据不相吻合的程度。历史学对于证据的要求超过经济学，对模式建构的追求弱于经济学。这一点在关涉明清鼎革的学术史中也可见一斑。

原刊《古代文明》2021年第1期

本土视角

明清鼎革的长城视角

赵现海
中国社会科学院古代史研究所

庞大的体量，一直制约着中国，而边疆构成了中国体量的重要部分。因此，审视中国，不仅应从黄河中下游、长江中下游的"核心地带"出发，还应从广阔的边疆出发。边疆在中国历史上，不仅是与其他文明开展经济、文化交流的枢纽地带，而且在相当程度上，因为自身的军事角色，发挥了重要作用。而其中的长城地带，由于长期充当了军事重心的角色，在某种程度上，甚至是中国古代的另一种"核心地带"，长时段地决定了中国历史的走向。以明清鼎革为例，灭亡明朝的两支力量，分别起源于长城的内外两侧，反映出长城在中国古代历史上的重要影响。

一 "核心边疆"的地域界定

中国古代汉人政权、北族政权之所以形成长期对峙局面，根源于北中国的地理环境。在北中国亚洲内陆与北方平原接壤地带，自东而西大体并列分布着两大山系，"外山系"自东而西依次为大兴安岭、阴山山脉、阿尔泰山脉、天山山脉；"内山系"自东而西依次为小兴安岭、长白山脉、太行山脉、六盘山、贺兰山脉、祁连山脉、阿尔金山脉、昆仑山脉。[①]

　　两大山系不仅将北中国分隔成三大地理空间——由北至南依次为亚洲内陆、内陆平原过渡地带、内新月平原地带;而且由于先后阻隔太平洋暖湿气流之北进,导致三大地理空间形成不同气候特征,即分属干旱气候、半干旱季风气候与温带季风气候。受到地形与气候条件影响,三大地理空间的经济方式与政治组织亦呈现截然不同的面貌。在亚洲内陆干旱气候条件下,北方族群发展出单一游牧经济;在内新月平原地带温带季风气候下,华夏与后来的汉人发展出精耕细作的农业经济。除地方政权之外,中国古代王朝政权基本分布于这两大地带。其中外山系阴山(包括狼山、乌拉山、大青山、灰腾梁山、大马群山)以北、内山系太行山(包括支脉燕山)以南之地,分属典型亚洲内陆东部、内新月平原地带的中心地带,是王朝政权分布相对集中之地。中国历史上较为著名的王朝政权皆分布于此,也即中国古代历史变迁的主线索便存在于这一地区,可将这两大地带视为中国古代政治中心。

　　依照王朝或政权的地理空间、经济方式与疆域观念之不同,可将这两大地带的政权分别称为"农业政权"与"内陆政权"。农业政权是华夏、汉人在崛起之时或弱小之际,于太行山以南,依托农业经济,所建立的较为纯粹的华夏政权、汉人王朝,包括三代、魏晋、五代中的多数政权、北宋。与之相似,内陆政权是北方族群在崛起之时或弱小之际,于阴山以北,依托亚洲内陆地理环境,所建立的较为纯粹的北族政权。依据经济方式与组织规模的不同,又可将之细分为游牧行国、草原部落与渔猎部落三种类型。所谓游牧行国,是指北方族群在游牧经济基础上建立的大型社会组织,包括匈奴、突厥、回纥、蒙古在典型亚洲内陆建立的政权类型。所谓草原部落是指北方族群在游牧经济基础上,建立的小型社会组织,比如猃狁、犬戎、羯、氐、羌与明代蒙古。所谓渔猎部落是指崛起于大兴安岭的东胡系部落,在典型亚洲内陆建立的小型社会组织。

―――――――――――

① 为省略起见,下文皆将山脉简称为山。在论述支脉时,直接称谓支脉名称。支脉名称与山系名称一致时,如太行山、长白山等,在其前面冠以"狭义"之称。

　　而在内陆平原过渡地带，由于地形、气候呈现出非典型与过渡性特点，呈现冲积平原、草原、森林、①山地、沙漠各种地形、地貌交错的特征，虽然具备发展游牧、农业的条件，但又非普遍推广地带。因此之故，在中国古代历史上，内陆平原过渡地带便成为农业经济、游牧经济过渡并存、商贸往来的中间地带，②汉人与北方族群争夺拉锯的缓冲地带，山河交错之地尤成为经济生机蓬勃、又潜藏军事危机的地区，也相应是汉人（华夏）拓展农业经济、防御北方族群的历代长城分布地区。汉人北上亚洲内陆时，可以借助当地农牧经济，这不仅有利于获得给养，③而且

① 这一地区的连绵山脉，培育了广袤的森林。比如东汉末年，董卓鉴于关东兵起，有迁都关中之议，指出"陇右材木自出，致之甚易"，作为宫室易于营建的根据。（南朝宋）范晔撰，（唐）李贤等注：《后汉书》卷五四《杨震传》附《杨彪传》，北京：中华书局，1965 年，第 1787 页。明末夏完淳认为："草木之富，莫盛于代北，莫远于河冀，岳种名材，连疆蔽地。"（明）夏完淳：《夏完淳集》卷八《燕问》，上海，中华书局上海编辑所，1959 年，第 139 页。

② 其中部分生态环境较好的地带相应是农牧经济较为发达的地区。王莽篡汉，天下大乱，冯衍对鲍永称："夫并州之地，东带名关，北逼强胡，年谷独孰，人庶多资，斯四战之地、攻守之场也。"《后汉书》卷二八上《冯衍传》，第 968 页。这一时期，邓禹鉴于陕北地区农业、畜牧业皆甚发达，从而在此屯居休养。"诸将豪杰皆劝禹径攻长安。禹曰：'不然。吾众虽多，能战者少，前无可仰之积，后无转馈之资。赤眉新拔长安，财富充实，锋锐未可当也。夫盗贼群居，无终日之计，财货虽多，变故万端，宁能坚守者也？上郡、北地、安定三郡，土广人稀，饶谷多畜，吾且休兵北道，就粮养士，以观其弊，乃可图也。'于是引军北至栒邑。"《后汉书》卷一六《邓寇传》，第 603 页。"（窦）融见更始新立，东方尚扰，不欲出关，而高祖父尝为张掖太守，从祖父为护羌校尉，从弟亦为武威太守，累世在河西，知其土俗，独谓兄弟曰：'天下安危未可知，河西殷富，带河为固，张掖属国精兵万骑，一旦缓急，杜绝河津，足以自守，此遗种处也。'兄弟皆然之。融于是日往守萌，辞让巨鹿，图出河西。萌为言更始，乃得为张掖属国都尉。融大喜，即将家属而西。既到，抚结雄杰，怀辑羌虏，甚得其欢心，河西翕然归之。"《后汉书》卷二三《窦融传》，第 796 页。

③ 比如两汉鉴于河南具有的保障关中的战略地位，致力于在这一地区大力发展农牧经济。东汉顺帝永建四年（129），尚书仆射虞诩上疏称："《禹贡》雍州之域，厥田惟上。且沃野千里，谷稼殷积，又有龟兹盐池，以为民利。水草丰美，土宜产牧，牛马衔尾，群羊塞道。北阻山河，乘陀据险。因渠以溉，水春河漕。用功省少，而军粮饶足。故孝武皇帝及光武筑朔方，开西河，置上郡，皆为此也。"（《后汉书》卷八七《西羌传》，第 2893 页。）明初在北部边疆实行军屯的同时，也推广牧业，以补充这一地区因气候寒冷、降雨较少、土壤贫瘠而造成的粮食低产量。洪武后期，地方军权已过渡至诸王手中，朱元璋遂赐予诸王，尤其北疆九王大量畜养包括马、牛、养在内的牲畜，明初北疆遂呈现浓厚的游牧化趋向。洪武二十六年七月二十三日，（转下页）

也有利于发展骑兵，[①]为汉人与北方族群一决高下提供了战术基础。反之，北方族群南下北方平原之时，借助当地农牧经济，不仅人马可以获得给养，而且农业经济也可补充游牧经济单一匮乏的不足；这一地区的商贸往来也可以壮大北方族群实力，形成相对于内亚腹地深处族群的经济优势，借此北方族群更易在中国北疆建立较为长久的统治。[②]

（接上页）朱元璋圣旨称："燕府拨羊一万只，其余府都是二千。钦此。""洪武二十七年二月十七日，钦差驸马欧阳伦、王宁等来，传奉圣旨：拨与燕府羊一万只。钦此。"九月"初六日一件，辽、宁、谷府，每府拨羊一万。"北部边疆牧放之牲畜又不限于北疆九王之所有，还包括内地诸王寄养者。洪武三十年正月十二日圣旨称："周、楚、湘、韩、沈、唐、郿、伊，牧放在内；其周、楚、湘、韩、沈、唐、郿、伊，头匹牧放，不止此卫。其东镇云、玉、定、镇、高、大、阳、天、怀、万、宣，周、楚、湘、韩、沈、唐、郿、伊八王，牧放头匹，听其往来，不拘时月。"朱元璋甚至对牧放牲畜的具体细节也多有关注与指导。洪武二十七年八月初九日，"今后护卫军出塞牧羊马时，带老小去。"洪武二十九年九月初一日，"一，大小马要控到汗出尽了，油不浸了蹄。一，羊群都俵军养，牛也一般。……一，大马孳生不孳生，都要鞍子。……一，调教马匹，死了的，休又调马人。一，羊毛扦毡衫、毡袄，除宫殿中用外，余者赏军。""洪武二十九年十二月初六日，殿下（晋王）赴京回还，赍到圣旨：多出哨马，无所不知。一，各府调马驹。一，孳生羊羔，一年二次，羔一次，共三次。一，多养牛。……一，群马要鞍辔全。……一，所在去处牧放，栏圈地窖土洞。一，既有群羊，休于市中取肉以供内用，为百姓所噉。""洪武三十年三月二十八日，钦差驸马李坚到代州，捧到圣旨：一、王府养只，若要便当长远就养得军发迹了，护卫里军都发在口外屯种。每军一户，或养孳生羊十只，带羝共十二只。说与军知道，教又达达一般短，当着羔儿吃他的奶。且如一户三口、四口，但种些田，收些粟米。一夏天，挤羊奶，搅和着吃，军省力气。十个羊下十个羔，年终带羔生羔，得三倍儿利，恰好三十个羊。每十个，与军两个，不三、四年，军的羊也成群了。这般，军多少不发迹？依着这般行，这军每种着田，收着草，更砍些秋青野草，一冬大雪里，人羊都不在雪里。因这般分开养，各家收拾的草，勾一冬头口用，不见亏折。若护卫军养不了，大军屯种处，也俵去养。"（明）朱元璋：《太祖皇帝钦录》，台北故宫博物院藏明抄本，转引自张德信：《太祖皇帝钦录及其发现与研究辑录——兼及〈御制纪非录〉》，朱诚如、王天有主编：《明清论丛》第 6 辑，北京：紫禁城出版社，2005 年，第93—94 页、97—101 页。

① "其（焉支山）水甘草美，宜畜牧。"（宋）曾公亮、（宋）丁度：《武经总要·前集》卷一九《西蕃地理》，《中国兵书集成》第 4 册，北京：解放军出版社，沈阳：辽沈书社，1988 年，第 955 页。

② "辽朝在其本地以及与之南部相接的奚地，谋求以牺牲同族而实现农耕的地带化，以此作为向中原进攻的根据地。"［日］岛田正郎著，何天明译：《大契丹国：辽代社会史研究》，呼和浩特：内蒙古人民出版社，2006 年，第 69 页。努尔哈赤初兴时，据"抚顺、清河、宽甸、瑷阳四处关口，互市交易，以通商贾，因此满洲民殷国富"。《满洲实录》卷二，戊子年四月，北京：中华书局，1986 年，第 73 页。

二　"核心边疆"的游移人群

内陆平原过渡地带开阔而富有山形的地理空间,不仅使这一区域成为开展大规模野战的天然战场,而且这一地区的人群,由于夹在南北政权之间,相对于处在南北政权核心腹地的人群而言,政治立场相对呈现模糊性与摇摆性,较易成为可资利用的军事资源。比如东汉末年,出身于陇西郡临洮的六郡良家子董卓,便团聚周边羌帅,逐渐在地方树立起威望。"董卓字仲颖,陇西临洮人也。少好侠,尝游羌中,尽与诸豪帅相结。后归耕于野,而豪帅有来从之者,卓与俱还,杀耕牛与相宴乐。诸豪帅感其意,归相敛,得杂畜千余头以赠卓。"[1]东汉末年,马腾、马超父子之所以成为割据一方的重要势力,与其得到边疆族群的支持有关。曹操谋士杨阜如此评价马超,"超有信、布之勇,甚得羌胡心,西州畏之"。[2]三国曹魏文帝时期,酒泉汉人苏衡与羌人邻戴、丁零胡一同发动叛乱。"酒泉苏衡反,与羌豪邻戴及丁令胡万余骑攻边县。"[3]明代九边长城军镇之一的大同镇,地处山西高原与蒙古高原接壤的开阔地带,是明朝与蒙古军事冲突的前沿阵地。在长期的军事冲突中,大同镇一方面成为明代九边长城作战能力最强的军镇之一,"今各边之兵,大同为最悍",[4]另一方面由于时刻面临蒙古的冲击,与之频繁接触,因此有阴结蒙古以避祸,甚至与之展开走私贸易之地缘取向。"臣闻近年以来,渐与胡虏交通,不相为害。胡马犯边,其害在民,彼不相救。前年引胡虏以拒官军,往事可验也。"[5]嘉靖时期大同镇下级军官与士兵甚至发动叛乱,意欲归附蒙古。

而常年处于战争旋涡中的这一中间社会,也呈现出浓厚的军事化

---

① (晋)陈寿撰,(宋)裴松之注:《三国志》卷六《魏书·董卓传》,北京:中华书局,1964年,第171页。

② 《三国志》卷二五《魏书·杨阜传》,第701页。

③ 《三国志》卷一五《魏书·张既传》,第476页。

④ (明)林希元:《同安林次崖先生文集》卷三《献愚计以制边军以御强胡疏》,《四库全书存目丛书》集部第75册影印辽宁省图书馆藏清乾隆十八年陈胪声诒燕堂刻本,济南,齐鲁书社,1997年,第491页。

⑤ 《林次崖先生文集》卷三《献愚计以制边军以御强胡疏》,第491页。

色彩，是中国古代崇尚武风、善于作战的区域社会，班彪指出先祖班伯"家本北边，志节慷慨，数求使匈奴"。①而在秦汉时期，"山西"即太行山以西，或"关西"即函谷关以西，成为武将集中涌现的区域。比如秦汉立都关中，在太行山以西至今甘肃地区，也就是中国古代所称"关陇"一带，与匈奴长期展开战争，这一区域社会遂深染武风，形成"山西出将"或"关西出将"的历史传统。

汉文帝鉴于实行"和亲"后，匈奴仍不断进攻边境，有发动战争之念，遂从关陇六郡良家子中挑选将领，训练军队。"赫然发愤，遂躬戎服，亲御鞍马，从六郡良家材力之士，驰射上林，讲习战阵，聚天下精兵，军于广武。"②西汉许多名将皆出身这一区域。比如李广，"陇西成纪人也。其先曰李信，秦时为将，逐得燕太子丹者也。广世世受射。孝文十四年，匈奴大入萧关，而广以良家子从军击胡，用善射，杀首虏多，为郎，骑常侍。"③再如赵充国，"字翁孙，陇西上邽人也，后徙金城令居。始为骑士，以六郡良家子善骑射补羽林。为人沉勇有大略，少好将帅之节，而学兵法，通知四夷事。"④又如甘延寿，"字君况，北地郁郅人也。少以良家子善骑射为羽林，投石拔距绝于等伦，尝超逾羽林亭楼，由是迁为郎。试弁，为期门，以材力爱幸。稍迁至辽东太守，免官。"⑤西汉对外征伐，多调发这一地区的军队。比如汉宣帝时，"西羌反，发三辅、中都官徒弛刑，及应募佽飞射士、羽林孤儿，胡、越骑，三河、颍川、沛郡、淮阳、汝南材官，金城、陇西、天水、安定、北地、上郡骑士、羌骑，诣金城。"⑥对于关西出将的历史现象，东汉班固进行了系统评述。班固指出秦汉时期关西地区涌现出大批杰出将领：

　　秦汉已来，山东出相，山西出将。秦将军白起，郿人；王翦，频

---

①（汉）班固撰，（唐）颜师古注：《汉书》卷一〇〇上《叙传上》，北京：中华书局1962年，第4199页。

②《汉书》卷九四下《匈奴传下》，第3831页。

③《汉书》卷五四《李广传》，第2439页。

④《汉书》卷六九《赵充国传》，第2971页。

⑤《汉书》卷七〇《甘延寿传》，第3007页。

⑥《汉书》卷八《宣帝纪》，第260页。

阳人。汉兴，郁郅王围、甘延寿，义渠公孙贺、傅介子，成纪李广、李蔡，杜陵苏建、苏武，上邽上官桀、赵充国，襄武廉褒，狄道辛武贤、庆忌，皆以勇武显闻。苏、辛父子著节，此其可称列者也，其余不可胜数。①

在班固看来，这一现象产生的根源是关西人群与北方族群接壤而居，在长期的战争中，培育出尚武的社会风气。"何则？山西天水、陇西、安定、北地处势迫近羌胡，民俗修习战备，高上勇力鞍马骑射。故《秦诗》曰：'王于兴师，修我甲兵，与子皆行。'其风声气俗自古而然，今之歌谣慷慨，风流犹存耳。"②

东汉时期，关西出将的地缘传统仍在延续。凉州刺史管辖关陇六郡中的陇西、天水、安定三郡，在世人的眼中，一方面"凉州寡于学术"③，另一方面却是猛士云居之地。安帝永初四年（110），东汉鉴于羌人叛乱，"残破并、凉"④，曾有放弃凉州、集中力量对付北方族群之议。"大将军邓骘以军役方费，事不相赡，欲弃凉州，并力北边，乃会公卿集议。骘曰：'譬若衣败，坏一以相补，犹有所完。若不如此，将两无所保。'议者咸同。"⑤郎中虞诩却指出"关西出将"，凉州士兵勇敢善战。"谚曰：'关西出将，关东出相。'观其习兵壮勇，实过余州。今羌胡所以不敢入据三辅，为心腹之害者，以凉州在后故也。其土人所以推锋执锐，无反顾之心者，为臣属于汉故也。"⑥放弃这一地区将会导致这一军事力量反过来成为巨大威胁，因此不应放弃凉州。"若弃其境域，徙其人庶，安土

①《汉书》卷六九《赵充国辛庆忌传赞》，第 2998 页。
②《汉书》卷六九《赵充国辛庆忌传赞》，第 2998—2999 页。在《地理志》中，班固也有相似的评论："天水、陇西，山多林木，民以板为室屋。及安定、北地、上郡、西河，皆迫近戎狄，修习战备，高上气力，以射猎为先。故《秦诗》曰'在其板屋'；又曰'王于兴师，修我甲兵，与子偕行。'及《车辚》、《四载》、《小戎》之篇，皆言车马田狩之事。汉兴，六郡良家子选给羽林、期门，以材力为官，名将多出焉。"（《汉书》卷二八下《地理志下》，第 1644 页。）
③《后汉书》卷五八《盖勋传》，第 1880 页。
④《后汉书》卷五八《虞诩传》，第 1866 页。
⑤同上注。
⑥同上注。

重迁，必生异志。如使豪雄相聚，席卷而东，虽贲、育为卒，太公为将，犹恐不足当御。议者喻以补衣犹有所完，诩恐其疽食侵淫而无限极。弃之非计。"① 最终议者听从了虞诩的意见。

灵帝时期，东汉因羌人再次叛乱，又有放弃凉州之议。"会西羌反，边章、韩遂作乱陇右，征发天下，役赋无已。司徒崔烈以为宜弃凉州。诏会公卿百官，烈坚执先议。"② 议郎傅燮延续虞诩的观点，仍反对放弃凉州。"燮厉言曰：'斩司徒，天下乃安。'"③ 傅燮之所以如此主张，在于他与虞诩观点一样，也认为凉州军队战斗力强悍，该区域之得失关系东汉国运。"若使左衽之虏得居此地，士劲甲坚，因以为乱，此天下之至虑，社稷之深忧也。"④ 最终灵帝也接受了傅燮的意见。"帝从燮议。由是朝廷重其方格，每公卿有缺，为众议所归。"⑤ 东汉末年一代枭雄董卓，便为陇西临洮人。"汉桓帝末，以六郡良家子为羽林郎。卓有才武，旅力少比，双带两鞬，左右驰射。"⑥ 鉴于山西良将猛士世代迭出的现象，范晔著《后汉书》，发出"山西多猛"⑦ 的感叹。秦汉时期"关西出将"的历史现象，也引起了后世的广泛关注。明人丘濬便指出："六郡者，陇西、天水、安定、北地、上郡、西河也。古人谓关西出将，即此地。"⑧ 他一方面尝试从"地气"角度加以解释，"西方属金，金主肃杀，人生其地者，多壮勇，耐寒苦，自古以武勇奋者，多在于斯"，⑨ 另一方面又隐约认识到这一现象背后具有更为深刻的历史根源："虽然，此论其常耳，若夫天地生才，无往而不有，此又不可专以地气拘也。"⑩

---

① 《后汉书》卷五八《虞诩传》，第 1866 页。
② 《后汉书》卷五八《傅燮传》，第 1875 页。
③ 同上注。
④ 同上注，第 1876 页。
⑤ 同上注。
⑥ 《三国志》卷六《魏书·董卓传》，第 171 页。
⑦ 《后汉书》卷六五《皇甫张段列传赞》，第 2154 页。
⑧ （明）丘濬：《大学衍义补》卷一三○《严武备·将帅之任中》，周伟民、王瑞明、崔曙庭、唐玲玲点校：《丘濬集》第 5 册，海口：海南出版社，2006 年，第 2024 页。
⑨ 同上注。
⑩ 同上注。

王莽禅汉，天下大乱，铫期向刘秀指出河北民众临边善战，获得这一地区能在军事上占据优势。"河北之地，界接边塞，人习兵战，号为精勇。今更始失政，大统危殆，海内无所归往。明公据河山之固，拥精锐之众，以顺万人思汉之心，则天下谁敢不从？"[①] 唐朝武将来源的主要地区，一在关中，另一在河东。唐高宗仪凤二年（677）敕曰：

> 秦雍之部，俗称劲勇，汾晋之壤，人擅骁雄。宜令关内、河东诸州，广求猛士，在京者令中书、门下于庙堂选试，外州委使人与州县相知拣练。有膂力雄果、弓马灼然者，咸宜甄采，即以猛士为名。[②]

《金史·西夏传》"赞"对西夏立国的区域优势进行了评论，指出西夏所在区域民风尚武是其优势之一。[③] 明茅坤则指出核心边疆民间风气普遍尚武敢战。"山西者，西则属秦陇，北则连朔方，又东北则渔阳、上党。其地多劲侠沉鸷、嫖姚跳荡之士；其州郡塞垣，亦颇与虏之斥堠烽燧相纷挐。"[④] "窃惟幽、并、燕、赵之墟，古今来称天下劲兵处也。"[⑤]

三　"核心边疆"的历史地位

从地理与社会两个层面来看，内陆平原过渡地带都是汉人、北方族群强化自身实力的场所。汉化的北魏政权在讨论经略边疆时，以征讨北部柔然为先，其中便有获利阴山的考虑。[⑥] 唐诗人张籍作《陇头》，王建

①《后汉书》卷二〇《铫期传》，第 732 页。
②（清）董诰等编：《全唐文》卷一四《令举猛士敕》，北京：中华书局，1983 年，第166 页。
③ "其地初有夏、绥、银、宥、灵、盐等州，其后遂取武威、张掖、酒泉、敦煌郡地，南界横山，东距西河，土宜三种，善水草，宜畜牧，所谓凉州畜牧甲天下者是也。土坚腴，水清洌，风气广莫，民俗强梗尚气，重然诺，敢战斗。自汉唐以水利积谷食边兵，兴州有汉唐二渠，甘、凉亦各有灌溉，土境虽小，能以富强，地势然也。"[（元）脱脱等：《金史》卷一三四《西夏传》，北京：中华书局，1975 年，第2876—2877 页。]
④（明）茅坤：《茅鹿门先生文集》卷四《与靳两城中丞书》，张梦新、张大芝校点：《茅坤集》第2 册，杭州：浙江古籍出版社，1993 年，第263 页。
⑤《茅鹿门先生文集》卷四《与谭二华督府书》，《茅坤集》第2 册，第266 页。
⑥ "（世祖）诏问公卿，赫连、蠕蠕征讨何先。（长孙）嵩与平阳王长孙翰、司空奚斤等曰：'赫连居土，未能为患，蠕蠕世为边害，宜先讨大檀。及则收其畜产，足以富国；不及则校猎阴山，多杀禽兽，皮肉筋角，以充军实，亦愈于破一小国。'"[（北齐）魏收：《魏书》卷二五《长孙嵩传》，北京：中华书局，1974 年，第644 页。]

作《凉州行》,司空图作《河湟有感》,杜牧作《河湟》,刘景复作《梦为吴泰伯作胜儿歌》,皆记载了"安史之乱"后,吐蕃东进河西走廊带来的农牧涵化情形。①

　　由此可见,从中国古代政治地理来看,内陆平原过渡地带属于"五服"中的"绥服地带"。"《禹贡》五服之制:曰甸服,曰侯服,曰绥服,曰要服,曰荒服。内而甸、侯二服,为华夏之地;外而要、荒二服,为夷狄之区。而绥服居乎其中,则介乎华夷之间也。"②从经济形态来讲,属于中国古代农牧过渡带。③依其最重要的历史标志——长城来命名的

① "陇头已断人不行,胡骑夜入凉州城。汉家处处格斗死,一朝尽没陇西地。驱我边人胡中去,散放牛羊食禾黍。去年中国养子孙,今着毡裘学胡语。谁能更使李轻车,收取凉州属汉家。"(清)彭定求等编:《全唐诗》卷一八《横吹曲辞·陇头》,北京:中华书局,1960年,第180页。"凉州四边沙皓皓,汉家无人开旧道。边头州县尽胡兵,将军别筑防秋城。万里人家皆已没,年年旌节发西京。多来中国收妇女,一半生男为汉语。蕃人旧日不耕犁,相学如今种禾黍。驱羊亦着锦为衣,为惜毡裘防斗时。养蚕缲茧成匹帛,那堪绕帐作旌旗。城头山鸡鸣角角,洛阳家家学胡乐。"(《全唐诗》卷二九八《凉州行》,第3374页。)"元载相公曾借箸,宪宗皇帝亦留神。旋见衣冠就东市,忽遗弓剑不西巡。牧羊驱马虽戎服,白发丹心尽汉臣。唯有凉州歌舞曲,流传天下乐闲人。"(《全唐诗》卷五二一《河湟》,第5951页。)"一自萧关起战尘,河湟隔断异乡春。汉儿尽作胡儿语,却向城头骂汉人。"(《全唐诗》卷六三三《河湟有感》,第7261页。)"我闻天宝十年前,凉州未作西戎窟。麻衣右衽皆汉民,不省胡尘暂蓬勃。太平之末狂胡乱,犬羊崩腾恣唐突。玄宗未到万里桥,东洛西京一时没。汉土民皆没为虏,饮恨吞声空呜咽。时看汉月望汉天,怨气冲星成彗孛。国门之西八九镇,高城深垒闭闲卒。河湟咫尺不能收,挽粟推车徒兀兀。今朝闻奏凉州曲,使我心神暗超忽。胜儿若向边塞弹,征人泪血应阑干。"(《全唐诗》卷八六八《梦为吴泰伯作胜儿歌》,第9833页。)
②《大学衍义补》卷一四三《驭夷狄·内夏外夷之限上》,《丘濬集》第5册,第2228页。
③ 在中国历史上,由于气候与南北政权力量对比的变化,农牧分界线不断向南北分别游移,大体在中古以前呈现不断北移的趋势,在近世呈现南移的趋势。"西周时的(农牧)分界线是由陇山之下东北行,绕今甘肃的灵台县,折而东南行,由今陕西泾阳县越过泾河,东北经白水县而至于韩城市龙门山下,再越过黄河,循汾河西侧,至于霍太山南,又折而南行,过浍河上源,至于王屋山,更循太行山东北行,绕过现在北京市北,东南达到渤海岸边。……春秋时显然和西周时有很多的不同。陇山西南,今四川云南等处仍难作出具体说明,陇山以东,则由今陕西凤翔、泾阳、白水、韩城诸县市之北,直抵龙门山下,再东越黄河,循吕梁山东麓东北行,至于今山西阳曲县之北,又东南绕今盂县之南,东至太行山上,再循太行山东麓,(转下页)

话，可以称之为"长城边疆"。而从其历史作用来看，是中原王朝、北方族群争夺的"核心边疆"，占据了这一地带，便在南北关系中处于主动，可驱逐对方或夺取政权。清代张曾的一段议论实揭示了核心边疆在中国古代的整体地位："云朔以北，沙漠以南，为华夷交界，从古战争之地。……西北边防较别处尤重，此间属南北管钥，中外强弱之势，即以其地之属南、属北定之。"① 丘濬则讨论了河北在中国古代历史变迁中的关键角色，指出在上古时期，河北是政权崛起、称王争霸所资凭借的关键地区。"今京畿之地，乃古幽冀之域、河朔之区，昔人所谓王不得不王，伯不得不伯之所也。考之史传，乐毅以燕兵下齐七十城，光武以幽冀兵平定天下，天下兵甲之强，莫逾于此也。"② "惟今圣朝建国幽燕直隶八府之地，盖古幽冀之域也。杜牧所谓山东、河北，王不得不王、霸不得不霸之所。"③ 这既与当地民风尚武有关，"其人沉鸷，多材力，重许可，耐辛苦，敦五种，本兵矢，他不能荡者"，④ 也与当地盛产健马，可以

（接上页）绕今北京市北，东南达到渤海岸边。战国时的农牧业地区之间的分界线，司马迁曾作过具体的规划。他所规划的分界线是由龙门到碣石。这条界限是由龙门山下东北行，斜贯吕梁山脉的南端，经今山西阳曲县之北，再东北行越过太行山，绕今北京市北，又东北达到碣石山的海边，碣石山则在今河北昌黎县。"（史念海：《论两周时期农牧业地区的分界线》，《中国历史地理论丛》1987 年第 1 辑，第 56—57 页。）"本文论述的地区，主要是黄土高原和鄂尔多斯高原、河套平原，间及秦岭以南今甘肃省东南部的一些地方。这是唐代的关内道、河东道和陇右道的东部。文题以黄河上中游相称，是为了较易明了，实则已经超出黄河上中游的范围。这几个地区是农牧兼宜的地区，由于人为的作用不同，因时而有差异。"（史念海：《隋唐时期黄河上中游的农牧业地区》，史念海主编：《唐史论丛》第 2 辑，西安：陕西人民出版社，1987 年，第 34 页。）但农牧过渡带一直基本分布于内陆平原过渡地带。"中国北方农牧交错地带的范围很广，大致走向从大兴安岭东麓经辽河中、上游，循阴山山脉、鄂尔多斯高原东缘至祁连山，直抵青藏高原东缘，延绵于辽宁、内蒙古、河北、山西、陕西、宁夏、甘肃数省区，东西长达数千公里。"（韩茂莉：《中国北方农牧交错带的形成与气候变迁》，《考古》2005 年第 10 期，第 57—67 页。）
① （清）张曾：《归绥识略》卷三〇《人部·史鉴》，绥远通志馆编纂：《绥远通志稿》第 12 册，呼和浩特：内蒙古人民出版社，2007 年，第 317 页。（明）朱元璋撰，胡士萼点校：《明太祖集》卷八《劳宁夏卫指挥敕》，合肥：黄山书社，1991 年，第 184 页。
② （明）丘濬：《琼台诗文会稿》卷八《会试策问》，《丘濬集》第 8 册，第 4014 页。
③ 《大学衍义补》卷一一七《严武备·军伍之制》，载《丘濬集》第 4 册，第 1841 页。
④ 同上注。

培育大规模骑兵，形成相对于其他地区的军事优势有关，"复产健马，下者日驰二百里，所以兵常当天下。"①唐朝在"安史之乱"后由盛转衰，与丧失这一地区密切相关。"唐自天宝末失此地，其后罄天下之力以经营之，不能得其尺寸，人望之若回鹘、吐蕃，无有敢窥者。必欲使生人无事，其要先去兵，不得山东，兵不可去，是兵杀人无有已也。"②再如宁夏，在明代被视为"关内之北门，胡人之前户"，明阁臣彭时认为宁夏"背山面河，四塞险固。中国有之，足以御外夷；外夷窃之，足以抗中国；其形势之重如此"。③日本学者松田寿男指出，天山在西域历史上长期扮演着重要角色。④

地理空间不仅是历史事件发生的舞台，而且更具有相当的主动作用。同样的资源，处于不同的区域，便具有完全不同的历史能量。从中原王朝角度而言，秦汉、隋唐、明朝夺取核心边疆，不仅将之建成坚固的军事屏障，而且为进取漠北、驱逐北族奠定了基础。对北方族群而言，夺取了核心边疆，便拥有了逼临中原王朝的广阔空间，从而建立起对中原王朝的军事优势，比如匈奴、突厥；甚至进一步转化为政治优势，得以统治黄河流域，乃至全中国，比如北魏、辽、金、元。反之，失去这一地带，便在南北关系中处于被动，被驱回本部或失去政权。

从中原王朝角度而言，比如汉武帝鉴于阴山长期是匈奴威慑西汉的战略前沿，"北边塞至辽东，外有阴山，东西千余里，草木茂盛，多禽兽，本冒顿单于依阻其中，治作弓矢，来出为寇，是其苑囿也"。⑤汉武帝夺取了阴山地带之后，便将匈奴驱逐回漠北，甚至逼迫匈奴进一步西迁，从而在蒙古高原建立起战略优势。"至孝武世，出师征伐，斥夺此地，攘之于幕北。建塞徼，起亭隧，筑外城，设屯戍，以守之，然后边境

---

① 《大学衍义补》卷一一七《严武备·军伍之制》，载《丘濬集》第4册，第1841页。
② 同上注。
③ 嘉靖《宁夏新志》卷一《宁夏总镇·公署》，银川：宁夏人民出版社，1982年，第56页。
④ ［日］松田寿男著，陈俊谋译：《古代天山历史地理学研究》，北京：中央民族学院出版社，1987年。
⑤ 《汉书》卷九四下《匈奴传下》，第3803页。

得用少安。"①中唐即安史之乱以后，汉人丧失了对核心边疆的实际控制，至五代、两宋更正式失之异域，以致先后受到沙陀、契丹、女真、蒙古压制。对此，南宋王应麟评价称："河、湟复而唐衰，燕、代割而辽炽"。②蒙古灭金进程中关键的一步，也是夺取了核心边疆。③

从北方族群视角而言，比如在汉武帝多次发动的北征打击之下，匈奴失去了阴山地带，从而丧失了进入中原地区的地理通道，由此在战略态势中处于被动地位。"幕北地平，少草木，多大沙，匈奴来寇，少所蔽隐，从塞以南，径深山谷，往来差难。边长老言匈奴失阴山之后，过之未尝不哭也。"④再如祁连山"美水茂草，冬温夏凉"，"焉支山东西百余里，南北二十里，亦有松柏五木，其水草茂美，宜畜牧，与祁连山同。"匈奴被逐出此山，从而有"亡我祁连山，使我六畜不蕃息；失我焉支山，使我妇女无颜色"⑤之悲歌，匈奴也随之由盛转衰、西走中亚。吐蕃占据河西走廊黄河九曲之地，从而在中古长期雄踞西北。"吐蕃既得九曲，其地肥良，堪顿兵畜牧，又与唐境接近，自是复叛，始率兵入寇。"⑥

可见，为得到核心边疆，中国古代中原王朝与北方族群在这一地带投入了最多的精力与资源。与之相比，漠北地区与华北地带一般情况下只是南北政权各自内部力量争雄的历史舞台。

可见，核心边疆是中原王朝、北族政权扩张权力、统一全国的"地理阶梯"与"经济过渡区"，可以合称为"过渡阶梯"。以"阶梯"名之，

①《汉书》卷九四下《匈奴传下》，第 3803 页。
②（宋）王应麟撰，傅林祥点校：《通鉴地理通释》序，北京：中华书局，2013 年，第 3 页。
③"欧亚大陆干旱地区的战争，胜负的关键归根底在于马匹。为此，金国一方也从阴山一带经戈壁的南缘一直到遥远的东北方的呼伦贝尔草原，绵延建造了称为'界壕'的土墙和壕沟构成的长城，守卫着军马场牧群。由于全部落入了蒙古之手，双方的胜负已见分晓。"［日］杉山正明著，乌兰、乌日娜译：《疾驰的草原征服者：辽西夏金元》，桂林：广西师范大学出版社，2014 年，第 266 页。
④《汉书》卷九四下《匈奴传下》，第 3803 页。
⑤佚名撰，张澍编辑：《西河旧事》，《丛书集成初编》排印《二酉堂丛书》道光刻本，上海：商务印书馆，1936 年，第 2 页。
⑥（后晋）刘昫等：《旧唐书》卷一九六上《吐蕃传上》，北京：中华书局，1975 年，第 5228 页。

不仅含有核心边疆不只是空间上的中间跳板，还在于在地形上呈现逐层升高之意。核心边疆与过渡阶梯所指地域为一，只是后者进一步强调了核心边疆所具有的历史动态特征。无论中原王朝，还是北族政权，在占据这一区域之后，都获得了地理优势与经济补充，从而极大地壮大了自身实力。由此可以看出，中国古代中原王朝、北族政权得核心边疆者得天下，失核心边疆者失天下。中国古代南北政权充分重视河西走廊或山后地区，也充分显示了核心边疆在中国古代历史变迁中的这一主体作用。

可见，对核心边疆与中国古代历史变迁的关系进行整体考察，便系从地理的角度，构建中国古代历史解释模式的尝试。考虑到地理相对于历史，是客观而更为根本的存在，这一解释对于理解中国古代历史的长时段、整体性、结构性特征，具有十分明显的意义。

四　世界近代史的起点与"明长城时代"

蒙古帝国崛起之时，蒙古骑兵以其巨大的军事技术优势，迅速占领、控制了亚欧大陆大部分地区，摧毁了农业地带固有的文明体系，打破了几个世纪以来，由"伊斯兰扩张"而造成的亚欧通道被阿拉伯商人所垄断、亚欧大陆两端政权处于隔绝状态的历史格局，极大地促进了亚欧大陆的商业交通与文明交流，改变了亚欧大陆的传统格局与面貌，是古代世界的最后辉煌。但蒙古由于文明形态较为落后，无法在充分整合亚欧大陆各文明体系的基础上，推动世界秩序向着一体化格局持续前进。历史重担只能再次由一直在世界历史中扮演主导角色的新月地带农商文明来承担。

14世纪，一场大规模的灾荒侵袭了亚欧大陆，令人闻之色变的瘟疫更是弥漫于这一世界历史的核心地带。在遭受自然环境的打击之后，蒙古人与被征服者之间的矛盾进一步加剧与激化。伴随着窝阔台汗国、察合台汗国、伊利汗国三大汗国政权的分裂、瓦解甚至垮台，金帐汗国势力也已仅限于俄罗斯诸公国，不再具有世界史意义，尤其宗主国元朝，被长城以内的汉人政权明朝逐回草原，控制亚欧大陆百余年的蒙古帝国的世界秩序就此轰然倒塌。一种主导性文明的覆灭，往往为下一个更为辉煌的文明的到来提供了广阔空间。蒙古帝国的解体，使世界历史站在了十字路口上，未来的世界向何处发展，何种文明将会崛起，成为未来世界的主宰？

蒙古帝国解体后，亚欧大陆各文明站在了同一起跑线上。西欧基督教文明解除了蒙古帝国的威胁，东欧东正教文明，西亚、中亚伊斯兰文明，东亚中华文明都掀起了族群独立潮流，并将本土文明与蒙古帝国带来的新因素相结合，创造出更具活力、更为辉煌的新文明，且皆努力填补蒙古帝国留下的权力空缺，亚欧国际秩序从而呈现多种文明复兴、扩张与竞争的历史趋势。这一历史趋势主导了七百年来世界历史的基本线索、塑造了近代世界的基本格局，从而开启了近代世界的历史进程。因此，世界近代史的开端应始于蒙古帝国宗主国元朝的灭亡，即1368年。以往将西欧"大航海时代"的开启视作世界近代史开端的观点，显然是一种从结果倒推原因、以成败论英雄的"事后诸葛亮"的论调，而未考虑正是十四世纪以来三种文明的相互博弈，才造成了西欧的异军突起。据此可以说，是亚欧大陆各文明的合力，而非基督教文明的独力，形塑了世界近代史。

蒙古帝国解体后，西欧在蒙古帝国西进中带来的中国科学技术的促动下，在其对于海洋空间天然兴趣的催动下，开启了"大航海时代"，在14至17世纪，掀起了以欧洲为中心的单向全球化进程，成为近代世界的历史推动者与主宰者。俄罗斯起源于东欧平原上的罗斯民族建立的长期分裂的诸公国，钦察汗国（金帐汗国）的军事征服，不仅首次结束了罗斯诸公国的分立局面，而且给当地政治带来了威权制度。14世纪，莫斯科公国在继承蒙古广阔疆域视野与政治威权制度的同时，逐渐挑战金帐汗国的统治，在广阔而平坦的俄罗斯平原上，从一个小公国，通过疯狂的扩张、兼并，迅速崛起，疯狂地将势力在整个欧亚内陆扩张开来，形成了崭新的俄罗斯文明。参照"大航海时代"概念，可将俄罗斯这一时期的历史称之为"俄罗斯崛起"。蒙古帝国解体后，伊斯兰文明同样将伊斯兰教"圣战"意识与游牧族群骑战风气相结合，奥斯曼帝国、帖木儿帝国及其后裔在欧亚非积极扩张，不仅攻占了基督教文明在东方的象征——君士坦丁堡，而且向东进入中亚、东南亚，形成了当今伊斯兰文明的势力版图，可称之为"伊斯兰扩张"。

与之相似，长城以内汉人所建立之新中华政权——明朝，虽标榜"驱逐胡虏，恢复中华"，在政权法统上自觉继承华夏传统，也即所标榜与践行的"法体汉唐，参以宋典"，但在边疆立场上，却具有收复元朝旧疆的历史意味。"今我国家之兴，土宇之大，上轶汉、唐与宋，而尽有元之幅员。"[①] 这主要表现在对东北、南方与西藏控制的加强。不仅如此，蒙元帝国从阿拉伯地区获得的世界地图，尤其是海路地图，极大地扩大了中国人的地理视野，推动了明代官方以郑和下西洋为代表的朝贡贸易体制向东南亚、南亚海洋世界的空前伸展，与民间以"下南洋"为名目，在宋元基础上与东南亚海外贸易的空前展开，是明代中国重建中华亚洲秩序的历史新内容。

但另一方面，与这一时期基督教文明、俄罗斯文明、伊斯兰文明的国家与社会整合一体、向外扩张不同，明朝在对外取向上呈现国家与社会分离的历史态势。在商品经济逐渐发达的经济趋势下，在南宋以来远洋贸易历史传统下，明代中国民间社会一直具有自发地、积极地固定控制南洋甚至远洋航行的内在驱动力。但与这一时期基督教文明、俄罗斯文明、伊斯兰文明国家大力支持民间类似行为的做法不同，明朝国家在拥有当时世界上最强的军事、经济实力的情况下，对于西北陆疆开拓与东南海疆经略皆缺乏持久的兴趣，相应对于陆上丝绸之路、海上丝绸之路的发展皆持不支持，甚至禁止的政治立场。其封闭观念显著地体现于在北部边疆最后一次大规模修筑长城，并在东部沿海大规模构建长城防御体系。随之而来的，不仅是由于军事主动权丧失而导致的边疆防线不

---

① （明）刘基撰，林家骊点校：《刘伯温集》卷二《苏平仲文集序》，杭州：浙江古籍出版社，2016年，第118页。鉴于疆域之广，朱元璋自豪地称："我之疆宇，比之中国前王所统之地不少也。"《刘伯温集》附录五《洪武元年十一月十八日赐臣基皇帝手书》，第814页。

断内缩，而且长城修筑吸纳了国家近一半的财政资源[①]与主要的政治关注，在军事、财政、政治等层面，对明代中国历史进程形成了整体性影响。明朝由此不仅再次丧失对内亚东部（长城以北）地区的控制，而且被来自这一地区的女真人摧毁了政权，从而呈现了与基督教文明、俄罗斯文明、伊斯兰文明截然不同的历史走向，并在一定程度上成为近代中西社会历史的分水岭，是世界近代史道路的重要推力。若与"大航海时代""俄罗斯崛起""伊斯兰扩张"相对比，可将明代中国的历史称之为"明长城时代"，也可简称为"长城时代"。

历史就是这样的充满吊诡，在阿拉伯人控制东方海路的情况下，西欧开始寻找新的航路，最终因祸得福，突破历史的枷锁闯出了全新的历史天地。而明朝在蒙古的压力下，却逐渐习惯了在长城阴影下因循维持。在世界文明发展的十字路口，中国与西方选择了不同的历史方向。而世界文明的曙光，却最终在西方，而不是东方升起。贫弱的西欧凭借几条小船开辟了历史的未来，而强大的中国却在蜿蜒长城里逐渐沉沦。

五　长城的"反噬效应"与明清鼎革

核心边疆对南北政权的负面影响同样不可忽视。核心边疆由于地处从半干旱到干旱的生态过渡区，抗干扰能力差，自动恢复能力弱，因此在气候发生变化时，最易受到冲击，而产生剧烈变化。核心边疆由于战争频繁、经济落后，社会机制在应对自然灾害方面，同样显得软弱而无力。不仅如此，核心边疆相对平坦而广阔的地理空间，为自然灾害的蔓延提供了广阔天地。以上因素相结合，导致核心边疆不仅容易发生自然灾害，而且经常造成大规模蔓延。强烈的自然灾害不仅能够摧毁核心边疆的本地社会，而且将组成这一社会主体人群的士兵推向核心边

---

① "如果根据分析研究的太仓库的支出项目来看，万历六年（1578）作为北边军镇的年例银支出的额数占据了太仓库岁入的76.29%。"［韩］洪性鸠：《壬辰倭乱是明朝灭亡的原因吗？》，中国明史学会等编：《第十七届明史国际学术研讨会暨纪念明定陵发掘六十周年国际学术研讨会论文集》，北京：北京燕山出版社，2016年，第54页。

疆之外,造成大规模叛乱,成为动摇整个中国社会秩序的动乱之源。中国古代中原王朝之灭亡,大都有核心边疆自然灾害及由此催生的社会动乱的因素在内,比如汉末、唐末、明末与清末发生于西北、华北的旱灾、蝗灾、洪涝、风雪、霜雹与瘟疫等灾害,以及由之引发的内亚族群、北方汉人叛乱,都从根本上动摇、瓦解了已经存在不同程度危机的社会秩序,成为瓦解政权统治的最后狂潮。可见,核心边疆在中国古代历史上,不仅是南北政权壮大自身的充电器,也是摧毁南北政权历史能量的衰变器,衰变过程产生出巨大的破坏力量。无论释放的是正能量还是负能量,核心边疆都是催动南北秩序发生剧变、推动中国历史发生整体变迁的蜕变器。这一历史变迁无论正面抑或负面,都开创出全新的历史格局,使中国历史进入新的历史阶段。

核心边疆的负面作用,在长城上体现得十分明显。长城长期起到了保护中原王朝"基本盘"的作用,但长城在长期保护中国文明的同时,也使其丧失了主动出击的野心与决心,促其即使在条件具备之时,仍满足于故步自封在长城之内这片天地,对外界缺乏兴趣。这在欧亚大陆各主体文明仍限于周边开拓,而不具备全球扩张的能力之时,尚不显得致命。而在蒙古帝国灭亡之后,即世界近代史开始之后,这一局限便开始逐渐放大,成为中国文明的最大软肋。

中国古代围绕长城的争议之一,是长城终究是一项防御方案,无法主动、彻底解决北方族群的威胁,从而使中原王朝与北方族群的战争呈现长期对峙的状态。而且防御日久,中原军队战斗力逐渐下降,长城防御的实际效果也就大打折扣,逐渐陷于被动。比如万历时期,到北京朝贡的朝鲜燕行使,注意到了辽东镇长城士兵的畏懦之状。"而例遇小贼,辄伏城头,不敢发一矢,以致恣意虏掠,坐看系缚鱼肉而已。"①这不仅给中原王朝带来了巨大的军事压力,而且也给长城边疆社会造成了巨大的负担,并最终形成"反噬效应"。

长城之所以会对中原王朝产生"反噬效应",是因为长城边疆所在

---

① [朝鲜]赵宪:《朝天日记》,《燕行录全编》第1辑第4册,桂林:广西师范大学出版社,2010年,第266页。

的地区，不仅是生态环境较为恶劣、生态灾害易发的"生态高危区"；而且是经济方式较为单一、经济条件较为落后的"经济落后区"；还是国家财政长期处于危机状态的"财政危机区"；但同时却是大规模战争连绵不断、社会长期"军事化"的"军事风险区"。简单地说，便是长城边疆在处于灾荒多发、经济落后、财政匮乏状态的同时，长期支撑着大规模战争与军事化社会，从而成为中华帝国地缘政治版图中最为脆弱、风险系数最高的区域社会。在正常条件下，长城边疆社会已经处于风声鹤唳、危机四伏的社会困境，一旦各种社会危机同时爆发，比如大规模灾荒、国家粮饷物资未及时供应、大规模战争等，长城边疆社会便会迅速崩溃。由于长城边疆社会呈现高度"军事化"局面，一旦社会崩溃，被武装起来的长城边疆军民便会揭竿而起，他们所拥有的组织性、战斗力都会迅速成为政权的巨大威胁。这就是长城的"反噬效应"。

在这一问题上，丘濬便指出应从客观角度，对长城进行公允的评价，并运用合适的方式修筑长城。丘濬首先指出长城经历了从战国至隋代的漫长修筑。

> 长城之筑，起临洮至辽东，延袤万余里，其为计也，亦劳矣。然此岂独始皇筑也？昭王时，已于陇西、北地、上郡筑长城矣。亦非尽秦筑也，赵自代并阴山，下至高阙为塞。燕自造阳至襄平，亦皆筑长城。是则秦之前，固有筑者矣，岂但秦也。秦之后，若魏，若北齐，若隋，亦皆筑焉。①

在丘濬看来，历代之所以不断修筑长城在于长城能够弥补地形所存在的缺陷，隔开华夷，从而维护他理想中的族群地理格局。"盖天以山川为险隘，限夷狄，有所不足，增而补之，亦不为过。"②不过修筑长城应从"内政优先边防"或"攘外必先安内"的战略文化出发，掌握力度，不应过度劳役民力，否则会导致政权不稳。历代修筑长城之所以招致非议，便在于未能很好地把握这一关节。"然内政不修，而区区于外侮之

---

① 《大学衍义补》卷一五〇《驭夷狄·守边固圉之略上》，《丘濬集》第 5 册，第 2344 页。
② 同上注。

御，乃至于竭天下之财，以兴无穷已之功，是则不知所务矣。"①在丘濬看来，历代修筑长城，也都是为保障民众。"虽然，长城之筑，虽曰劳民，然亦有为民之意存焉。"②只不过长城之修筑，应循序渐进，陆续修筑。"设使汉之继秦，因其已成之势，加以修葺；魏之继汉，晋之继魏，世世皆然，则天下后世，亦将有以赖之限隔华夷，使腥膻桀骜之虏，不得以为吾民害矣。"③因此，丘濬对部分王朝鉴于秦朝灭亡与长城修筑之关系，遂完全废弃长城的做法，表达了批评态度。"奈何后之人，惩秦人起闾左之失，虑蒙恬绝地脉之祸，而废其已成之功，岂不可惜哉！"④他进而主张在前朝基础上，完全用士兵，而非民众，慢慢修筑长城。

> 后世守边者，于边塞之地，无山川险阻之限，而能因阨狭之阙，顺形势之便，筑为边墙，以扼虏人之驰突，亦不可无也，但不可速成而广扰尔。若就用其守御之人，而限以三十年之久，徐徐而为之，其成虽迟，犹胜于不为也。⑤

长城"反噬效应"最典型的例子便是明朝灭亡于长城周边的军民叛乱与异族入侵。在榆林长城防御体系构筑不久的成化末年，延绥镇已是北疆诸镇中财政最为困窘者。成化二十二年（1486），右副都御史黄绂巡抚延绥镇，便亲眼目睹了这一现象。"绂偶出，望见川中饮马妇片布遮下体。"于是提前拨付士兵军饷。"大惭，俯首叹息曰：'我为延抚，令健儿家贫至此，何面目坐临其上？'亟令豫出饷三月。"⑥从而改善了榆林士兵的生存条件，增强了榆林军队的战斗力。"延绥人又素忠朴，至死无怨言。闻绂惭叹，军中人人感泣，愿出死力为黄都堂一战。寇闻风不敢至。俄有诏毁庵寺，绂令汰尼僧，尽给配军之无妻者。及绂去，咸

---

① 《大学衍义补》卷一五〇《驭夷狄·守边固圉之略上》，《丘濬集》第5册，第2344页。
② 同上注。
③ 同上注。
④ 同上注。
⑤ 同上注。
⑥ 康熙《延绥镇志》卷三之四《名宦志下》，《四库全书存目丛书》史部第227册影印北京大学图书馆藏清康熙刻乾隆增补本，济南：齐鲁书社，1996年，第374页。

携子女拜送道傍。"①

　　由于榆林长城防御体系立足于防御，无法主动、彻底解决河套问题，蒙古反而逐渐南下河套、固定驻牧，对榆林构成越来越严重的威胁，延绥镇财政危机从而一直存在，并不断加剧。万历《延绥镇志》记载了晚明延绥镇军事防御与财政之间的严重冲突。"今榆沙深水浅，耕无畜获，渔无钓饵，百不一产。障二千里之长边，拥数十万之大众，费之不赀，如填溪壑，倍蓰他镇。"②

　　为建立抵御河套蒙古的长期有效机制，明朝将整个榆林社会发动起来，征召民众加入军队、驿站，并倡导民众修筑民堡、实行自卫，从而导致榆林社会形成高度"军事化"社会。明末陕北发生大规模旱灾，明朝为应对财政危机，缩减开支，从而大规模裁剪延绥镇军队体系的外围部分，包括驿卒李自成、士兵张献忠在内的大量榆林居民揭竿而起，利用其军事经验，驰骋大半个中国，最终灭亡了明朝。

　　而结束明末农民战争、取代明朝的军事力量来自明辽东长城外侧的建州女真。建州女真是辽东长城边疆原属明朝的羁縻卫所的主要组成族群，不仅能够长期得到明朝送来的生存物资，而且不断招徕汉人翻越长城，进入东北平原。正是借助这一边疆结合部的优势，清朝并用女真与汉人，不断招抚明辽东军民，建立起强大的军队，最终取代明朝，统一全国。建州女真处于边疆结合部的地缘特征，在努尔哈赤发布的讨明檄文——"七大恨"中，有明确表述。用满文记述的《清太祖朝老满文原档》，记第五恨云："许多世代看守皇帝边境而居住的柴河、法纳河（范河）、三叉拉等三个地方，珠申耕耘的粮食，不令收获。尼堪出兵驱逐，此五恨。"③其中的"许多世代看守皇帝边境而居住"，清楚地揭示了建州女真居于边墙外侧，充当明朝抵御更北侧的女真叛乱部落的地缘角色。而建州女真也确实长期担负了守御边境之责，比如第二恨云："虽

① 康熙《延绥镇志》卷三之四《名宦志下》，第374页。
② 万历《延绥镇志》卷二《钱粮上·边饷》，上海：上海古籍出版社，2011年，第127页。
③ 广禄、李学智译注：《清太祖朝老满文原档》，台北："中研院"历史语言研究所，1970年，第80页。

然杀我父祖，我仍愿修好，使立石碑盟誓说：'无论尼堪、珠申，凡有越过皇帝边境者，看见越境者就要杀死。若是看见而不杀，要罪及不杀之人。'尼堪背此誓言，派兵出境助守叶赫，此二恨。"[1] 从这一地缘位置出发，努尔哈赤在第六恨中，将叶赫称作"边外的叶赫"，[2] 可见其将自身定位为介于明朝、其他女真部落之间的角色。而用汉文书写的《天聪四年木刻揭榜》，更是直接指出建州女真负责为"大明看边"。"金国汗谕官军人等知悉：我祖宗以来，与大明看边，忠顺有年。"在第一恨中，指出建州女真负责为明朝看边，与明朝开展朝贡贸易。"我祖宗与南朝看边进贡，忠顺已久，忽于万历年间，将我二祖无罪加诛。其恨一也。"在第六恨中，直接指出建州女真长期在"近边住种"。"我部看边之人，二百年来，俱在近边住种。后南朝信北关诬言，辄发兵逼令我部远退三十里，立碑占地，将房屋烧毁，口禾丢弃，使我部五居无食，人人待毙。所谓恼恨者六也。"[3]

结论

"核心边疆"在中国古代，长期扮演了决定性角色。作为核心边疆的重要设施，长城一方面长期保护了汉人政权的"基本盘"，另一方面却造成了汉人政权的北疆危机与财政困难。这在明代体现得尤其明显。明初在具备实力与条件的情况下，并未开展积极的边疆开拓，反而在北部边疆大修长城，最终不仅导致自身长期面临边疆压力，而且造成严重的财政危机，政权最后灭亡于长城内外的军事叛乱，构成了"17世纪危机"的重要内容。

---

① 《清太祖朝老满文原档》，第79—80页。

② 同上注，第80页。

③ 中国第一历史档案馆编：《清代文书档案图鉴》，长沙：岳麓书社，2004年，第20页。

《保民四事书》与明末火炮[*]

郑　诚

中国科学院自然科学史研究所

顾炎武（1613—1682）《日知录》卷九"边县"条，考述北宋边县百姓立弓箭社自卫之法，末加按语："有国家者，能于闲暇之时而为此寓兵于农之计，可不至如先帝之末，课责有司以修练储备之纷纷矣。"[1]

所谓"修练储备"，乃崇祯末年推行之地方防卫政策，分为修城堡、练兵壮、储粮草、备守具四大项，合称"保民四事"。崇祯十一、十二年（1638—1639），清军入关蹂躏，直鲁板荡；张献忠、李自成先败再叛，鄂陕成殃。崇祯十二年十月，明廷颁布前任兵部尚书杨嗣昌编纂之《保民四事书》（或称《保民四事全书》），冠以钦定之名，下发全国，要求地方政府按此条例，修练储备，加强防御，并作为府州县主政官员的考绩

* 本研究得到中国科学院青年创新促进会项目"战争、技术与社会"（课题编号：Y52201101C）资助。承蒙"全球视野中的明清鼎革"国际学术研讨会（复旦大学文史研究院，2018 年 11 月 25 日）与会专家给予宝贵意见，孟二壮先生惠赐收集吉尾宽日文论文，统此致谢。

[1]（清）顾炎武撰，（清）黄汝成集释，栾保群、吕宗力校点：《日知录集释》卷九《边县》，上海：上海古籍出版社，2014 年，第 222—223 页。

标准。明朝覆灭,《保民四事书》随之埋没。三百年来,该书既未见诸公私书目,亦不见后世著作引用片段。谢国桢《增订晚明史籍考》于此书仍付阙如。相关研究,仅见吉尾宽专题论文讨论明末北直隶施行修练储备政策的效果,主要从地方的应对措施着眼,并未探索该政策出台的过程,没有提及作为指导纲领的《保民四事书》以及杨嗣昌发挥的作用。①

本文重点介绍新发现之《保民四事书》,考察其编印、颁布过程与影响,现存版本,内容特色。《保民四事书》要求地方自造火器,提倡使用灭虏炮与红夷大炮,并给出具体建议。本文尝试以此为线索,探讨明清鼎革之际,内地州县生产、运用火炮的类型与效果。

一　从"保民四事"到《保民四事书》

"修练储备",明末文献最初写作"修防储练",实为一事。按谈迁(1593—1658)《国榷》崇祯二年(1629)十一月癸未条,己巳之变初起,后金军突入畿辅,崇祯皇帝谕兵部,略云:

> 自边内畿辅、山西各郡邑,修防储练,屡奉严谕,未见改观。今须开款:城坚池深,濠内添筑短墙,开窦设炮,城门设吊桥。近城作何收敛,远村作何归并,乡兵、火器、粮草,俱量地大小,定数勒限,司道亲督。至宁、锦各城,应虑持久。龙固原平,并图预防。如此布置,再种早禾,使千里无资,胡势自困。畿辅、山西郡邑若干,每处颁灭虏炮一、三眼枪一,令模制之。②

如该条史料编排年月无误,则早在崇祯二年末,保民四事政策已

---

① [日]吉尾宽:《最末期・明朝の華北における都市防衛策:『中国明朝档案総匯』を用いた一考察》,《大阪市立大学東洋史論叢》特集号,国際シンポジウム「中国都市の時空世界」,2005年,第102—117页。[日]吉尾宽:《论明朝中央政府所实施的城市防卫策——以明末的北直隶与京师为例》,收入吴春梅主编:《安大史学》第2辑,合肥:安徽大学出版社,2006年,第298—310页。两文主题类似,后者有增订。吉尾宽另有专著《明末の流賊反乱と地域社会》(东京:汲古书院,2001年)亦未提及《保民四事书》。
② (清)谈迁:《国榷》,《续修四库全书》史部第363册影印中国国家图书馆藏清抄本,上海:上海古籍出版社,1996年第272页。

具雏形，但仅是针对山西、畿辅地区的临时政策。该政策最初系何人建
言，尚不明了。此后《国榷》多次记载相关事项。崇祯七年（1634）八月
癸未，"谕兵部曰：直省各郡邑，修防储练，不尽遵行，……其严饬急
图，以赎前愆"。崇祯九年（1636）四月丁丑，"令有司务修练储备，毋
科扰"①。

按万斯同（1638—1702）《明史稿》杨嗣昌传：

初，纳廷臣言，课天下守令以修城郭、练民兵、储糇粮、备甲仗
四事定功罪。行数载，徒空文。帝复谕嗣昌，严责抚按官。嗣昌勒
成一编以上，帝赐名《钦定保民四事书》，颁天下。然有司卒不能力
行也。②

杨嗣昌（1588—1641）崇祯九年十月晋兵书尚书，十一年三月抵京
就任，十二年三月夺职视事，八月解部务，九月督师离京，南下与张献
忠作战。《保民四事书》大体是在崇祯十年以降杨嗣昌奏议的基础上修
订而成。

按《杨文弱先生集》所载奏疏，崇祯十年闰四月以下涉及"修备储
练"（或作"修练储备"）者颇多。最重要者，为崇祯十一年二月杨昌嗣
所上《南方盗贼渐起疏》，条奏修备储练"八事"。崇祯帝对该疏大为赞
赏（二月二十八日）：

这所奏八事，深于地方绸缪有裨。著直省抚、按、司、道等官
查照各款事宜，严督有司，竣备储练，次第修举，依限考成，分别升
斥，不许因循诿误。其抚、按、司、道，即就辖属优劣，一体酌等惩
劝。法在必行，毋容虚文塞责。

疏后嗣昌子杨山松附有按语："其后先人再进修备储练保民四事全

① （清）谈迁：《国榷》，第390页，第450页。
② （清）万斯同：《明史》卷三六五《杨嗣昌传》，《续修四库全书》史部第330册影印
中国国家图书馆藏清抄本，第449页。（清）王鸿绪《明史稿》列传一三八（7b）杨嗣
昌传（台北：文海出版社，1962年影印雍正间敬慎堂刻本），本段传文略同。张廷玉
《明史》卷二五二《杨嗣昌传》内无此段落。

书，即本此而加详者。"① 杨嗣昌进《保民四事全书》，似当有相应题本，今未之见。对比《南方盗贼渐起疏》与《保民四事书》现存条目，部分字句，亦复相似（详见表1）。

关于《保民四事书》的编纂及颁布时间。按《国榷》崇祯十二年（1639）四月甲午（七日）条，"谕兵部汇崇祯七年后条奏训练储备刊布天下。"② 崇祯十三年四月，两广总督张镜心（1590—1656）上《举行设备四事疏》，言及"崇祯十二年十月十二日午时，奉本部送司礼监传出圣谕：近报寇窃披猖，边腹城垣，乡兵器械，亟宜上紧料理设备。昨《钦定保民四事全书》即着刷印成（裹）〔裒〕，差官分投颁发，毋得迁延，致误时日。兵部知道。钦此。"同疏又云"臣自去冬奉行四事，飞檄驰谕。未几，严纶三至，刊书屡锡"。③ 张廷玉《明史·庄烈帝纪》载崇祯十二年（1639）十月十三日"丙申，《钦定保民四事全书》成，颁布天下。"④

《国榷》多抄录邸报，较为可信。张镜心所引上谕则可与乾隆本《明史》相互印证。调和二说，或系崇祯十二年四月七日（1639年5月9日），上谕兵部汇集崇祯七年后臣工条奏修练储备之法，编纂《钦定保民四事全书》；同年十月十二日（1639年11月6日），书既刻成，下诏颁布。本年四月恰逢杨嗣昌暂时夺职，十月杨氏已督师离京，恐未能始终负责《全书》编纂事宜。

---

① （明）杨嗣昌撰，梁颂成辑校：《杨嗣昌集》卷二二《南方盗贼渐起疏》，长沙：岳麓书社，2008年，第515页。
② （清）谈迁：《国榷》，第520页。按万斯同《明史》卷二六《庄烈皇帝纪》，崇祯十二年"夏四月戊子朔，谕兵部汇崇祯七年以来条奏训练储备之法刊布天下。"（《续修四库全书》史部第324册影印中国国家图书馆藏清抄本，第293页）。佚名辑《崇祯实录》卷一二文句略同：崇祯十二年，"夏四月戊子朔，谕兵部汇集崇祯七年后条奏修练储备之法，刊布天下。"（《崇祯实录》卷一二，崇祯十二年四月戊子，《明实录附校勘记》第88册，台北："中研院"历史语言研究所，1962年，第361页，此本系据嘉业堂旧藏抄本影印）。以上两书此事系于四月朔日，似不及《国榷》系于四月甲午（七日）准确。清初诸家明史，如傅维鳞《明书》、查继佐《罪惟录》、王鸿绪《明史稿》、汪楫《崇祯长编》及痛史本《崇祯长编》，均未涉及此事。
③ （清）张镜心：《云隐堂文集》卷八，中国国家图书馆藏康熙十一年奉思堂刻本叶17b、18b。
④ （清）张廷玉等：《明史》卷二四《庄烈帝纪》，北京：中华书局，1974年，第327页。

　　《保民四事书》系钦定官书，颁布州县，彼时印本当逾千部。入清之后，此种书籍题材敏感，大不合时宜，既未见公私藏书目著录，原刊本也恐已失传。所幸《保民四事书》主要篇章为祁彪佳《守城全书》抄录，乃得一线之传。

　　祁彪佳（1602—1645），字幼文，号世培，室名远山堂，浙江山阴（今绍兴市）人，天启二年（1622）进士，官至苏松巡按。祁彪佳继承乃父祁承㸁（1563—1628）澹生堂藏书，文献极富。崇祯十一年至十六年间，祁彪佳日记多次记载辑录、校订《守城全书》之事，盖欲为救时之助。①弘光元年（1645）闰六月，清军占领绍兴后欲加招揽，彪佳即于乡间梅墅家中投水自杀。子孙世守遗稿三百余载，至1951年土改时期部分散出。1952年，《守城全书》《远山堂曲品剧品》等珍贵手稿，为藏书家黄裳（容鼎昌，1919—2012）所得。②1998年10月，《守城全书》稿本现身北京古籍拍卖会，同年12月入藏台北故宫博物院图书文献馆。③稿本之外，《守城全书》另有誊清抄本一部，今藏辽宁省图书馆。④

　　台北故宫藏《守城全书》十八卷（图1），稿本，八册，索书号：善购001109—001116。行字不一，多为半叶九行或十行，无叶码。稿纸多种，多无行格栏线。笔记不一，盖由多位书手汇抄条目，祁氏经手修订。全书增删勾乙甚夥，间用朱墨批注，显系初稿。稿本凡例缺首叶，无总

① 黄裳：《来燕榭读书记》卷三，沈阳：辽宁教育出版社，2001年，第206—212页。
② 张能耿：《祁承㸁家世》，北京：北京出版社，2004年，第236—241页。1953年至1954年，祁氏后人将澹生堂、远山堂大宗遗书捐献浙江文管会（今在浙江图书馆）、中央文化部（今在中国国家图书馆）。1950年代为黄裳所得部分1990年代末又经拍卖流散。
③ 中国嘉德国际拍卖有限公司1998年秋季拍卖会，1998年10月27日。参见auction.artron.net/paimai—art09220049（2018年12月20检视有效）。
④ 2011年11月16日，笔者访问台北故宫博物院图书文献馆，查阅《守城全书》稿本，因系善本，馆方未允复制书影，仅得抄录部分条目。2018年7月2日，访问辽宁省图书馆，查阅《守城全书》抄本，承蒙馆方惠准，复制部分书影。《中国古籍善本书目·子部》上册（上海：上海古籍出版社，1996年，第127页）著录祁彪佳《守城全书》十八卷清抄本两部，一全本，存抚顺市图书馆；一残本（存卷一至三，七至十四），存湖北省襄阳地区图书馆。按，书目著录恐有误，抚顺藏本当即辽宁省图藏本；襄阳藏本，存疑待访。

目，正文缺第十三、十四卷。书前有 1952、1953 年间黄裳题记七则，并附 1952 年编订总目，第十三、十四两卷下注"佚"字。上述题记并总目，又见黄裳《来燕榭读书记》（2001）。①

辽宁省图书馆藏《守城全书》十八卷（图 2），抄本，十册，索书号：善 61258。半叶九行，行二十字，白口，单鱼尾，四周双边，无格。工楷抄写。鱼尾上题"守城全书"，下题卷之几，最下标叶码。凡例十三条、目录、正文皆完整无缺。稿本凡例所缺前五条及第六条前半，正文所缺卷十三、卷十四，皆可据抄本补全。② 抄本"玄"字不缺笔，"曆"字或

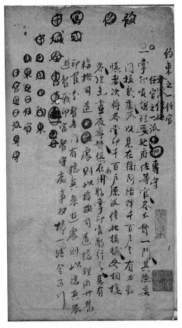 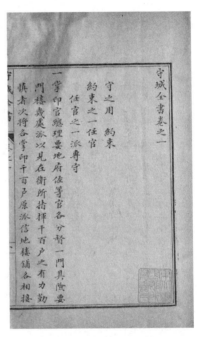

图 1　《守城全书》　　　　　　　　图 2　《守城全书》
（台北故宫博物院藏稿本）③　　　　（辽宁省图书馆藏抄本）

① 黄裳：《来燕榭读书记》卷三，第 206—212 页。
② 按辽宁省图书馆藏《守城全书》抄本目录，卷一至卷三守之用，分题约束、预备、临敌；卷四至卷七守之具，分题周防、御械、兵器、火器；卷八卷九守之案，分题列国、皇明；卷十至卷十四守之训，分题庙算、古法、章奏、议约、论说（并附记）；卷十五至卷十八守之馀，分题乡兵、民兵、保甲、弭盗。
③ 据台北故宫博物院网站，书影出处：theme.npm.edu.tw/exh104/90collecting/ch/page-4.html（2018 年 12 月 20 日检视有效）

不改或作"厯",又不避"宁"字。书前摹写"祁忠敏公像"并赞语一叶,署"邝上杜甲题",书口题"传芳录",盖录自乾隆十四年(1749)绍兴知府杜甲纂刻之《传芳录》。像赞用纸、笔迹,与抄本正文相同,殆出一人之手。辽图抄本无题跋,仅钤"东北图书馆所藏善本"朱文方印,知为1948—1955年辽图前身东北图书馆时期入藏。黄裳谓《守城全书》稿本"有别一人注书写格式,为清抄本底本。"①此辽图抄本,当即据稿本誊清者,今时反较稿本完整。此本必为乾隆十三年之后抄成,惜不详何人录副,颇疑为民国年间祁氏后人誊写。以下引用《守城全书》,皆据辽图藏本。

《守城全书》为辑录之作,广引明人兵书。凡例第一条云:"守城之书多矣,此独以全书称者,盖自《武备志》、《守圉书》而外,所采辑有二十余种,凡古名公及近来建议可采者即录入,故称全书。"采辑之书,原作尚存者,如戚继光《纪效新书》(1561)、尹耕《堡约》(又名《乡约》,1571)、王鸣鹤《登坛必究》(1598)、温编《利器解》(1600)、王应遴《备书》(1620)、茅元仪《武备志》(1621)、韩霖《守圉全书》(1636)、周鉴《金汤借箸》、《将略标》(1637)等。他若屡引之《筹国胜着》、《城守备览》,以及毕懋康《战阵图说》等书,似已失传。②

《守城全书》卷一〇《守之训·庙算》,全卷抄录《保民四事书》,凡27条,共约7000字(参见本文附录)。下分"钦定保民四事书内修城堡十条(崇祯十二年)"(图3)、"钦定保民四事书内备守具六条"(图4)、"钦定保民四事书内储粮草五条""钦定保民四事书内练兵壮五条"。"练兵壮"原为六条,全抄五条,"训练军容"一款仅抄首句,下注"营伍皆知,今不录"。《保民四事书》原刻本当附有序文或相关上谕,今未见流传。以下列表说明主要条目(表1)。

---

① 黄裳:《来燕榭读书记》卷三,第212页。
② 《守城全书》不含插图,军器相关章节,往往注明图在某书,故可知相应条目处。按《筹国胜着》,《守城全书》引作"胜箸"。《澹生堂藏书目》著录"筹国胜着四卷四册"。《战阵图说》,《守城全书》引作"毕刻"。《澹生堂藏书目》著录"战阵图说附边略三卷三册毕侍御"。参见祁承爜撰,郑诚整理:《澹生堂藏书目·子部三·兵家》,上海:上海古籍出版社,2015年,第551、553页。

表 1　《保民四事书》纲目

修城堡十条		备注
1	府州县修筑城垣标准	分上中下三等。必用砖包砌。敌台间隔不过三百余步,俾炮火相交
2	敌台形制	需狭长,宽三丈,长倍之
3	垛口、悬帘形制	举崇祯三年昌黎守城战胜例
4	堑壕、羊马墙形制	谓羊马墙收敛村民,近岁有见效者
5	瓮城、角台形制	城门之外,必筑瓮城
6	城外近墙拆房伐木	严禁借机敲诈勒索
7	集资修城法	官费、民捐、派粮、商税。略同《南方盗贼渐起疏》
8	倡议村落广置墩堡	捐资者官方表彰。略同《南方盗贼渐起疏》
9	建堡之效,御敌成功之例,墩堡形制	引杨博、纵九逵奏本
10	建堡之法	谓详见尹畊《堡约》。《守城全书》删省,小字注"已有总录"
备守具六条		备注
1	府州县自造灭虏炮、红夷炮形制,配置标准	旌扬捐资造炮者。略同《南方盗贼渐起疏》
2	鸟铳、三眼枪、铅子、火药配置标准	
3	火礶、万人敌形制,配置标准	
4	滚木、礌石、铁汁、掷石等用法	引尹耕《堡约》
5	红夷炮炮车、灭虏炮炮槽形制。铅子、火药预分备用。罗列水缸、钢斧等守城器械。南方水战,倡造龙骨船,设火炮二三层	守城器械,引崇祯三年昌黎保卫战之例。南京造船练器,引户部尚书钱春提议
6	鼓励士民练习弓矢	道府每月阅射,赏赐能者。巡按御史巡行考射,定道府殿最。略同《南方盗贼渐起疏》
储粮草五条		备注
1	府州县储备粮草标准	崇祯十二年起编制清册岁报兵部户部
2	积谷必须本色,不许折银	抚按司道督府州县,定黜陟
3	劝捐粮草法	举崇祯三年正月昌黎守城例。又暗用《南方盗贼渐起疏》
4	劝种早禾。分派城堡收敛村寨人口,乡约保甲率众凭牌避难	引据兵部尚书张凤翼奉谕旨申饬

5	卫所查绝溢加租之法，畿辅民田加租养兵法	引据湖广巡按余应桂、保定巡抚黎玉田
练兵壮六条		**备注**
1	府州县选练乡兵标准	要求编制清册报兵部
2	守城乡兵先选城中大户富民	贫民乡农不与焉
3	查访精壮习武者，替换皂吏老弱	暗用《南方盗贼渐起疏》
4	训练同城卫所军丁，有司失职照军律惩处	
5	训练军容，应照戚继光《纪效新书》	《守城全书》删省，小字注"营伍皆知，今不录"
6	守城用炮法，设游兵法	补《堡约》之不足

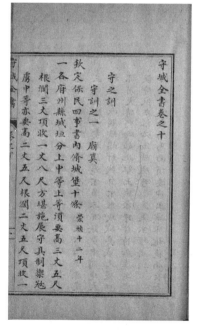 

图3　《守城全书·保民四事书》（辽图）　　图4　《保民四事书·备守具》（辽图）

迟至崇祯七年，修练储备已是明廷力推之政策。崇祯十二年，《保民四事书》颁布，正式成为全国地方官员考核标准，延续至崇祯十七年。崇祯十三年庚午科会试，更以颁布《保民四事书》群臣谢表，作为第二场考题之一。① 明末清初文献、清代地方志书间有提及"保民四事"、"修练储备"者，不乏地方修缮城池、能吏奏最之事。盖朝廷以此四事黜陟官员，考绩评语，常据其说。明末士人对"修练储备"的批评亦复不少。例如崇祯十五年（1642）四月，诏各部诸司陈匡救之策。② 礼科给事中姜埰（1607—1673）上八议，至谓"而修练储备为尤甚。……名为饬备，实为耗财。号为谋国，实为虐民。宜一切停罢，悉与休息。"③ 北京陷落后，崇祯十七年八月，左都御史刘宗周（1578—1645）上疏弘光皇帝，尤言"近日所行修练储备，四者未始非固圉要策，而行之以苟且之心，往往急切无序，劳民伤财，或反纵其溪壑。"④ 崇祯末年科臣李清（1602—1683）《三垣笔记》亦云"修练储备，上催行，下报复，只烦笔墨，无实事也。"⑤ 吉尾宽（2006）基于对残存明末兵部档案的研究，认为修练储备政策未能得到地方士绅的支持，没有发挥预期的作用。⑥

二　《保民四事书》与明末火炮生产

《保民四事书》（1639）提倡制造之灭虏炮与红夷炮，代表明末前装火炮的两大类型。本节以此为线索，考察明末内地州县的火器装备与守御实态。

---

① 全题作："拟上谕兵部将钦定修练储备四事刊书颁布省直文武等官务共图实遵依限报竣昭朝廷保民至意群臣谢表（崇祯十二年）"。参见（清）曾异：《纺授堂文集》卷六，《四库禁毁书丛刊》集部第 163 册影印中国科学院图书馆藏崇祯刻本，北京：北京出版社，1997 年，第 591 页。

② （清）孙承泽辑：《山书》卷一五《勉图拨乱》，《续修四库全书》史部第 367 册影印浙江图书馆藏清抄本，第 285 页。

③ （清）姜埰：《敬亭集》卷七，《四库全书存目丛书》集部第 193 册影印北京大学图书馆藏康熙间刻本，济南：齐鲁书社，1997 年，第 632 页。

④ （清）刘汋编：《刘忠介公年谱》卷下，《北京图书馆藏珍本年谱丛刊》第 58 册影印乾隆四十二年刻本，北京：北京图书馆出版社，1999 年，第 427 页。

⑤ （清）李清撰，顾恩点校：《三垣笔记·附识上·崇祯》，北京：中华书局，1982 年，第 189 页。

⑥ ［日］吉尾宽：《论明朝中央政府所实施的城市防卫策——以明末的北直隶与京师为例》。吉尾宽主要利用《中国明朝档案总汇》（桂林：广西师范大学出版社，2001 年）有关崇祯十三年北直隶真定、顺德、广平、大名四府及河间府部分地区，共 66 处州县修练储备事宜的材料。

　　《保民四事书·备守具》（图4）第一条、第二条、第四条皆涉及火炮。其中第一条最为重要：

　　　　各府州县城郭既完，墩堡既立，非火器不能守也。火器之中，为先备灭虏炮为要。此炮身高二尺四寸（按，约77厘米）以上，重一百四十五斤（按，约86.5公斤）者，工费不多，点放平稳，苗头能打三四里外，最为战守利器。大城造得五百位，中城得三百位，小城得一百五十位，可以巩固无虞。盖每炮一位，必得三四位齐装弹药，更番点放，方免装点空隙，为贼所乘。且一位装点二三次，则膛热弹镕，甚致炸裂为患。故得五百位之多，才收一百位之用，非漫谈也。

　　　　若能成造红夷，其至小者高七尺（按，约2.2米）以上，一门可当灭虏数十，尽地方物力造之，多多益善。此器在南方，则闽广善；在北方，则山西平定、盂县等处，铁炭俱便，工匠尤多。各该抚按当厚处资粮，广集能匠，分发道府，开局成造，护守城垣。此为第一急务。

　　　　若虑钱粮无出，必须鼓舞捐输。有司先造式样，计算工费若干，刊布风劝。士绅人等有愿捐造者，炮上即刻本人姓名，传之久远。仍具奏报，酌其多宽，分别旌扬。其墩堡士民有愿置造者，许输值于官局之内，成造与之。或自募工匠，附官局中另造，亦可造成，即刻某人捐造于某墩某堡字样，传之久远，守而无失。如此既得守御之资，仍不犯私造之禁，法之善者也。

　　《保民四事书》要求府州县大批生产灭虏炮，同时提倡制造红夷炮。后者的技术难度与生产成本较高，故而建议有司先造式样风劝，鼓励士民捐输，出资造成者即为铭刻、旌扬。

　　明季内地守城守堡确需火炮。据崇祯十年（1637）山西巡抚吴甡题本，崇祯八年三月山西正标二营官军征剿流寇，"随营大炮二十余位，至回镇辄报遗失四位"。经调查，实则"乡民筑堡拒寇，苦少铳炮火药，每遇官兵出征，往往重价贿买，而军兵私相鬻送，事常有之"[1]。足见当时

① "中研院"历史语言研究所编：《明清史料·乙编》第三本，上海：商务印书馆，1936年，第217a页。

山西地方火炮之缺乏。

北直隶的情况与此类似。崇祯十一年（1638）二、三月间，总监真保等处太监方正化巡视霸州（顺天府）、易州（保定府）、井陉（真定府）三道下属六十三处州县防御事宜。四月方氏上疏，开列各州县"修练储备"清册。[①]火器最多之保定府城（清苑县城）计开铜将军1位、威远大炮31位、灭虏炮319位、三眼枪346杆、新制平虏炮99位、新制威远大将军19位、新制三眼枪60杆、万人敌100桶，火罐645个，外加铅弹、铁弹、火药、硝磺等消耗品。真定府城（真定县城）计开威远炮40位、灭虏炮182位、三眼枪650杆、万人敌462桶、火罐4616个。其余州县等而下之。十处州城火器稍多，霸州为最，凡灭虏炮110位、三眼枪610杆、万人敌120桶、火罐1870个。其余五十余座县城的守备火器大都不过是灭虏炮二三十门、三眼枪一百至三四百杆，外加万人敌、火罐若干而已。按《保民四事书》要求，灭虏炮"大城造得五百位，中城得三百位，小城得一百五十位"，与现实相去甚远。全部六十三处州县，包括两座府城，全无一门红夷大炮。

地方守御亦有成功之例。前引方正化奏疏，以修练储备成绩突出，举荐三人，首推雄县知县张秉礼。崇祯九年八月，雄县为入关清兵攻陷。方正化谓残破之余，张秉礼造成炮架、炮车，实用得力。崇祯十年，雄县率先建成两座"西洋锐角大敌台"（仿欧式棱堡），开中国内地实践欧式防御工程之先河。[②]不过崇祯十一年初巡视之际，清册载雄县守城火器仅有灭虏炮30位、三眼枪95杆、万人敌76桶、火罐1600个。[③]崇祯十一年底，面对再次攻城的清军，雄县凭城用炮，竟得保全，在当时畿辅州县纷纷陷落之际，洵属特例。

按清代县志所载康熙九年雄县城内军器储备，火器凡西洋炮2位、

①　"中研院"历史语言研究所编：《明清史料·甲编》第十本，铅印本，1931年，第906b页。

②　郑诚：《守圉增壮——明末西洋筑城术之引进》，《自然科学史研究》2011年第2期，第129—150页。

③　"中研院"历史语言研究所编：《明清史料·甲编》第十本，第901—915页。

神威炮4四位、威远炮4位、大涌珠炮103位、涌珠炮401位、佛郎机铳30杆、三眼枪130杆、单眼枪225杆。[1]入清后雄县并无战事，上述火器主要应为明季遗存。可知崇祯十一年至十七年间，雄县火器数量大幅增长，远超《保民四事书》要求。如此成绩，主要应归功于地方豪绅马维城与知县张秉礼、曹良直的成功合作。自上而下的"修备储练"政策，仍属次要因素。

三　灭虏炮源流

　　所谓灭虏炮，由何而来？明朝前期火炮以铸铜为主。隆庆四年（1570），蓟镇总兵官戚继光（1570—1583在任）制造重型佛郎机铳（提心式后装炮），谓之"无敌大将军"（母铳铜铸、子铳熟铁打造），用以替代明朝前期传统铜制前装大将军炮。万历十四年（1586）顷，永平兵备道叶梦熊（1531—1597）借鉴无敌大将军炮熟铁子铳形制，加大体量，改造为熟铁锻造前装炮。此类熟铁火炮，重型者仍按惯例称"大将军"，时人名之"叶公炮"，轻型者曰"灭虏炮"，实则大同小异。蓟辽边镇随即按式大量生产。万历二十年（1592）蓟州丰润县局天字款锻铁大将军炮实物，长约1400厘米，口径约11厘米，倍径（铳膛与口径之比）12，重约三百七十五斤（225公斤）。除火门前后包裹粗铁箍外，铳身共有细铁箍九道，第九道箍两侧有耳柄。同批次叶公炮亦有刻作"仁字"号者，形制基本相同。前引《保民四事书》提及"山西平定、盂县等处，铁炭俱便，工匠尤多。"山西博物院现藏锻铁炮一门，铭文作"万历甲午（1594）盂县知县杨希古督造"，形制与万历二十年天字款大将军炮相同。足见当地冶铁兴盛，火器制造能力非比寻常。

　　万历十五年（1587）顷，辽海东宁边备道栗在庭（1538—1598）于辽阳按式仿造叶梦熊之灭虏炮，"每炮一位长二尺（按，约77厘米），用净铁九十五斤，箍五道，唐口二寸三分，每道箍一寸五分"。铅子散弹"一发

---

[1]（清）姚文燮：《雄乘》卷上，中国科学院图书馆藏抄本，叶75a—叶75b。该书于康熙十年修成。

可五六百步"①。这种轻型火炮与隆庆间戚继光（1528—1588）创制的锻铁虎蹲炮体量相似。壬辰战争（1592—1598）时，约有数百门锻铁大将军及灭虏炮随东征明军投入朝鲜战场。此外，最初的威远炮也是万历年间北方边镇改造叶公炮、灭虏炮，除去外箍后打造的轻型锻铁前装炮。②

《保民四事书》三次援引崇祯三年昌黎县成功守城、击退清兵的经验。按昌黎教谕马象乾（？—1644）《昌黎战守略》（1630），昌黎城内遗留万历年间东征朝鲜时所造火炮，崇祯三年正月用之轰击退敌，功效甚著。③昌黎守城火炮，当即壬辰战争时期所造锻铁大将军、灭虏炮一类。

崇祯八年至十三年间（1635—1640），南直庐江知县耿廷箓，"崇以浚筑城濠为务，火药铳炮，储积甚多"④。所造火器有地雷、灭虏炮、斑鸠铳等。"灭虏炮采闽铁之良者，按叶公梦熊旧式炼成，火候工力，殊绝寻常。"⑤地方造炮往往因陋就简，"寻常之器"恐难保证品质。故《保民四事书》言灭虏炮"一位装点二三次，则膛热弹镕，甚致炸裂为患"，"五百位之多，才收一百位之用"。

明清时代的北京既是王朝首都，也是极为重要的军事基地。崇祯四年（1631）闰十一月，京营总督李守锜奏报查验工部修理十六门军器，火器部分，凡大灭虏炮 14 位、铁佛朗机 98 位（配铁提炮 487 个）、灭虏炮 149 位、虎尾炮 229 位、涌珠炮 2201 位、连珠炮 2877 位、百子炮 15 位，加箍灭虏炮 1381 位，总计 6964 位（表 2）；"俱系旧物，新修琢磨，

① （明）栗在庭辑：《九边破虏方略》卷一《灭虏炮车图式》，日本国立公文书馆藏明刊本（据台北汉学研究中心藏影印本）叶 24b。
② 郑诚：《从佛郎机到叶公炮——明代后期火器技术之演变》，中国社会科学院历史研究所等编：《第七届中日学者中国古代史论坛文集》，北京：中国社会科学出版社，2016 年，第 285—335 页。
③ （明）马象乾：《昌黎战守略》，（清）韩霖辑：《守圉全书》卷一，《四库禁毁书丛刊补编》第 32 册影印上海图书馆藏崇祯九年刻本，北京：北京出版社，2005 年，第 478 —479 页。
④ 顺治《庐江县志》卷四《名宦》，中国国家图书馆藏顺治十三年刻本，叶 54b。
⑤ （清）陈弘绪：《送庐江令耿君之耀州序》，《陈士业先生集·鸿桷集》卷一，《四库全书存目丛书补编》第 54 册影印中国科学院图书馆藏康熙二十六年刻本，济南：齐鲁书社，2001 年，第 491 页。

油饰光彩而已。"①

表 2　崇祯四年工部修理北京十六门军器

修理地点	外城宣灵庙安国寺	将军教场后广慧寺	内城崇玄观	延福宫	玄宁观	合计
原存地点	永定左安广渠东便四门	宣武右安广宁西便四门	安定德胜西直阜成四门	朝阳东直二门	正阳崇文二门	
大灭虏炮	14	—	—	—	—	14
铁佛朗机	98	—	—	—	—	98
铁提炮	（487）	—	—	—	—	（487）
灭虏炮	11	15	109	2	12	149
涌珠炮	795	340	673	42	351	2201
虎尾炮	69	—	100	6	54	229
加箍灭虏炮	670	340	101	40	230	1381
连珠炮	579	774	849	233	442	2877
百子炮	—	—	15	—	—	15
合计	2236	1469	1847	323	1089	6964

以上火器仅是库存旧炮。其中大灭虏炮或为锻铁大将军炮，灭虏炮、加箍灭虏炮、涌珠炮体量等而下之。

万历二十四年（1596）顷，西宁兵备道刘敏宽新造涌珠炮，"长一尺七寸，围八寸，重四十五斤"，"内装生铁子四十，各重一两。铅子十，各重一两。掩口大铁子一，重一斤二两"②。推算计得铳长54厘米，口径约6厘米（俱掩口铁弹重量），重27公斤，也可视为小型灭虏炮。

张同敞（？—1650）辑《三甲兵书》载火器图说，其中百子炮（图5）、虎尾炮（图6）类似传统铜手铳，药室突出，铳管稍长，支架托举，可旋转射击；连珠炮有两种，一即百子炮，一为体长三尺的加箍轻型直

① （明）李守锜：《督戎疏纪》卷四《奏验过十六门军器疏》，京都大学文学研究科图书馆藏崇祯九年刻本叶68a—71b。《督戎疏纪》系孤本，刊载崇祯元年十一月至九年四月李守锜任京营总督期间奏疏，史料价值甚高，涉及己巳之变的材料，尤为重要。笔者拟另文专门讨论。
② 乾隆《西宁府新志》卷一八，中国国家图书馆藏乾隆刻本，叶6b。

筒炮（图 7）。①

　　崇祯年间，京营配备的小型铁炮，多属神机营、神枢营之物，铭刻相应营队番号。清代遂将神机炮、神枢炮作为北京城中此类小型铁炮的正式名称（明代尚无此说），见载于《皇朝礼器图式》《大清会典图》等官书。嘉庆六年（1801）九月，京旗炮营尚存神机、神枢炮一千七百二十九位，令每年秋季轮流运往卢沟桥二百位，单丸演放。②按嘉庆六年神机炮、神枢炮存量推算，崇祯末年北京城内之小型直筒火炮当在二千门以上，当即崇祯间李守锜所谓灭虏炮、连珠炮一类。

　　按道光间京旗炮营参锺方（1793—？）《炮图集》（1841）记载：

　　　　神机、神枢炮，铸铁为之。前后若一，不锲花文。隆起四道，旁无双耳。当火门处，有双眼。系明崇祯年铸造。用火药一斤八两五钱，重铅子二斤八两。用白布一尺，将碎铅子包裹，以线麻一两缠结。火门双眼系用双股药线，使锥子透入火门，加以烘药二钱演放。不用地车，安放在紫朱月牙木枕上演放。大者长二尺二寸，小者长一尺八寸。③

　　1930 年，京旗出身的掌故作家崇璋（别名刘振卿）在《清代之炮》一文中写道：

　　　　神机炮，亦曰"小牛腿"，因其短也。又曰"藕节"，以其形肖也。未鼎革前，五龙亭海墙一带，弃置此物颇夥。然今各城门上及瓮圈内，尚有此物之踪迹也。炮之形作藕状，长二尺六寸，或一尺八寸，箍四道。其重或十余斤，或四十斤。其口如喇叭状，无照星，无花纹，铁制品也。④

①（清）张同敞辑：《三甲兵书》，傅斯年图书馆藏清抄本，无页码。
②中国第一历史档案馆编：《嘉庆道光两朝上谕档》第 6 册，嘉庆六年九月初六日，桂林：广西师范大学出版社，2000 年，第 370 页。
③锺方：《炮图集》卷一，北京大学图书馆藏道光二十一年稿本，无页码。
④［日］黑田源次：《神機火砲論》，《滿洲學報》第 4 号，1936 年 9 月，第 73 页。黑田源次引用刘振卿《啸庵续墨·清代之炮》，未注文献出处。按崇璋（初名崇锋），字振卿、焕卿，号啸庵，又署刘振卿，京旗镶红旗满洲人，家在北京什刹海一带，1920—1940 年代于北平地方刊物发表旧京风物、清代遗闻类文字甚多。1928—1930 年间北平《民言日报》副刊《朝暾》连载《啸庵续墨》（署名"是我"），即崇璋所撰，多为清代掌故。1930 年 3 月 1 日至 3 月 26 日，《啸庵续墨》连载《清代之炮》，不乏稀见材料，值得研究者重视。"神机炮"一节见载《民言日报》1930 年 3 月 19 日第八版。

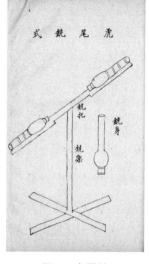

图 5　百子铳（连珠炮）　　　图 6　虎尾铳　　　图 7　连珠炮、渔鼓炮

1931（民国二十年），北平市政府应允拨付历史博物馆旧炮一千一百九十余尊，"全在旧都城上，明崇祯十四年神机营及神枢营所造居者其十之六七。其中有标记年号及神机、神枢某营某司队者，有仅标神机、神枢某营某司队者。崇祯二、三年造者亦有数尊"。本年三月，朱希祖、陈寅恪、徐中舒、裘善元致函中研院，请求补助运费千元，以便移运北平市内铜铁古炮，入藏历史博物馆。[①] 历史博物馆邀请刘半农主持火器编目工作。《国立中央研究院历史博物馆筹备处二十年度报告》刊载第 1257 号至 1459 号古炮简目，开列来源、长度、铭文。[②] 1935年，兵刑陈列室及古火器陈列部，共陈列铜铁古炮 1511 尊，火药、碾钵、炮车、封口炮弹等 22 件，同时完成全部绘图勘量工作，准备出版专书。[③] 1945 年 3 月，馆藏 1408 门铁炮为日本占领军掠夺，下落不明，大

① 傅斯年：《国立中央研究院历史博物馆筹备处十九年度报告》，欧阳哲生主编：《傅斯年全集》第 6 卷，长沙：湖南教育出版社，2003 年，第 238—242 页。引文出朱希祖等联名函件。

② 傅斯年：《国立中央研究院历史博物馆筹备处二十年度报告》，欧阳哲生主编：《傅斯年全集》第 6 卷，第 308—317、404 页。

③ 傅斯年：《国立中央研究院历史博物馆筹备处二十三年度报告》，欧阳哲生主编：《傅斯年全集》第 6 卷，第 477 页。

概化为铁水了。①

1958 年，北京城内又发现数百门小型铁炮。金受申撰文提及：

> 在北京内城的东北城和西北城，挖出来的铁炮，就有几百个，
> 只安定门内一条窄窄小胡同"小炮局"里就挖出来 34 个，每个都重
> 二三百斤。……过去叫炮局、火药局的，地下就有古炮。这炮是什
> 么年制造的呢？从现有的古炮来看，大部分是明末和清初制造，炮
> 上有"崇祯"字样的居多。②

按金受申的说法，收集这些"铜铁废料"是为了炼钢及支援工业、
抗旱。大炼钢铁时期发现的这批古炮恐怕全为销毁。

根据实物及图像材料，上述小型铁铳大致可分为宽箍、窄箍、火门
加箍三种类型。

宽箍型。按原北平历史博物馆藏品（图 8），直筒铁铳，全长 893 毫
米，口径 85 毫米，外径 200 毫米。铳身有三道宽箍。阴刻铭文"崇祯
十四年十月记标右十四号头司头队"（铳口正面管壁）、"右营头司头
队"（铳身）③。目前中国长城博物馆（八达岭）也藏有数门此类铁炮（图
9），锈蚀严重，未见铭文。

图 8　崇祯十四年款宽箍型小铁炮　　　　图 9　宽箍型小铁炮
（北平历史博物馆④）　　　　　　　　（中国长城博物馆）⑤

---

① 李守义：《民国时期国立历史博物馆的展览》，《文史知识》2012 年第 8 期，第 26
—35 页。
② 金受申：《埋在地下的古炮》，《北京晚报》1958 年 11 月 4 日第三版。
③ [日]黑田源次：《神機火砲論》，第 73 页，图版十三、十四。
④ 同上注，图版十三。
⑤ 笔者摄影。

　　窄箍型。按原北平历史博物馆藏品（图10），直筒铁铳，全长828
毫米，口径70毫米，铳口外径150毫米。铳身有三道窄箍。炮口正面
管壁阴刻铭文："神机六营三四贰司头队"。炮身阴刻铭文："崇祯十四
年十月记神机六营二司头队一□一"。[①] 延庆永宁镇火神庙原为明代旗
纛庙，绘有表现明代战争场景的壁画。[②] 东山墙壁画中的三门火炮，铳
身直筒，外加三道窄箍，与图10无异。张同敞《三甲兵书》插图表现之
三窄箍"连珠炮"亦与此型相似。1934年，三上次男在宁古塔郊外获见
一门直筒铁炮，长二尺七寸五分（约880毫米），口径二寸二分五厘（72
毫米），外加五道铁箍（一在铳口处），近底处有两个火门孔。阴刻铭文：
"西七营头司头队"（铳口正面管壁），"崇祯十四年十月记神机七营头
司头队天字六号"（铳身）。[③] 锺方《炮图集》所载神机神枢炮之图即有
五道窄箍（图11），与三上次男所摄宁古塔铁炮照片如出一辙。

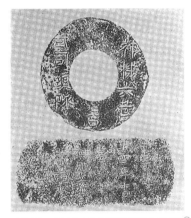

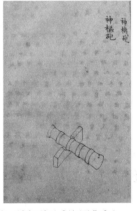

图10　崇祯十四款窄箍型小铁炮[④]　　　图11　神机炮、神枢炮（《炮图集》）

　　火门加箍型。中国人民革命军事博物馆藏品（图12），直筒铁铳，全
长82厘米，口径8厘米，铳口外径22厘米。铳身四道窄箍，火门前后加

---

① [日]黑田源次：《神機火砲論》，第73页，图版十一、十二。
② 延庆县文化委员会编：《妫川壁画——探密藏在残垣古庙内的妫川文化》，北京：
中国商业出版社，2010年，第114页。
③ [日]三上次男：《明崇祯十四年銘のある大砲に就いて》，《歷史學研究》第6卷
第5号，1936年5月，第101页。
④ [日]黑田源次：《神機火砲論》，图版十一。

箍如竹节状，并与铳尾连为一体。铭文作"崇祯十四年拾月记神机营四营三司头队二号。"[①] 颇疑这一类型即李守锜奏疏中所谓"加箍灭虏炮"。

图 12　崇祯十四年款火门加箍型小铁炮

以上崇祯十四年款诸炮铭文所载诸营，均属明末京营卫戍部队。崇祯十五年（1642）闰十一月，兵部右侍郎协理京营戎政王家彦（1588—1644）巡视京外守备，所见兵部标兵、神机、神枢、五军诸军下属二十营，分守十一处信地。其中标兵右营（"标右"）将领为宋天禄，军丁二千五百有余，信地在阜成门外迤南锦衣卫校场。神机四营将领为唐钰，率军丁约四千人，防守西便门迤南。神机六营中军锺世英与另四营合兵六千七百余人，信地在东直门之牛房村。神器七营赵光祖军出防通州。[②] 各营信息可与前述四门小型铁炮相印证。

① 王全福：《军事博物馆藏明代火器》，《文物春秋》2018 年第 5 期，第 67—77 页。
② （明）王家彦：《王忠端公集》卷六《察阅城外列营疏》，《四库禁毁书丛刊》集部第 162 册影印上海图书馆藏顺治十六年刻本，第 611—612 页。按，兵部标营参将冯源淮领军二千余名列营正阳门外，卫戍皇城并策应内城七门。冯源淮系冯铨（1596—1672）长子。

明末小型铁炮迄今在北京周边地区屡有发现。直筒，外箍或三或四，全长不超过1米，俗谓之牛腿炮、竹节炮。传世品或是熟铁锻造，或为生铁铸造（成本更低），当即《保民四事书》所谓灭虏炮的实际形态。明末灭虏炮／神机炮样式简单古朴，又与15世纪欧洲流行的多箍熟铁炮颇有相似之处，无铭文者有时会被误视为明代前期制品。

四　再论红夷炮

明末欧式前装火炮传华，直接影响明清鼎革进程，久为学界瞩目，研究成果相当丰富。学者侧重考察明末从多渠道引进西炮、编译炮学著作、介绍技术知识、仿造西炮的复杂过程，西炮在宁远、锦松、江阴等若干重要战役中的作用，以及明清之际主要武装集团（明、清、郑氏、吴三桂等）运用西炮能力的消长。

所谓红夷炮（或称西洋炮、神威炮），即17世纪前叶中国引进，继而仿造之欧式前装炮。主要形态特征为炮管较长，倍径大，铳管厚；炮身有锥度，前弇后丰；铳身两侧有炮耳，铳尾突出，非平底。明末仿造之红夷炮，按材质区分，主要为生铁铸造、青铜铸造，以及复合金属造（铁心铜体，或双层铁）三大类。[①] 其中生铁炮成本最低，数量最大。明末红夷炮与传统火炮的关键差异在于铳身体量。前述锻铁大将军炮，即万历后期蓟辽明军常规火炮中体量最大者，全长约1.4米，口径约11厘米，倍径12。红夷炮的长度基本在1.5米以上，多超过2米，大者逾3米。《保民四事书》谓"若能成造红夷，其至小者高七尺以上"。即长度需超过2.2米。红夷炮倍径一般在17以上。口径则多在10厘米上下，炮管管壁较厚。相比明军传统火炮，红夷炮装填火药更多，射程更远，杀伤力更大。如配套使用欧式铳车，操作更为便捷。崇祯间葡萄牙军士训练之登州炮兵，或能熟练使用铳规、铳尺，射击技术更为精密。

16世纪前叶，欧式前装炮即随葡萄牙武装商船传入东南沿海地区。明人初谓之发煩（音译葡语falcão），通过缴获品加以仿造。不过16世

---

① 黄一农：《明清独特复合金属炮的兴衰》，《清华学报》第41卷第1期，2011年3月，第73—136页。

纪后期明朝自制发熕未向大型化发展，常规产品仍是 500 斤以下的轻型炮。[①]16 世纪中期，葡萄牙人寄居澳门，自称来自西洋，故其铳称西洋大炮。17 世纪初，荷兰、英国东印度公司舰队先后来华，与沿海明军发生冲突。荷人、英人被称作"红夷"，舰载之铳，相应得名"红夷大炮"。无论称呼如何，实际皆为欧式前装炮，并无本质差异。

　　17 世纪红夷炮之引进，自万历末年以降，大体经过调运原装西炮入京（来自澳门葡人、广东沿海欧洲沉船）、北京兵仗局、蓟辽边镇仿造，两广总督、福建巡抚仿造北运，内地督抚仿造几个阶段，具体事件时序略有交叉，大批量仿造已在崇祯元年（1628）之后。[②]从广东北运的红夷炮到达北京后，多发往蓟辽前线。崇祯四年（1631）十一月，京营总督李守锜上疏，反对顺天巡抚傅宗龙调拨红夷炮二十位之请，谓城内红夷炮"通计营贮者止六十九位耳，其中除惊损裂纹不堪济用之外，不满六十位矣"。[③]

　　约略同时，天聪七年（崇祯六年，1633）七月，参将祝世昌上奏皇太极，建言"若攻打城池，必须红衣大炮。今算我国红衣炮新旧并船上、旅顺所得者三十多位，留四位沈阳城守，其余尽皆随营攻战"[④]。当年四月孔有德等率炮兵部队归降后金，六月后金军攻陷明军要塞旅顺，守城红夷炮皆为缴获，后金炮兵实力大增。尽管明朝拥有的欧式火炮总数远超后金，却不能不分散布置，且需优先拱卫京师。后金则可集中炮位，

① 郑诚：《发熕考——16 世纪传华的欧式前装火炮及其演变》，《自然科学史研究》2013 年第 4 期，第 504—522 页。
② 详见黄一农：《欧洲沉船与明末传华的西洋大炮》，《"中研院" 历史语言研究所集刊》第 75 本第 3 分，2004 年 9 月，第 573—634 页。黄一农：《明末萨尔浒之役的溃败与西洋大炮的引进》，《"中研院" 历史语言研究所集刊》第 79 本第 3 分，2008 年 9 月，第 377—413 页。黄一农：《明清之际红夷大炮在东南沿海的流布及其影响》，《"中研院" 历史语言研究所集刊》第 81 本第 4 分，2010 年 12 月，第 769—832 页。
③ 崇祯四年十一月初六日具题，初八日得旨"大炮准量发四位"。参见（明）李守锜：《督戎疏纪》卷四《查议京营贮炮疏》，京都大学文学研究科图书馆藏崇祯九年刻本，叶 62a—63a。
④ 罗振玉录：《天聪朝臣工奏议》卷中，《史料丛刊初编》，东方学会铅印本，1924 年，叶 29b。罗振玉整理所据之天聪六年七年奏疏稿抄本，今藏俄罗斯国立图书馆写本部，系满铁大连图书馆旧藏，凡二册，索书号 Φ.184.I.1，Φ.184.I.2。

灵活运用，主动选择战场，各个击破。

崇祯末年，皮岛、松锦相继陷落，明朝军队掌握的红夷炮集中在宁远、山海关、蓟镇、宣大、山西、北京城内，以及广东、福建。与张献忠、李自成作战的内地督抚，以及南京、扬州等军事要地，也拥有少量红夷炮。至于一般内地州县，拥有数门重型长管火炮，即属难能。

闽广冶铁发达，既与马尼拉、澳门人员往来频繁，又与荷兰、英国东印度公司舰船接触冲突，得风气之先，且容易获得西炮样本并翻模铸造。天启间至崇祯初年，闽南一带州县，如晋江、同安、海澄、南澳纷纷建立海岸要塞，谓之铳台或铳城，装备重型火炮，防御海盗及荷兰战船。[①]

普通内地城市大都不具备自行生产加工重型火炮的能力。红夷炮究竟是何模样，明末多数州县官员恐无缘一见。现存天启、崇祯间明人仿造之欧式前装火炮，有铭文者约四十门，几乎全为生铁炮或双层铁炮，且采用中国传统块范法铸造，而非明末编译西方炮学著作介绍之欧式整体制范工艺。《保民四事书》提倡抚按"厚处资粮，广集能匠，分发道府，开局成造"，或士绅按式捐造。按现存实物铭文，督造者大都为总督、巡抚、总兵官之类高级官员，款识未见有士绅捐造者。红夷炮对明朝军队已是难得利器，用于普通州县守御者，恐怕相当有限。

明末地方造成之所谓红夷炮，实际形态差异甚大。如1928年井陉县西北城角出土一门崇祯十一年六月款"西洋护国将军"直筒铁炮，有炮耳，通长2.4米，口径11厘米。铭文开列太府军门以下官员，可见"井陉道中军守备指挥佥事殷□□□造"字样，及金火匠人姓名。[②]知为井陉本地生产。亳州市博物馆藏生铁炮一门，铸有"崇祯九年造亳州城上炮一位重七十斤"字样。长仅78厘米，口径11.3厘米。[③]铳身略具锥度，有铳耳、尾珠，若一微型红夷炮。山西长治县城隍庙藏有崇祯十五

---

① 庞乃明：《欧洲势力东渐与晚明军事工程改良》，《东岳论丛》2011年第7期，第31—38页。

② 王用舟修，傅汝凤纂：《井陉县志料》第十四编金石，36a—b，天津义利印刷局，1934年。

③ 冀光编著：《亳州文物珍宝》，北京：中国文史出版社，2008年，第210页。

知县颜习孔造双层欧式火炮，内层熟铁，外层生铁，通长 197 厘米，口径 7.5 厘米。至于火炮品质如何，坚固耐用与否，又全在工匠技艺，产品精工粗糙，往往相差悬殊。

《保民四事书》"备守具"条涉及之守城器械，大体未超出 16 世纪后期明朝东南沿海的技术水平。明清时期仿造欧式前装火炮，长期处于初级的仿型阶段。直到第二次鸦片战争期间，大沽口炮台的火炮配置尽管以红夷炮为主，也不乏灭虏炮一类直筒火炮。[①]19 世纪后期乃至 20 世纪前期，内地偏僻县城、村堡依仗之土炮（灭虏炮、红夷炮）、土枪（鸟铳、三眼枪）、土炸弹（火礶、万人敌），仍与《保民四事书》所载火器大同小异。

五、结语

迟至崇祯七年，"修练储备"已成为明廷推行的地方防卫政策。崇祯二年至十二年，清军先后四次（1629, 1634, 1636, 1638）深入畿辅，攻破州县数十处，明军损失惨重。崇祯十二年正月，济南府城陷落，尤为震撼。同一时期，内地民军蜂起，反复缠斗，州县城池亦多不守。崇祯十二年十月，明廷颁布《保民四事书》，正式将"修练储备"作为全国府州县主政官员考绩标准，试图以此增强地方自卫能力。《保民四事书》的出场，很大程度上意味着承认军事失败，官军无力御敌，地方必须自救。明末纷扰之际，不乏州县官员与士绅豪强精诚合作，成功抵御外敌土匪之例。无论朝廷是否颁布《保民四事书》，非常时期，修练储备固是地方自救之法。至于优劣成败，则因人因地而异。保民四事作为一项政令，最大的问题在于中央政府未能提供相应的财政与技术支持，抑或减免赋税之类的政策倾斜，以帮助地方政府加强防御力量。换言之，"既

---

① George Banks, "Chinese Guns," *Illustrated London News* 38, no. 1082（April 6, 1861）, p.325. 1861 年英国海军外科医生 George Banks 速写图像并撰文，所绘第 3 号炮类似明末神机炮，长约 76.2 厘米，口径 9.5 厘米；第 4 号火门加厚处作左竹节状，前膛有八道外箍，无铳耳，长 140.2 厘米，口径 9.5 厘米。G. Banks 谓均为锻铁炮。

要马儿跑，又要马儿不吃草"。即便出现成功御敌守城之例，主因亦在地方的内部需求与条件（如明季雄县造台用炮），而非外部压力。州县主政官员迫于考核压力，不能不有所表现。如缺乏当地士绅和民众的支持，官吏虚应苟且，劳民伤财，一旦遇敌，未战即溃，亦非偶然。

守城火炮方面，《保民四事书》要求地方尽量多造灭虏炮，提倡生产红夷炮。灭虏炮多为长度不超过一米的小型直筒铁炮，自1590年代便是蓟辽边镇明军常用之物，成本较低，生产难度不高。红夷炮即欧式前装火炮，多为超过两米的重炮。自万历末年明朝引入红夷炮抵御后金至崇祯十二年，红夷炮尚处于本土化的早期阶段，地域分布极不平衡。闽广地区仿造红夷炮相对成熟，已可大批生产北运。北方的红夷炮则集中在蓟辽前线。虽有个别州县运用西炮成功御敌之例，对于多数内地城市而言，红夷炮不过传说之物，不克救急。一般州县有可能大规模装备的火炮，仍然是灭虏炮一类的轻型火炮。这些火炮炮身短小，火力弱，射程近，且炮管质量难以保证，故需以数量取胜。后金—清军自万历末年与辽东明军作战，即能熟练应对灭虏炮一类小型火炮，且屡屡取胜。州县乡兵运用同类火炮的防御效果，恐怕不能高估。无论如何，《保民四事书》作为一份重要的历史文献，内容颇丰富，值得从多角度深入研究。

附录、辑本《保民四事书》①

守城全书卷之十

守之训
守训之一庙算

钦定保民四事书内修城堡十条（崇祯十二年）

一、各府州县城垣分上中等。上等须要高三丈五尺，根阔三丈，顶

① 据《守城全书》（辽宁省图书馆藏抄本）卷一〇录文。原文繁体竖排，改作简体横排，加新式标点。原书双行小字，改作单行，置圆括号内。疑误之字加圆括号，后附改正之字加方括号。

收一丈八尺，方堪施展守具，制御寇虏。中等亦要高二丈五尺，根阔二丈五尺，顶收一丈五尺，始为合法。若不及二丈五尺，俱为下等，不堪守御矣。须要量其根脚，帮筑宽阔，然后次第加高。如系土城，必要用砖包砌。一时不能砖砌者，先建附城敌台，约每城一面，多则建五六座，少亦建三四座。度两台相望，远不过三百余步，中间炮火相交，可以顺城照打，贼自不敢攻城。其城上垛口亦用大砖更砌。如此，虽土城亦可暂恃无虞矣。少俟时暇力裕，必砌砖城，乃为完策，不可因循。

一、附城敌台，古称马面，须要伸出城外，稍狭而长。长则城头火器弓矢多出一步，贼又远退一步。然至狭亦须以三丈为度，长加倍之，斯善矣。绝不可离城建台，恐为敌据，反射反打吾城。是不能御敌，而反为敌资。边方屡有以此失事，切戒切戒。

一、城上安垛，古名女墙，每垛须宽一丈，开一口。口不可太密，密则受贼箭、受喷筒、受扒援而上之处太多，人难站立，易于惊乱。惟敌台垛口，分别三面。其正面疏密略仿大城，若左右隅面，不妨稍密。是吾射打之所从出，而敌不能有加者也。至每一垛口用一悬帘，帘亦有架，撑出垛口之外。如穷乡小邑不能备悬帘者，以絮被蘸水，湿而悬之。又庚午岁昌黎御奴，悬木挨牌，外加秫秸把子一层，用水蘸湿，赚取奴箭甚多，亦一法也。

一、城外凿池，南方深广，储水不涸为上。北地少水，须离城三丈许凿壕，深一丈五尺以上，广二丈以上，可限车马为中。壕内岸上筑起短墙，古谓之羊马墙，须高七尺，根厚五尺，收顶三尺。每三丈下开炮眼一个，上斜开箭眼一二个。如遇贼近，可就此射打。倘大城不及上中，则丈尺必须酌减。古称凿斯池也，筑斯城也，即以壕土成墙，原非二事。此墙既成，有急亦可收敛乡村士女。近岁虏寇所经，业有见其效者。若见在有壕逼近城脚，须往外开深广，务如前法为善。

一、城门之外，必要瓮城。或开两门通行，有警封闭一门，止用一门，转折内向，收放出入为便。凡无瓮城者，定要添筑，毋得因循。瓮城门口安置吊桥，桥内两傍另筑护门。角台上置火器，以防贼攻。如一傍附近大城，则止筑一傍角台，即附瓮城而伸出其外，断不可少者也。

　　一、大城外面相近咫尺之地，不许建造房屋，种植树株。如已有房屋树株，可为贼藉扳登者，悉行拆卸砍伐，不许存留。如或阻山临水，阛阓市廛，年久众盛，不可拆卸者，当另议保障之法，实团御侮之兵。又不得滋庸闇有司，妄信胥役朦禀，藉端勒诈之害。有察吏安民之责者严之。

　　一、固圉保民，城隍为第一要务。城州县必当鼎建新城。其有城者必当加高帮厚，成一坚完可保之城，决不当惮劳怯费，因循不为。为之之费，首搜括于官府，次捐助于士民，不足则必量派地粮，量抽商税。凡以地方之物力，缮地方之城隍，而救地方之生命，其劳其费，只在一时，而及其成功则万世之利赖也。

　　一、州县所辖四境，往往有数百里之遥。一旦寇至，欲举数百里之人民而收敛城内，万无此理。然则何以处之？盖必广置墩堡，以为城郭之羽翼，而联村落之声援。此不须官为措置，但悬令风劝，听村落之人自为之。小者为墩，必高出民居之上，有急可登而避。大者为堡，必周匝民居之外，有急可扼而守。不拘士庶之家，有能捐资独建保护一方者，以其父老子弟合力成之者，抚按访其倡首，给以（官）〔冠〕带荣身，或给文树碑传之，世世不朽。

　　一、建堡之效。查嘉靖中，尚书杨博曾创为墩院之制，中为一墩，四面筑一墩，四面筑一小城，极宽不过十丈。大率每村一二十家共筑一座，或有力者能家筑一座，亦从其便。费少易成，地狭易守。虏尝拥众数万，突入凉州，一无所掠，卓有明验。近据生员纵九逵奏，所居孟家村户约有五十家，人约有百十丁。其父老虏有贼虏之患，奔波之劳，谋筑敌台一座，高可五丈，周广二十余丈，中系空心，凡五（启）〔层〕，可容男妇一二千。离台数丈即为堑坑，堑坑之土即为女墙，俱有炮眼。台上四面俱为飞斗，中藏瞭望，以便掷放火礶、轰雷，不惧反风并敌贼箭射。又各捐资置买弓箭、火礶、铅子、火药、火炮、鸟枪等项，预为演习。所以虏贼攻取此台五六日，台上与之敌对，贼竟不能奈何。计算筑台之费，止用积两岁所余之柴薪，可以陆续烧砖二十余万。其他各项杂费不上二百余金。一村如此，村村俱可如此。三里五里一村，则三里五里俱可一台。大村独力可举，小村二三村阖力可举。相与犄角，互为救援，房贼即有巨万，不能旷日持久，攻于星罗棋置之敌台内也明矣。一建堡之法，莫详于嘉靖中蔚州进士尹畊所著之书（已有总录）。

钦定保民四事书内备守具六条

一、各府州县城郭既完，墩堡既立，非火器不能守也。火器之中，为先备灭房炮为要。此炮身高二尺四寸以上，重一百四十五斤者，工费不多，点放平稳，苗头能打三四里外，最为战守利器。大城造得五百位，中城得三百位，小城得一百五十位，可以巩固无虞。盖每炮一位，必得三四位齐装弹药，更番点放，方免装点空隙，为贼所乘。且一位装点二三次，则膛热弹镕，甚致炸裂为患。故得五百位之多，才收一百位之用，非漫谈也。若能成造红夷，其至小者高七尺以上，一门可当灭房数十，尽地方物力造之，多多益善。此器在南方，则闽广善；在北方，则山西平定、盂县等处，铁炭俱便，工匠尤多。各该抚按当厚处资粮，广集能匠，分发道府，开局成造，护守城垣。此为第一急务。若虑钱粮无出，必须鼓舞捐输。有司先造式样，计算工费若干，刊布风劝。士绅人等有愿捐造者，炮上即刻本人姓名，传之久远。仍具奏报，酌其多寡，分别旌扬。其墩堡士民有愿置造者，许输值于官局之内，成造与之。或自募工匠，附官局中另造，亦可造成，即刻某人捐造于某墩某堡字样，传之久远，守而无失。如此既得守御之资，仍不犯私造之禁，法之善者也。

一、鸟铳、三眼枪为灭房炮之羽翼。南方习于鸟铳，命中称奇。北方习三眼枪，从人丛中打放，又更番装点，较鸟铳为便。此二器随便用之，大约大城须备鸟铳一百门，三眼枪一千门。其中城小城各备三眼枪，多者七八百门，少亦五六十门，方足应用。鸟铳有无多寡不必拘，以其稍难习也。此二器与灭房、红夷等炮俱属长兵。贼在一二里外，可放灭房，四五里外，可放红夷。若至一二百步，则鸟铳、三眼枪得其用矣。枪炮既备，须用大小铅子，比对炮口相合者，各备数万斤，多多益善。粗细火药数十万斤，多多益善。即最少，州县亦必各备万斤以上，不许短少。

　　一、火礶、万人敌，为贼逼攻城，第一必用之器。火礶者，以瓦礶封贮火药，掷下烧贼。每礶可贮十余斤。礶要轻薄，一跌即碎。药用松香粘着之物，着人烧人，着马烧马。贼近攻城十数步内用之。或刨挖城根，非此不能烧杀也。万人敌，以木桶为之，大于（大）〔火〕礶二三倍，用药数十斤，火绳穿其腹。贼近攻城、刨城，用与火礶等，而猛烈加倍。此二器守城第一必需。大城火礶五千个、万人敌五百个，中城火礶三千个、万人敌三百个，小城火礶一千五百个、万人敌一百五十个，庶足用。有缺即补，不许短少，能多备者更善。

　　一、滚木礌石，亦守城必需之物。滚木今但用粗重楞木，置城垛上。遇贼扳城，即滚下置。尹畊《堡约》名曰冲木。石有数种，尹畊《堡约》一曰炮石，一曰陴石。今按炮石即飞炮也。蜀人谓之七梢炮。奢贼围成都时，全用此石破之。悬石大者不拘磨扇、碾盘、辘轴、碓臼，皆可用。贼用冲车攻城，以此压之。如坚车厚版蒙生牛皮，压之不退者，急用烧酒、香油之类，倾下，点火烧之，生皮立卷，贼计破矣。不退，再用镕滚铁汁灌下，虽数层版木，无不立穿。如止恃悬石，无油酒铁汁，难尽破也。掷石，即拳石，南方谓之鹅卵石，蓟门谓之水光石，辽东谓之把手石。此石多积城头，男子无论老弱皆可用。信手发去，其势如雨，贼自难当。如城外有偏坡，专用圆石滚去不止者为善。总皆礌石之义也。

　　一、用红夷大炮，必备炮车，于敌台及城角台上点放。车用两轮，以便旋转，削木为垫，加减高下，以准苗头。如用灭虏炮，必剒木为槽，谓之炮母。盛炮令稳，离槽后二三尺许，积土为小堆，以防后坐。不可用石，石与炮相撞击，必坏垛伤人。其鸟铳、三眼枪，用火绳点放，必砌小砖洞藏火，以避风雨。大小铅子选将三十出，火药分量称就三十转，各用布袋盛着，另行封记，以免仓促致误。如遇有警，城守之时，每五垛备大水缸一口，盛水令满。缸旁置故衣破絮，时常蘸湿防备，失火即持此救之。其火礶、万人敌，放时用托板推出为便。托板如板凳形，长五六尺乃可。昌黎御奴，守城不拘鐯刀、钢斧、铁锤、挠钩、短棍，遇贼攀城，砍打立下。一处坏垛，即用坚厚门扇以挡其外，布袋盛土，以实其里。故夫炮车、炮垫、炮槽、土堆、砖洞，铅药、小袋、衣絮、水缸、推板、鐋刀、钢斧、钩枪、木棍等，皆守城必备之器也。其箭帘、挨牌已见前款，不再缀。若南方郡邑，临江阻水，远战拒贼，无逾大炮。扼要则铳台为急，迎击则炮船为先。战船之外，当如海上龙骨船之制，每只设炮二三层，前后左右，皆可施击，无嫌逆风。此近日尚书钱春题议，南都上下，百里之间，造舟练器，以此为要。他处亦可师其意而行之者也。

一、专恃火器，止能守而不能战。必兼教练弓矢，然后可以远战挫锋。不拘城市乡村，士农工贾，皆可练习。在该道府闲暇之时，躬亲阅武，悬示赏格，及格者偿之，不能者勿强。度每一月道府能以三日之暇，亲下教场，随意赏阅。有司亦用此法行之，或一月之内，以数日亲历思乡，随地阅射，能者赏之，不能勿强。久之州县乡村，渐习无不利矣。南方不便弓矢，则有连弩、窝弓、见血封喉之药，当与角弓同习。欲考其呈，则在巡按御史巡行之处，必留数日考射。不拘官舍士民，但能操弓挟矢者，俱许当场报名。躬亲阅射，不能涂塞故事，分委衙官。即以射矢之多寡、命中之优劣，定道府有司之殿最，另具奏闻，是一激劝之法也。

钦定保民四事书内储粮草五条

一、军兴之际，粮草为先。除客兵经过，动支行盐刍豆应用正项钱粮外，其府州县如遇有警，率众登陴，寇贼临门，采责不易。一应粮草，必须自行处备。备粮之道，尤以积谷为根本，省直地方，间有抚按积谷，司道积谷者，仓在某处，粮有若干，果否本色，见存合行查核报部。其府州县积谷，岁有定额，要查节年存贮若干，今后续积若干，岁一报部查考。大约大府储量十万石，中府储量六万石，小府储粮三万石。大州县储粮三万石，中州县储粮一万五千石，小州县储粮一万石。不足此数者积累取盈，已满此数者新陈相易。此该府州县社稷民人之大命，万万不可缓图者也。其草束多者十万束，次则六万束，又次三万束。北地便用马兵，多多益善。南方马少量减无妨。以上须查见令崇祯十二年分有无多寡之数，奏报一次清册送户部兵部，以后岁一查盘册报，不许玩违。

一、积谷之法，专储本色，兼收杂粮，不拘稻粱菽麦，但可糊口充肠，俱照时估收存，以备急用。惟不许有司借名科罚，折银润囊。抚按司道，密访严查，但有罚谷折银者，拏问追赃，不容姑贷。即良有司登报积谷折银在库，未买本色上仓者，亦必严参降级，勒限买完。如或未完，不许复开升考。其委官查盘，必须真正盘量到底，不许受贿扶同，徒问仓斗，罚名了事。此法力行，而积谷不滋蠹耗矣。至各地方甚多，或为劣矜豪僧，霸占盗卖，或为仓攒斗级，串同侵欺。若严行查出，升合必入之公庾为官，物仍归于官，而无损于民，兼可储为民用者，又积谷之一助也。

一、多备粮草，储峙仓场，仍平日之事。如遇有警，率众登城，必须派拨乡村，埋锅造饭，一日三飧，人人饱喜，自能却敌无虞。查庚午岁昌黎守城，不论乡绅士庶，量家大小，每人分派垛口，或二十垛，或十垛五垛，一日三飧，供给不匮。小邑如此，大者可推。但恐城愈大，则人心愈不齐，法令愈不一，供给少不如法，误乃公事矣。莫若亦在平时，量力各捐食米，以备临时用之。此须有司劝谕士民，不拘大家小户，儋石盘盂，听行输纳，岁以为常。收掌付之善信，非值大兵大荒，不许擅动升合。有事之时，役贫民之力以守陴，发岁积之米以供食，则贫民心志得安，自能踊跃从命。如有贫甚不能赡家者，仍量分升合以赡之，决知贫民欣然效死而不辞也。昌黎法云，守城御敌，官员不必太严，只可商量，如同父子一般。些须义输赏赐，买人心和，何愁不保万全。此议尤为中肯，有司劝输，亦宜请事斯语也。又乡村作佛劝施法，先以一人为首，劝施十人。每人银止三分，米止三升，易办也。此十人者，每人各劝十人，则是一百人。数此百人者，每人各劝十人，则是一千人。数此千人者，每人各劝十人，则是一万人。数此万人者，每人各劝十人，则是十万人。数不论男妇老友，银止三分，积之是三千两。米止三升，积之是三千石。进于此而百万人、千万人之数，三万两、三十万两之银，三万石、三十万石之米，皆不难致也。此亦易知简能之事，有储办粮草之责者，不可以为近小而忽之。

一、近边各府州县，堡寨零星，村疃分散，遇有警最难收敛。合谕百姓，必种早禾，其所收子粒及一切头畜等物，亦须预为之地。如城中宽阔，可以蓄众，即令近城村寨收敛入城。如城中狭隘，不能多容，即于各堡寨中择其有险可据，而又道里相近者，酌量归并。幅员大、堡寨多者，多择数处。幅员小，堡寨少者，少择数处。但各该有司须要量其地方之广狭，度其道路之远近，预先分派停当。如某村某寨应收敛入城，某村某寨应归并某堡。务示使民通晓。凡有收获，可以预先运入城堡之内者，听其运入。又立为乡约保甲之法。乡约率领保长，保长率领各甲。又于各家门首，各给印信小牌一面，上书某村某寨某乡约某保长名下人户某人，一家共几口，应收敛入城，或应归并某堡。平时悬挂门首，遇警执牌以行。在各城堡验牌放进。既不致混入奸细，在本人又有所凭据，得以径入。倘有人户闻警不即趋入城堡，及趋入城堡而守城堡之人刁难不放入者，各乡约保长禀官究治。各乡约保长不能统帅者，有司惩处。有司玩忽不预行分派者，听该府按参处。此尚书张凤翼近年奉谕旨申饬者也。早禾种则先秋刈获，村堡并则粒食充盈，是又储粮草之道，即在并村堡之中也。

一、边腹卫所，各有屯田，隐占荒废，其来已久。前该本部题覆湖广巡按余应桂查绝溢加租之法。如绝军之屯，承种者不必皆军也，不夺其屯而止查其亩数，于本等屯粮之外，另酌加租。其见在官军，非绝军之比也。查官每员应得若干亩，过此为溢。军每名应得若干亩，过此为溢，亦不夺其屯而止核其亩数，于本等屯粮之外，同绝军一体加租。其租银较量肥瘠，每亩或三分二分不等，以此岁岁征输解之。该道计算募兵，与前款乡兵，合同训练，付中军把总统之。而原额卫军则仍令指挥、千百户如常操备。斯则屯地不容隐瞒，屯丁无从影射，亦可资其实用矣。今保定巡抚黎玉田题称，近畿之地，变者变，增者增，二项加租，不无掣肘。莫若于田宅多寡，均酌出办，不过奉派捐之。明旨劝谕，纳之舆情。计兵数与民口，大约五十家，或三二十家不等，共养兵一名。贫者愿力，富者愿赀，皆出诸乡保之舆论云。盖在卫所则绝溢屯租，在绅民则田亩间架。凡有军民之处，以此二法，相辅而行。如有豪右把持，奸猾巧避，该抚按在所必问。此虽非储积之粮草，而实养兵之先资，固围保民之本计，尤不可不着实行之者也。

钦定保民四事书内练兵壮五条

一、各府州县选练乡兵，先该本部题议行该管有司责令乡约保甲，查照牌门册籍，自选壮丁呈报。凡府合附郭县，以二千名为率，州以一千五百名为率，大县一千二百名为率，小县八百名为率。内立伍长什长，队长哨长，使之心志相联。再于有工食民壮中，府选百名，州选七十五名，大县选六十名，小县选四十名，立为教师。凡枪炮弓矢，令其习熟，分统各丁。每月初二、十六日，齐集教场，操练技艺，有司量行赏罚，以示激劝。务使聚则为旅，可任干撒；散则为农，不妨本业。仍将练过乡兵姓名数目，申报抚按，转报臣部，以凭查考等因。去后未见着实遵行。又有谓练民兵少不济事，有名无实，一府当有万人，大县当用五千，小县当用三千者。查古兵法守权之说，城一丈十人守之，出者不守，守者不出。千丈之城则万人之城是也。今不分府州县，但以城之丈尺制兵之多寡，则靡不定矣。每城一丈，不能教练十人，必须练一二人精晓火器放打之法，刀枪击刺之法，弓弩注射之法，临警站立脚根，可恃无恐，则其他下滚木，方礌石，与持杂项短兵接砍者，可以临时派用。垛夫不必平日尽养为兵，而亦能资守御矣。是故量城每一千丈定用二千人，每一百丈定用二百人。

一、练乡兵以守城郭，原为百姓共保身家，而保身家全在富户，若派贫甲与派远民，无论情不相关，心不能固，且乘乱为奸，因寇为变，亦有之。况守城必赖火器。火器必平日练熟，则临期可施。若村野乡农，平时务耕作，城中小户，日逐趋依粮，苟日习操演，则生业俱废，而糊口无计。待日给口粮，则设处无从，而督责遂弛，以是乡兵有名无实。今派乡兵，先尽城中乡绅世族素封之家，及富商大贾士庶吏承之殷实者，与民有余丁而饶生业者，俱虚公访查的实，另编一册，酌定出兵之数，务期多寡公平。至于蓬荜贫矜，单丁小户，盖不编派。惟临警之时，则用之运送木石等类，共助守御而已。

一、各府州县有工食民壮，前款已选练矣。再查本地保甲中有膂力出众、习知拳棍、善使枪刀者，保甲报知官司，记名考验，果堪用者，即将府州县衙门民壮、快手、皂隶、机兵、弓兵等役，凡有工食者，革去老弱立拔顶补。仍令每一名自招副手二三名，多则四五名，无事之时，轮替一名在官，余听自便。设或有警，一呼毕集。真正精壮乡兵，不可胜用矣。如用府州县积年衙役，则油滑奸顽，不堪训练。纵强收应役，终启弊端。决当以一半之数，汰其见在之人，取其额设工食，另招拳勇膂力、精通技艺者为之。如系有马，工食仍并，责令养马，以供哨探，斯为实着。盖地方有拳勇技艺之人，入练则为我用，不练则易生奸。此断不可不设法搜罗者也。

一、各府州县与卫所同城军丁不可不练。查照《律例》主将不固守条下开载，若遇大虏及盗贼生发攻围不行固守而辄弃去，及守备不设被贼攻陷城池劫杀焚烧者，卫所掌印与专一捕盗官俱比照守边将帅失陷城寨者，律斩。府州县掌印并捕盗官与卫所同住一城，及设有司守备驻札本城者，俱比照守边将帅，被贼侵入境内掳掠人民，律发边远充军。若府州县原无设有卫所，但有专城之责者，不分边腹，遇前项失事，掌印捕盗官照前比律处斩。其有两县同住一城，及府州县佐贰首领，但分有城池信地，各以贼从所管城分进入，坐罪。可见无卫所处有司专任其罪，有卫所处卫所重任其罪，律例森严，何为疲敝偷玩，竟成牢不可起之膏肓也。今后须酌选卫所官军，舍余务，足一城防御。该卫该所有官舍军余丁多力饶者，必要佥选壮丁，与同前款。守城练兵，合算每城一千丈，务足二千人数，一百丈，务足二百人数，与衙所官一同训练。如佥丁不便，则必照绝溢屯租之法，计亩加增，尝年上纳，以充选练之资。总计佥丁、加租二法，必行一件，万万不容违悖者也。其该卫所原额正军，仍责指挥、千百户，如尝操备。即有上班运粮诸务，俱系正军本分内事，毋得朦胧，隐借丁租，违者官军一体究处，毋容姑贷。

一、训练军容，应照戚继光《新书》内明发放一款（营伍皆知，今不录）。

一、守城实法，查尹畊《堡约》内堡教堡习一款，开载甚详，能推广而通用之，即守府州县大城完全之道，尽在是矣。中间惟第七击虏已附垣始用大铳，较（禾）〔未〕合法。盖缘边塞小堡，器药无多，不可先发。

即所谓大铳，亦不过虎蹲、马蹄、百子炮、一窝蜂之属，不甚能及远，故临附垣而用之。今有灭虏、红夷，致远之器，当照前款，计其里数，准指苗头而发之。若虏已附垣，此器反无所施。虽有虎蹲、马蹄，轻短跳跃，不可安发。惟百子炮、一窝蜂、万人敌、火礶，乃近打烧贼之物，可以用之。又邻台邻陴奇队长令城守者，谓之游兵。每城立游兵或一队二队三四队，随城之大小及兵之多寡，每队或三十人或五十人，共小旗一面，另编字号。此兵不守垛口，专主应援。如遇对敌紧急之处，调某字号游兵，一呼而至，比之台陴奇队，名色简省，尤便通知。而其余守垛之兵，立定脚跟，不许乱动一步，尤为切要。其他守御之具，尚有轰雷、地雷、灰瓶、火箭之属，随地方所有与风习相宜者用之，不可胜述，兹故不赘。

最是仓皇辞庙日

——明代滇中道路与"永历入缅"

姚　胜

北京外国语大学历史学院

　　明代云南以昆明为起点呈放射线的交通道路，大约有4条：向东至曲靖府，向东南至广西府，向南至元江府以及向西至永昌府。[1]通往永昌府的道路，由东向西横贯云南中部。永历十二年（顺治十五年，公元1658年）十二月初八，清军攻占贵州安龙，进逼云南，永历朝廷"举朝震恐"[2]。在经过"幸蜀"还是"幸缅"的犹豫之后，永历帝于十五日逃离昆明，踏上了"西狩"的旅途，其选择的正是从昆明通往永昌的驿道，并沿此路逐次逃入缅甸。

---

①　杨正泰：《明代国内交通路线初探》，中国地理学会历史地理专业委员会《历史地理》编辑委员会编：《历史地理》第七辑，上海：上海人民出版社，1990年，第101页。

②　（明）刘茝撰，丁红校点：《狩缅纪事》，杭州：浙江古籍出版社，1986年，第3页。

一　相关史料文献、研究成果及明确记载的入缅路线

记载"永历入缅"经过的史料可谓屈指可数,其中最主要的是《狩缅纪事》及《行在阳秋》。① 前者作者为永历帝陪臣,记述最为详细;后者则对永历帝进入腾越州及入缅之后的行程有所补充。此外,《明季南略》对吴三桂追击永历帝的过程有所叙述,②《滇云历年传》则对永历帝撤离昆明时的一段情形有所补充。③

有关"永历入缅"的研究,学者较多讨论其入缅的原因。较具代表性的是李伯重教授发表不久的论文《小问题,大历史:全球史视野中的"永历西狩"》。④ 该文在全球史的视野下分析了当时东亚及东南亚的"国际"局势及地缘政治,并论述了永历帝为何选择逃入缅甸而非其他地区。此外,龙尚学、房健、余定邦、赵仲英、阳羡、杜景、韩继伟等人也著文讨论过永历帝何以西狩的问题。⑤

虽然直接记载"永历入缅"路线的史料屈指可数,但记述与"永历入缅"有关的明代云南驿道的史料则相对较多,比如程本立的《云南西行记》、杨慎的《滇程记》和黄汴的《一统路程图记》。⑥ 这三部史料详细

① (清)戴笠:《行在阳秋》,上海:上海书店,1982年。
② (清)计六奇撰,任道斌、魏得良点校:《明季南略》卷一五,北京:中华书局,1984年,第478—481页。
③ (清)倪蜕辑,李埏点校:《滇云历年传》,昆明:云南大学出版社,1992年。不过该一补充未见诸其他史籍,可靠性存疑,本文结语将做分析。
④ 李伯重:《小问题,大历史:全球史视野中的"永历西狩"》,《西北工业大学学报(社会科学版)》2018年第1期,第62—71页。
⑤ 龙尚学、房健:《南明永历王朝始末》,《贵州文史丛刊》1981年第1期,第87—91页。余定邦:《有关明永历帝入缅的几个问题》,《东南亚》1989年第3期,第43—49页。赵仲英:《南明永历帝走腾越记事》,《昆明师范高等专科学校学报》2000年第2期,第29—31页。阳羡:《略论逃亡缅甸的永历帝》,《东南亚之窗》2007年第1期,第54—58页。杜景:《一言难尽之永历朝——永历朝抗清失败原因追溯》,《贵州文史丛刊》2014年第4期,第27—32页。韩继伟:《从亡国悲情视角看南明永历王朝存在的三个时期》,《云南开放大学学报》2018年第1期,第39—44页。
⑥ (明)程本立:《云南西行记》,《巽隐集》卷三,文渊阁《四库全书》第1236册,台北:台湾商务印书馆1982年,第171—173页。(明)杨慎:《滇程记》,《四库全书存目丛书》史部第127册影印福建省图书馆藏万历三十三年杨氏家塾刻本,济南:齐鲁书社,1996年。(明)黄汴:《一统路程图记》,《四库全书存目丛书》史部第166册影印上海图书馆藏隆庆四年刻本。

地记录了从昆明到腾冲（永昌府腾越州）的驿站和道路里程。另外，景泰《寰宇通志》、天顺《大明一统志》、正德《云南志》、隆庆《云南通志》、谢肇淛的《滇略》及天启《滇志》^①等则记述了云南各府、州、县驿站的设置，但未详细描述各段驿道的里程。崇祯时期，徐霞客在《滇游日记》^②中，详细记载了其本人从昆明到腾冲的旅程。相关旅程，虽然有不少路段偏离了驿道，但仍有相当大的部分走的是驿道，徐霞客称之为"大道"或"大路"。

晚近从事明代云南驿道、驿站研究的学者，主要有方国瑜、杨正泰、陆韧、姜建国^③等，其中方国瑜的研究具有基础性意义。他不仅亲自走过滇西驿道，还在《中国西南历史地理考释》一书中对驿道、驿站里程做了梳理、考订和统计。

通过《狩缅纪事》和《行在阳秋》相关记载，我们可以勾勒出一条"永历入缅"粗略的路线和日程。永历十二年十二月初八日，清军攻破贵州安龙。十五日，永历帝撤离昆明。永历十三年正月初四日，永历帝抵达永昌。闰正月（顺治十六年二月）二十八日，永历帝入缅（详见表1）。

---

① 景泰《寰宇通志》卷一一〇—卷一一三，《玄览堂丛书续集》第77、78册影印明初刻本，南京：国立中央图书馆，1947年。天顺《大明一统志》"云南"，卷86、87，西安：三秦出版社，1990年。正德《云南志》，《天一阁藏明代方志选刊续编》第70、71册影印正德刻本，上海：上海书店，1990年。隆庆《云南通志》，《湖北省图书馆藏稀见方志丛刊》第87—91册影印万历刻本，北京：国家图书馆出版社，2018年。谢肇淛：《滇略》，文渊阁《四库全书》第494册，台北：台湾商务印书馆，1982年，第79—250页。天启《滇志》，昆明：云南教育出版社，1991年。
② （明）徐弘祖撰，朱惠荣校注：《徐霞客游记校注》，北京：中华书局，2017年。
③ 方国瑜：《中国西南历史地理考释》，北京：中华书局，1987年。杨正泰：《明代国内交通路线初探》第96页。杨正泰：《明代驿站考》（增订本），上海：上海古籍出版社，2006年。陆韧：《云南对外交通史》，昆明：云南人民出版社、云南大学出版社，2011年。姜建国：《明代云南驿站变迁考》，《思想战线》2011年S2期第163—167页。姜建国：《明代云南驿道交通的变迁及其原因》，《烟台大学学报（哲学社会科学版）》，2016年，第6期第88—95页。

表 1

时间			地点
永历十二年 顺治十五年 （1658）	十二月	十五日	撤离昆明①
		十五日	抵达安宁州②
		十五日酉时	驻跸草铺③
		二十日	撤离楚雄府④
		二十四日	抵达大理府赵州⑤
永历十三年 顺治十六年 （1659）	正月	初四日	抵达永昌府⑥
	闰正月	十五日	撤离永昌⑦
		十八日	抵达永昌府腾越州
		二十日	撤离腾越州⑧
		二十五日	抵达干崖宣抚司盏达
		二十六日	抵达布岭⑨
		二十七日凌晨	抵达铜壁关⑩
		二十七日	抵达曩本河⑪
		二十八日	入缅关⑫

---

① （明）刘茞《狩缅纪事》（第 4 页）："十五日丁丑，上发云南。"戴笠《行在阳秋》（卷下，第 291 页）："十二月十五日，驾离滇都。"

② （明）刘茞《狩缅纪事》（第 5 页）："是日，驾至安宁。"

③ （明）刘茞《狩缅纪事》（第 5 页）："上不得进中膳，仓猝行到草铺，则西牌矣。"

④ （明）刘茞《狩缅纪事》（第 5 页）："二十日壬申，上自楚雄发驾。"

⑤ （明）刘茞《狩缅纪事》（第 5 页）："二十四日丙子，上至赵州。"

⑥ （明）刘茞《狩缅纪事》（第 5 页）："十三年，正月初四日丙戌，上跸永昌。"戴笠《行在阳秋》（卷下，第 292 页）："初四日，驾幸永昌。"

⑦ （明）刘茞《狩缅纪事》（第 6 页）："闰正月十五日丙寅，上发永昌。"

⑧ （清）戴笠《行在阳秋》（卷下，第 292 页）："闰月十八日，驾幸腾越州，二十日遂行。"

⑨ （明）刘茞《狩缅纪事》（第 7 页）："二十五日丙子，上至盏达土司。又行一日，地名布岭。"

⑩ （明）刘茞《狩缅纪事》（第 7 页）："车驾暮夜至铜壁关。"《狩缅纪事》并未具体记载永历何时抵达铜壁关。

⑪ （明）刘茞《狩缅纪事》（第 7 页）："二十六日，到曩本河。"根据《狩缅纪事》的叙述，笔者认为，永历抵达铜壁关及曩本河的日期，分别应当为二十七日凌晨及白天。此一问题将在下文加以讨论。

⑫ （清）戴笠《行在阳秋》（卷下，第 293 页）："二十八日，驾入缅关。"

　　仅就《狩缅纪事》和《行在阳秋》来看,"永历入缅"的路线相当简略。为此,本文将进一步结合明人有关滇西驿道的史料、今人相关研究成果及本人实地考察情况,对永历帝在这条驿道上途径的城池、驿铺及其日程、步骤进行分析,补充途中各地点与时间的节点,并对"永历入缅"若干存疑问题加以考述。

二　"永历入缅"之"昆明至永昌"段

　　《狩缅纪事》和《行在阳秋》只是给我们勾勒出了"永历入缅"路线的粗线条。通过《云南西行记》、《滇程记》、《一统路程图记》、《徐霞客游记》,我们可以获知这一路线较为详细的情形。

　　洪武二十二年(1389),程本立谪迁云南马龙他郎甸长官司(今玉溪市新平县)吏目,他在《云南西行记》中记载了从昆明到永昌府的相关路程。嘉靖三年(1524),杨慎谪戍云南永昌府,他在《滇程记》中记载了入滇以及从昆明到永昌的路程。商人黄汴于隆庆四年(1570)成书的《一统路程图记》也记载了昆明至永昌府的路程。三部文献详略不一,各驿站之间的道路里程稍有出入,但大体一致。经过整理,我们可以将相关路程补充入"永历入缅"的路程。

　　先看"昆明至永昌"段。永历十二年十二月十五日,永历帝从昆明撤离至楚雄,此系迫于七日之前清军攻破贵州安龙的压力。[1]

　　永历帝由昆明经80里至安宁州,未做停息,于太阳落山之后奔至该州州西的草铺。"草铺"只见诸《狩缅纪事》,而在其他明代方志文献中未见记载。由于未知是否有明代安宁州的本地方志,加之笔者接触到的清代康熙《云南府志》也未记载草铺,[2]因此笔者只能猜测草铺由于地域过小,未能被明代方志所收录。还有一种可能是,该铺形成于明末,故而在成书于明代中后期之前的诸志当中未能得以述及。

　　不过,我们在清代《安宁州志》中可以看到,草埔位于安宁州城

① (明)刘茝:《狩缅纪事》,第3页。
② 康熙《云南府志》卷四《建设志·关哨津梁》,《中国方志丛书》第26号影印康熙三十五年刻本,台北:成文出版社,1967年,第87—88页。

西。①而清代另一地方志宣统《安宁州乡土志合编》对草埔有更为详细的记载。草铺位于安宁州城西25里,为当地一重要集市,逢寅日、申日赶集。草铺也是安宁州西部地区的交通要道,由此西去,经禄脿驿可至禄丰县禄丰驿。②清代安宁州"草铺"当即《狩缅纪事》所提及的明末之草铺。如此可知,从昆明至草铺一共105里,永历帝的行进速度可谓不慢。据记载,安宁州至禄脿驿为60里,出安宁州城25里至草铺,则草铺至禄脿驿的里程为35里。

此后,永历帝从草铺经35里至禄脿驿,再经80里(途径炼象关)至禄丰驿,再经65里至舍资驿,再经55里至楚雄府广通县路甸驿,再经60里至楚雄府城。从昆明至楚雄,全程400里。从昆明至安宁州80里一日可达的情况来看,正好5日抵达楚雄,日均速度80里。

表2③

时间			车驾	属府	途经地点	里程	用时
永历十二年(1658)	十二月	十五日	撤离	云南府	昆明	30	
		十五日		云南府	碧鸡关	50	
		十五日	抵达	云南府	安宁州	25	
		十五日	抵达	云南府	草铺	35	
		(十六日)		云南府	禄脿驿	80	
		(十七日)		云南府	禄丰驿	65	
		(十八日)		云南府	舍资驿	55	
		(十九日)		楚雄府	路甸驿	60	
		二十日	(抵达)	楚雄府	楚雄府城(峩崀驿)		

---

① 康熙《安宁州志》卷二《兵防志·堡铺》,《西南稀见方志文献》第24卷影印康熙四十九年刻本传钞本,兰州:兰州大学出版社,2003年,第374页。

② 宣统《安宁州乡土志合编》卷中第三一课"道路",《南京大学图书馆藏稀见方志丛刊》第68册影印宣统间铅印本,北京:国家图书馆出版社,2014年,第133页。

③ 表2至表6,阴影部分为《狩缅纪事》及《行在阳秋》直接记载的永历途经地点,非阴影部分则为笔者根据其他文献所推断的永历途经地点。

《狩缅纪事》记载"清师逼交水，晋王于二十一日即弃云南（府）"①。很可能永历帝于二十日抵达楚雄之后，未作停留，当日就撤离了楚雄。

由楚雄府城峩崀驿经40里至吕合驿，再经65里至镇南州沙桥驿，再经75里至普淜驿（属姚安府），再经60里至大理府云南驿，再经75里至定西岭，再经75里至赵州德胜关。从楚雄到赵州，全程390里，根据记载，4天即达，日均速度达到了将近100里。西撤速度加快，其原因当为清军此时已攻入云南。

表3

时间			起止	属府	途经地点	里程	用时
永历十二年 顺治十五年 （1658）	十二月	二十日	撤离	楚雄府	楚雄府城（峩崀驿）	40	
				楚雄府	吕合驿	65	
		（二十一日）		楚雄府	镇南州沙桥驿	75	
				姚安府	普淜驿	60	
		（二十二日）		大理府	云南驿	75	
		（二十三日）		大理府	定西岭	75	
		二十四日	抵达	大理府	赵州德胜关		

根据《狩缅纪事》的记载，永历帝从赵州到永昌，共用10天，中途并未停留。由赵州德胜关经80里至样备驿（属蒙化府，今为漾濞县），②再经60里至永昌府永平县打牛坪驿，再经90里至永平驿（永平县城），再经60里至沙木和驿，再经110里至永昌府城。全程400里，日均速度只有40里。

根据《徐霞客游记》记载，崇祯十二年（1639）三月二十一日，徐霞客从赵州龙尾关出发，二十九日抵达澜沧江（此后记载缺失），全程375里，用了9天，日均速度40余里。当然，徐霞客主要是旅游，不时穿插进入驿道两侧寺院、峡谷、溪流游览，区间行走速度不可能很快。不过，

①（明）刘茝：《狩缅纪事》，第5页。《清世祖实录》卷一二三，顺治十六年正月庚子，《清实录》第3册，北京：中华书局，1985年，第949—950页。
②笔者曾前往漾濞县考察民国时期修筑的滇缅公路。漾濞县境内的这段公路走向，与从样备驿（今漾濞县）至打牛坪驿的驿道基本一致。这段滇缅公路依山而建，盘山而上，山势险峻、道路崎岖。可以遥想当年永历帝行走在驿道上的艰难之景。

此段路程比之前昆明到楚雄、楚雄到赵州的道路要险峻得多。从永平县城出发，要在抵达沙木和驿之前翻越丁当丁山（即博南山），从沙木和驿至永昌府城则要通过霁虹桥渡澜沧江。[①] 考虑到永历朝廷车辇、从臣人数不少，在这条道路上行进，速度自然会慢一些。另外，清军吴三桂部此时主要活动于滇东，对永历朝廷压力较小，这恐怕也是永历帝西行速度放慢的一个重要原因。考虑到永历帝在此一路段中度过了除夕，从驿道里程及其中驿站分布来看，很可能是在永平县城过的除夕与元旦。

表 4

时间			起止	属府	途经地点	里程	用时
永历十二年顺治十五年（1658）	十二月	（二十五日）	（撤离）	大理府	赵州德胜关	80	
		（二十六日）		蒙化府	样备驿	60	
		（二十七日）		永昌府	永平县打牛坪驿	90	
		（二十九日）		永昌府	永平县城永平驿	60	
永历十三年顺治十六年（1659）	正月	（元旦）					
		（初二日）		永昌府	沙木和驿	110	
		初四日	抵达	永昌府	永昌府城		

三　"永历入缅"之"永昌至缅关"段

到达永昌后，永历朝廷在此停留了 40 天。永历帝之所以得以喘息，是因为清军于十二月初三进入昆明之后，其注意力被川南"三谭"之乱分散。在平定"三谭"之后，吴三桂于永历十三年闰正月（顺治十六年二月）初二自云南府罗次县挥师西进，初九出镇楚雄府镇南州，于姚安府之普溯杀南明总兵王国勋，于玉龙关之西败永历军白文选部，并追击至澜沧江。[②] 面对这一形势，永历朝廷压力陡增，被迫于仓皇间继续西

---

① 笔者曾前往永平县考察博南古道及霁虹桥。博南山山势并非险峻，但道路崎岖。在杉阳镇（即沙木和驿）翻越博南山之后，沿山势而下至澜沧江畔即霁虹桥。霁虹桥，古称兰津渡，是自西汉以来当地人民渡过澜沧江的必经之地。虽然滇缅公路及320国道从霁虹桥上游绕行，但已建成的滇缅石油管道及规划中的大理至瑞丽铁路仍从此处渡河。可以肯定，当年永历君臣，必然也是由此渡河抵达永昌。
② （清）计六奇：《明季南略》，第 478、479 页。（明）刘茞：《狩缅纪事》，第 6 页。《清世祖实录》卷一二五，顺治十六年四月甲寅，《清实录》第 3 册，第 972—973 页。

撤。永历十三年闰正月（顺治十六年二月）十五日，永历帝撤离永昌府城，并"烧毁铁索桥"，[①] 十八日抵达腾越州。按，"玉龙关"当为今大理龙尾关。从《明季南略》记载来看，吴三桂军由东向西，分别途经镇南州、普淜至澜沧江。其通道上只有大理之龙尾关与所谓"玉龙关"相合。徐霞客记载："西峡者，南即横亘之山，至此愈峻，北即苍山，至此南尽，中穿一峡，西去甚逼。而峡口稍旷，乃就所穿之溪，城其两崖，而跨石梁于中以通往来，所谓下关也，又名龙尾关。关之南则大道，东自赵州，西向漾濞焉。"[②] 永历帝自赵州德胜关西去永昌，势必经过大理府龙尾关、蒙化府漾濞驿、永昌府永平驿。笔者曾前往今大理市龙尾关遗址考察。虽然城市发展对地理面貌改变较大，但该关遗址俯据洱河，背倚苍山，的确是形胜之地。

　　杨慎《滇程记》附录记载，"金齿西上一程曰蒲缥"[③]。从路程来看，永昌至蒲缥驿 60 里，蒲缥驿至潞江驿 55 里，潞江驿至潞江安抚司 15 里，潞江安抚司至陇川江驿 145 里，陇川江驿至腾冲 75 里。[④] 永昌至腾冲全程 350 里。方国瑜曾经走了这一段路，用时 5 天，[⑤] 相当于日均速度 70 里，而永历帝只用了 3 天，日均速度高达 117 里。此前，永历帝从楚雄到赵州，比正常速度快了 1 天，时值清军进逼昆明。此次永历帝从永昌到腾冲则快了 2 天，正好也是因为清军突破大理龙尾关，可见永历帝压力之大，狼狈之极。

---

① （清）计六奇：《明季南略》，第 479 页。永历军所毁之铁索桥，即"霁虹桥"。
② （明）徐弘祖撰，朱惠荣校注：《徐霞客游记校注·滇游日记八》，第 1134 页。
③ （明）杨慎：《滇程记》附录，第 678 页。
④ 景泰《寰宇通志》卷一一三《金齿军民指挥使司》、《腾冲军民指挥使司》，叶 20a、叶 22b、叶 24a、叶 25a 记载："金齿军民指挥使司……西至腾冲卫界二百三十里……潞江安抚司在司城（金齿）西百三十五里……蒲缥驿在司城（金齿）南六十里……潞江驿在潞江安抚司北十五里……腾冲军民指挥使司……东至潞江安抚司界百二十里……龙川江驿在司城（腾冲）东七十五里。"可以算出，潞江安抚司至腾冲军民指挥使司约 220 里，潞江安抚司至腾冲/潞江界约 100 里，腾冲/潞江界至腾冲约 120 里。
⑤ 方国瑜：《中国西南历史地理考释》（第 1161 页）："程本立《行记》以外之路程，由永昌府西行至蒲缥驿一日，至潞江驿一日，过红木树至陇川江驿二日，至腾冲城一日……瑜曾行经之。"

表 5

时间			起止	属府	途经地点	里程	用时
永历十三年 顺治十六年 （1659）	闰正月	十五日	撤离	永昌府	永昌府城	60	
				永昌府	蒲缥驿	55	
		（十六日）		永昌府	潞江驿	15	
				永昌府	潞江安抚司	145	
		（十七日）		永昌府	陇川江驿	75	
		十八日		永昌府	腾越州		

十八日，永历帝抵达腾越州。同日，清军进入永昌府城。[①] 永历帝在腾越未敢多做停留，稍事休息，即于二十日撤离腾越。二十一日，清军渡过潞江，二十四日攻取腾越，二十五日进入南甸，追至孟村。[②] 此时，永历帝则抵达干崖宣抚司盏达。从盏达开始，永历帝几乎是马不停蹄，日夜兼程，日行一站。二十六日，抵达布岭；二十七日凌晨，抵达铜壁关；二十七日，抵达曩本河；二十八日，进入缅关。清军则于三十日班师昆明。[③]

表 6

时间			起止	属府	途经地点	用时	清军追至
永历十三年 顺治十六年 （1659）	闰正月	十八日	抵达	永昌府	腾越州		永昌府城
		二十日	撤离	永昌府	腾越州	1程[④]	
		二十一日		南甸宣抚司		1程[⑤]	潞江
		二十二日		干崖宣抚司			

---

① （清）计六奇：《明季南略》，第 479 页。
② 同上注。
③ 同上注。
④ （明）徐弘祖撰，朱惠荣校注，《徐霞客游记校注·滇游日记九》，第 1177 页。
⑤ 景泰《寰宇通志》卷一一三《南甸宣抚司》，叶 26b。

时间		起止	属府	途经地点	用时	清军追至
	二十四日					腾越州
	二十五日	抵达	干崖宣抚司	盏达		南甸、孟村
	二十六日	抵达	干崖宣抚司	布岭		
	二十七日	抵达	干崖宣抚司	铜壁关		
	二十七日	抵达	干崖宣抚司	曩本河		
	二十八日	进入		缅关		
	三十日					班师昆明

《狩缅纪事》在记载永历帝撤离腾越州之后进入缅甸之前，从盏达至曩本河的行程记日有些混乱。

> 二十五日丙子，上至盏达土司。又行一日，地名布岭，百官疲困。……百官到布岭，有尚未夜炊者，慌忙启行。未五里，乱兵即出劫。……车驾暮夜至铜壁关。……二十六日，到曩本河，离缅关十里。……二十九日到蛮莫。①

二十五日又行一日到布岭，显然系指二十六日白天到达布岭；"尚未夜炊，慌忙启行……车驾暮夜至铜壁关"则表示当日百官有的还没来得及吃晚饭，就又匆匆启程，而永历帝已在"暮夜"抵达铜壁关。从文义来看，永历帝之"暮夜"在百官之"夜炊"之后，如果"暮夜"指的是"傍晚"，则百官就谈不上"夜炊"。可靠的理解，"暮夜"应当是凌晨，即：二十六日白天，永历帝到达布岭但未作停留。傍晚，百官随后到达。百官中有的人未及吃晚饭，即慌忙启行。二十六日晚、二十七日凌晨，永历帝抵达铜壁关。

如此，到达曩本河的时间，当为二十七日，而非二十六日。这一判断还能从《狩缅纪事》和《行在阳秋》相关记载中得到验证。《狩缅纪事》记载："及至关前，缅人来言，必尽释甲仗，始许入关。上许诺，一时卫士中官尽解弓刀盔甲，器械山积关前，皆赤手随驾去。……二十九

---

① （明）刘茝：《狩缅纪事》，第7页。

日到蛮莫。"①《行在阳秋》记载:"二十八日,驾入缅关,缅人来迎。"② 曩本河离缅关只有十里,如果到达曩本河的时间是二十六日,则意味着从曩本河到入缅关用了两天时间,这对于不顾一切逃入缅甸的永历帝来说,未免太耽误时间。如果是二十七日到达曩本河,永历帝同意缴械,一天后进入缅关,再一天后进入蛮莫,则更顺理成章些。

结语

从表 2 至表 6,我们能看出"永历入缅"的行程大致可以分为 5 段。第 1 段是从昆明至楚雄,全程 320 里,用时 4 天,日均 80 里;第 2 段是从楚雄至大理赵州,全程 400 里,用时 4 天,日均 100 里;第 3 段是从赵州到永昌,全程 375 里,用时 9 天,日均 40 余里,后在永昌停留了 40 天;第 4 段是从永昌至腾冲,全程 350 里,用时 3 天,日均达 117 里;第 5 段是从腾冲入缅,里程没有记载,用时 10 天。前 4 段路程,永历帝的西逃速度分别为"快""更快""慢""极快"。这正好与清军对永历政权的压力成正相关。第 5 段则几乎是在清军的眼跟前撒腿狂奔。显然,"永历入缅",是在清军紧追慢赶下马不停蹄的行程。

从云南驿道的分布和延伸方向来看,由于撤离昆明时,清军正从贵州、广西由东向西攻入云南,实际上永历帝也只有向西逃入缅甸方向一条道路可选。从昆明往西入缅,道路里程最长,加之李定国、白文选部在滇东、大理龙尾关、腾越磨盘山不断与清军纠缠,也才使永历朝廷得以或快或慢地西撤,甚至在永昌还有 40 天的喘息机会。如果永历帝是北上四川或者南下安南,恐怕都早就为清军所擒获了。

最后,清人倪蜕所著《滇云历年传》有一则记载存疑,需要加以厘清:"十五日,发云南。百姓愿从未及者,号哭震天。王(永明王,即永历帝)为停碧鸡关,三日始行。"③ 从上文分析可见,每当清军压力紧迫

① (明)刘茝:《狩缅纪事》,第 7 页。
② (清)戴笠:《行在阳秋》卷下,第 293 页。
③ (清)倪蜕辑,李埏校点:《滇云历年传》卷一〇,昆明:云南大学出版社,1992年,第 516 页。

时，永历帝西撤步伐就加速，从昆明至安宁州草铺一日105里，再至楚雄、大理，日行速度不断加快，可谓马不停蹄、日夜兼程，很难想象永历帝会为百姓"停留"三日。倪蜕为清代雍乾时人，去永历已久，此说当为误传。

附："永历入缅"路程总表

时间		车驾	属府司	途经地点	里程	备注
永历十二年十二月	十五日	撤离	云南府	昆明	30	清军破贵州安龙
	十五日		云南府	碧鸡关	50	
	十五日	抵达	云南府	安宁州	25	
	十五日	抵达	云南府	草铺	35	
	（十六日）		云南府	禄脿驿	80	
	（十七日）		云南府	禄丰驿	65	
	（十八日）		云南府	舍资驿	55	
	（十九日）		楚雄府	路甸驿	60	
	二十日	未停留	楚雄府	楚雄府城峩崀驿	40	清军逼曲靖交水
			楚雄府	吕合驿	65	
	（二十一日）		楚雄府	镇南州沙桥驿	75	
			姚安府	普淜驿	60	
	（二十二日）		大理府	云南驿	75	
	（二十三日）		大理府	定西岭	75	
	二十四日	抵达	大理府	赵州德胜关		
	（二十五日）	（撤离）	大理府	赵州德胜关	80	
	（二十六日）		蒙化府	样备驿	60	
	（二十七日）		永昌府	永平县打牛坪驿	90	
	（二十九日）		永昌府	永平县城永平驿		
永历十三年正月	（元旦）		永昌府	永平县城永平驿	60	
	（初二日）		永昌府	沙木和驿	110	
	初四日	抵达	永昌府	永昌府城		前一日清军入昆明

续表

时间		车驾	属府司	途经地点	里程	备注
永历十三年闰正月	十五日	撤离	永昌府	永昌府城	60	清军破大理龙尾关
			永昌府	蒲缥驿	55	
	（十六日）		永昌府	潞江驿	15	
			永昌府	潞江安抚司	145	
	（十七日）		永昌府	陇川江驿	75	
	十八日		永昌府	腾越州		
	十八日	抵达	永昌府	腾越州		清军破永昌府城
	二十日	撤离	永昌府	腾越州		
	二十一日		南甸宣抚司			清军渡潞江
	二十二日		干崖宣抚司			
	二十四日					清军取腾越州
	二十五日	抵达	干崖宣抚司	盏达		清军过南甸至孟村
	二十六日	抵达	干崖宣抚司	布岭		
	二十七日	抵达	干崖宣抚司	铜壁关		
	二十七日	抵达	干崖宣抚司	曩本河		
	二十八日	进入		缅关		
	三十日					清军班师昆明

明清鼎革之际江南士人生死与出处的抉择 *

张天杰

杭州师范大学公共管理学院 / 国学院

崇祯十七年甲申（1644），李自成攻占北京，明朝灭亡；顺治二年乙酉（1645），清军攻占南京，南明弘光小朝廷瓦解，随后还有鲁王、唐王、桂王政权先后的起起落落。在这段历史时期中的士人，必然面临着复杂多变的人生抉择，选择死，则是殉明；选择生，则是降清或隐遁。当然还有选择抗清，却在失败之后，又要再次选择殉明或降清、隐遁。其中最为困难的则是隐遁，也即选择成为处士。明清鼎革不是历史上的一天两天，而是一个几十年的漫长过程。不幸生活在那个时代的士人，在那个风起云涌、变幻莫测的时代，不断面临生与死、出与处的抉择。经历了种种考验、折磨，艰难生存下来，作为隐遁于乡野的处士，如何生存，如何实现传统儒家经邦济世的抱负，都是非常困难的问题。而且，随着入清时间的推移，要回答这些问题将会越来越难。

* 本文为国家社科基金一般项目"刘宗周大传与年谱长编"（20BZX079）阶段性成果。

为了使对此问题的讨论更为集中，本文仅仅论及祝渊（1611—
1645，字开美，海宁人）、陈确（1604—1677，字乾初，海宁人）、张履
祥（1611—1674，字考夫，桐乡人）、吕留良（1629—1683，崇德人）、陆
陇其（1630—1693，平湖人）等士人。他们生活在曾经历过"嘉定三
屠""扬州十日"等一系列重大冲突的江南 ①，更确切地说是同在浙西之
嘉兴府，而且相互之间多有交集。本文重点讨论他们的出处选择与思
考，看看他们在一个变化无端的时代，如何去选择自己的人生，如何去
安顿自己的身与心。

一　从祝渊之死说起

明清鼎革之际，选择殉明的士大夫之中，最为著名的便是刘宗周
（1578—1645，字起东，山阴人），他是本文论及的浙西学人祝渊、陈确、
张履祥的老师。在明末的几年，刘宗周的讲学影响遍及浙东、浙西，士
人纷纷前往山阴受学。浙西士人之中最先受学于刘宗周，且受影响至深
的便是祝渊，陈确与张履祥则是受祝渊影响而前往山阴的。刘宗周的精
神感召对他们的影响值得特别关注。

关于祝渊的殉节，《明史》中说："杭州失守，渊方葬母，趣竣工。
既葬，还家设祭，即投缳而卒，年三十五也。逾二日，宗周饿死。"② 陈确
所撰《祝子开美传》关于祝渊之死，有较为详细的记载：

　　三月，李贼犯京师，……十九日，京师破，天子死社稷。开
美号恸欲绝。吴忠节公磊斋先生，劝开美"义可以无死，而吾固当
死"，稍属以后事。于是开美竟留视忠节含殓，持其丧归。归而留
京已立福藩，尚有江东片地可延视息。无何，北师日南，朝廷无北
伐之志，开美益恚，呕血之疾复剧。

　　乙酉五月十二，留京溃，北师长驱至浙，所至愚民翕然劫守令

① 关于江南的界定，晚明时一般指苏北与浙西地区，核心为苏、松、常、嘉、湖五府。
周振鹤：《释江南》，钱伯城主编：《中华文史论丛》第49辑，上海：上海古籍出版
社，1992年，第141—148页。
② （清）张廷玉等：《明史》卷二五五《祝渊传》，北京：中华书局，1974年，第6590页。

降附。开美闻而谓余曰："事如此，安归乎！此某毕命之日也。"时开美方谋改葬其生母有日矣。余谓曰："子言是也。然尔母尚暴露，盍少忍之，则忠孝两尽矣。"开美颔余言。……六月廿二，招余对榻前，出一匣见属曰："此皆刘先生所示手书，与某居平侍先生时所记录也。吾死，无长物，惟此不能忘，惧失之，敬以遗兄。"余收泪受藏之。……闰六月初二，母得改葬，开美病，不能往葬所。初五，葬役竣，诸弟及执事者归报竣，开美强起稽颡谢，遂手帨自缢。诸弟惊解之，气不绝如线，至初六子时死。①

明亡之时，祝渊在北京，同乡的吴麟征（1593—1644，号磊斋，海盐人）劝他说"义可以无死，而吾固当死"。当时吴麟征是守土之臣，所以他认为自己当殉节；而家国兴亡尚未有定局，所以祝渊可以不死。南京福王政权建立之后，国家中兴无望，祝渊"呕血之疾复剧"。等到南京被清军攻占之后，祝渊就毅然选择殉节。不过尚有母亲改葬一事未完成，陈确劝他先葬母，"则忠孝两尽矣"，他听从了劝告。之后，将老师刘宗周的手书、自己的听讲记录都交付陈确。闰六月初六，自缢殉节。

殉节之前，祝渊作有《绝笔》，其中谈到了他对于生死的选择：

> 中心安焉谓之仁，事得其宜谓之义。渊家累叶，洪武以来，沐朝廷教养二百八十年，成化以来，受朝廷荣宠一百七十年。一旦天崩地坼，宗社为墟，雍雍文物，沦为异类。渊不能吞炭漆身，报明恩于万一。顾澳忍悁怯，向异类乞活，心所安乎？不安乎？事之宜乎？不宜乎？呜呼！学道有年，粗识义礼，吾何求焉！吾得正而毙焉，斯已矣！弘光元年闰六月初五日亥刻，草莽小臣祝渊绝笔。②

祝渊之所以殉节，更多的还是为了报答明朝对其家族的"教养"与"荣宠"，不忍眼看"宗社为墟，雍雍文物，沦为异类"，也不忍"向异类乞活"。心有不安，事有不宜，所以才选择了殉节。祝渊还有《口示诸弟》一诗："死忠死孝寻常事，吃饭穿衣人共由。莫向编年问知否，心安

---

① （明）陈确：《祝子开美传》，《陈确集》文集卷一二，北京：中华书局，1979年，第277—278页。

② （清）祝渊：《绝笔》，《祝月隐先生遗集》卷四，《适园丛书》本，叶8a。

理得更何求。"《绝笔》一诗则说:"夜既央兮灯火微,魂摇摇兮魄将离。去兄弟兮父母依,乐逍遥兮长不归。"① 可见殉节之时,祝渊的内心是十分坦然的,确实也做到了忠孝两全,虽不指望留名青史,但心安理得则是最为难得的。

其实,祝渊早就已经下定了殉节的决心。据张履祥记载:

> 乙酉春,祝开美往山阴见刘先生,临别,先生问曰:"今归将如何?"对曰:"得正而毙,斯已矣。"先生称善。是后,遂不复相见。及南京不守,吴越俱没,先生殉国,开美死之。斯言可谓信矣。(乙未四月,闻之开美之弟二陶云。)②

祝渊从北京回浙之后,曾去拜会刘宗周。当时刘宗周已经决心殉节,问祝渊归去之后将如何,祝渊的回答则是"得正而毙",得到了老师的认可。另据《绝笔示诸弟》,当祝渊听说其师正在绝食时曾说:"我师将死,渊何敢生。"③ 祝渊之死确实是受到了其师刘宗周的精神感召。

祝渊死后,同门好友张履祥、陈确都撰有诗与祭文。祝渊之死,张履祥不无惋惜,因为祝渊"担荷勇,气魄亦大,若久在世间,亦不无补济"④,张履祥还作有《会祝孝廉葬阻雪二首》与《吊祝开美文》等。陈确则后来作有《哭祝子开美》诗四首与《祭祝开美文》、《送祝开美葬管山祭文》、《辑祝子遗书序》、《书祝开美师门问答后》等文。

二　张履祥与陈确的抉择

祝渊死后,陈确与张履祥又会作出什么样的抉择呢? 其中的关键就

---

① (清)祝渊:《绝笔》,《祝月隐先生遗集》卷四,叶 4a。《口示诸弟》一诗,陈敬璋有按语说:"据鲲涛先生跋语,则此乃昔贤所作。"从陈确的相关记载来看,《口示诸弟》无论是否祝渊所作,祝渊临终必定曾有吟诵。参见陈确《哭祝子开美》诗第一首本注:"开美临殁,哦诗云:'莫向编年问知否,心安理得更何求!'"(《陈确集》诗集卷七,第 745 页);陈确《祭祝开美文》中说:"(开美)曰'心所安,不可以苟。莫向编年,问知与否。'"(《陈确集》文集卷一三,第 303 页)。

② (清)张履祥:《言行见闻录二》,陈祖武点校:《杨园先生全集》卷三二,北京:中华书局,2002 年,第 901 页。

③ (清)祝渊:《祝月隐先生遗集》卷四,叶 4a。

④ (清)张履祥:《备忘一》,《杨园先生全集》卷三九,第 1066 页。

是，"生死"的抉择如何过渡到了"出处"的抉择。顺治二年，清军攻占浙江之后，刘宗周、祝渊都选择了为明朝殉节。然而张、陈二人既不殉明，又不抗清或降清，最终选择作为遗民而终老于乡野，期间必然经历了种种内心的挣扎，有着各自的"不得已者"。

陈确苟且偷生的主要原因为"母老"，以及家族之累，"家自老母而下，四世亲丁共三十一口"①。因为家庭的关系，他身处乱世，不能迁徙他处，也不能参与抗清义兵，最后就只能做一个顺民，甚至一度还被迫担任了粮长。然而面对师友之殉节，陈确还是感觉愧疚，"独确懦不能死"，他在祭文中说："丁口田庐，伪官所辖，输租纳税，不异顺民，愧师友而忝所生甚矣。师其以确为非人而麾之门墙外耶，岂怜确母老苟活，情亦有不得已者，姑未深绝之也！"②陈确再三说明其"不得已者"，希望师友地下有知，可以谅解。

其实早在明朝之时，陈确就无意于出仕，"淡功名，薄荣利"③，不过因为家族的影响，还是多次出试，三十七岁时取得庠生的资格。进入清朝以后，陈确就不再应试，并为此事撰有《告先府君文》，其中说：

> 家自司训梅冈公而下，于今六世，为国名儒，一旦地坼天崩，逡巡向异类乞活。犬马犹恋旧主，而况人乎！革命以来，即思告退，以不忍写弘光后年号，因循未举，谓岁试不到，将自除名。今年春，学廪又已开支，而岁试未有期日，益复迁延，为疚滋深。将卜日告于先圣之庙，随呈本学，求削儒籍，终为农夫以没世。悲夫！男之不肖，截发毁冠，久窃儒生之号，知神之为恫久矣。是以敢告。④

可见陈确在清朝出处的选择，也因为陈氏家族在明朝六世"为国名儒"，"犹恋旧主"故而不忍"向异类乞活"。关于出试，本来希望因为不参加"岁试"而被除名，结果却是只发"学廪"而不举"岁试"，为此"为

---

① （明）陈确：《祭山阴刘先生文》，《陈确集》文集卷一三，第307页。
② 同上注。
③ （清）陈翼：《乾初府君行略》，《陈确集》首卷，第12—13页。
④ （明）陈确：《告先府君文》，《陈确集》文集卷一三，第311页。

疾滋深",只得"随呈本学,求削儒籍,终为农夫以没世"。进入清朝,陈确不忍写"弘光后"、清朝的年号,还因为"截发毁冠"而感到羞愧。

鼎革之变前后,陈确的转变非常之大,他自己曾说:"变乱以来,山水之好,亦复渐淡。惟良朋萃止,发明古学,则久听忘疲。"① 进入清朝之后就摒弃了"山水之好"与"一切陶写性情之技,视为害道而屏绝之"②,一心向道,发明古学,希望自己能够完成师友生前未竟的事业,后来他撰写了《大学辨》与《性解》等著述,可以说是沿着刘宗周学说的某些因素,作出了自己的阐发。

张履祥与陈确一样,在明清鼎革之后没有选择殉节。关于此事,他少有提及,只在其晚年论及科举之学时与门人姚瑚说:"余于己卯、壬午间,若论文艺亦可侥幸,但当时一为中式,则亦为祝开美矣。"③ 祝渊也是张履祥的重要友人。他在明末中举,而举人已经具备了进入仕途的资格,按理当与国家同存亡,祝渊选择殉节应是出于这一原因。张履祥在明末只是诸生,如果当时侥幸中举则应该与祝渊一样选择殉节。与陈确一样,张履祥在面对师友时,仍存羞愧之心:"今先生死国,开美死师,予犹偷生,师友道绝,其何以自免于不肖?悲夫!"④ 面对老师刘宗周与友人祝渊的死节,忍辱偷生的张履祥,心底总有不安。

在清军入浙之际,张履祥曾有反抗之心,也有人劝他参加义军。在这期间他经历了一番抉择,曾说:

> 乙酉夏五,旧京不守,溃兵四下,人皇皇罔所适。乡里父兄就予问者日数辈,予惟地险人豪无足藉者,策此以应。稍闻来益众,不胜语也,书以告之。有劝予集事,决以筮,得遁之姤,遂辞坟墓,避于归安。⑤

当时张履祥首先考虑到"地险人豪,无足藉者",所以倡议"保聚",

---

① (明)陈确:《与吴仲木书》,《陈确集》文集卷四,第 141 页。
② (清)许三礼:《海宁县志理学传》,《陈确集》首卷,第 1 页。
③ (清)张履祥:《训门人语二》,《杨园先生全集》卷五三,第 1469 页。
④ (清)张履祥:《言行见闻录一》,《杨园先生全集》卷三一,第 878 页。
⑤ (清)张履祥:《保聚附论》附记,《杨园先生全集》卷一九,第 585 页。

撰有《保聚事宜》、《保聚附论》等乡村治安方案。[①]有人劝张履祥"集事",举义军抗清。他心存犹豫,便卜了一卦,"得遁之姤",卦象提示应当隐遁。于是张履祥没有参与抗清斗争,带着全家隐遁于归安一带的水泽之间。

说到鼎革之际的师友,或殉明或抗清,而自己却不能为之的缘由,陈确有一个"懦"字,张履祥则有一个"怯"字。张履祥评价自己的一生抉择:"行己欲清,恒入于浊;谋道欲勇,恒病于怯。"[②]"病于怯",故无力自绝亦无力反抗;"入于浊",故只能做一个顺民,唯一的反抗就是不事新朝,以隐遁乡野之遗民身份终老一生。其实隐逸也并不比殉节或抗清来得容易,因为作为遗民的苦隐,需要更高的德行。后人对张履祥的评价之所以如此之高,还是因为其德行。光绪《桐乡县志》的编者严辰(1822—1893)说:"至隐逸必潜德之士,……以其不求人知而后之也。杨园本以遗老自居,而旧志归之隐逸,实获其心。"[③]张履祥为后人所景仰,最为关键的就是有节操。何况因为家中田产之类很少,张履祥以处馆治生,一家人始终处在贫困之中,但他依旧对功名利禄一概不屑,放弃诸生身份,韬晦终生。每每遇到有友人或弟子称誉,张履祥就说:"弟未尝学问,行己无似,幸兄于乡党朋友之前,切勿举弟之名,方为爱弟。"[④]"鄙人姓名,尤望绝口,勿污齿牙,始为相爱之笃耳。"[⑤]最终,因为他的息交绝游,匿声逃影,清廷的各种征召不及于身,得以保全自己的名节。

在鼎革之际,陈确与张履祥面临"生死"抉择,他们都选择了"生";进入清朝之后,他们又面临"出处"抉择,他们都选择了"处",成了隐逸于乡野的明遗民。他们对于自己的选择都有着清醒的认识,认为自己有"懦"或"怯",愧对逝去的师友,于是乎他们以韬晦自处,唯

① (清)张履祥:《保聚事宜》,《杨园先生全集》卷一九,第577页。
② (清)张履祥:《自题画像》,《杨园先生全集》卷二〇,第589页。
③ 光绪《桐乡县志》卷一五《人物志下》序言,《中国地方志集成·浙江府县志辑》第23册影印,光绪十三年刻本,上海:上海书店,1993年,第511页。
④ (清)张履祥:《答吴仲木十三》,《杨园先生全集》卷三,第61页。
⑤ (清)张履祥:《答张佩葱三》,《杨园先生全集》卷一一,第308页。

一坚持的只有道学而已。

他们均有关于"出处"的论析，而陈确尤多，且见解深刻。陈确并非一味肯定"处"而否定"出"，在他看来"出处"之同异不在于选择，而在于选择背后的"志"与"道"，因此他提出"出处一理"说。他的《出处同异议》以问答体阐发观点。全文不长，摘录如下：

> 今之出者固多矣，人出则吾亦出焉耳，未尝确然有所以必出之志也。今之不出者亦不乏矣，人不出则吾亦不出焉耳，未尝确然有所以必不出之志也。苟有其志，夫何敢轻出而何敢轻不出！
>
> 或问："所以出与所以不出之志奚若？"曰："所以出之志，即所以不出之志，一而已矣。"曰："异乎所闻。出与不出，曾水火之不相入，而吾子一之，岂有说乎？"曰："出者止多此一出，而吾之为吾自若也；不出者止少此一出，而吾之为吾亦自若也。夫何异！出者必以其道，继之以死；不出者必以其道，继之以死。"
>
> 曰："若是乎，出与不出者之皆不免于死乎？"曰："咨嗟乎！人未有不死者，而子何视死若斯之深也！且子以为不继之以死，遂必不死乎？继之以死者，遂必死乎？夫不继之以死，而何能必以其道！出者成进士，尽忠为廉以事主，而无所阿焉，而势或不可行也。东西南北，惟君之所使，而疆场之变，又何日焉无之也！如是者，欲不继之以死得乎？不然，则大负此出矣。不出者，或未一旦即至于困辱穷饿而死也，而或不能不至于困辱穷饿而死，而不能困辱穷饿而死，则大负此不出矣。若夫以道范身，终食勿失，穷通一揆焉耳，又何出与不出之异之有！"[①]

关于"出处"，陈确强调两点。一是"志"。"出与处"的选择，不能受他人影响，不能轻易作出决定，这是事关人生志向的大事情。因此，他人"出"则"出"，他人"处"则"处"，这种完全受到时风影响而自己毫无主见的行为必须批评。一是"道"。"出与处"，形同"水火之不相入"，但当有共同之处，那就是"必以其道，继之以死"。选择了"出"或

---

① （清）陈确：《出处同异议》，《陈确集》文集卷六，第 173—174 页。

"处",就当坚持"出"或"处"的道义,甚至不惜为之而死。选择"出",就要做到"尽忠为廉以事主";选择"处",就要做到"至于困辱穷饿而死"也在所不惜。所以说,"出与处",都应该"以道范身",无论穷通,其中道义还是一样的。陈确还说:

> 出处一理,而士或相非,不其陋与!……间作《出处论》以一之,而士或未之察也。嗟乎!"吾非斯人之徒与而谁与!"当吾世而有以斯世斯民为己事者,吾拜而祷之,况当有异同之见乎哉!……吾闻古之君子,有所谓志不在温饱者,有自为秀才即以天下为己任者,有以一夫不被泽为耻者,有人饥己饥,人溺己溺者。古今人不大相远。今之人志于荣贵而荣贵至,古之人志于圣贤而圣贤至。非今人之与圣贤者远,而古人之与圣贤者近也,由志与不志耳。要之,所谓圣贤,岂必求之功名富贵之外哉!故有志者居一乡则仁一乡,治一国则仁一国,相天下则仁天下。无之而非仁,故曰:无终食之间违仁。①

陈确的"出处一理"说提出之后,当时的士人多有"相非"者,这里说的《出处论》应该就是指《出处同异议》。陈确在此进一步强调,无论出与处都应该"以斯世斯民为己事",就这点而言"出"与"处"并没有异同之分。古之人志于"圣贤",今人却志于"荣贵",古代的君子,其志不在温饱,而在"以天下为己任","以一夫不被泽为耻"。如果立志于成圣成贤,那么"居一乡则仁一乡","治一国则仁一国","相天下则仁天下",志于圣贤就能做到"仁",就不会汲汲于功名富贵了。

陈确强调"出处"之间的道义,反对"出处"中的功利之心。所以他又进一步以"出处一理"说,对当时常见的"以处为道而出为俗"观念进行了批判。在《道俗论》一文中说:

> 道之与俗,相反也。道则不俗,俗则非道。今士往往言道而行俗,则亦真俗而已矣,又何道之言乎!……故曰:出处不同,同乎道。故虽今之出者,未可遽谓之俗也。而士恒侈然自以处为道而出

---

① (明)陈确:《送谢浮弟北上序》,《陈确集》文集卷一〇,第242页。

为俗，乌知处之未离乎俗也！若出而以嘱进，以贿升，斯俗而已矣。背故而即新，诞上而虐下者，斯俗而已矣。处士之未离乎俗，奈何？曰：道岂能择处士，处士自择道耳。非择道而言，择道而行耳。今夫黠者浮伪，愚者朴鄙，竞者营扰，恬者颓废，敝俗纷纷，近我者日引之而去，出此入彼，曾莫能以自拔也。且非徒此而已也。①

在陈确看来，当时大多士人往往"言道而行俗"，这才是真正的俗。他们不明白"出处不同，同乎道"，其实"出"未必流俗，"出而以嘱进，以贿升"或"诞上而虐下者"，才是流俗。"处"未必近道，"择道而言，择道而行"，才是近道。"黠者浮伪，愚者朴鄙，竞者营扰，恬者颓废"，都是"敝俗"，为时风所影响，"莫能以自拔"。陈确再三强调无论"出"或"处"，都必须以"志"、"道"为准则去进行选择。他还特别反对世俗之人那种一旦"出"而参加科举就要考中之类的功利观念。他说："士生乎今之世，或不得已而出试于有司，吾无恶焉耳。惟试而求必售，斯有不忍言者矣。"②因为实在贫困而不得已"出试"，也不应同于流俗，一味希望成功，而应该以道义为原则，无论为学为官，都不可生功利之心。

张履祥对于"出处"也十分重视，但是他的看法却与陈确有很大的不同。张履祥特别强调"出处"对于士人、君子的重要意义，他经常说："出处之际，士君子居身之大目也。语云：'立身一败，万事瓦裂。'"③然而，在他看来，因为身处乱世，所以也就只有一种选择，也就是说应当选择"处"，"处"而"修身俟命"。他在与友人的书信中说：

国变卒作，天地崩坠，中兴事业，佐理无闻，将来之乱，恐未有已。制科之事，朝廷一遵旧章，间有言及孝弟、力田、奇材、异等者，亦未必举行，即行亦不过开一幸门。当世贤士，终不能由是以进也。吾党所事，舍制艺亦无他务。但处今之世，自非实学、实才不足有济。今日为诸生，则思进士做，若果登进士，执何具以往？岂能如昔日，坐享太平，优游贵乐乎？徒有身败名隳，为人笑辱而

①（明）陈确：《道俗论上》，《陈确集》文集卷五，第169页。
②（明）陈确：《试讼说》，《陈确集》文集卷一一，第251页。
③（清）张履祥：《许鲁斋论一》，《杨园先生全集》卷一九，第563—564页。

已。弟意欲于海滨僻壤，挈妻子而居，为苟全性命之计。因于此
修身力学，以俟天命人事之可为，则虽一命之赝，庶几得如古人所
云："上不负天子，下不负所学。"不然，躬耕负薪，亦足以没齿而
无愧。①

当时的时局复杂多变，当张履祥等人感到"中兴实业，佐理无闻"，
明王朝早已恢复无望之时，清廷恢复了科举选士。但在张履祥看来，
"当世贤士"还是不能"由是以进"，因为即便考中进士也无法有所作为，
甚至"身败名陨，为人笑辱"。虽然说作为一名儒者"舍制艺亦无他务"，
但是当时却无法进取，少有"实学实才"而能经世济民者。所以，张履
祥自己的选择就是暂且隐居于"海滨僻壤"，"修身力学，以俟天命人事
之可为"，为将来作好准备；如果将来还是没有经世济民的机会，那就只
能"躬耕负薪"隐居一生。张履祥认为乱世之中"出"则不能有所作为，
所以应当"处"而"修身力学"，增益"实学实才"以待将来，只要坚持道
义，也就"足以没齿而无愧"了。张履祥自己确实也是这么做的，在处
馆谋生之余，于理学、农学以及敦厚风俗等方面讲求实学，虽然没有什
么机会施展，但相关著述也足为后人所借鉴。

对于如何"处"的问题，张履祥还有许多讨论，主要就是强调了作
为遗民的隐居，而非逸民的隐居。他反对沉溺于"渔樵之乐"，他说：

弟间观易象，方此神州离析，宗社播惊，在坤之上六："龙战于
野，其血玄黄。"窃以吾人草茅，大概在坤之六四："天地闭，贤人
隐。"无咎无誉，可以免患。或者声名不可太高，交游不可太广，进
取不可太锐，亦藏器待时，俭德避难之义也。②

在他看来，乱世之时，"神州离析"，最后成败如何也难说。那么身
为"草茅"的士人，也应该如《周易》坤卦的六四爻辞所说"天地闭，贤
人隐"，暂时隐居乡野，"藏器待时"，等待他日有机会再做一番事业。
而且，乱世之中遗民的隐居，需要注意三点：其一，声名不可太高；其
二，交游不可太广；其三，进取不可太锐。也就是说时时处处都要小心

① （清）张履祥：《答吴文生》，《杨园先生全集》卷九，第263—264页。
② （清）张履祥：《答徐文匠》，《杨园先生全集》卷九，第262页。

谨慎，努力于"俭德避难"。

张履祥对于许衡（号鲁斋，1209—1281），特别推崇，但是就其出仕元朝一事，则多有批评。他说：

> 或问许鲁斋何人也？曰：贤人也。其仕元是与？曰：非也。非则恶贤诸？曰：原之也。……观其不陈伐宋之谋，至身没之日，命无以官爵题墓，曰："吾生平为名所累，竟不能辞官。"噫！其志亦可见矣！盖以为始之未尝学问，不能无求闻达，以自全于乱世。及乎身之既失，后虽悔之，已不可以复追，是为不幸也已。后之论者，欲为之文，则以元之用汉法，为鲁斋之仕之功。贤者又从而推尊之，以为进退出处，合于孔子。夫元之政，狄道也。鲁斋之所陈，元能行其一二否耶？孔子见南子、见阳货，而卒不仕于鲁、卫，公山佛肸之召，而卒不往，何也？不可以仕而不仕也。以观鲁斋，合乎？不合乎？夫仕元之非，鲁斋不以自文，而奚俟后人之文之也。[①]

在张履祥看来，许衡还是失节之人。许衡"为名所累"而出仕于元朝，同时又因为顾及名节而"不陈伐宋之谋"，到了临终之时还强调不可用元朝给予的官爵来题写墓碑。不能辞官而后悔，却悔之晚矣。后人认为元朝使用儒家制度是许衡等人的功劳，因此许衡的进退符合儒家原则。张履祥则认为事实上元朝并没有实行多少儒家制度，许衡"不可仕而仕"并不符合儒家的出处原则。

陈确与张履祥二人的出处观，可以说都非常之简明。陈确的"出处一理"说，看重"志"与"道"，认为"出"与"处"应当根据自己的情形而定，要有自己的"志"而不能人云亦云，"志"则由"道"来判断，无论"出处"，都当符合道义。张履祥的出处观，也即"修身俟命"说，因为身处乱世就必须选择"处"以待将来，而且还应当既讲求实学又隐匿其身。比较而言，他们二人都注重实际，陈确注重每个士人生存的实际需求，张履祥注重时世背景的实际状况，而这两种实际的背后都是在讲求

---

① （清）张履祥：《许鲁斋论一》，《杨园先生全集》卷一九，第563—564页。

道义，只有符合儒家道义的选择才算正确。

还有必要提及的是，对于已经殉节的友人子弟的出处抉择，又当如何看待？此处就以陈确再三讨论的祝渊之子之出处抉择为例。祝渊有子四：乾明，今名翼乾，字凤师；恒明，今名翼恒，字豹臣，号学存；升明、晋明，俱早殇。祝渊的遗言说："凡我子孙，冠婚丧祭，悉遵大明所定庶人之礼行之。不得读应举书，渔陶耕稼，听其所业，违者即以逆论。"[1]后来，祝恒明在顺治十年，参加了清廷的科举考试。因为祝渊是陈确的好友，所以陈确对未能劝阻其子祝恒明出试，感觉十分难过，在与友人的信中说："凤师兄弟竟两分出处：一遵父命，一遵母命。局已定矣，弟犹争之不已，又转而攻涛兄。"[2]在另一书信中则说：

> 祝凤师已从父命不试，其弟豹臣则从母命出试，谓之调停，弟未敢云尽善也。唯鲲涛兄下帷发愤，潜心举业，诵其近文，可为工妙；徒以欲禁两侄出试，躬先告退，真是克己之学。告退，弟所能也；揣摩成而告退，则非弟所能也。[3]

祝乾明算作尊父命不出试，而祝恒明则算作尊母命，故而出试，陈确为此事"争之不已"，还转而批评祝渊之弟祝沆（字仲彝，号鲲涛）没有坚持劝阻。祝沆与祝乾明，本来也都有出试的打算，后来在包括陈确等友人的调停之下放弃了。所以陈确十分称赞祝沆，能够"躬先告退"，在两个侄子面前作出了表率，何况还是在"揣摩成而告退"，更为难能可贵。不过，陈确始终因为自己未能劝阻祝恒明而感觉有罪，在《送祝开美葬管山祭文》中说：

> 遗言勿令诸子得习举业，养吾、二陶尝问弟云何，弟谓习举业似亦无害，但不可出就有司试耳。竟用弟言，兼习举业，而兄之仲子恒明遂欲出试，虽将来必且革心，而弟不能防于未然，使曾有襄

---

[1]（清）祝渊：《临难归属》，《祝月隐先生遗集》卷四，叶9a。参见陈确《哭祝子开美》诗后注中引祝子临难《归嘱》、《祝氏家谱》，《陈确集》诗集卷七，第745页。
[2]（明）陈确：《与吴仲木书》，《陈确集》文集卷四，第139页。
[3]（明）陈确：《寄张奠夫刘伯绳两兄书》，《陈确集》文集卷一，第75页。

裳之失，罪二也。[①]

一开始蔡养吾和祝渊另一弟弟祝淯（字子霖，号二陶）与陈确讨论是否可以研习举业，陈确说学习举业"似亦无害"，但不可出试。后来他们都开始研习举业，进而导致了祝恒明的出试。陈确因为"不能防于未然"，故而感觉自己有负于死去的友人。他在与祝乾明的书信中也说：

> 不幸令先子早世，冥冥之中，负此良友，则仆所欲效其未尽于凤师兄弟者，岂有涯哉！而遗言煌煌，惟祔葬、止试二事，屡争未得，遂使仆之迹日疏，仆之口日缄，虽闻有违，不敢喋喋以贻失言之诮者有日矣。[②]

幸而后来祝恒明两次考试都未中，他才松了一口气，在与友人的书信中说："然即此葬事与其仲子之试事，弟皆不能力争，便已大负开美，何论其他。言念及此，真惭悚无地。幸杭、禾两试皆不获隽，当是天佑贤者之后。"[③]陈确甚至认为祝恒明的"两试皆不获隽"，是祝渊在冥冥之中的佑护，可见他对此事重视之深。后来祝恒明考中康熙戊午举人，因此祝乾明在刊刻《祝月隐先生遗集》之时，在《临难归属》中特别注明："乾明不孝，未能恪遵严命，属弟恒明勉应门户，罪不在恒明矣！乾明泣血识。"[④]由此可知，身为遗民之子弟，出处一事始终是心结。

三　吕留良与陆陇其的抉择

比陈确与张履祥更年轻的一代士人，如张履祥晚年的友人吕留良，以及与吕留良有着师友关系的陆陇其。他们虽然也面临抉择，然而又有了不同，"生死"问题极少被提及了，"出处"问题则变得更为复杂微妙了。

吕留良的本生祖吕熿，明嘉靖时为江西淮府仪宾、尚南城郡主，后为了侍养父母而与郡主一同回籍。本生父吕元学，万历二十八年

---

① （明）陈确：《送祝开美葬管山祭文》，《陈确集》文集卷一四，第330页。
② （明）陈确：《遗祝凤师兄弟书》，《陈确集》文集卷二，第99页。
③ （明）陈确：《寄刘伯绳世兄书》，《陈确集》文集卷一，第88页。
④ （清）祝渊：《临难归属》，《祝月隐先生遗集》卷四，叶9a。

（1600）举人，后谒选为繁昌知县，兴利除弊，有循吏之称。吕元学育有五子：大良、茂良、愿良、瞿良和留良。其中吕茂良，官刑部郎；吕愿良，官维扬司李。吕留良，父卒后四月，方由侧室杨孺人所生①，诞生之后，其母无力照料，将他交给三兄愿良夫妇抚育。吕留良三岁时，三嫂又病故，过继给堂伯父吕元启。不久之后嗣父、嗣母，以及本生母相继过世，故而吕留良的少年时代几乎都是在不间断的服丧之中度过，"计自始生至十五岁未尝脱衰经"，不可不谓孤苦凄凉。②当时的吕家，还是一个深受明朝恩泽的官宦世家、文化世家，故而少年失怙的吕留良，仍接受了良好的家庭教育，并表现得聪慧超群。

　　十六岁时，吕留良遭逢明亡清兴，不得不面临艰难的出处抉择。起先，吕留良散金结客、毁家纾难，曾与其友孙爽（1614—1652，字子度）、侄吕宣忠（1624—1647，字亮功）等人参与过太湖义军的抗清斗争，失败之后吕宣忠被杀，吕留良于悲痛之中逃逸他乡。后来，因为害怕仇家陷害，羽翼未丰的吕留良于顺治十年被迫易名应试而成为清朝的诸生。其子吕葆中（？—1711，字无党）在《行略》中说："癸巳，始出就试，为邑诸生。每试辄冠军，声誉籍甚。"③由此可知当时的吕留良，虽不汲汲于功名，却在举业上有着非凡的才能，而后从事时文评选以求治生，也就不足为怪了。

　　直到康熙五年（1666），吕留良方才决意摒弃科考，被革去秀才，这在当时也是惊人之举。吕葆中《行略》说："一郡大骇，亲知莫不奔问旁皇。"④此时吕留良写有著名的《耦耕诗》，表达其隐居不出、终老乡野的志向，其一曰：

　　　　谁教失脚下渔矶，心迹年年处处违。雅集图中衣帽改，党人碑里姓名非。苟全始信谈何易，饿死今知事最微。醒便行吟埋亦可，

---

① （清）吕葆中：《行略》，吕留良撰，俞国林编：《吕留良全集》第二册《吕晚村先生文集》附录，北京：中华书局，2015年，第864页。
② 卞僧慧：《吕留良年谱长编》，北京：中华书局，2003年，第63—72页。
③ （清）吕葆中：《行略》，吕留良撰，俞国林编：《吕留良全集》第二册《吕晚村先生文集》附录，北京：中华书局，2015年，第864页。
④ 同上注，第865页。

无惭尺布裹头归。①

然而清廷却并未轻易放过吕留良。康熙十七年有博学鸿儒之征，浙江当局首荐吕留良，他誓死拒荐；康熙十九年又有山林隐逸之征，吕留良闻知消息当即吐血满地，无奈只得在病榻之上削去头发，披上袈裟，后隐居于吴兴妙山的风雨庵。② 即便吕留良生前恪守节义若此，死后却依旧难以免除是是非非。雍正十年（1732），吕留良被剖棺戮尸，甚至连累子孙以及门人，或被戮尸，或被斩首，或被流徙为奴，罹难之惨烈，可谓清代文字狱之首。③

其实吕留良所谓"夷夏之防"，并非从种族出发，而是从节义之道出发，指出必须讲明节义，反对功利。其《四书讲义》说：

圣贤于出处去就、辞受取予上，不肯苟且通融一分，不是他不识权变，只为经天纬地事业，都在遮些子上做，毫厘差不得耳。④

能够做到大圣大贤的人，都在出处、辞受上必有坚持，经天纬地事业也都从细微小事上做起，所以立身行己，毫厘差不得。《四书讲义》中还说："今日自名学者，先问其出处如何，取与如何，便已不端正，更何所论也。""人必取舍明而后可以言存养。吾见讲学宗师，谈心论性，诃诋古人。至其趋膻营利，丧身失脚，有不可对妻子者，吾不知其所讲者何事也。"⑤ 学者首先要做到无论出处、辞受，都端端正正，然后方可讲学，而其所讲的存养之道，方才有可信之处。吕留良讲《四书》，其出发点都是节义之道，故而对于晚明流行的空谈心性，而自身节义无一可取等现象极为反对；趋于功利而"丧身失脚"则更不足取。吕留良并不是说"谈心说性"之类，存养工夫的讲求本身就有谬误，而是说学问之

---

① （清）吕留良：《耦耕诗》其二，《吕留良全集》第三册《何求老人残稿》卷二《怅怅集》，第443页。

② 卞僧慧：《吕留良年谱长编》，第255、265页。

③ 同上注，第378、397页。

④ （清）吕留良：《吕晚村先生四书讲义》卷三八《万章问曰人有言伊尹以割烹要汤章》，《吕留良全集》第6册，第656页。

⑤ （清）吕留良：《吕晚村先生四书讲义》卷七《子曰富与贵章》，《吕留良全集》第5册，第130页。

中也有一个先后、大小之分，所以一再强调"必取舍明，而后可以言存养"，也即节义最为重要，先认真讲求立身行己的大段工夫，然后方才是存养工夫；也只有先讲明立身行己，方才能够不趋附于功利，以至于丧身失脚。《四书讲义》卷一七《子贡曰管仲非仁者与章》说：

> 圣人此章，义旨甚大。君臣之义，域中第一事，人伦之至大。此节一失，虽有勋业作为，无足以赎其罪者。若谓能救时成功，即可不论君臣之节，则是计功谋利，可不必正谊明道。开此方便法门，乱臣贼子接迹于后世，谁不以救时成功为言者，将万世君臣之祸，自圣人此章始矣。看"微管仲"句，一部《春秋》大义，尤有大于君臣之伦，为域中第一事者，故管仲可以不死耳。原是论节义之大小，不是重功名也。①

前人对此章关注极多，大多在说吕留良强调夷夏之防大于君臣之义，然而事实上吕氏的真正用意并不仅于此。唯有钱穆先生指出吕留良讲《春秋》大义"为域中第一事者"，其立足点是在节义。他在《中国近三百年学术史》中说："盖夷夏之防，定于节义，而摇于功名。人惟功名之是见，则夷夏之防终隳。人惟节义之是守，而夷夏之防可立。晚村所以深斥永嘉而敬推朱子者，其意在是。"②钱先生的诠释当是符合吕氏原意的。在吕留良看来，夷夏之防固然当守，此本不必多言，而需要讲明的则是如何守其防，唯有先明节义而已；至于"君臣之义"，固然是"人伦之至大"，君臣而后父子、夫妇，然而其中需要讲明的也就是节义。也就是说，真正需要讲明的只有节义之道，至于夷夏之防与君臣之义的选择，也就在于节义大小的分辨，而不在于功名大小的分辨。吕留良关于此问题还说："要之此一段道理，先儒不曾经历讲究，固难晓然耳！"③从此可以看出吕留良对于《春秋》大义的思考，也是与其经历明清鼎革

---

① （清）吕留良：《吕晚村先生四书讲义》卷一七《子贡曰管仲非仁者与章》，《吕留良全集》第 5 册，第 323 页。
② 钱穆：《中国近三百年学术史》第二章，北京：九州出版社 2011 年，第 89 页。
③ （清）吕留良：《四书讲义》卷一七《子贡曰管仲非仁者与章》，第 402 页。按，此段原文《四书讲义》原刊本并未收录，点校本据《吕子评语》补入，参见（清）吕留良：《吕子评语》卷一七，《吕留良全集》第 8 册，影印康熙五十五年刻本，第 802—803 页。

之变,在节义上有新的体证有关的。吕留良又说:"此章孔门论出处事功节义之道,甚精甚大,……后世苟且失节之徒,反欲援此以求免,可谓不识死活矣。"①也就是说,此章真正需要辨析的就是节义与功名之别。节义大小必须辨析,而功名大小则要服从于节义大小,如不重节义而重功名,那就会被失节之徒给误用了。

由此可知,吕留良原本就是一个前明的遗少,然而为了其家族在入清之后的生存,不得不在科考等方面有所让步。但是,与一旦从事科举便有心功名的其他变节遗民不同,与夷夏之防关联的节义大小之辨自始至终是萦绕在吕留良心中的,故而一旦时机较为成熟,便又退守其遗民处士之本色,且十分坚决。

至于陆陇其,他与张履祥一样做塾师近四十年,最终却是科举成功,然后选择了出仕清廷,去世之后则获得殊荣,成为清代本朝儒者之中从祀孔庙的第一人,与吕留良的遭遇绝然相反。其实在陆陇其选择"出"的背后,又有着多少的不得已?

陆陇其出生于崇祯三年(1630),到了甲申年,年仅十五的陆陇其,随父"仓皇奔避,而读书仍不辍"②。相对于那些明朝遗老来说,他在明朝生活的时间相对较短,而且也未曾获得明朝的功名,因此当明朝覆亡之后,他在面对出处之难时,也就不会过多去考虑前朝的"君恩",因此即使他出仕了清廷,亦不可称之为贰臣。

陆陇其不能安心隐居做一名处士,主要还是因为有着治生方面的苦恼。他后来在嘉定作了知县,在给叔父的书信中说:

> 宪檄催饷,奚啻如火,晓夜征输,苦莫以应。嗟我劳人,怒焉如擣,不知将来作何奏销?③

也就是说,当时的普通百姓面对催饷、征输,往往"苦莫以应"。陆

---

① (清)吕留良:《吕晚村先生四书讲义》卷一七《子贡曰管仲非仁者与章》,《吕留良全集》第 5 册,第 323 页。
② (清)吴光酉、郭麟、周梁撰,诸家伟、张文玲点校:《陆陇其年谱》卷上,北京:中华书局,1993 年,第 15 页。
③ (清)陆陇其:《答表叔李慧生》,《三鱼堂文集》卷六,《陆陇其全集》第一册,张天杰主编,北京:中华书局,2020 年,第 147 页。

家的生计其实也相当棘手，陆陇其二十一岁就"赴嘉善蒋氏馆"，成了一名私塾先生。[①]但是，在陆陇其那里治生并不是决定性的因素。真正开始出仕为官之后，对于干渎上进一事，陆陇其也有专门的论述：

> 某于仕途中，惟谨守"安命"二字，奉先人之遗训，不敢失坠。故所遇上台，无论知己与不知己，皆未尝稍有干渎。旧冬掣肘，已决计藏拙。不意新抚莅事，畿辅气象改观，故暂且盘桓。至行取一局，原非所敢望。……吾辈所共砥砺，当在学问之消长，至一官之升沉，何足以烦知己耶？[②]

即便为官，也当谨守"安命"二字，不可干进，更当"藏拙"，真正应当着力的则是学问的消长，而非官阶的升降。进一步讲，做不做官、做多大的官，都要依于"道义"而非"干进"。

所以陆陇其始终对"处士"之风表现出歆羡不已的态度，这在其《三鱼堂文集》之中多有表现。[③]综合而言，陆陇其对于处士的欣赏，主要是因为他们的淡泊之志。正如他在《屠我法诗叙》中讲的那样：

> 我郡屠我法先生，积学隐居，与鹿豕为侣者四十年。天下之士方攘攘于富贵，得一爵若登天，失一爵若沉渊。而先生视之无有也，旷然若处云霞之上，而人世之污浊不足以累之。呜呼！使以先生是心而处廊庙之上，无利害得失以撄其胸，而从容经画天下之事，何事之不可为耶？谁谓沮溺与孔子有二道也。[④]

此处主要从两个方面赞扬了屠我法的高洁品格，一方面，盛赞屠我法"积学隐居，与鹿豕为侣者四十年"，作为一名好学的处士长达四十年之久。另一方面，突出了其不以富贵功名累其心的品格，富贵"视之无有"，人世的种种污浊"不足以累之"。他希望通过对屠我法的褒奖，来改变士人对于利禄的痴迷。也就是说，对于处士之风的赞叹，也即其出

---

① （清）吴光西、郭麟、周梁撰，诸家伟、张文玲点校：《陆陇其年谱》卷上，第15页。
② （清）陆陇其：《答陈世兄》，《三鱼堂文集》卷七，《陆陇其全集》第一册，第199页。
③ 关于"处士"这个问题，陆陇其在其文集中有多处涉及。如《答范彪西》，《三鱼堂文集》卷七；《傅鹭来感怀诗序》，《三鱼堂文集》卷九；《嘉定白鹤寺记》，《三鱼堂文集》卷十《陆陇其全集》第一册，第233、289、329页。
④ （清）陆陇其：《屠我法诗序》，《三鱼堂文集》卷九《陆陇其全集》第一册，第283页。

处的这一层面，其实与"义利之辨"也是联系在一起的。所以，他才强调将屠我法之用心"处庙堂之上"，则因为其"无利害得失以撄其胸"，故而可以做到"从容经画天下之事"，于是"何事之不可为"。换言之，陆陇其认为出仕为官之士大夫，也应当拥有隐居处士的品格，不以功名利禄起见。故而他对处士推崇的根本原因，是想以处士淡泊之志矫正士人群体中功利主义的不良风气。

陆陇其对于隐遁为处士之难以忘怀，还有来自家族的原因。其年谱的二十一岁条，曾有这样一则记载：

> 先是己卯岁，先生伯父墨涛公灿，以济南司李，阖门殉节。时先生甫十岁，痛伤不已，即有隐居友教之志。逮是，嘉善明经蒋文琢闻先生人品学问回越时流，延训其子道隆。先生曰："是我志也。"慨然就焉。[1]

己卯年，也即崇祯十二年（1639），担任济南司李的伯父阖门殉节，年谱中并未详述其中缘故，当是因为清朝的文字狱的禁忌。[2]事实上，崇祯十二年清军由北京南下直达济南，烧杀抢掠数月方才退回关外。也就是说陆陇其伯父一家殉的就是明朝的节。因此，陆陇其"痛伤不已，即有隐居交友之志"，此事萦绕其心，故而他一直存有另一种打算，也即一辈子做私塾先生，实现其处士之志。所以说，陆陇其受家庭的影响选择成为处士有两个方面的考虑：一来隐居于乱世之中，无咎无誉，可以免祸；二来立志隐居，在当时本来就有为于陆氏家族有"君恩"的前朝守节的想法。

吕留良与陆陇其关于"出处"的看法还有"不能尽合"者。具体来说，陆陇其在"尊朱辟王"等学术问题上对吕留良非常认同，但就"出处"一事上，却对其不太认同出，他自己也说：

> 所不能尽合于先生者，程明道有云："一命之士，苟存心于利

---

[1] （清）吴光酉、郭麟、周梁撰，诸家伟、张文玲点校：《陆陇其年谱》卷上，第15页。
[2] 另据《长泖陆子年谱》记载："大兵临山东，城守遇害。"也因为避讳而未明说此大兵即清军。见（清）吴光酉、郭麟、周梁撰，诸家伟、张文玲点校：《陆陇其年谱》附录，第225页。

物，于人必有所济。"斯言耿耿，横于胸中，遂与先生出处殊途。①

吕葆中在为其父吕留良所作的《行略》中，提及了吕、陆二人所论出处之事，以及陆陇其的祭文：

> 于禾，遇当湖陆稼书先生，语移日，甚契。稼书商及出处，先君曰："一命之士，苟存心于爱物，于人必有所济，君得无误疑是言与？"及先君卒，稼书在灵寿，为文致吊，犹不忘斯语焉。②

当时二人谈论学术非常投缘，论及出处的时候，吕留良提及了程颢的这句名言，并要陆陇其对此不必有所怀疑。也就是说，只要从自己的本心出发，若是"存心于爱物"，就会"于人必有所济"，这一点陆陇其是认同吕留良，并且终其一生不忘的。然而究竟如何做，方才是"爱物"与"有所济"呢？陆陇其出于他自己对于儒家"道义"的理解，认为只要不重于功名利禄，出仕为官也未尝不可，故而他不必如同吕留良这般纠结，于是便做了一个难得的清官。再看一条《四书讲义》中的说法，则更可知吕、陆二人的差异：

> 君臣以义合，合则为君臣，不合则可去，与朋友之伦同道，非父子兄弟比也。不合亦不必到嫌隙疾恶，但志不同，道不行，便可去，去即是君臣之礼，非君臣之变也。只为后世封建废为郡县，天下统于一君，遂但有进退而无去就。嬴秦无道，创为尊君卑臣之礼，上下相隔悬绝，并进退亦制于君而无所逃，而千古君臣之义为之一变，但以权法相制，而君子行义之道几亡矣。③

因为君臣之义来自天理，故而可以合则留，不合则去，这在周代的封建制之下万国林立的时代比较容易实现，在郡县制、大一统之下则很难，所以说"有进退无去就"，更何况"尊君卑臣"以至于君臣上下悬绝，更无法实现士大夫的节义了。所以说吕留良之所以重新辨析君臣关系，

---

① （清）陆陇其：《祭吕晚村先生文》，《三鱼堂文集》卷一二，《陆陇其全集》第一册，第369页，参见卞僧慧《吕留良年谱长编》，第305页。"利物"，《二程集》原作"爱物"。

② （清）吕葆中：《行略》，《吕留良全集》第二册《吕晚村先生文集》附录，第872页。

③ （清）吕留良：《吕晚村先生四书讲义》卷三七《孟子告齐宣王曰君之视臣如手足章》，《吕留良全集》第6册，第626页。

并倡导封建，也就是因为倡导"君子行义之道"。就对"节义"的思考而言，显然吕留良比陆陇其深刻得多。当然，就倡导"义利之辨"，端正士风、学风，挽救世道人心而言，二人还是大同而小异，只是在"出处"的背后，对于"君子行义之道"，特别是君臣之义，以及上文提及的夷夏之防，陆陇其与吕留良始终有着诸多的不合。

结语

明清鼎革，对于明清之际的士人来说，必然是一生之中最大的事件，带给他们更多的自然还是精神上的困惑与伤痛。而且，所谓的"天崩地坼"并不是一阵疾风骤雨，坚持一下也就过去了。甲申、乙酉两年只是事变之开始，随着入清时间的推移，"时移事违"，"不得已"而苟活下来的士人，又要面临更为艰难的抉择，甚至累及他们的后人。针对士人的考验一个接着一个，一直到他们离开人世。故而"甲乙之际"的士人，或殉节，或反抗，或不得不隐遁于乡野，成为一名处士；或不得不出仕于清廷，然而心底终究意难平。就我们关注的江南地区嘉兴府的祝渊、张履祥、陈确、吕留良、陆陇其等较有代表性的士人而言，他们经历的一次又一次的生死与出处的抉择，以及抉择之中的再三思量，变与不变，紧张冲突，和由此表现出来的独特的出处观与生死观，当是非常耐人寻味的。

面对是否应当为明朝殉节这个问题时，他们就会先考虑是否为"守土之臣"，还有举人与诸生也有重大区别；他们还要考虑忠孝的问题，故而是否有老母在世也成为一个重要的因素。至于"出处"则更加复杂微妙，成为隐遁乡野的明之遗民，与出仕于清廷而成为清之清官，他们都认为自己的选择是以儒家的"道义"来作衡量的，并不是简单地认为必当选择"处"，即便他们在心底里还是更认同"处"。而且，他们也认为"出处"，只能自己去要求自己，不可强求他人，即便在心底里还是更认同遗民子弟也应当选择"处"。

他们的思考还有更多的不同之处。同为处士，陈确以"出处一理"说来看问题，注重人的生存实际，选择"出处"还要看背后的"志"与

"道"如何；而张履祥则有"修身俟命"说，注重时世背景的实际，认为正逢乱世，唯一正确的就是"处"，或是隐遁一生，或是有待将来，这才符合"道义"。同为考过清廷科举的士人，吕留良坚持节义之道，所谓"出处去就、辞受取予""不肯苟且通融一分"，在易代之际的关键在于君臣之义、夷夏之防；陆陇其说"惟谨守安命二字"，出仕为官以求经邦济世却又不求干渎；至于歆羡处士，则又是出于另一种对于道义的解释。

　　乱世中的士人，往往更多讨论"出处"的问题。究其原因，则是在他们的身上，有着遗民与儒者的双重身份。比如张履祥，正是因为他的双重身份，所以在身后的三百多年间，或因遗世的一面突出而被塑造为明之遗民，或因济世的一面突出而被塑造为清之大儒。事实上这些人物具有遗世独立的遗民色彩，又有经邦济世的儒者色彩。这两种身份有着内在的紧张，但是其中的遗世是外在之表层，而济世则是内在之深层。济世主导遗世，儒者才是遗民之底色。①

---

① 详见笔者《张履祥遗民与儒者的双重身份及其人生抉择》一文，《湖南大学学报（社会科学版）》2009 年第 6 期，第 37—42 页。

从"康熙历狱"审讯口供看明清时期皇室墓葬堪舆中的神煞禁忌

仇泰格

故宫博物院

康熙五年，钦天监监正汤若望及若干位钦天监官员被牵涉进了一件震动朝野的大案，即后世所称的"康熙历狱"。在"康熙历狱"中，除汤若望修订的历法被指责为谬误外，钦天监经手的顺治帝第四子和硕荣亲王的丧葬之事亦是对手攻击的重点。杨光先等人对于钦天监经手的丧葬事项的攻击主要从两个点着眼，其一是他们选错了荣亲王的下葬时间，其二是他们选择以坐北朝南方向修建荣亲王墓的园寝，触犯了当年北方的众多神煞。因为黄一农早已对第一点做过充分的研究，[①] 本文的重点将放在第二点，即兴建荣亲王的园寝触犯神煞的问题上。

关于此案，留下了相当篇幅的审讯口供，载于各式满文密本，目前已被翻译为汉文，可资不懂满文者研究使用。这些密本中官员审讯涉案人员的口供，较多涉及当时为荣亲王墓地选择堪舆时的具体操作细节以

---

① 详见黄一农:《择日之争与康熙历狱》,《清华学报》第 21 卷第 2 期,1991 年 12 月, 第 247—280 页。

及相关术数理论，而这些细节又与神煞禁忌紧密相关。本文将基于历狱案的口供档案，结合清代官方所用的术数选择书籍，梳理出荣亲王墓堪舆风水工作中所涉及的神煞禁忌。

梳理清历狱案牵涉的堪舆神煞禁忌问题后，可继续以此为切入点，考察明清两代皇室墓葬在选择堪舆、规划修建中的神煞禁忌，因为历狱案中荣亲王墓牵涉的这些神煞禁忌可能不只是在清初被重视，而且在明清两代皇室陵墓建筑的朝向规划、工期规划中均被考虑过。有足够的资料表明，清初的历狱案中，参与荣亲王墓堪舆工作的官员为留用的原明代钦天监人员，使用的是明代所用的堪舆术，在勘验该墓风水、规划墓葬园寝时涉及的神煞禁忌知识，则可能也是来自明代的钦天监。这些人在鼎革后，继续用原先的堪舆术为清廷服务，并使自身所掌握的堪舆术在清代钦天监流传。在梳理出历狱案中荣亲王墓堪舆工作所涉的神煞禁忌之后，笔者将利用收集到的明清两代皇室人员墓葬资料，进行一个检验工作，检验这些帝后陵寝以及贝勒、公主的园寝在勘验风水、规划修建时是否也在考虑历狱案中所牵涉的这些神煞禁忌问题，以此考察这部分术数在明清两代皇家的使用情况。

一　和硕荣亲王墓园寝的兴建

顺治十四年（1657），宠妃董鄂氏为皇帝生下一皇子，仅存活了四个月便于次年年初夭折。顺治帝与董鄂氏感情极深，故对此子也寄予了厚望。魏特《汤若望传》称此皇子"原定为皇位继承者的"[1]，而在顺治帝御撰《皇清和硕荣亲王圹志》中，将此齿序原本排在第四的皇子称为"朕第一子"[2]。此皇子的夭折令顺治帝"遭遇一酷烈打击"[3]，异常心痛。顺治帝为悼念爱子，并安慰悲痛欲绝的宠妃董鄂氏，遂以宗室十二等封爵中最高的爵位，将此早殇皇子追封为和硕荣亲王，[4]并命钦天监刻漏科官员

---

[1]　[德]魏特著，杨丙辰译：《汤若望传》（第二册），北京：知识产权出版社，2015年，第42页。
[2]　王其亨：《顺治亲卜陵地的历史真相》，《故宫博物院院刊》1986年第2期，第22页。
[3]　[德]魏特著，杨丙辰译：《汤若望传》（第二册），第42页。
[4]　王其亨：《顺治亲卜陵地的历史真相》，第22页。

在自己陵地附近选择一处风水"优于金汗陵、明陵之地方"①作为皇子葬地。最终钦天监官员在顺治帝陵地右翼选择了一处"地形龙胜而雄伟，脉精而潜，实属金星之首"②的风水吉壤作为该皇子的墓地来兴建园寝。

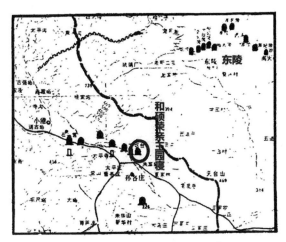

图1　和硕荣亲王园寝位置图③

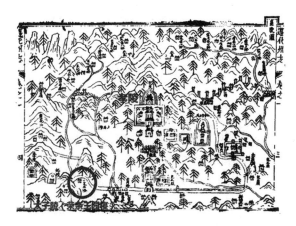

图2　康熙《遵化县志》的《皇陵图》中孝陵和太子陵（荣亲王园寝）的位置④

---

①《礼部尚书祁彻白等题为继续审理误选荣亲王墓地案事密本》，中国第一历史档案馆、中国海外汉学研究中心合编，安双成编译：《清初西洋传教士满文档案译本》，郑州：大象出版社，2015年，第261页。
②清初西洋传教士满文档案译本》，第75页。
③图片引自邸明：《清"太子陵"调查报告》，《文物春秋》1992年第1期，第25页。
④图片引自王其亨：《顺治亲卜陵地的历史真相》，第25页。

　　荣亲王园寝位于顺治帝孝陵的东侧，清东陵风水墙外2公里处（图1），从位置关系看，应当是被顺治规划为自己陵墓——即日后建成的孝陵——的陪葬墓（图2）。该园寝背靠黄花山南坡，坐北朝南而稍偏东，大致轮廓呈长方形，南北长114米，东西宽50米，正面及两侧平直，背墙为弧形。园寝墙内原建有门楼、享殿、东西配殿及墓室（图3）。1931年园寝内的墓室被人盗发，据说墓室为砖券，其内没有随葬品。[1]1981年天津市考古队进行勘察测绘时，园寝地面建筑已经残破不堪，但整体轮廓仍可依稀辨认。[2]

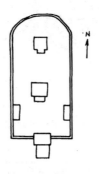

图3　和硕荣亲王园寝平面图 [3]

　　顺治十五年（1658），因工程备受顺治帝重视，园寝在短短数月间即告竣工。[4]园寝建成并安葬荣亲王后，清皇室接连遭遇不幸之事：顺治十六年（1659），皇六子奇授夭折；顺治十七年（1660），荣亲王的生母贵妃董鄂氏薨逝；顺治十八年（1661年）顺治帝驾崩；康熙二年（1663），孝康章皇后薨逝。[5]在历狱案中，审案官员将上述诸人的去世归罪于此墓凶险，认为负责堪舆工作的钦天监官员对于此墓的园寝建筑朝向和修建年份的错误选择是造成上述人等死亡的祸因，在这些问题上

---

① 冯其利：《清代王爷坟》，北京：紫禁城出版社，1996年，第124页。
② 邸明：《清"太子陵"调查报告》，第25—26页。
③ 图片引自邸明：《清"太子陵"调查报告》，第27页。
④ 王其亨：《顺治亲卜陵地的历史真相》，第23页。
⑤ 详见黄一农：《择日之争与康熙历狱》，《清华学报》第21卷第2期，1991年12月，第247—280页。

做文章,并最终使这些错误成为历狱结案时汤若望的重要罪项,①使汤若望被拟死罪。

二　神煞占方,北方不吉

堪舆家为墓葬选择吉地考虑的因素有很多,墓地位置、朝向的凶吉情况每年都会变化,这些变化的因素俗称"流年风水"。堪舆家一般将吉神和凶煞统称为"神煞",认为在兴工修建陵墓前,要尽力避开凶煞。这些神煞在堪舆家眼中均有其各自移动规律,每过一段时间就会变换所处方位。因此在修建阴阳宅或其他工程时,需要考虑规划的建筑坐向当年是否有凶煞。如果有的话,在风水术语中叫作"神煞占方"②,被认为会招致凶祸。遇到这种情况,一般做法是停工,等待凶煞移至别的方位后才能开工。此次历狱案中,荣亲王园寝建筑的流年风水出的问题,体现在园寝建筑的规划方向上。控诉者认为动工当年北方有五种神煞,而钦天监规划修建的园寝大体上坐北朝南,便触犯了神煞。

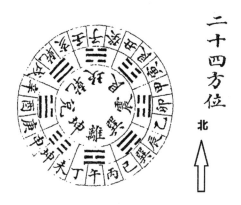

图4　清代官修选择历书《钦定协纪辨方书》中的二十四方位图,在最外圈层标示了二十四山的方位。③

①《康亲王杰书等题为议拟汤若望等人以死罪事密本》,《清初西洋传教士满文档案译本》,第247页。
②《奏报拟缓修紫禁城水道俟明年方向相宜再择吉修理等折》,光绪十年八月二十四日,奏销档799–125,中国第一历史档案馆藏。
③ 图片摘自乾隆敕撰《钦定协纪辨方书》卷二,清文渊阁四库全书本,叶2b。传统堪舆术在图像表达习惯上用上南下北的方式,考虑到当今的阅读习惯,笔者将文中所有的图像改为上北下南。

在讨论荣亲王园寝兴建当年的神煞方位之前，需要先解释一下堪舆家划分方位空间方式。堪舆家习惯将罗盘上的360°地平面圆周分成二十四个等分区间，每个区间被称为"山"，跨度为15°，分别用十二地支、八天干及四卦命名（图4）。钦天监进行堪舆工作的官员为荣亲王园寝选择的坐向处在壬的区间内，朝向在丙区间，按照堪舆习惯，称为"壬山丙向"或"坐壬向丙"，① 大致是坐北朝南而略偏东，方向在南偏东7.5°至22.5°之间（图5）。据杨光先的指控，修建荣亲王园寝的顺治十五年，规划的壬方，以及邻近壬位的亥、子、癸、丑四个方位均有凶煞。杨光先写有一篇专门攻击钦天监选择荣亲王的葬期及园寝朝向的文章《选择议》，其中提道："查戊戌年，寅、午、戌三合火局，以北方为三杀（煞）：亥为劫杀（煞），壬为伏兵，子为灾杀（煞），癸为大祸，丑为岁杀（煞）。"② 杨光先提到了修建园寝当年居于北方的五种神煞，分别是劫煞、灾煞、岁煞、伏兵、大祸。这五种神煞的具体位置是：劫煞在亥方，伏兵在壬方，灾煞在子方，大祸在癸方，岁煞在丑方，均位于北方。在当年修建荣亲王墓园寝所坐的壬方上的凶煞为伏兵，而岁煞、灾煞、劫煞、大祸则在相临或相近的区间（山），这便是杨光先指责此园寝凶险不吉的原因。

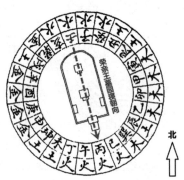

图 5　荣亲王墓园寝朝向 ③

①《刑部尚书尼满等题为议免汤若望等传教士罪名事密本》，《清初西洋传教士档案译本》，第 273 页。

②（清）杨光先撰，陈占山校注：《不得已》卷上《选择议》，合肥：黄山书社，2000年，第 41—42 页。

③ 该图中荣亲王园寝的方向系依照审讯档案记载绘制，与前文所引用的天津市考古队调查勘测所绘平面图中的正南北方向略有出入。

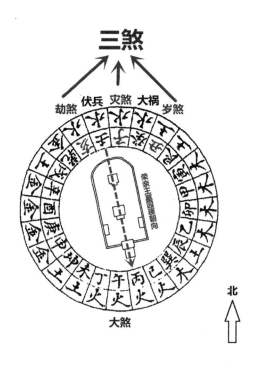

图6 修造荣亲王园寝当年南北方众神煞方位

至于为何有这么多神煞集于北方, 则和修建园寝当年的地支有关。荣亲王园寝的修建年份是顺治十五年, 为戊戌年。阴阳家将子鼠至亥猪的一轮回十二年分为四组, 各赋予五行中的一种属性。十二年中寅、午、戌三年为火年, 称为"三合火年"或"三合火局", 申、子、辰三年为水年, 亥、卯、未年为木年, 巳、酉、丑年为金年。修建荣亲王园寝的顺治十五年是戊戌年, 为火年。历狱案后十七年, 清代官方开始修订的选择书籍《御定星历考原》, 基于广泛流行的北方属水、南方属火、东方属木、西方属金的五行方位观念, 认为水年诸凶煞在南方, 是因为"水旺于北, 南方其冲也", 修建荣亲王园寝的火年亦仿此, 火年火旺于南, 则北方其冲。[①]杨光先提出的理由也与此相似。据康熙四年正月二十日的《礼部尚书祁彻白等题为审讯汤若望等选择荣亲王葬期事密本》, 杨光先

---

① 康熙御定《御定星历考原》卷二, 清文渊阁《四库全书》本, 叶 15b。

当时供称：

> 北方为水，并非为火。北方若为亥，属阴之水，若为壬，属阳
> 之水，若为子，亦属阳之水，若为癸，属阴之水，无论为壬为子，皆
> 属阳之水。故寅、午、戌年，亥为劫杀（煞），壬为伏兵，子为灾杀
> （煞），癸为大祸。而丑为土，丑有癸水，故丑为岁杀（煞）。此于各
> 种通书及历书上皆有明载，故寅、午、戌三合为火岁。①

　　杨光先所说兴建荣亲王园寝当年劫煞、灾煞、岁煞、伏兵、大祸在
北方的理由，与《御定星历考原》所说的大致接近，都建立在北方属水
且寅、午、戌三年为火年的立论基础上。只是杨光先亦信奉正五行的术
数理论，该理论将二十四山每山位均赋予五行属性，虽然大致是按照南
属火、北属水、西属金、东属木的方式标定各方位五行属性的，在北的
各方大部分被规定属水，但北方的丑方被规定为属土，因此杨光先会说
"丑为土，丑则有癸水"，认为属土的丑方能沾上边上癸方的水，因此丑
方在火年，也有凶煞（图6）。

　　至于历狱案中牵涉到的这几种神煞的性质、移动规律以及各自引起
的凶祸，案发时钦天监所用的选择书籍《历法通书大全》②，以及清代官
修的两部选择术数书籍——康熙年间修订的《御定星历考原》、乾隆年
间修订的《钦定协纪辨方书》均有提及。康熙年的《御定星历考原》始
修于历狱案后十七年，与历狱案相隔时间不远，一定程度上代表了清初
官方所用的选择术数，乾隆年编纂的《钦定协纪辨方书》则是在《考原》
基础上继续完善而成。此三部书均具有相当参考价值。

　　兴建荣亲王园寝当年正北方的神煞为灾煞。灾煞，《御定星历考

---

① 《礼部尚书祁彻白等题为审讯汤若望等选择荣亲王葬期事密本》，《清初西洋传教士满文档案译本》，第 70 页。

② 据康熙四年的三月十三日的《康亲王杰书等题为议拟汤若望等人以死罪事密本》，李祖白供称"原选择时，皆用《历法通书》、《选择丹书》，至于《灭蛮经》一事，小的们不知道。"（详见《清初西洋传教士满文档案译本》，第 255 页。）三年后，吏部、礼部、钦天监会议认为"钦天监大小各通书俱不及《选择历书》、《万年历》、《历法通书大全》三书"。李祖白所说的《历法通书》应当系《历法通书大全》的简称［详见（清）安泰撰《钦定选择历书》卷一，台北"国立中央图书馆"藏旧钞本，叶 1b。］

原》引元末数术书籍《历事明原》称之为 "三合五行胎神"，又引《神枢经》称其为 "五行阴气之位"，"主灾病疾厄之事，所理之方，不可抵向营造，犯之者当有疾患"。兴建荣亲王园寝的戌年，以及寅、午年，灾煞位于正北方的子方（图 6、图 7）。①

图 7　《钦定协纪辨方书》中所描述的灾煞移动规律，内圈表示年份，外圈表示灾煞所在位置，从中可见寅、午、戌年，灾煞位于子位②

　　岁煞，《御定星历考原》引《神枢经》称其 "阴气尤毒，谓之煞也"；又引《广圣历》，称 "岁煞之地不可穿凿、修营、移徙，犯之者伤子孙六畜"③。历狱案时，钦天监官方所用的参考书《历法通书大全》认为岁煞 "其杀不可穿井、造作、移徙、抵向，主官灾病"，因此 "岁杀所在之地，有祸不可犯也"④。明代万民英所著《三命通会》对该神煞的描述是："岁煞者……属火主火死，属水主水死，属土主瘟死，属木主打死，属金主刃死，各以五行推之。"⑤岁煞每逢寅、午、戌年，处于北偏东的丑方（图6、图8）。

①（清）康熙御定：《御定星历考原》卷二，叶 14a、14b。
②图片摘自（清）乾隆敕撰：《钦定协纪辨方书》卷三，叶 44a。
③（清）康熙御定：《御定星历考原》卷二，叶 14a、14b。
④（明）熊朝宗编：《类编历法通书大全》卷十六，明刻本，叶 50a、50b。
⑤（明）万民英撰：《三命通会》卷三，清文渊阁《四库全书》本，叶 98b。

图8　《钦定协纪辨方书》中所描述的灾煞移动规律，寅、午、戌年，岁煞位于丑位 [1]

　　劫煞，《御定星历考原》引《神枢经》称其为"岁之阴气"，劫煞"主有杀害"，"所理之方，兴造之主有盗伤之事" [2]。清初钦天监用书《历法通书大全》称劫煞，"犯之主，招盗贼，损伤人口" [3]。劫煞每逢寅、午、戌年，位于北偏西的亥方（图6、图9）。[4]

图9　《钦定协纪辨方书》中所描述的劫煞移动规律，寅、午、戌年，劫煞位于亥位 [5]

　　修建荣亲王的顺治十五年戊戌年，岁煞、灾煞、劫煞位于北方，但

① 图片摘自（清）乾隆敕撰：《钦定协纪辨方书》卷三，叶45a。
② （清）康熙御定：《御定星历考原》卷二，叶14b。
③ （明）熊朝宗编：《类编历法通书大全》卷十六，明刻本，叶50a。
④ （清）乾隆敕撰：《钦定协纪辨方书》卷三，叶44a。
⑤ 图片摘自（清）乾隆敕撰：《钦定协纪辨方书》卷三，叶43a。

并不相邻,夹于三者之间的,又有伏兵、大祸两种神煞。《御定星历考原》称伏兵、大祸为"岁之五兵,主刑杀,所理之方忌出兵、行师及修造,犯之主有兵伤刑戮之咎"。每逢寅、午、戌年,伏兵在壬方,大祸在癸方(图6、图10)。①

图10　《钦定协纪辨方书》中所描述的伏兵、大祸移动规律,寅、午、戌年,伏兵、大祸分别位于壬位、癸位②

　　修建荣亲王园寝建筑当年,岁煞、劫煞、灾煞、伏兵、大祸这些凶煞都在北方,北方肯定是不吉的,但是在审讯记录中,一般称当年为"南北方不吉",这种说法还应包括了一个在术数中永远处于相对位置、当年位于正南方的神煞——大煞。《御定星历考原》称大煞是"岁中刺史",又名"飞廉"③,也就是古书所说的龙雀神禽,能致风雨,又被称为"风伯"④。大煞"主刑斗伤杀之事","所理之地,出军不可向之,并忌修造,犯之者主有伤杀"⑤。该神煞所处位置永远与灾煞相对,灾煞在南,则大煞在北,灾煞在西,则大煞在东。寅、午、戌年灾煞在正北的子方,大煞在正南的午方,审讯中说的"南北方不吉",应该是把当年南方的大煞

① (清)康熙御定:《御定星历考原》卷二,叶16a。
② 图片摘自:(清)乾隆敕撰《钦定协纪辨方书》卷三,47a。
③ (清)康熙御定:《御定星历考原》卷二,叶17b。
④ (清)张玉书等奉敕撰《御定康熙字典》卷三三,清文渊阁《四库全书》本,叶38b。
⑤ (清)康熙御定:《御定星历考原》卷二,叶17b。

也说进去了(图6、图11),但大煞在南,荣亲王园寝坐向在北,按堪舆理论,应该不会对园寝的修造者构成直接伤害,历狱案中的关注重点还是当年在北方的众神煞。

图11　《钦定协纪辨方书》中所描述的大煞移动规律,寅、午、戌年,大煞位于午位①

上述神煞中,劫煞、灾煞、岁煞合称"三煞"。在选择术数中,三煞被视为最凶险的神煞,因此杨光先在众多神煞中特地强调此三煞。《钦定协纪辨方书》引用《选择宗镜》内容,认为三煞为神煞中最凶恶者,伏兵、大祸次之。②康熙敕撰类书《御定子史精华》引宋人储泳术数书籍《祛疑说》称"壬式之忌莫大于三煞,命家谓之破碎,阴阳家之用,莫先于壬,而身壬之忌莫大于三煞,犯之,则祸常不赦"③。传为辽代人耶律纯所撰的《星命总括》亦提及三煞,称"要知三煞最为凶,直难同临不善终"④。既然当年北方的三煞在选择术数中被认为最凶险,伏兵、大祸次之,那么杨光先在此处发难做文章也就不奇怪了。

魏特《汤若望传》引用鲁日满(Franciscus de Rougemont)的说法,称当时审判人员竟称钦天监诸官员负有两位后妃、一位皇子和皇帝死亡

① 图片摘自(清)乾隆敕撰:《钦定协纪辨方书》卷三,叶55a。
② (清)乾隆敕撰:《钦定协纪辨方书》卷八,叶40a。
③ (清)康熙敕撰:《御定子史精华》卷一一六,清文渊阁《四库全书》本,叶5a。
④ (辽)耶律纯撰:《星命总括》卷上,清文渊阁《四库全书》本,叶18a。

之责任。① 据黄一农考证，两位后妃分别为贵妃董鄂氏及康熙帝的生母孝康章皇后，一位皇子指的是顺治帝第六子奇授，皇帝为顺治帝本人，这些人在顺治十五年荣亲王园寝建成后相继病亡。他们的病亡，均可附会于历狱案案发时，钦天监所用的《历法通书大全》以及在康熙朝修订的《御定星历考原》所提到的干犯北方诸神煞而引发的祸患。《历法通书大全》称犯灾煞，"主官灾病"，《御定星历考原》也称灾煞是"主灾病疾厄之事"，如果在其所理之方位有修造活动，即为犯之，当有疾患。倘若将荣亲王之父顺治帝及其生母董鄂氏视为园寝建筑的修造者，那么董鄂氏以疾薨殁，顺治帝患天花而亡，确可被视为应验了当时术数所认为的"主官灾病"、"犯之者有疾病"。《御定星历考原》称岁煞之地不可穿凿、营建，犯之者伤子孙、六畜。皇帝下令顺治十五年修建园寝，第二年其第六子奇授夭折，亦可被视为应验了"犯之者伤子孙"的说法。清皇室在短时间内相继有多位重要成员病亡，这种情况也符合《历法通书大全》所说营造建筑触犯劫煞，犯之者"损伤人口"的说法。这些皇室人员的病亡均能在当时所用的术数理论中找到相应出处，历狱案中审案官员以此为口实，如鲁日满所言的，将上述皇室成员的死归咎于钦天监官员的失职，是完全有可能的。

　　那么当时负责墓地堪舆事项的钦天监官员是否知晓这些神煞禁忌？由审讯档案可知，他们当时是知道的。据康熙四年三月十三日的《康亲王杰书等题为议拟汤若望等人以死罪事密本》，参与荣亲王墓地堪舆事项的钦天监官员杜如预供称，其人与同僚杨宏量确定园寝朝向后，将顺治十五年因神煞造成的南北方不吉之事告知了一同参与堪舆工作的宦官佟吉。或许是因为佟吉以宦官的身份供职内廷，更加了解顺治帝急于为爱子建好阴宅并安慰宠妃董鄂氏的焦切心态，遂以"小王无碍"为理由，不予考虑。一道进行堪舆选择的钦天监官员杨宏量，亦供称自己将当年南北方不吉的情况告知了佟吉，佟吉也是以"小王无碍"为由来搪塞。② 如此，荣亲王园寝就在顺治十五年当年从速兴修竣工了。宦

---

① ［德］魏特著，杨丙辰译：《汤若望传》（第二册），第 165 页。
② 《康亲王杰书等题为议拟汤若望等人以死罪事密本》，《清初西洋传教士满文档案译本》，第 253、254 页。

官佟吉所说的"小王无碍"在术数理论中并非没有根据，杨光先在自己的《选择议》中称下葬荣亲王选择了错误的时间，但是"幸用之以葬数月之王，若以用之宦庶之家，其凶祸不可言矣"①。由此可知，在当时人所用的选择术数中，就算选错了墓葬方向、下葬时间，埋葬婴儿引发的后果是比成人要轻的。只是这些错误引发的恶果在杨光先口中仅仅是还没有达到"凶祸不可言"的地步，远非内官佟吉所说的"小王无碍"那么简单。最终，汤若望因"系钦天监掌印，且明知顺治十五年南北方不吉"，也知其下属钦天监官员使用洪范五行选择荣亲王葬期，却对这些错误不加详审，经刑部、督察院、大理寺会同审议，被拟以死罪（不过在康熙四年三月初五被下旨恩赦）。经手堪舆事项的官员杜如预、杨宏量因为曾为永陵、福陵、昭陵、孝陵勘定风水有功，被钦命免死。一同参与堪舆工作的刘有庆、贾良琦由于在历狱案案发时已经故去，所以未被追究。②

三　明清修建皇陵对相关神煞的禁忌

根据历狱案的审讯记录，结合相关术数书籍，我们可以看到清初皇室在墓葬建筑进行堪舆选择时，对于三煞、伏兵、大祸、大煞等神煞的忌惮。若修建园寝，当考虑园寝的方向及当年神煞的方位，在修造时间上进行调整，以避开神煞。这种堪舆中的神煞禁忌可能不是凭空而来，而是传承自明代的钦天监。历狱案结案后，这些禁忌可能仍然会在清代皇室成员的陵墓修造中发挥影响。现可以历狱案为切入点，考察明清皇室墓葬在堪舆选择、规划建造上对于神煞的禁忌情况。

据康熙四年二月二十九日的《刑部尚书尼满等题为审讯汤若望等选择荣亲王葬期事密本》可知，钦天监官员宋可成供称，当时经手荣亲王墓地堪舆工作的人员有贾良琦、刘有庆、杜如预、杨宏量四人。③结合其

---

① （清）杨光先撰，陈占山校注：《不得已》卷上《选择议》，第 42 页。
②《康亲王杰书等题为议拟汤若望等人以死罪事密本》批红，《清初西洋传教士满文档案译本》，第 257 页。
③《邢部尚书尼满等题为审讯汤若望等选择荣亲王葬期事密本》，《清初西洋传教士满文档案译本》，第 191 页。

他材料还可了解到，这四人中除了杜如预，其余三人皆与明代钦天监关系密切。杨宏量祖上数代均以掌握堪舆术之故在明代钦天监供职，其本人亦习得家传堪舆术；刘有庆、贾良琦则为清廷在鼎革之后留用的原明代钦天监官员，这三人使用的亦应当是前代钦天监为明皇室服务所用的堪舆术。

杨宏量祖籍武昌府崇阳县，据同治《崇阳县志》记载："杨宏量，字海若。父启敬，明万历时钦天监监正，载艺术传宏量，袭博士，升五官挈壶正。国朝定鼎，授宏量官如旧"①，"杨氏世官钦天监，以京师为家故也。"②杨宏量先人在明代钦天监为官的，也不止其父杨启敬一人，其曾祖杨一欧、祖父杨伦、叔父杨启道均供职于明代钦天监。同治《崇阳县志》提到"杨启敬，字景南，祖一欧，父伦，世官钦天监博士，启敬袭职，累官通政司经历、钦天监监正"；"杨一欧，字斗南，钦天监博士，累官监正"；"杨启道，启敬弟，钦天监博士"③。康熙《湖广武昌府志》也提及"杨一欧，以堪舆授钦天监博士；杨启敬，字景南，授钦天监博士"④。《同治崇阳县志》说杨宏量在清廷定鼎之后留任钦天监，这个说法可能是有误的，因为《显亲王富绶等题为议处李祖白等五人以死刑等事密本》提及杨宏量曾和杜如预一起去勘定永陵、福陵、昭陵、孝陵的风水，其人可能在清廷入关之前就已经效力。⑤无论如何，杨宏量家族以堪舆术世代供职于明代钦天监，杨宏量得家传明代钦天监所用的堪舆术，并以之继续效力于清廷，这点应该是肯定的。

与杨宏量一同参与荣亲王墓堪舆工作的刘有庆、贾良琦则是清廷留用的明代钦天监官员。在徐光启的《新法算书》中，可以看到刘有庆、贾良琦参与的工作，当时这二人已经在钦天监任保章正、五官正等职。⑥

---

① （清）高佐廷修，傅燮鼎纂：同治《崇阳县志》卷七，清同治五年刻本，叶98b。
② （清）高佐廷修，傅燮鼎纂：同治《崇阳县志》卷七，叶99a。
③ （清）高佐廷修，傅燮鼎纂：同治《崇阳县志》卷七、八，叶52b、97a。
④ （清）裴天锡修，罗人龙纂：康熙《湖广武昌府志》卷九，清康熙二十六年刻本，叶67a。
⑤ 《显亲王富绶等题为议处李祖白等五人以死罪等事密本》，《清初西洋传教士满文档案译本》，第267页。
⑥ （明）徐光启：《新法算书》，清文渊阁四库全书本，卷三，叶三正、卷八，叶三十五正。

徐光启的奏疏《奏为月食事》中也提及刘有庆、贾良琦在钦天监与西洋陪臣罗雅谷、汤若望安排测量仪器之事。[①]

明清鼎革之后，清廷不仅留用原明钦天监的官员，亦沿用之前明代钦天监所用的堪舆术数书籍以及这些书籍所载的堪舆术。从《礼部尚书祁彻白等题为审讯汤若望等选择荣亲王葬期事密本》可知，钦天监官员朱光显供称"至于《选择丹书》，凡遇娶媳嫁女、营建房屋，自明季以来，皆由五官官员用此书选择"，历狱案发时，刘有庆等官员仍然在使用此书。[②]

既然在历狱案中，为荣亲王园寝进行选择堪舆的钦天监官员四人中有三人为明代钦天监的留用人员，使用明代钦天监的堪舆术，那么明代皇家在修造陵墓时，会不会也考虑到历狱案中涉及的三煞、伏兵、大祸、大煞等神煞的禁忌？如果能考得明代皇室人员陵墓建筑的坐向、朝向和兴工年份，按照《御定星历考原》去复原兴工年这些神煞的方位，就能够找到答案。尽管明皇室成员人数众多，但并非每位宗室成员的陵墓的兴工年份都是可考的，目前仅能获得皇帝陵寝的兴工年份。笔者试图比照南京孝陵、安陆州显陵以及北京天寿山诸陵寝的坐向朝向、兴工年份以及当年这些神煞的位置，做个检验。在明代天寿山诸陵寝中，长陵、庆陵的坐向朝向见载于《明实录》；此外，生活于明清之际的人士梁份写有一本关于天寿山诸陵风水的《帝陵图说》，则全面记载了该陵区各陵寝的坐向朝向。对于没有记载方向的南京孝陵、安陆州显陵，笔者将利用谷歌地球（Google Earth）上的卫星地图，以及此软件的"标尺"功能，确定该陵寝的方向。至于各年岁煞、劫煞、灾煞、伏兵、大祸及大煞的方位，按照《御定星历考原》所载，则取决于当年的地支（图12）。寅年、午年、戌年被称为"三合火年"或"三合火局"，凡此三年火旺于南方，三煞、伏兵、大祸在北方。亥、卯、未年被称为"三合木年"，木旺于东方，三煞、伏兵、大祸位于西方；申、子、辰年为"三合水年"，水旺于

---

① （明）徐光启：《奏为月食事》，陈子龙辑：《明经世文编》卷四百九十三，明崇祯平露堂刻本，叶21b。
② 《礼部尚书祁彻白等题为审讯汤若望等选择荣亲王葬期事始末》，《清初西洋传教士满文档案译本》，第85、86页。

北方，三煞、伏兵、大祸位于南方；巳、酉、丑为"三合金年"，金旺于西方，三煞、伏兵、大祸位于东方；大煞在各年的方位则永远与灾煞相对（图12）。

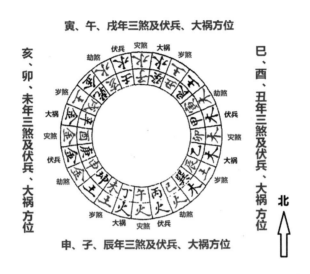

图12　各年份三煞及伏兵、大祸方位（因图内空间所限，大煞方位并未标出。大煞所处方位永远为灾煞的正对面）

　　现将明代各皇帝陵寝方向及其兴工年份主要神煞方位罗列于下表中（表1），可见明代这十五处皇陵在兴工修建时，均避开了当年的三煞、伏兵、大祸、大煞等神煞，但具体又分为三种情况。明宣宗景陵、明世宗永陵、明穆宗昭陵这三处陵寝所处的坐向，三煞等神煞按照自身移动规律永远不会临占（表1、图12），因此无须担心这些神煞。剩下的陵寝大部分则是这种情况：如果陵寝大致是南北朝向，那么兴建年份这些神煞在东西方，如果陵寝大致为东西朝向，那么兴建年份这些神煞在南北方，这样可以使陵寝避开这些神煞，避免所谓"南北方不吉"或"东西方不吉"的局面。第三种情况为陵寝大致坐北向南（裕陵、茂陵），兴工之年三煞、伏兵、大祸等神煞在南方，或者陵寝大致坐东向西（德陵），兴工年三煞、伏兵、大祸等神煞在西方。这些陵寝均没有采用正南正北或者正东正西的方向，而是在方向上有所偏斜，避开了正对三煞的大煞。

表1　明代皇帝陵寝方向及兴工年诸神煞方位

陵寝	兴工年份①	兴工年份干支	三合年	三煞及伏兵、大祸方向	陵寝具体方向②	陵寝大体方向
明太祖孝陵	洪武十四年(1381)	辛酉	金年	东方	子山午向	坐北向南
明成祖长陵	永乐七年(1409)	己丑	金年	东方	子山午向	坐北向南
明仁宗献陵	洪熙元年(1425)	乙巳	金年	东方	癸山丁向	坐北向南
明宣宗景陵	宣德十年(1435)	乙卯	木年	西方	艮山坤向	坐东北向西南
明英宗裕陵	天顺八年(1464)	甲申	水年	南方	癸山丁向	坐北向南
明宪宗茂陵	成化二十三年(1487)	丁未	水年	南方	癸山丁向	坐北向南
明孝宗泰陵	弘治十八年(1505)	乙丑	金年	东方	壬山丙向	坐北向南
明武宗康陵	正德十六年(1521)	辛巳	金年	东方	辛山乙向	坐西向东
明睿宗显陵(始建)	正德十四年(1519)	己卯	木年	西方	丑山未向	坐北向南
明睿宗显陵(扩建)	嘉靖十八年(1539)	己亥	木年	西方		
明世宗永陵	嘉靖十五年(1536)	丙申	水年	南方	艮山坤向	坐东北向西南
明穆宗昭陵	隆庆六年(1572)	壬申	水年	南方	乾山巽向	坐西北向东南
明神宗定陵	万历十二年(1584)	甲申	水年	南方	戌山辰向	坐西向东
明光宗庆陵	天启元年(1621)	辛酉	金年	东方	癸山丁向	坐北向南
明熹宗德陵	天启七年(1627)	丁卯	木年	西方	甲山庚向	坐东向西
明思宗思陵(改建)③	顺治二年(1645)	乙酉	金年	东方	子山午向	坐北向南

① 关于各陵寝兴工年份,具体见:胡汉生著《明代帝陵风水》,北京:北京燕山出版社,2008年,112、134、141、144、149、156、159、166、170、179、187、195、206、212、217页。其中明思宗思陵是借用了贵妃田氏墓,田氏墓地上地下建筑的兴工时间已经失考,表中思陵的起建年份是指清廷入关后,改田贵妃墓为思陵并修建享殿的年份。
② 孝陵、显陵的方向为笔者使用Google Earth的"标尺"功能自测,孝陵的朝向为南偏西1.2°,显陵的朝向为南偏西29°。天寿山十三处陵寝的方向记载于梁份的《帝陵图说》,长陵、庆陵的方向亦见于明实录,具体参见:王挺之、李勇先、范国强主编《中国世界文化和自然遗产历史文献丛书(明清皇陵第十六册)》,上海:上海交通大学出版社,2011年,第86、89、191、194、196、199、201、205、207、211、214、216页。《明神宗实录》卷三百九十八,国立北平图书馆红格钞本,万历三十二年七月丙辰。《明熹宗实录》卷二,国立北平图书馆红格钞本,泰昌元年十月癸丑。
③ 崇祯帝的思陵原为贵妃田氏墓圹,清廷入关后将崇祯帝及皇后周氏葬入田贵妃墓中,并在顺治二年对原墓圹兴工改建。

从现在所知材料看，出现这种局面应该不只是巧合，而是负责堪舆事项的钦天监人员的有意规划。虽然无从得知每座陵寝选择兴工年份的具体意图，但是从《明神宗实录》中记载的一件事还是能够看出，明代钦天监会建议在兴工起建时有意识地躲开神煞：

> 钦天监言：长陵子山午向，今岁大煞在子，灾煞在午，请以明岁兴工便。上命该监便择吉治木，工部期会内官监上紧造办各项物料，来春兴工鼎建，刻期完报。①

万历三十二年为甲辰年，属于水年，三煞等神煞在南方，与三煞中灾煞相对的大煞则在正北的子位，而长陵正好是正南正北的子山午向，坐于大煞所处之方（图13）。为避免长陵的维修工程触犯大煞，钦天监请示推迟工程的开工年份，待到明年，即万历三十二年，乙巳金年，三煞、伏兵、大祸等众煞移至东方，大煞移至正西方时，再启动工程（图14）。由是观之，明代诸皇陵兴工起建时，陵寝的坐向均未出现神煞占方的情况，更可能是钦天监建议皇帝趋吉避凶，有意为之。由此可见，历狱案所牵涉堪舆中的神煞禁忌，在明代皇家修建陵寝时就已经加以考虑了。顺治年间改建明思陵、修建荣亲王园寝时，留用的原明代的钦天监诸官员在考虑这些神煞的问题时，只是沿袭明代的做法。

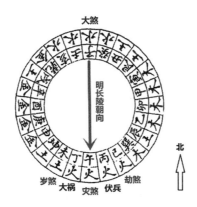

图13 万历三十二年灾煞、大煞等神煞方位及长陵朝向

---

① 《明神宗实录》卷三百九十八，万历三十二年七月丙辰。

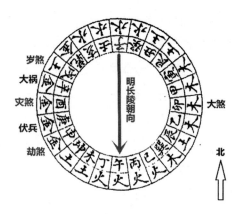

图14 万历三十三年灾煞、大煞等神煞方位及明长陵朝向

　　清廷在入关之前，就已经将国运兴败与陵寝风水凶吉联系在了一起。顺治十三年，议政大臣鳌拜等人议奏，称兴京皇陵风水是"第一福地"，提议将迁至东京的觉昌安、塔克世等先祖陵寝迁回兴京。但顺治帝这次拒绝了提议，理由之一是迁陵东京后清廷"肇基一统，垂裕万年"，因此东京陵的风水"言乎福地、允推至善"①。此次事件中，虽然顺治帝与鳌拜观点不同，但可以看出双方都默认风水很重要，且关乎国家兴盛。风水很重要，但是堪舆又是一门内容庞杂且难以掌握的技术。堪舆的书籍，就算一般母语为汉语者也无法轻易读懂，对于清初尚不十分谙熟汉语的满族人，就显得更加艰深了。这种情况下便捷的做法是延请精通堪舆术的汉人，因此清廷入关之前就任用了有任职于明代钦天监经历的杨宏量来勘定永陵、福陵、昭陵风水，在鼎革之后，又留用了原明代钦天监的刘有庆、贾良琦等人进行堪舆工作。

　　人员的留用，往往意味着堪舆技能的传承，本文下一步需要解决的问题是，既然清初历狱案中选择堪舆所涉及的神煞禁忌乃沿袭自明代，那么这种堪舆禁忌是否被继续沿用到清代中期乃至后期？入关前兴建的福陵、昭陵以及入关后修建的东陵、西陵诸陵寝，在兴工起建时是否也在考虑当年神煞方位？

----

① 《清世祖实录》卷一〇二，故宫小红绫本，顺治十三年六月癸巳。

表2　清代皇帝陵寝方向及兴工年诸神煞方位

陵寝	兴工年份①	兴工年份干支	三合年	三煞及伏兵、大祸方向	陵寝具体方向	陵寝大体方向
清太祖福陵	天聪元年（1627）	丁卯	木年	西方	壬山丙向②	坐北向南
清太宗昭陵	崇德八年（1643）	癸未	木年	西方	子山午向③	坐北向南
清世祖孝陵	康熙二年（1663）	癸卯	木年	西方	亥山巳向④	坐北向南
清圣祖景陵	康熙十五年（1676）	丙辰	水年	南方	子山午向⑤	坐北向南
清世宗泰陵	雍正八年（1730）	庚戌	火年	北方	壬山丙向⑥	坐北向南
清高宗裕陵	乾隆四年（1743）	癸亥	木年	西方	壬山丙向⑦	坐北向南
清仁宗昌陵	嘉靖八年（1799）	己未	木年	西方	子山午向⑧	坐北向南
清宣宗慕陵	道光十一年（1831）	辛卯	木年	西方	戌山辰向⑨	坐西向东
清宣宗宝华峪废陵	道光元年（1821）	辛巳	金年	东方	壬山丙向⑩	坐北向南
清文宗定陵	咸丰九年（1859）	己未	木年	西方	壬山丙向⑪	坐北向南
清穆宗惠陵	光绪元年（1875）	乙亥	木年	西方	癸山丁向⑫	坐北向南
清德宗崇陵	宣统元年（1909）	己酉	金年	东方	亥山巳向⑬	坐北向南

---

① 除清宣宗宝华峪废陵，清代皇帝各陵寝兴工年份详见：徐广源：《解读清皇陵》，北京：紫禁城出版社，2005年，第360页。宝华峪废陵兴工年份详见：《清宣宗实录》卷二三，道光元年九月戊申，第一历史档案馆藏大红绫本。

② 笔者使用Google Earth的"标尺"功能测量，陵寝朝向为南偏东15°。

③ 笔者使用Google Earth的"标尺"功能测量，陵寝朝向为南偏东4°。

④ 笔者使用Google Earth的"标尺"功能测量，陵寝朝向为南偏西26°。

⑤ 笔者使用Google Earth的"标尺"功能测量，陵寝朝向为南偏东7°。

⑥《高其倬相度太平峪吉地用祥精细》，雍正八年十月十三日，长编60391，中国第一历史档案馆藏。

⑦ 胡汉生：《明代帝陵风水说》，北京：北京燕山出版社，2008年，第95页。

⑧《为相度太平峪建立万年吉地》，嘉庆二年三月初七日，奏案05-0466-049，中国第一历史档案馆藏。

⑨《奏请派大员带同员外郎明伦等详细履堪慕陵风水事》，咸丰四年三月十七日，档号：03-4518-023，中国第一历史档案馆藏。

⑩《奏为相度东陵万年吉地事》，道光元年五月二十六日，档号：03-2816-026，中国第一历史档案馆藏。

⑪ 详见《平安峪地势尺寸画样图》，文物号：书3881，故宫博物院藏。

⑫ 笔者使用Google Earth的"标尺"功能测量，陵寝朝向为南偏西8.8°。

⑬ 笔者使用Google Earth的"标尺"功能测量，陵寝朝向为南偏西25°。

表3　清代皇后陵寝方向及兴工年诸神煞方位

陵寝	兴工年份[1]	兴工年份干支	三合年	三煞及伏兵、大祸方向	陵寝具体方向	陵寝大体方向
孝庄文皇后昭西陵	雍正三年（1725）	乙巳	金年	东方	壬山丙向[2]	坐北向南
孝圣宪皇后泰东陵	乾隆二年（1737）	丁巳	金年	东方	亥山巳向[3]	坐北向南
孝和睿皇后昌西陵	咸丰元年（1851）	辛亥	木年	西方	癸山丁向[4]	坐北向南
孝静成皇后慕东陵	道光十一年（1831）	辛卯	木年	西方	子山午向[5]	坐北向南
孝贞、孝钦两后定东陵	同治十二年（1873）	癸酉	金年	东方	壬山丙向[6]	坐北向南

表4　部分清代宗室人员园寝方向及兴工年诸神煞方位

园寝	兴工年份	兴工年份干支	三合年	三煞及伏兵、大祸方向	园寝具体方向	园寝大体方向
贝勒奕纬福晋园寝[7]	道光九年（1829）	己丑	金年	东方	子山午向	坐北向南
寿臧和硕公主园寝[8]	咸丰七年（1857）	丁巳	金年	东方	癸山丁向	坐北向南
寿恩固伦公主园寝[9]	咸丰九年（1859）	己未	木年	西方	子山午向	坐北向南

---

[1] 兴工年份详见徐广源：《解读清皇陵》，361页。
[2] 笔者使用 Google Earth 的"标尺"功能测量，陵寝朝向为南偏东 15.7°。
[3] 笔者使用 Google Earth 的"标尺"功能测量，陵寝朝向为南偏东 29.6°。
[4] 笔者使用 Google Earth 的"标尺"功能测量，陵寝朝向为南偏西 16.8°。
[5] 笔者使用 Google Earth 的"标尺"功能测量，陵寝朝向为南偏西 6.9°。
[6]《为再行详查定东陵奉安方位应请旨传风水官李唐斟酌事致军机处咨呈》，光绪七年六月二十四日，档号：03-5535-144，中国第一历史档案馆藏。
[7] 兴工年份及园寝方向详见：《奏为大阿哥福晋福地应修规制事》，道光七年十二月十二日，奏案 05-0647-040，中国第一历史档案馆藏。
[8] 兴工年份及园寝方向详见《奏为寿臧和硕公主园寝派员择地建立事折》，咸丰七年二月二十九日，奏销档 672-097，中国第一历史档案馆藏。
[9] 兴工年份及园寝方向详见《奏为建立寿恩固伦公主园寝请派大臣勘估事》，咸丰九年七月二十四日，奏案 05-0801-070，中国第一历史档案馆藏。

续表

园寝	兴工年份	兴工年份干支	三合年	三煞及伏兵、大祸方向	园寝具体方向	园寝大体方向
寿禧和硕公主园寝①	同治六年（1867）	丁卯	木年	西方	壬山丙向	坐北向南
寿安固伦公主园寝②	同治二年（1863）	癸亥	木年	西方	壬山丙向	坐北向南
荣安固伦公主园寝③	光绪元年（1875）	乙亥	木年	西方	壬山丙向	坐北向南
郡王衔贝勒载治墓园寝④	光绪七年（1881）	辛巳	金年	东方	子山午向	坐北向南

　　笔者将清代帝后诸陵寝以及有档案可稽的七名宗室人员的园寝的方向、兴工年份及主要神煞方位罗列于以上三表中。⑤清代为帝后陵寝及王公、公主的园寝选定方向，有追求"子午正脉"的习惯，因此清代的这些陵寝、园寝建筑大部分是按照大致坐北朝南的方向兴建，而兴建的年份几乎全部为木年或金年。在木年及金年，三煞、伏兵、大祸、大煞等神煞在这些年份的方位皆为东方或西方，修建陵寝、园寝时完全可以避开这些神煞。

　　相比于明代，清代有更多的材料能够证明皇家开展工程时对于这些神煞的忌惮。道光二十一年，盛京福陵宝城北面外皮砖墙崩坏。因次年为壬寅年，属火年，三煞在北方，位于陵寝北部的宝城不便修造，所以

① 兴工年份及园寝方向详见：《奏为公主园寝例应官为经理择地建立事》，同治六年二月初四日，奏案 05-0838-014，中国第一历史档案馆藏。

② 兴工年份及园寝方向详见：《奏为建寿安固伦公主园寝事》，同治元年五月初三日，奏案 05-0814-060，中国第一历史档案馆藏。

③ 兴工年份及园寝方向详见：《奏为拣派司员带领通晓堪舆之人于京师附近地方相度荣安固伦公主园寝地址事》，光绪元年三月二十八日，奏案 05-0883-044，中国第一历史档案馆藏。

④ 兴工年份及园寝方向详见：《奏报择卢沟桥迤西兴建贝勒载治园寝折》，光绪七年六月十六日，奏销档 786-075，中国第一历史档案馆藏。

⑤ 安葬清太祖努尔哈赤的先祖父的永陵以及孝惠章皇后的孝东陵的兴工年份失考，因此不将此二陵列入表中讨论。

道光帝下旨当年从速进行维修工程。[1] 除了阴宅，清代皇室在阳宅工程
上也忌惮神煞，从现存奏销档、奏案看，清代宫廷在修理四神祠屋顶[2]、
安放养心殿佛座[3]、修理敬事房房间[4]、疏浚紫禁城水道[5]、复建延禧宫[6]、
修理慈宁宫井亭[7] 等工程事项上均会考虑到三煞的存在。疏浚紫禁城内
河道时，甚至出现因河道流经紫禁城北、西、南三个方向，不敢全线开
工，而采用一年修理一段以避开当年神煞的做法。同治元年关于寿安
公主园寝的堪舆报告中提及所选墓址风水甚好，拟定园寝朝向为壬山丙
向，这是个大体上坐北向南的方向，但"查本年南北方不宜兴修"，因此
建议等到明年再动工。同治元年为壬戌年，属火年，当年三煞、伏兵、
大祸在北方，大煞在南方，报告所说的"南北方不宜兴修"应该是指这
些神煞的临在。贝勒奕纬之福晋的园寝也是因"道光八年南北方不宜修
造"而推迟至次年兴工。道光八年大煞临于福晋园寝拟定坐向上，[8] 所说
"不宜"大概也是指神煞占方。寿恩公主、寿禧公主、荣安公主和贝勒
载治这四人的园寝方向均为坐北向南，关于他们园寝的风水报告上都称
当年南北向正相宜，可以本年内兴工起建，而在这些档案撰写的年份，

---

① 《奏为相度福陵方向并择期开工事》，道光二十一年四月初三，档号：03-2816-
0264，中国第一历史档案馆藏。

② 《奏为查勘四神祠等处渗漏等情并拟随河工修理事折》，光绪十二年九月二十四
日，奏销档810-064，中国第一历史档案馆藏。

③ 《奏为养心殿西配殿移入佛座似有不妥请精于风水人员详酌切实指陈方足以昭慎
重事》，同治十二年七月二十六日，奏案05-0871-027，中国第一历史档案馆藏。

④ 《奏报派员踏勘敬事房下司房进匠修理事》，同治六年十二月十二日，奏案05-
0842-053，中国第一历史档案馆藏。

⑤ 《奏报拟缓修紫禁城水道俟明年方向相宜再择吉修理等情折》，光绪十年八月
二十四日，奏销档799-125，中国第一历史档案馆藏。
《为查得修造紫禁城内水道吉凶日期事的呈文》，光绪十年八月，奏案05-0938-042，
中国第一历史档案馆藏。

⑥ 《奏为择期勘估修缮延禧宫事折》，同治十一年十一月，奏销档745-061，中国第
一历史档案馆藏。

⑦ 《奏为慈宁宫东西井亭本年方向不宜兴修事折》，光绪十一年九月初二日，奏销档
805-068，中国第一历史档案馆藏。

⑧ 《奏为大阿哥福晋福地应修规制事》，道光七年十二月十二日，奏案05-0647-
040，中国第一历史档案馆藏。

上述诸神煞均在东方或西方，可以错开神煞。这些宗室园寝的堪舆档案中，出现了对园寝规划方向与兴工年份进行协调的工作，虽未直接提及神煞，但结合当时的神煞方位，可以判断这种调整应当就是为了回避神煞。

　　清代对于三煞等神煞的禁忌不独存在于宫廷，在民间社会也颇为流行。清末小说《儿女英雄传》第二十三回有一段对于安葬亡者时间的讨论，小说中安老爷想尽快安葬好友，请风水师端木二爷相看坟地风水，但风水师称："无论怎样早，今年是断不能的了。宝茔便是家君定的，记得这山向是子午兼三的正向。今年的三煞在南，如何动得？"而且风水师认为这种局面是"丝毫不可迁就"的。[1] 此清末小说中出现的神煞占方局面、对神煞的禁忌心态，甚至主葬方希求从速安葬的愿望与堪舆术中神煞禁忌的冲突，都与清初安葬荣亲王的情形颇为相似。清末外交官薛福成在自己的出使日记中谈到了东西方葬俗的异同，以及西方人不信风水的问题，说泰西人风俗建墓是"不审向背、不择时日，即所谓冲太岁、坐三煞者，皆不忌也"[2]。拿华人建墓审向背，下葬择时日，忌三煞、太岁等神煞与西方人丧葬习俗比较，或许反映了三煞等神煞的禁忌已经被认为是清代华人丧葬中比较典型的习俗之一。

　　但是清代皇帝陵寝中有三处例外，那就是康熙帝的景陵、雍正帝的泰陵和道光帝的慕陵，在这三陵的兴工年份，均有神煞位于陵寝朝向上。景陵起建年份是康熙十五年（1676）丙辰年，当年为水年，三煞、伏兵大祸在南方，大煞在正北方向的子方，景陵陵寝建筑规划方向是坐子向午，在子方修建陵寝，犯了大煞（图15）。泰陵兴工于雍正八年（1730）庚戌年，当年为火年，三煞、伏兵、大祸占据了北方的亥、壬、子、丑、癸五个方位，泰陵陵寝建筑规划方向为坐壬向丙，壬方有伏兵，三煞和大祸也在临近的方位，这种不吉的形势与顺治十五年修建的荣亲

① （清）文康撰，夏海晏注：《儿女英雄传》第二十三回，武汉：崇文书局，2015年，第251页。
② （清）薛福成：《出使日记续刻》卷七，光绪十九年四月十日，清光绪二十四年刻本，叶52a—52b。

王墓基本一致（图6、图16）。慕陵兴工于道光十一年（1831）辛卯年，当年为金年，三煞、伏兵、大祸占据东方的戌、辛、酉、庚、申五个方位，慕陵陵寝建筑规划方向为坐戌向辰，辰位有岁煞（图17）。

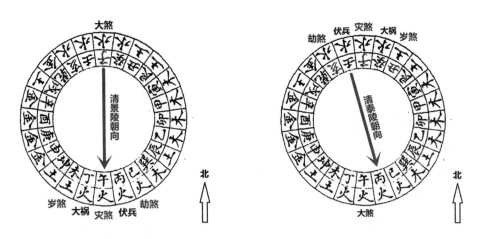

图15　康熙十五年三煞等神煞方位及清景陵朝向　图16　雍正八年三煞等神煞方位及清泰陵朝向

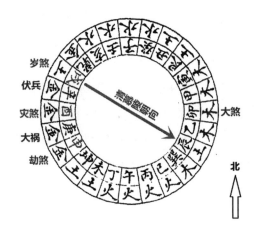

图17　道光十一年三煞等神煞方位及清慕陵朝向

目前还缺少资料，无法知晓景陵、泰陵修建之前，钦天监与皇帝进行了何种沟通，但是从康熙、雍正二帝的言论中，可以窥测他们对神煞禁忌的态度，如此能有助于理解这种状况是何以出现的。康熙帝生前对各种堪舆禁忌表现过轻蔑的态度,他针对康熙二十二年钦天监博士以神煞诬告东王府动土之事,曾称"阴阳选择,书籍浩繁,吉凶祸福多相矛盾,且事属渺茫,凭信若各拟一书,偏执己见,捏造大言,恣行告讦,将来必诬讼繁兴,无辜被害"①。康熙帝认为执着于术数会使人有机会"捏造大言,恣行告讦",致使"诬讼繁兴,无辜被害"。其实不止是叶钟龙一事,或许其即位初年的汤若望历狱大案也是造成他有如此见解的原因。康熙帝在私下亦曾教育皇子:"子平六壬奇门之学俱系士人按五行生克互相敷衍而成,虽极巧极精,然其神煞名号尽是人之所定,揆之正理,实难信也。"②按雍正帝的说法,这段教训并未被使臣所记住,而是被他本人当作"涵育熏陶、循循善诱"牢记心中,多年后"既历历以在心"、"尚洋洋其盈耳",并依据他个人的回忆,将之与康熙帝的其他教训一起编入《圣祖仁皇帝廷训格言》,希望垂示子孙。由于收入廷训格言的内容取舍完全取决于雍正帝本人,因此推测他很可能是认同其父对于神煞的看法的。雍正帝本人并非不信风水堪舆之术,在为自己陵寝选择吉地时,也是下了一番功夫的,曾使怡亲王允祥、高其倬花费数年时间寻找风水上佳之处。③但雍正帝所信的应该是形势宗风水,注重陵寝周围的山形、水势而非各种神煞。尽管为陵寝选择风水吉壤,在陵寝即将开工兴建时将各方位神煞报告皇帝,是钦天监的本分,但是否需要因此停工、推迟工程进度并重新安排物料、人力,则取决于皇帝本人的态度。康熙帝的景陵、雍正帝的泰陵当年坐神煞而修建,可能和这两位皇帝并不甚重视堪舆术中神煞这部分的禁忌有关。

　　道光帝慕陵的修建则有重大意外事件作为铺垫。道光帝的陵寝原先建在东陵的宝华峪,但因为选址有误,修造地宫时挖到了地泉,致使

①（清）安泰:《钦定选择历书》卷一,叶1a。
②清世宗:《圣祖仁皇帝廷训格言》卷一,清文渊阁四库全书本,叶60b。
③《福建总督高其倬奏报管志宁审看万年吉地学力所到之处折》、《福建总督高其倬奏报管志宁商量五凤朝阳山万年吉地详情折》,中国第一历史档案馆编:《雍正朝汉文朱批奏折汇编》第13册,南京:江苏古籍出版社,1991年,第836—842页。《雍正八年上谕档》卷四,雍正八年九月十八日,罗振玉辑:《史料丛编》第1册,台北:台湾大通书局,1973年,第411—412页。

地宫遭水浸，将先已入葬的孝穆皇后梓宫浸泡了大半年。道光八年，此事被发现，道光帝恼怒异常，叱责渎职官员"丧尽天良"[1]，并从重处罚了英和、戴均元等涉事人员。因地宫遭浸，孝穆皇后的梓宫被迫迁出，暂厝于享殿之中，等待另寻吉地重建陵寝后再安葬。到了道光十年（1830），皇帝对寻找合适地点修造陵寝一事有些等不及了，发出了"孝穆皇后梓宫安奉未久，金券内即有山水浸溢之事，现暂移安奉飨殿。饬谕臣工，另行相度，而事越两年，仍未得有佳壤，岂容再事迁延"的质问，责成禧恩、耆英、那彦成三人带风水师从速选择墓地，"勿得稽延观望"[2]。次年，道光帝亲自到西陵查看风水，看到绕斗峪甚合己意，便做出决定，将陵寝建在此处，命工部尚书穆彰阿、侍郎敬徵、宝兴规划陵寝，在当年之内开工兴建。[3] 道光帝下旨后，官员便开始迁走陵寝风水界内的居民，拆除房屋，迁走坟茔，为当年开工做准备，[4] 并在当年十一月兴工起建。道光帝的慕陵大体上是坐西向东，兴工的道光十一年（1831），三煞、伏兵、大祸在西方，陵寝坐于岁煞所在的戌位（图17）。尽管有神煞占方问题，但当时孝穆皇后的梓宫因之前地宫浸水被迫暂厝享殿，急需建陵寝安葬，且事情已拖延三年，道光帝不甚耐烦，盼望从速从简建造陵寝安葬孝穆皇后，明确要求于当岁内开工，此时官员若以神煞问题为由建议推迟工程颇显得不合时宜。或许和清初建造荣亲王墓的情况类似，由于皇帝从速修建陵寝的愿望，慕陵修建时并没有因当年神煞占方而延迟兴工年份。顺治为从速安葬荣亲王，不顾神煞问题在当年修造园寝，这种事情在清代倘有过一次先例，再遇到相似的背景形势，自然就可能出现第二次。

大体而言，历狱案涉及的堪舆神煞禁忌，在明清两代皇室修造陵墓时都会被考虑进去，但是偶尔也会有例外情况，这可能与皇帝本人对神煞的相信程度以及建陵墓时的政治氛围有关。

---

① 《清宣宗实录》卷一百四十二，道光八年九月丁未。
② 《清宣宗实录》卷一百六十八，道光十年闰四月辛亥。
③ 《清宣宗实录》卷一百八十四，道光十一年二月乙巳。
④ 《清宣宗实录》卷一百八十七，道光十一年四月辛亥。

四 结语

综合前文，可以得到以下认识：修建荣亲王园寝中的神煞问题是审理汤若望案后期的一个重要焦点。根据审讯口供，钦天监的堪舆官员确实触犯了当时堪舆术中所禁忌的神煞，在众神煞集中于北方的顺治十五年，选择以坐北朝南方向修建了荣亲王园寝。堪舆官员知道当年北方的神煞占方问题，但一同选择风水的宦官佟吉可能是考虑到顺治帝急于为爱子修成阴宅的心态，以"小王无碍"为由搪塞。荣亲王的园寝在当年触犯神煞的情况下从速建成。根据当时流行的术数理论，触犯当年北方诸神煞引起的患疾病、伤子孙、损伤人口等凶祸，皆能够与园寝建成后顺治帝、孝康章皇后、贵妃董鄂氏、皇六子奇授的病亡相联系，可作为审案官员的构罪口实。最终负责堪舆工作的钦天监官员被治罪，汤若望作为当时钦天监负责人也因对此错误不加详审外加修订历法失当、传播天主教并造新书惑众等事而一度被拟死罪。

历狱案发生于明清交替的时间段，涉案的堪舆官员多来自明代钦天监，鼎革之后又继续使用所掌握的明代堪舆术为清廷效力。如果将目前可考的明清两代皇室人员的陵墓方向、兴工年份与历狱案涉及的神煞方位进行比照，可以发现大部分陵寝、园寝在工程的规划上均没有触犯这些神煞。结合文献资料，这种情况应该是堪舆官员出于禁忌，协调了陵寝修建方向与开工年份，以主动回避神煞占方的局面。汤若望一案所牵涉到的堪舆中的神煞禁忌，承自明代皇室，并通过留用的明钦天监官员传给了新朝，且沿用到了清末。

虽然清皇室的陵墓修建普遍遵从神煞禁忌，但是仍然有例外的情况出现。康熙帝、雍正帝及道光帝此三人的陵寝均犯了神煞，推测这是受皇帝本人对神煞的相信程度以及建陵时的政治氛围的影响。康熙帝、雍正帝对神煞之说并不十分相信，可能不至于因为神煞而推迟陵寝的工期，而道光帝的慕陵则是在皇帝急于建成新的陵寝奉安孝穆皇后梓宫的情势下开工兴建的。

雍正帝肇建内城隍庙考述

关笑晶

北京市社会科学院满学所

紫禁城神武门西北隅有"内城隍庙",清雍正四年(1726)敕建。[1] 城隍作为城市守护神,与城墙、护城河紧密相关,又和当时社会的行政建制相互对应,不可随意建立。清朝定鼎中原,内城隍庙是清廷在京师兴建的第一座城隍庙。与其他香火旺盛的城隍庙相比,这所宫闱之内的小庙知名度不高,学者鲜有考论。[2] 那么,雍正帝为何肇建内城隍庙?它如何祭祀?有何职能?对于这些问题的探讨不仅有助于推进清代宫廷史、宗教史研究;而且以此为切入点,也可揭示满洲统治者如何通过布局"城市保护神"革新京师城隍祭祀体系,进而表达对京城空间的设计理念。

本文依据清宫内务府陈设档、上传档、奏销档等官方档案,具体考

① 清代内务府档案中亦称紫禁城城隍庙、禁城城隍庙。

② 李福敏:《清宫内城隍庙的建置与城隍祀典》,收入武斌编:《沈阳故宫博物院院刊》第 10 辑,北京:现代出版社,2011 年,第 58—68 页。

察雍正帝敕建内城隍庙的背景、历史沿革、陈设祭祀、管理使用，以及近代以来的演变，分析内城隍庙对京师城隍祭祀体系和清朝国家祭祀制度的深远影响。

一　内城隍庙的肇建

（一）京师旧有城隍庙

北京寺庙林立，祀神众多。清乾隆年间，北京内、外城存在着近3000 座寺庙，供奉着众多释道神祇。[1] 其中，唯独"城隍老爷"具有"城市守护神"与"冥界地方官"的双重身份，既与阴间官员共治幽冥，又和人世的行政等级相互对应。[2] 城为城墙，隍为无水的护城河。[3] 城隍信仰盛行于唐代，至南宋时已出现官方致祭。洪武二年（1369），明太祖朱元璋将中央至地方的城隍神和城隍庙按等级分封爵位，正式将城隍神祭祀制度化。[4] 永乐二年（1404），明成祖迁都北京。彼时京师内已有城隍庙若干：其一为位于西闹市口的都城隍庙，始建于元至元七年（1270），供奉大都城隍，神格位于各级城隍等级金字塔的顶端。其二为宣武门外南横街的"江南城隍庙"。该庙在历史变迁中功能屡有改变，有学者认为其为京城城隍的行宫。[5]

清代肇兴，仍以北京为都城。由满洲、蒙古、汉军组成的八旗官兵

[1] 相关成果参见［法］吕敏（Marianne Bujard）主编：《北京内城寺庙碑刻志》（第一至五卷），北京：国家图书馆出版社，2011—2020 年；［美］韩书瑞（Susan Naquin）著，朱修春译：《北京：寺庙与城市生活（1400—1900）》，新北：稻乡出版社，2014年；中国文化遗产研究院编：《北平研究院北平庙宇调查资料汇编》（内一至内四区卷），北京：文物出版社，2015—2018 年。

[2] 参见张传勇：《试论城隍庙的建造依据——兼与郑土有、王贤森两同志商榷》，《民俗研究》2005 年第 2 期，第 153 页。

[3]《说文》："有水曰池，无水曰隍。"（东汉）许慎：《说文解字》卷一四下，杭州：浙江古籍出版社，2012 年，第 306 页。

[4] 关于洪武二年的定制和三年的改制，学术界已经有了很详细的讨论。参见［日］滨岛敦俊：《明初城隍考》，收入《榎博士颂寿纪念：东洋史论丛》，东京：汲古书院，1988 年，第 347—368 页。

[5] 张传勇：《北京"江南城隍庙"考述》，收入北京市档案馆编：《北京档案史料》2004 年第 4 期，北京：新华出版社，2004 年，第 260 页。

定驻内城，以汉人为主体的民人被迁往外城，从而形成"旗人内城、民人外城"的城市空间特点。[①] 然而，在大刀阔斧改变城市人口布局的同时，满洲统治者并未改变旧有京师城隍祭祀体系，其表现有四：第一，未改动国家祭祀城隍制度。顺治八年（1651）议准，沿用明朝旧制，奉西单都城隍庙为国祀之所，每岁秋月遣官致祭，行常祀礼；万寿圣节，遣官告祭。[②] 第二，未改动与城隍庙设立密切相关的城墙与护城河结构。紫禁城、皇城、内城、外城的圈层结构，与明代无异。第三，未改变与城隍庙具有对应关系的区域行政建制，仍为中央直管区结合州县的多元治理方式。第四，既未迁移旧有城隍庙，亦未新建城隍庙。总之，清朝兢兢业业地继承了元、明以来的城隍祭祀制度格局，一直到雍正四年（1726）。

（二）雍正帝选址建庙

雍正初年，刚刚易主的皇权在宗室内斗与政治角力中动荡。雍正帝在整肃允禩党羽、削夺隆科多爵位、幽禁允禵之后，又在即位第三年岁末将年羹尧赐死。至此，雍正帝在大局初定的背景下，继续对清廷机构和制度进行改革，以巩固大统之位。

雍正四年正月，京城还沉浸在新春佳节的喜庆中。初十一日，雍正帝面谕总管太监刘进忠等人，敕建内城隍庙曰：

> 凡城内俱有城隍庙，紫禁城为内城，理应盖造一座城隍庙。西北角楼弘昇住的房子不好，由钦天监衙门相看可也。倘看中再奏。倘可以，立即盖造三间城隍庙可也。倘有建神位、画神位之处，重新请旨。工竣后，派太监道士燃香，上供守之可也。钦此。[③]

此档案为雍正帝肇建内城隍庙之首谕，其内有两点值得关注。首先

---

① 《清世祖实录》卷四〇，顺治五年八月辛亥，《清实录》第 3 册，北京：中华书局，1985 年，第 319 页。
② 光绪《顺天府志》卷六《京师志六》，北京：北京古籍出版社，1987 年，第 153—156 页。
③ 中国第一历史档案馆藏内务府上传档：《雍正帝谕紫禁城内盖造城隍庙事》，雍正四年正月乙巳，内务府上传档 12，原文满文。

是内城隍庙建造的依据。雍正帝认为"凡城内俱有城隍庙",而紫禁城为"内城",理应建造一座城隍庙。实际上,雍正帝是明代建紫禁城以来,首位提出要将皇宫区域从都城整体结构中划分出来,并以独立城隍管辖的皇帝。延续这种思路,他在五年后又在皇城西安门内敕建皇城城隍庙,并钦定庙名为永佑庙。①

第二,内城隍庙位置的选择。上谕称庙址选在紫禁城西北角楼处,原因为"弘昇住的房子不好"。弘昇为康熙帝第五子恒亲王允祺长子,生于康熙三十五年(1696)四月,五十九年(1720)十二月封为世子,照贝子品级。②那么,雍正帝所称"弘昇住的房子"是何时之事?他在禁城角楼的房子是作何使用?对此,不妨据内务府奏销档等文献作一推测。

康熙五十一年(1712),年满16岁的弘昇阿哥已到婚配年龄。自幼在紫禁城内长大的弘昇,其婚房选址受到康熙帝的重视。③七月二十六日,署理内务府事务大臣海英请旨,称适合弘昇成婚之处有二:一处为紫禁城西北角巡查处(满文:giyarikaba)的房子,一处为咸安宫的空闲处(满文:sulaba)。康熙帝朱笔圈出"西北角巡查处"供弘昇成婚使用,并交营造司笔帖式德寿办理。④经钦天监及喇嘛查看,选定十月二十八日为吉日,为弘昇阿哥搬家。⑤此后,弘昇及家眷即居住在曾作为"紫禁城西北角巡查处"的房子里。房屋本为旧基,及至雍正四年,已十余年未大修,情况可想而知。难怪雍正帝直言此处房子"不好",并萌生将弘昇住所置换为内城隍庙之意。

———————————

① 中国第一历史档案馆藏《京城皇城城隍庙建立事》内府长编08828,雍正九年。
② 《清圣祖实录》卷二九〇,康熙五十九年十二月甲寅,《清实录》第6册,第823页。
③ 中国第一历史档案馆藏《内务府奏销档》胶片编号51,奏字141号,第456页,原文满文,由笔者翻译,下同。在此对中国社会科学院近代史所张建博士提供内城隍庙满文档案的线索表示感谢。对中国第一历史档案馆关精明老师的热心帮助致以谢意。
④ 中国第一历史档案馆藏《内务府奏销档》胶片编号40,奏字141号,第587—588页,原文满文。
⑤ 中国第一历史档案馆藏《内务府奏销档》胶片编号40,奏字141号,第483页,原文满文。

因皇侄房子"不好"而命钦天监堪舆并建内城隍庙，这印证了雍正帝直率、务实且迷信的性格特点。[1] 而当代学者对内城隍庙建筑方位的考证却"误会"了雍正帝的想法。以往学界多依《易经》阴阳五行及堪舆风水学说，认为禁城西北角为内金水河入水处，城隍庙建造于此意在更好地镇守和保卫禁城城池；且内城隍庙建造在五行乾位，蕴含着城隍守护"天门"的哲学思想，并彰显着紫禁城守护神的崇高地位。[2] 而从现存满文档案来看，雍正帝对内城隍庙的选址起意颇为简单、务实。"西北角"对紫禁城布局和五行风水固然有显而易见的重要性，然而似乎并

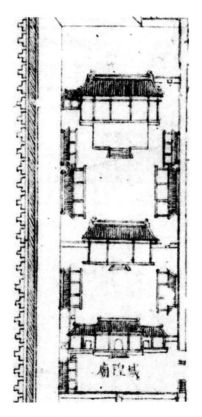

图 1　乾隆《京城全图》上的内城隍庙

① 关于雍正帝笃信风水、热衷迷信的论述，参见陈捷先：《雍正写真》，北京：商务印书馆，2011 年，第 269—283 页。
② 参见前揭李福敏：《清宫内城隍庙的建置与城隍祀典》，第 60 页。

非雍正帝的首要考虑因素。在搬离西北角楼旧所之后几个月，弘昇阿哥就因办理旗务"并不实力效力"被革去世子身份，交付其父允祺在家训诲看管，连"不好"的房子也住不得了。

（三）内城隍庙的建造与格局

皇帝钦准建立城隍庙后，修造之事交内务府营造司承办。竣工的确切日期据档案推测：雍正八年（1730），营造司员外郎福海自库房提走二等高丽纸、三等高丽纸各一千九百四十八张，用于裱糊城隍庙山门和后殿隔扇、槛窗，可知修缮工程已近尾声。[①] 在乾隆《京城全图》上，内城隍庙位于紫禁城西北角楼之南、承乾宫催房以北，紧贴西面城墙，为一组独立的狭长院落，南墙开门。首有随墙庙门一座，迤西有东向庙房三间，东侧院墙似为栅栏；山门一座三间，山门两旁各有耳房两间，山门以东有影壁一座；第二进院落有前殿三间，为马王殿，东西配殿各三间，有院墙与后院隔开，东边开小门供人出入；第三进院落正殿五间，为城隍殿，黄琉璃瓦覆顶，前设月台及甬路，东、西配殿各三间，随配殿东、西房各三间；正殿以西有真武殿两小间，院内还有卡墙及随墙门一座，与后院空地隔开。

内城隍庙建立之后历次修缮，均由管庙太监上报，内务府总管勘察估算，并向皇帝奏报。乾隆三十七年（1772）七月，内城隍庙经首次修缮，内务府大臣三和估银九千一百八十两余，为内城隍庙修理了殿宇、神龛等；[②] 嘉庆九年（1804）和十五年（1811），又小规模地修整了内城隍庙的房屋木门、窗扇和山门；[③] 道光十五年（1835），粘修山门穿堂等

[①] 中国第一历史档案馆藏内务府广储司消费档：《营造司员外郎福海等咨文广储司给发城隍庙工程纸张事》，雍正八年正月二十三日壬辰，全宗号5案卷号235，译自满文。

[②] 中国第一历史档案馆藏内务府奏销档：《内务府大臣三和等奏为修理紫禁城内城隍庙估需银两事片》，乾隆三十年七月初八日辛巳，档案号276-137-1。

[③] 中国第一历史档案馆藏内务府呈稿：《为修理城隍庙东西角门过木门扇墙垣等支领银两事》，嘉庆九年七月十四日庚子，嘉营122；中国第一历史档案馆藏内务府呈稿：《为修理内城隍庙头二层山门房间支领银两事》，嘉庆十五年八月初四日丙戌，嘉营225。

处；① 咸丰七年（1857）费时近半年，进行大规模整修，耗银三千二百余两。光绪十九年（1893），和硕礼亲王世铎将应修房屋情形缮单呈皇帝御览，此时的内城隍庙大木歪闪、大脊坍塌、地面崩裂，与清王朝的没落形影相吊，显示出萧索破败之状。此亦是清朝最后一次修缮内城隍庙。②

二　内城隍庙的运转

（一）内城隍庙的陈设与祭祀

内城隍庙主奉香胎城隍一尊，为"紫禁城城隍之神"，位于大殿内上层正龛内；神案之上还安置香炉、花瓶、木鱼等法器和《道经》《皇经》等多部道教经典；下层供有从神六尊及供器若干。③ 庙内安奉的各类祭器，主要有簋、爵、铡、豆等。祭器的数量代表着祭祀级别，其最高规格者，如天坛圜丘大祀用豆十二、笾十二，为十二品；其他祭祀依其等级用十品、八品、六品不等。内城隍庙中的乾隆款铜烧古豆有十个，说明乾隆朝内城隍庙的祭祀已达十品之规格，可见祀级之高。④ 庙内陈设有的由皇帝赏赐，如乾隆二十一年十月初三，庄亲王奉旨送到《皇经》五十一部；也有清廷其他部门供放之物品，如同年十月二十三，衣库交与内城隍庙欢门幡、佛幔等。比较现存内务府档案，乾隆年间的内城隍庙陈设与宣统年间几乎无异。⑤ 这说明不同于普通寺庙，陈设可随意添建，内城隍庙需要承担专门的祭祀功能，故保持了较为固定的陈设特点。

---

① 中国第一历史档案馆藏内务府呈稿：《呈为勘估城隍庙粘修山门穿堂等工估需工料银两呈覆由》，道光十五年七月二十九日丙辰，道营196。
② 中国第一历史档案馆藏录副奏折：《呈查勘内城隍庙等处及禁城门座处所应修房间各工情形清单》，光绪十九年十一月初一日，档案号03-7161-032。
③ 乾隆《钦定大清会典则例》卷一六一《内务府·掌仪司一》，文渊阁四库全书本。
④ 故宫博物院藏：《内城隍庙档案》，乾隆二十一年十二月初六日。
⑤ 目前可见的内城隍庙陈设档有三件，为乾隆二十一年十一月、乾隆二十一年十二月初六日《内城隍庙档案》和宣统二年（1910）《内城隍庙佛像供器档》，均藏于故宫博物院图书馆。

内城隍庙的祭祀活动主要有"遣官致祭"和"平日上香"两类。雍正帝自谕令建造内城隍庙的第二年,便议准每年春、秋二次致祭。[①]乾隆朝起,内城隍庙的祭祀时间从春、秋两祭改为万寿圣节及秋季吉日致祭。历次致祭前,由皇帝在内务府大臣及三院卿内钦点二员致祭。这种祭祀时间和选员方式,直到光绪年间未有更改。[②]

内城隍庙致祭礼仪有二:[③]

第一,万寿节告祭礼。

祭日,于神位前设牛一、羊一、[④]豕一,果实五盘,即:核桃、荔枝、枣、圆眼、栗各一盘。设案一于殿中稍西,北向供祝版,设案一于东,上置香盘、尊、爵等礼器。行礼在日出前两刻,设乐于西阶上,遣官着朝服,由左门入、升左阶、入左殿门,进入大殿后,行三跪九叩头礼迎神、送神。祝文为:"某年某月某日,皇帝遣某官致祭禁城城隍庙之神,曰:兹朕诞辰,惟神永垂护佑,谨以牲祀致祭。尚享。"

光绪十年议定,每年十月十日,慈禧、端康、康颐、昭豫、庄诚皇太后万寿节,亦遣官致祭都城隍庙。[⑤]

第二,秋季常祝礼。

秋季祭祀取吉日,仪式如万寿圣节,神位前加设簋、铏、笾、豆等祭器。行祭时,将乘满各种食物和酒浆之祭器陈于神案,分别放置于神位左右两侧。祝辞为:"某年某月某日,皇帝遣某官致祭于禁城城隍之神,曰:惟神正直,实赞灵化。捍御之功,都邑所赖。祇严岁祀,用答神庥。尚其歆兹,永福黎庶。尚享。"

祭神仪式后,由大光明殿道士在内城隍庙中唪经办道场。根据《钦

---

① 雍正《大清会典》卷二三〇,四库全书本。
② 中国第一历史档案馆藏朱批奏折:《呈请钦派皇太后万寿圣节致祭内城隍庙及永佑庙行礼大臣衔名单》,光绪二十七年九月十四日,档案号 04-01-14-0096-113。
③ 亦见乾隆《钦定大清会典》卷八八《内务府·掌仪司一》、《钦定总管内务府现行则例》卷三《广储司》,《故宫珍本丛刊》第 309 册,海口:海南出版社,2000 年。
④ 祀紫禁城城隍,由内务府庆丰司牧所供饩羊。参见《钦定总管内务府现行则例》卷二《庆丰司》,《故宫珍本丛刊》第 307 册。
⑤ 光绪《钦定大清会典事例》卷四四四《礼部·群祀·祭都城隍之神》,光绪二十五年会典馆石印本,叶 5b。

定总管内务府现行则例》记载,万寿节办道场三日,秋季致祭自八月初六至十四日办道场九日,用道官一名、道众八名。道光二年(1821),内务府遵旨将秋季道场改为三日,道光二十五年(1845),内城隍庙道场因国事告急停止。

(二)内城隍庙的管理和使用

作为大内寺庙,内城隍庙的祀典由内务府掌仪司负责,但只限于一年中少数几天。平日经常出入内城隍庙者,则是管庙首领太监督董下的太监群体。他们负责庙内日常陈设、殿宇洒扫、管理经卷等务。神前上香、献贡,也由太监代劳:每月上檀香、降香各六两,高香九十束,长香四十五束;每年三月、九月、十月、十二月,供用玉堂春、富贵花一对,朔望供素菜。[①]然内城隍庙的唪经及道场法事活动,则未见管事太监参与之记录。[②]

除了祭祀,内城隍庙还有其他用场。乾隆年间,在皇家祭祀时演奏乐器的太常寺乐舞生利用内城隍庙演习乐章,皇帝还特为此每月给银六两,以添补月供之不足。[③]内城隍庙靠近紫禁城角楼与城墙,曾充当军事防御堡垒。嘉庆十八年(1813)九月十五日,天理教教徒林清以“大明天顺”为旗,领北义军自东华门、西华门攻打紫禁城,西路军在太监接应下破城而入,反锁城门。来援官兵无法进入,故绕道神武门,与埋伏在内城隍庙内之禁卫军骁骑营兵汇一路,一同将攻入禁城的天理教教徒制服。[④]

(三)内城隍庙功能的丧失

民国元年(1912)二月十二日宣统帝退位,紫禁城留给逊帝一家使

①《钦定总管内务府现行则例》卷三《广储司》,《故宫珍本丛刊》第309册。
② 道光十九年十一月总管内务府折,转引自章乃炜等编:《清宫述闻》卷六《述内廷二·西六宫》,北京:紫禁城出版社,1990年,第753页。
③ 嘉庆《钦定大清会典事例》卷七九五《太常寺二·承事·乐舞生》,嘉庆二十三年会典馆刻本,叶7a。
④(清)昭梿:《啸亭杂录》卷六《癸酉之变》,《笔记小说大观》第35册,南京:江苏广陵古籍刻印社,1983年,第254页。

用，内城隍庙在此范围内，仍属清室所有。1923 年（民国十二年）七月十六日中午，溥仪谕旨，除三位太妃及溥仪、淑妃五宫各留 20 名太监外，其余全部裁撤。[①]经管内城隍庙太监也在裁撤之列。从此，内城隍庙彻底丧失了宗教功能，其破败不堪之凄凉景象亦可想而知。

次年，冯玉祥撕毁条约，将逊帝一家逐出紫禁城，之后清室善后委员会的工作人员开始清点故宫物品。此时内城隍庙有泥塑城隍像一座、铜海灯一座、佛桌一张、铁丝网供器五件、双耳铜瓶一对、木俎一架。[②]其陈设佛像、法器数量较清末已大大减少，可能是太监私卖偷拿所致。

1955 年，已属故宫博物院的城隍庙开始了修缮工程。院内东北角小佛堂一间、中殿东西卡墙一座被拆除；山门西耳房之西，原有一间木房残痕，修缮后改作他用。[③]1966 年夏秋，全国爆发轰轰烈烈的红卫兵运动，天安门身后的故宫，也变成了红色的海洋。据参与者回忆，内城隍庙正殿供奉的城隍老爷神像，在某次运动中被"革命群众"拆毁了。[④]万幸的是，故宫博物院于 1967 年 4 月停止对外开放，并由北京卫戍区军队加以保护，此后再无损毁。1971 年 7 月 5 日，故宫博物院重新对外开放，内城隍庙被改造为院办公场所。2015 年 4 月，内城隍庙改为故宫博物院故宫学研究所和故宫博物院科研处，沿用至今。

三　雍正帝建立内城隍庙的意义与影响

雍正四年建立内城隍庙，是清朝首次于都城创建城隍庙，它改变了元、明以来京师城隍祭祀的布局和体系，体现了满洲统治者对京城城市空间的理解与划分。

首先，内城隍庙的建立代表着满洲统治者对城隍信仰的不断加深。

---

① 贾英华：《末代太监孙耀庭传》，北京：人民文学出版社，2004 年，第 136 页。
② 故宫物品点查报告·第五编·第二册瓷库部分 05920，《清宫陈设档》第 42445 页，1927 年（民国十六年）十二月一日。
③《故宫博物院档案·修建工程类》第 75 卷，1955 年。
④《故宫物品点查报告》中确有泥塑城隍像一座，文物编号 435，然作者拜托同仁多次查找，均未能在故宫库房中找到紫禁城城隍的塑像。

城隍之名最早见于《周易》，为中原文化中的"城市保护神"。^①对兴起于白山黑水间的满洲人而言，城隍祭祀非其旧俗。然而，早在金大定二十一年（1181），满洲先世女真人即在金上京会宁府修建过城隍庙。^②但在入主中原的过程中，满洲贵族对城隍庙的作用亦有认识，且颇为重视。清太祖努尔哈赤在赫图阿拉城东阜上建"七大庙"中即有城隍庙；^③及至迁都盛京，位于城内中心的城隍庙为皇太极历次亲征出师、凯旋谒庙之处，典礼甚隆；^④满洲宗室认为城隍具有制约和惩罚的神力，豪格与岳托对天盟誓"遂指城隍庙焚词誓告之"^⑤。顺治元年（1644）满洲君臣、八旗官兵进入北京，成为京师内城"新驻民"。顺治帝不但全盘继承了元、明以来的城隍祭祀典制，甚至还仿盛京城隍庙在"皇宫之东"的方位建造了萨满祭祀的堂子。^⑥皇帝作礼于上，士民效法于下，随着在北京定居日久，入主中原的旗人群体对城隍神的功能、地位及其与城市之间的关系的理解也不断加深，在顺治、康熙朝都城隍庙的西棚老会、东棚老会、献茶会碑、挂灯圣会碑刻中，旗人群体已占据一定的地位和权重。^⑦可以说，雍正帝对内城隍庙的创建，是其对城隍信仰的认识循次渐进、革旧鼎新过程中的一环。

　　第二，内城隍庙的建立是雍正帝更革国家典制的内容之一，是清朝加强皇权与统治正统性的举措。"国之大事，在祀与戎"（《春秋左氏

①《周易·泰卦十一》："城复于隍，勿用师。"参见（魏）王弼注，（唐）孔颖达疏：《周易正义》卷二，（清）阮元校刻：《十三经注疏》北京：中华书局，1980年，第29页。
②（元）脱脱等：《金史》卷二四《地理志上》，北京：中华书局，1975年，第551页。
③《清太祖实录》卷四，乙卯年四月，《清实录》第1册，第58页。
④金毓黻：《沈馆录》叙，收入氏编：《辽海丛书》第4册，沈阳：辽沈书社，1985年，第2763页。
⑤《东华录》天聪十一崇德一，光绪十年长沙王氏刻本。
⑥傅同钦：《清代的祭堂子》，收入北京文物研究所编：《北京文物与考古》第一辑，北京：北京历史考古丛书编辑组，1983年，第191页。
⑦顺治十五年（1658）《西棚老会碑》，《北京图书馆藏石刻拓本汇编》（下简称"汇编"）第61册，郑州：中州古籍出版社，1989年，第118页；康熙十二年（1673）《东棚二圣会碑》，《汇编》第63册，第38页；雍正九年（1731）《献茶会碑》，《汇编》第68册，第97页；雍正十二年（1734）《京都城隍庙挂灯会碑》，《汇编》第68册，第146—147页。

传》)。对皇帝而言,"治民"与"事神"为国家统治的关键要务,二者互为表里。雍正帝在嗣位疑案中缵位登基,他不辞辛劳地更革各项制度,更以勤勉地"事神"不断强调统治的合法性:追封白马关帝庙供奉的关羽三代先祖,创建皇家觉生寺,增奉历代帝王庙之牌位,重修喇嘛黄教隆福寺,诣祭天下学宫孔庙,兴建有功于国家者的专祠贤良祠、昭忠寺……在位 13 年,他为京师祠庙御制 16 通满文碑,数量比肩其父康熙皇帝在位 60 年所撰碑文,涵盖汉传佛教、藏传佛教、道教、儒教、祠庙等性质的宗教场所。[①]内城隍庙的创建,应被看作是雍正帝政治布局之中的一步棋,与他在位期间整体政策方针是相互呼应的。

第三,随着内城隍庙建立,禁城与皇城的地位被强调、提升到新的高度,京师出现三位"平级"的城隍老爷。北京营建都城隍庙由来已久,元、明尊奉"京都城隍"为京师及帝国的保护神,统领天下府、州、县城隍,其管辖范围包括京城的宫殿园囿、城市郊坰,皇城和紫禁城亦在其内。雍正帝提出皇城和紫禁城兼备"城墙与护城河",从"有城即应有城隍庙"的逻辑反推,开始了自己的"造神运动",创造出专门服务于天子的城隍爷班底。这一系列举措,使禁城与皇城从京师空间中抽离出来,成为独立于都城隍管辖范围的"小特区",从而凸显出皇权的特殊。

不仅如此,从礼制等级看,两位新尊奉的城隍老爷地位不在"京都城隍"之下。《清会典》定例,紫禁城城隍、皇城城隍的岁祭之期、祭品及遣官,均与都城隍庙相同,为"群祀"等级。[②]同为城隍神而祀典"同级",这打破了元、明以来都城隍神"一家独大"的格局,而变为三位城隍老爷"三足鼎立",京师城隍祭祀格局就此改变。

第四,内城隍庙建立后,清代京师由多所城隍庙构成的供奉系统,呈现出封闭的"皇家城隍庙"与开放的"城市城隍庙"。清代京师至少曾存在 13 座"城隍庙",数量之多,令人惊讶。其中,紫禁城 1 座、皇城 1

[①] 参见拙文《清代北京旗人寺庙碑刻考述》,陆康、张巍主编:《法国汉学》第十七辑,北京:中华书局,2017 年,第 140—168 页。
[②] 乾隆《钦定大清会典则例》卷一六一《内务府、掌仪司一》,叶 60a。

座，内城 8 座、外城 2 座、西郊 1 座。①包括“俾统各府州县之神”的都城隍庙；宛平、大兴两京县城隍庙；实为“江南会馆”的阜成门外城隍庙；作为“都城隍行宫”的宣武门外都城隍庙；②曾主祀城隍、其后改为私人祭祀空间的松筠庵；还有在文献或地图上有零星记载，难以被官方史料记录的小型祭祀空间，如罗圈胡同“都城庵”、东总布胡同东口城隍庙、众议院夹道的王姓家庙城隍庙、本司胡同城隍庙、四道转城隍庙。除此以外，城隍神还以“城隍殿”和“城隍神像”的形式，在不计其数的京师庙宇中受到人们的膜拜与供奉。纵然上述京师城隍庙不一定同时存在，各自功能与供奉人群多有不同，但它们均为清代京城城隍庙系统的组成部分。而紫禁城内城隍庙的建立，使纷繁多样的京师城隍庙系统较为清晰地展现出“封闭”与“开放”两种类型特点。

　　紫禁城、皇城的城隍庙，组成了封闭的“皇家城隍庙”系统。首先是地域管理上的封闭。《燕都丛考》载：“明代皇城以内，外人不得入。紫禁城以内，朝官不得入，奉事者至午门而止。中外阻绝，判若天人。”③北京的四重城垣中，紫禁城位于天下之中心，为帝王之宅；皇城护卫皇宫并为之提供各类生活保障。自明代以来，不同于内、外城阡陌交错、市井街巷，皇城以内为宫闱禁地，与城市隔绝，紫禁城更是人间天宫，戒备森严，神秘莫测。其次，是祭祀与使用上的封闭。作为雍正皇帝起意创建的两座城隍庙，修造之事交与内务府营造司办理，祭期由内务府遣官行礼，祭礼人员选派由皇帝圈定，日常供奉洒扫由太监道士进行。总之，与众多皇城内的庙宇一样，紫禁城城隍庙与永佑庙由皇室专管，亦专为皇家服务，不接受百姓祭拜。

　　同为城隍老爷，身处内、外城的“民间城隍庙”，则享受着不一样的“人间烟火气”。以建立于晚清的宛平、大兴城隍庙为例，我们可以看到

---

① 主要依据中国文化遗产研究院陆续公布院藏 20 世纪 30 年代国立北平研究院庙宇调查资料。参见中国文化遗产研究院：《北平研究院北平庙宇调查资料汇编》（内一至内五卷）。
② 参见张传勇《北京“江南城隍庙”考述》，第 260 页。
③ 陈宗蕃编著：《燕都丛考》第一编第三章《宫阙》，北京：北京古籍出版社，1991年，第 33 页。

各种社会身份和阶层的人群粉墨登场,在这两座庙内热情而诚挚地共同供奉着境内的城隍神:地方衙署的各级官员首倡其事,将城隍庙置于县衙管辖范围,为其"背书";地方缙绅召集善资、督董各类修建事宜;道士群体负责朝夕焚香、处理庙务;商业行会和商人更是广泛参与到寺庙公共事务中,为殿房捐资、供奉物资,有碑刻为证:同治十二年(1873)《大兴城隍庙捐资题名碑》记载大兴城内几百间商号踊跃捐资,助修大兴城隍庙;[1] 嘉庆十七年(1812)《宛平县城隍庙碑》上有两百多家店铺字号跻身助善榜,涵盖银号、盐店、木厂、车店、煤铺、颜料店、茶店等多种商家。[2] 内外善信,不分旗民,均是城隍神虔诚的信仰者、宗教活动的组织者与参与者。五月初一大兴城隍出巡,善男信女鱼贯而行、奏乐持香;宛平县城隍庙正月烧火判,庙内悬满彩灯、钟馗泥塑喷火、百姓围观啧啧称奇的景象,是清代北京风俗志中浓墨重彩的内容。[3] 而清廷及皇家,通过皇帝自身、内务府、太常寺等机构的支持和参与,将活跃于以上各个组织中的城隍祭祀,变为国家祭祀的下层分支,最大限度上利用了民间的力量,使官方和民间的祭祀达到力量的和谐和统一。"民间城隍庙"在中央礼仪机构、地方衙署官员、僧道、商业行会、民间香会、旗人、民人等的共同供养下,呈现出和谐、包容与开放的特点。

　　最后,本文思考清朝统治者对京师空间如何理解与划分的问题。"旗民分治"是清代北京显见而不可否认的城市特点。[4] 然而,雍正四年内城隍庙的建立,为北京城市空间的研究者提供了突破现世的城墙与护城河视域的另一种角度,即:清朝官方如何来定义城隍神的等级与统属,如何来划分城隍神管理的空间,如何来引导供奉城隍的群体及方

① 同治十二年(1873)《城隍庙捐资题名碑》,《汇编》第 84 册,第 48 页。

② 清嘉庆十七年(1812)《宛平县城隍庙碑》,《汇编》第 78 册,第 102—103 页。

③ (清)富察敦崇:《燕京岁时记·都城隍庙》,北京:北京古籍出版社,1981 年,第 67 页。李登科《京都琐记》,铅印本,1983,第 50 页。董宝光:《元宵赏灯忆"火判儿"》,收入胡玉远等编:《春明叙旧》,北京:北京燕山出版社,1999 年,第 207—209 页。

④ 参见定宜庄:《关于北京城的口述史》,发表于法国高等社会科学研究院研讨会,2006 年 6 月;刘小萌:《清代北京旗人社会(修订本)》,北京:中国社会科学出版社,2016 年,第 194 页。

式。反观雍正帝"凡城皆有城隍庙"的上谕,他没有下令在京师内城、外城这两个界限清晰的城市空间里建立各自的城隍庙,而是强调了"皇家"与"民间"空间的区分。这也从一个侧面说明,雍正帝从宗教意义上理解和打造的北京城,除将"天子的城隍"高高提升并区别对待之外,对京城的子民——无论内城和外城、旗人和民人、满人与汉人,均视为京都城隍老爷管辖下平等的子民,不置区分,也从未分离。

论明清鼎革对西藏的影响

周　燕
西藏大学文学院

明清鼎革是中国历史上一次重要政权更替,对中国历史产生了深远和持久的影响,其中对西藏社会的影响主要体现在以下三方面。

一　明清鼎革对格鲁派影响巨大

(一)明清鼎革为格鲁派优势宗教地位的确立提供了契机

格鲁派是藏传佛教中的新兴教派,由宗喀巴大师于 15 世纪初创立。因为西藏帕竹地方政权的支持和明朝中央政府"多封众建,尚用僧徒"政策的影响,格鲁派迅速崛起,成为与传统萨迦派、噶举派影响相当的重要教派。但是,到明朝后期,格鲁派的发展却危机频频,举步维艰。因为明朝的"多封众建"虽然基本实现了"西陲宴然,终明世无番寇之患"[①]的政治意图,却在西藏地方造成宗教多元和政治多中心的格局。在明朝强大之时,还能有效制衡各政教势力的矛盾和冲突,而到了明朝后

[①]（清）张廷玉等:《明史》卷三三一《西域传三》,北京:中华书局,1974 年,第 8589 页。

期，由于内地农民起义此起彼伏，东北边疆女真人强势崛起后，明朝中央政府自顾不暇，对西藏地方的统治日趋衰弱，西藏地方的政教纷争冲突不断。特别是 1618 年藏巴汗政权取代帕竹政权后，因藏巴汗彭措南杰崇奉噶玛噶举派，开始不断打击格鲁派。直到 1642 年，借助蒙古和硕特部首领固始汗的帮助，格鲁派才将其政教对手才彻底打败。固始汗控制了西藏地方军政大权，而将宗教大权奉送给五世达赖喇嘛，并下令以西藏地方十三万户作供养，建立和硕特部与格鲁派政教分治的蒙藏联合政权，格鲁派也第一次获得在西藏的宗教优势地位。

　　但是，新生的蒙藏联合政权如何获得合法性却是问题。此时的明朝中央政府已似大厦将倾，显然无法满足格鲁派与和硕特部的要求。实际上，在明清鼎革前夕，格鲁派就曾希望获得正在迅速崛起的清政权的支持，并在 1640 年派伊拉古三胡图克图等人前往盛京。1642 年，伊拉古三胡图克图等人到达盛京，受到皇太极高规格的接待和款待，但此时的清政权只是一个地方性政权，对千里之遥的西藏政教之争无意卷入。所以，在 1643 年使节返藏时，皇太极派察干格隆、巴喇衮噶尔格隆等蒙古喇嘛作为自己的使者，随行赴藏。因为对西藏地方政局的情况并不太清楚，皇太极分别致书达赖喇嘛、班禅胡图克图、噶玛噶举派活佛、藏巴汗和固始汗等西藏僧俗权贵，对他们的态度并未有特别区分。甚至在致固始汗的书信中明确宣称："不分服色红黄[①]，随处咨访，以宏佛教，以护国祚。"[②]

　　明清鼎革为蒙藏联合政权取得合法性提供了契机。1644 年，当得知顺治皇帝在北京即位的消息后，五世达赖喇嘛"便派乌巴什科雅台吉去敬献祝贺的信件及方物"[③]，并遣使朝贡清朝中央政府；固始汗也多次联合其他蒙古王公向清廷建议延请五世达赖喇嘛进京。而清政权从地方性

①　清朝对藏传佛教各派的简单区分。对戴黄帽的格鲁派称黄教，戴红帽的萨迦派、宁玛派、噶玛噶举派及其他藏传佛教泛称红教。
②　《清太宗实录》卷六四，崇德八年五月丁酉，《清实录》第 2 册，北京：中华书局，1985 年，第 889 页。
③　（清）五世达赖喇嘛阿旺洛桑嘉措著，陈庆英等译：《五世达赖喇嘛传》，北京：中国藏学出版社，2006 年，第 167 页。

政权到全国性政权的嬗变,也促使其改变对西藏政教势力的态度。对清王朝而言,用最小的代价统一西藏地方是最重要的政治目的。因此,借着鼎革前夕皇太极对西藏高僧的延请和西藏政教势力的积极示好,清王朝多次遣使"存问"固始汗和五世达赖喇嘛,并邀请五世达赖喇嘛进京。

顺治九年十二月,五世达赖喇嘛在北京觐见顺治皇帝。顺治十年(1653)四月,清廷正式册封五世达赖喇嘛为"西天大善自在佛所领天下释教普通瓦赤喇怛喇达赖喇嘛",同时册封固始汗为"遵行文义敏慧顾实汗"。①于是,清王朝得以以和平的方式将西藏地方纳入其大一统疆域的版图,并正式确立了达赖喇嘛在藏传佛教中的领袖地位和独尊格鲁派的政策,这为格鲁派在西藏的优势宗教地位提供了更有力的保障。

(二)明清鼎革后,清王朝的支持和有效治理固化格鲁派的优势政教地位

清王朝在西藏独尊格鲁派的政策对格鲁派意义重大,因为蒙藏联合政权很快就出现了矛盾。1654年固始汗病逝,蒙(和硕特部)藏之间的矛盾就开始不断显现。虽然格鲁派在蒙藏之争初期不断侵蚀和削弱和硕特汗王的政治权力,但最终的结果却是和硕特部与格鲁派两败俱伤。康熙五十六年(1717),蒙古准噶尔部首领策旺阿拉布坦趁蒙藏之争派兵侵入拉萨,杀掉拉藏汗,西藏政局出现严重危机。康熙五十七年(1718)和康熙五十九年(1720),康熙皇帝派清军两次入藏,成功驱逐了拉萨的准噶尔军队,并果断终止了蒙古和硕特部在西藏的统治,建立了以西藏世俗贵族为主体的噶伦制。格鲁派则因蒙藏之争,先后出现了三个六世达赖喇嘛。真伪六世达赖喇嘛之争不仅导致达赖喇嘛世系混乱②,也使达赖喇嘛的神圣光环黯淡了。雍正六年(1728),清政府又因

①《清世祖实录》卷七四,顺治十年四月丁巳,《清实录》第3册,第586—587页。
② 仓央嘉措、益西加措和格桑嘉措先后被康熙皇帝封为六世达赖喇嘛。仓央嘉措被认为是五世达赖喇嘛的转世,益西嘉措也被认为是五世达赖喇嘛转世,格桑嘉措则被认为是仓央嘉措的转世。三个六世达赖喇嘛的册封造成了世系传承的混乱,但因为都是康熙皇帝册封,不便变更。一直到格桑嘉措圆寂后,乾隆皇帝直接册封其转世强白嘉措为八世达赖喇嘛,而实际追认格桑嘉措为七世达赖喇嘛,仓央嘉措为六世达赖喇嘛,最终解决了达赖喇嘛的世系问题。一般直称格桑嘉措为七世达赖喇嘛。

噶伦之争,将七世达赖喇嘛移居四川理塘惠远庙,远离西藏政教中心,格鲁派的政教影响一落千丈。

但是清王朝并未改变独尊格鲁派的政策。虽然在蒙藏之争的大部分时间里,清王朝对双方都没有明显的偏向,但却利用蒙藏之争,不断改造格鲁派,使其更加符合清王朝的统治需求。清初对格鲁派的改造主要体现在两方面:一是对达赖喇嘛宗教权威的限制。达赖喇嘛名号本是1578年蒙古土默特部首领俺答汗赠给格鲁派大喇嘛索南嘉措"圣识一切瓦齐尔达喇达赖喇嘛"的简称。在明清鼎革前,达赖喇嘛与班禅胡图克图、甘丹赤巴在格鲁派内部具有同等重要地位。顺治皇帝对五世达赖喇嘛的册封,不仅确立了达赖喇嘛在藏传佛教界的宗教领袖地位,也确立其在格鲁派中的最高地位。但是,清王朝给予达赖喇嘛"所领天下释教"的权力范围太广,除西藏外,蒙古、甘肃、青海、新疆、四川等地格鲁派的信徒众多,达赖喇嘛的宗教领袖身份无疑会对这些地区产生巨大的影响。随着蒙藏之争初期五世达赖喇嘛权势的不断膨胀,特别是五世达赖喇嘛与吴三桂、噶尔丹等反清势力有所交往时,清统治者开始警惕五世达赖喇嘛的权势扩张。

为了削弱和限制达赖喇嘛的权威,康熙皇帝不断在格鲁派内部推行多元分封。康熙三十二年(1693),清廷以哲布尊丹巴胡图克图率领喀尔喀蒙古内附有功,册封哲布尊丹巴为"大喇嘛","于喀尔喀地方立为库伦,广演黄教"[1],负责漠北蒙古的格鲁派。康熙三十二年(1693),清廷封青海佑宁寺二世章嘉活佛为扎萨克达喇嘛,常驻北京,成为皇室最重要的宗教顾问;而后,二世章嘉活佛又被册封为"灌顶普善广慈大国师",并驻庙多伦诺尔,负责漠南蒙古格鲁派。康熙五十二年(1713),康熙皇帝又提升班禅地位,称"班禅胡土克图,为人安静,熟谙经典,勤修贡职,初终不倦,甚属可嘉。著照封达赖喇嘛之例,给以印册,封为班禅额尔得尼"[2],负责后藏地区。达赖喇嘛、班禅额尔德尼、哲布尊丹

---

① 《清会典事例》卷九七四《理藩院·喇嘛封号》,北京:中华书局,1991年,第10册,第1084页。

② 《清圣祖实录》卷二五三,康熙五十二年正月戊申,《清实录》第6册,第504页。

巴和章嘉大国师四大活佛并存并分区管理的局面,有效限制了达赖喇嘛的权威,避免了超级宗教领袖的出现。而且,由于四大活佛之间因"转世"而存在的特殊师徒关系,也使得格鲁派内部矛盾具有较好的协调机制,有利于格鲁派的稳定发展。

　　清王朝改造格鲁派的另一方面是依法治理。清初对格鲁派优势地位的确认并非清统治者的主观喜好,而是对明末西藏政教斗争结果的客观承认。实际上,清统治者对蒙古人崇信藏传佛教的弊病心知肚明。皇太极曾言"蒙古诸臣子自弃蒙古之语,名号俱学喇嘛,卒致国运衰微"①。康熙皇帝也批评"蒙古惑于喇嘛,罄其家赀,不知顾惜,此皆愚人偏信祸福之说,而不知其终无益也"②。而且蒙古统治者独尊萨迦派,致使一些萨迦派僧人"怙势恣睢,日新月盛,气焰熏灼,延于四方,为害不可胜言"③。这样的独尊在实践中既无益于萨迦派的发展,也无益于西藏地方的稳定。为了防范格鲁派重蹈萨迦派覆辙,清统治者一开始就注重依法惩处格鲁派的违法僧侣。正如康熙皇帝所言,"朕钦崇佛教,总持道法,但皈道法之人则嘉之,悖道法之人则惩之"④。如康熙三十二年(1693),济隆胡图克图支持和参与噶尔丹叛乱事发,第巴桑结嘉措以五世达赖喇嘛名义多次向康熙皇帝请求宽宥,康熙皇帝不许,称:"凡奉使行人,不悖旨而成事,则赏以劝之,违旨而败事,则罚以惩之,国家一定之大法也。"⑤并将济隆胡图克图押赴京城看守。康熙三十六年(1697),丹巴色尔济、阿齐图格隆、巴咱尔喇木札木巴等大喇嘛奉命前往西藏查证五世达赖喇嘛是否仍健在,但是他们"乃知其已故,而谓之尚在,通同第巴诳奏"。康熙皇帝下令予以严惩:"丹巴色尔济从宽免死,革去住持大喇嘛,抄没家产,单身发往盛京,任栖一庙。阿齐图格隆,各处差遣效力,从宽免死并抄没,革去住持大喇嘛,准其住本庙。巴咱尔喇木札木巴亦

①(清)王先谦:《东华录》,天聪八年四月辛酉,上海:上海古籍出版社,2008年,第109页。

②(清)王先谦:《东华录》,康熙十二年十二月辛丑,第585页。

③(明)宋濂等:《元史》卷二〇二《释老传》,北京:中华书局,1976年,第4521页。

④《清圣祖实录》卷一七五,康熙三十五年八月甲午,《清实录》第5册,第891页。

⑤《清圣祖实录》卷一五八,康熙三十二年二月己丑,《清实录》第5册,第740页。

从宽免死,并抄没,革去大喇嘛。"①清初对格鲁派既尊崇优渥,又依法惩
处的做法一直延续到清末。清王朝制定的《理藩院则例》、《大清会典》、
《大清律例》、《大清会典事例》中记载了大量处理藏传佛教事务的事例
和规定,成为清朝依法治理藏传佛教的重要根据。

乾隆十五年(1750)十月,西藏郡王珠尔默特纳木扎勒因性格乖张,
肆意妄为,被驻藏大臣傅清、拉布敦诛杀,郡王制随之被废除。西藏贵
族执政的短暂黄金时代宣告结束,格鲁派被清廷重新重用。乾隆十六年
(1751),清廷颁布《酌定西藏善后章程十三条》,将部分治藏行政权力赋
予七世达赖喇嘛,建立政教合一政权,为格鲁派巩固其宗教优势地位提
供了强有力的政治保障。

但是权力容易滋生腐败,随着格鲁派权势的增强,其最根本的活
佛转世制度逐渐弊病丛生。无论是通过各种"灵异"现象选择,还是
"人神"兼任的护法神指认,活佛转世都充斥着舞弊和弄虚作假。就连
三世土观活佛也批评称:"种种的弊端如同妓女的舞步,花样翻新,不
胜枚举。"②宗教事务的利益化倾向明显,直接导致各大活佛之间"兄弟
叔侄姻娅递相传袭"③现象蔓延。这些弊病既是对格鲁派活佛神圣性的
削弱,同样也为世家大族膨胀势力和政教纷争埋下祸端。乾隆五十三
年(1788)和五十六年(1791),廓尔喀两度入侵西藏。乾隆五十八年
(1793),清王朝利用平定廓尔喀入侵西藏之机,颁布《钦定藏内善后
章程二十九条》(以下简称《二十九条》)。《二十九条》是清王朝对治
藏政策的一次重大调整,它极大地加强了清王朝对格鲁派内部宗教事
务的管理权和监督权。如活佛转世需要驻藏大臣参与并通过金瓶掣签
制度认定(第1条);寺院及僧尼数目需要向驻藏大臣衙门备案(第22
条);达赖喇嘛与班禅额尔德尼商上的财务收支每年春秋二季报驻藏大

---

① 《清圣祖实录》卷一八四,康熙三十六年七月辛巳,《清实录》第 5 册,第 969 页。
② (清)土观·洛桑却吉尼玛著,陈庆英、马连龙译:《章嘉国师若必多吉传》,北京:
中国藏学出版社,2007 年,第 12 页。
③ 方略馆编,季垣垣点校:《钦定廓尔喀纪略》卷首四《天章四·喇嘛说》,北京:中
国藏学出版社,2006 年,第 63 页。

臣审核（第 8 条）；达赖喇嘛与班禅额尔德尼在世期间，其亲族不准任公职（第 12 条）；各大寺院堪布应由达赖喇嘛、驻藏大臣及济咙胡图克图三人酌商遴选任命（第 18 条）；甚至连寺院僧侣的俸禄也详加规定："活佛及僧众之合法俸银，自应按期发放，……不得提前支领"（第 28 条）。①

　　西藏是一个宗教影响极度广泛和深入的地方，不能有效治理宗教，就不可能有效治理西藏。清政府通过对格鲁派的支持和改造，既固化了格鲁派的优势宗教地位，同时又牢固地掌控了格鲁派，使其成为清王朝治理蒙藏地区的重要精神工具，有效维护了清王朝的统一和西藏社会的长期稳定。而格鲁派优势地位的固化也形成了一个势力强大和影响力广泛的格鲁派寺院集团，对旧西藏社会的消极影响同样巨大。在政教合一制度下，西藏地方政治保守、经济落后、文化单一、人口增殖几乎停滞，有的消极影响至今仍在。

二　明清鼎革改变了蒙藏关系在西藏的发展趋势

　　蒙藏关系的密切始于元朝。1247 年萨迦班智达与阔端凉州会谈，西藏地方被正式纳入元朝中央政府的行政管辖，藏传佛教也因此在蒙古人中大肆传播，并逐渐成为蒙古人的主要信仰。元明鼎革后，虽然蒙古人丧失了对西藏地方的行政管辖权，但并未改变对藏传佛教的信仰。萨迦派、噶举派、觉囊派及格鲁派都在蒙古地区流行，家家户户供奉神像，对大喇嘛"尊之若神明，亲之若考妣"②。明末中央政府对西北边疆地区统治乏力，导致一些蒙古部族不断向青藏高原迁移。蒙藏特殊的宗教关系使一些蒙古部族不断卷入西藏内部的政教纷争，蒙藏关系进入一个新的活跃期，蒙古对西藏地方政教的影响力强势回升。最典型的事件体现在四世达赖喇嘛身上。

　　1588 年，三世达赖喇嘛在蒙古圆寂，格鲁派很快选择了蒙古土默特

① 详细内容参见中国藏学研究中心等编：《元以来西藏地方与中央政府关系档案史料汇编》第 3 册，北京：中国藏学出版社，1994 年，第 825—834 页。
② 张羽新：《清政府与喇嘛教》，拉萨：西藏人民出版社，1988 年，第 61 页。

部俺答汗的曾孙为转世灵童,即四世达赖喇嘛云丹嘉措(1589—1616)。之所以选择云丹嘉措,除了宗教原因外,更重要的是政治原因,即格鲁派希望借助蒙古人的势力发展壮大自己。五世达赖喇嘛坦言:"像雪域西藏这样的地方,最初也难以仅用佛法进行教化,必须依靠政治的方法,这在蒙古也是同样,因此达赖喇嘛会在蒙古王族中降生。"[1] 四世达赖喇嘛转生于蒙古,也成为蒙古势力介入西藏政教纷争最有力的依据。1603 年,蒙古王公护送四世达赖喇嘛到拉萨坐床。 1616 年,27 岁的四世达赖喇嘛突然圆寂,藏巴汗彭措南杰甚至"疑达赖诅咒,致感多病,即明令不许达赖再世"[2]。格鲁派面临严重危机,派人向蒙古王公求援。1617 年,蒙古喀尔喀部派兵赴拉萨,与支持格鲁派的拉萨中小贵族共同进攻藏巴汗,但却被藏巴汗军队打败,卫藏地区大量格鲁派的寺院、寺产都被藏巴汗侵占(包括色拉寺和哲蚌寺),格鲁派处境更加危险。格鲁派再次向蒙古王公求援。1621 年,蒙古土默特部派兵赴拉萨打败藏巴汗的军队,并迫使藏巴汗政权归还所侵占的格鲁派寺院和寺产。1622 年,阿旺·罗桑嘉措被顺利认定为五世达赖喇嘛,暂时化解了格鲁派的燃眉之急,土默特军队也返回青海。

但是,蒙古人走后,新即位的藏巴汗丹迥旺布更加疯狂地镇压格鲁派。为了彻底消灭格鲁派,丹迥旺布与青海蒙古喀尔喀部的却图汗及康区的白利土司顿月多吉联合。在三方势力的围攻下,支持格鲁派的西藏地方贵族被打败,格鲁派又一次面临严重的生存危机。虽然格鲁派包括五世达赖喇嘛在内的一些人主张与藏巴汗妥协,但是以哲蚌寺强佐索南饶丹为首的一些强硬派却积极向蒙古王公求援。而正有心往青藏高原扩张势力的蒙古和硕特部首领固始汗慨然应允出兵帮助格鲁派挽救危局。固始汗军队的加入使西藏地方政教纷争的态势迅速逆转。藏巴汗与却图汗、白利土司的联盟很快被打败,固始汗控制了青海、康区和

---

[1] (清)五世达赖喇嘛阿旺罗桑嘉措著,陈庆英、马连龙译:《四世达赖喇嘛云丹嘉措传》,中国社会科学院中国边疆史地研究中心编:《中国边疆史地资料丛刊》西藏卷,北京:全国图书馆文献缩微复制中心,1992 年,第 223 页。
[2] 牙含章:《达赖喇嘛传》,北京:人民出版社,1984 年,第 29 页。

西藏,彻底消灭了格鲁派的政教劲敌,并与格鲁派在西藏建立蒙藏联合政权,蒙藏关系出现了新的发展趋势,蒙古势力开始强势主导西藏地方政务。

但是,明清鼎革对蒙藏关系在西藏的发展方向产生了深远影响。明清鼎革后,清王朝迅速与西藏确立了中央与地方的隶属关系。虽然清王朝暂时承认和硕特部与格鲁派联合治藏,但蒙古汗王的统治无疑是清王朝与西藏地方之间的一个楔子,这样的蒙藏关系在西藏很难持久。实际上,蒙藏之间的矛盾在固始汗病逝后便迅速显现出来。蒙古汗王的权力不断被削弱,而以五世达赖喇嘛为首的格鲁派寺院集团势力则不断膨胀。正如著名藏学家杜齐所言:"固始汗的去世和其子孙的继位倒使达赖系统进入一个更繁荣的时期。达赖喇嘛的权势登峰造极。"[1] 特别是五世达赖喇嘛在 1679 年任命桑结嘉措为第巴后,和硕特汗王的权力被进一步削弱。

桑结嘉措(1653—1705)是五世达赖喇嘛的亲信,也是西藏贵族精英的代表,担任第巴时年仅 27 岁。桑结嘉措深受五世达赖喇嘛宠信,五世达赖喇嘛甚至公开命令:"于教法与世俗之务,他(桑结嘉措)之所为皆与我毫无区别。众人不得怀疑而议论,皆需果决听命。"[2] 桑结嘉措执掌第巴之权时,适值蒙古汗王达赖汗在位。达赖汗虽然在位时间较长(1671—1701),但性格软弱,桑结嘉措可以随心所欲。康熙二十一年(1682),五世达赖喇嘛圆寂,桑结嘉措隐匿不报。康熙三十二年十二月,桑结嘉措以五世达赖喇嘛名义上书清廷为自己请封。康熙三十三年(1694)四月,清廷封桑结嘉措为"掌瓦赤喇呾喇达赖喇嘛教弘宣佛法王布忒达阿白迪"。[3] 桑结嘉措假达赖喇嘛之名长期执掌政教大权,而且,为了增强自己的势力,桑结嘉措还与蒙古准噶尔部的噶尔丹暗地勾结。

---

① [意]杜齐著,李有义、邓锐龄译:《西藏中世纪史》,北京:中国社会科学院民族研究所,1980 年,第 128 页。
② 恰白·次旦平措等著,陈庆英等译:《西藏通史——松石宝串》下册,拉萨:西藏古籍出版社,2008 年,第 690 页。
③《清圣祖实录》卷一六三,康熙三十三年四月丙申,《清实录》第 5 册,第 781 页。

　　1701 年，达赖汗去世。其子拉藏汗经过激烈竞争，于 1703 年即西藏汗王位。年轻的拉藏汗雄心勃勃，冀图重振和硕特部对西藏地方的控制，与桑结嘉措之间的斗争不可避免。康熙四十四年（1705），桑结嘉措兵变失败，被拉藏汗所杀。拉藏汗为了巩固统治，清除桑结嘉措的影响，轻率地上奏清廷，废黜了桑结嘉措选立的六世达赖喇嘛仓央嘉措，将其押解赴京，并新立益西嘉措为达赖喇嘛。虽然拉藏汗的做法得到了清王朝的支持，但此举不仅遭到拉萨格鲁派多数僧侣的强烈反对，在青海蒙古王公内部也遭遇了激烈反对。康熙四十五年（1706），仓央嘉措在押解赴京途中圆寂，青海蒙古王公和拉萨三大寺很快认定四川理塘出生的格桑嘉措为仓央嘉措的转世灵童。蒙藏之争不仅没有停息，反而因为真假达赖喇嘛之争越演越烈，新疆准噶尔蒙古势力也趁势介入，西藏地方局势更加动荡和混乱。

　　清王朝是蒙藏之争最大的赢家，它通过蒙藏之争不仅加强了对西藏的统治，同时改变了蒙藏关系的发展方向。清王朝对蒙藏之争采取了内外有别的措施。对西藏内部的蒙藏之争，清王朝并无明显偏袒，而只是支持纷争中有利的一方。三个六世达赖喇嘛的册封就是最明显的例证。虽然康熙皇帝最初对桑结嘉措隐匿五世达赖喇嘛圆寂，并私自立仓央嘉措耿耿于怀。但因为此时桑结嘉措在蒙藏之争中占优势，所以事发后康熙皇帝还是正式册封仓央嘉措为六世达赖喇嘛。对此，康熙皇帝解释称："自古以来，好勤远略者，国家元气罔不亏损，是以朕意惟以不生事为贵。……第巴既如此奏恳，事亦可行。即此可以宽宥其罪，允其所请。"[1] 而当桑结嘉措被杀，蒙藏之争有利于和硕特部时，清王朝又接受了拉藏汗请求，重新册封益西嘉措为六世达赖喇嘛。当拉藏汗被准噶尔军队杀害，和硕特部在西藏的势力受到重创时，康熙皇帝又同意青海王公和西藏僧俗的要求，承认格桑嘉措是达赖喇嘛的转世。清王朝这种貌似公允的态度使西藏内部的蒙古和硕特部与格鲁派相互内耗，为清王朝调整治藏政策创造了机会。

---

① 《清圣祖实录》卷一八〇，康熙三十六年二月壬寅，《清实录》第 5 册，第 931 页。

相反，清王朝对西藏外部的蒙藏关系发展却态度鲜明，既不允许西藏地方的政教势力介入藏外的蒙古事务，也反对西藏以外的蒙古势力干涉西藏事务。如康熙十九年（1680），理藩院奏称喀尔喀蒙古进贡，但因为以前负责进贡的车臣济龙被革职，改以厄尔德尼济农为首进贡，而达赖喇嘛所给的文书内并无以厄尔德尼济农为首的记载，故询问是否接受其贡物。康熙皇帝称："外藩蒙古头目进贡，其物应否收纳，理应即行议定，何必据达赖喇嘛文之有无？若必据此为证，似在我疆内之外藩蒙古悉惟达赖喇嘛之言是听矣。以后蒙古进物，应否收纳，着该衙门即定议具奏，不必以达赖喇嘛之文为据。"[1]

康熙三十四年（1695）四月理藩院题："达赖喇嘛及第巴皆遣使奏请勿革噶尔丹、策妄阿喇布坦汗号，并加恩赐敕印；其西海等处一带地方所置戍兵，请撤回。"康熙皇帝斥责称："第巴乃外藩人，何敢奏请撤我朝兵戍？"[2]

当拉藏汗之子与准噶尔策旺阿拉布坦之女联姻，康熙皇帝也多次提醒拉藏汗要多加提防，称"倘或事出不测，朕虽怜伊，伊虽倚朕，此间地方甚远，相隔万里，救之不及，事后徒贻悔耳，即朕亦无法也。朕此想甚属远大，伊亦系晓事之人，若不深谋防范，断乎不可，朕为拉藏汗时常留意。[3]"

当准噶尔军队占领拉萨后，清王朝又果断出兵西藏平准，并趁机终止蒙古和硕特汗王在西藏的统治，成功拔除了妨碍清王朝治藏的楔子。

青海和硕特亲王罗布藏丹津（固始汗孙子）曾随清军入藏，并妄图延续和硕特蒙古贵族在西藏的统治，遭到清康熙皇帝的拒绝。雍正元年（1723），罗布藏丹津在青海策动叛乱，雍正皇帝命年羹尧、岳钟琪率兵镇压。雍正二年（1724），罗布藏丹津兵败，清政府颁布《青海善后事宜十三条》，加强了对青海地区的直接控制，阻隔了蒙古部族进入西藏最主要的通道，彻底断绝了和硕特蒙古及其他蒙古部族重返西藏的可

①《清圣祖实录》卷九一，康熙十九年闰八月戊子，《清实录》第4册，第1155页。
②《清圣祖实录》卷一六六，康熙三十四年四月庚子，《清实录》第5册，第810页。
③《清圣祖实录》卷二五九，康熙五十三年六月乙亥，《清实录》第6册，第555页。

能。明末以来蒙古势力向青藏高原腹地发展，并主导西藏政局的趋势被终结。从此以后，蒙古各部在西藏的影响力急剧下降。相反，西藏（尤其是格鲁派）对蒙古的影响力却持久深远。这主要得益于清王朝对格鲁派的成功治理，使其成为统治蒙藏地区重要的精神工具。而清王朝在蒙古推崇格鲁派的政治意图十分明显，就是希望利用格鲁派对蒙古人"劝导善行"，"以慈悲销杀伐，以因果导犷狠"，从而达到"以黄教柔驯蒙古"[1]的目的。

三　明清鼎革后，清王朝不断突破传统治藏方式

西藏地处被誉为地球第三极的青藏高原，由于其特殊的地理环境和高寒缺氧的恶劣气候，在相当长时期作为一个边疆政治单元独立存在。虽然石硕先生称"西藏的文明无论在地域、种族或文化上都强烈地呈现一种东向发展的趋势"[2]，但是长期以来中原王朝却缺乏向西藏发展的动力。无论是统一的吐蕃王朝时期，还是漫长的西藏分裂割据时期，中原王朝对西藏地方的影响都十分有限。

元朝，西藏首次被纳入中央政府的行政统辖，但蒙古统治者却倚重萨迦派的"帝师—本钦"制度治理西藏。由于蒙古统治者对萨迦派及其他藏传佛教的尊崇，形成了所谓的福田与施主关系，这种宗教供施关系严重弱化了蒙古人对西藏地方的实际治理。代之而起的明朝则通过"多封众建，尚用僧徒"的手段，继续将西藏地方维持在大一统的疆域内。作为一个以汉人族群为主体的中原王朝，明王朝政策的内向性非常明显，对外如此，对边疆也是如此。在大一统的前提下，明朝中央政府对西藏地方的内部事务，甚至各种政教纷争较少介入。贡赐关系是明王朝用经济手段维系与西藏地方政治关系的最直接的体现。但是，厚往薄来的贡赐制度让明朝财政耗费巨大，为了减轻财政负担，明朝廷在统治后期甚至多次颁布诏书，命令西藏地方减少向朝廷进贡频次和人数。所

---

[1] （清）魏源撰，韩锡铎、孙文良点校：《圣武记》卷一二，北京：中华书局，1984年，第500页。

[2] 石硕：《西藏文明东向发展史》，成都：四川人民出版社，2016年，第94页。

以，无论是元朝的"帝师—本钦"制度，还是明朝的"多封众建"制度，本质上都是对西藏地方的间接治理。

清政权本是一个由少数民族建立的边疆民族政权，明清鼎革却让它突然变成一个中原王朝。康雍乾三帝具有强烈的大一统观念，十分注重对边疆的实际治理，也实现了清王朝在治藏方式上的不断突破。

第一阶段（1652—1727）：间接治理到直接治理的过渡。明清鼎革很快确立了清王朝与西藏地方的隶属关系，也改变了西藏在清政权中的地位。西藏成为清王朝西南边疆的门户，并得到清朝统治者的高度重视，即"卫藏安，而西北之边境安；黄教服，而准、蒙之番民皆服"①。清初面临的重要任务是巩固和扩大在中原地区的统治，故而清廷对西藏地方最初也是依靠蒙藏联合政权实施间接治理。但是，间接治理常常使清王朝对于西藏地方出现的种种问题后知后觉，十分被动。清王朝在中原地区的统治稳固后，清统治者对西藏的间接治理方式开始逐渐调整。如在桑结嘉措被杀，真假六世达赖喇嘛之争激烈时，康熙四十八年（1709）正月，康熙皇帝谕令："西藏事务不便令拉藏独理，应遣官一员前往西藏协同拉藏办理事务。"② 于是，派侍郎赫寿前往西藏，开启了清王朝派员直接参与西藏事务的开端。康熙五十九年（1720），清王朝又利用驱逐准噶尔之机，建立了噶伦制，五位噶伦皆由清王朝任命，为进一步推进直接治理奠定了重要基础；雍正五年（1727）正月，为了进一步掌控西藏事务，推进直接治理，雍正皇帝利用噶伦之争，"著内阁学士僧格、副都统马喇差往达赖喇嘛处"③，正式在西藏设置常设的驻藏大臣，开始对西藏事务的直接治理。

第二阶段（1727—1793）：有限直接治理。清王朝虽然确立了驻藏大臣制度，但到《二十九条》颁布之前，清王朝对西藏地方的直接治理其实非常有限。这一阶段可以分为两个时期。

第一是西藏世俗贵族统治时期，包括噶伦制和郡王制。这一时期

① （清）魏源撰，韩锡铎、孙文良点校：《圣武记》卷五，第219页。
② 《清圣祖实录》卷二三六，康熙四十八年正月己亥，《清实录》第6册，第362页。
③ 《清世宗实录》卷五二，雍正五年正月丁巳，《清实录》第7册，第793页。

是驻藏大臣制度初设时期,驻藏大臣的机构、职责、人员编制都不完善。加之西藏地处边陲,人贫地薄,很多驻藏大臣对藏事并不热心。另一方面,在施行噶伦制和郡王制期间,清朝倚重西藏贵族颇罗鼐治理西藏。颇罗鼐为人勤勉得力,先后被清廷封为贝子(雍正六年,1728)、贝勒(雍正九年,1731)和郡王(乾隆四年,1739),在颇罗鼐的治理下,西藏社会稳定,各项事业也有较大发展,很多事情驻藏大臣并不参与。

第二是政教合一制度时期。清王朝在珠尔默特那木扎勒事件后,重用七世达赖喇嘛(1708—1757),在西藏推行政教合一制度,同时改进驻藏大臣制度,更加明确驻藏大臣在人事、行政、军事方面的职权。但是,驻藏大臣视任职西藏为苦差,做事因循守旧的状况并未根本改变。这时期清王朝派往西藏的驻藏大臣共有31位[1],在藏办事时间多数只有两年多,对藏事很难有深入了解。

1757年,七世达赖喇嘛圆寂,因寻找转世灵童需要时间,且认定的转世灵童年幼,也不能实际处理政务,所以清王朝又创设了摄政制度,由格鲁派大活佛担任摄政,以保持西藏政教合一制度的延续性和稳定性。在1781年八世达赖喇嘛(1758—1804)亲政前,第六世第穆活佛阿旺降白德勒嘉措(1757—1777任摄政)和第一世策墨林活佛阿旺楚臣(1777—1781任摄政)先后担任摄政,藏事多由格鲁派首领掌控。正如乾隆皇帝批评:驻藏大臣"不过迁延岁月,冀图班满回京,是以藏中诸事任听达赖喇嘛及噶布伦等率意径行。大臣等不但不能照管,亦并不预闻,是驻藏大臣竟成虚设"[2]。

第三阶段(1793—1911):全面、深入的直接治理。1793年,清王朝在平定廓尔喀侵藏战争后颁布《二十九条》,对治藏政策做出重大调整。《二十九条》极大地突破了清王朝对西藏地方事务的治理范畴,除了传统的行政、人事权外,以前很少涉及的宗教、经济、军事、对外交往

---

[1] 参见吴丰培、曾国庆编撰:《清代驻藏大臣传略》,拉萨:西藏人民出版社,1988年,第27—82页。
[2] 方略馆编,季垣垣点校:《钦定廓尔喀纪略》卷四〇,乾隆五十七年八月癸巳,第624页。

等都被纳入清政府的治理范畴，为清王朝对西藏事务能够全面、深入地直接治理提供了强有力的制度保障。此外，清王朝能够实现对西藏地方全面、深入的直接治理还有比较特殊的原因，就是1804年第八世达赖喇嘛圆寂后，后继的第九至十二世达赖喇嘛均是年纪轻轻就圆寂①，直到1895年第十三世达赖喇嘛亲政，其间长达91年时间，达赖喇嘛几乎不能实际执掌政事，虽然有摄政代行达赖喇嘛职权，但无法与驻藏大臣相提并论，这也为驻藏大臣能够全面、深入治理西藏创造了难得的机会。

结语

综上所述，明清鼎革对西藏历史的进程具有根本性的影响。1642年固始汗遵奉第五世达赖喇嘛为宗教领袖，也将以达赖喇嘛为首的格鲁派甘丹颇章政权推上了西藏历史发展的舞台，一直到1959年第十四世达赖喇嘛叛逃，甘丹颇章政权才彻底灭亡。甘丹颇章政权统治西藏长达317年，是西藏历史上存在时间最长的政权，历经明、清、民国、新中国四个政权，三种社会形态，被一些学者称为"甘丹颇章奇迹"。但是，如果没有明清鼎革，这个"奇迹"是很难出现的。因为格鲁派虽然依靠和硕特部最终在政教之争中侥幸获胜，其优势地位很快就因蒙藏之争而动摇；相反，因为明清鼎革的契机，清王朝确立独尊格鲁派的宗教政策，并通过对其不断改造，使格鲁派的发展有了更多的机会，从而在1751年获得了政教合一的权力。也因为有清王朝的庇护，无论是准噶尔部的噶尔丹、策旺阿拉布坦，还是和硕特部的罗布藏丹津等蒙古势力觊觎西藏地方时，格鲁派都进行了有力的回击，成功阻止了明末以来蒙古势力向西藏扩张的趋势，为甘丹颇章政权的长期发展创造了条件。同样，也是基于明清鼎革，清王朝才得以有机会治理西藏。由于清王朝不断突破历代中原王朝的治藏方式，对西藏地方的治理达到了历史从未有过的广度和深度，治藏成绩卓著，有力地维护了西藏地方的长期稳定和统一，

---

① 第九世达赖喇嘛（1805—1815）、第十世达赖喇嘛（1816—1837）、第十一达赖喇嘛（1838—1855）、第十二世达赖喇嘛（1856—1875）均未及亲政便圆寂。第十三世达赖喇嘛（1876—1933）1895年亲政。

也使得中央与地方观念深入人心。所以，即使在清末动荡、艰难的时局下，清王朝的统治摇摇欲坠，面对英俄帝国主义的挑拨和西藏内部分裂分子的叫嚣，清王朝仍然能够保有西藏地方的主权，为后来的中华民国和中华人民共和国政府合法拥有西藏地方的主权提供了重要的法理依据。

纪事与存人：晚清阅读史中的明清易代

段志强
复旦大学文史研究院

明清易代作为数百年来发生在中国的最重大的历史事件之一，留下的公私记载数量极其庞大。[①] 清朝定鼎之后，不同时代的人阅读这段历史，不但持续构建着明清易代的历史面貌，也参与制造了阅读者所在那个时代的历史。事实上，无论是在政治还是在思想方面，整个近代中国的历史都与明清易代有关，有关史籍的问世、收藏、流传、阅读则在这个过程中起到了先导的作用。书籍改变着阅读者的思想，阅读者也通过编辑、传抄、评论改变着书籍的面貌。明清易代相关史籍与阅读者的互

[①] 仅就中国之内的汉文史料而言，谢国桢《晚明史籍考》著录史籍1140余种，未见书目620余种，清初以来中国读书人可见的与明清易代有关的书籍大多在此范围。但是，《晚明史籍考》不列方志，实际上通过方志接触到那段历史乃是晚清非常普遍的现象，而且方志中所载史事、史料浩如烟海，如钱海岳《南明史》开列引用书目3000余种，较《晚明史籍考》多出部分除若干通贯性史料如《清实录》之外，大部分是地方志。见谢国桢编著：《增订晚明史籍考》，上海：上海古籍出版社，1981年；钱海岳：《南明史》，北京：中华书局，2016年。

动，是晚清阅读史和思想史需要处理的重大问题。

一　变"纪事"为"存人"：清廷对明清易代史的改造

清初，许多遗民怀着对前明的怀念从事易代史的编纂活动，"为故国存信史"是普遍存在的心态。但在清廷一方，"信史"势必意味着记录下大量不利于新统治秩序的史事，所以在乾隆中期以后，逐步确立了"为万世植纲常"的易代史编纂原则，这是学者已经指出的转变。[①] 但是少有人提及的是，在正统论主导的王朝史框架下，任何历史时间都必须从属于某个王朝，非此即彼，因此并不存在独立的"明清易代史"，只有明朝灭亡史和清朝龙兴史。明亡史是"明史"，清兴史是"国史"，这一点清代的官方史学分得非常清楚。[②] 无论是"为故国存信史"的遗民史学，还是"为万世植纲常"的官方史学，所指都是明朝灭亡史。不过，遗民的明亡史学是"纪事"与"存人"并重，而重视"纲常"的官方史学则是只重"存人"，偏废乃至灭失"纪事"之史。

清代官方对于明清易代史事的态度，与史书的体裁有某种照应关系：大体来说，对于编年体史书、笔记野史中所记，清廷往往采取高压态度，甚至对于官方编纂的编年体史书，涉及易代的部分也极为谨慎；而乾隆帝对明末诸臣的甄别与褒奖，则主要以纪传体史书表达。编年体史书在记载敏感历史方面有先天的问题，因为纪年的方式本身就意味着划定正统的归属。本纪虽是纪传体史书的组成部分，但具体在某一帝王的本纪之内，却是以编年的方式纪录史事，同样也面临着纪年方式的问题。在康熙五十年（1711）的《南山集》案中，戴名世因为使用了南明年号、"妄为正统之论"而获罪。在此案的刺激下，康熙帝不惜推翻康熙十九年他本人的意见，禁止了史臣将南明史事附于官修《明史》本纪之

---

① 陈永明：《从"为故国存信史"到"为万世植纲常"：清初的南明史书写》，收入氏著：《清代前期的政治认同与历史书写》，上海：上海古籍出版社，2011年，第105—148页。

② 例如夹在中间的南明，认同清代官方立场的温睿临就在《南疆逸史》中特别指出它"不成朝"，所以只能称作"南疆"，言下之意应属于清朝史的一部分，见《南疆逸史》序，北京：中华书局，1959年，第1页。

末的提议，就是编年问题不易处理的证明。[①]

乾隆三十一年（1766），国史馆编成洪承畴的传记，乾隆帝阅后大为不满。他下旨说，不应在明唐王之前加"伪"字，但同时也指出《续通鉴纲目》在元兵占领临安之后仍使用景炎（1276—1278）、祥兴（1278—1279）等南宋年号的错误。这等于一方面否定了南明诸帝的正统，一方面也要避免以之为伪的"矫枉过正"。他特别提出明末殉难的黄道周、史可法"各为其主，节义究不容掩"，透露出要表彰易代忠臣的消息，成为清代官方重新书写易代史事的转折点。[②]究其本意，乾隆帝关注的重点并不在于明清易代的史事，而是易代中的"人"，因为易代中的表现最能凸显君臣关系的本质，特别是臣民对君主的义务。乾隆帝的转变，并非是要"重写易代史"，而是从属于他塑造绝对皇权下的君臣关系的政治布局。

乾隆四十年，皇帝要求在《御批历代通鉴辑览》书末加入简略的隆武、永历史事，但真正大张旗鼓的表彰，是在随后编纂的《钦定胜朝殉节诸臣录》中。作为一部人物传记的集合，《诸臣录》回避了对明清易代的整体记述，而把重点放在对传主政治道德的渲染上。乾隆帝的谕旨至称史可法、黄道周、刘宗周三位殉节明臣为"一代完人"[③]，并将建文帝朝死难诸臣也一并列入其中，就清楚地说明它的目的不在"纪事"，而在"存人"。为了配合《诸臣录》的编纂，左都御史张若淮奏请直省督抚"采访明季殉节事迹"[④]，重点亦在于作为政治道德最高表现的"殉节"，而非一概而论的"明季事迹"。只有"殉节"，其人才算是"忠臣"，入清的遗民自然不在此列。

《诸臣录》的行文极为简略，从中看不到任何易代史事的细节，只有

① 何冠彪：《清初三朝对南明历史地位的处理》，《明代史研究》第 23 号，1995 年 4 月，第 23—33 页。
②《清高宗实录》卷七六一，乾隆三十一年五月甲午，《清实录》第 18 册，北京：中华书局，1985 年，第 373 页。晚清人士要刊刻禁书时，经常将这份谕旨刊于卷端以作政治正确的声明，例如《南疆逸史》、《小腆纪年》等等无不如此。
③《钦定胜朝殉节诸臣录》卷首，嘉庆二年浙江布政司刊本，叶 1b。
④《钦定胜朝殉节诸臣录》卷首，叶 15a。

对人物的盖棺论定。即便着墨最多的史可法，也只有"督师、太傅、建极殿大学士、兵部尚书史可法，锦衣卫籍，祥符人。崇祯中，历安池道，为安庆巡抚，爱民敬士，屡却寇兵。进南京兵部尚书，誓师勤王，迎立福王，出镇江北，力图兴复。大兵克扬州，自刎不殊，被执，死之"寥寥几句[①]，人物被简化为道德化的历史符号。陈永明的研究指出，在《诸臣录》收录的明臣中，南明抗清者仅占五分之一强，而死于地方民变者却接近六成，这与民间所撰的同类传记如屈大均《皇明四朝成仁录》、高宇泰《雪交亭正气录》主要记载南明死难诸臣形成鲜明对比。[②]《诸臣录》的传记也故意忽略了传主殉难的细节，特别是传主所牵涉的易代史事，充分体现了"存人"而不"纪事"的原则。之后编纂完成的《贰臣传》、《逆臣传》，更作为《诸臣录》的反面镜像，在官方史学的编纂中把明清易代的史事转化为对历史人物的政治评价。

《钦定明史》、《钦定胜朝殉节诸臣录》、《贰臣传》、《逆臣传》这几部纪传体史书，传主都是或曾经是明臣，他们的传记构成了清代官方的明朝灭亡史。在这些官方史书中体现出来的明朝灭亡史，并不是满清政权与明朝之间针锋相对的征服与反抗，而是明末臣民在一系列外在因素挑战之下所表现出来的忠诚与气节。这些外在因素包括李自成、张献忠等大规模农民军，小规模的地方民变、土匪，以及清朝的征伐。这样，明清易代就表现为规模庞大的忠臣烈士群体的道德演示，而非按年编排的事件，仿佛易代只是为这些忠臣烈士提供了表现的机会而已。

清廷并非要在史书中完全消除易代史事的存在，而是把"纪事"的功能完全交予官定的"清朝龙兴史"来承担。这方面的著作包括实录，即清太祖、太宗、世祖、圣祖四朝实录，还包括方略类史籍如《钦定平定三逆方略》（1682）、《皇清开国方略》（1786），源流类史籍如《满洲源流考》（1789）、《蒙古源流》（1662）等。一方面，清代官方将明朝灭亡的历史写成大批传记，通过为这些明末人士贴上道德标签，既安抚了牺

---

① 《钦定胜朝殉节诸臣录》卷一，叶 4b—5a。
② 陈永明：《〈钦定胜朝殉节诸臣录〉与乾隆对南明殉国者的表彰》，收入氏著：《清代前期的政治认同与历史书写》，第 207—208 页。

牺者的后裔与追随者，又强调了政治忠诚。另一方面，又将易代史事的记录纳入清朝龙兴史的范畴，完全从清朝一方的角度书写官方历史。这就是清代前期改造明清易代史的思路。

在明朝灭亡史的部分"存人"、在清朝龙兴史的部分"纪事"，这个修史原则在清代前期贯彻得相当之好。例如在清代早期所修地方志中，易代的痕迹就主要保存在人物传记的部分。以江南遭受清军荼毒最为严重的嘉定县为例，刊于康熙十二年的《嘉定县志》于《兵御》、《戎镇》等纪事条目下，几乎无一字及于易代之史，仅在人物传记中的侯峒曾歧曾兄弟、黄淳耀、张锡眉等条目中，简略提及他们死于清军的情况。① 编成于乾隆二年的县志在人物中特立"忠义"一门，嘉庆县志沿之，所收易代人物传记愈出愈详，但仍是以人系事。直到成书于光绪六年（1880）的光绪县志，才在《兵防志》中详细记录了顺治二年（1645）的战事，李成栋"纵兵大掠""屠娄塘""屠邑城"的记载第一次出现在嘉定的方志中。② 其中的原因，就在于作为被征服地区，其地方志书写只能描述明朝的灭亡，而不便追本溯源地纪录清朝的兴起。

不但官方史著，在清朝任职的汉人士大夫所撰易代史籍也以"存人"为原则，例如内阁学士徐秉义（1633—1711）所撰《明末忠烈纪实》就是一部明末殉国诸臣的传记，而汤斌（1627—1687）、徐乾学（1631—1694）、彭孙遹（1631—1700）等人要求在官方史书中表彰明末死难诸臣的建议，也无不从激励忠臣的角度立论，最后落在"其在纲常似非小补"上。③

官方主导下的易代史书写致力于化悲剧、惨剧为道德剧，在抹去杀戮痕迹的同时强调忠诚与节义，塑造出英雄群像，并且以一群在道德和人格上被彻底否定的贰臣和逆臣来衬托。在这种史学的影响之下，明末

① 康熙《嘉定县志》卷一六《人物志二》，《上海府县旧志丛书·嘉定县卷》第1册，上海：上海古籍出版社，2012年，第685—687页。
② 光绪《嘉定县志》卷一〇《兵防志》，《上海府县旧志丛书·嘉定县卷》第3册，第2060页。
③ （清）汤斌：《敬陈史法疏》，范志亭、范哲辑校：《汤斌集·汤子遗书》卷二，郑州：中州古籍出版社，2003年，第32页。

忠臣事实上对后世臣僚形成了一种道德感召，激励他们忠于自己的王朝与君主。一生致力于易代史事编纂，著有《小腆纪年》、《小腆纪传》的徐鼒（1810—1862）在太平天国乱中回乡办理团练。在与太平军作战之时，徐鼒将《小腆纪年》中提到的明末史事作为鼓动乡勇奋勇杀敌的精神源泉："每月夜登埤，与诸同事相劳苦，辄举书中忠义事，口讲手画，环而听者咸感喟不能自已。"①受命缮写此书的徐鼒弟子汪达利也把激励士气看作是《小腆纪年》的价值所在："癸丑之春，粤匪蹯踞金陵，犯六合，夫子奉命团练，为桑梓卫，谓士民必知忠义而后可为国家用，登埤之暇，辄举所著《小腆纪年》中之忠义城守事，及纯庙褒谥祠祀之典，慷慨陈说，众多感奋。"②虽然徐鼒的史学事业已经超出了清代前期官方史学的范围，在"存人"的旗帜下加入了许多史实的细节，但真正鼓动人心的还是"忠义"以及皇帝"褒谥祠祀之典"，这正是乾隆期望达到的目标：当年明末诸臣反抗清军的惨烈往事，竟然在两百年之后成为护卫清朝政权的精神支撑，清代前期的易代史编纂政策之有效可见一斑。

二   晚清阅读史中的管庭芬

不过，徐鼒对历史资源的运用只是一个极端情况下的特殊例子。他之所以能完成两部史著的编纂，依赖于道光年间重新出现的大量明季文献。而这些文献何以出现、阅读者对此类文献抱有何种态度，才是本文所关心的问题。

清代前期的统治者对于涉及易代历史的文献极为敏感。早在顺治四年（1647），就有函可（韩宗騋，1612—1660）因为藏有记载易代史事的《再变记》而遭流放的案件，此后如庄廷鑨《明史》案（1661—1663）、戴名世《南山集》案（1711—1713）这样株连甚广的大案，都因易代史籍而起。至于在乾隆时编纂《四库全书》过程中大规模禁毁的书目中，易

①（清）徐鼒：《小腆纪年附考目录》，《未灰斋文集》卷七，《近代中国史料丛刊》第1辑第534册，台北：文海出版社，1968年，第287—288页。
②（清）徐鼒撰，王崇武校点：《小腆纪年附考》附录汪达利跋语，北京：中华书局，1957年，第796页。

代史籍就更是首当其冲。关于清代禁书的研究，学界已经有极为丰厚的积累，对于禁书之重新出现，学者也于近年有所关注。^①不过，在国家权力以极为强势的姿态在场的情况下，这些被政府以不同方式禁止的书籍如何存在于读书人的日常生活中，它们对于阅读者又有什么样的意义，仍然是一个扑朔迷离的问题。研究者所面临的首要困难，自然是材料难于获取：无论是书籍的撰写者、参校者、刊刻者，还是售卖者、传钞者、收藏者、阅读者，只要该书被认为是禁书，都会面临巨大的危险，所以读书人在记载自己阅读经历的时候，下笔极为谨慎。^②

　　道光朝以降，文网放松，文人的私人记录中开始出现阅读禁书的记载。这方面可资利用的资料主要有两种，一种是形式多样的读书札记，一种是日记，而日记又因为其私密性和即时性，更能反映阅读的原始状态。例如，从《越缦堂日记》中辑出的《越缦堂读书记》就是研究晚清阅读史的首选材料，但是李慈铭（1830—1895）其实是比较特殊的例子。除了他进士及御史的身份之外，李慈铭的文名颇盛，又以藏书收书闻名于京师，是风头甚健的北京名士。而且他的日记始于咸丰四年（1854），已经是文禁大开的时代，禁书的流传和阅读已经蔚为风潮，从中已经看不到嘉庆、道光朝读书人对于禁书的那种复杂心态。

　　相比于同属浙江的李慈铭，管庭芬（1797—1880）是个小人物。他是浙江海宁人，原名怀许，字培兰，又字子佩，号芷湘。他一生的功名只是秀才，活动范围也很少越出乡里，是一名地方知识分子，假若不是有巨帙的日记留存，不会被太多人注意到。最近中华书局整理出版了他长达六十九年的日记《芷湘日谱》，改题《管庭芬日记》，列入《中国近代

① 王汎森：《道咸思想界的一个新现象：禁书重出及其意义》，收入氏著：《权力的毛细管作用》，台北：联经出版事业股份有限公司，2014年第605—643页；刘乾：《论道光朝的重刻禁书》，《文物》1988年第6期，第61—67页。
② 例如钱大昕《竹汀先生日记钞》记录他乾隆、嘉庆之际十六年间所读之书，仅记古书、金石两种，无一字及于近代史事，但其实他对于明清易代史事极为关心，所撰《记侯黄两忠节公事》是有关嘉定屠城的最重要文献之一，《日记钞》呈现的只是钱大昕阅读生活一部分而已。钱大昕：《记侯黄两忠节公事》，吕友仁校点：《潜研堂集·潜研堂文集》卷二二，上海：上海古籍出版社，2009年，第355—360页。

人物日记丛书》。

　　海宁是人文荟萃之地，管庭芬身处其间，一生以坐馆为业，晚年曾助同里蒋氏校刻书籍。他算不上学者，没有学术上的专门贡献，所作诗文亦平淡无奇，但他关心乡邦文献，有《海昌艺文志》等记录本地著述的作品存世，主持校刻或参校书籍多种，同时亦与较为著名的文人如钱泰吉、王梓材、许槤、李善兰等人有过交游，属于典型的江南地区普通文人。他还爱看戏，常读小说，无论是阅历、品位还是见识，皆少有越出同侪之处。正因如此，反而使他颇能代表同时代江南地区的普通读书人，而《管庭芬日记》所记载的个人阅读史，也能在相当程度上反映这些读书人所能接触到的书籍及其流传过程。而在这些书籍或各式各样的"阅读"对象中，自然以曾被政府悬为厉禁及有遭禁嫌疑者最能引起我们的注意。①

　　从日记中可见，管庭芬半个多世纪的阅读史中，与明清易代有关的文献占据了相当的比重，而这些文献有许多都曾被政府列为禁止存在和阅读的禁书。就管庭芬个人的阅读经历而言，从他开始读书生涯的嘉庆末年开始，直到日记结束的同治初年，他所接触到的禁书，无论是购买、商借，还是阅读、传钞，乃至校勘、刊刻，任何环节中都没有看到政治权

---

① 清代的禁书，按照遭禁的原因大概可以分为如下几类：未避庙讳、谤议国君之著作；涉及清代前期史事之著作；反清志士之著作；眷怀故国、语涉怨望之著作；有亏臣节者之著作；幸进大臣之著作；议论圣贤之著作。见丁原基：《清代康雍乾三朝禁书原因之研究》，台北：华正书局，1983 年。但是，这种分类显然是后世读者在全面掌握禁书目录之后，立足于实施禁令一方所作的人为区分，并不尽合于当日读书人的主观感受。从阅读者的立场出发，可能触犯禁令的书可以分作三类：一是关涉明清易代史事的书籍，包括野史和相关人士的诗文集；二是历次著名文字狱中所涉人物的著作，以及被皇帝彻底否定之人物的作品，例如钱谦益、屈大均、吕留良、钱名世等人，而这些人之所以列名禁榜，也都与明清易代有关；三是未避庙讳、未用清朝年号、指斥当朝的著作。基本上，这三类书籍涵盖了当日阅读者所能清楚判定为禁书的书籍，从管庭芬的阅读记录来看，他所读到的禁书基本上都属于第一和第二类，第三类禁书本来数量较少，禁毁得也较为彻底，但是还有一些书籍，虽未出现在留存至今的《禁书目录》上，但其内容敏感，亦有可能遭禁，亦应引起研究者的注意。

力的介入，没有受到任何来自政府的干预。①

　　如果我们逐年统计《管庭芬日记》中所见他读到的与明清易代有关的书籍种类，会发现出现在管庭芬个人阅读史中的易代史籍并没有呈现随着时间前进而线性增长的趋势，相反，他大量阅读此类书籍是在道光前十年间，此后除了太平天国时期有一个小小的增长之外，大都数量有限。这十年里面，两种最重要的易代史籍相继出世：《荆驼逸史》与《南疆逸史》。其中，《荆驼逸史》道光间木活字本在《三朝野纪》目录后有李兆洛题"道光甲申四月"，则该书之刊布应早于道光四年（1824）；《南疆逸史》虽编成较早，但道光十年李瑶以活字排印《南疆绎史勘本》，这部大书才正式公布于世。道光前十年应视为易代史事复活的关键开端。

三　管庭芬个人阅读史中的人与事

　　管庭芬没有任何逸出主流秩序的政治立场。太平天国战乱期间，他的家乡遭到蹂躏，许多亲友死于非命，他始终以大清忠臣自居，从未动摇过。

　　管庭芬生活的时代，尚未有禁书目录刊刻流传②，相信在他心目中并未有哪些书籍属于禁书的清晰判断，除非是一些太过著名的遭禁人物（例如钱谦益、吕留良）和太过明显的违禁书籍（例如《扬州十日记》）。管庭芬一生读过许多前贤时人的著作，但是在他的日记里面，看不到在阅读那些禁书的时候他有特别的心态。不过，我们仍可以从他所写的诗歌等其他材料中，窥得管庭芬对于禁书和文字狱的态度。

　　笼统言之，日记所反映出的管庭芬对于文字狱的态度，混合了他对史事的慨叹、对人主的抱怨及对罹祸者的批评。嘉庆二十三年（1818）

---

① 李慈铭与他的情况非常类似，《越缦堂日记》中有不少地方以墨杠涂黑，但其实涂掉的并不是政治上的敏感内容，而是琐碎的人事。参见王汎森：《权力的毛细管作用——清代文献中"自我压抑"的现象》，收入氏著：《权力的毛细管作用》，第461页。
② 清代禁书目录的第一次刊刻，是光绪八年姚觐元刻入《咫进斋丛书》的《禁书总目四种》。参见张振利：《姚觐元与清代禁毁书目研究》，《兰台世界》，2013年第3期，第4—5页；宁侠：《四库禁书的研究史回顾（1883—2010年）》，《阴山学刊》，2011年第6期，第27—33页。

十一月初六，管庭芬作《题洪武本纪四绝》，对这位雄猜之主颇致微词，其中一首说："每因文字动疑猜，刑戮纷纷实可哀，何意半生谈大度，襟怀难为腐儒开。"①咸丰十年（1860）八月二十八日，管庭芬抄录陆缵任《秋思草堂集》中《老父云游始末记》一篇，记云："承平之世，政典从宽，而独严于文字之狱。……迨至今日，中原大乱，凡逆寇曾攻城杀将，焚掠民居，适穷蹙投诚，尽赦其平日之凶虐，立官显要，以视罗织文字之不谨，法令如出两途，岂在廷诸臣开国之政典耶。"末句比较费解，但可以确定其大意是指陈文字狱的严苛，借以抗议清廷对投诚之太平军将领的宽大政策。这些是对推动文字狱者的不满。同样的态度在日记中还曾多次流露，例如他给《南都防乱公揭》所写的跋语就说："今海邦巨寇横行，凡有附于贼者尽开汤网，朝廷宽大之恩，不阻其自新之路，较诸明季，显有天壤之判矣。"［同治三年（1864）六月十七日记］

对于文字狱的受害者，管庭芬倾向于认为他们咎由自取。咸丰二年（1852）十月十七日，管庭芬校录吴江翁广平《南浔史狱纪事》一卷，跋云："右翁海村征君馆浔溪时所著《庄氏史狱记》，壬辰春吾乡葛辛南茂才录其手稿见示，余弃置敝箧中几二十余载矣……"下述该书疑点有四。按庄氏史狱为清代文字狱最重要的大案之一，此本后为嘉业堂所钞，管庭芬的跋语亦成为这篇重要文献的一部分，但管氏在跋语的末尾称："盖征君所著，惟折衷浔溪故老传闻，证以吴中先辈诸文集。故其所叙，不无抵牾。惟录此以备佚闻，不足咎其疏略也。然贞元会合之交，秉笔者最难著议。史祸之酷，莫甚于魏之崔浩，尚犹奉敕而撰。至虞山蒙叟，自谓留心明史，著述垂成，因绛云一炬而灰冷。此史一行，其中悖谬之处必多，则祸不亚于崔浩矣。呜呼！岂钱氏之有祖德，藉一炬以灭其妄肆雌黄？鉴于庄氏，亦未始非虞山之深幸也夫。"这段话颇能反映管庭芬的微妙态度，他既同情受害者罹祸之酷，又认为私人无权对历史问题发言，所以私人修史其实是取祸之道。他对吕留良也说过同样的

①《管庭芬日记》按年月排列，后文引用仅在正文中标出日记年月日，不再另外出注。文中引用皆据（清）管庭芬撰，张廷银整理：《管庭芬日记》，北京：中华书局，2013年。

话。咸丰十年（1860）八月初二，管庭芬录吕留良《卖艺文》一册，跋语中说吕留良"有才名，纵横文场者几四十年，然言多诡辩，每以时事触忤当道。后为曾静之狱牵涉，至戮发冢戮尸之惨，并贻赤族之祸，盖有所自取焉"。写下这段话的时候，管庭芬正在躲避太平军的兵锋，离乱之中写在日记中的议论似乎没有必要再小心翼翼避忌，或可代表他内心的真实想法。

禁书之禁，首在消弭对清朝定鼎合法性的挑战。对于明清易代的史事，管庭芬留下了不少议论，但究其实际，多是一些空洞的感慨，所谓诗文套子而已。嘉庆二十五年（1820）十月，管庭芬作了一首《题桃花扇长歌》，诗中说："无愁天子单骑走，一载宏光化乌有。江山如此送南朝，谁埒西陵一杯酒。……我寻陈迹板桥头，旧院凄凉已作秋。剩有桃花如雨落，秦淮呜咽绕门流。"道光十五年（1835）十一月，他借到《天启崇祯两朝遗诗》，阅毕题诗说："如此江山吟故国，不堪憔悴听秋虫。有人收拾零星墨，昏夜当愁化白虹。"咸丰十一年（1861）六月十三日，管庭芬录史惇《痛余杂录》一卷，记云："其中言流寇之惨毒，溃兵之纵掠，实无异今日事。"除了纪事咏史，偶尔抒发一下感慨之外，看不到与政治或族群有关的态度表示。

道光元年（1821）四月初三，管庭芬在《南疆逸史》史可法传后题诗二首。一曰："欲奋孤忠说中兴，小朝廷又建金陵。徒劳乙夜筹军策，不见新歌写素绫。事去莫回天造化，心枯难合土分崩。凄凉血泪空淋袖，瑶草青青恩独承。"二曰："雄军独驭守偏安，管领扬州夜月寒。空使头颅添六秩，何曾袍甲解经年。漫山铁骑坚城破，一样南朝玉树残。博得功勋埋马足，梅花岭下葬衣冠。"虽然仍在对史可法表敬意，但对南明朝廷已经毫无同情。不惟管庭芬，与他同一交往圈子的文人也大都是这个论调。道光二年（1822）正月，毕槐从管庭芬处借阅《南疆逸史》，读后题诗，分咏弘光、隆武、永历三藩，咏"伪弘光"说："江上烽烟接混茫，可怜家国变沧桑。收京不作唐灵武，出窦何殊夏少康。南渡事犹凭马阮，北来军已逼淮阳。孤忠又死文丞相，岭下梅花万树香"，亦以史论的笔调出之——对于管庭芬、毕槐这样的普通文人来说，明清易代已经彻底地"历史化"了，变成了遥远的、与现实痛痒无关的古事。

对于阅读明末史事的晚清读者而言，他们较为重视过往人物人格的感召，而容易忽略事件的意义。就像他们对史可法和南明朝廷的不同态度一样，管庭芬对明朝之亡只抱有历史的兴趣，但对于在易代之际罹难的人物或者遗民，他却处处表现出敬意。

以管庭芬日记中所见的南明名臣张煌言（1620—1664）为例，道光十七年（1837）十二月初十日记，友人送观张忠烈公画像，管庭芬为题长歌，有句云"鬓须谿达智难测，瘦骨嶙峥古装饰。苍凉海上寄波臣，谁绘忠心皎如日。……我追遗像肃衣冠，旧事崖山好追忆。"表达了对殉国忠臣的致敬。道光二十八年（1848）十月二十三日，管庭芬与僧六舟至荔枝峰下谒张苍水墓。是日作《谒张忠烈公墓一律》云："一抔浅土墓门荒，事与崖山并可伤。穷海有仇埋岁月，孤臣无地哭沧桑。魂归杜宇蹄悬奥，血化秋磷怨寿阳。凭吊邵坟西畔路，红心草色绕寒塘。"咸丰四年（1854）三月二十六日，始录《张苍水先生遗文》一卷，八月初四录毕。原本系查伊璜先生手抄，题为《张监门供招辑略》。跋云："公生平撰述甚富，有《冰槎》、《采薇》等集，然多触犯忌讳，为逻卒焚毁几尽。后人搜辑遗亡，刊有《奇零草》一卷，仅存十一于千百耳。……今秋，龙山陈茂才份以原册见示，爰谨缮其副。……其就逮后诸诗及祭叔父文一篇，余续有所得，知覆巢之下几无完卵。"拜像、谒墓、抄录遗文，共同促成了张煌言这段记忆在晚清的复活，而遗文的重出只不过是其中的一个部分而已。

除了张煌言，管庭芬也见到其他不少具有政治敏感性的遗物。道光十九年（1839）六月十三日，蒋光煦得明代著名的忠谏之臣杨继盛（1516—1555）所临《争座位帖》，嘱管庭芬题诗，有句云"忠武遗札信国诗，墨本同装并芳洁"，看来除了杨继盛这件法帖，蒋光煦还藏有韩世忠的遗札及文天祥的诗。道光二十二年（1842）八月初五日，管庭芬在海宁城中见到端砚一方，"后镌一人，背立，篆书像侧曰艮其背，不署名姓"。管庭芬推测，这个背立的人影应该是元祐党人之流，所以怀疑这方端砚是"明季党锢诸君子之物"。咸丰二年（1852）六月十六日，管庭芬摘录傅岩《诸天像赞》为一卷。傅岩南都时殉难于金华。"今《钱唐志·忠节》既为立传而复删去，《西湖志》载其墓而不注事迹，《金华诗录》存其诗而不书其殉国，皆有所讳之也。……今春予友汪铁樵骑尉访得于护国仁王寺中，属南屏六舟上人奉归，始得敬瞻，即盥录赞语等于册，并参考《义乌人物志》及《钱唐志》孝友、文苑等传，始得其涯略。然孤忠劲节之士，志气自不磨于天壤间，如好义者能将手迹勾勒贞石，以存南屏，则与搜刻张苍水先生遗墨同为不朽之盛事矣，是有望于后之君子。"①

　　还有一个相反的例子。咸丰十年（1860）四月十三日，他录陆嘉淑（1620—1689）《北游日记》一卷，题记说："冰修先生身际沧桑，为逊国遗老，虽不必抱首阳之节，而匆匆一蹈软红，废然遽返，此衷殊不可解也。"虽然上距陆嘉淑北游已经过了两百年，管庭芬仍对这位乡先贤的气节之亏耿耿于怀。

　　与现代史学相比，传统史学更强调人的道德实践，实践的结果是一个个合于普遍价值的个人，忠臣烈士就是这种道德实践在政治领域结出的果实。所以在这种语境下进行的明清易代史阅读，读者最注意、也最值得作者书写的是这些坚守政治节操的前朝牺牲者。管庭芬和他周围的文人圈子虽然阅读了大量关于明清易代史事的书籍，但并没有激发出任何对于现有政治秩序的质疑之感，不过他们始终以崇敬的态度对待易代中的忠臣烈士，热衷于寻找与他们有关的文献与遗迹。大致上说，他就是乾隆皇帝所希望的那种读书人：皓首穷经，安守本分，耕读为业，致力于地方文献的保存。尽管对地方官员时有不满，但对整体政治秩序充满信心，在对政府打击过的人物（像吕留良）上相信政府的判断。从这个角度说，乾隆帝推行的文化政策相当成功。

---

① 《傅岩文集》所收《元人二十诸天画像赞》亦附管庭芬跋语、见（明）傅岩撰，陈春秀、颜春峰点校：《傅岩文集·元人二十诸天画像赞》附管庭芬跋语，北京：中华书局，2019年，第290—292页。

四　管庭芬与"明季文献之复活"

不过，管庭芬不是一个被动的阅读者。他是浙东地区尤其是海宁书籍流传网络的一环，既得益于本地书籍收藏与流通的繁荣，同时他也抄书、校书，形成了海宁文献的一个小小枢纽。他一生不仅阅读了许多关于易代史事的文献，而且还编纂、传抄、校刻这些文献，参与到复活明季文献的大潮之中。

管庭芬的经济状况一直不大好。他曾说自己"家贫无书，平日俱借读于人"[道光三年（1823）九月十日记]，又曾作《典衣买书歌》："天涯有客芷湘子，青山懒隐隐村市。贫居陋巷无所求，愿与史籍同虫死。"借读之余，对于见到的记载明季史事的书籍，管庭芬大都抄录一份。嘉庆二十五年（1820）八月，管庭芬将从周湘芷那里借来的《四王传》抄录了一份，并且借给胡蕉窗阅读。九月，管庭芬又抄录了从毕槐那里借来的《残明国语》。道光二年春，他赴杭州乡试，在故书铺中买到一部《竹影楼笔丛》："原分四卷，不著撰人名氏，然其及明代事迹，或曰国朝，或曰皇明，之万历后迄无所述，其为明季人手笔无疑。"内容多为五行休征及异域风土、仙释琐事。尽管价值不大，他还是"缮录一过，藏之架中"。咸丰十一年（1861）四月初四，管庭芬录彭孙贻《客舍偶闻》一卷，跋云："余曾读其《流寇志》、《亡臣表》、《茗斋杂记》等书于蒋氏别下斋，今遭兵火，皆不存。"按彭孙贻（1615—1673）为明代遗民，所著书籍多记明末史事，《平寇志》、《西人志》入禁书目录，管庭芬所读之《流寇志》，或即《平寇志》。同治二年（1863）六月初七，管庭芬录彭贻孙杂著三卷成，跋语中记其遗著复出事："其撰述杂记小品及诗文集数十种，身后收拾不谨，往往散去，故存者甚罕。此册余于道光庚戌为通玄友人所赠，云得于彭氏之裔，恶纸细书，几不能披读，……特手缮一过存之。"诸如此类，所在多有。

管庭芬最重视的是乡邦文献。同治二年十二月初八，管庭芬校谈迁《海昌外志》毕，跋语中说此书本来于乡邦文献极为有益，尤其于清初史事记载颇多，"奈秉笔者恐罹文网，畏而不录。然此志存，必不至事归渐灭无藉"。又如道光二年（1822）二月初三，"周竹泉夫子寄一札来，云'……前云谈仲木《枣林外志》有明季遗诗，恳为抄出，补入先君子《诗系》'"。

管庭芬曾辑《海昌经籍志》，收录海宁一地之文献。道光十年（1830）八月十四日，他录《海昌经籍志略》毕，跋云："上自硕儒名臣，旁及遗民闺秀，方外隐逸之流，使仰屋苦心，不至与爝火寒萤同归虚幻，则亦佚中之存也。"他对于《海昌五忠传》这样记录当地明末忠烈的书籍也极为注意［道光二十年（1840）四月初八日记］。

道光十三年（1833）三月至六月，管庭芬将收集到的淳溪一乡文献集为一册，题名《海隅遗珠录》，其中所录明季诗文占有相当比例，即便如此，管庭芬还是认为一定多有遗漏。序例说："国初尚承前明习气，学士文人每结社一方，各以诗文相尚。……淳溪之遗民逸老谅多杰构，惜百余年来陆氏子孙式微，先人手泽不能世守。"题诗有云："危然兴寿剩灵光，舍宅犹存陆氏庄。难乞金仙锁劫火，甲申三月认题梁。"注说："兴寿院在石泉村村东，系陆氏舍宅为之，其题梁年月刻明甲申三月，烈皇帝殉社稷之日也。"管庭芬特别注意明季文献，主要还是着眼于这些文献留存不易。

海宁查氏是清初当地望族，也是文字狱受祸最惨烈的江南家族之一。管庭芬对查氏家族遗留的文献极为注意，搜集颇力。道光六年（1826）五月初一他从书估手中购得旧抄《查初白先生外纪》十二册，道光九年（1829）四月十一日向介亭夫子借得查初白《敬业堂正续集》十一册，道光十二年（1832）十二月初九他到吴昂驹处，获观吴氏所著《敬业堂诗集参正》二卷、《初白庵诗评补钞》一卷、《初白庵诗书画录》一卷等，两天后即作《敬业堂诗集参正考》，中云："囊过亡友胡蕉窗上舍爱莲西塘，适西吴书估携初白老人手稿二巨册见售，其中涂乙酌改之处，大异今刻，因索价甚昂，仅入《云烟过眼录》中，未得与全集一校异同，深为惋惜。"咸丰十年（1860）七月二十六日，书估来售《边镇题名考》一卷，系查伊璜手笔，因假而录之。

即便出门在外，管庭芬也记得寻访与海宁有关的人物事迹。道光十一年（1831），管庭芬在通州潞县投奔族兄，顺便参加顺天乡试。潞县是小县，文献绝少，即便如此，他还是在地方文献中发现他感兴趣的事迹。三月初三，管庭芬检故牍得《潞县双烈传》，记录明末两位烈女死于战乱的事；八月十一日，他阅《通州志·忠烈传》，又看到通州人刘廷训于明末殉国的事迹，刘廷训祖籍海宁，管庭芬认为"可备吾乡掌故"，亦为抄录。

　　中年以后，管庭芬开始绘画创作，日记中多有为某人作画的记载，作画也成为他的生活来源之一。相应地，他也开始注意明季人物留下的法帖和绘画。

　　嘉庆二十年（1815）十二月初二，管庭芬在胡蕉窗处见到查嗣瑮（1652—1733，查嗣庭、查慎行之弟）旧藏的宋拓《东方朔像赞》，有查氏族人查升等人的题名。嘉庆二十一年九月初五，有童姓古董商来访，携来周春（号松霭，1729—1810）旧藏的米元章《虎丘山诗帖》，亦有查嗣瑮等人的跋语。道光十五年（1835）八月二十八日，偶见初白老人《四杖图》临本，录其跋云："此图成于雍正甲辰之秋，越一载，丙午初冬，门房难作，遂止。"按"门房"疑有误字，但系指雍正四年（1726）查嗣庭"讪谤"案则属无疑。

　　管庭芬从墨迹中录得吕留良的《卖艺文》，辑入《一瓻笔存》，不过吕留良的名字实在太过敏感，题作"清石门吕阙名撰"，但后来收入《花近楼丛书》正编，就直接写作"吕留良"了。[1] 他抄录的《待清书屋杂钞》共采录书籍 533 种，其中与明清易代史事相关者甚多，如《国榷》、《明朝小略》、《罪惟录》等。所辑《花近楼丛书》收入温睿临《出塞图画山川记》、张履祥《近鉴》、吕留良《卖艺文》、钱谦益《黄山游记》、朱一是《欠庵避乱小记》、史惇《痛余杂录》、吴伟业《吴梅村歌诗》等易代史料，主持校刻的《别下斋丛书》则收入曹履泰所编纪录郑芝龙事的《靖海纪略》、明末彭孙贻的《茗斋诗余》。

　　正如学者已经指出的，家族与地方这两项因素在禁书复出的过程中

---

① 参见刘尚恒：《清管庭芬稿本〈一瓻笔存〉等三种叙录》，《文献》1991 年第 3 期，第 230—238 页。

起着最重要的因素。从管庭芬的例子出发，可以进一步发现，所谓明季文献的复活，并不是一项有计划、有目的的进程，甚至不构成一股单独的潮流。在政治压力减缓之后，原先被压抑的文献撰述与流传的动能迅速释放，书籍的刊刻数量出现大幅增长，禁书的复出属于这个潮流的部分，只不过禁书更为引人注目而已。

管庭芬对易代史事和史籍，有着不具政治色彩的知识兴趣。李慈铭《越缦堂日记》中对于易代史事的大量考证文字，杨凤苞为《南疆逸史》所作的十二篇长篇跋语，徐鼒《小腆纪年》中随处可见的"考曰"，都是这种考证史学的体现。作为浸润于清代考据学风之中的普通读书人，他们尽管延续着官方的思路，重视历史人物的道德表现，但是也在收集、考证易代史文献的基础上，考辨史事、编纂佚文，明清易代的历史就这样逐渐浮现在晚清的知识世界。

四　结论

对于管庭芬这样的普通文人而言，阅读易代史事的意义究竟何在呢？第一，这是保存乡里文献最重要的环节，也是他最为用力的地方；第二，这是他了解那段历史、考订史事的重要凭借；第三，这是他与近世历史上那些伟大人格实现共鸣的途径。

管庭芬的易代史阅读与他的个人经历密切相关：他最关心的是地方文献，亦致力于地方文献的抢救与流传；战乱之时，他的阅读体验源自个人遭受的苦难。从他的日记中看不到任何由禁书引发的"故国之思"或"民族感情"，明末清初的历史在他这里真正成为了"历史"。但是超越"历史"的，是那些承载着儒家根本价值的个人。他对乡先贤的景仰，对史可法、张煌言等人的尊崇，都是这一特质的表现。

本来，事以人立，人以事存，"存人"与"纪事"皆是历史编纂的题中应有之义，很难将二者截然分开。例如前述徐秉义所著《明末忠烈纪实》①虽为"存人"而作，但书中不可避免纪录下大量易代史事，远远超

---

① 徐秉义撰，张金庄校点：《明末忠烈纪实》，杭州：浙江古籍出版社，1987年。该书另有中国国家图书馆藏数种清抄本、浙江省图书馆藏吴兴刘氏嘉业堂抄本。

出《钦定胜朝殉节诸臣录》所记的范围，在四库修书时就难免遭到禁毁的命运。但是，这个例子也证明清代官方在表彰忠烈的同时，极力避免史事的流布。以这样的视角来看管庭芬对明清易代史的阅读和整理活动，会发现虽然他个人的倾向仍然是重"人"，但从事的文献传布与史事考订却保存、复活了"事"。以历史的后见之明看来，这为政治的巨变准备了思想资源——在清末革命的风潮中，最能起到思想刺激作用的易代史文献不是纪录忠臣烈士的各种传记，而是纪录事状之惨、几乎完全没有伟大人物的《扬州十日记》。①

在这样的史籍中，"人"以受害者、普通人的面貌出现，才能激起一般民众同仇敌忾的情绪。《嘉定屠城纪略》编者所谓"哭冤魂于凄风惨月之下"，所凭吊的也是大批无辜的普通人。②可以说，"存人"的官方易代史呈现出来的是精英阶层个人的光荣牺牲，"纪事"的大批民间史籍则记载着普通民众的集体受害，而这些受害者的集合，就是作为种族革命主体的"汉族"。精英的牺牲，已经由清朝官方的予谥、祠祀、立传给予了足够的补偿，但集体的受害，尚未有机会得到弥补。正是这样的心理催生了种族复仇的意识。

在咸、同时代，李慈铭读了《南疆逸史》，评论说："虽纪事芜冗，然搜辑幽隐，略备考证，其心力亦云勤矣。"读了《扬州十日记》，"悚然增沟壑性命之感"。③管庭芬读《痛余杂录》，只是说"其中言流寇之惨毒，溃兵之纵掠，实无异今日事"，都只是感慨，而无激愤。但是到了清末，包天笑（1876—1973）再读《扬州十日记》，感受就变成了"使人心痛，使人发指"，因此对于种族革命，都开始"热烈"起来。④在这个转变过

① 朱新屋：《〈扬州十日记〉与辛亥革命——一个书籍史和阅读史的分析》，朱英主编：《近代史学刊》第13辑，北京：社会科学文献出版社，2015年，第45—65页。
② 朱子素：《嘉定屠城纪略》，上海：神州国光社，1947年，第268页。鼓吹革命的人当然同样重视其中出现的伟大人物如夏完淳、朱舜水，但这些人物是在非常清晰的历史背景下活动的，他们所代表的是对具体的恶的反抗，带有斗争和抗议的性质，而非如清代官方史学所塑造的那样，是为了道德价值的消极的牺牲。
③ 李慈铭：《越缦堂读书记》，上海：上海书店出版社，2000年，第434、831页。
④ 包天笑：《钏影楼回忆录》，上海：上海三联书店，2014年，第191页。

程中起到点化作用的，是在日留学生接受的种族意识和革命精神，但若是没有晚清数十年间将易代史事从"存人"的史学中释放出来，这样的转变也根本无从谈起。

东亚视角

明清鼎革期朝鲜对明朝塘报的搜集与应对

丁晨楠

复旦大学文史研究院

在朝鲜被纳入以明朝为中心的东亚秩序之后的 15 、16 世纪，明朝与朝鲜大体维持了和平稳定的关系。虽然在典籍知识水平上明鲜之间存在不平衡，但朝鲜可以通过培养一种有利的知识不对称，来维持一定程度的自主权，凭借对明帝国的了解来消解在与明朝关系中对其不利的一面。[①] 朝鲜这种消解不对称性的努力也出现在两国的外交交涉中，其一就是利用派往北京的使团，采取多种手段搜集明朝情报，以期在对明交涉中占据有利位置，从而维护本国利益。

在明清鼎革的军事动乱期中，名为"塘报"的明朝军事文书尤其受到朝鲜的关注。塘报是以上报重要军事情报和紧急军事动态为主的专业性传播工具，[②] 是一种由身份较低者向身份较高者，从遥远边境的最前

---

① Sixiang Wang, *Co-constructing Empire in Early Chosŏn Korea: Knowledge Production and the Culture of Diplomacy, 1392—1592.* Ph.D. Dissertation, Columbia University, 2015, pp.1—2.

② 尹韵公：《中国明代新闻传播史》，重庆：重庆出版社，1997 年，第 146 页。

线按次序向首都报告军情的文书。[①] 塘报自明朝中后期出现以来，一直
是明廷与明军将领制订军事计划的重要参考。虽然塘报作为明朝内部
使用的机密文书被禁止向外流出，但到了行政与军事秩序松懈的明末，
公然抄录并散布塘报的情况并不少见。

　　早在壬辰战争期间，朝鲜通过进入本国的明军得知塘报在明朝军事
指挥系统中的重要作用后，便开始积极搜集塘报。当时明军设置了名为
摆拨的机构，派遣摆拨儿、摆拨唐人、摆拨委官等在日军驻扎地区与辽
阳、北京等一线进行侦查与传送塘报的活动，并以这些情报为基础做出
军事决策。随后，朝鲜以丁酉再乱为契机，试图引入明军的摆拨制度，
将其运用在军事通信系统中。[②] 可以说，通过壬辰战争，朝鲜已经非常
清楚明军的摆拨制度与塘报的用处。同时，由于共同面临日本的威胁，
明军将领并没有将朝鲜搜集塘报视为不妥之举。[③]

　　建州女真的成长，给十七世纪的东亚秩序带来了巨大变化。与辽东
邻接的朝鲜，为了维护本国的利益与安全，朝鲜不得不对与其相邻的辽
东的军事动向多加关注。在这样的情况下，含有大量军事情报的塘报自
然而然地吸引了朝鲜的注意。随着与后金的军事作战接连失败，明廷强
化了管制措施以防情报流出，因此获取明塘报并不容易。[④] 但明廷的管控
措施并没有收到期望的效果，朝鲜使臣使用各种手段，仍然收获不少。

　　已有如下研究在探讨明鲜关系时提及明朝塘报：利用 1629 年朝鲜
使臣李忔留下的《雪汀先生朝天日记》中记录的明朝朝报、揭帖、塘
报等，分析北京战役与袁崇焕悲剧结局的研究；[⑤] 利用《朝鲜王朝实录》

① ［日］萩原淳平：《明清時代の塘報について》，田村实造等编：《田村博士頌寿東
洋史論叢》，东京：田村博士退官记念事业会，1968 年，第 463 页。
② ［韩］金文子：《情報、通信과　壬辰倭亂》，《한일관계사연구》2005 年第 2 期，第 9—
10 页。
③ 《朝鲜王朝宣祖实录》卷一〇九，宣祖三十二年二月癸酉，《朝鲜王朝实录》第 23
册，首尔：国史编纂委员会，1973 年，第 582 页。
④ 《明熹宗实录》卷三三，天启三年四月丁卯，《明实录附校勘记》第 68 册，台北：
"中研院"历史语言研究所，1962 年，第 1689 页。
⑤ 邱瑞中：《李忔笔下的袁崇焕及北京大战》，收入氏著：《燕行录研究》，桂林：广西师
范大学出版社，2010 年，第 83—133 页；邱瑞中、［韩］崔昌源：《朝鲜使臣李忔笔下的袁
崇焕："燕行录"的史料价值之三》，《한국민족문화》2005 年第 1 期，第 231—267 页。

中记录的塘报、题本等文书，探讨明代东北亚地区陆路情报流通的研究；①引用毛文龙塘报介绍"丁卯之役"前后朝鲜对东江情势的关注与对应措施的研究。②在《朝鲜王朝实录》之外，朝鲜使臣的使行记录并没有得到充分利用。本文将以金尚宪、李忔等使臣的塘报搜集活动为例，分析朝鲜使臣及朝鲜朝廷如何把这些情报运用到对明交涉中。同时通过与中国史料的比较，探讨朝鲜使臣搜集到的塘报的可信度及史料价值。

一　1627 年金尚宪与金地粹的塘报辩诬

虽然明朝制定了防止塘报外流的禁令，但到了明末，朝鲜使臣阅读并抄录塘报的情况并不罕见。发生紧急情况时，朝鲜使臣甚至会以所抄录塘报为依据，向明朝相关部门呈文辩解。1627 年三月十三日（阴历，下同），圣节兼谢恩陈奏使正使金尚宪，书状官金地粹听闻后金军队入侵朝鲜的消息，急忙向明朝兵部、礼部以及登州巡抚递交呈文。此呈文中便引用了毛文龙的塘报。

> 伏闻毛镇搪报（即塘报，笔者注）有云："丽人恨辽民扰害，暗为导奴奸细，欲害毛镇。"噫！此何言也？小邦之失欢于毛镇，不过参、刀、纸束之微，而常时构捏，亦已甚矣。至于今日，共受兵祸，军民糜烂，疆域溃裂，而乘人之厄，反以为幸，张皇虚说，加以不测之名。"③

引文提及朝鲜人引来后金军队试图谋害毛文龙的说法，亦可见于同年三月初三日的《明实录》。按毛文龙的解释，虽然朝鲜官民勾结后金，

---

① 牟邵义：《明代东北亚地区陆路信息传播研究》，中国社会科学院研究生院博士学位论文，2011 年，第 111—116 页。

② 石少颖：《"丁卯之役"前后朝鲜对东江情势的关注与对应》，《한중인문학연구》2016 年第 2 期，第 149—154 页。

③《朝鲜王朝仁祖实录》卷一六，仁祖五年五月辛未，《朝鲜王朝实录》第 34 册，第 199 页。同样的内容亦可见于［朝鲜］金尚宪：《清阴集》卷八《兵部呈文》，《韩国文集丛刊》第 77 册，首尔：民族文化推进会，1991 年，第 145—146 页；［朝鲜］金地粹：《苔川集》卷二《兵部呈文（丁卯三月十三日）呈礼部及登州抚院同》，《韩国文集丛刊》续第 21 册，首尔：民族文化推进会，2006 年，第 536—537 页。

但他本人仍然坚守职责，所以明军伤亡人数并不多。[①]与上述塘报类似的内容又见于毛文龙撰写的《天启七年五月二十二日塘报》。根据该塘报中毛文龙的自述，他在听闻后金军队将入侵云从与铁山的消息后，立即率军督战，但没料到朝鲜人勾结后金，让后金军队换上朝鲜的服饰，给明军带来极大伤亡。毛文龙强调，虽然现在明军粮草断绝，但考虑到朝鲜勾结后金的情况，他无颜再向朝鲜请求粮草支援。[②]可以推测，毛文龙在塘报中提及朝鲜与后金勾结的情况绝非一两次。

　　金尚宪一行作为朝鲜国王的陪臣，并没有直接向明朝皇帝上奏的资格。如果朝鲜使臣自行撰写并散布文书的话，还可能触犯"冒滥之罪"。这是因为朝鲜使臣的任务被限定在只能将朝鲜国王的奏本直送给皇帝。[③]1624年李庆全一行向明朝礼部递交呈文时，礼部尚书林尧俞就曾强调："陪臣上本，事无规例"，但他本人可以据朝鲜使臣的呈文转奏皇帝。[④]金尚宪等人显然也知道这样的规矩，所以才向礼部与兵部递交呈文，希望礼部与兵部能据此转奏。[⑤]同时金尚宪等人还在呈文中多次强调明朝对朝鲜的"再造之恩"，以此来表明朝鲜绝不会背叛明朝。[⑥]但实际上在壬辰战争期间，明朝内部就已经出现了朝鲜与日本勾结的传言。战争结束后，明朝社会广泛存在的对朝鲜的负面认识逐渐成为对朝鲜朝廷的现实威胁。[⑦]到了1627年"丁卯之役"前后，这种负面认识进一步扩散，对朝鲜的不信任与朝鲜可能与后金勾结的疑虑弥漫于明廷。如金尚宪等人在北京期间就遭到信息封锁，他们首次获知朝鲜遭到后金

①《明熹宗实录》卷八二，天启七年三月庚午，《明实录附校勘记》第70册，第3969页。

②（明）毛文龙：《天启七年五月二十二日塘报》，（清）毛承斗辑，贾乃谦点校：《东江疏揭塘报节抄》，杭州：浙江古籍出版社，1986年，第85—86页。

③［韩］车惠媛：《丁酉再亂時　明朝의　派兵決定과　"公議"：『文興君控于錄』을中心으로》，《중국사연구》2010年第6期，第248页。

④《朝鲜王朝仁祖实录》卷五，仁祖二年三月己巳，《朝鲜王朝实录》第33册，第597页。

⑤［朝鲜］金尚宪：《清阴集》卷八《礼部兵部呈文》，《韩国文集丛刊》第77册，第139页。

⑥［朝鲜］金尚宪：《清阴集》卷八《礼部兵部呈文》、《礼部兵部呈文（第二）》、《兵部呈文》，《韩国文集丛刊》第77册，第140、141、146页。

⑦［韩］车惠媛：《朝鮮에온　中國첩보원：壬辰倭亂期　東아시아의　情報戰과　朝鮮》，《역사비평》2008年第4期，第355—356页。

入侵，即所谓"丁卯之役"的情况还是通过北京大街上的孩童，明廷对朝鲜的怀疑由此可见一斑。① 尤其是经由辽东的朝贡道路被后金占领之后，明廷对朝鲜忠诚与否的判断往往取决于毛文龙的报告。所以金尚宪一行在得知毛文龙塘报中有质疑朝鲜忠诚的内容之后，无法置之不理。有趣的是，尽管明廷严禁塘报外流，但礼部在收到呈文之后，并没有把朝鲜使臣引用塘报视为问题，甚至天启帝在阅览礼部转奏的题本之后，还降下表示相信朝鲜的忠诚、安慰朝鲜君臣的圣旨。② 在需要联合朝鲜的力量抵抗后金的情况下，明廷并没有追究塘报外流的情况，也避免在言语上刺激朝鲜。可以说，金尚宪等人的辩诬活动，至少取得了明朝在外交辞令上再次确认朝鲜忠心的成果。

　　金尚宪等人是从何种渠道获取这些塘报的呢？他与金地粹虽没有留下明确记载，但朝鲜使臣在使行沿途从当地人处获得情报的情况不在少数。如金尚宪一行在到达登州的时候，就曾从与金地粹所熟识的当地士人范明镜处得到秘密小纸，纸上都是毛文龙控告朝鲜的内容。③ 而在使臣宿所玉河馆，馆夫胥吏等人在金钱的贿赂下向朝鲜人走漏消息已是常态。④ 1600 年前后，甚至有书商公然出入玉河馆向朝鲜使臣兜售书籍等物。⑤ 就此可以推测，金尚宪极有可能通过出使沿途或是玉河馆中的明人来获取塘报，从而打破明朝官方的信息封锁。且从国力来看，明朝尽管在对朝鲜外交中占据优势，但随着女真势力的兴起，明朝与朝鲜的不对称关系中又加入了第三方因素，明朝的绝对优势遭到削弱。当时明廷最担心的事情就是朝鲜倒向后金，对自身形成威胁。金尚宪一行即在

---

① 《朝鲜王朝仁祖实录》卷一六，仁祖五年五月癸未，《朝鲜王朝实录》第 34 册，第 203 页。

② 《朝鲜王朝仁祖实录》卷一六，仁祖五年五月辛未，《朝鲜王朝实录》第 34 册，第 199 页。

③ 《朝鲜王朝仁祖实录》卷一六，仁祖五年五月癸未，《朝鲜王朝实录》第 34 册，第 203 页。

④ 陈彝秋：《从朝鲜使臣的中国行纪看明代中后期的玉河馆：以会同馆提督官为中心》，张伯伟编：《"燕行录"研究论集》，南京：凤凰出版社，2016 年，第 296—302 页。

⑤ ［朝鲜］郑斗：《松浦公朝天日记》，《燕行录续集》第 103 册，首尔：尚书院，2008 年，第 125 页。

此三方势力变化的大背景下，利用呈文唤起明廷与朝鲜在壬辰战争时共同抗击日本的记忆，同时表明朝鲜不会背叛明朝倒向后金，从而完成了对毛文龙所奏塘报的辩诬活动。

二　1629 年李忔搜集的塘报与进慰使派遣

按惯例，朝鲜朝廷想向明朝派遣特遣使团的话，需要在收到如明朝的诏书、敕书或者由礼部或辽东都司发送的咨文等正式公文之后方可成行。若以前次使团打探到的情报作为派遣特使的依据，则会被明朝视为违例行为。[①]但在 16 世纪嘉靖帝登基之后，明鲜的政治互信关系进一步深化，甚至出现了宰相严嵩将嘉靖帝遭宫女暗杀而死里逃生的情况告诉朝鲜使臣，朝鲜中宗从而得以迅速派出钦问使前往明朝慰问，嘉靖帝特意褒奖朝鲜的事例。[②]到 16 世纪末，禁止朝鲜凭明廷情报派遣使节的旧例已形同虚文，尤其是壬辰战争结束后不久，多次出现朝鲜在明朝公文到达之前提前进行使团的派遣准备工作或是干脆直接派遣使团的事例。[③]这样的情况一直延续到明清鼎革期，如 1620 年朝鲜国王光海君就因辽镇塘报中有朝鲜与后金讲和，后金遣人迎接朝鲜宰相等内容，又听闻明朝要宣谕或是监护朝鲜，立即派遣辩诬使携带奏文向明朝辩诬，且在奏文中明确提及情报来源是明朝塘报。明廷则降下安慰朝鲜的谕旨，令李廷龟等人带回朝鲜。[④]

到了 1630 年，因前一年进贺兼谢恩正使李忔搜集到的情报，朝鲜向明朝派出了进慰使。根据李忔的《雪汀先生朝天日记》记载，他因后金军队的进攻而滞留山海关。当时后金军队绕开宁远、锦州一线，经由

[①] 如 1424 年永乐帝去世之后，朝鲜在收到诏书之前就以从辽东抄录的令谕作为依据提前举哀并派遣进香使，但进香使进入辽东之后遭到明朝"私通消息"的指责。《朝鲜王朝世宗实录》卷二六，世宗六年十月丙午，《朝鲜王朝实录》第 2 册，第 626 页。
[②]《朝鲜王朝中宗实录》卷九九，中宗三十七年十一月癸亥日，《朝鲜王朝实录》第 18 册，第 636 页；《朝鲜王朝中宗实录》卷一〇〇，中宗三十八年五月辛亥，《朝鲜王朝实录》第 18 册，第 675 页。
[③]《朝鲜王朝宣祖实录》卷一九八，宣祖三十九年四月丁巳、戊午，《朝鲜王朝实录》第 25 册，第 185、186 页。
[④]《明神宗实录》卷五九四，万历四十八年五月戊戌，《明实录附校勘记》第 65 册，11397—11400 页。

遵化而进攻北京。李忔在滞留期间读到并搜集了大量关于战况的情报，其中就包括明朝官员出示的塘报。李忔根据这些文书撰写了状启，派遣先来通事发回本国。所谓先来通事，即在使臣归国之前提前派遣回国的译官。派遣先来通事，一般意味着出现紧急事例，或中国可能向朝鲜派往诏使、敕使的情况。① 也就是说使臣判断可能出现了需要本国提前准备应对措施的情况，才会派出先来通事。李忔的这封状启于 1630 年四月初到达朝鲜，② 而在当年正月，朝鲜已经听闻了后金军队入侵关内的消息，并派出官员向在皮岛驻扎的副总兵陈继盛询问此消息是否属实。③但根据朝鲜奏文所称，陈继盛仅仅回答明军取得多次大捷。由于岛中传来的消息真假参半，吉凶未知，朝鲜上下正深感不安，恰在此时收到了李忔发回的状启，从而获知了后金入侵北京一带，明朝遭受巨大损失的确切消息。因此，朝鲜决定派遣进慰使携带奏文以及本国所造兵器前往明朝进慰。④ 此次进慰使团的正使是郑斗源，书状官为李志贱。⑤ 也就

──────────────

① ［韩］金暻绿：《朝鮮時代 對中國 外交文書와 外交情報의 收集·保存체계》，《동북아역사논총》2009 年第 3 期，第 307 页。
②《朝鲜王朝仁祖实录》卷二二，仁祖八年四月癸丑，《朝鲜王朝实录》第 34 册，第 370 页。
③《朝鲜王朝仁祖实录》卷二二，仁祖八年正月戊申，《朝鲜王朝实录》第 34 册，第 362 页。
④ ［朝鲜］郑经世：《陈慰奏文》，承文院编：《槐院謄录》卷五，韩国学中央研究院藏书阁藏本，索书号为 MF35-977-978，第 301—303 页。"又于本月内将探讨奴兵犯京的报，以便进慰事理，另咨副总陈继盛。回咨节该我兵虽屡奏奇绩，然中外戒严，兼之隔海，邸报难通等因。准此，岛中所称，互有吉凶，亦未真的，方深闷郁间，四月初四日，据进贺使李忔在山海关另差译官金后觉驰启：上年十月二十九日行到山海关，听得奴贼于本月二十七日夜毁长城以入，进围蓟州、通州，十一月二十日直迫皇城齐华门外。虽被天兵杀退，贼酋遁还，而余众尚复屯据，四出抢掠，兵祸之惨有似我国丁卯之变。臣等一行不得前进，要从天津路得达京师等因。……即目我国使臣方在关内，耳闻目见，所报必真，合无专差使臣前去进慰，仍将本国所造戎器若干一并进献以助军前之用。……始闻道传，惊而复疑，累差的当陪臣前往椵岛以探的报，而久未得详，及见李忔在山海关驰启然后始闻其概。……臣遂守外藩，既未能西赴国难，捍王于艰。又未能跋涉道路，躬行奔问，惟有专差进慰是为目效之地。"同样的奏文内容又见于《明朝鲜国王李倧奏表》，《明清史料》甲编第 7 本，南京：中央研究院历史语言研究所，1931 年，第 601 页。
⑤《朝鲜王朝仁祖实录》卷二三，仁祖八年七月己卯，《朝鲜王朝实录》第 34 册，第 385 页。

是说，朝鲜决定派出进慰使的决定性因素是李忔的状启，这在朝鲜的奏文里也有明确提及。

李忔在状启中虽未明说部分战况消息的来源是塘报，但根据他留下的日记可以做出推测。如状启中称祖大寿派刘源清、祖可法前往抚宁、建昌等地，剿灭了不少后金军队，[1]实际上是他二月十五日记录下的内容。该日李忔在日记称因"柳河口差人下塘报"，得知刘源清等人得首级五十三颗等消息。[2]又如状启中称后金军在十一月二十七日夜里从棚路、潘家口毁长城后围困遵化，京外震惊，[3]这实际上是李忔从遵化抚院王元雅的塘报中读到的内容。李忔在十一月初一日的日记里记载了王元雅报告的十月二十七日子时后金军大举入犯，明军数名将领遭到俘虏或杀害的消息。[4]李忔以塘报的内容为根据撰写状启报告本国，也证明他判断这些塘报的可信度很高。

李忔在到达北京之后，再次派出先来通事将状启及明朝塘报等文书提前送回本国，这些文书于六月底到达朝鲜。[5]前文所提到的陈慰奏文的撰写者，即吏曹判书郑经世在同年八月经筵时与仁祖及其他大臣讨论辽东形势时，曾提及自己读到明朝塘报，称袁崇焕是真名将，而祖大寿立功也是为了救活袁崇焕。[6]考虑到这次经筵正在先来通事提交文书之后不久，且李忔日记中有多处记载袁崇焕被处斩前明军内部流传的塘报、揭帖等文书的情况，[7]可以推测郑经世读到的应该是由先来通事李春

---

① 《朝鲜王朝仁祖实录》卷二二，仁祖八年四月甲寅，《朝鲜王朝实录》第 34 册，第 371 页。

② ［朝鲜］李忔：《雪汀先生朝天日记》，《燕行录全集》第 13 册，首尔：东国大学校出版部，2001 年，第 140 页。

③ 《朝鲜王朝仁祖实录》卷二二，仁祖八年四月癸丑，《朝鲜王朝实录》第 34 册，第 370 页。

④ ［朝鲜］李忔：《雪汀先生朝天日记》，第 54 页。

⑤ 《承政院日记》，仁祖八年六月二十六日，首尔：首尔大学奎章阁韩国学研究院藏本，2011 年，第 30 册，第 92 页。

⑥ 《承政院日记》，仁祖八年八月二十五日，第 181 页。"经世曰，中朝有贿赂公行之说云，若然则此辈之得志。有何怪乎？且见其塘报，则袁崇焕真名将也。祖总兵之立功，亦以救活崇焕也。"

⑦ ［朝鲜］李忔：《雪汀先生朝天日记》，第 73—75 页。

实送回朝鲜的塘报。可以说,由使臣发回本国的明朝塘报,已成为朝鲜君臣讨论明朝局势的重要参考。

李忔一行在情报搜集过程中曾获得山海关主事陈瑾与南京出身的江差官的帮助。李忔通过陈瑾可以获见从北京发到山海关的朝报,同时陈瑾也经常主动告知李忔最近的战况,[①]而江差官甚至将自己撰写的塘报草稿送给李忔阅览。[②]这些明朝官员为何会向李忔等人出示这些情报,李忔并未在日记中明确说明。但从日记可知,李忔曾多次亲自拜访或是派译官问候陈瑾、江差官,还夸赞江差官是“为人耿介,深可取也”[③]。陈瑾亦对使臣们的生活多有照顾,甚至将个人储备的粮食送给李忔一行。[④]或许是因为李忔一行滞留山海关的数月间与明官员结下的私人情分,陈瑾等为让苦候入京的李忔一行人安心,主动出示情报也未可知。

进慰使郑斗源一行在 1630 年十月达北京。崇祯帝在收到朝鲜的进慰奏文与兵器之后,肯定了朝鲜的进慰举动,降下优旨。[⑤]事实上,在 1627 年“丁卯之役”之后,朝鲜与后金已结为兄弟关系。但对仁祖政权来说,他在 1623 年驱逐在明朝与后金之间执行“两端外交”的光海君政权之时,系以“崇明”的名义,既需要展现对明朝的积极“事大”来消除明朝的疑虑,也需要借事明之举来确认当年政变的合法性,以期巩固执政势力内部的团结。同时,明朝尽管知道“丁卯之役”后朝鲜与后金的接触日渐频繁,但朝鲜的积极“事大”,不管是实际政治需要还是满足体面的心理需要,仍然是明朝所乐见的举动。为了预防朝鲜进一步倒向后金,明朝也需要对朝鲜的进慰行动予以积极回应。在这样的大背景下,李忔一行搜集的塘报等情报,成为朝鲜在对明交涉中采取有效对策的信息依据。

---

① [朝鲜]李忔:《雪汀先生朝天日记》,第 61—64 页。
② 同上注,第 72 页。
③ 同上注,第 53 页。
④ 同上注,第 79 页。
⑤《崇祯长编》卷三九、四〇,崇祯三年十月壬戌、十一月辛丑,《明实录附校勘记》第 94 册,第 2367—2368、2442 页。

三 1636 年金堉和李晚荣搜集塘报与"丙子之役"

17 世纪 30 年代，随着与辽东战事吃紧，明朝强化了对情报流出到朝鲜的管控。1636 年底"丙子之役"爆发前后，朝鲜使臣金堉和李晚荣一行在北京滞留期间，不仅受到玉河馆提督的严密监视，甚至还遭到东厂太监的尾随监察。[①] 此年十二月二十五日，金堉等人在参加圣节贺班时，已经听说清军入侵朝鲜的消息，但"内外语言，一切严禁，不能详问"[②]。一行人又在玉河馆中听到馆夫提及清军入侵，感到非常惊虑，随即向提督询问这一消息是否属实，而提督却回答朝鲜无事，希望使臣不要因为流言而惊慌。但此后馆夫仍屡次暗地将朝鲜遭到入侵的消息告知使臣，甚至出示一张印本塘报，塘报的内容是初十日到达北京的宁远军门方一藻初九日的奏本，称初七日清军大举入侵朝鲜，情形无疑。按李晚荣的分析，提督不愿意告知实情，是因为泄露军情之罪极重，恐惹祸上身。而馆夫无知，既然已经告知了朝鲜人，后又担心朝鲜人泄露自己透露军情的情况，所以干脆告知详情，以此来让朝鲜人严守秘密。[③] 这些馆夫贪于朝鲜人的财物贿赂，只要朝鲜人愿意掏钱，馆夫们对使臣们的要求可以说是有求必应。[④]

1637 年四月，传来朝鲜投降清军的消息，而明朝并不清楚朝鲜当地的情况，故希望朝鲜使臣在回程时能够多加探查。兵部尚书杨嗣昌建议对金堉一行加恩厚赏，同时，因担心沿途明人"不知天朝字小之意，维系属国之心"而对使臣有所扰害，杨嗣昌还奏请崇祯帝派遣敕使护送使臣回国。崇祯帝应允了杨嗣昌的建议，且强调"属国世称忠义，力屈降奴，情殊可悯"，表示理解朝鲜的处境。金堉等人得知明朝方面的安排

---

① [朝鲜]李晚荣：《雪海遗稿》卷三《崇祯丙子朝天录》，《韩国文集丛刊》续第 30 册，首尔：民族文化推进会，2006 年，第 88 页。

② [朝鲜]金堉：《朝天录》，《燕行录全集》第 16 册，首尔：东国大学校出版部，2001 年，第 417 页。

③ [朝鲜]李晚荣：《崇祯丙子朝天录》，第 84—85 页。

④ 同上注，第 82 页。

之后，一面向东方痛哭，一面向明帝呈文辩解朝鲜的冤屈。①

　　使团在闰四月初七日回国途中经过前屯卫某个店家时，译官全有后偷偷买到了一张塘报。此塘报是四月十六日锦州总兵祖大乐报告边情的内容，文中称朝鲜四道均已被清军攻陷，国王剃发出城迎降，两王子作为人质留在抚顺，而四王子姐夫羊姑大娥夫被朝鲜杀死。②此处提及的两王子即昭显世子与凤林大君，此二人后长期作为朝鲜的人质滞留沈阳。而羊姑大应指努尔哈赤的女婿，即额驸杨古利，他在该年正月初七日南汉山城的围攻战中被朝鲜军队用鸟铳射杀。③除国王剃发的内容之外，此塘报的内容基本属实。虽然无法查清全有后是通过怎样的途径得到这张塘报，但朝鲜使团竟然可以在民间店家获得塘报，可见当时塘报流布之广与明军情报管控的松懈。

　　金堉一行在明廷的情报封锁中依然获取了有关"丙子之役"的塘报，这些塘报成为朝鲜使臣把握明朝最新动态的可靠依据，其来源是玉河馆的馆夫和使行沿途的明人。明廷虽然声称相信朝鲜的忠心，但严格的情报管控，事实上就是其内心深处仍然怀疑朝鲜的明证。尤其是在不确定朝鲜当地动向的情况下，明廷亦希望金堉一行在回程中能探问到其国近况，所以特意派遣敕使护送。所谓敕使护送，一方面确实可以像官方宣称的一样减少沿途扰害，但另一方面也暗含了监视朝鲜使臣、探查最新动向的目的。与朝鲜使臣可以利用多种手段探知明朝情报、打破情报封锁的情况相反，"丙子之役"之后，明朝想探知朝鲜的情况则愈发困难，也就是说，明朝想打破这种信息上的不对称其实并不容易。优待金堉等人，实际上也是为继续保持与朝鲜的合作关系，共同抵抗清军而

①［朝鲜］金堉：《潜谷遗稿》卷一四《朝京日录》，《韩国文集丛刊》第86册，首尔：民族文化推进会，1992年，第281页。
②［朝鲜］金堉：《燕中闻见》，《燕行录全集》第95册，首尔：东国大学校出版部，2001年，第178页。"（闰四月）初七日，发山海关到前屯卫店家。……译官全有后潜买搪报（即塘报，笔者注）一张而来，乃初四月十六日锦州总兵祖大乐驰报边情事也。有云，生擒诸犎子招辞，称东抢诸犎言高丽四布政已皆溃杀，国王剃了头，出城迎之，留二个王子抚顺，余皆陆续回来。而四王子姐夫羊姑大娥夫被高丽杀死云。"
③《清太宗实录》卷三三，崇德二年正月丁未，《清实录》第2册，北京：中华书局，1985年，第418页。

留下余地。

四　结语

16世纪后半期，由于日本发动的战争与女真势力的扩张，明朝在东北边境面临的外部军事威胁进一步加深。塘报作为军事情报的报告媒介，在这一外患不断加深的背景下被广泛运用到明朝军事指挥系统中。壬辰战争期间，朝鲜通过进入本国境内的明军得知塘报在传递军情上的价值，此期间形成的对明朝塘报的认知促使朝鲜使臣在明清鼎革期更努力地开展塘报搜集活动。

进入明清鼎革期后，随着明朝在与后金的战争中逐渐处于劣势，明廷加强了对塘报等文书的传播管控。但这样的禁令并没有收到期待的效果，金尚宪、李忔、金堉、李晚荣等朝鲜使臣接连搜集并记录塘报的事例便是管控无效的明证。这些朝鲜使臣搜集到的塘报甚至成为朝鲜对明辩诬或是向明派遣特定使团的依据。而且，尽管朝鲜在奏文或呈文中明确引用了明廷禁止流传到外部的塘报，但明廷并未因此处罚朝鲜。朝鲜使臣亦会摘录塘报的内容撰写成状启报告给本国。虽然塘报中难免存在夸大或不实的内容，但使臣以塘报为据撰写状启实际上说明使臣本人认可塘报的可信度，李忔的事例即是明证。同时，李忔搜集到的塘报被送回本国之后，亦成为朝鲜君臣讨论明朝政治军事情况的参考。

朝鲜对明朝的了解，远远大于明朝对朝鲜的了解，朝鲜正是利用这一点，以"事大"为外衣，在面对强盛的明帝国时，保持着自主性。也就是说，朝鲜可以利用情报关系上的不对等（朝鲜的优势）来消解权力关系上的不对等（明朝的优势）。朝鲜积极地利用塘报，以灵活的外交手段，包括正式的呈文和非正式的情报搜集，在不对等的缝隙之间寻找自身在明清鼎革大变局中的有利位置。

原刊复旦大学韩国研究中心编：《韩国研究论丛》2019年第1辑，社会科学文献出版社，2019年，第17—28页。

朝鲜与清朝间地理书的交流

辻大和

横滨国立大学

经历过 16 世纪末丰臣秀吉侵略朝鲜、17 世纪中叶明清鼎革等一系列混乱后,东亚三国(中国、日本、朝鲜)间繁荣的贸易关系一直持续到 17 世纪末。这一时期中国与朝鲜间的往来主要是通过燕行使及互市展开的。燕行使即连接中国与朝鲜的朝鲜朝贡使节,互市即在中朝边境的特定城市(咸境道会宁、平安道中江等)进行的开市贸易。[①]

① 先行研究如下。综述性的有全海宗《韓中關係史研究》(首尔:一潮阁,1970 年)及张存武《清韩宗藩贸易:1637—1894》(台北:"中研院"近代史研究所,1978 年)。聚焦开市的研究有寺内威太郎的一系列研究(《慶源開市と琿春》,《東方學》第 70 号,1985 年 7 月,第 76—90 页;《義州中江開市について》,《駿台史学》第 66 号,1986 年 2 月,第 120—144 页;《初期の会寧開市–朝鲜の対応を中心に》,《駿台史學》第 108 号,1999 年 12 月,第 1—20 页;《近世における朝鲜北部地域と中国東北地方との政治経済関係に関する研究》,《明治大学人文科学研究所紀要》第 48 号,2001 年 3 月,第 277—293 页)。聚焦朝贡使节的研究有李哲成《朝鮮後期對清貿易史研究》(首尔:国学资料院,2000 年)及柳成宙、李哲成《朝鮮後期中国과의貿易史》(首尔:景仁文化社,2002 年),刘为《清朝中朝使者往来研究》(哈尔滨:黑龙江教育出版社,2002 年),张礼恒《在传统与现代性之间:1826—1894 年间的中朝关系》(北京:社会科学文献出版社,2012 年)等。夫马进《朝鮮燕行使と朝鮮通信使》(名古屋:名古屋大学出版会,2015 年)关注了燕行使的文化交流,辻大和《朝鮮王朝の対中貿易政策と明清交替》(東京:汲古书院,2018 年)考察了明清交替期的贸易。

考察从 17 世纪后半叶到 18 世纪前半叶朝鲜燕行使的对华贸易，就会发现明代和清代存在差异。夫马进在近年的著作中也曾提到这一点，但其分析主要是以货物运送方法的不同（运送费用到底是清朝负担还是朝鲜负担）为中心，并未深入探讨贸易的具体内容。[①] 另外，近年矢木毅也开始关注地理书的贸易，主要是以燕行使史料（金昌业）的研究为中心，但并未深入考察被视为非核心内容的输出规定。[②] 实际上，分析当时的史料即可发现，对于朝鲜燕行使的贸易行为，清朝比明朝有更加严格的出口限制，也制定了新的货物出口规定。在清朝限制贸易的物品中，代表性的有硫磺和硝石，另外也对地理书的出口加以限制。在限制地理书出口的背后，朝鲜与清朝两国间有着怎样的背景呢？

本文主要对顺治至康熙年间清代燕行使贸易的变化以及相关的地理书的交流状况进行考察。

一　燕行使的贸易

在进入燕行使和地理书的内容之前，首先阐述燕行使贸易从明到清的变化。

（一）变迁

从明到清的变化可以大致分为四个时期：（1）从 15 世纪到 1627 年，（2）1627 年到 1636 年，（3）1636 年到 1644 年，（4）1645 年以后。

（1）从 15 世纪到 1627 年为止，朝鲜接受明朝的册封，一年数次向明朝派遣朝贡使节。明朝规定朝鲜在圣节（皇帝生日）、冬至、千秋节（皇太子生日）时定期向北京派遣使节。[③]

此外，朝鲜还不时派遣谢恩使、奏请使等。朝鲜使节在朝贡时向皇

① ［日］夫马进：《朝鲜燕行使と朝鲜通信使》，第 12—15 页。
② ［日］矢木毅：《漢籍購入の旅：朝鲜後期知識人たちの中国旅行記をひもとく》，京都大学人文科学研究所附属東アジア人文情報学研究センター一编：《漢籍遥かな旅路：出版・流通・収蔵の諸相》，东京：研文出版，2018 年，第 69—136 页。
③ （明）申时行等：万历《大明会典》卷一〇五《礼部六十三・朝贡一・朝鲜国》，北京：中华书局，1989 年，第 571 页。

帝等皇室成员进献名产（方物），并在北京的会同馆进行贸易。

（2）1627年到1636年间，从朝鲜第一次遭受后金侵略的丁卯战争（1627）后与后金讲和，到丙子战争爆发（1636）为止，朝鲜在明与后金（清）之间进行三角贸易。朝鲜把明生产的青布（棉布）出口到后金，再把后金产的人参出口到明。①

（3）1637年到1644年间，受丙子战争影响，朝鲜与明断交。丙子战争后，朝鲜臣服于清朝，并沿袭了明代朝贡制度。此外，清朝还要求朝鲜每年进献一次新的朝贡品（岁币）。②

（4）1645年，清朝皇帝要求朝鲜将正朝（元旦）、冬至、圣节的三使合并为正朝使。1644年清朝攻陷北京城，将首都从沈阳迁到北京。因此燕行使的目的地从以前的沈阳延伸到了北京。路途"遥远"成为派遣频度缩减的直接理由。③

朝鲜燕行使的任务是向以皇帝为主的明（1637年以后为清）皇室进献朝贡品。关于朝贡品的品目，在可称为明朝国政要览的万历《大明会典》中规定如下：

> 贡物：金银器皿、螺钿梳函、白绵䌷、各色苎布、龙文帘席、各色细花席、豹皮、獭皮、黄毛笔、白绵纸、人参、种马每三年五十匹。④

进贡品中除金银制品外，还有绢布（绵䌷）、人参和马等。另外，朝鲜除进贡外，在派遣燕行使时，为了筹措朝鲜诸官厅所需的物资，也进行公贸易。公贸易的交易物品以药材和布为主。清朝允许朝鲜燕行使在北京的会同馆无限期从事贸易。⑤

简单总结一下，朝鲜在明代一年至少派遣三次燕行使，但在清代特

① ［日］辻大和：《朝鮮の対後金貿易政策》，《アジア游学》第179号，东京：勉诚出版，2015年，第70页。
② ［日］辻大和：《丙子の乱後朝鮮的対清貿易について》，《内陸アジア史研究》第30号，2015年3月，第4—6页。
③《通文馆志》卷三《事大上·赴京使行》。
④（明）申时行等：万历《大明会典》卷一〇五《礼部六十三·朝贡一·朝鲜国》，第572页。
⑤ ［日］辻大和：《17世紀初頭朝鮮の対明貿易：初期中江開市の存廃を中心に》，《東洋學報》第96卷第1号，2014年6月，第5页。

别是入关后变为一年最少派遣一次。

（二）燕行使贸易与开市贸易的差异

明代与清代中朝贸易的差别在于，明代只有中江贸易（1593—1613年），但清代在中朝国境地带的咸镜道会宁（1638年起）、平安道中江、咸镜道庆源（1646年起）三地开市（互市）。①

在清代，燕行使贸易与中朝国境的开市贸易（中江、会宁、庆源）并存，但是燕行使贸易和开市贸易的交易商品存在很大差异。中江开市是指在平安道义州郊外的鸭绿江中的沙洲（中朝国境）上，中朝双方会合后进行的贸易。在明代自1593年至1613年中江开市的开创时期，交易物品是人参和米；②自1628年至1636年左右，朝鲜应后金要求在中江开市。清入关后，1646年朝鲜应清户部请求重启中江开市，交易物品是绵布、麻布、牛马、农具等。③

再看会宁和庆源的北关开市。在咸镜道会宁，1638年起开市，主要交易农具；④在咸镜道庆源，也是交易农具及牛。⑤也就是说，北关开市的商品是日常生活用品，与燕行使贸易不同，极少有药材、布的交易迹象。

二　燕行使走私地理书籍

下面看朝鲜如何从中国进口地理书。先看16世纪末的情况。朝鲜从明代开始进口中国的史书，16世纪末出版了数次的类书《考事撮要》中的"书册市准"，在当时流通的书籍价格一项中就有中国史书的相关记载。虽然16世纪末万历《大明会典》中可见史书与硫磺和硝石一并被禁止出口，⑥但尚未发现史书出口被查获的记录。

---

① 张存武：《清韩宗藩贸易：1637—1894》，第169—174页。

② ［日］辻大和：《17世紀初頭朝鮮の対明貿易：初期中江開市の存廃を中心に》，第6页。

③《备边司誊录》第十一册，仁祖二十五年三月初三条。

④ ［日］辻大和：《丙子の乱後朝鮮的対清貿易について》，第8页。

⑤《通文馆志》卷三，事大，开市条。

⑥ ［日］辻大和：《17世紀初頭朝鮮の対明貿易：初期中江開市の存廃を中心に》，第142页。

在清代，被查获的朝鲜走私史书事例具体如下：（出典均为《通文馆志》）：

1670 年《资治通鉴》被查获

1676 年《皇明十六朝》被查获

1677 年朝鲜走私《各省地图》被查获

1677 年朝鲜走私《明史略》被查获

1691 年朝鲜走私《一统志》被查获

1699 年相关"史书"在凤凰城被查获

1706 年《春秋》被查获

上述史书有可能是在顺治年间就已被限制出口。不仅是史书，硫磺和人参也被严格限制 ①，但从上述事例可以得知朝鲜此后仍持续走私史书。

关于历史书籍，朝鲜在宗系辨诬时曾发现明朝对太祖李成桂的记载有误，极其关注。在明代，朝鲜曾持续要求修正会典，并在万历《大明会典》中促使明朝采纳了辨诬结果。②《明史略》是清初编纂的明朝野史，朝鲜也对此抱有极大关心。

另一方面朝鲜也关心地图。这点从 1677 年查获的《各省地图》及1691 年查获的《大明一统志》可以得知。

1677 年的事件是指冬至使吴挺纬一行从北京归国途中，在中朝边境的清方据点——凤凰城，清朝官员从一行员役慎行建的行李中搜出了《各省地图》一事。③ 吴挺纬归国后，在上疏中辩解道，携带地图是为

---

① 《通文馆志》卷三、事大上、八包定数条。

② ［日］桑野荣治：《朝鲜宣祖代の对明外交交涉——『萬曆会典』の獲得と光国功臣の録勳》，《久留米大学文学部紀要》国际文化学科编第 27 号，2010 年 3 月，第 57—125 页。

③ 《同文汇考》原编卷六十四，犯禁二，礼部知会年贡行员役私带地图交该国审奏咨。

"行路便览",属于"常事"。① 但携带多张地图使得此辩解显得有些牵强。

1691 年的事件是指冬至使者返回时,译官张灿购入《大明一统志》,在国境的栅门暴露并因此被拘禁一事。② 张灿供述道,该书是为论述"山水词赋"而在旅途中购入的。③ 根据王大文对 1691 年走私《大明一统志》这一事件中信息传递的研究,除了在雍正朝《大清会典》中对事情的经过有详细记载外,在乾隆朝及嘉庆朝《大清会典则例》中也有对此事件的记录。嘉庆朝修撰《大清会典》时具体将"火器、史书、一统志、地理图"作为禁止出口的实例,可以得知此事对清朝产生了影响,其背景是《尼布楚条约》签订后清朝对东北地区的强化管理。④

虽然朝鲜人李晬光(1563—1628)的著作《芝峰类说》(1614)中就提到过耶稣会士利玛窦的地图绘制,但朝鲜人认识到西洋的天文学、历法值得信赖是从星湖李瀷(1681—1763)开始的。⑤ 与西洋地理学交流的产物——清代地图也通过《古今图书集成》传入朝鲜。⑥

三 清朝对朝鲜的关注

下面论述清朝对朝鲜地理的关注。笔者认为明朝对朝鲜的关心不高。虽然明末敕使(明末宦官居多)访问朝鲜次数增加,但事由多是索要药用人参和银两等,⑦ 对朝鲜文物的需求较少。

---

① 《承政院日记》第二百六十册,康熙十六年五月丙戌条。
② 《备边司誊录》第四十五册,肃宗十七年五月七日条。
③ 《通文馆志》卷九,纪年,肃宗十七年条。
④ 王大文:《文献编纂与"大一统"观念:〈大清一统志〉研究》,北京:方志出版社,2016 年,第 245—247 页。矢木毅也认为 1677 年和 1691 年的事件是史书禁止出口的适用事例,提到了"旧中国的法律取决于执行情况",提及了此事的偶然性,但并未论述事件对清朝及朝鲜的意义。[日]矢木毅:《漢籍購入の旅:朝鮮後期知識人たちの中国旅行記をひもとく》,第 122 页。
⑤ [日]金光来:《中世キリスト教靈魂論の朝鮮朱子学的変容‐イエズス会の適応主義と星湖の心性論》,《死生学研究》第 13 号,2010 年 3 月,第 56—59 页。
⑥ [韩]裵祐晟:《17 18 世紀 清에 대한 認識과 北方 領土 認識의 變化》,《韓國史研究》99/100, 1997 年,第 319 页。
⑦ [日]辻大和:《17 世紀初頭朝鮮の対明貿易——初期中江開市の存廃を中心に》,第 8—9 页。

对比而言,清朝对朝鲜文物关心较高。例如,1678年副敕使卫噶求访问朝鲜时,寻找"东国文籍",带回《桂苑笔耕集》和《史略》、《古文真宝》等;① 1695年敕使在朝鲜索要《古今诗文》及《东文选》等。②

清朝对朝鲜地理极高的关注度也可从围绕中朝国境地带(具体指鸭绿江、豆满江流域及长白山一带)的调查活动中窥见一斑。

下面来看国境地带的调查。1686年,朝鲜人为了采集人参越境到清朝领土一侧,并枪击了清朝人。麻烦的是此人是清朝的官员,朝鲜国王还为此支付了罚金。《圣祖仁皇帝实录》中关于此事件的记录如下:

> 礼部议覆:"差往朝鲜国审事护军统领佟宝疏言:'朝鲜国王李焞前屡次获罪,俱荷皇上洪恩宽宥,理应益加恪慎。乃平日不将人民禁饬,以致韩得完等二十八人违禁越江采参,复擅放鸟枪,将钦差绘画舆图官役打伤,殊干法纪。请将该国王罚银二万两,以警疏纵。'应如所请。"从之。③

也就是说,朝鲜的韩得完等28人违反禁令跨过界河,采集人参,且随意放枪,伤害了清朝的"钦差绘画舆图官"。钦差绘画舆图官曾在朝鲜国境活动。但是,看朝鲜方面的反应,韩得完放枪纯属偶然,并非朝鲜政府有意妨碍清朝官员的调查。

另外,承志指出,1689年受清朝与俄国缔结《尼布楚条约》的影响,清朝在黑龙江左岸开始进行调查。特别是镇守宁古塔地方将军巴海等在1690年派遣视察队到黑龙江左岸的兔乎鲁(Tuhuru)河流域,根据视察结果制作了《乌喇等处地方图》。④

与此同时,清朝政府从1686年开始编纂《大清一统志》。1672年清

---

① 《通文馆志》卷九,纪年,肃宗四年戊午条。

② 《通文馆志》卷九,纪年,肃宗四年戊午条。

③ 《清圣祖实录》卷一二四,康熙二十五年二月丁亥,《清实录》第5册,北京:中华书局,1985年,第315页。太田美香:《〈皇舆全览图〉についての新史料——『宫中档康熙朝奏摺』收录の地图関係奏摺》(《史観》第113号,1985年9月,第56—69页)以此史料论述了清朝从此时期开始进行中朝国境地带的测绘。

④ 承志:《满文〈乌喇等处地方图〉考》,《故宫学术季刊》第26卷第4期,2009年6月,第1页。

朝就曾提出一统志的编纂构想，但因三藩之乱被迫中断，1686年根据大学士明珠等的上奏重开编纂，并在同年开设了一统志馆。[①] 清朝首脑在《大清一统志》的编纂过程中实现了对中朝国境地带相关信息的收集。

由于盛京将军和宁古塔将军上报的书册中城池山河等信息错综复杂，加之此问题涉及到满洲故地，事关重大，为编纂一统志，1691年清朝派官员再次进行调查。此时，清朝从朝鲜使节处得知，从义州江到图们江的南岸一带有朝鲜人居住。于是，当年10月礼部告知朝鲜国王，会再次派官员调查并请求朝鲜"指引详阅"。[②] 但是朝鲜国王于同年12月以沿岸地方道路艰险，"荒绝无人"为理由拒绝，清朝也接受了此理由。[③] 另外，上述清朝政府为编纂《大清一统志》而进行的测量工作与下文中耶稣会士的《皇舆全览图》绘制工作之间，笔者未能确认存在直接联系。

四　围绕制作皇舆全览图展开的中朝交涉

前面提到的朝鲜对清朝的不协助姿态的变化，是从清朝开始进行《皇舆全览图》相关测量活动开始的。1687年，很多拥有测量技术的耶稣会士从法国来到清朝；1689年，俄国和清朝间缔结了《尼布楚条约》。《皇舆全览图》的编纂就是在上述背景下策划进行的。巴多明（Dominique Parrenin）向康熙帝提议进行万里长城的测量，事毕张诚（Jean François Gerbillon）又提议扩大测量范围，[④] 慢慢扩展到全国，甚至还制作了西藏及朝鲜等地的地图，并在1717年完成了初版。[⑤] 其中，朝鲜图是在1709年制作的。[⑥] 考察福克斯（Walter Fuchs）在1943年复

① 王大文：《文献编纂与"大一统"观念：〈大清一统志〉研究》，第27—31页。
② 《同文汇考》原编四十八，肃宗十七年辛未土门江巡查事。
③ 《同文汇考》原编四十八，肃宗十七年辛未土门江巡查事。
④ Theodore Foss, "Jesuit Cartography: A Western Interpretation of China." In Charles E. Ronan and Bonnie B. C. eds., *East Meets West: The Jesuits in China 1582–1773,* Chicago: Loyola University Press, 1988, p.223.
⑤ Foss, "Jesuit", p.233.
⑥ Walter Fuchs, *Der Jesuiten-Atlas der Kanghsi-Zeit:China und die Aussenlaender*, Peking: Fu-Jen Universität, 1943, p.9.

刻的《皇舆全览图》中的"朝鲜图"即可发现,朝鲜半岛的尺寸接近实测。与之前的地图相比,海岸线的轮廓、城市间的距离都更接近实际。但是《皇舆全览图》中的朝鲜图并非依据测量朝鲜全境所得信息绘制,而是根据清朝人收集的朝鲜地理信息、中朝国境地带的测量以及汉城的纬度调查等制作的。北京的耶稣会士在17世纪开始收集朝鲜信息,特别是雷孝思(Jean Baptiste Régis)热心收集并整理了朝鲜的地理信息。[①]

清朝(包括耶稣会士)在朝鲜境内为绘制朝鲜地图而进行的第一次测量工作是在敕使访问汉城时进行的。负责整理耶稣会士的记录及在中国活动状况的法国籍耶稣会士杜赫德(Du Halde)记载道,耶稣会士将计量仪器交给敕使一行(Tartar),让他们测量从凤凰城到汉城的距离以及汉城的纬度。[②]

在北京的法国耶稣会士宋君荣(Antoine Gaubil)说,此次调查是1709年敕使访问汉城时进行的。[③]同时期在北京的意大利传教士马国贤(Matteo Ripa)说,清朝官员告诉他,1709年朝鲜方面严格监视敕使的活动,因此只能依据时间推算经行距离,测量太阳高度的计量仪器也被迫伪装成日晷。[④]这些事情在朝鲜方面的资料中是如何记载的呢?

朝鲜方面的史料保存了1709年敕使访问朝鲜的记录。《朝鲜肃宗实录》中,钦差正使仪度额真头等侍卫敖岱,副使内阁学士兼礼部侍郎

① Shannon McCune, "Geographical Observations on Korea: Those of Father Régis Published in 1735," *Journal of Social Sciences and Humanities*, vol.44, 1976, pp.1—3.

② Du Halde, J., *Description géographique, historique, chronologique, politique, et physique de l'empire de la Chine et de la Tartarie chinoise, enrichie des cartes générales et particulieres de ces pays, de la carte générale et des cartes particulieres du Thibet, & de la Corée; & ornée d'un grand nombre de figures & de vignettes gravées en tailledouce*, Paris:J-B Mercier, 1735, vol.4, pp.423—430.

③ Henri Cordier, "De la situation du Japon et de la Corée. Manuscrit inédit du Père A. Gaubil, S.J." *T'oung Pao*, Vol.IX, no. 2, 1898, p.108. 高第(Cordier)翻印了宋君荣的书信。

④ Matteo Ripa, *Storia della fondazione della Congregazione e del Collegio de' cinesi: sotto il titolo della sagra famiglia di G.C.*, Napoli: Tipografia Manfredi, 1832, pp.406—407.

年羹尧与大通官二名，次通官二名，随行 18 名，[①] 于 5 月 11 日到达汉城，[②]19 日踏上归国之路，6 月 13 日渡过鸭绿江[③]。马国贤口中的官员大概指的是年羹尧，但现在无法明确判断。[④]

　　在朝鲜的记录《敕使誊录》中，礼曹指示秘密详查敕使们的"衣靴体制及长短大小、广狭尺寸"[⑤]，但并没有敕使们进行天体观测以及监视敕使的记录。但是，麦坤（Shannon McCune）从马国贤留下的史料中得知的朝鲜政府曾监视敕使的言论，[⑥] 也证明了朝鲜对敕使衣服尺寸等的调查确有其事，且朝鲜政府确实跟随敕使进行各项活动。其他几次敕使访问朝鲜时，朝鲜政府也下令秘密调查敕使的衣靴，[⑦] 因此 1691 年朝鲜接待敕使的情况并非特殊事例。也可以说敕使们的测量活动在朝鲜人面前并没有暴露。

　　朝鲜开始协助清朝地理调查的时期，比较可能是在清朝对朝鲜阐明了为编纂《皇舆全览图》而进行测量活动的 1711 年。清朝对白头山一带的国境不熟悉，因此利用 1710 年朝鲜人的越境杀人事件（渭原事件）进行国境调查。在与朝鲜交涉后，1712 年康熙帝派遣穆克登等人前往调查，朝鲜方面也不得不同行，由此确定了两国国境，设立了白头山定界碑。[⑧]1691 年拒绝清朝国境地带测量的朝鲜，在 1712 年不得不协助清

---

① 《承政院日记》第四百四十七册，康熙四十八年四月甲寅条。

② 《李朝肃宗实录》卷四七，肃宗三十五年五月辛巳，《李朝实录》第 41 册，东京：学习院东洋文化研究所，1962 年，第 143 页。

③ 《同文汇考》补编 卷之九，诏敕录，康熙四十八年三月日皇太子复位诏一。

④ 另外年羹尧在此康熙四十八年二月从侍讲学士晋升为内阁学士兼礼部侍郎（《清圣祖实录》卷二三六，康熙四十八年二月己酉，《清实录》第 6 册，第 363 页），九月被任命为四川巡抚（《清圣祖实录》卷二三九，康熙四十八年九月甲申，《清实录》第 6 册，第 382 页），因此当年五月左右即使被派遣到朝鲜也不奇怪。

⑤ 《敕使誊录》卷七，己丑四月十六日条。

⑥ McCune, "Geographical Observations on Korea: Those of Father Régis Published in 1735," p.15.

⑦ 例如，1677 年敕使访问时也同样有详细调查"衣靴体制及长短大小广狭尺寸"等的指示。（《敕使誊录》卷四，丁巳十月初二日条）

⑧ 李花子：《清朝与朝鲜关系史研究：以越境交涉为中心》，延吉：延边大学出版社，2006 年，第 69—86 页。

朝的国境地带测量。

结语

与明朝相比,清朝对朝鲜进口史书的限制更加严格。但是,朝鲜在有出口限制的情况下仍继续走私地理书,导致清朝官员揭发朝鲜燕行使走私《一统志》的行为。另一方面,清朝的发源地是长白山,加之俄国南下造成国境地带的紧张,清朝对朝鲜地理抱有不同寻常的关心。因此清朝从 17 世纪 80 年代开始实施对国境地带的调查,之后又派遣耶稣会士再次调查。耶稣会士开始绘制《皇舆全览图》后,还指使访问朝鲜的敕使秘密进行汉城的纬度测量和距离测定。

朝鲜对于清朝的朝鲜地理调查也表现出了不协助态度。1709 年,朝鲜接待敕使的惯例反而妨碍清朝使者顺利进行天体观测。但是,1711年中朝国境的杀人事件后,朝鲜渐渐难以拒绝清朝的测量活动。另外,敕使在汉城调查时,朝鲜对敕使的衣服尺寸等的秘密调查让敕使感觉地理调查难以进行,但后来朝鲜也接纳了清朝受西洋地理学影响制作的地图。

(日本名古屋大学　程永超　译)

风说书的世界
——异域风闻所见之明清鼎革*

陈　波

南京大学历史学院

"风说书"是日本江户幕府儒官林恕（1618—1680）及其子林凤冈（1644—1732）所撰《华夷变态》一书所收的主要内容。所谓"风说书"是唐通事或荷兰通词对赴日商船进行问询后采录并上呈江户幕府的有关来船情况及中国内地、东南亚乃至欧陆各国的动态报告。[①] 在日本锁国时代，"风说书"属于机密文件，其本质是日本政府特意搜集的海外情报，而尤以中国情报为主。林氏父子利用职务之便，将所经眼的"风说书"陆续结集收入《华夷变态》和《崎港商说》中。结集汇编成的《华夷变态》和《崎港商说》属于"罕传之秘籍"，虽间亦有传抄本流传于外，但民间人士实难寓目。这两种资料集后经广岛大学教授浦廉一博士的

* 本文系 2013 年度国家社科基金青年项目"'唐船风说书'译注及研究"（批准号：13CZS020）及南京大学双一流建设科研项目"中国与世界：海上丝绸之路的历史演进"的阶段性成果。
① 关于《华夷变态》一书，近年来代表性的研究著作有松浦章：《海外情报からみる東アジア——唐船風説書の世界》，大阪：清文堂出版，2009 年；孙文：《唐船风说：文献与历史——〈华夷变态〉初探》，北京：商务印书馆，2011 年。

整理,1958 年由日本东洋文库排版印行,1981 年由东方书店再版。这个再刊本号称搜罗了现存所有与《华夷变态》有关的资料,是目前所能见到的最完整、最权威的"风说书"刊行本,也使学界赖以得窥"风说书"的全貌。《华夷变态》主要收录记录中国情报的"唐船风说书",除此之外,还收录少量的朝鲜、琉球、荷兰风说书,以及少量汉文文书。唐船风说书是研究清代海商、海外贸易及东亚海上交往史极其珍贵的域外非汉文文献,很早就被学界所重视。如陈高华、陈智超等人编著的《中国古代史史料学》在介绍清代史料时,就将《华夷变态》一书及其所收风说书史料视为清史研究最为重要的日文史料加以特别介绍[①],但华语学界因文本解读障碍,长期以来利用不多,不能不说是一大憾事。由于《华夷变态》一书部头巨大,在此笔者试图以其卷一至卷八的内容为主,略抒己见,以期有益于相关研究的进一步推进。

一　关于唐船风说书的既有研究

林恕、林凤冈父子将"风说书"辑录成《华夷变态》,是"唐船风说书"整理阶段的重要成果,也是其后风说书研究的必要基础。但由于风说书的机密性质,除了在现场听取记录的通事及长崎奉行之外,能了解其内容的仅是幕府将军及其周围的几位高级幕僚。因此,"风说书"的研究最初是在幕府将军及其幕僚之间进行的,目的只是从施政者的角度出发,期望从中获得制定政策的某些参考。如川口长孺(1172—1835)《台湾割据志》、《郑氏台湾纪事》以及林复斋[②](1801—1859)《通航一览》之中就大量征引《华夷变态》,二人都是幕府儒官,其研究即属于上述类型。[③]真正对《华夷变态》进行现代学术解析的是日本学者浦廉一,他在战前所撰写的《华夷变态解题——唐船风说书之研究》一文,至今仍是有关《华夷变态》及风说书的最重要、最权威的研究成果,迄今也

---

① 陈高华、陈智超等:《中国古代史史料学》,天津:天津古籍出版社,2006 年,第 512 页。
② 德川幕府大学头林家第十一代家督,名炜,字弸中,号复斋、梧南、藕潢等等。
③ [日]川口长孺:《台湾割据志》、《台湾郑氏纪事》,收入《台湾文献史料丛刊》第六辑《明郑史料专辑》第 115 册,台北:大通书局,1987 年。卷首有林复斋生父林衡文政十一年(道光八年,1828)年所题的序。林衡乃德川幕府大学头林家第八代家督,初名乘衡,后该名衡,字熊藏,号述斋、焦轩、焦隐等等。

是有关"风说书"及《华夷变态》文献学研究的唯一成果,大约与其同时及其后从事长崎贸易和清代中日关系史研究的学者无不受惠于此。[①]

日本学者在中日关系史研究方面底蕴深厚,加之占有天时地利,可以及时利用这些资料,研究成果较多且问世较早。如岩生成一、大庭修、山脇悌二郎、中村质、川胜守、松浦章等人的研究成果,均属于成功典范。[②] 在唐船贸易相关史料的文献学研究领域,必须提到的学者是大庭修,为他赢得 1986 年日本学术研究殊荣——日本学士院奖的《江户時代における中国文化受容の研究》一书,以唐船输入的汉籍作为基本课题,特别是利用中国史料《雍正朱批谕旨》、《大清会典》和日本文献中的记录,对赴日贸易的中国商船及商人进行了细致的考察,对十数位唐船头的行迹进行了考证,使以往隐没无闻的普通人物为后世所知。大庭修对于《华夷变态》和唐船风说书研究最直接的贡献是从"岛原松平家本唐人风说书"中发现了可以补充东洋文库刊行本《华夷变态》的资料,并将其于昭和四十九年(1974)3月作为"关西大学东西学术研究资料集刊九"发表,后被编入《华夷变态》再刊本。[③] 另外必须提到的是

────────

① [日]浦廉一:《唐船風説書の研究》,《広島大学文学部紀要》第 6 号,1954 年 12 月,第 128—157 页。东洋文库本整理本《华夷变态》(东京:东方书店,1981 年)刊行后,全文被作为刊行本的解题收录于书首。整理本刊行后,伊东隆夫、石原道博、山脇悌二郎等学者先后撰文介绍浦廉一的成果,参见[日]山脇悌二郎:《東洋文庫叢刊第 15·華夷変態》,《史学雑誌》第 69 卷第 12 号,1960 年 12 月,第 64—67 页。[日]石原道博:《林春勝·林信篤編「華夷変態」》,《東洋学報》第 42 卷第 2 号,1959 年 9 月,第 226—304 页。[日]伊东隆夫:《浦先生と『華夷変態』》,《史学研究》第 72 号,1959 年 4 月,第 82—85 页。本文所引《华夷变态》皆据 1981 年东方书店出版的整理本。
② [日]岩生成一:《近世日支貿易に関する数量的考察》,《史学雑誌》第 62 卷第 11 号,1953 年 11 月,第 981—1020 页;[日]大庭修:《江戸時代における唐船持渡書の研究》,大阪:关西大学出版部,1967 年;[日]大庭修:《江戸時代における中国文化受容の研究》,京都:同朋舍,1984 年。中译本戚印平、王勇、王宝平译:《江户时代中国典籍流播日本之研究》,杭州:杭州大学出版社,1998 年;[日]山脇悌二郎:《近世日中貿易史の研究》,东京:吉川弘文馆,1960 年;[日]山脇悌二郎:《長崎の唐人貿易》,东京:吉川弘文馆,1964 年;[日]中村质:《近世長崎貿易史の研究》,东京:吉川弘文馆,1988 年;[日]川胜守:《日本近世と東アジア世界》,东京:吉川弘文馆,2000 年;[日]松浦章:《清代海外貿易史の研究》,京都:朋友书店,2002 年;[日]松浦章:《海外情報からみる東アジア:唐船風説書の世界》。
③《島原本唐人風説書》,[日]大庭修编:《近世日中交涉史料集》,京都:关西大学东西学术研究所,1974 年。

中村质，作为浦廉一的学生，他也对唐船风说书资料的整理做出了极大
贡献。早在就读广岛大学研究生（院生）时期，中村质就协助浦廉一进
行《华夷变态》的整理工作，并在山口县文书馆所藏毛利家文书中，发
现了一些可以补充东洋文库刊行本《华夷变态》的资料，后来收入东方
书店刊行的《华夷变态》再刊本。中村质以江户时代中日关系史，特别
是长崎贸易史研究为主要研究方向，其代表作《近世長崎貿易の研究》
一书乃由其博士学位论文完善而成，书中广泛搜集散见日本各地的相关
史料，对江户时代中期以后代表长崎贸易官营化的中枢机构——长崎会
所的经营内容、财务资料作了细致的分析，对"丝割符制"的研究状况
等作了较系统的梳理。松浦章是近年来以清代中日关系史为课题进行
相关研究并取得重要成果的学者，他发表的一系列成果中最具代表性
的是《清代海外贸易史的研究》，充分揭示了风说书内容的丰富及其史
料价值，2009 年又将其多年研究风说书的成果结集成书，其中所收论文
不少已陆续翻译为中文。① 另外，早稻田大学的纸屋敦之为学界编纂了
便于利用的工具书，题为《唐船風説書データベース 1674 ~ 1728 年》
（早稻田大学特定课题研究助成费研究成果报告书，2009 年），覆盖了东
方书店再刊本《华夷变态》所收的全部内容，势必嘉惠学林，为相关研
究的推进作出极大贡献。② 长期从事东南亚研究的京都大学石井米雄教
授，将唐船风说书中有关东南亚的部分英译发表，很快就在英语学术界
引起了反响。③

① ［日］松浦章：《海外情報からみる東アジア：唐船風説書の世界》。另可参见
［日］松浦章著，郑洁西等译：《明清时代东亚海域的文化交流》第四编《清代中国情
报之传播海外》，南京：江苏人民出版社，2009 年。
② 参见［日］纸屋敦之：《唐船風説書の編綴について》，收入氏编：《江户时代长崎
来航中国船の情報分析》，2003 · 2004 年度科学研究费补助金基盘研究（C）（2）研
究成果报告书，2005 年。
③ Yoneo Ishii（石井米雄），*The Junk Trade from Southeast Asia: Translations of Tosen
Fusetsugaki, 1674—1723*, Singapore: Institute of Southeast Asian Studies, 1998. 另参见
Reviewed work（s）："The Junk Trade from Southeast Asia: Translations from the Tosen
Fusetsugaki, 1674—1723" by Yoneo Ishii, *Monumenta Nipponica*, Vol. 54, No. 2（Summer,
1999），pp. 272—274.

对于《华夷变态》及其收录的"风说书",中国人也早有关注。1906
年,一本署名小林曳发、发行者为源光鉴的汉译本《华夷变态》在东京
出版。该书编辑者的署名显然是根据《华夷变态》序言的落款"林曳发
题"而来,发行者的署名则被认为系假托。这本只有78页的小册子,是
从通行的五卷本《华夷变态》中选录了与明清鼎革之际复明势力及日
本有关的18件汉文资料,做了些微变动,还不能算是完全意义上的翻
译。谢国桢以为是书"盖吾国留学日本同盟会中人士,为鼓吹革命而作
也"①,浦廉一也附和此说。在浦廉一整理的东洋文库排印本刊行以后,
此汉译本虽有学术史之意义,但作为研究资料而言,可谓毫无利用价
值。此后数十年,国内在《华夷变态》和"唐船风说书"的研究与利用方
面不见任何进展。20世纪90年代中期,周一良先生指出《华夷变态》
的重要价值并期望史学界能将其译介到中国来。这表明国内学者对此
是非常关注的,只是因为《华夷变态》的各种底本——"风说书"均秘
藏于日本各有关机构,难以寓目,再加上"此书所收报告为当时流行文
体'候文',比较难懂"②,我国学者虽知其于中日关系史研究之重要,但
却徒叹奈何。

华语世界较早发表的有关《华夷变态》和"长崎贸易"的研究成果
是20世纪50年代,海外华人学者陈荆和(1917—1995)陆续撰写的文
章。这些文章对于南洋各地商船的风说书作了较为系统的梳理,其方法
具有较大启发意义。③20世纪80年代至90年代,大陆地区陆续有学者
开始从文献学和史料应用对《华夷变态》及与之相关的清日贸易问题展

---

① 谢国桢编著:《增订晚明史籍考》,上海:上海古籍出版社,1981年,第994页。
② 周一良:《评〈入唐求法巡礼记校注〉》,王元化主编:《学术集林》第1卷,上海:
上海远东出版社,1994年,第321页。
③ 陈荆和:《清初华舶之长崎贸易及日南航运》,《南洋学报》第13卷第1辑,1957
年6月,第1—57页;陈荆和:《十七、十八世纪之会安唐人街及其商业》,《新亚学
报》第3卷第1期,1957年8月,第271—332页;陈荆和:《十七世纪之暹罗对外贸
易与华侨》,凌纯声等编:《中泰文化论集》,台北:中华文化出版事业委员会,1958
年,第147—188页;陈荆和:《清初郑成功残部移植南圻》(上),《新亚学报》第
5卷第1期,1960年8月,第433—45页;陈荆和:《清初郑成功残部之移植南圻》
(下),《新亚学报》第8卷第2期,1968年8月,第418—485页。

开研究，有冯佐哲、张劲松、陈自强、郭松义、华立等人的代表性成果问世。[①]21 世纪以来，相关研究进展迅速。2001 年商务印书馆出版的于桂芬专著《西风东渐：中日摄取西方文化的比较研究》，专节讨论“风说书”制度。明史专家南炳文先后撰写《南明首次乞师日本将领之姓名考》、《“朱成功献日本书”的送达者非桂梧、如昔和尚说》二文，对《华夷变态》卷一所收有关南明诸将乞师日本的汉文史料进行了考辨。王勇、刘小珊先后撰文，对风说书采录者长崎唐通事的起始和世袭、规模和职责等等问题作了探讨。[②]大陆学者牛建强及旅日学者华立对风说书所见的清朝声息之海外流传以及华人海外贸易网络进行了探讨。[③]而近年来旅日学者庞新平关于清代海禁政策的两篇论文，材料充实，特别值得关注。[④]近期尤须提及的重要成果是孙文《唐船风说：文献与历史——〈华夷变态〉初探》一书。[⑤]这是目前大陆学界关于《华夷变态》一书最为系统的研究。但由于《华夷变态》一书部头巨大，该著目前主要还是基于是书上册所作的研究，关注焦点也多集中于南明乞师日本、

① 冯佐哲：《日本德川幕府对乾隆南巡的反映》，《紫禁城》1987 年第 1 期，第 23、45 页；张劲松：《日本德川幕府锁国时期的日中、日荷贸易及其比较》，《日本研究》1987 年第 3 期，第 51—55 页；陈自强：《就〈华夷变态〉谈康熙年间海外交通贸易的若干情况》，《海交史研究》1990 年第 2 期第 25—37 页；郭松义：《明清两代诏选“淑女”引起的动乱——由日本史籍记载谈起》，《故宫博物院院刊》1991 年第 1 期，第 3—10 页；华立：《“唐船风说书”与流传在日本的乾隆南巡史料》，《清史研究》1997 年第 3 期，第 97—106 页。
② 王勇：《明代旅居日本的萧山人徐敬云及其后裔》，吕洪年、吕顺长主编：《中日关系史上的浙江》，东京：国际文化工房 2001 年，第 73—75 页；刘小珊：《活跃在中日交通史上的使者——明清时代的唐通事研究》，《江西社会科学》2004 年第 8 期，第 167—172 页。
③ 牛建强：《从风说书看日本德川幕府对清朝情势的关注》，《郑州大学学报（哲学社会科学版）》，2008 年第 6 期，第 75—80 页；华立：《从日本的“唐船风说书”看康熙二十九年的乌兰布通之战》，《中国边疆史地研究》2010 年第 3 期，第 39—54 页。
④ 庞新平：《「華夷変態」から見た清初の海禁と長崎貿易》，《大阪經大論集》第 55 卷第 1 号，2004 年 5 月，第 227—242 页；庞新平：《清初海禁期における広東地域の長崎貿易》，《東洋学報》第 91 卷第 4 号，2010 年 3 月，第 469—499 页。
⑤ 参见王勇、孙文：《〈华夷变态〉与清代史料》，《浙江大学学报（人文社会科学版）》2008 年第 1 期，第 141—147 页；孙文：《〈华夷变态〉所辑“风说书”非全为长崎原件》，《文献》2009 年第 4 期，第 167—172 页。

唐船贸易、清朝禁海与展海等前人有较多研究的议题，毫无疑问存在缺陷，但毕竟对于国内学术界而言，不失筚路蓝缕之功。

　　中国台湾地区的学者于清初中日贸易史研究领域用力甚深，在《华夷变态》的研究方面与日本学者互动十分密切，代表性的成果有朱德兰[①]、刘序枫[②]、郑瑞明[③]等人的研究。其中朱德兰与刘序枫都曾留学九州大学，又先后就职于台湾的海洋史研究重镇——"中研院"人文社会科学研究中心暨海洋史研究专题中心，并参与编纂《中国海洋发展史论文集》。郑瑞明则长期供职于台湾师范大学，似乎也与日本学人关系

① 朱德兰：《清初迁界令时明郑商船之研究》，《史联杂志》第 7 期，1985 年 12 月，第 8—41 页；朱德兰：《清初迁界令时中国船海上贸易之研究》，中国海洋发展史论文集编辑委员会主编：《中国海洋发展史论文集》第 2 辑，台北："中研院"三民主义研究所，1986 年，第 105—159 页；《明郑时期台湾海商经营日暹贸易之研究：以胡秋官、蓝泽两艘商船为例》，《东海学报》第 28 卷，1987 年；《清康熙年间台湾长崎贸易与岛内商品流通关系》，《东海大学历史学报》第 9 期，1988 年；朱德兰：《清开海令后的中日长崎贸易商与国内沿岸贸易（1684—1722）》，张炎宪主编：《中国海洋发展史论文集》第 3 辑，台北："中研院"三民主义研究所，1988 年，第 369—415 页；朱德兰：《近世台灣長崎貿易—"華夷變態"を中心として》，收入近代日本华侨学术研究会编《近代日本華僑・華人研究》，长崎：近代日本华侨学术研究会，1998 年，第 23—29 页。
② 刘序枫：《清代前期の福建商人と長崎貿易》，《九州大学東洋史論集》第 16 号，1988 年 1 月，第 133—161 页。刘序枫：《清代の乍浦港と中日貿易》，张彬村、刘石吉主编：《中国海洋发展史论文集》第 5 辑，台北："中研院"中山人文社会科学研究所，1993 年，第 187—244 页。刘序枫：《清康熙、乾隆年间洋铜的进口与流通问题》，汤熙勇主编：《中国海洋发展史论文集》第 7 辑上册，台北："中研院"中山人文社会科学研究中心，1999 年，第 93—144 页；刘序枫：《清代环中国海域的海难事件研究——以清日两国间对外国难民的救助及遣返制度为中心（1644—1861）》，朱德兰主编：《中国海洋发展史论文集》第 8 辑，台北："中研院"中山人文社会科学研究所 2002 年，第 173—238 页；刘序枫：《由〈华夷变态〉看清初东亚海域的海上交通情况——以船只的往来和人员的移动为中心（1674—1728）》，李庆新主编：《海洋史研究》第一辑，社会科学文献出版社，2010 年，第 32—56 页。
③ 郑瑞明：《台湾明郑与东南亚之贸易关系初探——发展东南亚贸易之动机、实务及外商之前来》，《台湾师大历史学报》第 14 期，1986 年 6 月，第 57—108 页；郑瑞明：《日本古籍〈华夷变态〉的东南亚华人史料》，吴剑雄主编：《海外华人研究》第 2 辑，台北：台湾海外华人研究学会，1992 年；《从明郑户官郑泰长崎存银事件看十七世纪中叶的日本唐通事》，《笠征教授花甲纪念论文集》，台北：学生书局，2001 年；《清领初期的台日贸易关系（1684—1722）》，《台湾师大历史学报》第 32 期，2004 年 6 月，第 43—87 页。

匪浅。

　　值得一提的是，日本学者岩生成一在 20 世纪 60 年代提出"锁国"说，曾长期影响到日本学界乃至普通国民对于近世日本对外交往状态的整体认识①。考虑到对外关系史的研究，向来与现实的国家对外交往状态有着千丝万缕之关联，这种认识之发生，或与当时日本学界及普通国民，对于日本在东西两大阵营对峙情势下何去何从的孤立感有一定关系。然而，自 70 年代初开始，日本学界产生了将近世日本统一权力置于对外关系的脉络中加以揭示的意识，开始注重日本与东亚世界的关联，如山口启二提出与近世日本交往的国家分为"通信之国"及"通商之国"，而朝尾直弘更是提出所谓基于"武威"的"日本型华夷秩序"的概念②。到 70 年代后半叶，荒野泰典进一步提出所谓"四口"（长崎口、对马口、萨摩口、松前口）论，试图以之把握近世日本对外关系的全貌，这已经不同于此前长期以来所谓锁国论框架下"作为唯一窗口之长崎"的基本观点。到 1988 年，荒野泰典进而直接否定"锁国"论，而提倡使用"海禁"以及"日本型华夷秩序"等概念。③可以说在日本历史学界扬弃"锁国"论的过程中，对外关系史研究起到了重大的作用，而在这一研究领域内，基于"情报"的历史分析，在 80 年代末 90 年代初蔚为时尚，之所以如此，或许正如日本学者所言，"可以视为由于面临 1980 年代到 90 年代初苏联、东欧共产圈的历史性变动与变革，'情报'所起作用之重大，为历史学所认识的结果"④。而制度化的风说书采录，是"锁

①参见［日］岩生成一：《日本の歴史 14——鎖国》，东京：中央公论社，1966 年；岩生成一：《鎖国》，收入《岩波講座：日本歴史》第 10 卷《近世 2》，东京：岩波书店，1967 年。

②参见［日］山口启二：《日本の鎖国》，收入《岩波講座：世界歴史》第 16 卷《近代 3》，东京：岩波书店，1970 年；［日］朝尾直弘：《鎖国制の成立》，收入《講座日本史 4——幕藩制社会》，东京：东京大学出版会，1970 年。

③参见［日］荒野泰典：《幕藩制国家と外交—対馬藩を素材として—》，《歴史学研究》別冊特集，1978 年 11 月，第 95—105 页；［日］荒野泰典：《近世日本と東アジア》，东京：东京大学出版会，1988 年。

④参见［日］岩下哲典、真荣平房昭编：《近世日本の海外情報》序言，东京：岩田书院，1997 年。

国体制"之下日本海外情报的重要来源,通过对风说书的解析,与清朝和朝鲜对于外部世界的无知颟顸形成比照,无疑有将对于锁国体制的固有认识相对化的重要意义。因此,自 20 世纪 90 年代以来,"风说书的研究,作为'海外情报'研究,担当起 1990 年代以来情报史研究的一翼。"① 直至近年,仍然呈现方兴未艾的迅猛势头。荷兰风说书的研究,有松方冬子的专著问世,而唐船风说书的研究方面,松浦章迭有新著刊行 ②,可见一斑。

　　截至目前,应该说日本学者在唐船风说书的研究方面,具有起步较早、积累深厚、系谱明晰、薪火相传的特点。其中关西大学东西学术研究所以及九州大学是其中的两大重镇,如大庭修和松浦章二人有师生之谊,并且先后担任关西大学东西学术研究所的领导职务。而浦廉一的学生中村质后来长期担任九州大学的教职,与先后担任九州大学东洋史研究室教职的山脇悌二郎以及川胜守皆交往密切。日本学者的研究也深深影响到华语学界,如我国台湾学者受日本学者影响较深,毋庸讳言。大陆地区的学者相对而言,起步较晚,研究多不成体系,从这种意义上说,孙文的博士论文,无疑具有开创性的学术意义。但细究目前关于唐船风说书的研究,可以说极大地偏重于海上交通与贸易等领域,这从日本学者和我国台湾学者的研究中可以看出来。而近年专长于中日贸易史的东洋史学者松浦章所著《海外情報からみる東アジア – 唐船風説書の世界 –》一书,从情报传递以及异文化相互认知的视角出发,似乎提供了一种新的研究路径,尽管这种研究路径可能深受日本史学者对于荷兰风说书研究思路的影响。对于日本学者而言,制度化的风说书采录是"锁国体制"之下日本认识海外世界的重要途径之一,为论证日本在东

①　参见[日]松方冬子:《オランダ風説書と近世日本》,东京:东京大学出版会,2007 年,第 9 页。

②　松方冬子专著参前揭注。关于唐船风说书,松浦章有《14 世紀 ~ 20 世紀初頭の東アジア海域諸国における海外情報の研究》[平成 15—17 年度科学研究費補助金(基盤研究 C)研究成果報告書,2006 年]、《海外情報からみる東アジア – 唐船風説書の世界 –》、《東アジアにおける文化情報の発信と受容》(东京:雄松堂出版,2010)等三本著作陆续问世。

亚范围内率先迈入近代提供历史依据。但对于中国学者而言，研究旨趣还是自然地有所不同，更多还是习惯于将唐船风说书视为弥足珍贵的域外史料，为反观当时中国政治、经济和社会心理等各方面的历史过程提供新的参照。那么，是否有可能在海上交通与贸易之外开辟关于唐船风说书研究的新路径呢？这似乎还是要回到对于唐船风说书这一特殊史料自身特质的把握上来。

二　唐船风说与燕行记录

《华夷变态》主要收录的内容，可称为"唐船风说书"。所谓唐船，主要是指自中国大陆诸港出发的华人贸易商船，但是由于当时东南亚诸国也多以华人为贸易中间商，来自东南亚诸国的华人商船亦在"唐船"所指范围内。除唐船风说书之外，《华夷变态》还收录少量的朝鲜、琉球、荷兰风说书，以及少量汉文文书。林春斋于1674年开始着手编纂《华夷变态》。林春斋于1680年逝世，大约从他其晚年开始，其子林信笃便接手从事编纂，所收风说书止于1721年。可基本认定内阁文库藏《华夷变态》三十五卷本出自林氏家藏本，而前五卷出自林春斋之手，后续的编纂工作则由其子林信笃完成[1]。需要提到的是，《华夷变态》卷一所收如《李贼覆史军门书》、《崇祯宾天弘光登位》、《崔芝请援兵》、《郑芝龙请援兵》、《芝龙败军》、《郑彩寄书二篇》、《琉球传闻》、《鲁王谕琉球》、《建国公遣琉球书》、《朱成功献日本书》等，主要关乎南明史事，有一部分由林罗山经手，但林罗山本人并没有参与编纂《华夷变态》。明历三年（1657）江户发生大火，林家藏书损失严重，可以推断遭大火焚毁的文书亦不在少数，这可能是造成《华夷变态》有关南明史事的部分异常单薄（仅存一卷）的重要原因。《华夷变态》卷二至卷七，大部都是与三藩之乱有关的风说书，几乎所有与这一动乱相关的重要史事与人物都有涉及。需要提及的是，东洋文库排印本《华夷变态》卷五有两种，其中第二种系根据通行五卷本《华夷变态》补入，主要收录涉及

---

① 参见［日］浦廉一：《唐船風説書の研究》。

郑经与投降清朝的延平户官郑泰后裔围绕长崎存银而在日本进行诉讼的风说书与往来文书。卷八则主要收录有关清朝统一台湾的风说书。

日本自 17 世纪 30 年代颁布锁国令之后，只与朝鲜、荷兰、琉球及中国保持外交或贸易关系，并且严行禁止国民私自出海，因此风说书的制度化采录及其呈报，为锁国时代的日本获取外部信息提供了至关重要的途径。与朝鲜王朝可以岁岁遣使北京、直接获取对华情报不同，日本主要借由唐船乘员之口，间接获知有关中国各方面的消息与情报。目前收入《华夷变态》的风说书，都经由唐通事和解为江户时代的通行文书体——侯文（そうろうぶん），并撮其要旨进呈给幕府，严格来说并非风说书的原件。因为唐通事所习为汉文汉语，而当时大多数唐船乘员应该说并不懂日语，唐通事向唐船乘员询问中国的情况，无疑皆操汉语并以汉文记录，而且有问有答。但保留至今的经过和解的唐船风说书，则仅为唐船乘员回答之概要而已。并且，考虑到问答之际，提问者对于回答者总是会有某种牵引或暗示的作用，唐船乘员只能根据唐通事的询问来提供相关信息或情报，而唐通事又将其回答的要旨加以和解，故而最后成形的风说书必然渗入了唐通事的意志、情感、好恶乃至想象，或多或少都与原件有所差异，至于这种差异到底有多大，则难以推知。唐船风说书中很多有关中国时局的描述，真伪错杂，有时异常准确，有时便显得荒诞不经。

燕行记录很大程度上是朝鲜王朝获取对华情报的重要源头，而《华夷变态》作为江户时代最为重要的海外情报集，其所收风说书也在德川幕府获取中国情报方面具有类似的功能与地位。但是与燕行记录相比，唐船风说书在数量方面难以企及。以明清鼎革期而言，现存收入《燕行录全集》的燕行录就有三十余部，这还不包括保存于《朝鲜王朝实录》、《承政院日记》、《备边司誊录》、《同文汇考》等大型史籍中的相关内容，而东方文库本《华夷变态》关于这一时期的内容仅有九卷，共计四百余页。不过，燕行使节的最后一站是北京，所以他们对于中国南方的各种信息，往往也只能道听途说，而至长崎贸易的中国商船船员大部都出生于南方，其所口述有关南部中国的各种情况，例如关于南明、郑氏集团以及三藩之乱中耿、尚二藩的动向等等，往往较为准确，这在唐船风说书很明显地体现出来。

如果细检燕行录不难发现，由于地理阻隔，燕行使节对于南明以及三藩之乱中耿、尚二藩乃至郑氏集团的活动，往往只能获得笼统模糊的认识。就南明而言，直到康熙八年（1669），入燕使臣闵鼎重还在途中问玉田县书生王公濯曰："昨岁漂船来泊我国之境，传言永历尚保南徼，此言的否？"[①]而王公濯答以永历旧臣"降者降而死者死，永历遂为缅国所献，今已五年矣"，闵鼎重仍将信将疑。[②]而对于台湾郑氏，朝鲜入燕使节往往也没有可靠的消息来源，如1656年入燕使臣麟坪大君获知，"亲王率精甲万余出师，与福建郑芝龙子郑进功对垒未还。进功自明朝据九江口海岛作孽，是海贼也，拥甲百万，割据福建一带，钦戴永历，不顺清朝，识者忧之。"连郑成功名字也弄错了。这种状况一直沿袭到康熙初年，如康熙三年（1664）洪命夏入京，问朝鲜被掳人，后者对以"郑成公死后，其子领其众据海岛，出掠云南、贵州，清兵击之，还入岛中"[③]。不仅郑成功的名字仍然不对，而且对于郑氏的活动范围也不甚了然。康熙七年（1668）入燕的朴世堂在途中问姜姓秀才，仍未能获知准确情报：

即又曰四川下四府生民一无所有。问：为何无存者？答曰：皇上恶其通水盗。问：水盗为谁？曰：郑宏公。问：宏公时在何地？曰：不知去向。问：四府民被杀在何时？答：五年秋。问：郑是水盗，常在海中，四川去海绝远，缘何相通？答：何论远近？[④]

直到次年（1669）入燕的闵鼎重总算获得了清朝与郑氏在沿海争战

---

① 所谓昨岁漂船，可能是指1667年漂至朝鲜的郑经所辖官船，为首者是郑氏官商陈得、曾胜、林寅观等三人，船员共九十五名，最后朝鲜将他们移送北京，全部被清朝处死。此次漂船携有永历二十一年的历书，与之交接很多朝鲜官员士人都相信南明尚存。相关研究，可参见［日］松浦章：《李朝時代における漂着中国船の一資料——顯宗八年の明船漂着と「漂人問答」を中心に》，《関西大学東西学術研究所紀要》第15卷，1982年3月，第53—101页；孙卫国：《义理与现实的冲突——从丁未漂流人事件看朝鲜王朝之尊明贬清文化心态》，《汉学研究》第25卷第2期，2007年6月，第187—210页。
② ［朝鲜］闵鼎重：《老峰燕行记》，《燕行录全集》第22册，第376页。
③ ［朝鲜］洪命夏：《燕行录》，《燕行录全集》第20册，第326页。
④ ［朝鲜］朴世堂：《西溪燕录》，《燕行录全集》第23册，第344页。

的准确情报，得知"郑经在南海中，据有七十余岛，其中一岛长数百里，广七十里，时时出海掠夺。遣所谓相王者，领兵往福建防备，又疑南民与之相连，循海边三百余里，撤民居长芦荻不通人迹，只置侦候之官，而亦不得领兵，有变举烽则总兵登时进斗"①。

又如，顺治帝和康熙帝作为创业之君，都称得上是大有为之英主，然而二者在朝鲜使者笔下皆遭酷评。麟坪大君李㴭《燕途纪行》提及顺治帝之状貌曰："年甫十九，气象豪俊，既非庸流，眸子暴狞，令人可怕。"②至于顺治帝之治术则云："儿皇力学中华文字，稍解文理，听政之际，语多惊人，气象桀骜。专厌胡俗，慕效华制。……气侠性暴，拒谏太甚。间或手剑作威，专事荒淫，骄侈自恣，罕接臣邻，不恤蒙古，识者颇忧云。"不惟如此，还大曝顺治荒淫好色，"宫中贵妃一人，曾是军官之妻也，因庆吊出入禁闱，帝频私之，其夫则构罪杀之。勒令入宫，年将三十，色亦不美，而宠遇为最，其夫兄赏赐累巨万，仍册封东宫正后，定日乃今月二十日也。"③闵鼎重极力丑诋康熙，笔调与李㴭如出一辙，他归国之后受显宗召见，刻意强调康熙帝及其时代的负面部分，言康熙帝"猜疑群下，每事必亲，务为察察，国人甚苦之，公然怨骂，少无忌惮。性又喜射，故日事山猎"，并断言"必有萧墙之患也"④。对于康熙帝亲政后"廉贪屡有黜陟"，连遗民也"觉胜于前"的正面情况则只字不提。而尤可喷饭者，韩泰东对于康熙亲自射猎打鱼大发议论，认为他自轻无度：

> 皇帝即位以后，荒淫成性，盘游无节。姑以近事言之，夏间幸沈之时，不由修治正路，跃骑驱驰，上下山坂，日以射猎为乐。及到辽东，设打鱼之戏，皇帝着拒水袴袜，戴小帽，亲入水叉鱼，大臣明珠及诸王以下皆令执罟，沾体涂足，丧失威仪，近处军民许其聚

---

①［朝鲜］闵鼎重：《老峰燕行记》，《燕行录全集》第 22 册，第 367—368 页。
②［朝鲜］李㴭：《燕途纪行》，《燕行录全集》第 22 册，第 152 页。
③［朝鲜］李㴭：《燕途纪行》，《燕行录全集》第 22 册，第 155—156、157 页。
④《朝鲜王朝显宗实录》卷二二，显宗十一年闰二月乙未，《朝鲜王朝实录》第 38 册，首尔：国史编纂委员会，1973 年，第 12 页。

观,不使拘呵。且言皇帝能炮善射,每当游猎,勇前当兽,发必命中云,可见其自轻无度之实矣。[①]

实际上以今天我们的历史认识来看,康熙射猎打鱼无非出自满洲旧俗,其所以亲自下水捕鱼,"臣明珠及诸王以下皆令执罟",无非是向臣民昭示祖先创业之艰难,就好比汉族皇帝携皇后举行春耕仪式一样,向臣民昭示国家以农为本。此种对于清朝皇帝的负面描写无疑与当时入燕使臣的反清立场与厌清情绪有关。

相形之下,唐船风说书对于郑氏集团从崛起到覆灭的全过程,则有几乎连续且不间断的准确情报。甚至效力于郑氏集团的一些文人,也留下了一些细节性的记载,这里仅举一例,即可管中窥豹。《华夷变态》卷三收有《大明论》和《清朝有国论》,作者分别为以明朝遗民自居的何倩甫和林上珍。[②]这两篇策论是反映明清鼎革期间明朝遗民华夷观念以及正统意识的珍贵文献,但是皆不署日期,而何倩甫及林上珍二人,似并非当时第一流的士人,是以目前尚未在中国文献里发现有关二人的记载。《华夷变态》将这两篇文字系于延宝三年(1675)五月十六日"二番东京船唐人共申口"和五月二十六日"五番厦门船唐人共申口"之间,据此大致可推知在康熙十四年(1675)五月以前,二人已经搭乘赴日商船到达日本,这一点也能从其他的一些日本文献得到印证。据日本学者小松原涛研究,何倩甫曾自述"予自乙卯岁,客游日东之崎阳",何倩甫是福建福清人,而林上珍是霞浦人。[③]而《先哲丛谈》卷四提到何、林二人,与日本儒者大高坂芝山(1647—1713)[④]为莫逆之交:

> 明林珍、何倩、顾长卿来在长崎,芝山每致诗文乞是正,彼各极口褒赏,至为韩、柳、欧、苏无过,于是芝山自以为然。江邨北海曰:"林、何、顾三人孟浪诙言,固不足信,而季明信之,自夸毗,

---

① [朝鲜]韩泰东:《两世燕行录》,《燕行录全集》第29册,第246页。
② 《華夷變態》卷三《大明論》,《清朝有國論》,第111—112页。对引文版本的说明移至首次提及该整理本的241页注释①处。
③ 转见于[日]小松原涛:《陳元贇の研究》,东京:雄山阁,1962年,第227页。但作者并没有注明史料出处。
④ 本名季明,字清介,号芝山,又号一峰、黄轩,土佐人。

遂欠精细工夫。余酷爱季明慷慨有气节，因深惜为三人所误。"非过论。[①]

这里所谓"林珍"及"何倩"二人，就是指林上珍及何倩甫无疑。从上引逸事可知，林、何二人到长崎后，太过推崇大高坂芝山，对后者一生行止产生了不良影响。实际上大高坂芝山为人本就心高气傲，好排斥同辈，如当时日本儒林俊杰木下顺庵、伊藤仁斋、山崎闇斋乃至东渡日本的明遗民陈元赟、朱舜水皆遭其酷评[②]，而独拜服林上珍、何倩甫二人，与二人结为至交。其诗文皆由二人作序，如林上珍作《芝山诗序》云：

> 予自居停化国，江山是主，羁旅如归，数年之间，许我窃冒文字之知者，惟芝山大高季明文字一人耳。明公尝以其纪行诗集他诗三百余编，远辱赐教，其词雄丽典奥，正言不讳云云。机锋所致，便入三昧，瀚海奔流，几摇五岳，宜其驾唐御宋，驰骤今天之下，四灵才子几何不为彼臣妾也哉？[③]

从这篇诗序看，用所谓"瀚海奔流，几摇五岳，宜其驾唐御宋，驰骤今天之下"，来形容一个非以汉语为母语的日本诗人，不能不说有违常识，谀谀太过。如果对照风说书的记载，就容易理解林上珍为何出此言论。先说林上珍，据贞享元年（1684）"一番广南船唐人共申口"云：

> 前年（1682）有自贵地出发至广东的蔡胜官船，如去年各船所呈，去年六月欲赴贵地，已备办相当之货物，然被大清兵船发现并被认为东宁船，遭到攻击，船中人亦与之战斗，然终被打败，死亡人数很多，唯独二十八人得以逃命，又皆被生擒。其中有船头蔡胜

---

① ［日］源念斋撰，［日］前田勉译注：《先哲丛谈》卷四《大高坂芝山》，东京：平凡社，1994年，第212页。
②《先哲丛谈》卷四《谢何林二老书》云："陈元赟在洛，而曩相会。朱舜水在此而迩面晤，潜察厥言行学术，疑弗端诚纯粹矣。多猥俚之态，乏彦士之姿，词赋亦似未英懿，故不欲就正焉。"第210—211页。
③ 转引自朱谦之：《日本的朱子学》，北京：人民出版社，2000年，第289—290页。据《先哲丛谈》卷四《大高坂芝山》第三条页下注四，大高坂芝山《芝山会稿》有"明何倩甫"条。《芝山会稿》收有何倩《芝山文序》以及林珍之《芝山文后序》。惜《芝山会稿》暂未能得见。

官，并数年来与唐通事发生争讼，遭到抑留的师匠林上珍。林上珍
前年亦乘蔡胜官船归国，此次作为船组人员，亦在被生擒者之列。
蔡胜官及前述二十八人一起在广东被羁押在监，广东守护及其他诸
官，皆为仁德之人，没有上奏北京，究明系将暹罗船误作东宁船攻
击后，将众人全部赦免，十二月二十九日出狱。①

据此可知林上珍于 1682 年乘船返回中国，不知史料中所云"与唐通
事发生争讼"是何所指，但是似乎林上珍因此而在日本滞留了数年。因
此假设其赴日时间为 1675 年，1682 年方始归国，则其在日本滞留的时间
长达七年之久。林上珍在 1683 年再次赴日时，遭到清军拘捕。但是，他
很快就得以脱身，并于贞享元年七月十七日便搭乘"七番广东船"来到日
本。②同为 1684 年到达的"四番东京船"，也带来了何倩甫的消息，据云：

因争讼被抑留的师匠唐人何倩甫，前年搭便乘我船往赴东京，
此次又乘我船来日。③

两位明朝遗民的生平事迹虽不得其详，但是他们都被称为"师匠"，
而且从其所著论策来看，当是有相当文化素养并对时事颇具识见的人
物。又何倩甫在《大明论》中自述"倩生也晚，幼时读书，壮来弃业"，
而林上珍也在《清朝有国论》中提到"珍前代为民，稚年而丁"，似乎都
因明清鼎革的大变故中断了儒业，改以贩海为生。二人作为明朝遗民
流落异国，寄人篱下，而大高坂季明当时已经是知名的日本儒者，主动
与之酬酢，二人受宠若惊也是容易理解的。值得注意的是，林上珍所乘
之"一番广南船"船主蔡胜官，实际上是郑经手下的官商，据《华夷变
态》卷五（第二种）所收延平户官郑泰手下龚二娘、黄熊官领取留置长
崎的存银时向长崎奉行呈递之《列位老爷书》（上呈日期是延宝三年，
1675）后，蔡胜官作为"知证人"签名，身份是"东宁船主"④。康熙十四
年（1675）年郑经军队应耿精忠之请进入泉州，控制了居住泉州的郑泰

①《華夷変態》卷八《一番廣南船之唐人共申口》，第 416 页。
②《華夷変態》卷八《八番厦門船之唐人共申口》，第 428 页。
③《華夷変態》卷八《四番東京船之唐人共申口》，第 421 页。
④《華夷変態》卷五（第二種）《列位老爺書》，第 252 页。

的部分子孙，迫使在北京的郑泰后裔屈服，就长崎预银一事达成和解①，因此在1675年仍由已死的郑泰手下龚二娘、黄熊官领回留置日本的存银，而最后实则归入郑经所有。至于何倩甫，后为长期从事越南与日本之间海上贸易的船头林于滕所收留，被任命为"胁船头"（财副），从事文字工作。②似乎林上珍、何倩甫二人在康熙十四年（1675）赴日，就是随东宁船头蔡胜官等人前来处理长崎预银。在此基础上，就不难理解为何林上珍在《清朝有国论》中大肆斥责吴三桂，云："矜其（人）〔入〕卫之勤，冒为逐寇之功，……君死未寒，北面臣虏，食禄之家，夫亦奚忍而甘心也哉？假于寇去之日，多以金帛赠之，速返其师，然后立主，以竢勤王，国本已固，徐行伐，其谁曰不宜？然而无有能者，盖臣之忠义，死予君而死予国，未亡者智鲜及而谋不臧，加以诱虏之徒，忍心悖理，怙宠贪荣，相率而胥与为夷，为甚惜耳。"③这是由于在三藩之乱发生后，郑氏集团自认一直坚持反清复明，在道义上最无可挑剔，远胜吴三桂为首的三藩。效力郑经的林上珍大肆指责吴三桂就反映了这种心理。

另一方面，《华夷变态》虽对南明以及三藩之乱中耿、尚二藩乃至郑氏集团的活动记载比较准确细致，但对于地理距离较远的吴三桂势力及北方中国的情况，往往流于想象。例如清朝入关之际，《华夷变态》卷一所收《大明兵乱传闻》有云：

起义大将名为李自成者，乃陕西下辖延安府人氏，祖父官至兵部尚书，父亲在其幼年时期亡故。李自成二十八岁之时，正值崇祯七年。当年因饥荒，大量百姓未能上缴赋税，延安府米脂县官衙逮捕百姓，加以为难。李自成怜而代纳逋赋，百姓悉免于罪。但崇祯八年又饥荒大作，米脂县衙因上年李自成代缴逋赋，此次又勒令其缴纳。李自成回复："上年鄙人顾虑百姓不便，因而出银缴纳。此次鄙人家计艰难，难以代为缴纳赋税。"职此之故，县衙将李自成逮

① 其始末见《華夷変態》卷五（第二種）《鄭祚爺手代龔二娘的相尋申樣子之覺》，第240—243页。
②《華夷変態》卷一八《八拾五番溫州船之唐人共申口》，第1391页。
③《華夷変態》卷三《清朝有國論》，第113页。

捕入狱，朝夕摧残。当时受恩之百姓商议，李自成身陷囹圄，莫保朝夕，皆因怜悯我等，出银纳税之故，于是皆疾视县衙，欲救李自成出狱，以报前恩。乃集合百姓约四五百人攻取县衙，决然救出李自成。并因此人数渐增，遂成大势。①

这里所记的李自成，与后来《明史》形塑的"流贼"，形象上有霄壤之别。当然，这并不是说李自成真就是所谓"李公子"，乃堂堂大明兵部尚书之后。不妨先看看清初官修正史《明史》卷三〇九《李自成传》的一段记载：

> 杞县举人李信者，逆案中尚书李精白子也，尝出粟振饥民，民德之，曰："李公子活我。"会绳伎红娘子反，掳信，强委身焉。信逃归，官以为贼，囚狱中。红娘子来救，饥民应之，共出信。②

这段史料实际说的是李自成部将李信加入李自成义军的经过，而清初以布衣加入明史纂修行列的著名史家万斯同，在其私撰《明史》卷四〇八《李自成传》中对于李信事迹所记较详：

> 河南举人李岩者，大司马李精白子也，原名信。信以父阉党，思湔其丑，尝出粟千石活饥民。饥民德之，称李公子。会红娘子蹋绳妓也，重信，掳信去，强委身事信。信乘间归囚于官。红娘子来救，破囚，饥民之德之者，同时起曰：'李公子活我，今有急。'乃杀令反，而信投自成，改名岩。③

这位李信，就是广泛见诸明清史籍记载的传奇式人物——李自成部将制将军李岩。根据各种史籍记载，李岩颇具远略，在李自成部将之中可谓人中之龙。崇祯十三年（1640）李自成本来已被督师杨嗣昌"四正

---

① 《華夷变態》卷一《大明兵亂傳聞》，第5—6页。

② （清）张廷玉等：《明史》卷三〇九《李自成传》，北京：中华书局，1974年，第7956—7957页。

③ 清末徐鼒《小腆纪年附考》卷一综合了各种记载，最为详尽："杞县举人李岩者，初名信，逆案尚书李精白子也。士大夫羞与齿，信以为憾，因乱，请之督府，捍卫乡里，权宜窃兵柄，以报其所不平。尝出家粟千石赈饥民，民德之，曰："李公子活我。"会绳妓红娘子作乱，掳信去，强委身事之。信不从，逃归。有司疑其为内应，执下狱。红娘子来救，城中民应之，共出信，往归自成，改名岩，伪署制将军。"（清）徐鼒撰，王崇武校点：《小腆纪年附考》卷一，北京：中华书局，1957年，第10页。

六隅，十面张网"的围剿逼得走投无路，仅带少数部众自商洛山（在陕西东南）溃围轻骑间道奔河南。正是李岩在危急关头投靠李自成，劝李自成"尊贤礼士，除暴恤民"，行均田免赋，编童谣到处传唱"吃他娘，穿他娘，开了大门迎闯王，闯王来时不纳粮"，才使得河南饥民如大旱之望云霓，纷纷投入李自成麾下①。实力大增的李自成军也从此一改流寇杀掠之作风，而决意问鼎中原。但李岩似乎是个悲剧性的人物。李自成进京之后，便对他日益冷淡，山海关之战大败后农民军自北京仓皇撤退途中，大顺丞相牛金星向李自成进谗言，言李岩有异图，李自成乃"令金星与岩饮，杀之"②。李信的人生经历，是正统史书讲述功臣宿将鸟尽弓藏兔死狗烹一类故事的极好注脚。李岩以贵胄之裔而见疑于官府，不得已投身事贼，胸怀远略却不遇明主，终于在小人攻讦之下含冤而死。如果把他的故事与上引风说书进行比较，不难发现风说书所述李自成生平，羼入不少李岩事迹。实际上，出身明末南直隶无锡的计六奇这样提到：

> 予幼时闻贼信息，咸云李公子乱，而不知有李自成。及自成入京，世间犹疑即李公子，而不知李公子乃李岩也，故详志之。③

据他回忆，李自成起兵时，江南地区民间就已经将其误作贵胄公子。即使在李自成入京之后，这种传闻依然有很大影响。考虑到赴日本的商船多发自江南滨海，江南船员将这种传闻带到日本是不足为怪的。这样的例子其实还有不少，如三藩之乱发生之后，康熙十四年（1675）发自思明州（治今厦门）的商船带来有关清朝名将张勇叛乱的消息④，则显得荒诞不经。历史上张勇的确是吴三桂养子，但是他在三藩之乱发生后拥护朝廷，为平定清陕西提督王辅臣的叛乱立下了汗马功劳，解除了

---

① （清）计六奇撰，魏得良、任道斌点校：《明季北略》卷二三《李岩说自成假行仁义》，北京：中华书局，1984年，第655—656页。
② （清）张廷玉等：《明史》卷三〇九《李自成传》，第7968页。
③ （清）计六奇撰，魏得良、任道斌点校：《明季北略》卷一三《李岩归自成》，第226页。
④ 《华夷变态》卷三《贰十七番思明州船之唐人共申口》，第129—132页。这则风说书署期为"卯七月廿日"。

清朝的肘腋之患。而风说书中的张勇却对吴三桂死心踏地，其中提到张勇自陕西驻地远程奔赴山海关切断蒙古入援，触怒康熙等事，纯属无稽之谈。考虑到思明州出发的商船船员多效力于郑经，带来这种无稽之谈无非反映了他们渴望三藩战胜、颠覆清朝、恢复大明的急切心理而已。这也充分体现了风说书作为传闻、风闻的本质特征。

《华夷变态》作为一种历史叙事的倾向性，在其所收风说书中体现得十分明显。明清鼎革期间，朝鲜风说书往往夸大吴三桂及其盟友郑经军队之战绩，甚至有郑氏是朝鲜六大姓之一，可能君临朝鲜之类危言耸听的传闻。唐船风说书大部分情形下亦丑诋清朝。唯有琉球由于与明郑政权交恶，其所提供的风说书也较为客观。这并不奇怪，实际上朝鲜使臣入燕之际，向国内报告中国情况的所谓"别单"亦存在类似问题。当时的清朝通事即所谓"笔帖式序班，多是南方窆人子"，出于生计专门迎合满怀"华夷"执念的朝鲜使行人员之所好，向朝鲜通事兜售丑诋清朝的相关情报，"其言务为新奇，皆怪怪罔测，以赚译辈剩银。时政则隐没善绩，妆撰秕政，天灾时变，人妖物怪，集历代所无之事；至于荒徼侵叛，百姓愁怨，极一时骚扰之状，有若危亡之祸，迫在朝夕，张皇列录，以授译辈。译辈以呈使臣，则书状拣择去就，作为闻见事件，别单书启"[1]。总之在明清鼎革这样一个动荡的年代，风说书类似于一种口耳相传的国际新闻，渗入了当时人们的复杂立场、感情甚至想象。

奉明正朔的郑氏政权于康熙二十二年（1683）覆灭之后，其翼卵之下的郑氏海商集团也随之土崩瓦解，此后前往日本的"唐船"构成发生急剧变化。康熙二十三年（贞亨元年）入港大多数为东南亚等地出发的华人商船，自中国大陆起航者只有广东船五艘及厦门船一艘，而其中的"八番厦门船"，是清朝福建水师提督施琅所派，提供了关于清朝统一台湾、准许渔船入海以及招徕郑氏海商等消息。[2] 而自康熙二十四年起，由于清朝解除了长期施行的"迁界令"，进入长崎港的中国商船就占据

---

[1]［朝鲜］朴趾源撰，朱瑞平校点：《热河日记》卷四《杨梅诗话·别单》，上海：上海书店出版社，1997年，第289页。

[2]《華夷變態》卷八《八番厦門船之唐人共申口》，第425—429页。

了压倒性的多数。时局及商船乘员结构的变动，也导致风说书的倾向性与明清鼎革时期相比发生了微妙变化，其中关于清朝正面的描述亦日益增多。如康熙二十三年十二月入港的南京船、次年二月入港的"一番福州船"等陆续带来康熙南巡的消息，不无粉饰大清太平的描述。康熙二十六年四月入港的"五十六番南京船"甚至带来了关于黄河出现十日澄清之太平瑞兆的消息，并提到顺治帝乃南明永历帝之子，故而康熙帝"诸多方面皆仰慕汉风"，颁行"圣谕十六条"，理学名臣汤斌受到重用，而清朝根本之地满洲的风俗也开始以夏变夷。① 总之明清鼎革期之后，风说书关注面较之明清鼎革期间似乎大大拓展，开始关注清朝的风俗教化、礼乐政刑等等，或许说明三藩之乱被平定之后，日本也不得不认真打量清朝的正统性与合法性，而不再简单将其视为一个窃取神器的夷狄之邦。② 可是只要清朝局势稍有不稳，风说书就以大量篇幅进行渲染，尽可能丑诋清朝，如对于康熙二十七年发生的武昌兵变，当年入港的"百三十九番普陀山船"甚至将兵变原因归结于康熙贪恋八面观音美色，而流放在三藩之乱中立有大功的宿将蔡毓荣所致③。这或许说明风说书的历史叙事，仍然保持一以贯之的固有底色。

三　朝鲜风说书所见日朝情报交涉

清初三藩之乱的发生，不惟严重动摇了清王朝的统治，也造成了东亚地缘政治格局的大震荡，东亚诸国如朝鲜、日本、琉球亦莫不极力搜集相关政治、军事情报，以因应华夷秩序调整的可能变局。朝鲜以各种

---

① 《華夷變態》卷一二《五拾六番南京船之唐人共申口》，第 716—720 页。
② 如日人所著《兰园鸡肋集·清客新话》提道："贞亨三（1686）丙寅春正月日，大清福建人漂着对马，平田茂左卫门尉笔谈，同三月二十三归唐。问：清皇帝定天下之后，其典刑税敛欤？中国之盛无异乎？荆楚闽浙之际，虽边浦寒村之地方皆无不染北服，倘如游侠之辈间着中原之服乎？虽士农工商蒙今皇帝之泽欤？中原之世为异乎？如古无有施仁义于民间如鲁斋者出，以道学名于世者为谁？从前流听说流甚夥矣，未知其实。希以公所议，详得报谕，则是幸。"参见《江户时代の日中関係资料：蘭園鶏肋集》，［日］大庭修编：《近世日中交渉史料集 5》，京都：关西大学出版部，1997 年，第 138 页。
③ 《華夷變態》卷一五《百三拾九番普陀山船之唐人共申口》，第 974—975 页。

名目派至北京的"燕行"使团接踵于途，极力打探有关三藩之乱的情报。日本也不遑多让，通过釜山倭馆、琉球以及唐船等三个途径努力获取情报。所谓朝鲜风说书，实际上就是日本通过釜山倭馆向朝鲜官民多方打探的外交情报。

总体而言，《华夷变态》所收朝鲜风说书有如下几个特点。一是缺乏可靠的消息来源，除有两次是倭馆日本使臣询问朝鲜译官所得。二是仅为口述概要，模糊笼统而语焉不详。三是对于清朝覆灭、三藩获胜充满盲目乐观，对于叛乱一方的战绩不无夸大失实之处。例如，卷二《吴三桂逆心企之次第》有如下记载："'红头天子二十年'等谶语显于北京之山所出玉石。据闻赤发鞑靼进入北京占领唐国全境已有二十年，今生此乱，玉石文字或为北京鞑王灭亡之奇瑞。必于唐乱发生之际，方有如此奇瑞。"① 这似乎在中文及朝鲜史料中找不到对应的记载。实则清军入关到三藩之乱爆发，已有三十年，且满族赤发之说更是无稽之谈。又如，卷三《朝鲜传说二通》里提到，清朝向蒙古请援，蒙古派出十万援军参与蒋山之战，然大部被歼。清人没有兑现每人给赏十两之允诺，导致蒙古军心生不满，遂饱掠乡村而去②，此亦偏离史实甚远。整个三藩之乱期间，叛军兵锋从未至南京蒋山，且十万蒙军入援之说亦于史无征。至于当年之战场态势，则描述如下：

> 唐国大部为吴三桂所占，现攻入南京附近，尚未攻占之地极少。……迄至近日，南京境内之蒋山有大战。其时吴三桂方面进攻南京之大将军靖南王，三十年以前与吴三桂等三人同为人臣，进入鞑靼时代，担任福州守护，此时与吴三桂联合。福州与南京相近，故而思为先锋，担任主将，独自率领锦舍麾下二员大将进攻南京。③

其中靖南王联合郑经担任三藩联军之先头部队，试图进取南京之消息，虽一定程度上反映了三藩起兵之初的战略安排，但风说书中却将此战略安排描述为既成事实。

---

① 《華夷変態》卷二《吳三桂逆心企之次第》，第 95 頁。
② 《華夷変態》卷三《朝鮮傳說二通》，第 102—103 頁。
③ 同上，第 102 頁。

　　但朝鲜风说又并非完全是空穴来风，尽管朝鲜官方向日本极力掩饰，但日本还是可以通过朝鲜的好事之徒获取截然不同的情报，窥视朝鲜的真实底牌。如《华夷变态》卷三《朝鲜国风闻之概要》记曰：

> 锦舍如今势强之故，吴三桂锦舍之谋士，建言如此番获胜，应进图朝鲜而治之。其中缘由，亦流传于朝鲜国。锦舍乃郑氏，为朝鲜六大姓之一，有此渊源，可知上述传闻大抵真实，是亦可虑。尤其在五六百年以前，有所谓释氏道说者，在此人所留预言末世之谶书中，言及五百年而后，将有郑氏之人君临朝鲜。朝野忧虑此事是否会发生。……以上是派驻朝鲜之家臣所报，民间传闻之类，虽或多有不实，仍据诸种传闻，书以上呈。
>
> 　　　　　　　　　　（康熙十四年 1675）十一月八日对马宗守 ①

　　以上传闻，自然多系夸诞不实之词，例如吴三桂遣使朝鲜请求援兵之举，郑经有举兵入侵朝鲜之谋。但是这些传闻真实地反映了朝鲜君臣面对复杂局势难以抉择的复杂心态，如有好事者陈绚，就曾上疏要求："请择能胡语、汉语者，间行深入，以觇贼奴虚实，又察吴将胜败。文武中择智谋异等者，为通信使，送于郑锦海岛，凭寄檄书于吴三桂，以约某月某日兴兵协力之期。" ② 这种疯狂的建议被许积等人所谏止。而极力举张与清绝和的大臣尹鑴于康熙十四年（1675）年初一月二十四日向肃宗进言："今日之忧，唯在于郑锦之猝迫海边，清虏之充斥西路，前秋虚警，亦非无根之事。以此告急于清国，请得缮治兵事，且我服事清国，郑锦之所尝疑而忿之者也。今与吴三桂合力，其势甚张，恐有（声）〔申〕罪致讨之患。"极力要求遣使与郑经通好，未获肃宗应允。③ 四月三日，尹鑴因唐人黄功上疏通使郑经，乘机向肃宗进言："天下大乱，皆叛胡，而独我国服事。他日中原恢复，我国何面目可立？今送一介使，通问于

①《華夷變態》卷三《朝鮮國に而風説之覺書》，第 135—136 页。
②《朝鲜王朝肃宗实录》卷三，肃宗元年五月辛未，《朝鲜王朝实录》第 38 册，第 274 页。
③《朝鲜王朝肃宗实录》卷二，肃宗元年一月癸未，《朝鲜王朝实录》第 38 册，第 240 页。

郑锦，则庶有辞于他日。"亦为许积等执政大臣所阻。^①十月二十二日，右副承旨李同揆上疏言："今日之隐忧，最在海上，会猎之书，一朝南来，则东吴谋士，争献迎贼之策，虽殿下手矼奏事之案，亦无及矣。"并要求"合天下之力，并东南之势，……风便顺利，张帆过海"，向清朝发动进攻。肃宗嘉其慷慨，但以时势不合，不允其请，态度上已有所动摇。^②朝鲜之所以进退维谷，是因为战局尚不明朗，一向奉行事大外交的朝鲜，必须审慎应对，以确保在可能面临调整东亚地缘政治格局中，国家安全利益不致受损。

朝鲜当局在因应日本情报诡诈的同时，也极力通过倭馆打探最新战况，例如肃宗六年（1680）七月，朝鲜译官安慎徽就从与之相厚的"馆倭"处得到"一张倭书"，内容是关于当年郑锦败退台湾前夕诛杀叛将施亥一事，并迅速将其译成汉文上报东莱府使。此倭书即风说书，今日文仍见存于《华夷变态》一书中，题为"二番普陀山船之唐人共申口"，其原文为江户时代特有的文书体"侯文"，兹试译为汉文如下：

> 东宁锦舍据厦门数年，今年二月二十六日城陷。盖因锦舍父国姓森官麾下大将名施五者，于森官在世时叛投鞑靼，八年前死于北京。施五甥名施亥，被鞑靼授予才官之职，居泉州，七年前（康熙十三年）锦舍攻取漳、泉二州之际，重投锦舍，颇受重用，然却通款于清。遂请于锦舍，言兵粮缺乏之故，为调取军粮，应派大船前往广东高州。其后伺机密通鞑靼，使之自陆路发兵十二三万余，攻打漳州境内之观音山，而此山系海澄县及厦门冲要之地。海路则由驻扎福州之水师总兵官名林贤者，以兵船凡二百五十艘左右、军兵三万余进薄。锦舍不曾料想，大惊之下虽加布防，然因当时兵船派往高州，无船可防，无奈率将领二十五人、军兵一万余，分乘所余兵船百余艘，于二月廿六日撤出厦门。

①《朝鲜王朝肃宗实录》卷三，肃宗元年四月己丑、辛卯，《朝鲜王朝实录》第38册，第260页。
②《朝鲜王朝肃宗实录》卷四，肃宗元年十月丙子，《朝鲜王朝实录》第38册，第307页。

　　施亥与鞑靼通款之举并未败露，为确认锦舍之动向，一直在厦门。而镇守海澄县之锦舍麾下大将刘国贤①，因海澄陷落，自海澄撤往厦门途中，见到可疑之信使，遂逮捕加以审讯，搜出鞑靼送与施亥之秘密还礼，故而抵达厦门后立即逮捕施亥，并自乘座船，退往厦门附近名镗山之处，向锦舍报告施亥起谋逆之心，锦舍不信，刘国贤遂向锦舍出示所搜得之密通礼物，锦舍亦无如之何，命刘国贤于镗山诛之。锦舍招集军兵，撤往东宁，再待时机。鞑靼命姚提督、杨副将等二人为守将，镇守泉州、漳州二府，厦门则由上述水师总兵官林贤镇守。

　　吴三桂数年以来，隔湖广境内之洞庭湖，与鞑靼对峙，据闻此时撤往云南，唯系远方之事，未能详知。我等去年三月离开长崎返抵普陀山，迄今为止虽在招揽客、货，然鞑靼严禁人、货出海，故载货出航甚难。尤其是鞑靼兵船每月巡逻普陀山海面两三次，故纵使在南京、浙江约定之客商亦无法出航。此次厦门城陷之消息，是经由镗山（厦门附近）本船之主人锦舍部下朱总兵，于四月六日派快船通报获悉。

以上唐人所述，书以上呈。
申四月廿日②

　　紧随这则风说书之后的是"三番东宁船之唐人共申口"，主要内容都是关于郑经部下施亥叛变一事之始末③。有趣的是，此事于四月二十日闻于长崎唐通事之后，不久即为朝鲜东莱府使侦知：

　　丁酉，东莱府使赵世焕驰启："馆中倭有与译官安慎徽相厚者，请训导朴有年而言曰：'俺与安译素厚，而曾以吴三桂、郑锦胜败，随闻相通为嘱矣。今者族人适自长崎岛还，偶得郑锦败状。'故委此报知。仍出一张倭书，即郑锦败走退保事也。或云：'吴三桂引兵城守于泗川。'又云：'清国自得泉、漳，严禁商船之出海，故江

①指刘国轩，风说书中往往误作"刘国贤"。
②《華夷変態》补遗卷二《二番普陀山船之唐人共申口》，第3002—3004页。
③《華夷変態》补遗卷二《三番東寧船之唐人共申口》，第3004—3006页。

南商船，绝不往来于长崎，时时往来者，只是郑锦所属船。'云。因译倭书以闻。"其书曰：普陀山（原注：郑锦所管地名）商船至日本长崎岛言："郑锦舍（原注：日本人称郑锦为锦舍，如孟子所谓孟施舍云）筑城于厦门，居之者累年矣。初，锦舍父国姓森官（原注：国姓森官似是别号），有武大将曰施吾者，降于清，受厚禄，八年前死。其侄施亥为清小官，在泉州，甲寅年锦舍攻取泉、漳两府，亥谢罪降锦舍，锦舍宠任之。亥复潜怀异志，通款于清，清人使亥为内应，以伺间隙。适锦舍乏军食，亥因托以运粮，请锦舍送大战船于广东、高州之地，密约清人，发陆军十二万，攻漳州地面观音山。观音山即海澄县，乃锦舍所居厦门之要冲也。清福州守将水军总兵林贤，又以战船二百五十艘，卒数万人，攻厦门，锦舍犹未知施亥之与清人交通，而其大战船皆运粮往高州未还，锦舍仓卒不知所出，仅以余船百余艘，载武将二十五人、军卒一万余，今年二月二十五日，自厦门退保不敢出。"云。且曰："施亥潜通清国，而锦舍不以为疑，适海澄县为清人所攻，守将刘国贤不能敌，引军遁还厦门，路遇飞脚（原注：善走之称）者，有所赍书，即亥与清人潜通之书。擒其人，共往厦门，泊舟铓山（原注：即厦门近地名），告其事于锦舍，锦舍犹不信，国贤遂进其书，锦舍始大惊，斩亥于铓山。锦舍收拾败亡余军，退保东宁以待。时清以姚都督、杨副总者，为泉、漳两府帅以守之。锦舍使国贤镇厦门以拒。"云。且曰："吴三桂数年来在湖广，据洞庭湖，与清兵对镇，而传闻取云南云。但普陀与湖广绝远，未知其真否，而惟此拔城败军事，锦舍家臣总兵等，以飞船通报于普陀，故普陀人知其事，言于长崎岛。长崎岛乃于今年五月初九日，通报于江户（原注：日本关白所都）如右。"云。[①]

对比这则"倭书"与上引风说书的叙述，可以断定，这则风说书系由朝鲜译官"安慎徽"自对马倭馆"馆倭"处设法获取，并迅速将其译为汉文，上呈东莱府使，而该风说书本身则于五月初九日，自长崎上呈江

---

① 《朝鲜王朝肃宗实录》卷九，肃宗六年七月丁酉，《朝鲜王朝实录》第38册，第463页。

户。而至少七月丁酉（十日）之前，这则象征东亚格局大变动的机密情报就被朝鲜译官"安慎徽"获取，可见朝鲜当局对于搜集三藩之乱的军事情报方面，亦可谓煞费苦心。而釜山倭馆无疑称得上是朝鲜与日本情报攻防的暗战之地。

总体说来，由于朝鲜极力对釜山倭馆进行情报封锁，导致日方所得有限，但由于日本还有琉球以及长崎唐人商船两个获取情报的渠道，因此仍能全面获取有关三藩之乱的适时情报。特别是琉球自明末为萨摩藩所侵之后，萨摩藩派驻那霸的所谓"在番奉行"全面监控了琉球的对清朝贡贸易，而琉球贡使在三藩之乱之际一度滞留清朝，1678年归国之后被迫立即派遣所谓"唐之首尾御使者"，至萨摩藩报告中国局势，并从此形成定例。[①] 琉球利用其朝贡国地位，在北京可以与朝鲜使团交换消息，相对于唐船风说书及朝鲜风说书而言，其所提供的情报准确性较高，自不待言，[②] 限于篇幅，姑不赘述。

结语

《华夷变态》卷一至卷八所收风说书及少量汉文文献，时间上起于顺治元年（1644），止于康熙二十三年（1683），这一历史阶段在中国的传统历史叙述中，可以说是满清与明朝残余势力争夺天命与牧民正统的殊死角力时期，可称之为明清鼎革期。所谓"鼎革"，本来分别是《易经》中的两个卦象，连起来用习指改朝换代。这种历史叙事，主要强调政权更替出自天命的转移。尽管习惯传统历史语境的中国人也清楚明清两朝统治者的族属有满汉之别，但或许由于中国不乏异族入主中原的历史记忆，即便抱有强烈华夷观念的士人，似乎仍习惯于用"鼎革"或者"革命"去描述明清易代这一政权更迭的历史过程。可是在《华夷变

① ［日］纸屋敦之：《大君外交の海外情报ルート》，收入［日］岩下哲典、真荣平房昭编：《近世日本の海外情报》，第13、15页。
② 沈玉慧：《琉球情报传递角色之形成与建立——以明清时期中日间的往来交涉为中心》，收入朱德兰主编：《第十届中琉历史关系学术会议论文集》，台北：中琉文化经济协会2007年，第159—197页；沈玉慧：《清代北京における朝鲜使节と琉球使节の邂逅》，《九州大学东洋史论集》第37卷，2009年3月，第93—114页。

态》所呈现的日本朱子学者的历史叙事中，当时中国大陆"唐鲁才保南隅，而鞑虏横行中原"的现状，是所谓"华变于夷之态也"。朝鲜王朝的燕行记录中也有类似表述。总之是认为清朝取代明朝，意味着中国从此丧失了中华的地位。显而易见，这两种历史叙事的立场差异极大。

《华夷变态》的史料价值经过浦廉一等学者大力宣扬以来，虽然不乏学者加以关注，但与其三巨册的部头相比，目前被利用的多为关于日本与唐船贸易相关的部分。之所以如此，或与此前研究思路的固化有关。《华夷变态》所收风说书，是当时赴日贸易的中国船员口述的日文笔录，当时中国发生的重大事件，往往不到数月便凭借风帆之便传至日本，就时效而言，不能不说史料价值极高。[1] 因此研究者很容易产生一种过度的自信，满以为通过严密的史料排比综合，便可以像考古人员复原破碎的出土文物一样，将当时历史的实相加以呈现。但在明清鼎革这样一个动荡的年代，这种类似国际新闻的口耳相传也渗入了当时人们的复杂立场、情感、好恶乃至想象。[2] 如朝鲜好事者提供给对马宗氏的情报往往夸大吴三桂及其盟友郑经军队之战绩，甚至有郑氏是朝鲜六大姓之一，可能君临朝鲜之类危言耸听的传闻。又如吴三桂在明背明，入清反清，以儒家伦理衡量，实为无父无君之徒，然而在《华夷变态》中

---

① 《琼浦偶笔》卷六《唐船互市杂记》提到：凡唐船入港，即日邮报，蛮舶则速到飞报，亦皆问取外域风说以报闻。转引自 [日] 浦廉一：《唐船風説書の研究》，《広島大学文学部紀要》第 6 号。
② 例如在帕莱福所著《鞑靼征服中国史》中提道（何高济译，北京：中华书局，2008，第 161—162 页）："日本皇帝在他的邻邦被灭后产生新的恐惧，极野蛮地对待中国人……尽管众所周知这些人是无辜的，但中国沦陷的消息一传开，他们就被视为叛贼和懦夫……随后去做生意的中国商人更受到虐待。他们当时归顺了鞑靼人，剃了头发，穿上鞑靼服装。这种新装束在日本很不受欢迎，所以他们得到命令不得下船，也不许卸货，而是要立即回到原处，再不许穿鞑靼服装返回日本……他们受尽这些蛮人的虐待，以致当鞑靼人听说此事，他们表示十分愤慨，威胁要去日本报复，让那些低贱、灵魂怯懦的百姓知道，鞑靼人能够征服另一个帝国……可以看到中国在失国后怎样受到邻邦的对待。大部分邻国仅嘲笑他们，对他们进行辱骂和蔑视，唯有日本人尽量虐待他们。"可见在没有华夷观念的西方传教士笔下，"鞑靼"显然并非一个贬义词，反而虐待中国商人的日本的形象颇为负面，明清鼎革的历史完全是另一番景象。

却俨然是英雄人物。可能正因如此，此前学者往往只利用其中信而有征的部分，对于夸诞失实之记载则弃若敝屣，造成对《华夷变态》所收史料利用极不均衡的研究现状。如书中汉文文书大部分已被反复征引，至于和解风说书中关涉中日贸易之记载，信而有征，也利用极多。但是船员口述关于中国的重大事件，如李自成入京、满清入关、三藩之乱的部分，多系道听途说，则征引极少。实际上"历史只要翻过当下这一页，后人的解释就从时间的后门溜进去，把历史变成记忆，再把记忆变成想象"[①]。或许在利用《华夷变态》考订史实之同时，探询这种异域风闻视野中的"华夷变态"，与中国史料所呈现的"明清鼎革"两种历史叙事之间的差异，以及这种差异发生的思想历程，亦不失为一种新的研究路径。如此，目前相对逼仄的研究局面或许会豁然开朗。

原刊《海洋史研究》第 13 辑（社会科学文献出版社，2019 年），文字略有改动。

① 葛兆光：《堂子乃祀邓将军？》，《书城》2006 年第 7 期，第 9 页。

"安南副国王"与明末清初中越关系

牛军凯

中山大学国际关系学院/历史系

越南《大越史记全书》载，明永历五年（清顺治八年，越南黎朝庆德三年，1651）：

> 冬十月，明差官捧赍敕印来，封清王为副国王。其文曰：朕惟祖宗，肇有区夏。声教诞敷，礼信外藩，以广国家屏翰。尔安南王黎氏，介在南服，世奉车书，戴德怀忠。钦承靡替。原其所致，则惟尔辅国政郑柞，乃祖乃父，后先同德，匡持翼赞之功。载在译传，凤昭国盟。传至尔柞，功名盛著。夷属倾心，匡主庇民。克修厥职，朕所鉴知。迩者朕眈粤西，锐图光复。忧勤宵旰，五载于兹。今川楚诸勋臣，相次入扈。大师率止，万竜云屯，我军大振。向之环兵入卫者，已经次第引去。而尔郑柞奉表称贡，自春徂秋，接踵间关，罔敢废坠，朕甚嘉之。虽排抑有徒，朕不为间，是用特崇殊典，晋封尔为安南副国王，锡之敕印，尔其祇受，以裕来兹。于戏！朝廷置外藩，所以抚要荒，弘捍蔽。承平则渐濡德教，戡定则翊赞明威。维翰维城，无分中外。尔懋膺宠锡，务益忠贞，

来辅黎氏，永修职贡。作朕南藩，永世勿替。钦哉。①

此段史料指出，永历五年，明永历帝册封安南郑主郑梉为安南副国王。在中越关系史上，中国皇帝册封安南副国王之事仅此一例，这也是越南史上"古来未有之事"②。那么，南明为何要册封一位"安南副国王"呢？

一　封号与明朝时期中越关系的调整

安南自立之初，宋朝对安南的册封延续了五代十国时期的称号，先后称静海军节度使、交趾郡王、南平王。越史记载隆兴二年（1164），宋朝首次册封李英宗为安南国王，称交趾为安南国。③中国史籍记载，第一次册封安南国王的时间是宋淳熙元年（1174）。④自此后中国册封安南称号即定为安南国王，历宋、元和越南李朝、陈朝不变。

自明朝开始，对安南册封之号渐被拿来作为调整中越关系的工具。陈朝被胡氏篡国，永乐帝派兵推翻胡朝，遍求陈氏子嗣不得，统治安南二十余年。宣德年间，明朝退出安南。黎太祖黎利假借陈氏后裔之名得国。黎太祖向明求封时，仅被授予"权署安南国事"。明朝借册封之名压制安南黎氏。越南史学家评论说："按黎初平吴之后，未便明白求封。当时不免行权济事。故假立陈后，委屈为辞，使明人息兵成好……既逾二年，始命权署，犹未正封王位。盖亦可见当时时事之难。"⑤黎利去世之后，明朝继续册封继位的黎太宗"权属安南国事"。直至第三代国王黎仁宗才获封"安南国王"。

嘉靖年间，中越关系中出现了安南都统使这一封号。嘉靖皇帝登

① ［越南］吴士连等撰，陈荆和编校：《大越史记全书》卷一八《黎朝神宗渊皇帝纪下》，庆德三年十月，东京：东京大学东洋文化研究所，1986年，第953页。
② ［越南］淮珠氏鼎编：《安南风水》，燕贻堂藏稿，越南汉喃研究院藏手抄本，编号A693，法国远东学院微缩胶片，编号N471，卷一，第79页。
③ ［越南］吴士连等撰，陈荆和编校：《大越史记全书》卷四《李朝英宗皇帝纪》政隆宝应二年七月，第297页。
④ （元）脱脱等：《宋史》卷四八八《交趾传》，北京：中华书局，1977年，第14071页。
⑤ ［越南］潘辉注等：《历朝宪章类志》卷四六《邦交志》，法国亚洲学会图书馆藏抄本，编号SA.HM2126，第12页。

基后,安南久不来贡,明使也不能至安南宣诏。嘉靖十五年(1536),明朝遣千户陶凤仪等查勘安南久不来贡的原由,并决定问安南不贡之罪。十六年初,明朝议征安南的目标指向篡臣莫登庸,并令仇鸾、毛伯温为统帅,集中兵力至两广、云南的中越边境一带。当时两广地方官员大都不主张对安南用兵。十六年五月,反对用兵的两广总督潘旦被调任,原山东巡抚蔡经代之。蔡经上任后,廉州知府张岳再上疏反对用兵。蔡经问张岳:"空言罢兵,无以塞明诏,子能保毋用兵降登庸乎?"张岳说:"欲降之,必令纳地,令贬号,且令匍伏诣阙,献国中图籍,听上处分,夫国体固不可亵也",并称此"一檄之力足矣"。此后毛伯温见张岳,岳"连数日语",陈述其"罢毋征为完计",伯温与蔡经均认可了张岳的计划。至莫朝太上皇莫登庸与张岳私下通使时,"岳用前言于经者要之",登庸"初犹倔强",张岳"惧以祸,令早自为计,于是登庸惟命"①。

嘉靖十八年二月,莫方瀛上降书,并未提出"贬号"的请求。②明朝廷议及嘉靖帝本人的意见,要求地方督抚及领兵大员勘验安南实情,如莫氏"果隐谋,则进兵以正朝廷之法";如"其束身待命,果无他心",则"朝廷待以不死"③。前线领兵的毛伯温等一面指挥大军向边境聚集,"声威张甚",一面遣王良辅等正告莫登庸"令毋求封,毋求贡。束身请罪,归地纳印,去王号,奉正朔。则大兵可止,而登庸可生矣",并示以手书令其相信明朝的诚意。④随后莫登庸纳降书,亲赴南关请罪。莫氏在呈上的《安南耆人土人书》中写道,"思念莫氏虽负重罪,实为夷情所归。……伏望陛下矜怜远方生灵,俯顺夷俗,赐以新命,查照历代故事,或为总管,或为都护,俾得管摄国事,世世称藩"⑤。正如张岳所建议,提出贬号的请求。仇鸾、毛伯温就此事上奏时建议,"倘蒙矜宥,或可别

① (清)张镜心:《驭交记》,上海:商务印书馆,1935年,第121—122页。
② 《明世宗实录》卷二二一,嘉靖十八年二月癸丑,《明实录附校勘记》第43册,台北:"中研院"历史语言研究所,1962年,第4593—4595页。
③ 《明世宗实录》卷二二七,嘉靖十八年闰七月辛酉,《明实录附校勘记》第43册,第4720页。
④ (清)张镜心:《驭交记》,第127页。
⑤ 《历朝宪章类志》卷四六《邦交志》,第25页。

以都护总管等项名色,如汉唐故事,此所谓以夷治夷者也"①。嘉靖二十年,嘉靖帝命降安南国为安南都统使司,以莫登庸为安南都统使司都统使,并指出"兹为交人永图,革去王号,毋许称国,庶免乱贼接迹,相叛既去"②。可见都统使这一称号,是明朝在安南政局发生变化时,调整与新的安南王朝关系时的工具之一。莫氏负有"篡立之罪""不贡之罪",明朝本应兴兵征讨,但"矜怜远方生灵",以降其封号作为惩罚。莫朝时期,明朝始终封莫朝统治者为安南都统使。

中兴黎朝取代莫朝地位后,1597年遣冯克宽等人赴北京求封。明朝为压制有"桀骜之气"的黎郑政权,依然以安南都统使封号作为调整双方关系的工具。安南使者上北京的同时,两广高层官员也上奏疏阐述对处理安南问题的意见,希望中央以勘关时确立的双重承认政策处理与安南黎、莫的关系。至于应授给黎维潭什么封号,两广官员以为"或照登庸例,或给别项名色"均可。③兵部题本认为,黎维潭虽然是恢复故土,但毕竟擅杀贡臣,前者"已其擅夺之罪,而未致讨",不应给过高封号,建议万历帝授其安南都统使,如果以后"有效劳功绩",可以"加给奖赏"④。万历帝采纳了兵部意见,同意授黎维潭为安南都统使。使者冯克宽闻言,上书明廷,希望万历帝详察安南情况,"兹臣主无莫氏之罪,而反受莫氏之职",万历帝以"汝主虽非莫氏之比,然以初复国,恐人心未定,方且受之,后以王爵加之,未为晚也,汝其饮哉,慎勿固辞"的理由搪塞。⑤另有一种说法是,冯克宽呈文礼部要求改封号,礼部以敕书已下,不能更改,日后再求册封推托。⑥以当时的情况来看,万历帝不

① (清)张镜心:《驭交记》,第128页。
② 《明世宗实录》卷二四八,嘉靖二十年四月庚申,《明实录附校勘记》第44册,第4971页。
③ [越南]黎统:《邦交录》,越南汉喃研究院藏本,编号A614,第196页;(明)萧云举:《奖黎安莫集》,越南汉喃研究院藏手抄本,编号A948,第34页;(清)张镜心:《驭交记》,第145页。
④ (明)萧云举:《奖黎安莫录》,第45页。
⑤ [越南]吴士连等撰,陈荆和编校:《大越史记全书》卷一七《黎朝世宗毅皇帝纪》,第916—917页。
⑥ [越南]陈文为:《黎史纂要》卷五,越南汉喃研究院藏手抄本,编号A1452/1-3,第49—50页。

可能多次接见冯克宽，授给黎朝皇帝封号的敕书应该由礼部交给安南使团。根据明清对藩国交递文书的制度，皇帝给的敕书，都由礼部交给朝贡的使者，所以冯克宽的申辩也要通过礼部进行。因此，万历帝与冯氏的这段对话可能不是历史事实，而是使团成员杜撰以应付后黎朝廷的，出现于越南野史上的这一说法更可能是当时的真实情况，其资料则来源于使团某个成员。由此来看，流行于越南几百年来的万历帝与冯克宽的对话，并不是历史事实。不管冯克宽通过什么方式表达安南的不满，他的要求不可能得到满足。正如上述，明朝授黎朝国王安南都统使有其用意，[①]并不是随意拿出一个名号来册封。

此后黎朝方面多次要求加封，明朝始终册封黎朝国王为"安南都统使"。为此，后黎以多种形式表达不满，有时故意拖延朝贡的时间，甚至扬兵耀武。如越史载，1630年十月，"明遣二部使催贡礼，赐宴在东河津。王亲诣讲武楼旅陈贡物，使明使观之，因于水岸盛张船艘象马，振耀兵威，示以强盛之意"[②]。正因为此，明朝末年，后黎与明朝的关系虽未恶化，但已相当冷淡。

二 南明时期的中越关系

南明建立之后，在处理与安南的关系时展现了两方的需求：安南可能成为南明恢复疆土时借重的重要力量，南明朝廷也可能成为提升中国与安南关系的推动者。

据中国史籍记载，南明向安南借兵最初由隆武皇帝发起。据越南史籍记载，隆武帝派出的求援使者是都督林参，他成功会见了后黎国王，并招来安南方面求封和朝贡的使节。[③]1646年，后黎派阮仁政等同林参一起赴福州向隆武帝朝贡和请封，一部分安南使者至福建时被清军俘

---

① （明）叶向高：《苍霞草》卷一九《安南考》，《四库禁毁书丛刊》集部第124册影印北京大学图书馆藏万历刻本，北京：北京出版社，1997年，第518—522页。
② ［越南］吴士连等撰，陈荆和编校：《大越史记全书》卷一八《黎朝神宗渊皇帝纪上》，德隆二年十月，第941页。
③ ［越南］潘辉注等：《历朝宪章类志》卷四六《邦交志》，第29页。

虏，而当时正使阮仁政等才刚到广东。是时永历帝初立，阮仁政等拜见永历后返回。有些史籍说，隆武元年（1645）派康永宁向安南借兵，结果"风逆不得泊岸，望涯而返"[①]，此说恐不确切，可能将康永宁赴日求援之事误记为赴安南求援。[②]

永历元年（1647），永历帝册封了安南国王。为了使安南能够切实援助南明，南明方面做出了提升中越关系的实质动作。同年，南明遣翰林潘琦、科臣李用楫封黎真宗为安南国王，一改明末只封安南都统使和册封使不出南关的惯例，提升了与安南后黎的关系。越南的绝大多数史书记载，此次册封的是太上皇黎神宗，这种说法值得商榷。根据中国资料记载，1656年永历到昆明后又对安南国王进行了一次册封，[③]这次册封的对象毫无疑问是再次上台的黎神宗。按照常理，1643年真宗已即位，虽然真宗年龄尚小，但1646年也有十六岁。因此1646年遣使求封应以真宗的名义，而且真正策划派出使者的应是郑主，不可能是黎朝太上皇。1647年仍是真宗在位，太上皇黎神宗并不掌握实权，明朝不会册封太上皇，而且南明不可能两次册封同一封号给同一人。因此1647年册封的对象并不是安南史书所讲的神宗黎维祺，而是真宗黎维祐。

实际上，越南的史书已为我们提供了黎维祐于1647年受封的信息，只不过不为学术界注意，或为学者所误读。比如在一些《大越史记全书》的抄本中，明朝的册封文内称册封对象是"都统司黎祐"。[④]但这又与前文所讲册封太上皇内容相矛盾。对此陈荆和教授解释说："按上文（丙戌四年二月条），明使南来册封太上皇（神宗）为安南国王，是即应

[①]（清）瞿共美：《粤游见闻》，《中国野史集成》第34册影印《明季稗史汇编》清刻本，成都：巴蜀书社，1993年，第5页。

[②]［日］林春胜、林信笃编：《华夷变态》卷一，东京：东洋文库，1981年，第21页。

[③]佚名：《明末滇南纪略》，方国瑜主编：《云南史料丛刊》第一辑，昆明：云南大学历史系民族史研究室，1979年，第126页。

[④]如引田利章本明确指出册封的对象是"都统司黎祐"，见［日］引田利章校读：《大越史记全书》，明治十七年（1884）日本埴山草堂刊印，第九册，黎纪九，神宗下（真宗）第22页；巴黎亚洲学会所收藏的一本《大越史记续编》真宗卷也指出，此次册封的对象是真宗，见巴黎亚洲学会藏手抄本，编号HM2137，《大越史记续编》，第二册，第49—50页。

作'黎维祺'始合。"① 相信绝大多数学者都是这样考虑问题的。实际上，真正的弄错的应是《大越史记全书》的编者，他混淆了南明1656年对神宗的册封与1647年对真宗的册封，结果使册封的文书内容难以解释。此后一些抄本的编者看到了其中的矛盾，武断地认为是文书出错，不得不将册文中的受封者名字去掉。但明朝对安南的册封一向是明确提到册封对象的，没有名字的册封文书不符合历史事实，所以《大越史记全书》在这一点上记载有误。这一错误被后世的越南史书如《钦定越史通鉴纲目》、《历朝宪章类志》等所承袭。

1648年三月，安南方面到南宁朝贡。② 南明册封国王前后，安南的贡物也有差别。安南去福建朝贡时，"所贡惟金龟、银雀、银炉、香绢等，无他异物"③。而到南宁朝贡时，则有多种"异物"。据史载，时安南"差陪臣克立赍方物：石镜一面，可照毛发；蚂蚁二枚，大尺许；小象二只；大蛇二条；其余绞绫绸帛土物之类，计每年愿助银二三万两。帝纳之，玺书优答遣去"④。1651年，永历帝遣使到安南，要求黎郑政权资助"兵象粮铳，以助恢剿"，郑主答应每年助银二三万两。⑤ 有越南文献记载道，"及明为清所败，偏安龙州，使使来求兴化诸州地，王（即郑主）乃乞纳兴化十州税例半归内地，明乃置为建水县。明人败，清人复取

---

① 陈荆和编校：《大越史记全书》卷一八《黎朝真宗顺皇帝纪》，福泰五年五月，第951页。
② （清）刘湘客：《行在阳秋》卷上，《中国野史集成》第34册影印《明季稗史汇编》清刻本，第442页。
③ （清）李天根撰，仓修良、魏得良校点：《爝火录》卷一二，唐王隆武元年七月，杭州：浙江古籍出版社，1986年，第551页。（清）瞿共美：《粤游见闻》，第5页。
④ 《明末滇南记略》，第130页。越南史上，大蚁为奇物和祥兆，陈朝绍丰十二年（1352年），占城曾献"白象白马各一、大蚁一长一尺九寸及诸贡物"，[越南]吴士连等撰，陈荆和编校：《大越史记全书》卷七《陈朝裕宗皇帝纪》，绍丰十二年三月，第425页；阮鹰《舆地志》有文："占暹真腊，戎服厥贡，玳瑁白象花腊，及九寸蚁。"阮朝学者注释说："白象，亦兽中之灵，太平始见；花腊，花石之腊也；九寸蚁，蚁之神主也，三者不常有，惟我谅山及暹、占、真腊有之，历朝以为郊祀。"[越南]阮鹰：《抑斋集》卷六《舆地志》，阮朝嗣德年间印本，第25—26页，阮朝人注。
⑤ 佚名：《明末滇南纪略》，第130页。

之，迄今不能复也"①，可见安南方面有资助南明的历史传说。而黎朝是否真有资助行动，双方史书都无明确记载，但从南明此后对郑主的册封和安南的优待政策来看，安南方面应该有实际的资助行动。

三　为何是郑主？

1647 年南明册封安南国王或可以看作中越朝贡、册封关系回归了传统，但这时出现的"安南副国王"封号，仍为中越关系增添了独特的内容。安南副国王并不是封给黎氏国王子嗣，而是封给了安南权臣郑主。郑主为何可以得到这一封号呢？

万历年间，安南黎朝中兴，推翻莫朝。但在黎朝内部，掌握实权的并不是黎氏国王，而是郑主郑氏家族。越南民间甚至称呼中兴黎朝为"郑朝"，甚至有将黎朝描述为"一国二君"的政权的论说。②黎郑之间为夺权明争暗斗，1572 年郑松弑英宗后，大权完全落入郑氏之手，包括皇帝的废立都由郑氏决定，形成"黎氏为皇，郑氏执政"的局面。如越史所言："中兴以来，列帝徒拥虚器。郑氏实行天子之事。"③所谓中兴黎朝，实为郑氏掌权，并不是真正的黎朝。当时的明朝官员对此非常清楚。时任两广总督的陈大科就此事而上的一篇奏疏清楚地体现了明朝对黎郑关系的认识，奏疏中说："安南之事，一切称名。虽称维潭，其实权臣郑松主之也。……然黎庸而郑狡，黎在他日，将终为郑所有耳。"④

郑主的强势，使安南国内多认为郑主比黎氏国王地位还高。中越交往中，郑主常常将自己置于黎朝国王之上。南明时期，郑成功集团的中国官员多次经安南赴云南拜见永历帝，有使者被迫向郑主行跪拜礼，才得以顺利通过。徐孚远途经安南时，郑主要求其行跪拜礼，徐孚远不同意，去信给郑主说：

> 盖交情与国体，两尽而不相碍，则自处处人方为合美。自我朝

---

① ［越南］阮廌：《抑斋集》卷六《舆地志》，第 16 页。

② ［越南］淮珠氏鼎编：《安南风水》卷一，第 79 页。

③《越史补遗》，越南汉喃研究院藏手抄本，编号 A168，第 1—2 页

④（清）张镜心：《驭交记》，第 142—143 页。

遣使至贵国,二百余年,载在国典,只行宾主礼,此贵国先王及贤大臣所共知者也。惟去岁秦、鲁二藩使来,用拜礼。二藩虽贵,乃大明之臣,与贵国敌体,其所遣使,乃奔走末弁,爵不列于天朝,名不闻于闾巷。……今张都督贵官不同于前,然在赐姓藩下,奉书拜谒,于礼无识。……①

徐孚远坚决不行跪拜礼,被迫自安南返程。为了明朝复国大局,尽快完成使命,徐孚远也想过屈节拜郑主,却终不甘心。其有诗云:

> 屈指乘桴今几时,推蓬匡坐强支颐。
> 十年荒岛心常苦,一拜夷王节又亏。
> 玉帐久悬都护橄,蛮乡空寄少卿诗。
> 遥闻吴楚将龙斗,不禁临风泣路岐。②

清朝中越交往中,安南官员也经常将郑主置于特殊地位。康熙五年(1666),程芳朝、张易贲册封安南国王。郑主邀程、张二使"诣谕叙情",二使"欣然愿往"。安南官员问交接礼仪,二使答曰宾主礼,安南伴接官员认为不合适。使臣与其争论说:"国王与本使以宾主相接,本使接辅国以宾主亦足,情文交尽。"安南官员以为待辅国之礼应"高于国王一等"。二使认为"不敢自为裹越",仍与郑主行宾主礼。③史家潘辉注评论说:"按黎中兴,后有郑主为国王之亚,而其权则轧于国王。当时朝臣欲唑臻来使,盖皆扭见于目前之威势,而不思夫名位之仪。"④

康熙八年李仙根出使安南时,安南官员在回奏清帝的奏文中,于正文之前撰写了冗长的对郑主歌功颂德的谄媚之词。这种情况正反映了安南国内政治格局。

所以,既然南明册封了黎氏国王,就必须给与掌握政权的郑主以相应的优待。

永历五年(1651,越南庆德三年)二月,永历帝令安南郑主资助南

① (清)徐孚远:《交行摘稿》,《丛书集成新编》文学类第68册,台北:新文丰出版公司,2008年,第456页。
② (清)徐孚远:《交行摘稿》,第454页。
③ [越南]潘辉注等:《历朝宪章类志》邦交志,第83—84页。
④ [越南]潘辉注等:《历朝宪章类志》邦交志,第84页。

明，并遣使者张肃授其安南都统使大将军的封号，郑主"命官报谢，缴还敕印"，请求改封自己为安南国副国王大元帅总国政清王。十月（一说三月），南明再遣张肃赴安南，赍印敕封郑主为副国王，又封郑主世子节制西国公郑柞为"安南辅政王"。①

南明内部对敕封安南副国王一事也有不同意见。明朝敕文中称："向之环兵入卫者，已经次第引去。而尔郑梉奉表称贡，自春徂秋，接踵间关，罔敢废坠。朕甚嘉之，虽排抑有徒，朕不为间，是用特崇殊典，晋封尔为安南副国王。"② 这段文字反映出南明的优待政策得到了一定的回报，同时也反映出对郑主"特崇殊典"，南明方面"排抑有徒"，意见并不一致。但为了获得安南方面的资助，永历朝廷已经不顾一切了。南明对郑主要求册封称号的宽容，显然受到了当时孙可望要求封秦王事件的影响。南明朝廷起初不同意封秦王，招致孙可望对大臣们的粗暴对待，反对封秦王的严起恒等十多名大臣被杀，引起永历朝廷的恐慌，并最终迫使永历朝廷于1651年初同意封孙可望为秦王。③ 此事正好发生在封郑主为安南副国王的前夕。虽然郑主不可能像孙可望那样派兵到永历朝廷里耀武扬威，但对永历来说，类似于册封孙可望的事件最好还是避免，在南明大厦将倾的局势下，各啬虚名已没有什么意义。

安南方面非常清楚明朝已然衰弱。越南史籍记载，此时郑主甚至对中国领土抱有野心：

> 郑王梉以明国内乱，有并两广意，遣郑揽驾海略地。至廉州，清人已遣马都督来镇其地，不许越境。移文言：本国旧境，自分茅岭铜柱至梧州、南宁、太平、镇安、思明、思恩各府州县，已差兵巡按。乞仍守旧疆，马督不报，郑亦还师。④

① ［越南］潘辉注等：《历朝宪章类志》邦交志，第30页。
② ［越南］吴士连等撰，陈荆和编校：《大越史记全书》卷一八《黎朝神宗渊皇帝纪下》，庆德三年十月，第953页。
③ 起初永历朝廷未同意封秦王，而一些地方实力派假永历之名封秦王。孙可望虽了解了实情，仍以秦王自居，并以武力恫吓永历朝廷，永历在1651年正式封其为秦王。
④ ［越南］黎贵惇：《芸台类语》卷三《区宇》，法国巴黎亚洲学会藏手抄本，编号SA.HM2203，第18页。

正因为郑主了解明朝的衰弱和明朝对安南的拉拢政策，才会发生要求明廷册封并改封为安南副国王的事件。而郑主不愿意接受安南都统使一职，恐怕也有黎朝君臣长期视都统使为"莫氏之职"的原因。

明朝册封郑主为"安南副国王"的影响，也反映在越南民间信仰中。南明册封安南副国王次年，中兴黎朝加封了一批福神。如一份建安省先朗县富鸡总富鸡社的神敕：

> 敕大乾国家南海神，昭灵应惠，感普济明，信嘉靓康，信显普达，庄靖广裕，厚载至仁，徽穆贞顺，端淑纯懿，光肃柔嘉，谆德显灵，静一慈和，恭慈孚庆，纯美保安，广泽大功，清洁绍休，明聪睿智，宏博保国，扶祚济民，惠泽宏仁，厚庆显佑，绥福宣慈，惠和谨节，刚正端庄，徽恭芳蓉，纯懿淑德，慈仁厚德，安民扶运，肇谋匡辟，翊运衍庆，垂休延美，洪禧助胜，敷功婉妙，纯洁严正，至灵美德，洪恩雍和，贞淑慈惠，高明正直，端庄中正四位圣娘，资兼正直，德禀聪明，视弗见听，弗闻妙徽，巨测灾能，除患能御，相助孔多，默扶增固，越图乡祀，载稽国典，为默相王府。

> 钦蒙天朝晋封副国王，盛典有功于国，可加封大乾国家南海神，昭灵应惠，感普济明，信嘉靓康，信显普达，庄靖广裕，厚载至仁，徽穆贞顺，端淑纯懿，光肃柔嘉，谆德显灵，静一慈和，恭慈孚庆，纯美保安，广泽大功，清洁绍休，明聪睿智，宏博保国，扶祚济民，惠泽宏仁，厚庆显佑，绥福宣慈，惠和谨节，刚正端庄，徽恭芳蓉，纯懿淑德，慈仁厚德，安民扶运，肇谋匡辟，翊运衍庆，垂休延美，洪禧助胜，敷功婉妙，纯洁严正，至灵美德，洪恩雍和，贞淑慈惠，高明正直，端庄中正，聪敏显灵四位圣娘。故敕

> 庆德四年二月十九日 [①]

越南阮朝史臣潘辉注曾对此段历史作了评价：

> 按中兴初，累求王封，明人未许。至是则既封国王，又有副王、辅助王之命。册使叠来，有加无已，视前迥不同。盖当明人南奔，事

---

① 《建安省先朗县富鸡总富鸡社神敕》，越南汉喃研究院藏手抄本，编号 AD. a12/13，第7—8页。

势穷蹙，所以望救于我国者，正在听听。故其宠命之加，不惜烦黩。

今读其诰册，总可见其情状，而一代盛衰之会，亦当为一慨云。[①]
潘辉注的评说是比较公允的，指出了南明时期为拉拢安南，永历朝廷满足了安南权臣郑主的要求，册封了中越关系史上唯一的安南副国王这一事件的历史背景和意义。永历册封越南郑主为安南副国王，充分展现了古代中越关系史中现实主义外交政策的一面。

---

① ［越南］潘辉注等：《历朝宪章类志》邦交志，第 31 页。

朝鲜人黄景源与《南明书》

王鑫磊

复旦大学文史研究院

引言

　　所谓南明，通常是指明亡（1644）后出现的南京福王弘光、福州唐王隆武、肇庆桂王永历及绍兴监国鲁王诸政权。如以永历帝 1662 年为清廷所杀为南明政权的终结，则南明政权存在的时间不足二十年。如以台湾郑氏政权继奉永历年号至 1683 年败亡计，其存续时间也仅为四十年。[①]

---

① 朱维铮先生在给司徒琳《南明史》中文版所作序言中提到："17世纪中叶的南明，其实是四个或五个抗清政权的统称。它们都无一例外地抬举明帝国某个亲王充当领袖，彼此间却并没有承袭关系。每个政权的生存时间，短的不过一两年，长的也仅十来年。通计不到二十年，只可称作历史的瞬间。"见朱维铮为司徒琳著、李荣庆等译《南明史：1644—1662》（上海：上海人民出版社，2017 年）所作中文版序，第 1 页。钱海岳《南明史》出版说明中称："所谓南明，通常是指明亡（1644 年）后南京福王弘光、福州唐王隆武、肇庆桂王永历及绍兴监国鲁王诸政权。昭宗于永历十六年即为清廷所杀，之后台湾郑氏犹奉永历年号，直至永历三十七年（暨康熙二十二年）。（转下页）

南明政权存续时间极短，但在一些后世学人心中和笔下，却被赋予了非同寻常的意义。时至今日，南明史可以说是以一种特殊的"断代史"的面貌呈现的。南明作为一个政权，在历史长河中只有短暂的存在，但作为一个历史叙述的对象，其影响却跌宕起伏地持续了数个世纪。关于这一点，从历史编纂学的角度去观察，能够发现一条清晰的脉络。

南明政权终结之后，甚至可以说在此之前，就已经有一批当世学人开始对南明的历史展开书写。这种书写背后的意图，一是记录，二是反思。这些书写者中大部分属于所谓"明遗民"的群体。他们往往抱持着一种"为后世存信史"的信念去客观记录南明史事，同时在评述文字中注入自己的追忆和反思之情。由于清政府在统治初期对于思想领域的控制有心无力，此类私人撰著作品大量涌现，而这些作品就成为了后人整理和编撰南明史书最重要的资料来源。①

随着政权的巩固，清廷开始加强思想领域的控制。自康熙年间始，陆续爆发的若干所谓"文字狱"案，几乎都直接或间接与私撰南明史的活动有关。在这种情况下，南明史成为一个禁区。而随着《明史》官修工程的展开，清廷对南明政权的历史地位有了官方的认定和表述，民间私修南明史的活动也由此转入低谷，直至沉寂。

中国学界对南明史的研究热情，在 20 世纪初再次被点燃。在从"排满革命"到"抗日图存"的历史过程中，一些有觉悟的知识分子，希望并且相信从南明的历史中能够汲取到坚守本民族立场、抵御外民族入

（接上页）是年八月，清兵攻取台湾，明故延平王郑成功之孙克塽以明宗室诸王降清，'明朔始亡'（徐鼐《小腆纪年》卷二十）。如此算来，南明就有四十年历史。钱海岳在义例里说道：'明自威宗殉国，安宗、绍宗、昭宗相继践祚，大统未坠。……及永历十六年黄屋蒙尘，已无寸土而犹书者，援春秋"公在乾侯"之例也。台湾沿其正朔而犹书者，援《春秋》终"获麟"、《左传》附"悼之四年"例也。'其他老辈学者如朱希祖、柳亚子、谢国桢等，也均持南明四十年之说，与钱海岳之见解相同。"见钱海岳：《南明史》，北京：中华书局，2016 年，第一册，"出版说明"，第 6 页。

① 据谢国桢《增订晚明史籍考》所列出书目情况统计，清初士人撰著的有关南明历史的书籍大约有 250 部。参见谢国桢：《增订晚明史籍考》，北京：北京出版社，2014 年。

侵的精神养分,而这种理念,使得南明的课题再次提上了历史研究的日程。此后,投身南明史研究的学人,多从发掘考订清初"明遗民"南明史著述入手,向上接续被中断的南明史研究脉络,并在这些资料基础上推进研究工作。经过数代人的努力,直至今日,多部南明史专著得以问世①,相关论文更如汗牛充栋。②

南明的一段历史,往长了说四十年,往短了说只有二十年不到,然而就是这样一段历史,在某种程度上被后世学人书写成了一种特殊的"断代史"。这是一个有趣的学术史现象。原本,南明与任何一个历史朝代相比,体量都不在同一个量级,但是,当它成为了一个历史叙述的对象,被叙述者们在不同的时代背景下加上他们所希望赋予的意涵,层层累加之下,体量不断膨胀。

"明遗民"撰著南明史,为寄托追忆和反思;晚清民国学人研究南明史,为唤醒民族意识、抗御外辱;时至今日,弘扬民族精神,仍是南明史研究的重要使命之一。有趣的是,在历史上,南明史研究被赋予特殊使命的现象,不仅仅存在于中国,甚至还"走出国门",发生在了邻国朝鲜。

清代学人私修南明史的活动,自康熙朝后因受到压制而日渐沉寂,可在当时的邻国朝鲜,却有着另外一番景象。孙卫国教授的研究指出,明亡之后,朝鲜士人在"尊周思明"理念的影响下,开展了大量明史编纂活动,在其《大明旗号与小中华意识》一书中,介绍了十九种朝鲜人撰著的明史书籍。这些史籍中最早的成书于18世纪初,最晚的成书于十九世纪末。从这些书的内容来看,可以发现朝鲜士人编明史,几乎都将南明政权作为明代历史的一部分加以记述,并采用南明正朔。③可见,尊奉南明帝统的修史活动,虽在同时期的清朝正逐渐走向末路,在朝鲜的士人群体中却得以长期延续。

---

① 如柳亚子《南明史纲·史料》、钱海岳《南明史》、谢国桢《南明史略》、南炳文《南明史》、顾诚《南明史》等。

② 具体可参见吴航:《百年来清代南明史撰述与研究的回顾》,载《中国史研究动态》,2011年第1期,第34—42页。

③ 参见孙卫国:《大明旗号与小中华意识——朝鲜王朝尊周思明问题研究(1637—1800)》,北京:商务印书馆,2007年,第256—261页。

　　然而，有这样一个情况值得注意：在朝鲜王朝最早编纂完成的一部明史著述——李玄锡（1647—1703）的《明史纲目》（成书于 1703 年）中，有关南明弘光、隆武、永历三帝的记述，是被置于附录之中（末附补遗三篇）的。比之其后出现的明史著述的写法，它反倒成了一个特例。这一情况表明，在李玄锡个人的观念中，或者说在其所处时代的舆论环境中，朝鲜王朝大概还没有出现必须尊奉南明帝统的意识。那么，这样一种意识是如何形成并被强化的，就成为一个值得追问的问题。

　　孙卫国教授在介绍十九种朝鲜人明史著述时，提到了南有容（1698—1773）编纂的《明书纂要正纲》，称该书"意在更正李玄锡之误，强调南明正统，记洪武元年到永历十三年史实"[1]。南有容在《〈明书正纲〉序》中明确表达了自己的写作意图："近世李氏《纲目》，又自附紫阳义例，而纪年止于崇祯，弘光以降，附见编外，下同僭国。虽其载事之详，用心之勤，大纲不正，曷足以为史？是书所为作，特正其纲焉耳。"[2]尽管《明书正纲》序》的确切撰写年代不可考，但当不晚于 1772 年。[3]南有容称自己编纂该书"盖十有三年而仅能脱稿矣"，也就是说至少在 1760 年前后，南有容就已经具有了明确的南明正统意识。

　　而在强调南明正统这件事情上，同时代的另一个朝鲜士人黄景源（1709—1787）的表现比南有容更进了一步。相较将南明作为正统纳入明史进行叙述的做法，黄景源决定编纂一部专门记述南明政权的史书，且书名直接题为《南明书》。这在当时士人中，可算得上是一种创举。黄景源曾于一封致友人书信中提及，他在出使清朝期间，"从皇朝世家子孙收拾永历十六年旧史遗闻"，并称这些资料对他编纂《南明书》有极大助益。[4]

---

① 孙卫国：《大明旗号与小中华意识》，第 260 页。

② 见［朝鲜］南有容：《雷渊集》卷一二《明书正纲序》，韩国古典翻译院编：《韩国文集丛刊》第 217 册，首尔：韩国古典翻译院，2009 年，第 275 页。

③ 该书有韩国学中央研究院图书馆馆藏本（K2-112），线装 18 卷 9 册，序题："崇祯百四十五年壬辰（1772）朝鲜国陪臣太史宜宁南有容谨书。"

④ 参见［朝鲜］黄景源：《江汉集》卷六《与李元灵（第二书）》，《韩国文集丛刊》第 224 册，第 128 页。

黄景源出使清朝的时间为 1755 年①，由此可知，他至少在 1755 年之前就已经开始编纂《南明书》。

　　一个有趣的现象是，即便是在中国，用"南明"作为著作名称来记载明清之际历史的情况，最早也要到 19 世纪中叶才出现。据说咸丰年间的钱琦曾著有《南明书》（今已不存）②，且这还是孤例。整个明清两代有关南明的史著，题名中多用"明末""明季""南疆""残明"等词汇。到 20 世纪以后，"南明"一词才被广泛使用于书和文章的题名中。然而，早在 1755 年前后，当时的朝鲜王朝就有一个叫黄景源（1709—1787）的士人撰著了一部《南明书》。由此看来，他很可能是历史上第一个在编纂南明史著时，将"南明"一词写入书名的人。那么，这个黄景源究竟何许人也？

一　黄景源其人

　　黄景源（1709—1787）③，字大卿，自号江汉遗老，南原长水人。年少强学，于 1727 年通过生员试，长于文章论说而名动一时，与当世名士宋士行、李天辅、吴瑗、南有容等交游往来，文章日进，名声益振。④1740

---

① 《朝鲜王朝英祖实录》卷八五，英祖三十一年八月丁卯，《朝鲜王朝实录》第 43 册，首尔：国史编纂委员会，1973 年，第 592 页，英祖三十一年（1755）八月二十六日条："以海运君楏为进贺兼谢恩正使，黄景源为副使，徐命膺为书状官，金汉老为掌令。"
② 参见谢国桢：《增订晚明史籍考》，第 515 页。
③ 有关黄景源生平，可参见以下文献：［朝鲜］李敏辅：《丰墅集》卷一四《江汉黄公神道碑》，《韩国文集丛刊》，第 232 册，第 569—571 页。［朝鲜］南公辙：《金陵集》卷一五《判中枢府事兼吏曹判书大提学奎章阁提学世子右宾客谥文景黄公神道碑铭》，《韩国文集丛刊》第 272 册，第 277—281 页。
④ "英宗三年，举生员。与恩津宋文钦士行讲诵磨礲，深悟修辞之妙，每一篇出，则脱东人之陋，谈古文者，莫不推服。南雷渊、吴月谷诸公皆瞠然以为不能及，由是名动一世。"［朝鲜］李敏辅：《丰墅集》卷一四《江汉黄公神道碑铭》，《韩国文集丛刊》第 232 册，第 569 页。又："英宗三年，举生员。与恩津宋公文钦游，为文章论说，必本于三《礼》《春秋》。明年丁忧，客广陵，益读司马迁、韩愈、欧阳修之书，遂尽究古作家旨义。服除，从李文简公天辅，吴文穆公瑗及公辙先君子相讲磨，文章日进，名声益振。一时公卿先达，多屈轩车来访，至远方人士，以不一识面为愧。"［朝鲜］南公辙：《金陵集》卷一五《判中枢府事兼吏曹判书大提学世子右宾客谥文景黄公神道碑铭》，《韩国文集丛刊》第 272 册，第 278 页。

年，他通过增广丙科，被荐为艺文馆检阅，次年荐为春秋馆翰林，因学识出众，颇受英祖赏识。① 其后历任兵曹佐郎、世子文学、司谏院正言、司宪府持平等职。

1744 年，黄景源因从《明实录》中考出崇祯帝于后金侵入朝鲜（丙子之役，1636 年）时曾派兵救援一节，上疏奏请将崇祯帝并祀于朝鲜大报坛，未见允。1749 年他又再次上疏奏请，获允。奏请将崇祯帝并祀朝鲜大报坛一事，令黄景源成为朝鲜士林秉持春秋大义的士人典范，在士林的影响力亦由此陡增。其后，黄景源又历任东莱府使、吏曹参议、嘉善、都承旨、礼曹参判、兵曹参判、安边府使等职。

1755 年，黄景源任燕行副使出使明朝，及还，历任大司宪兼同知经筵事、艺文馆提学、弘文馆提学、刑曹参判、丰川府使、户曹参判、吏曹参判等职。1766 年，黄景源又以吏曹参判兼任艺文馆、春秋馆两馆提学。不久，他出任世孙（即后来的正祖）右副宾客。世孙主持编撰《宋史筌》，令其撰史论。其后，他还历任资宪、刑曹判书、江华留守、礼曹判书、京畿观察使、工曹判书等职。

朝鲜正祖继位（1776）后，黄景源撰进英祖元陵《哀册文》。之后，他又历任议政府右参赞兼知经筵事、都总管、备边司提调、吏曹判书等职。正祖建立奎章阁，拜黄景源为首任奎章阁提学，他推辞不就，转而致力于编撰《英宗实录》、《明义录》等书。同时，他仍长期担任艺文、春秋两馆大提学，这表明他晚年已经成为朝鲜士林公认的学术泰斗级人物。

1787 年，黄景源卒，享年八十岁，正祖亲制祭文赐祭。② 1792 年，

① "上心识之，后屡称公为读书士，公之受知自此始。"［朝鲜］南公辙：《金陵集》卷一五《判中枢府事兼吏曹判书大提学世子右宾客谥文景黄公神道碑铭》，《韩国文集丛刊》第 272 册，第 278 页。
② "公遽以二月二十五日告终，寿八十。讣闻，上二日不视朝，震悼曰：重臣有甘盘旧谊，且其文章阐一世，设阁之后，首居是任，稽古之力，资益孔多。命加给赙仪枢材。亲制文赐祭。"见前引［朝鲜］李敏辅：《丰墅集》卷一四《江汉黄公神道碑铭》，《韩国文集丛刊》第 232 册，第 570 页。祭文："大雅云远，文气日漓，作者中间，寂矣鼓吹。卿奋厥声，规彼大匠，体尚邃古，言耻官样。滔滔江汉，鸣国之盛，为予宾僚，掌予词命。奎署英馆，卿又其冠，曰笃契遇，不宁才难。机变都忘，孤卿自至，白发寒屋，手勘存笥。兰剡香歇，莲榜星回，太平生老，酹以一杯。"见［朝鲜］正祖：《弘斋全书》卷二一《提学黄景源致祭文》，《韩国文集丛刊》第 262 册，第 329 页。

黄景源被赠谥文景。① 黄景源的功绩，不仅得到了朝鲜国王和政坛人士的认可，当时朝鲜士人亦均对其生平成就予以高度评价。②

明清易代之后的很长一段时间内，朝鲜士林的舆论和思想风气，以春秋大义、尊周攘夷为主流，上至国王下至士人，皆是如此。朝鲜士人对于黄景源生平的评价，最集中的是对其秉持尊周大义的表彰和褒扬。黄景源生平的不少行动和言论，都直接体现出这一点：除了最具标志性的奏请将崇祯帝并祀朝鲜大报坛事件外，他还曾经设想编纂《毅宗皇帝实录》，试图推动将袁崇焕并享朝鲜武烈祠，并编撰了《明陪臣传》一书。而其长年致力于编撰《南明书》，以强调南明帝统一事，更是其中突出的表现之一。

目前学界对于黄景源的研究，总体而言尚不充分。韩国方面，研究者对于黄景源的关注和研究，最多的是从文学研究的角度展开，讨论其文学思想和诗文创作的相关问题③，此外，有研究者曾撰专文讨论过黄景源的《明陪臣传》④。韩国学者禹景燮的《朝鲜王朝知识人的南明王朝认

①《朝鲜王朝正祖实录》卷三五，正祖十六年九月乙丑，《朝鲜王朝实录》第 46 册，第 340 页。正祖十六年（1792）九月二十九日："赠谥……判书黄景源文景。"
②"国朝能言之士。生际昌辰，以文章贲饰昭明之化者多矣。自在布衣，声振四方，卒乃结两朝之知遇，主盟词苑。荣禄以终，未有若江汉黄公之盛者。"［朝鲜］李敏辅：《丰墅集》卷一四《江汉黄公神道碑铭》，《韩国文集丛刊》第 232 册，第 569 页。又："公平生以文章及尊周大义受知两朝，致位崇显，没乃予谥文景。其法为勤学好问，由义而济，岂不美哉。"［朝鲜］南公辙：《金陵集》卷一五《判中枢府事兼吏曹判书大提学世子右宾客谥文景黄公神道碑铭》，《韩国文集丛刊》第 272 册，第 280 页。
③相关研究有：（1）임유경（任侑炅）：《英祖朝四家의文學論研究：李天辅、吴瑗、南有容、黄景源》，梨花女子大学，1991年。（2）백진우（白晋宇）：《江漢黄景源의고문인식과　창작의　실제양상（江汉黄景源的古文认识与创作的实际样相）》，《동양한문학연구（东洋汉文学研究）》第21卷，2005年，第107—132页。（3）김동준（金东俊）：《黄景源漢詩를통해본신념과　감성，의리와　시의　상관성에대하여（黄景源汉诗所见信念与感情：论义理与诗的相关性）》，《민족문화（民族文化）》第42卷，2013年，第97—141页。（4）이은영（李恩英）：《黄景源의시에나타난對明義理의양상과성격（黄景源诗所见对明义理的样相与性格）》，《동양한문학연구（东洋文学研究）》第 36 卷，2013 年，第 215—238 页。（5）안순태（安淳台）：《영조조동촌파의교유양상과교유시－오원，남유용，이천보，황경원을중심으로（英祖朝东村派的交游样相与交游诗：以吴瑗、南有容、李天辅、黄景源为中心）》，《한국한시연구（韩国汉诗研究）》第21卷，2013年，第185—217页。
④임유경（任侑炅）：《황경원의〈명배신전〉연구（黄景源〈明陪臣传〉研究）》，《한국고전연구（韩国古典研究）》第 8 卷，2002，第 7—30 页。

识》一文，提到了黄景源编撰《南明书》的事迹，但论述较为简略。① 然
而在中国学界，鲜少有研究论及黄景源此人，目前只见到孙卫国教授在
《大明旗号与小中华意识—朝鲜王朝尊周思明问题研究（1637—1800）》
一书中提到黄景源奏请将崇祯帝并祀于大报坛的情节，且只是一笔带过
而已。② 有鉴于此，本文以下将就黄景源的一系列"尊周思明"事迹加以
叙述，并就其编撰《南明史》的事迹展开介绍。

二　黄景源的"尊周思明"事迹

　　黄景源生平最值得称道的"尊周思明"事迹，当属向朝鲜国王提出
将崇祯帝列入大报坛祭祀一事。大报坛是朝鲜王朝在明朝灭亡后寄托
对明朝追思的最具代表性的建筑。孙卫国教授的《大明旗号与小中华
意识》一书对此有深入的研究。该书在论述朝鲜英祖时期大报坛从独
祀神宗到三皇（太祖、神宗、毅宗）并祀的变化时提道："英祖二十五年
（1749）三月初一日，应教黄景源报告《明史》记载，崇祯十年（1637），
崇祯帝获悉朝鲜仁祖被皇太极围困于南汉山城之消息，当即命令总兵陈
洪范调集各镇舟师赴援。"③ 由是，开启了朝鲜王朝大报坛祭祀仪制变化
的讨论，并最终实现三皇并祀。

　　事实上，黄景源早在1744年就已经提出将崇祯帝并祀大报坛的建
议。1744年三月二十四日，黄景源上疏，以当时英祖命有司新制大报坛
所用祭祀乐器、乐章一事为契机④，结合自己从《明史》中考出的崇祯帝
下令救援朝鲜一事，用大段文字论述崇祯于朝鲜之恩情，称其足以与万

---

① 우경섭（禹景燮）:《조선후기　지식인들의　南明王朝　인식（朝鲜王朝后期士人
的南明王朝认识）》,《한국문화（韩国文化）》第 61 卷,2013 年, 第 133—155 页。
② 孙卫国:《大明旗号与小中华意识》, 第 134 页。
③ 同上注。
④ "持平黄景源疏曰: 伏以, 臣伏见殿下命有司作大报坛雅乐器, 甚盛事也。自国家
初立皇坛, 典制草创, 虽馆阁撰定乐章, 而铿锵鼓舞之器, 未之具也。今殿下新造雅
乐, 笙磬琴瑟, 钟鼓箫管, 无不告备, 然馆阁所定乐章, 无一言颂毅宗皇帝盛德者,
臣窃惜之。"见《承政院日记》, 英祖二十年三月二十四日, 韩国首尔大学奎章阁藏
本, 第 970 册, 叶 168b。

历帝义救朝鲜之举相比拟，进而建议将崇祯帝并入大报坛祭祀。①

然而，该次上疏之后，黄景源得到的回复仅是："省疏具悉。所陈者，当下教于相臣矣。"②然后，关于将崇祯并祀于大报坛一事，竟没有了下文。不仅如此，黄景源的这篇奏疏非但没有引起英祖的足够重视，反而给自己招来了削职的处分。这究竟是何缘由？

追溯这篇奏疏的流转过程可以发现，它在被呈交到承政院之后，并没有被全文转呈至英祖手中，从《朝鲜王朝实录》的记载看，它经过了承政院的节略转抄。③而经过这一番节略，奏疏的内容大打折扣，甚至可以说是被完全扭曲了。首先，原来奏疏中的核心内容，即从春秋大义的角度阐发崇祯义救朝鲜与万历义救朝鲜足可相提并论的论述，竟被删得片字不留；其次，原奏疏中提出的并祀崇祯帝于大报坛的诉求，一降

---

① "臣谨案。崇祯九年，南汉被围，毅宗皇帝诏总兵官陈洪范率山东诸镇舟师往救之。师才出海而围已解，虽无成功，其德义何其厚也。今国家既建皇坛作乐章，而毅宗皇帝出师之义不少称扬，非所以论述德美，荐告神明也。自万历以来，国家被蛮夷之祸，乞救于中朝者数矣，而神宗毅宗二皇帝，辄皆出师以援之。然神宗皇帝承太平之余，府库充实，兵士精锐，使李如松破倭奴深入之师，战守不辍者凡九年，卒存属国，此已著于皇坛乐章者也。毅宗皇帝当天下大乱之时，外迫于强胡，内逼于狂盗，官无遗兵，兵无遗食，中原之力益竭矣，而尚闵属国之难，出师于大海之外，欲将有以救其危而拯其亡者，其慈惠恻怛之德，史策书之，天下诵之，则皇坛登歌之诗，其可以不著之耶？臣闻王者之师，一出境而义行天下，虽其无功，功之归也，与出师而有功者未尝异也。昔周子突受命于天子，赴卫国之难而不能救，然而《春秋》书王人子突救卫，以予其功者，何也？盖取其义而已矣。夫洪范之出师也，未之成功，而毅宗皇帝忘中原之劳，以救属国，其大义虽周天子不能过也。凡乐之所以铿锵者，非金石之使然也。盛德之美施于乐者，固自有铿锵之声也。不然，则金石虽备而不可谓成乐也。伏惟殿下，考之明史，下教有司，追祀皇坛，补乐章之阙，使毅宗皇帝出师之美，宣扬于击拊之间、歌咏之中，则所谓笙磬琴瑟钟鼓箫管，亦可得而为成乐矣。"见《承政院日记》，英祖二十年三月二十四日，第970册，叶169a—叶169b。
② 见《承政院日记》，英祖二十年三月二十四日，第970册，叶169b。
③ 节略后的奏疏内容如下："往者殿下命有司，作大报坛雅乐器，甚盛事也。然馆阁所定乐章，无一言颂毅宗皇帝盛德者，臣窃惜之。崇祯九年南汉被围，毅宗皇帝诏总兵陈洪范帅舟师往救，师才出而围已解，虽无成功，其德义何其厚也！今国家既建皇坛，作乐章，而毅宗出师之义，少不称扬，非所以论述德美，荐告明神也。伏愿殿下考之《明史》，询之儒贤，下教馆阁，补皇坛乐章之阙焉。今之馆阁如吴光运者，太学诸生尝立馆下声罪者，而乃恬然不知避，尚居文任，诚无耻矣。岂宜使与议此事也？"见《朝鲜王朝英祖实录》卷五九，英祖二十年三月壬寅，《朝鲜王朝实录》第43册，第132页。

而成为"增补祭祀乐章"的要求，乖离了原意；再次，由于主体内容的删减，黄景源在奏疏最后弹劾朝中大臣吴光运的内容被突出放大。① 于是，当英祖看到节略后奏疏的反应，就是对崇祯一事表示不知所云，注意力完全放在了弹劾吴光运的问题上。经与朝臣相议论，英祖认为黄景源不过就是随便找个借口来弹劾政敌，于是削去他的职务以示惩戒。②

清朝于 1739 年将官修《明史》颁赐给朝鲜，黄景源于 1740 年入春秋馆后，得以见到此书。当他从《明史·朝鲜传》中读到崇祯帝命救朝鲜一事③，深植于内心的尊周大义与思明之情，促使他迫切地想向英祖提出并祀崇祯帝于大报坛的建议。但是，他的第一次上疏却因为一些意外因素没有成功，随之而来的削职处分，或许让他误认为自己的建议提得不合时宜，所以短期内他没有再提此事。

直到五年之后的 1749 年三月初一日，黄景源才再次向英祖提出并祀崇祯帝于大报坛的建议。这一日，英祖召集一批儒臣，讲读《夙兴夜寐箴》。讲读完毕，黄景源向英祖当面进言，再次陈述了并祀崇祯帝于大报坛的建议和理由：

> 臣见皇《明史·朝鲜传》："崇祯十年正月，朝鲜告急，帝命总兵陈洪范调各镇舟师赴援。三月，洪范奏兵出海。数日，山东巡抚

---

① "然今之馆阁如吴光运者，太学诸生，尝立馆下声罪而发言，而乃恬然不知避，尚居文任，诚无耻矣。岂宜使与议此事也哉？伏望殿下俯赐裁察，臣无任沥血俟罪之至，谨昧死以闻。"见《承政院日记》，英祖二十年三月二十四日条，奎章阁藏本，第970 册，第 169b 页。

② "上问于大臣曰：'朝家元无使光运制进乐章之事，景源忽为陈疏者，何也？'领议政金在鲁曰：'大报坛只祭神宗皇帝，而曾不祭毅宗皇帝，则此疏臣亦不知其何所据也。'上曰：'光运事，何也？'在鲁曰：'似闻以光运向来疏语，泮儒辈欲逐光运于黄柑时而未果云，似指此事矣。'上曰：'今乃觉之，专出于欲逐光运，而求说不得也。'仍削景源职。"《朝鲜王朝英祖实录》卷五九，英祖二十年三月壬寅，《朝鲜王朝实录》第 43 册，第 132 页。

③ "（崇祯）十年正月，太宗文皇帝亲征朝鲜，责其渝盟助明之罪，列城悉溃。朝鲜告急，命总兵陈洪范调各镇舟师赴援。三月，洪范奏官兵出海。越数日，山东巡抚颜继祖奏属国失守，江华已破，世子被擒，国王出降。今大治舟舰来攻皮岛、铁山，其锋甚锐。宜急救沈世魁、陈洪范二镇臣，以坚守皮岛为第一义。帝以继祖不能协图匡救，切责之。亡何，皮岛并为大清兵所破，朝鲜遂绝，不数载而明亦亡矣。"见（清）张廷玉等：《明史》卷三二〇《朝鲜传》，第 8306—8307 页。

颜继祖奏属国失守,江华已破,世子被擒,国王出降。帝以继祖之不能协图救援,切责之。"若南汉数月不下,洪范之军必至城下。至不至,特本国之幸不幸,而出师之恩,毅宗、神宗何间?况毅宗不责我不能守城,反责继祖之不能救,其悯念属国之恩,未有如我毅宗者也。本国之力,虽不能闭关绝约,先正臣宋时烈所云"忍痛含冤,迫不得已"八字,常在于心,然后可谓不忘皇朝。而今皇坛不祀毅宗,臣窃伤之。昔我肃考,当甲申天崩之月,望祀毅宗于苑中。继述之道,宜有追配之典矣。①

这次,英祖听到黄景源的进言后,当即表达了自己的意见:"予则不知有此事矣。先朝设坛祀神宗之时,以正史之未及出来,不知有崇祯罔极之恩矣。不然,岂不并祀毅皇耶?"②第二天,英祖就召集群臣商讨具体事宜。在几轮商讨过程中,英祖还进一步提出了将太祖与神宗、毅宗三皇并祀大报坛的想法。虽然期间也有一些大臣有不同意见,但很快在英祖的主导下实现了意见的统一,而黄景源则是站在英祖一方,支持三皇并祀的舆论主力。③此后,朝鲜大报坛三皇并祀之制,迅速得以确立并施行。

崇祯帝并祀于大报坛,其皇坛神位应使用哪个庙号,起初也是一个问题,因崇祯庙号有四:怀宗、毅宗、思宗、威宗,朝鲜人在使用哪个庙号的问题上犹豫再三。后来,这个问题也是因为黄景源的进言而得到了解决。黄景源认为:怀宗是清人所上庙号,自不能用。思宗、毅宗是南明朝廷先后所上之庙号。而根据谥号的意涵,失位而死曰怀,追悔前过

---

① 《朝鲜王朝英祖实录》卷六九,英祖二十五年三月己酉,《朝鲜王朝实录》第 43 册,第 332 页。
② 同上注。
③ "上曰:'只祀二皇,则实有如不祭之叹矣。'仍命承、史各陈所见,皆以为并祀三皇,实合尊周之义,独记事官蔡济恭以'情虽无穷,礼则有限,高皇并祀,似难轻议'为对。上命在院承旨、入直玉堂入侍下询。承旨金相绅请断然行之,应教黄景源以为:'本朝之于大明,犹子之于父母。大明既亡之后,依杞、宋故事,奉太祖之祀,固无不可矣。'"见《朝鲜王朝英祖实录》卷六九,英祖二十五年三月辛未,《朝鲜王朝实录》第 43 册,第 335 页。

曰思，强而能断曰毅。所以，以毅宗为庙号显然最为合适。①

推动并最终实现崇祯帝并祀于大报坛一事，可以说是黄景源生平浓墨重彩的一笔。经此一事，他在士林中树立了较高的声望，在被"尊周思明"情绪笼罩的朝鲜士林中，他可以说成为了一个模范和标杆式的人物。与此同时，他也得到了国王英祖的进一步青睐，成为英祖的近臣，仕途也一路顺畅。或许也正因为黄景源身上有了一个鲜明的标签，他自己也更加努力地投身到尊周大义的事业中去。

比如，他还曾提出编纂《毅宗皇帝实录》的设想。明朝有官修实录的传统，而实录之制，系由继嗣之君修撰先皇一朝史实，崇祯后明亡，故崇祯一朝就没有了官修实录。黄景源曾就此发出感慨："明天子自高皇帝至熹宗，凡十五世，皆有史，藏于名山，而毅宗独无《实录》，何其悲也？"②而他认为，即便如此，在当时要再为崇祯朝纂修一部《实录》，也并非不可能：

> 自古社稷虽已亡，而国史终不可亡。故金匮、石室之中无实录者，未之有也。方帝室南迁之初，为毅宗诚求文献，论著实录，大学士为之总裁，而学士为之纂修，则毅宗盛德之美，不特止于本纪所载而已也。然百世有良史焉，因本纪而广之，追成实录亦宜矣。岂必使学士纂修、大学士总裁，然后可以扬毅宗圣德之美也哉？③

他认为，采用"因本纪而广之，追成实录"的方法是可以编出一部《毅宗皇帝实录》的，关键就在于尽可能地发掘更多的资料来源。他认

---

① "礼曹判书李周镇启言：'崇祯庙号或曰怀宗，或曰毅宗，或曰思宗，或曰威宗。今此皇坛神位，未知所定。'上令儒臣博考以奏。应教黄景源遂考奏曰：'崇祯十七年三月丁未，大行皇帝崩，五月清人上庙号曰怀宗，六月南都上庙号曰思宗，弘光元年二月丙子，南都改上庙号曰毅宗，故大行皇帝庙号有三焉。然《谥法》，失位而死曰怀，若楚之怀王、齐之怀王是也；追悔前过曰思，若东平思王、广阳思王是也；强而能断曰毅，于皇明若毅皇帝是也。南都所上大行谥，虽不得著于陵碑，然中原贤士大夫如史可法、张慎言、吕大器所论定也。"见《朝鲜王朝英祖实录》卷六九，英祖二十五年三月乙亥，《朝鲜王朝实录》第 43 册，第 336 页。
② 黄景源：《江汉集》卷七《送赵景瑞入鼎足山序》，《韩国文集丛刊》第 224 册，第 152 页。
③ 同上注，第 153 页。

为,在朝鲜方面,也可以发掘出能够用以丰富《毅宗皇帝实录》的资料。
为此,有一次他专门拜托准备进入鼎足山史库点校国史的友人赵景瑞,
希望其能够从朝鲜史料中辑出崇祯的诏敕、制命等资料,以用于《毅宗
皇帝实录》的编纂。

> 赵君景瑞以奉教点检国史于鼎足山。夫国史所载者,王朝之
> 事也。然崇祯诏敕、制命亦足考信也。今景瑞入鼎足山,辑崇祯诏
> 敕、制命,撰《毅宗皇帝实录》,传于后世,亦其职也。①

尽管编纂《毅宗皇帝实录》一事,最终并没有在朝鲜王朝得以实现,
但黄景源的设想和努力,在当时来说也算是一种难能可贵的尝试。

除此之外,黄景源还曾试图推动将明朝将领袁崇焕从享于朝鲜武烈
祠。武烈祠是朝鲜时代设置于平壤的一座祠宇,主祀的是壬辰倭乱中极
力主张出兵救助朝鲜的明朝兵部尚书石星,此外还有一批战争期间援朝
抗倭的明朝将领如李如松等从享其中。黄景源认为袁崇焕也应从享武
烈祠,其逻辑是袁崇焕果断斩杀了意图袭击朝鲜的毛文龙,有恩于朝鲜
王朝。

> 史称崇焕由海上入双岛,文龙来会。至夜半,与相燕饮,文龙
> 曰:朝鲜衰弱可袭而有也。崇焕大怒,六月五日,邀文龙观将士射。
> 设帐山下,令参将谢尚政等伏甲士。文龙既至,其部卒皆不得入。
> 崇焕顿首请帝命曰:"臣崇焕今诛文龙,以肃三军。"于是乃取尚方
> 剑,斩于帐中。②

黄景源认为,如果袁崇焕不杀毛文龙,毛文龙必袭击朝鲜,朝鲜极
有可能灭亡。袁崇焕斩杀毛文龙的功劳,堪比当年义救朝鲜的李如松。
诚然,袁崇焕斩杀毛文龙一事,在中国历史中自有其解释的脉络,然而
回到历史的场景中,朝鲜人对于此事的认知和理解有着复杂的样貌。由
于当时朝鲜士人对袁崇焕及毛文龙的评价也存在着争议,所以黄景源提
出袁崇焕从享朝鲜武烈祠的设想,最终并没有能够实现。

此外,黄景源还编纂了《明陪臣传》一书。该书为在朝鲜王朝抵御

---

① 黄景源:《江汉集》卷七《送赵景瑞入鼎足山序》,第153页。
② 黄景源:《江汉集》卷六《与李观察(第二书)》,第131页。

后金入侵的战事中死节的朝鲜臣子以及孝宗时期倡议北伐的诸人立传，其意在表彰为国捐躯的忠臣和坚守尊周大义的朝鲜士人。

三 黄景源与《南明书》的编撰

1740 年，黄景源以翰林身份进入春秋馆供职，得见清朝官修《明史》，对他产生了深远影响，促使他开始致力于《南明书》的编纂工作。黄景源在与好友申成甫的一次书信往来中，回顾起自己编纂《南明书》的最初动机：

> 景源在史馆时，读张廷玉《明史·传》，至弘光、隆武、永历三先帝列于《诸王》，未尝不悲愤泣下也。昔孔子因鲁史记作《春秋》，周虽微，犹书天王者，明大义也。故僖公二十有八年，《经》曰："天王狩于河阳"，《谷梁传》曰："为若将狩而遇诸侯之朝也，为天王讳也。"昭公二十有三年，《经》曰："天王居于狄泉"，《谷梁传》曰："始王也，其曰天王，因其居而王之也。"《春秋》之义，不亦严乎？夫三先帝承毅宗之绪，正位南方，为天子，以承宗庙，而廷玉列之《诸王》，是《春秋》之义不明也。景源欲著《南明书》，始自弘光元年，讫于永历十有六年，以明大义。①

黄景源为自己设定的任务是编纂一部始自弘光讫于永历的单纯的南明政权史书，这在当时的朝鲜可算是一大创举。然而，在具体编纂的过程中，他却遇到了一个致命的问题——文献资料不足。因此，他说自己"论次《南明书》者十五年"而"未能卒业"。②此前，朝鲜士人编纂明史的方式，基本上都是从中国方面的文献中辑录汇编，因此掌握文献数量的多寡，直接关系到编纂成果的质量。

黄景源给自己规划了一个具有开创性意义的课题，但是，在当时朝鲜国内要真正找寻到与南明直接相关的文献资料是极难的事。诚如他自己所说："自永历入缅以来，士大夫出七星关奔井亘者不可胜数。本邦山川在中州万里之外，属国史臣得南明行在事实，为尤难也。故景源虽欲论

① 黄景源：《江汉集》卷六《与申成甫（第二书）》，第 130 页。
② 黄景源：《江汉集》卷六《与李元灵（第二书）》，第 128 页。

次而不可得也。"①因此黄景源编纂《南明书》进展极慢,完全可以理解。

不过,情况总算是发生了可喜的变化。1755 年,黄景源充任燕行副使,前往中国,更加幸运的是,在这次出使过程中,他收集到了一些南明历史文献。黄景源称这部分文献是"皇朝世家子孙收拾永历十六年旧史遗闻",而从他另外一些文字记录中我们可以知道,这些所谓的旧史遗闻,主要是一些南明人物传记类的资料。比如,他在给友人李天辅的书信中就列举了一些相关的人物传记资料:

> 夫桂林、梧州之间,其烈士不见于史,有邓凯者,善用长矛,重百斤,能刺人于马上,疾如鸷鸟。奉诏书护卫皇子,赐金币,进右都督。帝在阿瓦,凯进曰:"国君死社稷,此大义也。今陛下不死社稷,其于毅宗皇帝何?"因叩头泫然泣下。及被执,五日不食,犹不死。闻帝崩,暴骸中野,乃泣血提筐拾之。滇父老无不感动,各助金钱,遂葬于囊木河上。

> 有魏豹者,好游侠,往来江、淮,交天下豪杰之士。弘光元年直内殿,勇冠三军。隆武初进总兵官,永历元年与大学士吕大器定策有功,诏拜为靖东将军,进爵国公。及天子出奔永昌,马惟兴劝豹亡去,豹谢曰:"吾辈皆去,何忍使天子独行邪?"流涕不去,从入缅,日以恢复为事。会缅人诈盟,杀文武四十余人,豹手刃力战死之,时年四十四。

> 有陆苏者,年十一,毅宗皇帝弃群臣,白衣冠,哀临七日,如成人。弘光元年,南都陷,遂毁巾衫,焚笔砚,迁于水次,驾扁舟漂泊海滨三十年,誓不履岸,冠、婚皆在舟中焉。惟日日投网得鱼,令童子入市易米以自给。风雨之夕,辄系棹仰天怮哭,呼毅宗皇帝不辍。其卒时,遗命家人葬于海岛,曰:"我死,无令魂魄游中土也。"悲夫,三人忠足以辅翼帝室,志足以扫清中原,而天命已改之后,非人力之所可移也,故终世无所成功,天下惜之。

> 有赵叔济者、焦润生者、林行帜者、钱邦芑者、杨志达者、李若

---

① 黄景源:《江汉集》卷六《与李元灵(第二书)》,第 128 页。

练者、王玉藻者、费经虞者、薛大观者之仁之勇，亦干城之士也。诚
使九人佐先帝奋扬威武，则何患缅国之不臣顺而明室之不匡复乎？①

黄景源对自己在出使过程中获得的旧史遗闻资料格外珍视。他的
既定设计是编撰一部纪传体的《南明书》，其中本纪的部分并不难完成，
因为完全可以从官修《明史》中摘取史料。真正困难的恰恰是列传的部
分，因为官修《明史》中，属于南明政权人物的列传不仅不够多，而且几
乎都是些众所周知的大人物。黄景源希望自己编的列传能够尽可能收
入一些小人物的传记，而他这次出使获得的资料，恰恰都属于这一类人
物传记资料，这让他不禁觉得是上天要助其完成《南明书》的编纂：

> 始张廷玉撰次《明史》，永历大臣大学士瞿式耜、大学士吴贞
> 毓、大学士严起恒皆得立传，而独于士之微者不著也。有如景源不
> 入关，则永历诸臣本末莫之得也，又何以成《南明书》乎？往者足
> 下所为序称景源著《本纪》以存皇统，然永历贤士大夫为天子死于
> 大义，而湮没不见于史，则景源虽著《本纪》，不足为一代全书而传
> 于后世也。然则景源入关内而得明事以成此书者，岂非天哉？②

最后，黄景源终于完成了他的《南明书》，其篇幅为三本纪、四十列
传。可惜的是，今天我们已经看不到这部《南明书》。有趣的是，曾经
有中国人提到自己读过朝鲜人编撰的《南明书》。谢国桢《增订晚明史
籍考》中提道："《南明书》，朝鲜佚名撰。按：王葆心《蕲黄四十八砦纪
事·鄂砦续编》注引《春在堂随笔》云：'吾观朝鲜人所为《南明书》'云
云。"③该条材料将线索指向了晚清民国的士人王葆心（1867—1944），而
其《蕲黄四十八砦纪事》中的原文是："吾观朝鲜人所为《南明书》，其
中书法实以正朔予安、绍诸帝而外本朝。其书法予夺，均本此义。可见
朝鲜人乃以中国正统自居，而以清代为闰位也。"④可见王葆心曾经读到
过朝鲜人所著《南明书》，但是该《南明书》是否即为黄景源所著之书，

---

① 黄景源著：《江汉集》卷六《与李元灵（第二书）》，第128—129页。
② 黄景源著：《江汉集》卷六《与李元灵（第二书）》，第129页。
③ 谢国桢：《增订晚明史籍考》，第516页。
④ 王葆心：《蕲黄四十八砦纪事》卷二《鄂砦续篇》，台北：台湾中华书局，1972年，
第37—38页。

尚无法断定。

结语

黄景源平生以文学造诣与尊周大义见称，历仕朝鲜英祖、正祖两朝，在士林中地位尊崇。他通过编著《南明书》，为朝鲜士人树立了一个尊奉南明正统的标杆。从后世朝鲜士人编纂明史的表现来看，他的努力无疑是成功的。其后，由朝鲜正祖亲自主持编撰的《明季提挈》、赵彻永编撰的《续明史》[①]、洪奭周编撰的《续史略翼笺》[②]等明史著作，均将南明政权作为正统纳入。正祖时期著名的尊周学者成海应，在整理汇编了大量明遗民史料之后，也试图追随黄景源的脚步，编纂一部南明专史，由其文集中留下的《南明书拟稿义例》一文可见一斑。[③]

南明的历史，对于朝鲜士人来说，本是一个相当遥远的存在，但它竟然能在某一特定的历史时期成为一部分朝鲜士人关注的热点，这种现象对于不熟悉朝鲜历史的人可能真的难以理解。事实上，在朝鲜王朝的语境中，南明史更像是一个工具，士人们利用它想要达到的目的，就是强化自身所谓"尊周思明"的态度和立场，而强化这样一种立场的有益结果，便是可以帮助朝鲜王朝的知识分子在思想上隔绝来自外部世界（清朝中国）新的影响。而这种隔绝在某种意义上也是一种守护，在朝鲜士人笔下，他们守护的是"中华"的精神，而在我看来，他们守护的本质上就是自己的民族精神。由此观之，不论是在中国还是朝鲜，南明史最后都指向了民族精神这一归宿，这可算得上是一种殊途同归。

原刊《南开史学》2020年第1期，社会科学文献出版社，2020年，标题改作《朝鲜尊周学者黄景源及其〈南明书〉撰著》

① ［朝鲜］赵彻永编：《续明史》，《域外汉籍珍本文库》第2辑史部第2册影印朝鲜写本，重庆：西南师范大学出版社，北京：人民出版社，2011年。相关研究有曾磊：《朝鲜〈续明史〉史学思想研究》，《南昌教育学院学报》2014年第6期，第25—29页。
② ［朝鲜］洪仁谟撰，洪奭周翼笺：《续史略翼笺》，《域外汉籍珍本文库》第2辑史部第2册影印朝鲜哲宗八年刻本。
③ ［朝鲜］成海应：《研经斋全集》外集卷三五《南明书拟稿义例》，《韩国文集丛刊》第277册，第63—71页。

清朝皇权的来源与江户时代日本知识分子的理解

楠木贤道

吉林师范大学历史文化学院

序言

　　人们理解其他社会时，往往以自己生活的社会为参照。明治维新以后，日本逐步实现国家近代化。日本学者在建立近代东方史学的过程中，直接看到的是通过重用汉人官员来摸索近代化的清朝，所以就以这种对清朝的认识来研究清朝。当今，无论在中国、日本、韩国还是欧美，历史学者在历史研究中都离不开自己的常识、观念及价值体系。但是，如果要接近历史真实，我们就需要怀疑并相对化自己的观念，从而掌握历史。

　　日本江户时代权力分散。德川将军是国家的代表，但是仅统治 4/15 的耕地和人民，并且其中的一半，还是由德川将军的家臣（旗本、御家人）直接控制的。其余 11/15 的耕地和人民则是由约三百家大名（封建领主）分别统治。德川将军与大名之间的关系，类似于清朝皇帝与八旗、札萨克旗的满蒙王公的关系。德川将军及大名的家臣是拥有世袭身份的武士，类似于八旗旗人、札萨克旗的阿勒巴图 albatu（属民、纳贡人），他们都有自己的王爷。那么，江户时代日本知识分子如何理解清朝皇权的来源及皇帝与八旗、札萨克旗的关系呢？

基于此，笔者运用满、蒙、汉文文献分析天命十一年（1626）皇太极继努尔哈赤位、天聪十年（崇德元年，1636）皇太极重新即位、崇德八年（1643）福临继皇太极位、顺治元年（1644）福临重新即位等史实，考察清初皇权的来源，并将其与江户时代日本知识分子的理解对照，着重考察皇权的威信如何形成。

一 皇太极继承努尔哈赤位之过程

天命十一年（1626）一月，努尔哈赤率兵攻击宁远城，大败而归。是年六月初七日，英明汗（满文 genggiyen han/ 蒙文 gegen qaɣan）努尔哈赤与土谢图汗（满文 tusiyetu han/ 蒙文 tüsiy-e-tü qaɣan）科尔沁部首领奥巴，为共同对抗察哈尔林丹汗，缔结攻守同盟。[1] 努尔哈赤欲以此举重新建立威望，重整体制。蒙文 tüsiy-e-tü 意为"可靠"，tüsiy-e-tü qaɣan 即有"大汗可靠之汗"或"辅助大汗之汗"之意。因而可以说，这是大汗与辅助大汗之汗的会盟。

天命十一年八月十一日，努尔哈赤崩于汗王宫。是日，岳托与其异母弟萨哈廉建议其父代善拥戴皇太极为帝。代善、岳托、萨哈廉等两红旗贝勒共同起草劝进表，于翌日清晨六时召集诸贝勒至大政殿，进呈劝进表，一致提议拥立两白旗贝勒皇太极继位。但是皇太极以无努尔哈赤之旨为由拒绝继位。随后，部分贝勒中途离席，前往努尔哈赤宅邸汗王宫，要求努尔哈赤的大福晋阿巴亥（阿济格、多尔衮、多铎三兄弟的亲母，努尔哈赤直率两黄旗的监护人）殉死。八时，阿巴亥殉死后，尸身移至努尔哈赤梓宫。十时，梓宫移至沈阳城内西北角。午后四时，皇太极最终同意继位。

---

[1]《满文原档》第 5 册，宙字档，台北故宫博物院，2006 年，第 46—47 页。

就年龄、威望、经验、能力而言，代善、阿敏、莽古尔泰三大贝勒皆有不足，皇太极是继承汗位的最佳人选。另外，皇太极当时已与科尔沁左翼中旗存在多层联姻关系，从维持与科尔沁同盟关系的角度考虑，皇太极亦是不二人选。[①]不过，皇太极继承皇位，仍需两红旗贝勒的支持以及扫除两黄旗的监护人阿巴亥这一阻碍。

九月初一日，皇太极于大政殿举行继位典礼。皇太极号称为天聪汗（sure han），蒙文译为薛禅汗（secen qaγan），薛禅汗是元朝世祖忽必烈的尊号。[②]需要提及的是，1542年，元朝皇帝直系后裔察哈尔汗国大汗博迪阿剌克授予土默特部俺答汗土谢图薛禅汗（tüsiy-e-tü secen qaγan）称号。1551年，察哈尔汗国下一代大汗达赉逊同意俺答汗使用葛根汗（gegen qaγan）称号。1578年，索南嘉措继承格鲁派藏传佛教，俺答汗赠予索南嘉措达赖喇嘛称号，即三世达赖喇嘛。三世达赖喇嘛赠予俺答汗 caqra badun secen qaγan 称号。caqra badun qaγan 源于转轮王的梵文 cakravartiraajan 一词。据此可知，努尔哈赤、皇太极父子可能借用俺答汗的称号为自己及盟友奥巴命名。

察哈尔汗国大汗达赉逊的曾孙林丹汗皈依的是萨迦派藏传佛教，而非格鲁派。1603年，林丹汗即位。1617年，林丹汗招请西藏萨迦派高僧沙尔巴呼图克图，并接受灌顶。彼时，沙尔巴呼图克图携马哈卡拉尊像而来，此尊像系萨迦派八思巴为忽必烈所铸，林丹汗在白城（caγanqota）建立寺庙，将其供奉于寺内。1626年，皇太极继位的同一年，林丹汗在今巴林旗白塔附近城内设立蒙藏文合璧石碑。碑文中，林丹汗自称成吉思薛禅汗（cinggis secen qaγan）/薛禅成吉思汗（secen cinggis qaγan）。[③]前文已述，secen qaγan 是忽必烈的尊号，并且是俺答汗称号的一部分。林丹汗为了对抗皈依格鲁派的俺答汗后裔，很有可能

① ［日］楠木贤道：《清初对モンゴル政策史の研究》，东京：汲古书院，2009年，第113—144页。
② ［日］杉山清彦：《大清帝国の形成と八旗制》，名古屋：名古屋大学出版会，2015年，第228—230页。
③ ［日］石浜裕美子：《清朝とチベット仏教：菩薩王となった乾隆帝》，东京：早稻田大学出版部，2011年，第14—40页。

接受了萨迦派藏传佛教。

　　天聪元年（1627）一月至三月，皇太极第一次出兵朝鲜，史称"丁卯胡乱"。此战目的尚不明晰，很有可能是皇太极企图通过发动军事活动，一方面对内外彰显个人威信，另一方面明确个人与出征统帅阿敏之间的权力关系，即大汗与大贝勒的权力关系。三月初三日，后金与朝鲜缔结江华岛盟约，双方建立兄弟关系，约定朝鲜每岁呈给后金礼物（不是贡品、岁币）。这种关系并不意味着支配关系，而是与先前努尔哈赤和科尔沁部首领奥巴缔结的同盟类似，是天聪汗和朝鲜汗（solho han）的关系。《满文原档》中《天字档》天聪元年部分记载朝鲜国王有两种写法，一种写法是 coohiyan gurun i wang，这是包括音译部分的直译；另一种写法是 solhohan，即朝鲜汗，是朝鲜国王的意译。solho 是满语中"朝鲜"的意思。并且汗比王的地位高。《天字档》中 solho han（朝鲜汗）一词，被涂改为 solho i wang（朝鲜王）。后世编纂的顺治满文本《清太宗实录》、《满文老档》继承了 solho i wang（朝鲜王）的写法。[①]

二　皇太极即大清皇帝位之过程

　　皇太极继位后，为了从已归顺的科尔沁等漠南蒙古诸部获得必要的军事力量，巧妙地运用法律对其加以控制。首先，天聪二年（1628），皇太极以征察哈尔汗国为契机，要求归顺的漠南蒙古诸部首领出兵征战。科尔沁部奥巴不从，皇太极抓住机会谴责奥巴，使其屈服。此外，皇太极利用与察哈尔汗国、明朝作战的机会，让归顺的漠南蒙古诸部首领承认自己所颁发的军律。随后，皇太极在对察哈尔汗国和明朝的频繁征战中，要求蒙古兵与八旗兵统一行动，共同作战。这些军律先是在八旗中宣布，而后在蒙古诸部中宣布，这意味着满洲国法律在平时无法控制漠南蒙古诸部。我们可以推断，皇太极允许蒙古首领在平时按照习惯法来

---

① ［日］铃木开：《朝鲜丁卯胡乱考：朝鲜・後金関係の成立をめぐって》，《史学雑誌》第 123 卷第 8 號，2014 年 8 月，第 1435—1470 页；［日］铃木开：《〈满文原檔〉にみえる朝鲜国王の呼称》，《アジア遊学》第 179 号《朝鲜朝後期の社会と思想》，东京：勉诚出版，2015 年，第 83—98 页。

控制属下，即自治；在战争时，则利用军律来加强自己的军力及对蒙古的控制。①

　　天聪八年（1634），林丹汗远征西藏途中，病死于大草滩（今甘肃武威、永昌）。皇太极派兵收拢了林丹汗所遗部众及家眷。十二月，察哈尔汗国的墨尔根喇嘛携马哈卡拉尊像抵达盛京，归附皇太极。此尊像原是八思巴为忽必烈铸造的金像，先祀于五台山，后祀于萨迦地方。随后，沙尔巴呼图克图携此尊像至"大元之裔蒙古察哈尔国"。皇太极决定建造寺庙安置此像，崇德三年（1638），实胜寺落成，佛像安置其中。负责建造实胜寺的毕礼克图囊苏也是萨迦派的喇嘛。②

　　天聪九年（1635）九月，察哈尔汗国苏泰太后及其子额哲归附皇太极，进献传国玉玺。此玺乃历代帝王所用，后为大元持有。元惠宗放弃大都，败走沙漠，于应昌府病逝，后此玺流失。200年后，"大元后裔"博硕克图汗（俺答汗玄孙）属下牧民发现此玺，将其进献。"大元后裔察哈尔国"林丹汗袭击博硕克图汗，灭亡顺义王家，夺取此玺。此玉玺刻有"制诰之宝"四字。③

　　天聪八年，皇太极在得到马哈卡拉尊像、传国玉玺后，汉人大臣建议皇太极接收大政。《满文原档》、《满文国史院档》将"大政"记为amba doro。该词在各种汉文本《清太宗实录》中译为"大政"、"大道"、"大礼"、"大统"，没有固定汉译。并且，在林丹汗病逝之前，文献中亦无此词；天聪十年皇太极即位后，文献中也难见此词。不过，这一时期《满文原档》、《满文国史院档》中记载的 doroi šajin 或 šajin doro，具体含义是基于佛教教义的政治④，doroi šajin/šajin doro 很有可能是构成amba doro 的重要因素之一。关于"接收 amba doro"的具体含义，详见后文。

――――――――――

① ［日］楠木贤道：《清初对モンゴル政策史の研究》，第113—144页。
② ［日］石滨裕美子：《清朝とチベット仏教：菩薩王となった乾隆帝》，第42—46页。
③ ［日］神田信夫、松村润、冈田英弘译注：《旧满洲档 天聪九年》2，东洋文库，1975年，第250—251、266页。
④ ［日］石滨裕美子：《清朝とチベット仏教：菩薩王となった乾隆帝》，第42—57页。

　　虽然皇太极继位后贵为一国之汗，亦有能力对抗察哈尔汗国，但于八旗组织内部，不过是两黄旗旗主。因此，皇太极非常重视其大福晋母家——科尔沁左翼中旗这支势力。

　　科尔沁左翼中旗首领索诺木在收继其祖父莽古斯之妻科尔沁大妃时，祖父莽古斯与大妃至少已育有一女，此女即皇太极之大福晋。索诺木收继大妃后，至少生育一男二女。天聪七年（1633）四月，大妃等人赴沈阳探亲。五月，皇太极之异母弟、正白旗领主多铎求娶大妃之女。皇太极与众贝勒商议后，准多铎所请，多铎于天聪八年（1634）三月娶之。天聪九年（1635）十月，多铎之同母兄、镶白旗领主多尔衮娶大妃另一女。两女与皇太极的大福晋为异父姊妹，因此，多尔衮、多铎、皇太极同为大妃之婿。两女出嫁时尚且年幼，所以多铎、多尔衮很有可能并非因喜欢二女姿容而求娶。多尔衮、多铎与皇太极以这两次联姻确认结为一个派系，并对内外宣布此事。①

　　天聪九年五月，正蓝旗领主德格类去世，皇太极以莽古尔泰、德格类、莽古济（努尔哈赤与富察氏衮代所生之女）、爱巴礼（富察氏）、屯布禄等生前合谋篡夺汗位为由，处决了莽古济异父兄昂阿喇、莽古尔泰之子额必伦，并诛杀屯布禄、爱巴礼一族，从而肢解正蓝旗。随后，皇太极将原正蓝旗与正黄旗人员新编为镶黄旗和正黄旗，原镶黄旗改为正蓝旗。②自此，皇太极与正白旗领主多铎、镶白旗领主多尔衮成为同一派系，皇太极直接控制镶黄、正黄、正蓝三旗。至此皇太极派系势力扩展至五旗，在八旗中旗数过半。

　　如前所述，皇太极收容了察哈尔汗国林丹汗的遗民，得到了马哈卡拉尊像及制诰之宝，掌握了八旗中的多数旗。天聪十年（1636）四月初八日，宗室镶白旗领主多尔衮呈上满文表文，科尔沁部首领土谢图济农巴达礼呈上蒙文表文，汉人降将都元帅孔有德呈上汉文表文，共同推戴皇太极为皇帝。十一日，皇太极于天坛举行中华王朝传统的祭天仪式

①［日］楠木贤道：《孝端文皇后之母科尔沁大妃的收继婚及其意义初探》，《清史研究》2016年第1期，第1—7页。
②［日］杉山清彦：《大清帝国の形成と八旗制》，第238—250页。

后，即大清皇帝位。《满文原档》未见天坛即位仪礼的相关记载，但在《满文国史院档》第 10 册 1 号《丙子年四月定汗为大位档 fulgiyansingg erianiyaduinbiyaihan be ambasoorintoktobuhadangse》中记载天坛即位仪礼的内容非常详细。

　　皇太极此前未曾举行过冬至天坛祭天郊祀。为举行此次即位仪礼，皇太极特意修建盛京的天坛，后于天坛举行冬至郊祀。《丙子年四月定汗为大位档》天聪十年四月十一日条的祭天祝文开头部分写道"丙子年四月十一日，满洲国臣皇太极敢昭告天地曰 fulgiyan singgeri aniya: duin biyai juwan nemu de manju gurun i amban hong taiji gelhun ak ū abka na de alahangge"。台北故宫博物院所藏顺治初纂汉文本《清太宗实录》卷二二相应部分写作"维丙子年四月吉旦，满洲国汗臣皇太极敢昭告于皇天后土神位前曰"。[1] 日本国立公文书馆所藏康熙重修汉文本《清太宗实录》[2] 卷二八和《大清历朝实录（乾隆本三修汉文本）》所收《清太宗实录》卷二八的相应部分写作"维丙子年四月十一日，满洲国皇帝臣皇太极敢昭告于皇天后土之神"。[3] 值得注意的是，四则史料所用国号皆为"满洲国"。神田信夫已经阐明皇太极即大清皇帝位之前，正式国号是"满洲国"，与明朝、朝鲜王朝交流时特意使用国号"金国"、"后金"，而对本国、蒙古一般不用此国号。[4] 从这四则史料中记载的国号，可以印证神田的结论。

　　关于祝文中皇太极自称的记录，《丙子年四月定汗为大位档》仅记

---

① 顺治初纂汉文本《清太宗实录》卷二二，天聪十年四月乙酉。
② 江户时代日本通过长崎贸易引进多套《清三朝实录》，即康熙三修汉文本《清太祖实录》、康熙重修汉文本《清太宗实录》及康熙初纂汉文本《清世祖实录》。引进的《清三朝实录》不是告成本，而是最终草稿的手抄本。日本国立公文书馆收藏本为其中最佳版本，不过存在讹误。因此，本文主要采用日本国立公文书馆藏本，并以日本国立国会图书馆藏本辅证。
③ 康熙重修汉文本《清太宗实录》卷二八，天聪十年四月乙酉、《清太宗实录》卷二八，天聪十年四月乙酉，《清实录》第 2 册，北京：中华书局，1985 年，第 361 页。
④ ［日］神田信夫：《满洲（Manju）国号考》，《山本博士還暦記念東洋史論叢》，东京：山川出版社，1972 年，第 155—166 页。后收入氏著：《清朝史論考》，东京：山川出版，2005 年，第 22—33 页。

有"满洲国臣皇太极",未有"汗"、"皇帝"等字样,很可能祭天时所诵满语祝文原件也只写"满洲国臣皇太极"。按照《大唐开元礼》以来的中国传统,作为皇帝的自称,祭天时用"嗣天子臣",祭先帝时用"嗣皇帝臣"。此"即位",并非意指皇太极继承努尔哈赤汗位,而是指皇太极治世途中改国号、改元而建立新王朝。所以,皇太极自称中的"嗣"字不适切,并且此次祭天仪式完成后,满洲国汗皇太极才成为大清的天子、皇帝,所以自称"天子"、"皇帝"也不合适。皇太极肯定出于此种考虑,遂自称"臣皇太极"。顺治初纂汉文本《清太宗实录》补充"汗"字,与历史史实没有矛盾。但是,康熙重修本把"汗"字更改为"皇帝",乾隆三修本继承康熙重修本的更改,与史实有重大矛盾。天聪十年四月十一日,皇太极以满洲国汗身份祭天后,成为大清皇帝,因而不存在"满洲国皇帝"这种说法。那么,为何如此更改呢? 皇太极在即大清皇帝位以后,经常用满文 han 作为汉文"皇帝"的对译,比如"圣皇帝"的满文是enduringge han。因此,康熙重修汉文本《清太宗实录》的编纂官,很有可能将顺治初纂汉文本《清太宗实录》中皇太极即大清皇帝位以后出现的"汗"字机械地翻译成"皇帝"。"满洲国皇帝"这种说法,与其说是史官故意修改、润色,不如说是因过失而写错、译错。而这种无心之失影响甚广。

即位仪式十二天后,皇太极于四月二十三日册封宗室爱新觉罗氏诸贝勒及大元皇帝后裔博尔济吉特氏诸首领,这充分表明了皇帝与其他首领们的权力差异。其中,三位蒙古首领被册封为和硕亲王,分别是:巴达礼,土谢图济农,奥巴之子,蒙古盟友的代表,后为科尔沁右翼中旗首领;吴克善,大福晋母家代表,后为科尔沁左翼中旗首领;额哲,察哈尔汗国林丹汗幼子。

值得注意的是,汉人降将孔有德于四月八日与宗室代表多尔衮、外藩蒙古代表巴达礼共同呈上劝进表,不过,孔有德等人当日未被册封,而是在二十七日方被册封,都元帅孔有德、总兵官耿仲明、总兵官尚可喜分别被封为恭顺王、怀顺王、智顺王。但是,三人所授封号与和硕亲王、多罗郡王等清朝的正式封号有别,可以说三顺王是制度之外的临时措置。

综上所述，笔者认为皇太极继承的是中华王朝之大元皇权，而非大明皇权。amba doro 的实际含义是指大元皇权。彼时大明政权犹在，努尔哈赤在世时，未有入主中原之心，只想与明朝共存，占据山海关外的领土。皇太极在世时，亦未有征服明朝之心，只想与明朝并立，占领长城以南部分地区，实现南北朝并立的状态。在汉文文献中，皇太极经常称明朝为南朝。

皇太极即位后，接受儒家思想，修建太庙，按照明制祭祀祖先。不过，皇太极并不重视太庙祭祀，常以有司摄事的形式进行仪式。相反，皇太极非常重视堂子祭祀（包括满族传统的祭天、祭祖）、天坛祭祀（中华传统的祭天）。[①]为了保持民族认同观念，皇太极重视堂子祭祀；为了表明继承中华王朝大元的皇权，皇太极重视天坛祭祀。

崇德元年（1636）十一月二十五日，皇太极初次于天坛举行冬至郊祀。《满文原档》中当日祝文开头部分写道"大清国臣皇太极敢跪告上天帝之言 daicing gurun i amban hong taiji gelhun akū dergi abkai han de niyakūrafi wesimbure gisun"。[②]这与四月十一日祭天祝文中皇太极的自称相同。顺治初纂汉文本《清太宗实录》卷二三相应部分写作"大清国臣皇太极敢昭告于皇天后土"，这与《满文原档》一样，未有"皇帝"等称号。很有可能祭天时皇太极所诵满语祝文原件也只写"大清国臣皇太极"。康熙重修汉文本《清太宗实录》卷三二的相应部分写作"大清国嗣天子臣皇太极敢昭告于皇天后土曰"。如前所述，基于中国古代传统的天命思想，皇帝祭天时自称"嗣天子臣"。并且，因为皇太极在四月十一日的即位祭天仪式后，已经成为皇帝、天子。康熙重修本《清太宗实录》的编纂官很有可能考虑到这一因素才加以润色。乾隆三修汉文本《清太宗实录》卷三二的相应部分写作"大清国皇帝臣皇太极敢昭告于皇天后土曰"。将康熙本的"嗣天子臣"又改为"皇帝臣"。顺治、康

---

① ［日］楠木贤道：《清太宗皇太极的太庙仪式和堂子——关于满汉两种仪式的共处情况》，《清史研究》2011 年第 1 期，第 124—129 页。
②《满文原档》第 10 册，《日字档》，台北故宫博物院，2006 年，第 680 页。

熙、乾隆三种汉文本《清太宗实录》没有记载崇德二年之后的冬至祭天祝文。因此乾隆三修本《清太宗实录》编纂官为何拘泥皇太极自称"皇帝臣"的原因，目前无从考证。乾隆本编纂官可能认为入关前的大清皇帝只继承了大元皇权，这不算接受天命，所以不可以自称天子。

三　皇太极即大清皇帝位与朝鲜王朝

日本学者铃木开对皇太极继承皇权及其对朝鲜王朝的要求之间的关系做过讨论。论述如下①：

天聪九年（1635）十二月二十八日，外诸贝勒来到盛京与内诸贝勒共同商议给皇太极拟定尊号，皇太极曰："虽然内外诸贝勒、诸大臣同心拟定尊号，但我与朝鲜国王缔结兄弟关系，应与其商议。外诸贝勒未全部到来。今欲派遣使者告知朝鲜王此言。"其时，礼部萨哈廉贝勒奏曰："汗欲派遣使者到朝鲜，理应如此。宜通知近邻兄弟国此事。我等内八和硕诸贝勒、外诸贝勒派遣使者，与朝鲜王商议。"皇太极赞许道："内外诸贝勒的使者与吾之使者同去！"②史料中"内诸贝勒"是指八旗宗室诸贝勒，"外诸贝勒"是指蒙古归服诸贝勒。

天聪十年二月初二日，皇太极派遣户部承政英俄儿岱，率领内八和硕贝勒之使者、外国四十九地方诸贝勒之使者，从盛京启程，前往朝鲜，与朝鲜国王商议为皇太极拟定尊号事宜。③十六日，英俄儿岱一行到达朝鲜义州，告知义州府尹："我国既获大元，又得玉玺。西鞑诸王子愿上大号，欲与贵国议处，兹送差人。不可独送，故俺亦偕来。"④十九日，英俄儿岱一行抵达平壤，又告朝鲜使者罗德宪曰："我国已得大元五十余王子。而土地最广，兵民又众。天意有属民心已归矣。我国诸将及诸王

①［日］铃木开：《丙子の乱直前の朝清交涉について（1634—1636）》，《骏台史学》第159号，2017年2月，第41—68页。

②［日］神田信夫、松村润、冈田英弘译注：《旧满洲档天聪九年》2，第381—383页。

③《满文原档》第10册，《日字档》，台北故宫博物院，2006年，第22页。

④《李朝仁祖实录》卷三二，仁祖十四年二月辛卯，《李朝实录》第35册，东京：学习院东洋文化研究所，1962年，第162页。

子欲立汗号，以显功名。贵国乃兄弟之国也。不当以兄而隐弟。故率此西鞑而来。"①史料中"我国诸将"与"诸王子"亦指八旗宗室诸贝勒和蒙古归服诸贝勒，"西鞑"是蒙古的意思。二月二十三日，英俄儿岱一行抵达汉城。次日，英俄儿岱欲向朝鲜国王提交"金国执政八大臣"信函与"金国外藩蒙古"信函，朝鲜方面以格式不合适为由拒绝接受这两份信函。英俄儿岱等变色曰："内而八高山，外而诸藩王子，皆愿正位，我汗曰：'与朝鲜结为兄弟，不可不通议'云。故各送差人，奉书而来，何可不受？"蒙古使者齐声曰："天朝失德，只据北京，我等归附金国，当享富贵。闻贵国与金结为兄弟。意谓闻之必喜，而牢拒至此，何耶？"但是，朝鲜诸官以君臣大义斥之。②"高山"是满文 gūsa（固山）的音译，汉译为"旗"。

根据满洲、朝鲜双方的交谈内容可知，朝鲜已经提前获知八旗宗室诸贝勒与蒙古归服诸贝勒，拥护皇太极继承大元皇权，并要求朝鲜国王参与其中，并接受与宗室诸贝勒、蒙古诸贝勒地位类似这一事实。因此，朝鲜以书信格式不合适为借口，拒绝接受八旗宗室诸领主和蒙古诸首领的信函。汉城官员肯定早已收到义州府尹和罗德宪的汇报，提前获知书信内容，然后才拒绝接受八旗宗室诸领主和蒙古诸首领的信函，这就表明朝鲜拒绝承认皇太极继承大元的皇权。

天聪十年四月十一日，皇太极举行天坛祭祀时，朝鲜王朝的春信使罗德宪正好在盛京。皇太极要求罗德宪参加天坛祭祀，遭到罗德宪拒绝。英俄儿岱谴责罗德宪称："今日国汗盛陈贺礼，大元诸王子、辽阳诸大官、鞑子诸国王等莫不拜手称贺，而惟独朝鲜使臣终始牢拒，峻斥不参，此果交好之义耶？"罗德宪反驳道："彼大元辽鞑等皆是金国之俘虏，则一遵汗令乃分内事也，岂足以此而夸我也。我即大明陪臣也，非彼俘虏之比，而金国反欲比而同视。"③最终，朝鲜拒绝承认皇太极即大

---

①［朝鲜］罗德宪：《壮严遗集》卷二《北行日记》，丙子年二月十九日条，首尔大学奎章阁藏本。
②《李朝仁祖实录》卷三二，仁祖十四年二月己亥，《李朝实录》第35册，第163页。
③［朝鲜］罗德宪：《壮严遗集》卷二《北行日记》，丙子年四月十一日。

清皇帝位。自崇德元年年底至次年年初，皇太极亲征朝鲜，迫使朝鲜国王仁祖屈服。《满文国史院档》崇德二年正月二日收录的大清皇帝皇太极所降朝鲜国王之谕旨中载有"尔等朝鲜不尝归服大元，每年纳贡度日乎？ suweni solho, daiyuan gurun de dahafi aniya dari alban benjime banjihakū biheo"一段，据此可知，皇太极很有可能比照大元皇帝与高丽王或沈王的关系来处理大清皇帝与朝鲜国王的关系。

基于此，皇太极要求朝鲜国王接受与蒙古王公地位相同的事实。笔者认为这是入关之后，清朝仿效明制视朝鲜为朝贡国的开端。

四　皇太极驾崩与福临的继位

崇德八年（1643）八月初九日，皇太极猝崩。十四日，诸王大臣议定皇太子，第九子福临继位，和硕郑亲王济尔哈朗与和硕睿亲王多尔衮辅理国政。

二十五日，福临以有司摄事派遣篇古于天坛祭天，祝告昊天，继承皇位，并宣告改次年为顺治元年。日本国立公文书馆所藏康熙初纂汉文本《大清世祖实录》卷一中记载此祝文开头部分写作"大清嗣天子位臣□□敢昭告于昊天上帝之前曰"。"位"字之上加注圆点，表示去掉"位"字。日本国会图书馆所藏康熙初纂本《清世祖实录》的相应部分写作"大清嗣天子臣□敢昭告于昊天上帝之前曰"。□□部分表示空格，祝文原文应写作福临，编纂实录时为避皇帝名讳而留空。乾隆重修本《大清世祖实录》卷一中此祝文开头部分写作"大清嗣天子臣□□敢昭告于昊天上帝曰"。

福临祭天后，祭太祖。日本国会图书馆所藏康熙初纂本《清世祖实录》记载祭太祖祝文中福临的自称写作"孝孙嗣皇帝臣□"[1]，乾隆重修本记为"孝孙嗣皇帝臣□□"。可见，皇帝祭天时，使用"嗣天子臣"的自称，祭先帝时，使用"嗣皇帝臣"的自称，皆是如上所述中华传统的体现。

---

[1] 日本公文书馆所藏本的相应部分，还是念错"臣"字为"孝孙嗣皇帝位□□"。

翌日，"内外诸王、贝勒率文武群臣，集笃恭殿前"，福临宣布即位。"内外诸王、贝勒"这种说法中，"内诸王、贝勒"是指宗室爱新觉罗氏八旗王公，"外诸王、贝勒"是指蒙古博尔济吉特氏外藩王公，不包括三顺王。三顺王位列武群臣内。

由此可知，福临通过继承皇太极帝位而继承大元的皇权，因此，福临自称中带有"嗣"字是有道理的。彼时，福临与王公大臣尚不知晓明朝将于次年灭亡。

五　入关、迁都与福临的即位

顺治元年（1644）三月十八日，大顺军攻入北京城，翌日崇祯帝自缢，明朝灭亡。四月初四日，大学士范文程建议摄政王多尔衮进取中原，多尔衮的决断和行动非常迅速。初九日，多尔衮率大军出师启程。十三日，大顺军出征山海关，守将吴三桂启程。十五日，多尔衮行至翁后（今辽宁阜新市），路遇山海关守将吴三桂的使者，使者呈递吴三桂请求清军协助征讨大顺军的书信。十九日，大顺军至山海关，围城。二十一日，大顺军猛攻山海关，同日，清军抵达关外，攻击大顺军。二十二日，清军取得山海关大战胜利，入关。随后，多尔衮率领清军全速进击，五月初二日，进入北京。

多尔衮抵达北京后，接连下达命令。五月初三日，多尔衮令兵部担保不会削夺归顺故明诸王的爵位，仍加恩养。初四日，命故明官员、民人等为崇祯帝服丧三日。二十二日，开始营造明崇祯帝、后周氏及妃袁氏、两公主，并天启后张氏、万历妃刘氏之陵墓。这些政策从一个侧面表明大清是继承大明皇权的王朝。毋庸置疑，清朝若不继承明朝的制度、保留明朝的官员的话，也是统治不了内地的。五月初六日，多尔衮令在京故明内阁六部都察院等衙门官员，俱以原官同满汉一体办事。

六月十一日，多尔衮与诸王贝勒大臣等议定迁都北京事宜，上奏盛京的顺治帝。十八日，多尔衮对北京城内外军民宣布迁都北京。二十七日，多尔衮遣大学士冯铨至太庙，祭故明太祖及诸帝，祝告："兹者流寇李自成颠覆明室。明祚已终。予驱除逆寇。定鼎燕都。惟明乘一代之运以有天下。历数转移如四时递禅,非独有明为然,乃天地之定数也。至于宗庙之主,迁置别所,自古以来,厥有成例。第念曾为一代天下主,罔宜轻亵",遂将诸帝神主郑重迁置别所。二十八日,将明太祖神主迁入历代帝王庙。①这一系列政策也表明大清继承了大明皇权。

顺治帝于盛京下令迁都北京后,于七月初八日,祝告上帝、太庙、福陵迁都北京之事。初九日,祭安置在山陵(后昭陵)梓宫内的皇太极,并祝告迁都北京之事。一个月后的八月初九日为皇太极小祥(一周年忌辰),以"国礼"焚化皇太极梓宫。火葬是当时满洲人的传统习俗,努尔哈赤、皇太极、多尔衮、顺治帝皆是火葬。十一日,孝端太后率众妃及公主捡骨灰安置于"金宫(骨灰坛)"内,内大臣、辅国将军锡翰捧金宫奉安于"元宫(地宫)"。②

按照满洲人传统习俗完成皇太极葬礼后,八月二十日,顺治帝自盛京启行前往北京。二十八日,多尔衮设故明十三陵司香官及陵户,给予香火地亩,以示国家隆礼前朝之意。九月十八日,顺治帝进入紫禁城。二十日,顺治帝赐摄政和硕睿亲王多尔衮貂蟒朝衣一袭。次日,顺治帝赐宗室王公、平西王吴三桂、三顺王、故明晋王等貂蟒朝衣各一袭。这里没写赐外藩蒙古王公之事。九月二十五日,多尔衮率诸王及满汉文武官员上表顺治帝,奏请顺治帝重新即位。康熙汉文本、乾隆汉文本《清世祖实录》卷五简略记载表文如下:

> 恭惟皇帝陛下,上天眷佑,入定中原,今四海归心,万方仰化。伏望即登大宝,以慰臣民。

《满文国史院档》顺治元年九月份档册缺,不过《清内秘书院蒙古文档案》详细记载此表文,表文开头部分如下:

> 摄政王率宗室众王及文武新旧众官员,恭敬擎举表文,跪拜曰:"今可汗蒙上天之庇佑,平定明国之中原之地。虑四海之内万姓国人平安,即天子皇帝之位,安抚众人心愿!我等皆伏乞可汗降旨。"

① 康熙初纂汉文本《清世祖实录》卷五,顺治元年六月丁卯、甲戌、癸未、甲申。
② 康熙初纂汉文本《清世祖实录》卷六、七,顺治元年七月癸巳、甲午,八月甲子、丙寅。

törü-yibariɣsan wang,, törül-ün olan wang-ud kiged,, bicig
ba, cerig-ün sin-e, qaɣucin olantösimed-i abuɣad,, biyou bicig-i
kündüde degegsi bariju,, sögüddün ergükü manu,, edüge qaɣan tegri-
yin ibegel-iyer ming ulus-un dzungyuwan-u qajar-i toɣtaɣaba,,
dörben dalai doturaki tümen obuɣ-du ulus-i tübsidken engkejigülkü-
yi sedkijü,, tegri-yin köbegün hūwangdi saɣurin-dur saɣuju el-e,,
olan-i sedgil lüge neyilegül-ün soyurq-a,, bide bügüdeger qaɣan-ü
jarliɣ baɣulɣaqu-yi küsen amu,,,,①

顺治帝特允所请，定于十月初一日即位。推戴顺治帝之人中，也没
有外藩蒙古王公及其使臣，只有宗室诸王与文武新旧众官员。"新官"
是归顺故明官员，"旧官"是入关旗人官员。这表明上引蒙文不是为外
藩蒙古特意编纂的，很有可能是按照当时的文书制度编纂而成的满蒙汉
全套记录的一部分。史料中"中原"、"皇帝"的蒙文是用满文字母音译
的，这意味着"中原"、"皇帝"这些词汇是源自满语的汉语借词。

福临决定即位后，九月二十七日恭奉太祖武皇帝努尔哈赤、孝慈武
皇后孟古哲哲及大行皇帝皇太极的神主于太庙。

十月初一日，顺治帝亲诣故明所设天坛，告祭天地，即皇帝位。康
熙初纂汉文本《清世祖实录》记载顺治帝所读祝文如下：

> 大清国天子臣□□敢昭告于皇天后土。……因兹定鼎燕京以绥中
> 国，臣工众庶佥云："神助不可违，舆情不可负。宜登大位，表正万
> 邦。"臣祇荷天眷，以顺民情，于本年十月初一日，告天即位。国仍
> 号大清，建元仍顺治。②

此祝文前面记载了仪式的程序，仍未提及外藩蒙古王公及其使臣参
与仪式之事。□□表示两个字的空格。祝文原文的空格部分应写作"福

---

① 中国第一历史档案馆等编：《清内秘书院蒙古文档案汇编》第2辑，呼和浩特：内
蒙古人民出版社，2003年，第24页。参考《摄政王宗室及文武新旧百官恭请顺治帝
登基表文》，希都日古编译：《清内秘书院蒙古文档案汇编汉译》，北京：社会科学文
献出版社，2015年，第59页，笔者重新翻译成汉文。
② 康熙初纂汉文本《大清世祖章皇帝实录》卷九顺治元年十月乙卯。

临"。

中国第一历史档案馆所藏《满文国史院档》编号 35（1）记载此祝
文如下：

> 清国天子臣■■用黑犊，敬昭告于皇天后土。……因此定鼎燕京以
> 绥中国。重臣官民众议，一致请云："诸神助不可违，众民忠心不可
> 断。登大位，表正万邦！"于是臣祇荷天眷，以顺民情，告天即位。
> 国号仍为大清，年仍为顺治元年。[①]

> cing gurun i abkai jui amban■■ , gelhun akū sahaliyan tukšan
> baitalamedergi abkai han, na i ejen de gelhun akū alarangge,, ……
> tuttu ofi yan jing be du hecen obufi, dulimbai gurun be toktobumbi,,
> ujulaha ambasa, hafan irgen i hebe gemu emu ofi hendurengge,
> enduri sei wehiyere be jurceci ojorakū,, geren irgen i unenggi gūnin
> be lashalaci ojorakū,, amba soorin de tefi, tumen gurun be elbime
> beide seme bairede,, amban dergi ferguwecun de gingguleme,
> olhome, geren i gūnin de acabume ere aniya juwan biyai ice de abka
> de alafi soorin de tembi,, gurun i gebu be kemuni daicing, aniya be
> kemuni ijishūn dasan i sucungga aniya obumbi,, "，"

■■部分表示原文被涂抹，涂抹部分原应有"fulin（福临）"字样。
"燕京"的满文原文写作"yan jing"，为音译。"中国"的满文原文写作
"dulimbai gurun"，此为意译。

将上述蒙文推戴文与满文祝文综合起来，梳理顺治帝重新即位之逻
辑如下：

（1）因为福临已平定明国之中原之地

（2）所以定鼎北京，以平定中国

（3）为此告天，即大位

（4）此即位以后也仍用国号大清，年号顺治。

值得注意的是推戴文的"中原"、祝文的"中国"的前后内容。"平

---

① 参考中国第一历史档案馆编：《清初内国史院满文档案译编》中册，北京：光明日
报出版社，1989 年，第 50 页，笔者重新翻译。

定明国之中原之地"的"平定"的蒙文原文是动词 toɣtaɣamui 的过去时；"平定中国"的"平定"的满文原文是动词 toktobumbi 的现在将来时。蒙古语 toɣtaɣamui 和满语的 toktobumbi 来自同一个词源，所以把劝进表和祝文综合起来，表示"因为已经平定中原，所以定鼎燕京，以后平定中国"之意。

文中的"中原"是顺治元年十月之前平定的地方，大体包括北京周围的河北省的大部分及山东、山西省的小部分。与"中原"的传统定义不同。顺治朝史料中很少见到"中国"这个词汇，所以现在无法考证"中国"在当时的普遍含义。但是，顺治元年十月之前，东北女真人和漠南蒙古人的大部分已经归服清朝。因此，顺治祭天祝文中的"中国"不包括塞外地区，仅指长城以南的故明领土。另外，外藩蒙古王公没有参与此次即位仪式，可见顺治元年十月，顺治帝通过即位仪式继承的是大明皇权。在崇德八年八月继位祭天祝文中，福临自称"嗣天子臣"，而在《满文国史院档》和康熙初纂汉文本《清世祖实录》收录顺治元年十月一日的祝文中，福临的自称没有"嗣"字，仅写"天子臣"。这表明此次即位仪式的意义不在于福临继承皇太极帝位，而在于福临继承大明皇权，建立了新王朝。此外，祝文文末仍用福临于盛京继位时所定国号及年号，这表明福临于崇德八年八月继承的大元皇权仍有效力。简而言之，顺治元年十月初一日，福临即位后，成为继承大元皇权与大明皇权的皇帝。在即位祭天仪式完成后，作为继承两种皇权的皇帝，福临开始使用"嗣天子臣"自称，这一点从康熙初纂本《清世祖实录》记载顺治元年、五年的冬至祭天祝文中可以得到证实。①

另外，在《大清历朝实录》所收乾隆重修汉文本《清世祖实录》顺治元年十月一日条的福临即位祝文中，福临的自称写作"大清国皇帝臣"。②乾隆重修本《清世祖实录》的编纂官为何违背皇帝祭天用"天子"

---

① 康熙初纂本《清世祖实录》卷一一、四一，顺治元年十一月丁未，顺治五年十一月乙丑。日本国立公文书馆收藏本的顺治元年冬至祭天的祝文，还是念错"臣"字为"嗣天子位"。

② 《清世祖实录》卷九，顺治元年十月乙卯，《清实录》第3册，第91页。

自称、祭先帝用"皇帝"自称的中华传统，而故意修改为"大清国皇帝臣"呢？

笔者认为这与康熙帝即位过程有关。顺治十八年正月初二日，顺治帝不豫，初六日大渐，降旨册立玄烨为皇太子。初七日，顺治帝崩。初八日，遗诏颁行天下，诏书中亦载有立玄烨为皇太子之事。初九日，玄烨遂以"皇太子臣玄烨"之自称举行祭天仪式，翌日，玄烨即皇帝位。[①]可以推测，乾隆重修本《清世祖实录》的编纂官依据《清圣祖实录》的记载，认为皇帝在即位仪式中不会使用天子的自称，故而将福临自称修改为"大清国皇帝臣"。乾隆重修本《清世祖实录》中亦收录顺治元年、五年的冬至祭天祝文，文中将顺治的自称皆写作"嗣天子"。[②]乾隆重修本《清世祖实录》的编纂官很有可能认为皇帝完成即位祭天仪式后，可以用"嗣天子"的自称。

六 江户时代日本知识分子所理解的大清皇帝的皇权

如上所述，崇德元年四月十一日，皇太极继承大元皇权，即大清皇帝位。崇德八年八月二十六日，福临继大清皇帝位，继承大元皇权，随后清军入关。顺治元年十月初一日，福临重新举行即位仪式，继承大明皇权，从而成为同时继承大元皇权和大明皇权的皇帝。

那么，江户时代的日本知识分子如何理解大清皇帝的皇权呢？

顺治二年，南明福王政权派遣使臣前往日本长崎乞师，并将福王政权编纂的百科全书《经国雄略》作为礼物赠与幕府，随后此书运到江户，藏于德川将军的图书馆——红叶山文库。由于书中收录了茅瑞征《东夷考略》（1621）的建州条，所以幕府官员一定了解清朝的源流，即建州女真的历史。但是，清朝研究的相关成果直到约八十年后才正式出现。

1720年，德川幕府第八代将军德川吉宗（1673—1751，1716—1745

---

① 《清圣祖实录》卷一，顺治十八年正月己未，《清实录》第4册，第41页。
② 《清世祖实录》卷一一、四一，顺治元年十一月丁未、顺治五年十一月乙丑，《清实录》第3册，第110、326页。

在位）开始幕政改革。德川吉宗为了推进享保改革，通过长崎贸易引进康熙本《大清会典》（1690）等大量法制方面的汉文书籍，将其作为改革参考资料。随后，他让儒臣（寄合儒者）研究这些书籍。自 1722 年 11 月至 1724 年 7 月，儒臣荻生北溪根据引进日本的康熙本《大清会典》手抄本等资料，通过对照明清两朝制度来研究清朝的统治特征，著有《明朝清朝异同》一文。① 但是，由于《大清会典》是参照《大明会典》的框架编成，并且他采用了条文分析的研究方法，因此《明朝清朝异同》罗列项目琐碎、内容散漫，对清朝特有的制度说明不够。荻生北溪也深知此事，因而排除明朝制度框架，重新考究明朝与清朝的本质差别，在《明朝清朝异同》的结尾部分撰写了《关于明清异同的料简书》。②

　　荻生北溪在《关于明清异同的料简书》主意肝要制度条中论述如下：

（1）夷狄夺取中华者，有六朝时代之拓跋魏，宋朝时代之辽、金，还有元、清。

（2）其中，拓跋魏、辽、金皆刚强夷，但在夺取中华后，文物、制度等皆追随中华风俗，因而在王朝灭亡时无法返回本国，致其种类（人的种类＝民族）全部灭绝。

（3）元朝深知此理，使用蒙古文字，保持蒙古风俗，并将蒙古之种类与汉人区别对待，故在明太祖出现，夺回中华后，元朝皇帝、官员等皆返回蒙古故地，至今依然存在。

（4）清朝亦深知此理，将满官与汉官区别对待，通用满、蒙、汉三种文字，在人之种类上亦区分为满、蒙古、汉三种，从官爵、品级到适用刑律方法等皆分而别之，禁止满洲人、蒙古人效仿汉人风俗。可见，此亦是出于清朝一旦灭亡，即可回归本国之考虑。

---

① 日本国立公文书馆收藏：《名家丛书》第 66 册，《荻生考》收录。关西大学东西学术研究所编：《名家丛书》下，关西大学出版部，1982 年收录《荻生考》的影印。
②［日］楠木贤道：《江户时代知識人が理解した清朝》，冈田英弘编：《清朝とは何か》（别册《环》16），东京：藤原书店，2009 年，第 240—253 页；［日］楠木贤道著、阿拉腾译：《江户时代享保年间日本有关清朝及满语研究》，《满语研究》2013 年第 1 期，第 75—83 页。

[原文]主意肝要トシタル制度ト云ハ古ヨリ夷狄ノ中華ヲ奪
タルコト六朝ノ時分ニ拓跋魏、宋朝ニ遼ト金ト、扨ハ元朝、清朝
ナリ。拓跋魏モ遼モ金モ皆剛強ナル夷ナレドモ既ニ中華ヲ奪取
テハ文物、制度トモニ何モ角モ中華ノ風俗ニ随タルユエ,滅亡ノ
時節ニ至テ, 再本国ニ返ルコトナラズ, 其種類悉ク絶タルナリ。
元朝ニハコノ処ヲ了簡シテ文字モ蒙古字ヲ用ヒ, 蒙古ノ風俗ヲ改
ズ。蒙古ノ種類ヲ漢人ト別ニシテ置キタルユヘ明ノ太祖出給テ
中華ヲ取返シ玉ヘバ, 元朝ノ天子モ官人モモトノ蒙古ノ地ヘ逃
往テ今ノ世マデ存在ス。清朝モコノ処ヲ了簡シテ満漢ノ官人ヲ
別ニシテ文字モ満字、蒙古字、漢字と三様ニシテ通用シ人ノ種類
ヲモ満ト蒙古ト漢ト三様にワケテ組分ケノシヤウ官爵ノ品ヨリ,
刑律ノシカタマデモ別ニシ人ノ風俗モ漢人ノ風俗ヲ学ブコトヲ
バ堅ク禁制ス。是末ノ世ニ至テ運盡キ滅亡ノ時ニ及デ又本国ニ
返ルベキ為也。

荻生北溪的理解非常正确且深入。中华历代王朝中,有拓跋魏、
辽、金、元、清等夷狄成为统治者,这些王朝可以分为两类,一类是拓
跋魏、辽、金,他们夺取政权后,采用中华文物、制度,追随中华风俗,
致使王朝灭亡时,民族随之灭绝。一类是元和清,其中,元朝深知拓跋
魏、辽、金灭亡根由,为了保持蒙古人的语言及文化,将蒙古人、汉人区
别对待,因此元朝灭亡时,蒙古人(包括皇帝和官员)返回蒙古故地,直
至今日(1720年代)蒙古民族一直存在。清朝亦深知元朝的统治政策,
满、蒙、汉三种文字并用,所有制度(包括官爵、刑法)均依据民族分为
三种,严禁满洲人、蒙古人习染汉俗。荻生的这些观点,与当代重视民
族理论的逻辑非常接近。并且,荻生认为清朝制定这种政策的目的在于
灭亡之时能够回到"本国"。古代日语中,"国"有两种含义,一是"国
家",二是"地方"或"藩——封建领主的地方政权"。当时的日本人认
为,日本由六十多国(地方)构成,上述资料中的"本国"的"国"也是
"地方"之意。荻生在距辛亥革命大约190年前提出这一论断,足见其
学术水平之高,洞察力之深,令当代学者折服。

荻生北溪在《关于明清异同的料简书》清朝制度之深意条中这样写道：

（1）明朝对待蒙古王，与对待朝鲜、安南、琉球等外国王一样。

（2）清朝则对蒙古王区别对待，设置亲王、贝勒、贝子等爵位，赋予其与宗室王公同等资格，并与皇帝或宗室缔结联姻关系，同时，将其称为外藩蒙古而格外加以尊重。

（3）其他外国事务皆由鸿胪寺管辖，而蒙古事务则专设理藩院管理，其与六部尚书级别相同。此亦是尊重蒙古的证据。

（4）在明朝，建立帝王庙祭祀三皇五帝、三王、前汉高祖、后汉光武、唐太宗、宋太祖、元太祖等历代帝王时，无论中华还是夷狄，皆是在统一过中华的历代王朝中，各取一位皇帝加以祭祀。而清朝则以虽未统一中华，然崇敬满人之本国为由，将辽太祖、金太祖、金太宗同样纳入祭祀范畴。同时，亦祭祀元太祖、元世祖。此举虽与一个王朝只祭祀一位皇帝之原则不符，但亦是出于尊重蒙古之缘故。此乃尊重蒙古之方法。

（5）蒙古是个别之国，本无支付俸禄之必要。但是，由于蒙古不产银、缎，给予蒙古亲王、郡王、贝勒、贝子等银、缎作为俸禄，使其喜悦，实为以馈赠想笼络也。

（6）八旗皆有满洲、蒙古、汉军三个旗，共计二十四旗，外加外藩蒙古四十九旗，总共七十三旗，以此军力威服汉人。此被认为清朝制度之深意。

　　［原文］蒙古王ノアヒシラヒ、明朝ニテハ朝鲜、安南、琉球等ノ外国王ト同前ナリ。清朝ニテ蒙古バカリハ外ノ外国ト各别ニヒキワケ、親王、郡王、貝勒、貝子等ノ爵位ヲ設ケテ宗室ノ親王、郡王、貝勒、貝子ト同格ニシテ、天子又ハ宗室ヨリ婚姻ヲ結ビ、是ヲ外藩蒙古ト名付テ、コトノ外ニ崇敬ス。是ヲ司ル官人モ外ノ外国ヲバ何レノ国モ皆鸿臚寺ノ支配ナルニ蒙古ヲ主ルニハ理藩院ト云官府ヲ設ケ，六部ノ尚書ト同格トス。是又蒙古ヲ崇敬スルシルシナリ。明朝ニテ歴代帝王廟ヲ立テテ歴代ノ帝王ヲ祭

ルニ、三皇五帝、三王、前漢ノ高祖、後漢ノ光武、唐ノ太宗、宋ノ
太祖、元ノ太祖ヲ祭ル。何レモ一代二一帝ヅツニテ、中華ヲ一統
セザル帝王ヲバ中華人、夷狄人ノカマイナク、祭ザリシナリ。シ
カルニ清朝ニハ遼ノ太祖，金ノ太祖、太宗ヲ加ヘタリ。遼、金ハ
満ノ本国ナルユヘ、崇敬ノ意ニテ一統セザル帝王ヲ祭リテ、元ノ
太祖ニ世祖ヲ加ヘタリ。是又一代一帝ノ格ニハヅルルハ蒙古ヲ
崇敬スルアマリニ蒙古ノ先祖ヲ祭ルナリ。是等皆蒙古ヲ崇敬ノ
仕形ナリ。又蒙古ノ親王、郡王、貝勒、貝子ニハ皆俸禄ヲ遣ハス。
蒙古ハ各別ノ国ナレバ俸禄を与ルニ及バザルコトナルニ、銀、緞
匹ハ蒙古ノ地ニナキモノナルユヘ，彼ヲ悦セン為ニ、俸禄ト名ヲ
付テ、実ハ賂ニ是ヲ贈与ヘテ味方ニスル計ナリ。八旗二何レモ
満洲、蒙古、漢軍ノ三旗アリテ合テ二十四旗ノ上ニ外藩蒙古ノ
四十九旗ヲ加ヘテ七十三旗、この軍兵ヲ以テ漢人ヲ威服サスベ
キ為ノ計策、是清朝制度ノ深意ト見ヘタリ。

荻生北溪在此处的理解也非常正确、深入。他提出清朝有两种王
公，一种是宗室王公，另一种是外藩蒙古王公，而且皇帝、宗室王公与
外藩蒙古王公之间存在联姻关系。随后，他论述了清朝尊重、礼遇蒙古
的几种情况，比如专设理藩院处理蒙古事宜、祭祀元太祖等。实际上，
顺治元年，多尔衮在准备福临的即位时，也曾关注历代帝王庙。荻生北
溪亦论及给蒙古王公发放俸禄之事。"蒙古是个别之国"一句中的"国"
是"藩——封建领主的地方政权"的意思。他认为，蒙古王公是财政上
独立于清朝的地方政权，无须发放俸禄，但由于尊重、礼遇蒙古，遂以
俸禄名义，发给蒙古王公银两、缎匹等，实为馈赠笼络蒙古王公之意。
文末论述了清朝尊重、礼遇蒙古的理由。荻生北溪认为，清朝欲凭借满
蒙汉八旗和当时已归服的漠南外藩蒙古的四十九旗，一共七十三旗的军
力威服汉人。

荻生北溪以明、清两朝异同为出发点，展开论述。因此，清朝继承
明朝制度及官员是他论述的前提。虽非使用皇权、民族、认同等当代社
会科学术语，笔者认为，荻生北溪的论述与本文前半部分的观点大体

相同。

结语

荻生北溪是德川将军的儒臣,是研究儒家思想的著名学者。他的胞兄荻生徂徕(1666—1728)创建了日本儒家思想的重要学派——古文辞学派。古文辞学派的研究方法与清朝的考据学类似。荻生北溪也是古文辞学派的主要倡导者之一。荻生北溪的高足山井鼎运用日本所藏古抄本与宋刻本校对儒家思想书籍,撰成《七经孟子考文》,但是山井鼎在文稿完成之前因病去世,荻生北溪为其补遗草稿。1731 年,《七经孟子考文补遗》付梓,此书后被引入清朝。清朝的知识分子看到《七经孟子考文补遗》后,深知这本书的学术价值,因此将其收录于《四库全书》。阮元(1764—1849)为便于知识分子阅读,自己出资重刻出版了《七经孟子考文补遗》(1797)。[①] 荻生北溪虽是研究儒家思想的著名学者,但在研究清朝历史的过程中,并未囿于儒家思想的价值体系,故能接近清朝的历史真实。于此,我们必须高度重视。

荻生北溪所处的德川幕府时期的日本是一个权力分散的社会。清朝皇帝与宗室王公、外藩蒙古王公的关系和德川将军与封建领主——大名的关系类似,清朝皇帝、宗室王公与属下旗人的关系、外藩蒙古王公与属下牧民的关系和德川将军、大名与其家臣的关系类似。另外,荻生北溪所属的古文辞学派与强调华夷秩序的宋学(日本的朱子学)相去甚远,这些可能与其自身知识架构有关。可见,人的思考离不开自身的常识、观念及价值体系。

---

① [日]楠木贤道:《奇兵隊が奪った小倉藩の蔵書〈七経孟子考文補遺〉》,《江戸—明治 連続する歴史》(別冊《環》23)東京:藤原書店,2018 年,第 114—115 頁。

全球视角

"不可能发生的事"发生了：全球史视野中的明朝灭亡

李伯重

北京大学历史系

一 "不可能发生的事发生了"

在 17 世纪中叶的中国，发生了世界史上的一个重大事件。总兵力不到二十万人的清朝八旗兵，从半蛮荒的东北地区挥戈南下，在短短二十年中横扫东亚大陆，征服了拥有 1.2 亿人口、经济和文化都在世界上处于领先地位的明朝中国。这就是明清易代。

从许多方面来看，明清易代都似乎是一件不可能发生的事。史景迁（Jonathan Spence）写道：

> 1600 年的中华帝国，仍然是当时世界上所有统一国家中疆域最为广袤，统治经验最为丰富的国家。其版图之辽阔无与伦比。当时的俄国刚开始其在扩张中不断拼合壮大的历程，印度则被蒙古人和印度人分解得支离破碎，在瘟疫和西班牙征服者的双重蹂躏下，一度昌明的墨西哥和秘鲁帝国被彻底击垮。中国一亿二千万的人

口远远超过所有欧洲国家人口的总和。

　　十六世纪晚期，明朝似乎进入了辉煌的顶峰。其文化艺术成就引人注目，城市与商业的繁荣别开生面，中国的印刷技术、制瓷和丝织业发展水平更使同时期的欧洲难以望其项背。……

　　（但是谁也没有料到，明朝统治者）不到五十年就将自己的王朝断送于暴力。[①]

　　的确，距明亡五十年的万历时期，是中国历史上经济最繁荣的时期之一。在此时期，中国在社会、思想、文化、海内外贸易等方面也都出现了重大进步，以致大多数学者认为中国出现了"资本主义萌芽"，或者将此时期视为中国近代的开端。同时，这个时期也是中国国力强盛的时期。在万历朝的三次大规模军事行动（即"万历三大征"）中，明朝平定了国内叛乱和消除了国外危险。在这三大征中最重要的是 1592—1598 年的朝鲜战争。在朝鲜战场上，明朝军队打败了强大的日本军队，使得朝鲜得以免遭亡国之祸，这也成为历史上少有的中国军队在国外作战而取得胜利的事例。因此，正如上引史景迁的那段文字所言，紧随这个繁荣时期而来的明朝灭亡，确实令人感到不可思议。换言之，这是一个看来似乎是不可能发生、然而确实发生了的重大历史事件。

　　虽然说是明清易代，但是实际情况是在清军入关之前，明朝就已灭亡。这一点，当时清朝实际上的最高统治者多尔衮在那封有名的《与史可法书》[②]中说得很明白："国家之抚定燕都，乃得之于闯贼，非取之于明朝也。"[③]事实确实如此。1644 年，李自成军攻进北京城，崇祯皇帝在煤山自缢，明朝灭亡。因此明朝确实亡于李自成而非满清。

　　然而李自成攻占北京并非一个突发事件，而是前几十年不断加剧的国内社会动荡所引发的暴力活动的一个结果。

---

① ［美］史景迁著，黄纯艳译：《追寻现代中国：1600—1912 年的中国历史》，上海：上海远东出版社，2005 年，第 5、6 页。
② 关于多尔衮致史可法书的作者问题，参阅刘勇刚：《李雯为摄政王多尔衮捉刀致史可法书考论》，《贵州文史丛刊》2011 年第 2 期，第 13—18 页。
③ （清）徐鼒撰，王崇武校点：《小腆纪年附考》卷七，北京：中华书局，2010 年，第 235 页。

　　早在明朝经济繁荣的顶峰——万历时代，民变就已发生。从万历二十七年（1599）至四十二年，全国各地先后发生民变、兵变数十次。尔后民变不断，规模日大，演变为民众武装暴动或农民起义。天启二年（1622）五月，徐鸿儒在郓城举旗反明，自称中兴福烈帝，年号大成兴胜，当地民众"多携持妇子、牵牛架车、裹粮囊饭，争趋赴之，竟以为上西天云"①。起事者头戴红巾，先得巨野，渡大运河，攻占滕县、邹县，袭击曲阜。全国各地响应徐鸿儒的起义风起云涌：七月，于弘志在武邑和景州交界的白家屯起事；九月，泽县的康傅夫率众起事；河南汝宁府固始县李恩贤以及四川白莲教徒也纷纷起事响应徐鸿儒，一时间大有席卷全国之势。后朝廷派军镇压，徐鸿儒被杀，其他起事也被镇压下去，但这些白莲教起义成为明末农民大起义的先声。除此之外，在西南地区，苗族首领安邦彦自天启二年起就不断给明朝政府制造麻烦。天启六年（1626）春，四川、贵州和湖广军务总理与安邦彦交战，兵败自杀。在这一年，川陕边界还发生了一次较大的起义。天启七年（1627），从陕西到广西爆发了起义。其中陕北农民起义规模不断扩大，至崇祯六年（1633）冬之后达到极盛，最终将明朝推向灭亡。②简言之，晚明的暴力活动由底层民变而起，因农民起义而兴，随明朝灭亡而终。关于这段历史，史学界已有大量研究成果。其中李文治先生的《晚明民变》③最为全面、真实地再现了晚明民变的情况。

　　明亡以后，明遗民以及清统治者无不在分析其灭亡的原因。20世纪的大多数学者把明亡的主要原因归结于阶级斗争。晚近陈梧桐、彭勇先生总结说："明朝的灭亡是必然的，因为明朝所面临的统治危机已经到了无可挽救的地步。无论是从政治、经济、军事、社会等多个角度进行分析，得出的结论都是明朝灭亡实属必然——'无流贼之蹂躏海内，

---

① 康熙《郯城县志》卷九《杂稽志·灾祥》，中国国家图书馆藏康熙十二年刻本，叶8a。
② 参阅［美］牟复礼、崔瑞德编：《剑桥中国明代史》，北京：中国社会科学出版社，1992年，第661页。
③ 李文治：《晚明民变》，上海：中华书局，1948年。

而明之亡已决矣。'"① 不过,这种主流的看法也受到一些学者的质疑。王家范先生说:"说彻底些,无论哪个王朝,农民的日子都好不到哪里去,农民个别的、零星的反抗无时不有,但真正能撼动根本、致王朝死地的大规模农民起义,二三百年才有一次。因此,用所谓'有压迫必有反抗'的大道理来解释王朝灭亡,总有'烧火棍打白果——够不着'的味道"。②

在海外,学者们也对明朝何以灭亡的原因提出了多种解释。赵世瑜先生把这些解释总结为以下五种:(1)王朝更替的解释模式,(2)民族革命的解释模式,(3)阶级革命的解释模式,(4)近代化的解释模式和(5)生态—灾害史的解释模式。③ 这个归纳颇为完备,可以说把迄今为止所有的解释都纳入其中了。④

此外,传统的看法认为明朝灭亡应归咎于统治集团的昏庸、无能和腐败。早在明亡之时,崇祯皇帝说:"朕凉德藐躬,上干天咎,然皆诸臣误朕。"⑤ 他的对手李自成也说:"君非甚暗,孤立而炀蔽恒多;臣尽行私,比党而公忠绝少。"⑥ 王家范先生对这种看法提出质疑说:"皇帝那边直到临死前还冤气冲天,觉得是臣僚坑了他,'君非亡国之君,臣皆亡国之臣'。……写'记忆史'的也有不少同情这种说法。另一种声音则明里暗地指向了崇祯皇帝,埋怨他专断自负,随意杀戮,喜怒无常等等。总括起来,总不离导致王朝灭亡的那些陈旧老套,例如皇帝刚愎自用(或昏聩荒淫,但崇祯不属于此),'所用非人',特别是任用宦官,更犯大忌;官僚群醉生梦死,贪婪内斗,'不以国事为重,不以百姓为念',

---

① 陈梧桐、彭勇:《明史十讲》,北京:中华书局,2016年,第199页。
② 王家范:《明清易代的偶然性与必然性》,《史林》2005年第1期第1—9页。
③ 赵世瑜:《"不清不明"与"无明不清"——明清易代的区域社会史解释》,《学术月刊》2010年第7期第130—140页。
④ 到了晚近,网上出现了一些新观点,如《明朝覆亡真相:人口逼近2亿,粮食增长空间耗尽》《老鼠是压垮明朝"稻草"?明末北京鼠疫流行》,等等。但是这些网上观点都尚未见到有人做出认真的论证。
⑤ (清)张廷玉等:《明史》卷二四《庄烈帝纪二》,北京:中华书局,1974年,第335页。
⑥ (清)董含撰,致之校点:《三冈识略》卷一《逆臣草檄》,沈阳:辽宁教育出版社,2000年,第2页。

虽了无新意，却都一一可以援事指证。……（这些说法）有没有可质疑的余地呢？我想是有的。这些毛病在王朝的早期、中期也都存在，不照样可以拖它百来年，甚至长达一二百年？万历皇帝'罢工'，二十年不上朝，经济不是照样'花团锦簇'，惹得一些史家称羡不已？"[1]

以上这些看法都有其合理的方面，但也都有其局限性，其中任何一个，都难以单独地解释明朝灭亡。不仅如此，这些看法都存在一个共同的问题，即都把明朝灭亡当作是一个仅只发生在此时期的中国的事件来看待。因为这是一个单独的事件，而现有的各种解释又难以充分说明其发生的原因，因此更加使得对这个事件的研究成为"不可能发生的事终究发生了"的问题了。但是，如果类似的事件也同时发生在世界其他地区，我们就很难这样说了。

二　"不可能发生的事"并非仅只发生在明末中国

如果把眼光转向中国之外，我们可以看到：与明朝灭亡相似的重大事件，也发生在 16 世纪末期和 17 世纪的世界其他一些地区。其中最典型的是与中国相距遥远的英国。

都铎王朝于 1485 年建立，1603 年斯图亚特王朝接续统治英国，一直统治到 1649 年。由于两个王朝均出于都铎王室，故史称都铎—斯图亚特王朝。这个王朝的建立结束了英国在此之前的长期战乱，社会安定，经济繁荣，人口从 1485 年的 220 万增加到 1600 年的 400 万，各方面都出现了重大的进步，苏格兰加入了英国版图，英国也从此成为大不列颠联合王国。因此，都铎—斯图亚特王朝被许多史家视为英国近代史的开端。由于国力强盛，英国在 1588 年的海战中打败西班牙之后，摆脱了外敌入侵的威胁，一跃而成为欧洲强国。这些情况，与万历时期的中国不无类似之处。

如同晚明中国的皇帝一样，斯图亚特王朝的国王也都是道德堕落、能力低下。历史学家霍利迪（Frank Halliday）说："（詹姆士一世继位）

---

[1] 王家范：《明清易代的偶然性与必然性》，第 6 页。

是一个不祥的开端,在这历史的转折点,命运给英国选择了最不相宜的统治者詹姆士一世。他是一个粗鲁、自负、迂腐的君主。……他主持的那个谄媚的枢密院,其伦理道德之衰败已在莎士比亚和韦伯斯脱的许多伟大悲剧、琼森粗犷的讽刺文章、博蒙特和弗莱彻的悲喜剧中有所反映。"他的儿子查理一世继位后,力图整顿纲纪,加强王权,但是"(他)像他父亲一样固执己见,却远不及他的父亲明智。他笃信自己的权力是天赋的,把大权交给自己挥霍无度的少年朋友白金汉公爵"①。同时,由于他个人偏爱威廉·劳德(William Laud)的新高教会派,劳德很快成为坎特伯雷大主教。他对清教徒进行迫害,依仗皇室法庭对出版物严加审查,清教徒作家被处以枷刑、烙刑和割耳刑。他们的所作所为加剧了宗教冲突。在一些主要的方面(甚至是为人处世方面),他们与晚明诸帝也难分伯仲。②

晚明时期,皇帝(及其爪牙宦官)和文官集团之间的冲突不绝于史。而在都铎—斯图亚特王朝时期,国王与议会之间的斗争也从未消停,到了斯图亚特王朝时期更日益加剧。这个冲突和斗争的一个焦点都是征税问题。都铎—斯图亚特王朝长期为财政问题所困扰。当时英国政府至少在名义上依然从属于王室,开支要从国王的国库中支取。由于政

---

① [英]霍利迪著,洪永珊译:《简明英国史》,南昌:江西人民出版社,1985年,第61页。

② 即使是明朝和斯图亚特王朝的两亡国之君,也颇为相似。明朝的崇祯皇帝,直到今天,还有有人同情他,认为他是一个有为的皇帝,力图重整朝纲,改变乃祖乃父和乃兄的昏聩腐败。但是他与臣下关系恶劣,在位十七年,换了50个大学士,11个刑部尚书,14个兵部尚书,诛杀总督7人,杀死巡抚11人、逼死1人。同时他又提拔重用奸臣。《明史·奸臣传》所列者奸臣不过10人,除去南明的马士英、阮大铖外二人,共8人,而崇祯朝就占了两个(温体仁、周延儒)。因此他不过是一个"勤勉的昏君"而已(这里借用新近出版的一部通俗读物的书名,即吕志勇:《勤勉的昏君崇祯》,武汉:华中科技大学出版社,2013年)。而斯图亚特王朝的查理一世,过去名声不好,但晚近历史学家对他做了新的评价。杨格(Michael B. Young)指出:"不像许多其他君主那样,他为人并不邪恶、堕落、粗鲁、不负责任、奢华或者愚蠢。即使他的批评者也承认,他拥有一些正面的美德。"(Michael B. Young, *Charles I*, New York: Macmillan Education, 1997, p.174)他力图整顿纲纪,加强王权,但他也重用白金汉公爵等佞臣,与议会对抗,关闭议会达11年,最后不惜与议会开战。因此这两个亡国之君,在为人处世方面不无相似之处。

府和王室自身开支不断增加，国库入不敷出，因此国王不得不举债。伊丽莎白一世精打细算渡过了财政难关，到了她逝世时，宫廷债务已减少到 10 万英镑。但是到了詹姆士一世时，开支大量增加，到了 1606 年，债务攀升至 60 万英镑。为了获得收入，詹姆士一世下令设立了一些新的税目，还大量卖官鬻爵，从而进一步败坏了社会风气。查理一世继位后，在征税问题上和议会多次发生冲突，几次解散议会，并在 1628—1639 年的十一年中实行无议会统治。他不仅继续卖官鬻爵来扩大财政收入，而且恢复了詹姆士一世设立的税目，推广专卖制，增加关税，将船税扩大到内地，还重提以前王室的森林所有权，要求使用者补交重税。[①] 这一切，都使我们看到了晚明皇帝所作所为的影子。

　　前面已经谈到，晚明时期中国的社会分化和阶级矛盾都不断加剧，出现了长时期的"民变"（包括民众抗议活动和暴动）。而在同一时期的英国，也出现了类似的情况。开始于中世纪后期的圈地运动，到了都铎—斯图亚特王朝时期愈演愈烈。1517—1607 年间都铎政府组织的几次圈地调查委员会的文献资料，对圈地的数量做了统计。该统计数字一度被认为最完整、最有权威性。统计结果表明，1455—1607 年间，英国中部、东部的 24 个郡共圈地 516676 英亩，占 24 个郡土地总面积的 2.76%。[②] 但当时人对这个时期圈地规模的估计要大得多。例如 1550 年时，作家考柏在他的关于"拯救农业"问题的呼吁书中指出，当时英国的城镇和乡村数目在五万个以上，在 1509—1550 年间，只要每个城镇和乡村毁掉一部耕犁，而每部耕犁能养活六口之家，则相应地有 300000 人被抛向社会。另一个作家说，中部各郡有 400 至 500 个乡村因开辟牧羊场而受到破坏。[③] 1986 年马丁（John E. Martin）对 1485—1607 年英国米德兰地区 10 个郡的圈地数字重新进行统计，结果为 715000 英亩，

---

① ［英］霍利迪著，洪永珊译：《简明英国史》，第 65 页；阎照祥：《英国史》，北京：人民出版社，2003 年，第 183、184 页。
② 程西筠：《关于英国圈地运动的若干资料》，《世界史研究动态》1981 年第 10 期，第 15—34 页。
③ 陈曦文：《英国都铎王朝早期的圈地运动试析》，《史学集刊》1984 年第 2 期，第 72—78 页。这些估计数字显然有所夸大，但是它们都是当时人的看法。

占这十个郡耕地面积的 21.1%。[1] 大批农民被迫出卖土地，或远走他乡，或到处流浪，陷于悲惨的境地。时人托马斯·莫尔（Thomas More）在其 1516 年出版的名著《乌托邦》一书中，辛辣地说："羊是温顺的动物，在英国这个奇异的国度里，羊能吃人。"都铎—斯图亚特王朝政府为了保证税收和兵源，陆续颁布了不少禁止圈地的法令，但收效甚微。为了防止农民反抗，政府颁布了严酷的法令，惩办流民。在此情况下，大批穷人不得不漂洋过海，到美洲谋生。更多的穷人则留在英国，许多农民揭竿而起，进行反抗，城市里民众的抗议活动更是风起云涌。弗莱彻（Anthony Fletcher）和马库洛克（Diarmaid Macculloch）总结都铎时代大规模骚乱有九起，即 1489 年约克郡叛乱、1497 年康沃尔郡叛乱、1513—1525 年抗税骚乱、1536 年林肯郡骚乱、1536—1537 年求恩巡礼骚乱、1547—1549 年西部叛乱、1549 年凯特叛乱、1553—1554 年怀特叛乱和 1569—1570 年北方叛乱。其中从 1530 年代至 1570 年代的六场骚乱，影响很大。[2] 这一切，似乎又是晚明中国的投影。

作为这一系列社会动荡的结果，英国爆发了长达 9 年（1642—1651）的血腥内战，而国王查理一世也于 1649 年被送上绞架，只比崇祯皇帝自缢于北京煤山（今景山）晚了 5 年，而崇祯皇帝之死，也是始于天启七年（1627）的长期内战的结果。

由于中国和英国历史在几乎同一时期有如此多的相似性，因此我们很难说这样的变故是晚明中国独有的。当然，英国和中国在疆域、人口和其他许多方面悬殊甚大，做这样的比较，结果未必非常有说服力。如果我们把整个欧洲作为比较对象，情况又如何呢？

在欧洲，英国情况绝非独一无二。休斯（Ann Hughes）在分析英国内战的起因时指出：英国内战是 17 世纪中期欧洲各国统治者和人民的众多斗争的一部分。这些斗争包括法国人民一连串的斗争导致王室在

[1] John E. Martin, *Feudalism to Capitalism: Peasant and Landlord in English Agrarian Development*, London: Macmillan, 1986, pp.134—135.
[2] Anthony Fletcher and Diarmaid Macculloch, *Tudor Rebellions*, London: Addison-Wesley, 1973, pp.13—108.

1640 年代后期的崩溃。在西班牙帝国统治下的加泰罗尼亚、葡萄牙、那不勒斯和西西里，都出现了严重叛乱。在瑞典、荷兰和德国，也都出现统治者和被统治者之间的紧张对抗。因此，应当把英国内战视为"英国问题"的一部分，而"英国问题"又是"欧洲总危机"的表现。①

事实上，在欧洲大陆，社会动荡的程度决不下于英国。例如，在意大利那不勒斯，1647 年 7 月由于食物短缺等原因引发了严重的民众起义。②在法国普罗旺斯，1596—1635 年间发生了 108 次民众起义，1635—1660 年更多达 156 次，1661—1715 年则达 110 次。在这样一个仅有 60 万人的社会，一个多世纪的时间里发生多达 374 次的起义，颇为令人震惊，以致马克·布洛赫（Marc Bloch）指出，近代早期欧洲的农民起义就像工业时代的罢工一样普遍。③这些动乱也导致了一系列的起义和革命。按照梅里曼（Roger B. Merriman）的总结，在 17 世纪中期的二十年中，西欧出现了六次反对君主的革命，这些革命是英国克伦威尔领导的清教徒革命，加泰罗尼亚、葡萄牙和那不勒斯反对西班牙国王的斗争，法国的投石党（Fronde）运动以及荷兰的宪法危机和推翻奥伦治家族统治的起义。④

在东亚，中国之外的一些国家在这个时期也发生了严重的社会动荡。朝鲜在 16 世纪末和 17 世纪前半期连年水旱灾，经济凋敝，1592—1598 年日本入侵造成的严重破坏尚未恢复，1624 年初又发生内战，接着又是 1627 年和 1636 年的后金入侵，整个社会经济遭到巨大破坏。日本在 17 世纪前半期也出现了严重的经济衰退。在 1640 年代，出现了"宽永大饥荒"（1642—1643），食物价格上涨到空前的水平，许多百姓被迫

---

① Ann Hughes, *The causes of the English civil wars (Second edition)*, London: Macmillan Press, 1998.

② Joseph Bergin, *The Seventeenth Century: Europe, 1598—1715*, Oxford: Oxford University Press, 2001, p.70.

③ Geoffrey Parker and M. Smith, *The General Crisis of the Seventeenth Century* (second edition), London and New York: Routledge, 1997, p.11.

④ Roger B. Merriman, *Six Contemporaneous Revolutions*, Oxford: The Clarendon Press, 1938.

卖掉农具、牲畜、土地甚至家人，以求生路，另有一些人则尽弃财物，逃至他乡。多数人生活在悲苦的绝望之中。经济衰退导致了社会动荡，日本爆发了有史以来最重要的一次起义，即岛原大起义（亦称"天主教徒起义"）。德川幕府费尽周折，使用了骇人听闻的残忍手段才将起义镇压下去。①

此外，无论是在东亚还是欧洲，社会的动荡都导致了大规模的国际战争。围绕中国，16世纪末和17世纪前半期，东亚世界爆发了四场大规模的战争，即中缅边境战争（1576—1606）、中日朝鲜战争（1592—1598）、明清辽东战争（1616—1644）和中荷台海战争（1661—1662）。②而在17世纪，欧洲则经历了自1400年以来6个世纪战争最密集的时期。③这些战争包括欧洲历史上著名的"三十年战争"（1618—1648）。这场战争发生于天主教国家联盟和新教国家联盟之间，席卷整个欧洲，其规模和烈度前所未有。北欧小国瑞典在1621—1632年十年中死于战场上的军人达5—5.5万之多，而在1633—1648年中的阵亡人数更两倍于此。战争的主战场在德意志地区（德意志各邦国），战争期间那里饱受摧残，人口锐减。依照较早的估计，这个地区在战争期间人口减员达一半到三分之二；而按照较新的研究，神圣罗马帝国人口减少了约15%—20%，由战前的2000万，减少至战后1600—1700万。在战争进行的主要地区梅克伦堡、波美拉尼亚和符腾堡，半数居民死于战争。④从规模来说，晚明东亚世界的四场大战，与欧洲三十年战争不相上下，

① ［美］艾维四著，陈兆肆译，董建中译校：《对中国和日本"十七世纪危机"的几点观察》，董建中主编：《清史译丛》第11辑"中国与十七世纪危机"专辑，北京：商务印书馆，2013年，第228—258页。

② 参阅李伯重：《火枪与账簿：早期经济全球化时代的中国与东亚世界》第7章《烽烟四起：晚明东亚世界四大战》，北京：生活·读书·新知三联书店，2017年。

③ Geoffrey Parker, "Crisis and Catastrophe: The Global Crisis of the Seventeenth Century Reconsidered", in *The American Historical Review*. Published by: Oxford University Press on behalf of the American Historical Association Vol. 113, No. 4（Oct., 2008）.

④ Geoffrey Parker（eds）, *The Thirty Years' War (second edition)*, London: Routledge, 1997, pp. 166, 178.

都属于当时世界上最大的战争。

上述世界各地的动乱，主要发生在 17 世纪中期。按照帕克（Geoffrey Parker）所做的不完全统计，在 1635—1666 年间，世界各地共发生大规模叛乱与革命共 49 次，其中欧洲 27 次，美洲 7 次，亚洲和非洲共 15 次（其中包括了李自成起义）。[①] 因此，这个时期确实是世界历史上最不安定的时期。

以上发生在中国和世界其他地方的事件的众多相似之处，难道是巧合吗？当然不是。那么，是什么原因导致了这些类似现象几乎同时出现？

三　17 世纪全球危机：解释明朝灭亡的新视角

帕克是关于"十七世纪全球危机"理论的积极倡导者和集大成者。他在其名著《全球危机：十七世纪的战争、气候变化与大灾难》[②] 以及他和史密斯（Lesley M. Smith）合编的《十七世纪总危机》[③] 等一系列著作中，对这个全球性危机进行了综合性的研究。他使用世界各地民众回忆记述的有关 1618 年至 1680 年经济社会危机的第一手资料，同时运用科学方法来证明当时的气候变化状况，指出革命、旱灾、饥荒、侵略、战争、弑君一系列事件与灾难发生于 17 世纪中期的世界各地。危机由英国到日本，由俄国到撒哈拉以南非洲，蔓延全球，美洲大陆甚至也受到波及。在 1640—1650 年间，自然环境的变化导致饥馑、营养水平下降以及疾病的增加。据当时的估计，该时间段共有 1/3 世界人口死亡。而中国的明清易代，就发生在这个时期。

帕克并非对"17 世纪危机"进行研究的第一人。西方学界对于 17 世纪危机表现的认识很早就已存在，但作为历史学命题的"17 世纪危

---

① Geoffrey Parker, "Crisis and Catastrophe: The Global Crisis of the Seventeenth Century Reconsidered".

② Geoffrey Parker, *Global Crisis: War, Climate Change and Catastrophe in the Seventeenth Century*, New Haven: Yale University Press, 2013.

③ Geoffrey Parker and Lesley M. Smith, *The General Crisis of the Seventeenth Century*.

机",是霍布斯鲍姆(Eric Hobsbawm)于1954年在创刊不久的《过去与现在》杂志上发表的《十七世纪危机》中正式提出的。相关文章由阿斯顿(Trevor Aston)主编为《1560—1660年的欧洲危机》一书并在1965年出版。[①] 当时学界对于危机的讨论还是着眼于欧洲。此后人们逐渐认识到了在全球许多国家和地区普遍存着类似的危机现象。

从全球史的视野来看明朝灭亡,也就是把明朝灭亡纳入"17世纪危机"的范围。1973年,阿谢德(S.A.M.Adshead)率先将"17世纪危机"的研究引入中国研究,发表了《十七世纪中国的普遍性危机》一文。魏斐德(Frederic Wakeman, Jr.)在其《中国与十七世纪危机》(1985)一文中,探讨了中国17世纪危机表现及走出危机。[②] 这些,都为我们开了从全球史的角度来看待明朝灭亡问题的先河。

如前所言,发生于17世纪中叶的明朝灭亡,是一个看来似乎是不可思议、而又真正发生了的历史巨变。为什么会发生这一事件?学界以往的看法并不能充分解释该问题。因此我们必须借助于全球史的视野来寻求更完善的解释。那么,从全球史的视野来看明朝灭亡,我们可以得到什么样的认识呢?

(一)气候变化:17世纪全球危机的导因

气候史研究已经证实:北半球的气候自14世纪开始转寒,17世纪达到极点。15世纪初以后,出现过两个温暖时期(1550—1600年和1720—1830年)和三个寒冷时期(1470—1520年,1620—1720年和1840—1890年)。大体而言,16世纪和18世纪可算温暖时期,而17和19世纪则为寒冷时期。其中又以17世纪为最冷,冬季平均温度比今日要低2摄氏度。[③]

对于位于北半球的中国,这个变化也表现得非常明显。刘昭民总结

---

① Trevor Aston(ed.),*Crisis in Europe, 1560–1660*, London: Routledge and Kegan Paul, 1965.

② 这些文章收于董建中主编:《清史译丛》第11辑。

③ 参阅李伯重:《"天"、"地"、"人"的变化与明清江南的水稻生产》,《中国经济史研究》1994年第4期,第105—123页。

明朝中国气候变化的基本情况如下：

明代前期（洪武元年—天顺元年，1368—1457）：气候寒冷

明代中期（天顺二年—嘉靖三十一年，1458—1552）：中国历史上第四个小冰河期

明代后期的前半叶（嘉靖三十六年—万历二十七年，1557—1599）：夏寒冬暖

明代后期的后半叶（万历二十八年—崇祯十六年，1600—1643）：中国历史上的第五个小冰河期。[①]

这个明代后期的"小冰期"，也为邻国感受到了。朝鲜南平曹氏在《丙子日记》中对1636—1640年的气候变化作了第一手的记录，韩国学者朴根必和李镐澈把日记所记情况与其他资料进行综合研究后指出："17世纪的东亚通常被称为近代前夜的危机时代，即所谓的寒冷期（小冰河时期）。"[②] 日本则在1640年代出现了西日本干旱、东日本寒冷的恶劣情况。[③]

这一轮"小冰河期"，综合中国各地地方志的记载，灾变的前兆可追溯至嘉靖前期，万历十三年（1585）开始变得明显，但时起时伏，崇祯一朝达到灾变的高峰，收尾一直要拖到康熙二十六年（1667），态势呈倒U形。

中国处于季风区，气温变化与降水变化之间有密切关系。大体而言，气温高，降水就多；反之则降水少。17世纪的干旱是中国近五百年来三次持续干旱中最长的一次。明代初期全国水旱灾害发生频率差不多，两种灾害交替发生，全国性的旱或涝灾的趋向不明显。但是成化以后情况有所不同。据《中国近五百年旱涝分布图集》[④] 提供的1470年以

① 刘昭民：《中国历史上气候之变迁》，台北：台湾商务印书馆，1982年，第135—146页。

② ［韩］朴根必、李镐澈：《〈丙子日记〉时代的气候和农业》，《古今农业》2003年第3期，第40—52页。

③ 田家康著，范春飚译：《气候文明史》，北京：东方出版社，2012年，第174页。

④ 中央气象局气象科学研究院主编：《中国近五百年旱涝分布图集》，北京：地图出版社，1981年。

后全国 120 个观察点的水旱记录可以看到,明代后期全国进入一个异常干旱的时期。

由于农业是"靠天吃饭"的产业,因此气候变化对农业产量有巨大影响。一般而言,在北半球,年平均气温每增减 1 摄氏度,会使农作物的生长期增减 3—4 周。这个变化对农作物生长具有重大影响。例如,在气候温和时期,单季稻种植区可北进至黄河流域,双季稻则可至长江两岸;而在寒冷时期,单季稻种植区要南退至淮河流域,双季稻则退至华南。据张家诚的研究,在今天的中国,在其他条件不变的情况下,年平均温度变化 1 摄氏度,粮食亩产量相应变化为 10%;年平均降雨变化 100 毫米,粮食亩产量的相应变化也为 10%。[1]在生产力发展水平低下的古代,减少的幅度要更大得多。此外,年平均温度的高低和年平均降雨量的多少,对冷害、水旱灾和农业病虫害的发生频率及烈度也具有决定性的影响,从而明显地增加或减少农业产量。[2]

这里需要说明的是,气候变化对农业产量的影响,在高纬度地区表现最为明显,而对低纬度地区则影响相对较小。因此气候变化对我国北方地区农业产量的影响更为巨大。这一点,集中表现在明末北方地区的大旱灾以及随之而来的大蝗灾、大瘟疫上。

在河南,据郑廉《豫变纪略》所记,崇祯三年旱,四年旱,五年大旱,六年郑州大水,黄河冰坚如石,七年夏旱蝗,八年夏旱蝗,怀庆黄河冰,九年夏旱蝗,秋开封商丘大水,十年夏大蝗,闰四月山西大雪,十一年大旱蝗,赤地千里,十二年大旱蝗,沁水竭,十三年大旱蝗,上蔡地裂,洛阳地震,斗米千钱,人相食,十四年二月起大饥疫,夏大蝗,飞蝗食小麦如割,十五年怀庆地震,九月开封黄河决。[3]崇祯七年,家住河南的前兵部尚书吕维祺上书朝廷说:"盖数年来,臣乡无岁不苦荒,无

---

① 张家诚:《气候变化对中国农业生产的影响初探》,《地理研究》1982 年第 2 期,第 8—15 页。

② 以上参阅李伯重:《"天"、"地"、"人"的变化与明清江南的水稻生产》。

③ (清)郑廉撰、王兴亚点校:《豫变纪略》,杭州:浙江古籍出版社,1984 年。分见相关各年条目下。

月不苦兵，无日不苦输挽。于是庚午（崇祯三年）旱；辛未旱；壬申大旱。……野无青草，十室九空。于是有斗米值银五钱者；有工作一日不得升米者；有采草根树叶充饥者；有夫弃其妻、母弃其子者；有卖一子女不足数餐者；有自缢空林、甘填沟渠者；有饿死路侧者；有鹑衣菜色而行乞者；有杖比而毙者；有泥门担簦而逃者；有骨肉相残食者。”①

在西北，情况更为可怕。崇祯二年马懋才上《备陈大饥疏》说：“臣乡延安府，自去岁一年无雨，草木枯焦。九八月间，民争采山间蓬草而食。其粒类糠皮，其味苦而涩，食之仅可延以不死。至十月以后而蓬尽矣，则剥树皮而食。诸树惟榆皮差善，杂他树皮以为食，亦可稍缓其死。迨年终而树皮又尽矣，则又掘山中石块而食。石性冷而味腥，少食辄饱，不数日则腹胀下坠而死。……最可悯者，如安塞城西有粪城之处，每日必弃一二婴儿于其中。有号泣者，有呼其父母者，有食其粪土者。至次晨，所弃之子已无一生，而又有弃之者矣。更可异者，童稚辈及独行者，一出城外，便无踪迹。后见门外之人，炊人骨以为薪，煮人肉以为食，始知前之人皆为其所食。而食人之人亦不免，数日后面目赤肿，内发燥热而死矣。于是死者枕藉，臭气熏天。”②

明末干旱引起的特大蝗灾，始于崇祯九年（1636），地点是陕西东部、山西南部及河南开封一带。崇祯十年蝗灾向西扩展到关中平原，向东扩展到以徐州为中心的山东及江苏北部，然后扩展到南起淮河、北至河北的广大地区。崇祯十一年形成东西上千公里、南北400—500公里的大灾区，并开始向长江流域扩散。崇祯十二年向北扩展到陕西和陕西两省北部，向南扩展到江汉平原。崇祯十三年黄河、长江两大河流的中下游和整个华北平原都成为重灾区。崇祯十四年华北蝗灾开始减退，但是长江流域蝗灾却继续发展。崇祯十五年由于气候发生大变化，连续四

① （明）吕维祺：《中原生灵疏》，《明德先生文集》卷五，《四库全书存目丛书》集部第185册影印南京图书馆藏康熙二年吕兆璜等刻本，济南：齐鲁书社，1997年，第76—77页。
② （清）计六奇撰，任道斌、魏得良点校：《明季北略》卷五引马懋才《备陈大饥疏》，北京：中华书局，1984年，第106页。

年的特大蝗灾结束。

气候变化还会导致瘟疫的流行。所谓瘟疫，一般指"具有温热病性质的急性传染病"。布罗代尔（Fernand Braudel）说："在人们彼此长期隔绝的时代，各地居民对不同的病原体各有其特殊的适应性、抵抗力和弱点。一旦相互接触和感染，就会带来意外的灾难。"[①]由于大规模的流民出现，瘟疫在明代后期也日益猖獗。据《明史·五行志》记载，从1408年到1643年，发生大瘟疫19次，其中1641年流行的一次瘟疫遍及河北、山东、江苏、浙江等。[②]当时著名医学家吴有性在《瘟疫论》序言中就着重指出："崇祯辛巳（1641），疫气流行，山东、浙省、南北两直，感者尤多。至五六月益甚，或至阖门传染。"[③]这里，要特别提一提明末大鼠疫。开始于崇祯六年（1633），地点是山西。崇祯十四年传到河北，并随着李自成和清朝的军队传到更多的地区。崇祯十四年（1641），鼠疫传到北京，造成北京人口的大批死亡。史载崇祯十六年二月，北京城中"大疫，人鬼错杂"[④]，"京师瘟疫大作，死亡枕藉，十室九空，甚至户丁尽绝，无人收敛者"[⑤]。至夏天和秋天，情况更甚，"人偶生一赘肉隆起，数刻立死，谓之疙瘩瘟。都人患此者十四五。至春间又有呕血病，亦半日死，或一家数人并死。"[⑥]

在这些严重而且长期的大灾荒中，原有的社会秩序崩溃了。郑廉说在河南，"兼以流寇之所焚杀，土寇之所劫掠，而且有矿徒之煽乱，而且有防河之警扰，而且加之以诛求，重之以供应，而且责之以兵粮、器械、

---

① ［法］费尔南·布罗代尔著，顾良、施康强译：《十五至十八世纪的物质文明、经济和资本主义》第1卷《日常生活的结构：可能和不可能》，北京：生活·读书·新知三联书店，1992年，第99页。

② （清）张廷玉等：《明史》卷二八《五行志一》，第442—443页。

③ （清）吴有性：《瘟疫论》原序，《景印文渊阁四库全书》第779册，台北：台湾商务印书馆，1983年，第　页。

④ （清）抱阳生编著，任道斌校点：《甲申朝事小纪》卷六《灾异》，北京：书目文献出版社，1987年，第162页。

⑤ 张伟仁主编：《"中央研究院"历史语言研究所现存清代内阁大库原藏明清档案》，台北：联经出版公司，1986年，第B383A1—162页。

⑥ （清）刘尚友撰，谢伏琛点校：《定思小纪》，杭州：浙江古籍出版社，1985年，第65页。

米豆、刍茭，悉索敝赋，以应河北之求。而且正赋之外，有加派焉，而且尽追数年之旧逋，而且先编三分之预征，而且连索久逋额外抛荒之补禄。……村无吠犬，尚敲催征之门；树有啼鹃，尽洒鞭扑之血。黄埃赤地，乡乡几断人烟；白骨青燐，夜夜似闻鬼哭。欲使穷民之不化为盗，不可得也；使奸民之不望贼而附，不可得也；欲使富之不率而贫，良之不率而奸，不可得也。"[①] 在西北，情况更为可怕。马懋才也说：在陕北，"民有不甘于食石而死者，始相聚为盗。……间有获者亦恬不知怪，曰：死于饥与死于盗等耳！与其坐而饥死，何不为盗而死，犹得为饱死鬼也。"[②]

即使在自然条件较好的南方，也未逃过气候剧变导致的灾难。宋应星说："普天之下，'民穷财尽'四字，蹙额转相告语。……其谓九边为中国之壑，而奴虏又为九边之壑，此指白金一物而言耳。财之为言，乃通指百货，非专言阿堵也。今天下何尝少白金哉！所少者，田之五谷、山林之木、墙下之桑、洿池之鱼耳。有饶数物者于此，白镪黄金可以疾呼而至，腰缠箧盛而来贸者，必相踵也。今天下生齿所聚者，惟三吴、八闽，则人浮于土，土无旷荒。其他经行日中，弥望二三十里，而无寸木之阴可以休息者，举目皆是。生人有不困，流寇有不炽者？所以至此者，蚩蚩之民何罪焉！"[③]

如此严重的局面，岂是像崇祯这样一个"勤勉的昏君"和腐败的明朝官僚机构所能应付的？因此明朝的灭亡，在很大程度上可以归咎于气候变化。

如果我们把眼光投放到中国之外，我们会发现：在差不多的时期，类似的情况也在其他一些国家出现。例如在西欧，学者们通过对历史上太阳观测记录中英格兰气温、捷克地温、阿尔卑斯山冰川、大气碳 14 含

---

① （清）郑廉撰，王兴亚点校：《豫变纪略》卷二引吕维祺《请免河南粮疏》，第 32—33 页。
② （清）计六奇撰，任道斌、魏得良点校：《明季北略》卷五引马懋才《备陈大饥疏》，第 106 页。
③ （明）宋应星：《民财议》，丘锋等点校：《野议》，上海：上海人民出版社，1976 年，第 9 页。

量、树轮、冰芯等的研究指出，近代早期西方社会曾经历了"小冰期"，其最冷时段在 17 世纪。"小冰期"的平均温度一般要比正常时期低 1—2℃。气候变冷对西欧农业产生了灾难性影响，导致农业产量下降、歉收和灾荒频发，粮食短缺，大量流民由此产生，整个社会更是呈现出普遍贫困化：英国直至 17 世纪末穷人占到一半，其中一半处于极度贫困；在法国，5/9 的人生活在贫困中；在德国的科隆，每 5 万人中就有 2 万人是乞丐。①

　　气候变冷是世界性的，但对不同地区的影响在范围和程度上有很大差别。费根（Brian Fagan）指出：17 世纪亚洲的经济崩溃，远比欧洲同期的社会动荡更具威胁力。17 世纪 40 年代初，饥饿和营养不良引发的致命传染病使得日本国内大批民众丧命。同样恶劣的天气也波及了朝鲜半岛南部肥沃的稻田，传染病夺走了成千上万人的生命。但是最严重的是在中国。17 世纪 30 年代，中国举国大旱，政府横征暴敛，激起四方民变，满族势力乘机从北方加大攻击力度。到了 17 世纪 40 年代，中国南部肥沃的长江流域先后遭受了严重旱灾、洪灾、时疫、饥荒。数百万人或者饿死，或者死于 1644 年清军击败明朝的最后一次战争。②

（二）全球化：17 世纪危机的推手

　　虽然气候变化是导致明朝灭亡的主要原因之一，但是全球化的影响也不容忽视。

　　17 世纪是经济全球化的早期阶段（即早期经济全球化时代）。费尔南德兹 - 阿梅斯托（Felipe Fernandez-Armesto）说：15 世纪末哥伦布发现新大陆，"从此以后，旧世界得以跟新世界接触，借由将大西洋从屏障转成通道的过程，把过去分立的文明结合在一起，使名副其实的全球历史——真正的'世界体系'——成为可能，各地发生的事件都在一

---

① ［意］卡洛·M·奇波拉主编，贝昱、张菁译：《欧洲经济史》第二卷，北京：商务印书馆，1988 年，第 80—81 页。
② ［美］布莱恩·费根著，苏静涛译：《小冰河时代：气候如何改变历史（1300—1850）》，杭州：浙江大学出版社，2013 年，第 59 页。

个互相联结的世界里共振共鸣，思想和贸易引发的效应越过重洋，就像蝴蝶拍动翅膀扰动了空气"。① 在这个时期，由于经济全球化的发展，以白银为基本货币的世界货币体系也发展起来了。而在中国方面，17 世纪货币白银化基本完成。此时中国经济进入了世界贸易体系，因此也加入了世界货币体系并在其中扮演着重要角色。其结果之一是中国越来越依赖白银输入。白银输入的起落变化态势，自然对中国经济、社会、政治发挥着越来越大的影响。17 世纪前半期白银输入数量出现了颇大变动，这有可能是导致明朝灭亡的一个重要因素。当然，学者们在这方面的意见不统一。艾维四（William S. Atwell）的《1530—1650 年前后国际白银流通与中国经济》和《1635—1644 年间白银输入中国的再考察》、岸本美绪的《康熙萧条和清代前期地方市场》和万志英（Richard von Glahn）的《中国十七世纪货币危机的神话与现实》等文章②，都提出了很有意义的见解，是我们在研究明朝灭亡问题时应当参考的文献。

其次，由于全球化的进展，各国之间的关系越来越紧密，与此相伴的是纠纷也越来越多。作为解决纠纷的手段之一，战争也越来越频繁。与此同时，随着各国之间交流的增多，先进的军事技术出现后，也得以迅速传遍世界许多地区，形成全球性的互动。这种情况，我们称之为"军事技术的全球化"，简称军事全球化。因此可以说，经济全球化和军事全球化是联手进入"近代早期"的世界。这对东亚地区的政治、军事格局产生了巨大的影响。③

恩格斯说："应当特别强调的是，从装刺刀的枪起到后装枪止的现代作战方法，在这种方法中，决定事态的不是执马刀的人，而是武器。"④ 军事史专家富勒（J. F. C. Fuller）说："由于火药的发明，战术进

---

① ［美］菲立普·费南德兹 – 阿梅斯托著，谢佩妏译：《一四九二：那一年，我们的世界展开了》，新北：左岸文化出版社，2012 年，第 5、6 页。
② 这些文章收于董建中主编：《清史译丛》第 11 辑。
③ 李伯重：《火枪与账簿：早期经济全球化时代的中国与东亚世界》，第 3 章《早期经济全球化时代的军事革命》、第 5 章《角力海陆：早期经济全球化时代东亚的国际纷争》。
④ 《马恩列斯军事文选》，北京：战士出版社，1977 年，第 214 页。

入了她的技术阶段。个人的英勇敌不过机械的技术。谁能使用比较优越的兵器，谁就是比较可怕的敌人，至于他的社会地位和勇气都没有关系。诚如卡莱尔所说的：火药的使用，使所有人都变得一样高，或者，它使战争民主化了。"①早期经济时期的火器技术的巨大进步及其迅速传播，使得一些中小国家和地区政权也能够建立和拥有相当强大的军力，向大国进行挑战，从而大大改变了东亚地区的力量平衡。因此之故，明朝陷于强敌环绕的局面之中。明朝付出了很大努力来对付这种局面，并取得了相当的成就。但不幸的是，明朝军事改革的主要成果，由于各种原因，落入了主要敌手后金／清手中，从而也改写了中国历史。关于这一点，在新近出版的拙著《火枪与账簿：早期经济全球化时代的中国与东亚世界》已进行了详细的讨论②，这里就不赘述了。

总而言之，明朝灭亡是全球性的"17世纪危机"的一个部分，而这个危机不仅是全球气候变化导致的，也是早期经济全球化导致的。因此，只有把这个事件放到全球史与环境史视野中来观察，方能得出一个全面性的结论。

古话说："尽人事，听天命。"如果把历史变化的原因归为"天命"与"人事"两大方面的话，那么我们就可以看到明朝灭亡这个重大历史事件的发生，也有"天"（自然变化）和"人"（人类活动）两方面的原因。自然变化不受人为的国界限制，而人类活动到了早期经济全球化时代，也越来越突破地域限制，在许多方面出现全球互动。因此把明朝灭亡这一事件放在全球史的视野中进行考察，可以看到这个事件并非独一无二，而是全球性"17世纪危机"的一个部分。为什么这个危机会发生在十七世纪？费根指出："17世纪的开端可谓惊天动地。"1600年2月

① ［英］J. F. C. 富勒著，钮先钟译：《西洋世界军事史》第1卷《从萨拉米斯会战到勒班陀会战》，桂林：广西师范大学出版社，2004年，第414页。
② 李伯重：《火枪与账簿：早期经济全球化时代的中国与东亚世界》，第3章《早期经济全球化时代的军事革命》、第5章《角力海陆：早期经济全球化时代东亚的国际纷争》。

16 日至 3 月 5 日秘鲁于埃纳普蒂纳火山（Huaynaputina）爆发，使得全球气候陷入混乱。1601 年夏季气温创造了 1400 年以来北半球的最低温度记录。随后，1641—1643 年、1666—1669 年、1675 年、1698—1699 年都出现过与火山活动有关的大型寒冷期。他总结说："历史上仅有为数不多的短暂寒冷时期在全球或者半球范围内同期出现，如 1590 年到 1610 年长达二十年的极寒期"。[①] 如前所言，世界各地出现了至今六个世纪中最频繁和严重的社会动荡，二者之间的关联是不可忽视的。而经济全球化及其所导致的各国各地人民交往的增加和军事技术传播的加速，又使得世界政治局势发生巨变。"17 世纪危机"之所以出现，一方面是 17 世纪前半期全球气候变化导致的灾难，另一方面也是早期经济全球化导致的东亚政治军事变化的结果。因此，离开了全球变化的大环境，明朝灭亡这个历史事件何以出现是很难说得清楚的。

---

① ［美］布莱恩·费根著，苏静涛译：《小冰河时代：气候如何改变历史（1300—1850）》，第 122—124 页。

潮州海寇、明朝海军和早期中国与西班牙的互动

孙冬子（J. Travis Shutz）

纽约州立大学宾汉顿分校

一　中国和西班牙官员

1576 年，一对分别来自中国与西班牙这两个近代早期帝国的官员一道站在了同一海疆事务的前线。一位来自临武县（今属湖南省），一位来自西班牙西部的卡塞雷斯。虽然他们都向各自的君主汇报了发生在吕宋岛西北部的广东潮寇事件，但他们二人都没有亲自参与打击潮寇的军事行动。因此，双方对于共同讨论的事件都缺乏个人观察。事实上，这两个人从未谋面，只是通过使节相互通信，但这两个人却对早期中西关系产生了深远影响。福建巡抚刘尧诲、西菲总督桑德（Franciso de Sande）二人对对方人员参与打击吕宋北部林凤（S.Limahong）团伙以及潮寇的活动只字不提，里面的原因很复杂，可能由于情报失误，或者出于帝国野心，或者是站在种族主义的立场，但又不局限于此。

四个半世纪以来，关于名噪一时的 1574 年底林凤袭击马尼拉的后

续事件，一直不甚明了。刘尧诲和桑德通过至少一种半私人性质的方式，分别与万历朝廷和菲利普二世进行通信，这就很可能意味着他们不期待将信件公布于众。尽管如此，无论过去还是当今，对这段尘封的历史依然存有记述。自16世纪80年代以来，历史学家们就编纂了有关打击海盗的冲突斗争史。他们要么认为是西班牙殖民者以及吕宋士兵在玳瑁港（今作邦阿西楠）打败了潮寇，要么认为是由明朝海军联合吕宋的军事力量打败的。门多萨（Juan Gonzalez de Mendoza）的《中华大帝国史》（*The History of the Great and Mighty Kingdom of China*，1586）经常被历史研究者引用，但自门多萨开始，西班牙的历史学家就忽略了明朝海军在玳瑁港对抗林凤以及潮寇战争中所作的贡献。[1] 相对而言，中国方面对这段历史的记载——如瞿九思的《万历武功录》，则延续了刘尧诲对西班牙的基本态度，依然显得西班牙在反潮寇战争中保持了沉默。[2] 后来的历史学家也基本上采纳了这两种相反的观点，要么重点突出西班牙殖民武装，要么强调明代海军。[3] 作为两个近代早期帝国的杰出代表，刘尧诲和桑德的著述具有重要的政治分量，并且很可能也影响了后世对历史上玳瑁港事件的认知。

　　研究近代早期文本并不是一件容易的事，尤其在中国与西班牙两个权力不对等的帝国首次接触的历史背景下更是如此。当时这两个国家都处于各自历史发展的巅峰阶段。作为16世纪世界上最强大和富有

① Juan Gonzales de Mendoza, "History of the Great Kingdom of China（extracts relating to the Philippines）," in Emma H. Blair and James A. Robertson,eds., *The Philippine Islands, 1493—1803*, Vol. VI, （Cleveland, OH: The Arthur H. Clark Company 1903）, pp.91—125.

② 瞿九思：《万历武功录》卷三《林凤传》，《续修四库全书》史部第436册影印天津图书馆藏万历刻本，上海：上海古籍出版社，2002年，第234页；郭棐撰，黄国声、邓贵忠点校：《粤大记》卷三二《政事类·海防》，广州：广东人民出版社，2014年，第919—920页。

③ 一些有代表性的研究，可以参看 Juan Caro y Mora, *Ataque de Li-Ma-Hong á Manila en 1574*, Manila: Tipo-Litografía de Chofré y Company, 1898; Te-Ming Wang, "Lim Ah-Hong's Affair," *Journal of East Asiatic Studies* 8, No.1—2（Jan.-Apr., 1959）, 21—41; Cesar V. Callanta, *The Limahong Invasion*, Quezon City: New Day Publishers, 1989, pp.45—57; 汤开建：《明隆万之际粤东巨盗林凤事迹详考——以刘尧诲〈督抚疏议〉中林凤史料为中心》，《历史研究》2012年第6期，第43—65页。

的帝国，明朝当时刚平息了北部蒙古人以及东南沿海海盗的大规模劫掠与骚扰，西班牙帝国则成功地征服了新大陆和菲律宾。刘尧海和桑德应该深知各自帝国的伟大，因此他们精心编写了自己的书信。在对 16 世纪的传记文本进行分析时，莫哈雷斯（Resil B. Mojares）建议"以历史的视角来看待文本，不仅要关注文本中所记载的内容，也要关注它们所略去的东西。另外，更重要的是要关注这种筛选过程如何创造出有问题的文本，这些文本内容在'说'与'不说'之间，本身就是对他们的当前和我们的过去的一种叙事方式"[①]。本文试图对参与 1575 年春夏之际围攻林凤以及潮寇事件的相关人员进行分析考察，使得这些成员的信息更为清晰。这就需要突破单个文本在历史叙述方面的局限性。通过对以往未充分利用的西班牙殖民地和明代文献的梳理研究，我认为这场攻击林凤以及潮寇的战争促成了一个三方联盟：在这场战斗中，西班牙殖民者、明代海军和吕宋士兵都对打击广东匪徒作出了贡献。在进入文章主题之前，我们来回顾一下 1575 年春夏之交爆发的那场战役的历史背景。

目前保存下来的有关林凤所领导的海寇团伙的文献信息相对稀少。首先，像其他许多海寇一样，他们的成员构成复杂，来自不同的族群。在为数不多已知名字的海寇中，有一个叫萧柯（Sioco）的船长，他是日本人。另外，海寇团伙还包括有葡萄牙人以及会讲葡语的其他人，因为其中有人翻译了西班牙人在马尼拉对海寇们的咒骂。其次，虽然海寇来自华南和海外各地，但他们似乎与广东潮州有着特殊的联系。林凤来自潮州东南部的饶平县。[②] 他们多次在潮州附近参与劫掠。[③] 他们最后

[①] Resil B. Mojares, "The Life of Miguel Ayatumo: A Sixteenth-Century Boholano," *Philippine Studies*, vol.41,no.4（Fourth Quater 1993）,p. 455.

[②] 乾隆《潮州府志》卷三八《征抚·林凤》，《中国地方志集成·广东府县志辑》第 24 册影印光绪十九年重刻乾隆四十年本，上海：上海书店出版社，2003 年，第 925 页。

[③]《明神宗实录》卷二二，万历二年二月丁巳，《明实录附校勘记》第 51 册，台北："中研院"历史语言研究所，1962 年，第 584 页。在查找文献的过程中，笔者也查阅了 Geoff Wade, *Southeast Asia in the Ming Shi-lu: An Open access resource*, Singapore: Asia Research Institute and the Singapore E-Press, National University of Singapore, http://epress.nus.edu.sg/msl/reign/wan-li/year-2-month-6-day-10, accessed October 13, 2018.

一次投降是在 1576 年，但他们选择与潮州当地官府——而非广州或福州的省一级衙门——谈判投降。再者，尽管海寇人数有几百到一万人不等——明代官府最终公布的结果是 1712 名海寇和 688 名俘虏投降，[①] 然而，除了一封由西班牙人以及在马尼拉的华侨商人翻译、转录的林凤的亲笔信外，我没有发现任何其他潮寇遗留的可反映他们个人对当时事件看法的个人信件或文书。因此我们现在获取的有关潮寇的大部分认知（即使不是全部）都来自与他们抗衡的官方的视角。

到 16 世纪中期，大量海盗开始在明王朝的沿海活跃起来。[②] 以林凤为首的团伙早在 1568 年就开始了行动。文献记载的他们第一次劫掠活动发生在广东南部的神泉镇。[③] 尽管其他海盗团伙的相关活动逐渐陷入沉寂，但潮寇的活动依然活跃，并一直持续到 1570 年代。他们是 16 世纪中期最后一个庞大的海寇集团，因此明朝政府组织了大规模军事行动来讨伐他们。1574 年 3 月 4 日，兵部向皇帝奏报海寇再次袭击了广东东部的潮州、惠州等地。随后，海寇在南澳岛抛锚后，希望寻求和平谈判。万历朝廷拒绝了他们的请求，并支持两广提督殷正茂、福建巡抚刘尧诲联合组织两地兵力剿灭海寇。[④] 当然，海寇们并没有坐以待毙。

1574 年整个夏天，海寇们都行踪不定，时而隐没于海洋，时而劫掠沿海地区。据《明实录》记载，6 月 28 日，刘尧诲上奏朝廷，称海盗在福建水域向东逃离。[⑤] 8 月 5 日，他再次奏称海盗出现，并声称他们袭击了海南岛的清澜港。[⑥] 11 月 3 日，又有官员奏称林凤一伙从澎湖逃往台湾魍港。总兵胡守仁与参将呼良朋率兵追剿，他们甚至还向台湾土著寻求

① 《明神宗实录》卷四，隆庆六年八月庚辰，《明实录附校勘记》第 51 册，第 179—180 页；《明神宗实录》卷五七，万历四年十二月乙亥，《明实录附校勘记》第 52 册，第 1313—1314 页。

② Robert J. Antony, *Like Froth Floating on the Sea: The World of Pirates and Seafarers in Late Imperial South China,* Berkeley, CA: University of California Press, 2003, p.16.

③ 乾隆《潮州府志》卷三八《征抚·林凤》，第 925 页。

④ 《明神宗实录》卷二二，万历二年二月丁巳，《明实录附校勘记》第 51 册，第 584 页。

⑤ 《明神宗实录》卷二六，万历二年六月戊申，《明实录附校勘记》第 51 册，第 646 页。

⑥ 《明神宗实录》卷二七，万历二年七月辛卯，《明实录附校勘记》第 51 册，第 673 页。

援助，共同夹击林凤一伙。在随后的交战过程中，尽管海盗们的大量战船被毁，但他们依然侥幸逃脱，未被赶尽杀绝。澎湖以及台湾的战斗结束后，林凤带着他的人马再次逃离。①他们一路向南，并于11月底到达菲律宾群岛北部，在逃跑途中他们还截获了一艘返航的福建商船，船员告诉林凤等人马尼拉有大量财富，于是他们计划袭击西班牙人在马尼拉的据点。②

二　西菲官兵打击林凤潮寇团伙

西班牙人并没有把有关海寇威胁的警告放在心上，所以他们也并未做好准备来应对突袭。西班牙军官戈提（Martín de Goíti）认为海寇都是婆罗洲人，他们不可能乘着冬季风来到马尼拉。③但是，来自东北方向的季风刚好可以把海寇们送往目的地。11月30日，以林凤为首的海寇团伙发动了对马尼拉的突袭。天刚蒙蒙亮，一群大概有七八百人的潮寇便偷偷上岸，直到他们攻破西班牙人在马尼拉所筑的防线，西班牙人才察觉。④海寇首先到达戈提的住所，他的妻子科拉（Lucia Corra）指责谩骂这伙强盗，（海寇中）会说葡萄牙语的人对其进行了翻译。现在他们意识到这家主人的重要性，于是便放火烧了这栋房子，杀掉了戈提，科拉也满身是伤，赤裸而死。这场袭击持续了数小时之久，整个小镇变成了一片火海。洗劫了马尼拉之后他们并未成功攻破城墙，于是便驶过海湾到达甲米地休整。⑤

①《明神宗实录》卷三〇，万历二年十月辛酉，《明实录附校勘记》第52册，第731—732页。
② Francisco de Sande, "Relation of the Filipinas Islands," in Emma H. Blair and James A. Robertson, eds. *The Philippine Islands, 1493—1803,* Vol. IV p.24.
③ Sande, "Relation," 28.
④ Agustín de Alburquerque, "Carta del P. Agustín de Alburquerque comunicando el suceso del corsario Limahón, que había ido contra la isla de Luzón con 70 navíos," Pangasinán Camp, June 5, 1575, in "La China en España," transcribed by Carles Brasó Broggi and Dolors Folch, accessed October 13, 2019, https://www.upf.edu/asia/projectes/che/s16/albu1575.htm.
⑤ Sande, "Relation," p.35; Mendoza, "History," p.103.

12 月 2 日，林凤一伙人卷土重来，但第二次行动却使广东人付出了惨痛的代价。西班牙人在马尼拉的防御得益于萨尔切多（Juan de Salcedo）的到来。在吕宋北部一处叫费尔南蒂诺（Fernandino）的地方，萨尔切多曾和自己的手下见到潮寇擒获了一只西班牙小船，因此便很快赶来保卫马尼拉。但由于他们的船只速度太慢，远远落后于潮寇，因此在潮寇发动第一次袭击后，萨尔切多的队伍才赶到马尼拉。[1] 他们一到达这座城市，总督拉维撒里（Guido de Lavezaris）就立即任命他为新的长官。萨尔切多立刻加强马尼拉的防卫，从滩头一直到帕西格河沿线都部署了防御工事。西文资料记载，在第二次袭击期间，潮寇共有 200 多人伤亡，而西班牙只损失了少数人。[2] 海寇吃了败仗，未能攻占要塞。林凤命令海寇夺取马尼拉，但手下成员拒绝服从命令。最后，和之前一样，海盗们又从这里逃走了。[3]

随着 1575 年冬天的结束，在吕宋的西班牙人发起了一场搜寻并剿灭潮寇的战斗。在此之前，林凤一伙人已在距离马尼拉北部大约 200 里的玳瑁港阿格诺河河口附近建立了据点，并修建了防御工事。[4] 3 月 23 日，萨尔切多带着西班牙士兵以及吕宋番兵一同前去征讨。1576 年，桑德在呈给菲利普二世的报告中说，萨尔切多一行人包括 256 名西班牙人和 2500 名马尼拉番兵。[5] 但门多萨的《中华大帝国史》中却写道，萨尔切多当时带领了 250 名西班牙士兵和 500 名吕宋番兵。尽管 17 世纪的

---

① Mendoza, P.96 and p.102

② Sande, "Relation," p.35; Mendoza "History" p.103.

③ Miguel de Loarca, "*Relacion del viaje que hezimos a la China desde la ciudad de Manila en las del poniente año de 1575 años, con mandado y acuerdo de Guido de Lavazaris governador i Capitan General que a la sazon era en las Islas Philipinas,*" 1575, *Capitulo* 1, *Folio* 115（136）a,in "La China en España," transcribed by Dolors Folch, accessed October 13, 2019, https://www.upf.edu/asia/projectes/che/s16/loarca.htm.

④ Lo Jung-pang, "Lin Feng," in L. Carrington Goodrich and Chaoying Fang eds. *Dictionary of Ming Biography*（明代名人传）, 1368—1644: *Vol.* 1, New York: Columbia University Press, 1976, p.918.

⑤ Sande, "Relation," p.38; Mendoza, "History," p.106.

历史学家奥古斯汀（Gaspar de San Agustín）认为当时和萨尔切多一同前去歼灭潮寇的有两三千名吕宋番兵，他们由敦洛的酋长 Lakandula 率领，但参与战斗的倪微·赖里驾（Miguel de Loarca）队长指出，当时萨尔切多指挥了 800 名西班牙人和 1000 名吕宋番兵。[①] 因此，想弄清楚玳瑁港战场的相关细节，需要我们仔细对照甄别史料。

　　西语文献记载了西班牙人攻击潮寇防御工事所采取的各种策略。3 月 30 日，西班牙人一到达玳瑁港，就立即封锁河道，将潮寇与外部隔绝。紧接着，萨尔切多下令夹击潮寇的据点。队长查维斯（Pedro de Chaves）和查康（Lorenço Chacon）乘船顺流而上，他们各自指挥 40 名士兵，与此同时，里韦拉（Gabriel de Ribera）队长带领第二分队登陆。[②] 战争结果超出想象，西班牙人焚毁了广东潮寇 35 艘战船，擒获了 100 多名男子和至少 70 名妇女。[③] 西班牙殖民者的反攻使得潮寇损失惨重，挫伤了他们的有生力量，使他们无法立刻逃离。

　　然而攻占要塞依然十分困难。像在马尼拉的西班牙人一样，潮寇在遭受第一次袭击后，很快就加强了防卫。门多萨和奥古斯汀在这方面有同样的看法，据他们记载，潮寇迅速部署了火炮、火绳枪和长炮。[④] 桑德在汇报战况时称西班牙军队焚毁了潮寇大量的船只，造成他们物资供应短缺。但据投靠到西班牙阵营的林凤的一个亲信所言，他们依然屯有充足的弹药、武器和粮食来抵抗几个月的封锁。[⑤] 鉴于双方在军事力量上不相上下，他们不得不重新制定作战计划来转变这种局面。

　　随着战斗陷入僵局，双方开始寻求谈判。在相关记述中，赖里驾队长和奥古斯汀的文献记载中都收录了福建商人林必秀（在西班牙语文献

① Loarca, "*Relacion*," C. 2, F. 115（136）b; Gaspar de San Agustín, *Conquistas de las Islas Filipinas,* Madrid: Consejo Superior de Investigaciones Cientificas Instituto "Enrique Florez," 1975, p.423.
② Mendoza, "History," p.107.
③ Sande, "Relation," p.39.
④ Mendoza, "History," p.109; San Agustín, *Conquistas*, p.431.
⑤ Sande, "Relation," p.39; Loarca, *Relacion*," C. 2, F. 117（138）a.

中写作 S.Sinsay)①与林凤之间的往来通信，另外，奥古斯汀还有一封萨尔切多写给林凤的信。根据信件内容，我们发现为了引诱潮寇投降，林必秀在信中写道，凡是与西班牙人交好的人都会获得马尼拉方面的优待。他将这些充满诱惑的条件与西班牙的军事力量进行对比。在信中他特别提到，西班牙军官如何从马尼拉带来"800 名西班牙士兵、1000 名印第安士兵和 80 门大炮"。最后，林必秀以归还俘虏为条件敦促林凤投降。②对以林凤为首的潮寇团伙来说，他们当时面临着多方的军事围攻，西班牙殖民者给出的交换条件还是很诱人的。

　　尽管赖里驾和奥古斯汀在文字转录方面有细微的差别，但这些书信内容大体上是相互呼应的，对比二者可以看出，奥古斯汀的语言风格较为优雅，可能与它出现时间较晚、文字经过润色有关。在给林必秀的回信中，林凤透露了西班牙人出现在玳瑁港的一些重要线索：

> 　　在我的地盘上，目之所及，很遗憾在能见到的人中我不认识你。我之所以来到这里，是因为国王（万历皇帝）③对我的追剿。西班牙人打进来那天，我有些慌乱。如果他们焚毁我们的房屋，攻占我们的要塞，我不知道他们将会获得多么疯狂的报复。我很感谢你的善意，感谢你写信给我。如果你能够（替我）④和西班牙指挥官和谈，我将会很高兴。我希望他们能带着自己的人马回到马尼拉去，然后我会带领三四艘船去拜访他们，并尊重马尼拉的地位。但如果他们想要焚毁我们的房屋和船舰，迫使我屈服于他们，我是不打算接受的。因为这怎么可能是一个在刀刃上行走过的人的选择，难道我已经沦落到了这种地步？就算指挥官手下有许多骁勇善战的人，

---

① 在西语文献中，林必秀（Sinsay）是马尼拉一位重要的福建商人，西班牙人依靠他与林凤、王望高等人进行沟通交流。查阅珍稀存世的刘尧海《督抚疏议》，陈学霖确认林必秀是海澄当地人，他以私人身份帮助明朝把总王望高与西班牙人建立互动关系。参看陈学霖：《明代人物与史料》，香港：香港中文大学出版社，2001 年，第 339 页。
② Loarca, "Relacion", C. 2, F. 116 (137) b; San Agustín, *Conquistas*, p.432.
③ Loarca 1575 年版本中只是说国王袭击了林凤，但 San Augustin 的译本澄清了"国王"的含义，指的是中国皇帝。
④ 译者注。

我也有同样勇敢的士兵。他们作战经验丰富，训练有素，也是因为他们，我才能从上千万人口的中国安全脱身。所以对当地这些土著，尽管他们人多，我也丝毫不放在眼里。现在我就像一只遭受埋伏的老虎，每个人都想捕获它。他们不知道这只老虎是否会伤人，也不知道他们是否能捉到这只老虎。双方都需要好好考虑。但以上就是我的想法。如果他们接受我所说的条件，那我就同意和解。顺候大安。

林阿凤①

虽然赖里驾和奥古斯汀转录的都不是原始信件，但其内容却反映了16世纪明代中国对海盗的一种普遍叙事模式。林凤的回信把海盗与老虎等同了起来，明代官府也经常以此类比参与劫掠的海盗。例如，1572年10月3日，《明实录》记载的广东御史杨一桂所呈报的内容。他对招抚林凤集团感到忧心，他写道："又有议招海贼林凤于惠州者，凤党不过五六百人，非有大声势难以扑灭。且既挟官告招，又不时出没劫杀，为害如此，犹复招之，所谓养虎遗患。"②利用明人常用的对海盗的比喻，不仅表明这封信很有可能就是林凤所写，同时也将玳瑁港的西班牙人置于谈判的位置。

虽然赖里驾转录的文本在晚些时候出现了多个版本，但这里引用的是存放于皇家历史学院（Real Academia de la Historia）的那份手稿，在时间上可以追溯到1575年。为了便于问题的讨论，我们需要秉持怀疑的态度来考证这份文献的真实性。比如是否有其他熟悉明代海盗问题的人杜撰了这封信？根据信件内容，我们发现林凤及潮寇一伙成为了遭受明朝压制胁迫的受害者，这显然符合东方学者眼中专制亚洲的形象，如果捏造信件内容显示林凤的反抗意志，反而是一个奇怪的选择，而且西班牙人最终也无法将其降服。林必秀曾在信中大力鼓吹西班牙人与

---

① Loarca, "*Relacion*," C. 2, F. 116（137）b – 117（138）a; San Agustín, *Conquistas*, pp.432—433.
②《明神宗实录》卷四，隆庆六年八月庚辰，《明实录附校勘记》第51册，第179—180页。

吕宋番兵力量强大，势不可挡，但最后潮寇还是巧妙地逃脱了。[1] 这些信在维护西班牙人优越感的同时，也挑战了桑德政府的殖民野心和种族中心主义。桑德本人曾声称，只需要 2000 到 3000 兵力，他就可以征服整个明朝中国。[2] 如果连一群海盗他们都不能降服，又怎么可能征服和殖民整个明帝国呢。赖里驾很可能在桑德之前到达马尼拉，但他同样参与了殖民计划。然而，潮寇的逃脱可以看作是对帝国控制，同样也是对桑德扩张野心的挑战。在我看来，信件中对西班牙人的威胁与挑战证明了信件内容的真实性。桑德自己也指出，林凤和西班牙人商议去马尼拉"协调此事"。[3] 对于参与打击海盗的相关人员信息，林凤的信为我们提供了一条线索。

在埃斯科里亚尔图书馆，莫拉（Juan Francisco Maura）发现了一份匿名手稿，标题为《中国暴徒的到来及其相关事件》(*Relación del suceso de la venida del tirano chino sobreestecampo y de las demáscosassucedidasacercadello*)。手稿着重记录了潮寇洗劫马尼拉、西班牙人的反击和取得的初次胜利。[4] 莫拉认为，这份手稿是 1575 年在当时总督拉维撒里的命令下完成的。写作时间略微早于赖里驾的文本，但大致相同。[5] 如果莫拉是正确的，即西班牙人按照拉维撒里的要求创作了这份手稿，那么它应完成于桑德到达马尼拉之前（桑德是 1575 年 8 月到达的马尼拉），这是很容易得到的结论，因为后来桑德取代了拉维撒里成为西菲新任总督。这些历史事件的重要性体现在两方面：首先，这个手稿再次证明了1575 年 3 月 23 日萨尔切多动身前往玳瑁港。[6] 其次，与野心勃勃、计划征服和统治明帝国的桑德不同，拉维撒里与明朝使节维持了良好的关

---

[1] Loarca, "*Relacion*," C. 2, F. 116 (137) b.

[2] Sande, "Relation," p.59.

[3] Sande, "Relation," p.45.

[4] 参见 Juan Francisco Maura, ed., "Relación del suceso de la venida del tirano chino sobre este campo, edición de Juan Francisco Maura Anexos de las Revistas Lemir," *Anexos de la Revista Lemir* 2004, pp.1—26,

[5] Maura, "Relacion" , p.2.

[6] Maura, "Relación" , p.23.

系。手稿中也提及了林必秀及其他华侨在保卫马尼拉战斗中的贡献，另外根据第一次攻打玳瑁港所保留下来的有限信息，其内容也不像在隐没中国方面参与征讨潮寇的举动。相反，该手稿是作者获得战场消息后，立即对西班牙取得的辉煌战绩的记录。1574 年 11 月潮寇发动了对马尼拉的突袭，随后吕宋各地爆发了起义，在这样的情况下，迅速打败敌人、取得胜利才是西班牙殖民者最期待的消息。因此，该手稿又提供了一条有价值的信息，即证明第一次玳瑁港战斗中西班牙人的参与。幸运的是，潮寇的活动也促使这一事件有了多方面的记录。

正如我们已经看到的，赖里驾在《1575 年从马尼拉至中国旅行记》（*Relation of the Trip that We Made to China from the City of Manila in the Western Year of 1575*）中提供了围攻玳瑁港的重要信息，而且这些内容至今都未被充分利用。一方面，20 世纪早期，布莱尔（Emma Blair）和罗伯逊（James Robertson）在搜集的西班牙殖民文献里引用了赖里驾书中的内容，但他们关注的是书中对菲律宾的描写。[1] 在《十六世纪中国南部行纪》一书中，博克塞（C. R. Boxer）翻译了修士拉达（Martín de Rada）记载的 1575 年西班牙修会在福建的传教情况，并将其与赖里驾的记录进行比较和解读。[2] 博克塞的书引用了同时代的一些文献信息，同时又结合拉达以及赖里驾的相关记述，包涵的信息更为丰富。另一方面，任何忽略赖里驾文本的文献记述，都会导致历史叙事中对围攻玳瑁港一事的细节认知不清。正如林凤信中所展示的那样，赖里驾的记录可以为我们研究玳瑁港事件及参与人员提供新的视角。

与桑德和门多萨不同，赖里驾亲自参与了攻击潮寇的战斗。根据赖里驾早期的记载，在林加延湾西北角的博利瑙港，他遇到了两艘追剿潮寇的明朝军舰。几天之后，明朝将军王望高（S. Aumon, Oumoncon）带

---

① 参见 Miguel de Loarca, "Relacion de las Yslas Filipinas," in Emma H. Blair and James A. Robertson, eds., The Philippine Islands 1493—1803, Vol. V, Cleveland, OH: The Arthur H. Clark Company 1903, pp.34—187.
② Martín de Rada, "The Relation of Fr. Martín de Rada, O.E.S.A." in C.R. Boxer, ed., *South China in the Sixteenth Century (1550—1575)*, Burlington, VT: Ashgate Publishing Company, 1953, pp.241—310.

领的指挥舰抵达这里。随后王望高等人与玳瑁港的西班牙人达成合作，在那里，王望高告知西班牙指挥官（很可能是萨尔切多）明朝皇帝许诺给予西班牙人丰厚报酬，前提是西班牙人能够帮助明王朝擒获林凤。正如历史学家奥列（Manel Ollé）所说，王望高的提议为西班牙人带来了促使两国官方建交的机会，这也正是西班牙人所寻求的。①西班牙指挥官认为双方联合剿灭潮寇会给西班牙带来大量潜在的好处，因此他鼓励王望高去马尼拉会见总督拉维撒里，王望高同意了。但据赖里驾（和门多萨）的记载，王望高出发的时候没有乘坐自己的船只，而是"和查维斯（Pedro Chaves）队长一起乘坐岛上的一艘小船"去的马尼拉，当地的吕宋船只一直在马尼拉和玳瑁港之间运送西班牙人来往。②象征性意义的三方联盟建立了起来，王望高坐在吕宋的船上，由西班牙人指挥，行驶在去往马尼拉的航线上。然而，一个摆在眼前的问题就是那三艘明朝军舰后来怎么样了？

尽管直到6月份西班牙使节到达福建，赖里驾的相关记录中都未对明朝船舰做进一步说明，但从其他史料可知，就算那几艘明船不在玳瑁港，它们也至少应该在林加延湾附近。实际上，门多萨指出了王望高的指挥舰所在的地方。他写道，尽管这艘船想要航行至马尼拉，"但它又返回到之前出发的那个水域"，后来确定它停泊的地方为博利瑙港。③桑德是这样记录的："王望高带来的那艘巨大的船舰以及三四十个中国人留在了玳瑁港。这都是王望高要求这么做的，以便为军队服务"。这里并没有提及其他两艘小的战船。后来据桑德的记载，直到王望高和西班牙使节出发去福建，依然有一艘船舰留了下来。既然已经确定了目标，王望高似乎不太可能将船舰调走。在使节去往福建之前，一个明智的部署是将三艘船都留在林加延湾，或者停靠在博利瑙港或者玳瑁港。对整场战役来说，进行封锁似乎没什么意义，但正如桑德所指出的那样，明

① Manel Ollé, *La empresa de China: De la Armada Invencible al Galeón de Manila*, Barcelona: Acantilado, 2002, pp.52—53.
② Loarca, "*Relación*," C. 3, F. 117（138）b; Mendoza, "History," p.113.
③ Mendoza, "History"，p.113 and p.119.

朝海军在西班牙人初次攻打潮寇后不久就到了，并且在接下来的几个月里只是偶尔发生了几次小规模冲突。[①]根据赖里驾的说法，王望高于4月8日抵达马尼拉。[②]这样看来，3月30日袭击潮寇刚发生不久，王望高就与赖里驾和萨尔切多进行了会谈。根据西语文献，4月初至8月期间，在潮寇打破封锁，再次逃离海上之前，明朝海军很有可能像西班牙人或吕宋土番一样，将潮寇围困在了玳瑁港。从他们前前后后的追剿行动可以看出，明朝海军在剿灭潮寇方面做出了重要贡献，忽略明朝海军的贡献只会继续掩埋历史真相。

三　明代文献中的剿灭潮寇行动

除了西班牙人对明朝海军参与打击海寇一事保持沉默之外，明代的史料文献也模糊了西班牙人的角色。《万历武功录》中记载："刘尧诲使使者王望高、周英等往谕吕宋，招番兵五千人袭港内，焚凤舟几尽，仅残遗四十余艘，凤不能婴城自守，复走潮。"[③]《粤大记》记载："福建巡抚刘尧诲遣人谕吕宋国主集番兵击之，巢船烧毁，贼众大挫。"[④]从这些以及其他史料中我们可以看出，文献编纂者根本就没有对吕宋土番和西班牙人进行区分。像西班牙一样，文献编纂者根据有限的信息汇编了这些资料，官方编纂的这些文本完成于17世纪，那么我们是否可以追溯一下到底从何时起，在中国人的文献记载中，西班牙人缺席了玳瑁港事件。

刘尧诲呈报给万历皇帝的奏折最早涉及了玳瑁港事件。刘尧诲突出强调了明朝海军在追剿潮寇中的贡献，但并未直接提及西班牙人的参与。《明实录》记载，1576年9月12日，刘尧诲奏报："把总王望高等以吕宋夷兵败贼林凤于海，焚舟斩级，凤溃围遁，复斩多级。"[⑤]在相关完整

---

① Sande, "Relation," pp.43—47.

② Loarca, "*Relacion*," C. 2, F. 116（137）b.

③（明）瞿九思：《万历武功录》卷三《林凤传》，第234页。

④（明）郭棐撰，黄国声、邓贵忠点校：《粤大记》卷三二《政事类·海防》，第919页。

⑤《明神宗实录》卷五四，万历四年九月丙申，《明实录附校勘记》第52册，第1264页。

奏报中，刘尧诲声称福建以及广东的多数官员参与了缉拿追剿林凤的行动。在审讯中，犯人许三和郑洪侪证实吕宋土番摧毁了海盗的战船。一位不知姓名的广东地方官员奏报："据被虏许三供称，林凤遇番攻打吕宋后，被吕宋番人尽将贼船烧毁。六月内，林凤再造船三十三只，脱走。今至海门约贼尚有一千余人"。随后，潮州杨同知奏称："被虏郑洪侪供称，林凤遁往吕宋，被番人打死贼徒千余人。今欲来骗官府招抚，图缓官兵以便造船劫掠。"① 很明显，西语文献以及明代史料都证实了潮寇船只的焚毁以及潮寇重新建造战船从吕宋逃离。但是，刘尧诲奏章中的部分内容依然值得进一步推敲。

刘尧诲的奏折，使我们更加关注中西文献在记录史实时呈现的差异性。首先，刘尧诲认为是吕宋番兵攻击了海盗。在这里，我们不是把刘尧诲的奏折内容解读为他故意忽略西班牙在围剿海寇中的贡献，而是从中看到早期近代亚洲在海事知识方面的匮乏。1575 年前，西班牙与明帝国从没有任何官方接触。1575 年 6 月，王望高把第一批西班牙使节，包括拉达和赖里驾，带往福州面见刘尧诲。然后，刘尧诲把他们看作是吕宋人，这似乎也自然而然地说明了历史上明朝更熟悉吕宋而非西班牙。1511 年，葡萄牙人到达东南亚，1514 年他们到达华南。尽管西班牙人在早期航海中经过东南亚群岛，但他们于 1565 年才开始在菲律宾建立殖民地。1571 年 6 月 24 日，西班牙总督黎牙实比（Miguel Lopez de Legazpi）将西菲首府命名为马尼拉。② 从迅速变化的地缘政治局势看，错误的认知似乎是一种自然发展的结果。一位生活于 16 世纪的明朝人笔下的东亚以及东南亚的情形，将会帮助我们理解这种错误认知的普遍性。

----

① （明）刘尧诲：《余贼未殄乞行专剿并乞严勘功级以昭劝惩疏》，《刘尧诲先生全集·抚闽疏》，《四库全书存目丛书》集部第 128 册影印湖南图书馆藏清钞本，济南：齐鲁书社，1997 年，第 400 页；据 18 世纪《潮州府志》编纂者周硕勋的记载，刘尧诲要求吕宋国王烧掉潮寇的船只。参考自乾隆《潮州府志》卷三八《征抚·林凤》，第 925 页。
② Fernando Riquel, "Foundation of the City of Manila," in Emma H. Blair and James A. Robertson, eds., *The Philippine Islands* 1493—1803, *Vol. III* – 1569—1576, Cleveland, OH: The Arthur H. Clark Company 1903, p.173.

　　作为 16 世纪 70 年代华南地区的一名高级官员，蔡汝贤亲眼见证了明朝政府在东南沿海地区面临的问题。 1586 年，他完成了两本著作，分别是《东夷图像》与《东夷图说》，这两本书为我们了解明朝人所认识的吕宋以及亚洲海域提供了宝贵的线索。就像西属马尼拉匿名人士编纂的《博克塞抄本》(Boxer Codex)一样，蔡汝贤当时撰写这两本书的目的很有可能是向同时代的人介绍明帝国周边地区的情况。[①] 不同于西班牙官方编纂的文本，蔡汝贤的书中记录了与明代中国至少维持了暂时性历史关系的人群。

　　然而，尽管中国与东南亚在历史上保持着某些联系，但蔡汝贤的著述却显示了明朝人获取同时期东南亚知识的困难性。虽然 1571 年西班牙人正式占领马尼拉，但蔡汝贤所描绘的吕宋人（图 1）看起来不像其他东南亚人，倒像是佛郎机（即葡萄牙）（图 2）。[②] 他笔下的吕宋人与西班牙人惊人地相似。他们身上的礼帽、夹克和裤子体现的都是欧洲的服饰风格。在《东夷图说》中，蔡汝贤声称"吕宋在海之西南，其风俗、服食、婚姻与佛朗机大同小异"。在描述了吕宋的一系列地方物产后，蔡汝贤写道，"永乐三年（1405），遣使朝贡"[③]。无论艺术表现还是文字描述，蔡汝贤都没有指出吕宋土番与西班牙人的区别。相反，他坚持认为吕宋人在 15 世纪早期到 16 世纪晚期都未发生显著变化，尽管那些符合他视觉印象和书中描绘的人物直到 16 世纪中前期才到达东南亚。很明显，至少在西班牙人建立起殖民统治的前二十年，明朝人依然缺乏对吕

---

① George B. Souza and Jeffrey S. Turley, eds., *The Boxer Codex: Transcription and Translation of an Illustrated Late Sixteenth-Century Spanish Manuscript Concerning the Geography, History and Ethnography of the Pacific, South-East and East Asia*, Leiden: Brill, 2015, p.13.

② （明）蔡汝贤：《东夷图像》，《四库全书存目丛书》史部第 255 册影印北京图书馆藏万历刻本，济南：齐鲁书社，1996 年，第 413、415 页。

③ （明）蔡汝贤：《东夷图说·吕宋》，《四库全书存目丛书》史部第 255 册影印北京图书馆藏万历刻本，第 426 页。非常感谢邹嘉俊向我介绍了蔡汝贤的作品。他的研究著述如 Jiajun Zou, "Bridging Cultures and Trade: The Story of Fujianese Sailors and Sojourners in the Ming and Qing", Paper presented at Mobile Bodies: A Long View of the Peoples and Communities of Maritime Asia, Binghamton, NY, November 10, 2017.

宋的了解。[1]

图 1　吕宋人（选自蔡汝贤《东夷
图像》，第 413 页）　　　　**图 2　佛朗机**（选自蔡汝贤《东夷
图像》，第 415 页）

　　鉴于蔡汝贤当时在明朝官僚机构中的地位，我们可以意识到这种错
误认知的严重性。 1574 年，蔡汝贤被任命为兵科都给事中，他提议让
广东与福建两省联合抗击林凤以及潮寇团伙。实际上，《明实录》中直
接记载这项提议是由蔡汝贤和张守约共同起草的。[2] 蔡汝贤的著作为我
们了解明帝国印象中的吕宋提供了必要的依据。研究早期中欧关系的
历史学家都很清楚，葡萄牙人占领马六甲的消息在明朝廷中引起了不小
的轰动，并且在中葡两国初次接触后，才加剧了早期的冲突。[3] 然而，西
班牙占领菲律宾一事却没在明廷引发同样的讨论。在我看来，缺乏关注

---

① 近来张琼的研究指出蔡汝贤也把卡利卡特和佛朗机（葡萄牙）置于"海之西南"。
参看 Qiong Zhang, *Making the New World Their Own: Chinese Encounters with Jesuit
Science in the Age of Discovery,* Leiden: Brill, 2015, p.290.

②《明神宗实录》卷二二，万历二年二月丁巳，《明实录附校勘记》第 51 册，第
584 页。

③ John Wills, Jr. "Maritime Europe and the Ming," in John Wills, Jr., ed., *China and
Maritime Europe, 1500—1800: Trade, Settlement, Diplomacy, and Missions*, New
York: Cambridge University Press, 2011, pp.45—52.

的原因很有可能是 1410 年后便不再有从吕宋（或者准确地说是玳瑁港）出发的朝贡使团抵达中国。[①] 历史学者维尔纳（Birgit Tremml-Werner）近来指出："中国官员对于吕宋新的统治者或新的野蛮人来自何方不是很感兴趣。他们的外交政策在不合时宜与愚昧无知中摇摆。"[②] 鉴于几乎不存在的官方互动，她的话至少是可信的，就算不是这样，刘尧诲也确实把西班牙人误认作是吕宋人了。刘尧诲未能把吕宋人和玳瑁港的西班牙人区分开来这一事实，不能作为西班牙人未参加剿灭海盗的证据。另一方面，这一错误的认知也导致了后世历史记载的错误。因此，我们需要更加审慎地考证明代的文献史料。

　　许多历史文献都可以证明王望高在吕宋招募了番兵参与打击潮寇，瞿九思《万历武功录》中记载招募的外国士兵人数为 5000 多人。一方面，据西语相关文献记载，1575 年 3 月 30 日，在王望高带领他的军队到达吕宋之前，西班牙人就和吕宋土番围攻了潮寇。另外，查阅中文史料，我并没有找到明朝军队到达群岛的确切时间。因此我们无法确认或质疑西语文献中时间的正确与否。所以，要了解西班牙人"被招募"到这场他们已经参与的战争，需要我们进行一定程度的推理。最可行的方法就是考察玳瑁港事件如何标志着两个权力不对等的帝国实现首次接触。与桑德在记述中尽可能将明代海军的贡献降到最低一样，中文史料记载王望高"招募"吕宋兵，至少在文法上把吕宋置于次要的地位，维护了明帝国在国际交往中的主导地位。

　　此外，《万历武功录》中关于招募大量外国士兵的记载具有夸大之嫌。[③] 首先，5000 名士兵几乎是西班牙人记载的最多人数的两倍。如我们之前提到的，根据桑德和奥古斯汀的记述，他们分别认为萨尔切多带

---

① 《明太宗实录》卷一一〇，永乐八年十一月丁丑，《明实录附校勘记》第 8 册，第 1411 页。

② Birgit Tremml-Werner, *Spain, China, and Japan in Manila*, 1571—1644: *Local Comparisons and Global Connections*, Amsterdam: Amsterdam University Press, 2015, p.190.

③ 2019 年 1 月 20 号，笔者通过微信与钱江老师（James Chin）进行了讨论。

领的是 2500 名以及 2000—3000 名吕宋番兵到达玳瑁港。[①] 其次，地理学者纽森（Linda A. Newson）关注早期西菲疾病及人口减少问题，她估测在 1570 年，敦洛地区的本土人口有 33000 人（如果算上山区人口的话，可以达到 43000 人）。[②] 有关 1570 年西班牙征服敦洛的记载，戈提写道，酋长马当达（Ladyang Matanda）和苏莱曼（Raja Soliman）在防守时只召集了 1 万到 1.2 万名战士。[③] 以此类推，王望高作为一个外国军官，他招募的兵力相当于敦洛保卫战所用兵力的一半，相当于把当地人口的 11%—15% 置于危险的境地。与其说王望高"招募"外国士兵，不如将其理解为明代中国在国际关系中发挥巨大影响力的表现。比如，一个明朝军官可以到达像吕宋这样的藩属国，组织起大规模的军事力量来对付海寇。另外，明朝的史料文献也再次说明了在一定程度上，吕宋、明朝中国以及西班牙曾联合起来对付玳瑁港的潮寇（尽管最终失败了）。

1575 年 8 月初，潮寇逃走之后，中国与西班牙建立的关系很快就走向了终结。10 月，西班牙使节返回了马尼拉，王望高和他的船队在殖民地首府停留了大约 6 个月，但他拒绝西班牙再派使节到福建。相反，王望高将西班牙原计划派出的使团留在了吕宋北部。[④] 王望高扬帆北上，回到中国之后，似乎有关吕宋岛西班牙人的信息就主要在福建商人中间流传了。

接下来的几个世纪里，吕宋以及华南地区之间的信息流动大幅增加，比如人员的频繁往来。17 世纪末 18 世纪初，清朝编纂的《明史》中包含的吕宋信息已经十分丰富了。尽管"外国"部分提及了早期从玳瑁港派往明廷的使节，也对吕宋进行了详细介绍。可是，在 19 世纪晚期

① Sande, "Relation," p.38; San Agustín, *Conquistas*, p.423.
② Linda A. Newson, *Conquest and Pestilence in the Early Spanish Philippines*, Honolulu, HI: University of Hawai' i Press, 2009, p.119.
③ Archivo General de Indias and Seville Audiencia de Filipinas, "Petición y interrogatorio…Martín de Goiti 20 June 1572," cited in Linda A. Newson, *Conquest and Pestilence in the Early Spanish Philippines,* Honolulu, HI: University of Hawai' i Press, 2009, p.115, p.342.
④ Sande, "Relation," pp.49—50.

光绪朝刊刻的版本中，该书仍将潮州人林道乾而非林凤认定为袭击马尼拉的人。这也再次体现了认知的混乱和信息的缺失。这些错误的认知花费了几个世纪的时间才被厘清。[①] 很明显，历史知识的生产是一种接连不断的过程。

结语

鉴于近来围绕在马尼拉以及菲律宾有关各种合法以及非法行动的争论，16世纪中后期的反潮寇行动向我们展示了一场反海盗行动如何同时成为一场地方与全球共同参与的活动。[②] 在文章的最后一节，我将讨论一些研究方法，并对1575年玳瑁港事件引发的地方以及全球影响进行初步的总结。这两个方面与1574和1575年的事件紧密交织在一起，但直到现在，历史学者才开始充分了解到它的重要意义。

1、地方影响

像所有的历史文献一样，有关玳瑁港事件的记载都是从单一的视角提供了有限的信息。在早期桑德以及刘尧海的片面叙述中，他们要么认为是西班牙人联合吕宋番兵剿灭了潮寇，要么认为是明代海军与吕宋番兵合作的结果。鉴于当时西班牙帝国和明朝中国的历史地位，他们持有的这些观点是可以理解的，它们体现了早期帝国权力关系的不对等。正如特鲁约（Michel Trouillot）在其关于"历史沉默"的宝贵研究中指出的那样，"权力在生产选择性叙事中的作用，是从事实与文献来源的共同

---

① （清）张廷玉等：《明史》卷三二三《吕宋传》，光绪三年崇文书局刻本，叶13b。20世纪早期，关于林道乾与林凤两个历史人物行为活动的争议，可以参看张星烺：《菲律宾史上"李马奔"（Limahong）之真人考》，《燕京学报》第8期，1930年12月，第1473—1491页；李长傅：《菲律宾史上Limahong之真人考补遗》，《燕京学报》第9期，1931年6月，第1869—1871页；黎光明：《菲律宾史上"李马奔"（Limahong）之真人考补正》，《燕京学报》第10期，1931年12月，第2061—2081页。
② 参看Igawa Kenji, "At the Crossroads: Limahon and Wako in Sixteenth-Century Philippines" in Robert. J. Antony, ed., *Elusive Pirates and Pervasive Smugglers: Violence and Clandestine Trade in the Greater China Seas*, Hong Kong: Hong Kong University Press, 2010, pp.97—110; Tremml-Werner, *Manila*, p.19.

创造中开始的"①。虽然西班牙殖民者和明朝士兵记录了他们各自的参战情况，但双方都未提及吕宋番兵在战争中扮演的角色，尽管当地人提供了强大的武力支援。莫哈雷斯一针见血地指出，文本创造的本身构成了一种政治行为。②在这种情况下，虽然林凤丝毫不把吕宋人的威胁放在眼里，但明朝中国与西班牙两个霸主，一个是稳固成型的，一个是正在成长的，都没有提供任何有关吕宋土著的历史细节。因此，仍有许多问题留待以后的研究。这些问题也可能扩展到其他方面，比如吕宋哪一个部落参与了这场战争。西语文献提供了相互矛盾的信息，有的记载当地酋长 Lakandula 和苏里曼指挥了吕宋番兵，但也有文献完全否定了这一说法。搞清楚是谁领导的番兵可以帮助我们进一步深入了解西班牙控制群岛的状况。在这一问题的基础上，我们不禁要接着发问，为什么吕宋人要参与这场战争呢？大量西语文献记载，潮寇袭击马尼拉后，吕宋岛、宿务岛和民都洛岛都爆发了起义，③这些起义团体是否同样参加了后来打击潮寇的运动呢？如果是这样的话，这是否意味着这是他们对西班牙人的公开支持，或者他们能够从西班牙人那里获得大量好处？第三个需要我们考虑的问题就是，吕宋番兵的作战方式是否影响了战役本身？吕宋在玳瑁港战斗中投入了大量兵力，这场战争是个很好的研究对象，还可以通过它来探讨地方战争如何对区域甚至全球产生影响。④明朝中国、西班牙、吕宋三方势力共同打击潮寇，然而到目前为止，历史学者关注的依然只是三方中的前两者所扮演的角色。尽管有关林凤、潮寇、东南亚的海上掠夺以及它们对东亚以及东南亚的影响的研究在不断扩大和丰富，但依然有大量的历史事实有待我们去关注和发掘。

① Michel-Ralph Trouillot, *Silencing the Past Power and the Production of History,* Boston, MA: Beacon Press, 2015, p.29.
② Mojares, "Ayatumo," p.452.
③ Ollé, *Empresa,* p.55; Sande, "Relation," p.35—36.
④ 近来提倡在区域范围内研究地方战争文化的著述可以参看 Michael W. Charney and Kathryn Wellen, eds., *Warring Societies of Pre-Colonial Southeast Asia: Local Cultures of Conflict Within a Regional Context,* Copenhagen: Nordic Institute of Asian Studies, 2018.

2、全球影响

反对林凤和潮寇的三方联盟构成了全球历史的重要组成部分。[①] 一方面,1571 年西班牙人在马尼拉建立了据点,这是世界历史发生转折的开始。根据弗林(Dennis O. Flynn)和吉尔德斯(Arturo Giráldez)的说法,世界经济的发展首先开始于西班牙人所殖民的城市。马尼拉西班牙殖民政府所在地成为跨太平洋贸易的中心转口。东亚人、欧洲人和东南亚人在打造全球商业中心、促进新世界白银流通和中国丝绸贸易方面做出了重大贡献。[②] 如果认同弗林和吉尔德斯关于世界经济因马尼拉成为西班牙人的据点而开始的观点,那么潮寇对马尼拉的突袭可能是对世界经济的第一次打击。尽管英国与西班牙围绕海上霸权展开了激烈角逐,但直到 1587 年,西班牙的一艘名为“圣安娜号”的帆船(四艘帆船之一)才落入英国人手中。[③] 因此,对潮寇的战争也是全球第一次捍卫新生的世界经济的体现。然而,由于早期中国与西班牙互动关系完全取决于抗击潮寇的行动,所以这种关系是不稳定的。

另一方面,这种不稳定的关系,体现了国际关系中全球历史和社会底层历史(history from below)的结合与互动。虽然全球历史以看似不同的群体、地区之间存在联系为基础,但底层历史展现了除国家、精英之外的其他历史参与者是如何推动历史变革的。在中西首次官方互动中,明朝中国官员与西班牙帝国所建立的关系主要依靠打击海寇来维系,只要潮寇仍留在吕宋岛,那么中西各方都有动力与另一方合作。西班牙人试图利用这种动力作为建立更深入的贸易关系的杠杆,而明朝官员则将其视作制服亡命之徒的一种方式。然而,一旦潮寇逃离玳瑁港,明朝政府就不再有动力继续维持这段关系,西班牙帝国则失去了讨价还

---

① 在这里,需要强调两种“全球史”的区别,一种是与“世界史”同样含义的“全球史”,一种是以跨区域联系为基础的“全球史”。

② Dennis O. Flynn and Arturo Giráldez, "Born with a 'Silver Spoon': The Origins of World Trade in 1571," *Journal of World History,* Vol.6, no. 2(Fall, 1995), pp.201—221.

③ William L. Schurz, *The Manila Galleon,* New York: E.P. Dutton & Co., Inc., 1939, p.303 and pp.307—309.

价的筹码。西班牙人没有像葡萄牙人那样在 1514 年到达虎门，而在马尼拉和北京没有建立官方联系的情况下，福建官员就可以对海上贸易征税。在没有潮寇充当桥梁的情况下，1575 年 10 月，当西班牙使者从福建返回马尼拉后，两个帝国之间的关系便陷入了停滞。因此，早期中西互动的核心不在马尼拉或北京、福州甚至海澄县（这也是前往马尼拉的帆船离开的地方）。虽然政府间的互动在未来几个世纪里逐渐扩大，但事实上，早期中国与西班牙的互动主要来自社会的底层，比如伴随着福建与马尼拉之间不断扩大的贸易往来，那些打着海盗旗号劫掠商船之人，另外还有当地商人、华侨、来自华南的旅居客，如在马尼拉的海澄人林必秀等。

（复旦大学文史研究院　张宝宝　译）

读书与战争：明朝戚继光练兵的近世性（1566—1583）[*]

孙来臣

加州州立大学富勒敦分校历史系

夫兵之有法，如医之有方，必须诵习而后得，颖敏之人因而推之，师其意，不泥其迹，乃能百战百胜。率为名将，盖未有不习一法、不识一字、不经一事而辄能开阖变化运用无穷者。……古人谓"开卷有益"、"学不误人"，信哉！况我国家疆场之寄甚重，而懵然白丁，克负荷乎？——戚继光^①

凡古今子、史、类书，所载古今兵法、选将、教士之类，摘取观览，以广识见，其中自能得师。——戚继光^②

---

* 非常感谢 Barend Noordam 博士（UniversitatAutònoma de Barcelona）和孙卫国教授（南开大学）惠赐大作，以及黄嘉胤同学（早稻田大学）帮助下载资料。

① （明）戚继光撰，邱心田校释：《练兵实纪》卷九《练将·习兵法》，北京：中华书局，2001年，第182—183、185页。
② （明）戚继光撰，范中义校释：《纪效新书（14卷本）》卷一四《练将·辨效法》，北京：中华书局，2001年，第344页。

引言

戚继光是中国军事史上划时代的军事将领，其兵书《纪效新书》（18 卷本和 14 卷本）和《练兵实纪》则是中国军事史上极具开创意义的军事著作，对后世的中国和亚洲都产生了深远的影响。这种开创性表现在多个方面。例如，戚继光是中国历史上第一位细化练兵过程并将其编撰成册的将领。诚如明代南京兵部尚书周世选所说："自束伍至练将，其精极于要眇，而下至琐猥而不厌，斯可谓悉兵家之情形者也。"① 清代有学者说："顾自秦汉以来，名将项背相望，求其勒成一书以垂于后者，百无二三。"② 近年来，戚继光及其著作得到了国内外越来越多的关注和研究，成果斐然，但仍然有一些方面需要更加深入和广泛的研究，③ 而戚继光要求将士读书，他本人则以部分口语/白话的形式撰写兵书就是这样一个为学者所忽视的方面。尽管已经有学者注意到了戚继光练兵中要求将士读书的问题，但都基本上是一带而过，没有进行详细论述，尤其是对其蕴含的重大意义则更是没有触及。④

戚继光以通俗易懂的白话著书并要求将士读书，不是明朝孤立的现象，而是在整个亚欧大陆东部（主要包括东亚和东南亚地区）的"战争世纪"期间（1550—1683）都普遍存在的一个现象，也值得放在全球近世时期（约 1400—1800）范围内进行考察。简单来说，在近世时期，全球范围内都存在民众读书识字能力（literacy）增强、语言通俗化

---

① （明）戚继光撰，曹文明、吕颖惠校释：《纪效新书（18 卷本）》附录周世选《重刻〈纪效新书〉序》，北京：中华书局，2001 年，第 362 页。

② （清）吴之勤：《〈纪效新书〉后序》，《纪效新书（18 卷本）》，第 364 页。

③ 如黄仁宇：《万历十五年》第六章，北京：中华书局，2013 年；朱亚非主编：《戚继光志》第四篇"历代研究"，济南：山东人民出版社，2009 年；Y. H. Teddy Sim, eds., *The Maritime Defence of China: Ming General Qi Jiguang and Beyond,* Singapore: Springer Singapore, 2017, chapter 6.

④ 曹文明：《纪效新书（18 卷本）》前言，第 18—19 页；高扬文、陶琦：《戚继光研究丛书》总序，《纪效新书（18 卷本）》，第 12 页；范中义：《戚继光传》，北京：中华书局，2003 年，第 39、114、265、440—446 页；李伯重：《创建新型军队：明代中后期的"练兵"运动》，《文史》2012 年第 3 辑，第 465、469—470 页；温海波：《明代识字兵初探》，《史学月刊》2017 年第 1 期，第 48—49 页。

（vernacularization）的趋势，而将士读书识字就是这种大趋势中的一部分。本文称这种趋势为"近世性"（early modernity）。^①在亚欧大陆东部地区的"战争世纪"期间，由翻译而导致的通俗化的趋势也更为明显，因为在这一时期，该地区掀起了一股强劲的谈兵论剑、编译兵书的风潮。^②这是一个战火纷飞、硝烟弥漫的时代，也是一个"兵书爆炸"的时代，当然也就是亚洲文人和武士嗜读兵书的时代。^③这种通过读书、翻译来促进沟通、提升信息能量的结果就是本文讨论的"近世性"。限于篇幅，本文集中讨论中国，亚欧大陆东部的其他地区暂且不论。

戚继光以口语撰写兵书，就是为了让将士们更好地读书识字，其结果是造就了用知识武装起来的军队，显示出了明显的近世性。李伯重从经济学的角度出发，撰文指出明朝中后期以戚继光、徐光启等所主导的练兵运动具有"近代"特征，具体体现在其所训练出来的是技术密集型和资本密集型的"新型军队"。^④这种观点独特而重要。本文所要说明的则是从文化的角度来看，戚继光在中国历史上首次将白话和读书与练兵、治军密切地结合起来，使其军队成为一支有文化、能读书的战斗力量。

本文希望在三个方面对戚继光研究做出崭新贡献。第一，通过详细梳理、细致阅读，深度挖掘有关戚继光的文献，发现以前为人忽略的珍贵材料和信息，呈现戚继光以读书促练兵的来龙去脉，大大丰富戚继光练兵的内容和细节。第二，在深入细致考察戚继光读书、练兵的基础之上，提出戚继光练兵治军的开创性即"近世性"及其对后世的影响。用今天的话说，就是戚继光通过练兵建立起来的是有知识、有文化的军

---

① 即国内学者所说的"近代化"。我选择"近世性"一词，并将专文论述"近世"和"近世性"的问题，此不赘述。
② 参见拙著《谈兵的时代——"战争世纪"期间（1550—1683年）亚欧大陆东部兵书的编撰与传播》（撰写中）与"The Flow of Languages: A History of Translation in Early Modern Eastern Eurasia（circa 1300—1900）"（撰写中）。
③ "兵书爆炸"（military treatise explosion）的说法源自 Barend Noordam, *The Soldier as a Sage: Qi Jiguang (1528—1588) and the Neo-Confucianization of the Military in Sixteenth-Century China*, Ph. D. dissertation, Leiden University, 2018, p.247.
④ 李伯重：《创建新型军队》，第 457、484—487 页。

队。这种现象由戚继光首开先河,并在后来被曾国藩、毛泽东等人继承并发扬光大。这是一个尚未得到研究的题目,值得重视,对中国史、亚洲史甚至全球史都有重大意义。第三,学者们已经注意到戚继光兵书对以曾国藩为首的湘军将领的影响,但都缺乏系统、深入的考察;本文则尽可能搜集这方面的史料,揭示出戚继光练兵、治军的思想对曾国藩组建湘军的深刻影响,并进一步立论:湘军在戚继光兵书的指导下,打败太平天国军队,所以戚继光的军事思想不仅仅改变了朝鲜壬辰战争的走向、促进了朝鲜王朝后期的军制改革,也在某种程度上帮助湘军战胜太平军,带来了清朝中兴。

本文分为六大部分:第一部分讨论戚继光开创的白话体兵书;第二部分叙述戚继光在浙江练兵(1556—1567)期间要求将士读书学习的情况;第三部分论述戚继光如何在蓟镇地区改革武学,振兴武举,培养将才(1568—1583);第四部分通过精读戚继光的读书笔记,说明他学以致用以及读书治军的情形;第五部分勾勒戚继光在蓟镇练兵时(1568—1583)要求将士读书学习的情况;第六部分则详细梳理和探讨戚继光读书练兵对后世的深远影响,指出从清朝到民国、甚至中华人民共和国,从湘军将领王鑫(1825—1857)、曾国藩(1811—1872)到蒋介石和毛泽东,都在读书治军、建立有文化的军队方面与戚继光有不同程度的承继关系。最后一部分为"结论",进一步阐述戚继光练兵的近世性与其意义。

一　戚继光开创白话体兵书

戚继光(1528—1588)出生于山东登州(今蓬莱)的世袭军人家庭,1544年17岁时袭父职任登州指挥佥事,1555年(嘉靖三十四年)29岁时赴任浙江都指挥使司佥书,并于次年被浙直总督胡宗宪提升为宁波、绍兴、台州地方参将。戚继光于1559年在义乌招募、训练兵士四千人,练成了一支百战百胜、威震天下的戚家军,一扫对倭作战中明军涣散懦弱、屡战屡败的阴霾晦气,取得了一系列重大胜利,达到了对倭寇"大创尽歼"的目的。[1] 戚继光在 1560 年根据自己的练兵经验写成《纪效新书》一书（先为 14 卷，后在 1566 年前增为 18 卷，即后来的 18 卷本 [2] ）。戚继光所召义务兵士系来自农村的矿工，受过教育的应该很少。[3] 其实，不仅仅在明代，所有中国近代以前的兵员大都来自农村，能读书识字的士兵寥寥无几。在戚继光于 1567 年从福建调往蓟镇后写成的《练兵实纪》（ 1571—1577 年间成书 [4] ）里就这样说道："行伍之卒，愚夫也；介胄之士，未闲文墨者也。故其为辞，必鄙近通俗。"[5] 意思就是说，兵士都是不通文墨、目不识丁的，所以他写书必须用浅显易懂的语言，这样兵士们才容易看懂。由戚继光四个儿子编撰、刊行于 1622 年（天启二年，戚继光去世 35 年之后）的《戚少保年谱耆编》，在谈到戚继光于 1560 年完成的《纪效新书》时也说："实皆本于躬所亲历履者而著之，其词率如口语，不复润饰，盖宣谕军众，非如是则不晓耳"。[6]

所以，戚继光三部兵书的最大特点之一就是多用口语（白话）、浅显易懂。在戚继光以前和以后（清朝）的所有兵书都是用文言文撰写，戚继光所编兵书在中国近代以前浩如烟海的兵书中是独一无二、独树一帜的。《练兵实纪》的校释者邱心田这样说道："《练兵实纪》……基本上是用当时的口语写成，使不识字的士卒也能听懂，这在古代兵书中是绝无仅有的。"[7]《纪效新书》（ 18 卷本）校释者之一曹文明的论述更为具体："中国古代的兵书写作，大都以治国治军者为读者对象，而本书则'诲诸三军俾习焉'，即把全军将士作为读者对象。这一创新，不仅开拓

---

① 有关戚继光的生平事迹，参看范中义：《戚继光传》第一、二章，北京：中华书局，2003 年。

② 范中义：《戚继光传》，第 397—400 页。

③（明）戚继光：《练乌伤兵议》，张德信校释：《戚少保奏议》卷三，北京：中华书局，2001 年，第 67—68 页。以下简称《奏议》。

④ 有关《练兵实纪》的成书时间，参见邱心田：《练兵实纪》前言，第 20—22 页；范中义：《戚继光传》，第 410—497 页。

⑤《练兵实纪》凡例，第 7 页。

⑥（明）戚祚国汇纂，李克、郝教苏点校：《戚少保年谱耆编》卷一，北京：中华书局，2003 年，第 34 页。

⑦ 邱心田：《练兵实纪》前言，第 20 页。

了兵书的阅读范围,更重要的是体现了作者'勿谓行伍愚卒,不可感通'的思想,有利于增强士卒掌握军事技能的自觉性,提高军事训练效率,这是戚家军一经成军即可胜敌的一大秘密所在。……众所周知,传统偏见鄙视口语,以为不登大雅之堂。本书语言形式的选择,既满足了普通将士的实际需要,又表现出作者突破传统、取于革新的勇气。"① 曹文明把将士读书作为戚家军克敌制胜的一大原因,意味深长。

在《纪效新书》(18 卷本)的自叙里,戚继光这样说道:"数年间,予承乏浙东,乃知孙武之法,纲领精微莫加矣,第于下手详细节目,则无一及焉。犹禅家所谓上乘之教也,下学者何由以措?"鉴于《孙子兵法》晦涩难懂,缺乏具体训练条目,戚继光"于是乃集所练士卒条目,自选猍猌民丁,以至号令、战法、行营、武艺、守哨、水战,一一择其实用有效者,分别教练,先后次第之,各为一卷,以诲诸三军俾习焉"。② 很明显,戚继光撰写该书的目的就是让全体将士(也就是他的四千戚家军)学习。在其《纪效新书》(14 卷本)里,记载他为了使士兵听懂他的讲话,故意用浅显易懂的语言来教育战士:"我今不必深文奥意,兵愚,说来难省"③。

和其他兵书比较,戚继光的三部兵书确实都相对浅显易懂,因为里面都夹杂着许多口语或白话,试举《纪效新书》(18 卷本)卷四的一段话为例:"凡你们当兵之日,虽刮风下雨,袖手高坐,也少不得你一日三分。这银分毫都是官府征派你地方百姓办纳来的。你在家那个不是耕种的百姓,你肯思量在家种田时办纳的苦楚艰难,即当思量今日食银容易,又不用你耕种担作。养了一年,不过望你一二阵杀胜。你不肯杀贼保障他,养你何用?就是军法漏网,天也假手于人杀你。"④ 再举《练兵实纪》卷八的一段为例:"且你要挣得功来,纪录世袭,子孙辈辈受用,赏

---

① 曹文明:《纪效新书(18 卷本)》前言,第 18—19 页。"勿谓行伍愚卒,不可感通"一语见该书总叙,第 39 页。
② 《纪效新书(18 卷本)》自叙,第 2 页。
③ 《纪效新书(14 卷本)》卷一—《胆气·思养》,第 219 页。
④ 《纪效新书(18 卷本)》卷四《谕兵紧要禁令》,第 84—85 页。

的银子，又系百姓膏脂。百姓不幸被贼掳掠，复得到中国，或一时被贼赶散，室家分离，人人可怜之时，便是达子、倭子，见中国人跪告哀怜，亦且慈悲，放了多少。你是我中国一类人，朝廷设来保障百姓。今百姓在危地，反杀其首级冒功，与子孙受用，此等无天理之人，天决不宥。"①

当然，戚继光三部兵书也不完全是口语或白话，而是文白相间或文白掺杂，这从上一段就可以看出来。但总的来说，戚继光所编兵书中有关操练的命令、训话和其他训练内容（包括武术）大多是以口语的形式来表达；而议论和记叙性的内容则用文言文。这就造成全书语言风格不一致。有学者认为戚继光的兵书"均用口语写成"②，有欠准确。不过，书中即使是文言文的部分也都比较通俗易懂。戚继光撰写兵书的过程，实际上是先把一些口语化的操练条目写下来进行练兵，然后把它们汇总起来，此后再进行补充、扩展。《练兵实纪》里的一句话可能反映了戚继光著书的过程："今将先后给与将士教习过条约通集成帙，计八卷，每卷大约数十条。"③《练兵实纪》是这样，《纪效新书》也是如此。④

除了明人以外，清人更多地评论戚继光兵书的口语化。例如，《四库全书总目提要》这样议论道："其词率如口语，不复润饰。盖宣谕军众，非如是则不晓耳。"⑤清代著名刻书家、藏书家张海鹏（1755—1816）也在1804年的《〈纪效新书〉跋》中说："其文取便口讲，使兵伍听而易于晓畅，不以润色为工。"吴之勷在1819年任安襄郧荆兵备道，大力刊刻戚继光兵书，他在《〈纪效新书〉后序》中谈道："其词率如口语，不以润色为工。"许乃钊也在1843年说："戚公时官参将，练兵皆所身亲，爰就当日训示乡兵以代口讲指画者，勒为成书，故语多质朴，辞务详明，人人皆易知而事事期实效。"⑥清代藏书家钱熙祚（？—1844）也评论

①《练兵实纪》卷八《练营阵·慎妄杀》，第151—152页。
②周潇：《戚继光文学成就评述》，《东方论坛》2011年第1期，第89、91页。
③《练兵实纪》公移，第3页。
④范中义：《戚继光传》，第399页。
⑤（清）永瑢等：《四库全书总目》卷九九《子部九·兵家类》，北京：中华书局，1965年，第840页。
⑥《纪效新书（18卷本）》附录，第363、364、369页。

《练兵实纪》说:"观其训练诸条,深切著明,有如面语,百世而下,犹想见当日军容之盛。"① 这里的"犹如面语",就是针对兵书中的口语而言。

　　清人如此异口同声地强调戚继光兵书口语化的特点,确实说明了他们对此印象深刻。我们也可以推测,清人在阅读戚继光兵书的过程中也受到了其浅显易懂的表达方式的影响,但有关史料和证据还需要进一步搜集。我们目前所知道的是,抗日战争期间《戚继光治兵语录白话解》和《曾胡治兵语录白话句解》的出版,延续了戚继光以白话撰写兵书传统,而当代学者将大量古代兵书翻译成白话文使这种传统达到了高峰。

　　对戚继光要求将士读书的讨论,我将按照戚继光在南北方练兵的先后顺序来进行,以便反映其思想的前后变化。

二　浙江、福建练兵时(1556—1567)的读书识字

　　　　长宵清昼,每队聚一处,识字者读,不识者从识者诵说,务要纯熟。——戚继光②

　　戚继光作为参将在浙江练兵的顺序是:"束伍为始教,号令次之,器械次之。"③ 即首先是在选兵、登记(登记身份)、授器(发给武器)之后把他们组织起来(束伍),即分成队(12人)、哨(四队为一哨)、官(四哨为一官)、总(四官为一总);其次是旗鼓、号令,再其次是操练武器等等。这些都是由戚继光及其手下军官负责,和士卒无关。这是《纪效新书》(18卷本)第一卷《束伍篇》的内容。但接下来第二卷《紧要操敌号令简明条款篇》,内容包括各种旗鼓[除了旗、鼓外,还包括号笛即唢呐、三眼铳、鸟铳、喇叭、铜锣、摔钹(又称铜钹或铜盘)、哱啰(即海螺壳号角等等)、号令、阵法(例如鸳鸯阵、三才阵)]的用法和变换,和每位士卒都息息相关。所以,在第二卷开头,戚继光就开宗明义:

　　　　窃观古今名将用兵,未有无节制号令,不用金鼓旗幡,而浪战

---

① 《练兵实纪》附录,第349页。
② 《纪效新书(14卷本)》卷一一《胆气》序言,第210页。
③ 《纪效新书(18卷本)》总叙,第38—39页;《练兵实纪》杂集卷一《储练通论上·练心气》,第221页。

百胜者。但今新集生兵，春汛逼近，一切战阵法令，若逐次教来，何时是熟？今将紧要必不可缓各便宜简明号令，合行刊给。各于长夜，每队相聚一处，识字者自读，不识字者就听本队识字之人教诵解说，务要记熟。凡操练对敌，决是字字依行。各读记之后，听本府点背，若一条不记，打一板。若各兵有犯小过该责打之事，能背一条者免打一板。临阵军法不在此例。①

《纪效新书》（14 卷本）卷一一将"能背一条者免打一板"改为"能记五条，免一下"，②要求更为严格。这里的"今新集生兵，春汛逼近"，应该是指戚继光在嘉靖三十八年即 1559 年阴历九月去义乌招募新兵四千人后的第二年，即 1560 年的春天。《戚继光年谱耆编》在"嘉靖三十九年"条下记载："春正月，创'鸳鸯阵'，著《纪效新书》"，在该年"秋九月"条下载浙直总督胡宗宪奏疏称赞戚继光说："是年幸无疆警征檄之扰，而得以悉意于所募士，朝暮训习，期年成功。于是以所练士御寇若发硎然，所至克捷，而倭谓浙人能战，勇莫能当，不比往时调兵愆期，可以攻劫自由也"。③意思是说 1560 年没有倭寇侵扰，戚继光趁机加紧练兵，一年就获得成功。《纪效新书》（18 卷本）第八卷还附有"宁绍操练生兵阵图"④，即戚继光任宁绍参将时训练新兵的阵图，很可能就是义乌练兵时绘制的。

由此可以看出，在 1560 年的春天，戚继光抓紧练兵，心急如焚："一切战阵法令，若逐次教来，何时是熟？"⑤因为阴历三至六月（以及秋

①《纪效新书（18 卷本）》卷二《紧要操敌号令简明条款》序言，第 61 页。"识字"是明朝军队中类似文书的职位，详见下文。
②《纪效新书（14 卷本）》卷一一《胆气》序言，第 211 页。
③《戚少保年谱耆编》卷一嘉靖三十九年九月条（以下简称《年谱》），第 30、34、40 页；戚继光：《横槊稿》卷下《祭王参将》，王熹校释：《止止堂集》，北京：中华书局，2001 年，第 234 页。参见《练乌伤兵议》，《戚少保奏议》卷三，第 67—68 页。根据《年谱》卷七隆庆二年三月条（第 207 页）和《奏议》卷三《辩请兵》（第 91 页）载，"自某与今军门谭公昔守台州，共倡练浙兵，请以三年为期。赖总督不夺于方教之日，用别兵杀贼，以需其成"，更说明了戚继光练兵的紧迫性。
④《纪效新书（18 卷本）》卷八《操练营阵旗鼓》，第 144 页。
⑤《纪效新书（18 卷本）》卷二《紧要操敌号令简明条款》序言，第 61 页。

冬的九、十月）是东北季风南下的时期，戚继光称其为"风讯时月"。这时候"风讯正临，海洋贼船叵测"，倭寇很可能乘机从日本乘船南下，侵略中国东南沿海。①戚继光担心倭寇到来时兵还没有练好，无法对付。如果根据常规，按部就班进行"熟练"，就需要三年的时间。②戚继光自己记述说："义乌兵自隶余部下，昼以达夜，练仅二年，遂有台州辛酉数捷。"台州大捷发生在嘉靖四十年（1561）阴历五月，离嘉靖三十九年阴历九月招募训练义乌兵将近两年（实为一年八个月）。此前四月份已经有花街等战役，《年谱》特别指出，戚继光"分督新练兵……大殄灭之"③。而他在《祭王参将》一文里则说："无疆场酬应之事，朝夕所守所教，惟四千良家耳。故期年成功。辛酉（1561）试于台（州），月数大捷。皆以一当五……"④这里的"期年"即一年，比实际时间稍微短了一些，应该是略指。无论如何，他所练新兵英勇善战，连连取胜，开始扭转明军以前屡战屡败的惨状。重要的是，上述"昼以达夜"四字，形象而真实地反映出戚继光练兵争分夺秒、夜以继日的紧迫感。为了争取时间，尽快练成新军，戚继光把训练条目印刷出来，发给士兵们，要求他们以队为单位，晚上学习。识字者自己学习，文盲者听识字者讲解，要求每人必须熟记于心，操练时严格遵照执行。事后戚继光还要亲自抽查，凡忘记一条，罚打一板；反之，士卒犯有过错的，会背一条，免打一板。

　　在《纪效新书》（18卷本）卷二的最后，戚继光还特别指出："此教战之指南，此千载不传之秘文。此余独悟之妙也，揭以示人，尤为可

① 《纪效新书（18卷本）》卷一七《守哨》序言，第294页。
② 《练浙兵议》（《奏议》卷三，第66页。）说：（嘉靖三十六年即1557年）"诚得浙士三千，亲行训练，比及三年，足堪御敌，可省客兵岁费数倍矣"；《议虏》（《奏议》卷三，第88页）：（隆庆元年即1567年）"视浙兵法，分合更番，训之三年，乃始议战。"《年谱》卷三嘉靖四十一年十二月条（第102页）说："则闽中素无一兵，必待教练有成，非三年不堪试用。"1570年，戚继光也建议说："日夕教演，大约不过三年，则诸艺俱通。"（《练兵实纪》"杂集"卷一《储练通论上》序言，第203页）所以，正常情况下练兵需要三年，即"熟练"，快的话也需要两年，"非二年教练无成"（《年谱》卷三嘉靖四十一年十二月条，第103页）。
③ 《纪效新书（14卷本）》卷一四《练将·练将或问》，第381页；《年谱》卷二，嘉靖四十年四月、五月条第56、60—66页；《纪效新书（18卷本）》总叙，第32页。
④ 《横槊稿》卷下《祭王参将》，《止止堂集》，第234页。

惜。"还说："凡新兵初集，束伍既完，即摘出此卷，每兵即与一本，使之痛熟，以知号令，方可言场操也。"①即把各种号令背得滚瓜烂熟之后，才可以进行操练。《纪效新书》（18卷本）第八卷《操练营阵旗鼓篇》是关于旗鼓、号令、阵法的实战训练，戚继光手绘有多幅插图，并特别指出："数年屡战，一切号令、行伍俱如图款，毫不更易，是以每战必全捷，而我兵不损。"②

《纪效新书》（18卷本）第三卷《临阵连坐军法篇》记载了对战斗期间将士违反军令的处罚，争报敌人首级、争抢敌人财物、临阵退缩、伏兵遇贼不起、互不营救、器械欠利、丢弃军器、怕死装病，以及"凡行列不齐，行走错乱，擅离队伍，点鼓不行，闻金不止，按旗不伏，举旗不兴，开旗不接，得令不传，传令不明，道路挤塞，言语喧哗者"等等行为，都要受到惩罚，往往是连坐，即士卒违令，军官（伍长、队长、哨官、把总）都要受罚甚至斩首。针对这一点，戚继光在本卷说："此亦另为一卷，俟给《旗鼓篇》习熟之后，即给此卷习之。所以不同给者，盖初用偏裨、行伍下质，一阅其多，苦难自画矣。故次第给而习之，以诱其入。"③即在偏将、士卒完全掌握第二卷内容之后，再要求他们学习本卷（第三卷）的内容。之所以不同时发给他们学习，是因为他们文化水平低下，面对读书会产生畏难情绪，叫苦连天。所以安排他们分卷学习练兵条目，循序渐进。戚继光特别了解将士们的特点和习性，总是因人制宜，因材施教，避免欲速则不达。

《纪效新书》（18卷本）第四卷《谕兵紧要禁令篇》涉及行军中的一些规定，包括不许违令说话、扰民杀人等。戚继光苦口婆心、设身处地地用口语教育士卒要"兵民相体"、杀贼保民等。他没有提及本卷需要士卒学习，但在第五卷《教官兵法令禁约篇》开头他说道："此篇之中，亦有兵士当知者。但士卒者，愚人也，繁以号令而无所遵，不如无令而

---

① 《纪效新书（18卷本）》卷二《紧要操敌号令简明条款》，第69—70页。
② 《纪效新书（18卷本）》卷八《操练营阵旗鼓》，第115页。
③ 《纪效新书（18卷本）》卷三《临阵连坐军法》，第74—76页。

气壮，故明以教官兵之辨为第五。"①意思是虽说本卷内容士卒本应学习，但他们懵懂无知，学得太多反而无所适从，还不如不学，但军官包括将领、哨官、把总、队长等必须学习。其内容包括禁止将官互相嫉妒陷害、妖言惑众、妄传军令、器械和号令不明、畏避退缩等，以及上下级之间的礼仪。

从第六卷一直到第十八卷，戚继光没有具体要求将士学习哪些内容，唯一的例外在第十七卷《守哨篇》里他要求熟记有关号令、军法等。守哨就是站岗放哨，古代叫"斥堠"。戚继光明确指出这一章的内容"非教战士之技"，但也非常重要："卫所烽堠为边防第一要务。……一堠失报，则地方贻害万万矣！"及时得到敌人入侵的情报可以早做准备，主动迎敌和防御，否则如果敌人兵临城下，而自己还全然不知，就会遭受巨大损失。这也是为什么戚继光在众多章节里强调守哨的重要性。从时间顺序上来说，掌握敌人来犯的情报是战争的前奏部分，然后才是两军对阵的战斗或防御过程。但多年来海防松弛，海防情报或不受重视，或全部废弃，而有关设施"或台堠不修，或器械不整"，对偷安懒散的军士也没有惩罚，所以戚继光下决心对守哨进行整治。②

大致来讲，守哨可以分两个方面。第一个方面，隶属于各卫所的外海堠军和近海堠军，所在地叫"墩堠"（即瞭望哨），其应配置的人员（每墩三到五人）、武器（包括碗口铳和火铳）、器械（包括旗帜）、用具（包括炊具）等，戚继光都一一规定清楚，并把负责墩堠的军官（"陆路官"）召来，"面授烽火方略、形式、号令"，并且"具结"担保。然后每一墩堠发一本"条约"，即有关条款、号令和军法，包括如何处罚、如何瞭望和报警、如何检查等，"陆路官先行读背痛熟，面教各堠军，名名读诵背记痛熟。限一月外，以凭本职调来或到墩考背，生一句，打一棍，不恕"。这里戚继光本人亲自考查，背不熟就棍打惩罚。此外，戚继光本人及其下各级军官，都要定期派人认真、详细检查各墩堠的具体情况，有不符合

① 《纪效新书（18 卷本）》卷五《教官兵法令禁约》，第 86 页。
② 《纪效新书（18 卷本）》卷一七《守哨》序言，第 293—294 页。

规定的就依法处罚，包括示众、捆打、割耳、罚粮、连坐等。[①]

第二个方面是守城及有关情报工作和防备事宜。与墩堠一样，多年来各卫所也是"城守无法，每遇寇至，则仓皇失措"。和整顿墩堠一样，戚继光从制定守城规则、军法和号令，到组织防守人员（五个垛口为一"场"）、准备守城武器（佛郎机铳、火铳等）、器具等方面都进行整顿，要求"其守城号令，……刊刷成书，每人一丁，给与一本，以便熟习"。凡"违玩军令，自甘重典"。戚继光还要求城防安排好后，要先演习三天，他亲临观看。与守城有关的是派遣"伏路"，即派遣哨兵埋伏在离城二三里的各处要道，每处派三人，每人管两更（四个时辰），任务是及时、准确地向城中报告敌人情况。[②]根据记载，戚继光最早在1561年正月制定了《伏路条约》。[③]此外，戚继光还制定了《舟师条约》，用来约束水师。[④]

从上述可以看出，戚继光在训练新兵、恢复和整顿守哨的过程中，都编入了读书、以"条约"进行约束及命官兵背诵号令的内容，旨在使官兵熟练掌握有关规定和规则，及时报警、防御，纪律严明，有效战斗。但因为戚继光在浙江主要是练兵而非练将，所以他要求读书的内容主要是士卒学习背诵练兵条约。这些有益的经验后被戚继光运用到蓟镇练兵中，详见下述。

三　蓟镇改革武学、振兴武举以练将（1568—1583）

　　　"夫天下未尝无才，在作养何如耳！"——戚继光[⑤]

---

① 《纪效新书（18卷本）》卷一七《守哨》序言、《查点墩堠法式》，第295、299页。
② 《纪效新书（18卷本）》卷一七《守哨》，第300—313页；《纪效新书（14卷本）》卷一三（第327—328页）仍名《守哨篇》，但增加了城墙、雉（突出于城墙外的战台）、悬眼、垛口、重门大楼、瓮城券门、骑城铺、牛马墙和护城河，一些武器、墩堠以及演习城防（"练守城解"）的内容和绘图，删去了一些有关墩堠和军法的内容。
③ 《年谱》卷二，嘉靖四十年正月条，第42页；《定伏路条约》，《奏议》卷三，第68—69页。
④ 《年谱》卷六，嘉靖四十五年七月、十月条，第171、182页；《纪效新书（18卷本）》卷一八《治水兵》。
⑤ 《定庙谟以图安攘疏》，《奏议》卷二，第47页；《年谱》卷七，隆庆二年五月条，第216页。

　　1567 年底，在东南沿海倭寇平息之后，戚继光调任北方，以对付蒙古族的入侵。他在短期担任京城神机营副将后，在 1568 年曾被任命为"总理蓟（蓟州镇，简称蓟镇）、昌（平）、辽（宁）、保（定）练兵事务"，后于 1569 年一月被任命为蓟州镇总兵官，下辖蓟州（今天津市蓟县）、永平（今秦皇岛市永平府）、山海关、三屯（今唐山市三屯营镇）、遵化、密云、建昌（今河北建昌营镇）等①，职务较总理蓟、昌、辽、保四镇为低。虽然戚继光练兵十万的计划最后被削减为三万，但所统领的部队总数也有十几万，与他在浙江任参将、统领四千人（1562 年扩展为一万人）的情况大不相同。除了要发展包括车、步、骑的联合兵种，大量增加火器，修筑边墙外，戚继光还需要改善训练模式，将在南方专门练兵的模式扩展为既练兵又练将。②在《纪效新书》（18 卷本）中虽然也有少量的练将内容（卷五），但练兵是重中之重；而《练兵实纪》除了练兵的内容外，更增加了大量的练将内容（卷二、卷九，杂集卷一至卷四）。戚继光在《纪效新书》（14 卷本）第十四卷的开头就说："故必练将为重，而练兵次之。夫有得彀之将，而后有入彀之兵。练将譬如治本，本乱

①《定庙谟以图安攘疏》，《奏议》卷二第 41—43 页；《请设三武学疏》，《奏议》补遗卷一，第 170 页；《会学院作兴三屯武学》，《奏议》补遗卷二，第 206 页。《奏议》补遗所收《誓师会盟于神》（第 258 页）说："所辖地方二千余里，所督军兵五标十二路，主客偏裨殆以数十万计，军民兵勇且十万余。"《年谱》卷一〇，隆庆六年二月条为"数十"（第 327 页），相对正确，实际将领数目要更多。《年谱》卷一〇，隆庆六年十月条（第 353 页）说隆庆六年蓟镇汤泉大演习时有十六万军队；《年谱》卷一〇，隆庆六年十月条、卷一二，万历十年八月条（第 355、403 页）记载十二路将官共有二千左右。《愚愚稿》卷上《策问》（《止止堂集》，第 282 页）说："蓟镇十区，延袤逾二千里，主客军足十五万。"戚继光在 1587 年为祖先撰写的《祝文》里也说：蓟镇练兵"其车营十二，精甲十万"（《年谱》卷一二，万历十五年七月，第 418 页）。黄仁宇（《万历十五年》，第 166 页）和范中义（《戚继光传》，第 264 页）都说戚继光在蓟镇统领十万或十多万，但范中义（第 245 页）在谈到戚继光要求练兵十万未被批准、只获批三万时，评论说明朝不会放心戚继光在京畿地区训练一支十万完全听命于他的军队，因为这会对朝廷构成不亚于蒙古人的威胁。所以这里的区别应该是亲手训练的和总体统领的兵力的区别。黄仁宇（第 161 页）认为戚继光在蓟镇所依靠的主力是南兵旧部，大概为一个旅左右。
②《横槊稿》卷中《常对君述》，《止止堂集》，第 139 页；《戚继光传》第四、五章，第 240—249、297、310—313 页；黄仁宇：《万历十五年》，第 154 页。

而末治者，未之有也。"① 明朝政府交给戚继光的唯一任务就是"练兵事务"，他也就"殚百心之虑以储将"。②

明朝北方军队（北军／北兵）百弊丛生，战斗力低下，与戚继光亲自训练的"南兵"（也叫"南军"）有天壤之别。戚继光刚刚就任蓟镇总兵官时，那里"兵食俱废，龃龉相仍"，③ 所以他不无气愤地说："蓟镇故套，……颓弊沿习，至今弗改，……粉然百种，不可毛举"。④ 他还在隆庆二年（1568）上任伊始就颁布《条悉边弊申谕将士以共图补报檄》，列举了边军中存在的种种弊端。⑤ 次年九月，他又上《请申军令以壹士心疏》，指出"沈痼之积染，未痛改于身心"⑥。刚从山东调任顺天巡抚的杨兆也在 1570 年底说："蓟边兵政废弛已久，一切营伍行阵、志趋识见，类皆延袭旧套，是以将不知兵，兵无节制，已非一日。"⑦ 所以杨兆读到《练兵实纪》的初稿后特别兴奋，大加赞扬。蓟镇将士的一个严重短板就是读书识字水平非常低下。隆庆三年（1569）八月，戚继光在上《陈边情及守操战车》一疏时谈道："夫南兵、南将，凡有条约，上下讲读，信而畏之；此间将领而下，十无一二能辨鲁鱼，复有自己受敕谕，不曾记得一字。如练兵条约，连坐保结，节制甚明，其戍边之吏士，不识字者固非得已，识字者且效白丁之习。"⑧ 所以，北兵不光是文化水平极低，而且没有认真的态度。南兵文化水平较高，除了和戚继光锐意练兵、强调学习读书密切相关外，是否与江浙一带教育水平较高有关，则不得而知。

---

① 《纪效新书（14 卷本）》卷一四《练将》序言，第 331 页。
② 《愚愚稿》卷上《策问》，《止止堂集》，第 285 页。
③ 《横槊稿》卷下《祭旧部曲游击将军陈大成》，《止止堂集》，第 204 页。
④ 《誓师会盟于神》，《奏议》附录，第 258 页。
⑤ 《颁条悉边弊申谕将士以共图补报檄》，《奏议》补遗卷二，第 194—199 页。
⑥ 《请申军令以壹士心疏》，《奏议》卷二，第 56 页；《年谱》卷十，隆庆二年十一月条、隆庆三年八月条、隆庆三年九月条、隆庆四年二月条、隆庆六年二月条，第 228—230、253—256、263—267、288、327—328 页。参见《练兵实纪》杂集卷四《登坛口授》，第 264—265 页。
⑦ 《练兵实纪》公移，第 4 页。
⑧ 《年谱》卷八隆庆三年八月条，第 256 页；《陈边情及守操战车》，《奏议》卷三，第 111 页。

　　戚继光说:"设学以储将为务,诸士以将事为学。"① 为了选将、练将,戚继光在他管辖的蓟镇地区改革武举、振兴武学。虽然"土木之变"之后一系列的国防危机促进了明朝军事的一些有效变革(例如实行局部募兵制),但在重文轻武、卫所制度颓坏的大环境下,明朝军队问题丛生,涣散懦弱,尤其是在戚继光这样精益求精、求之上上的著名将领看来,那就更是"久弱且政弊多端"了。② 他还指出:"近日武教不明,行伍宽纵,盖由上人视此为不急之务。加以头目欲多无刚,和光延日而不任怨,军礼之不兴也久矣。"③

　　从1568年到1571年,戚继光在两条奏疏、两条条议中谈到武举和武学的问题。在1568年《定庙谟以图安攘疏》这一奏疏的最后一部分,戚继光以"重武科以植真才"为题,详细论述他对武举进行改革的看法。他指出当时武举存在三大弊端:"收之太狭,视之太轻,用之有未当。""收之太狭"就是因为限制国子监的监生和府学、州学与县学的生员参加武举,造成招生范围太窄,结果应试的"非无知之农夫,即勇悍之武弁",他们"不知文事武备,原自相资。如孙武、李靖之类,著法立言,垂训后世。而张(良)、李、刘、赵,又皆文臣也。即出身行伍,贫如韩信、岳飞,文辞斐亹足尚"。应试的农夫和武弁虽然勇悍,但致命弱点就是不通文墨,而光靠勇敢、缺少文化是不能担当三军统帅的。"调三军而障一面,岂徒勇所能办哉!"④ 在其他场合,戚继光也说,不管是武弁,还是经生(儒生),还是"草莱"(布衣),只要"有志于武者",都可以通过学习成为将领。⑤ 为此,戚继光强烈建议解除对监生、生员的限制,允许他们参加武举。戚继光在这里强调的是培养文武双全、兵儒合

①《愚愚稿》卷上《策问》,《止止堂集》,第288页。
②《定庙谟以图安攘疏》,《奏议》卷二,第41页。戚继光曾在《练兵实纪》(卷九第181页)和《纪效新书(14卷本)》(卷一四,第344页)引用唐太宗《帝范》而稍作改动:"取法乎上,仅得其中;取法乎中,则无足术,斯下矣。"戚继光干任何事,都要求"务使精绝"(《练兵实纪》卷九《练将·习武艺》,第186页)。
③《练兵实纪》杂集卷二《储练通论下·原军礼》,第226页。
④《定庙谟以图安攘疏》,《奏议》卷二,第46—47页。
⑤《练兵实纪》杂集卷一《储练通论上·储将》,第208页;《纪效新书(14卷本)》卷一四《练将》,第365页。

一的将领，也是他一贯的主张和理想。

北京和南京都设有武学，每三年都开科取士，但都"因循故事，竟乏真才"。其他各方面的渠道（例如，世胄后代、士卒之间和隐逸之士）也都选拔不出将才。[①]为此需要加强北京、南京武学以及地方武学建设，培养习武生员，准备武举。武学毕业的武生在学习一年后被提学和都司分为三等，第一等为"有文谙韬钤、武通百艺者"，即文武双全者；第二等为"有真能多艺、状貌异常而少通文字者"，即武强文弱者；第三等则为"真抱韬钤、熟谙经书、随机应变、能言时务、不习弓马者"，即文强武弱者。[②]以后每一季度一考，根据成绩进行赏罚。[③]最后考生参加武举，包括三场考试。第一、二场分别为骑射和步射，包括矛、剑、盾、戟和棍棒等武器。不通文字的考生只参加这两场，而"有文无艺"者只参加第三场，试题包括有关本省边兵、时务、兵法、将略的对策。[④]戚继光特别提出，在答题时，不许用华丽的辞藻和对偶句[⑤]，主要是看是如何"处置画策"。特别是时务和边兵两篇，"有博知兵法，谙习边政，而又多武艺者，列为通才，则宽取之"；能够基本回答本地时务的，按常规录取；能武无文者或有文无武者，则要严格挑选。这些通过预选的人再准备参加乡试，根据南、北、边地、腹里分配名额，造册进呈。通过乡试者可以分配到边地、腹里任教官，每年考核其业绩。很明显，戚继光重视文武双全的"通才"，有武无文或有文缺武都不能成为全才，"有文无艺"者（即不通武艺但懂得兵法、将略、时务和边情）也可以参加考试，因为这些人可以出谋划策。

戚继光《愚愚稿》卷上的最后部分为策问，用文言文写成，包括九

①《请设三武学疏》，《奏议》补遗卷一，第 171 页。参见《练兵实纪》杂集卷一《储练通论上·储将》，第 207—208 页。
②《定庙谟以图安攘疏》，《奏议》卷二，第 47 页。
③ 这一点参考了 1570 年十月前戚继光写给刘应节的条议或报告，见《练兵实纪》杂集卷一《储练通论上·储将》，第 204 页。
④《定庙谟以图安攘疏》，《奏议》卷二，第 48 页。
⑤ 明代官员的正式奏折和文章都多用骈文、对偶，包括戚继光本人。正如戚继光在练兵中反对"花法"那样（《纪效新书（18 卷本）》总叙，第 13 页；《纪效新书（14 卷本）》卷六《禁花法》，第 146 页），这又反映出他强调实用、反对华而不实的作风。

个问题，涉及"仁"的问题（即今天所谓的"政治题"），练兵、将兵、用兵的问题，武举选材的问题，但最多的还是有关蓟镇地区的军事防御问题。在每一问题最后，都有一句"诸士（诸子、诸生）为我陈之"之类的话，有一句甚至说"蓟边乃尔诸士桑梓之乡"，这些都说明这是戚继光为蓟镇地区武学和武举设计的策问。这些问题大都要求考生结合古代兵法（特别是《孙子兵法》）、历史上的战例、敌我双方的特点以及蓟镇的具体情况，就防御即备边问题做出具体的回答。戚继光特别说明，真正切实有用和独到的见解将会被采用。戚继光还指出，"欲求真才，而匪策无足以发实用之蕴"。戚继光作为蓟镇地区的总兵官，求贤若渴，由他为武举出题取才是顺理成章的事。

今试举其中的一个问题来说明戚继光出题的性质：

> 《兵法》有曰："无所不备，无所不寡"。蓟镇十区，延袤逾二千里，主客军足十五万，岁费仅百万。兹欲无所不备，而不致无所不寡，有何道欤？又曰："小敌之坚，大敌之擒"。蓟镇官军每枝不过三千，胡马动称十余万，将图小敌能坚，而不为大敌所擒，岂无策欤？军中之技，短不接长。今虏技以弓矢，而我军亦以弓矢；虏技以短刀，而我军亦以短刀；虏长于马，而我军之马弗如也。外此惟有下马地斗，则数万冲突之势，非步战之所敌，明矣。长技惟有火器，势难继发。此皆各军所短于虏，而不能接彼之长者，其弊坐此。兹必何术使我之技必长于虏，而虏之长无所施欤？①

对"视之太轻"，戚继光没有展开论述，但我们知道这里是指武官地位低下，他在著作中多次提到，是人人熟悉的事实，此不赘述。②至于"用之未当"，是指通过乡试和会试者要么"三中式而无所事事，或中会试散归而竟成弃废，或发赴边方不议责任，名为赞画，而束手坐食"③。所

---

① 《愚愚稿》卷上《策问》，《止止堂集》，第281—293页。
② 参见陈宝良：《明代的文武关系及其演变——基于制度、社会及思想史层面的考察》，《安徽史学》2014年第2期，第5—18页。
③ 《定庙谟以图安攘疏》，《奏议》卷二，第48页。戚继光在其他场合还说："用非所养，养非其用，教之异其施，施之不由于所教"与"今所学非所职，所习非所用"，见《练兵实纪》杂集卷一《储练通论上·储将》、《正习讹》，第208、214页；《纪效新书（14卷本）》卷一四《练将》，第365、369页。

以，戚继光建议把通过会试者分为三甲，一甲三名，直接任边地游击都
司，考察三年，得力者改任重任，有功者可以超迁。二甲"文武全才者"
分配到各省军门任中军千总、把总，不能闲置不用；有艺无文者任把
哨、百总；文优艺少和年少通过会试三科者可以任巡检和管操。戚继光
并没有谈到对三甲的任用，不过对那些虽没有参加考试但有特殊才能的
纨绔世官，可以推荐录用；那些捐纳人员，只可以挂衔，没有斩获之功，
不许录用。[①]戚继光这里在强调任用文武全才之余，也有不拘一格选拔
将才的思想。

　　1569年九月，戚继光恢复三屯的武学。三屯系蓟镇总兵官的指挥
中心所在地，驻屯官军来自蓟州、永平、山海关等十七个卫所，人口众
多，人才渐盛。根据惯例，应袭武生年龄十五岁以上即可入学，并从
各营应袭和军舍子弟中选取了十六名进行培养，目标是把他们培养成
"有勇知方"（即智勇双全）的将才，并在毕业后参加武举考试。[②]1571
年初，戚继光上疏请求恢复遵化、密云、永平三地的武学，并指出武学
教授的课程可以分四个方面：第一是韬略，需要学习《武经七书》、《春
秋左传》、《百将传》等书；第二是武艺，包括弓弩刀槊、矛盾戈铤、军
火神机等；第三是胆力，就是负重，包括拉引弓弩、扛鼎；第四是杂技，
包括阴阳、星历、游说、间谍、火攻、水战、阵图、战法、秘术、奇技。戚
继光说："此养将之大略也。……且教且试，要不出三年之外，真才辈
出。"[③]这四项中的两项（即第一和第四）涉及读书，所以下面我们就集中
来讨论这个问题。

　　戚继光的这些建议都说明了他旨在大力发现和培养将才，而且已
经开始撰写这方面的材料。大概在1570年十月以前，戚继光作为蓟镇
总兵官"为议储将材事"写条议给辽东巡抚、右佥都御史刘应节，提出

①《定庙谟以图安攘疏》，《奏议》卷二，第48—49页；《年谱》，隆庆二年五月条，第
215—218页。
②《会学院作兴三屯武学》，《奏议》补遗卷二，第206—207页。有关三屯营的详细
情况，参见《横槊稿》卷上《三屯新城工成志喜》，《横槊稿》卷中《重建三屯营镇府
记》、《重建辟三屯营城记》，《止止堂集》，第75、161—168页。
③《请设三武学疏》，《奏议》补遗卷一，第172—173页。

自己对练将的具体看法。[①]戚继光开门见山，指出嘉靖庚戌之变（1550）后，敌虏连年入侵，九边特别是蓟镇首当其冲。所以，"天下危，注意将，今固其时矣"。他接着指出虽然国家每三年一次开武科取士并广泛招纳将才，但"养士之法则未备"，"储将之典则未讲"。戚继光谈到他在此前通过在演武场测试，从遵化等地卫所里的应袭舍人（即世袭军户的后代）中挑选了"年力精健、骑射闲习者三百余人"，送到武庠（武学）学习。理论学习内容包括《武经总要》、《孙吴兵法》、《六壬》[②]、《百将》等书，武艺则包括骑射、矛盾、戈铤、钩弩、礧石、火攻、车战之法等等。但这是戚继光向刘应节提出的初步想法，还需进一步考虑的具体事宜包括是否选送各位所应袭舍人到密云、遵化等地武学学习，如何选择教师，应读什么书籍，应学什么武艺，对学生如何考核，是否仿照儒生那样把武生分成三等，是否一起提供食宿，谁来具体负责等等。戚继光建议蓟州、永平、密云、昌平、霸州（今属廊坊市）等各兵备道对此进行讨论，拿出具体意见，然后呈报给总督府和总兵官。

戚继光着重讨论了武学教师缺乏和培养程序的问题。他强调师承的重要性，即名师出高徒；古代优秀的军事家都是名师培养出来的，例如孙膑和庞涓师从鬼谷子学成剑术；唐代李靖（571—649）从隋朝名将、舅舅韩擒虎（538—592）那里学会了兵法。他引用宋代周敦颐《通书·师第》里"师道立而善人多"这句话，说明教师至关重要。那么教师从何而来？实在不行，可以开学馆，选择一些能一心一意讲授文章和德行的教师为启蒙老师，向武生们传授这两方面的内容。等武生们稍稍能够阅读各种必读书籍，就对他们进行文章和德行两方面的考试，如果合格，就多选一些各种背景的武术教师，每天教授这些武生武艺，这样大约三年下来武生们就能够掌握基本的文武技能。然后再把这些武生

---

① 《练兵实纪》杂集卷一《储练通论上》序言，第 200—201 页。邱心田：《练兵实纪》前言，第 21 页。根据《明史》记载，"（隆庆）四年秋，（刘应节）进右副都御史，巡抚如故。（10 月）旋进兵部右侍郎兼右佥都御史，代谭纶总督蓟、辽、保定军务"。
② 见张廷玉等：《明史》卷二二〇《刘应节传》，北京：中华书局，1974 年，第 5787—5788 页。

派到军营中学习阵法、操法，学到一定程度集中于一地进行考试。如果的确优秀，再把他们分配给地方将领，随营出征，学习临敌实战经验，然后再根据表现量才任用。

以上是戚继光有关开设正规武学的建议。但在这些武学建立起来之前，戚继光提议，每个兵备道可以先选一些精明强干的学生到各地儒学就读，由学官安排在儒生之后接受教育。要选择一些合格且老成持重的儒学教师，那些有边疆教学经验或有将门教学经验的人则要优先录用。学习一年之后，学生则被分为三等，此后，一季一考，根据成绩进行赏罚。每一年学生定期赴遵化会同总兵官进行集中考试，根据成绩赏罚（上述戚继光的策问题目就应该是用于这些考试的试题）。戚继光不建议学生在本地学习，因为偏处一地，孤陋寡闻，缺乏合格教师专门督责和管理。此外，学生的食宿、假期、费用等，戚继光都一一考虑到了，充分反映出他事事周密计划、精打细算的风格。戚继光任蓟镇总兵官十五年，他的练兵、选将思想的影响应该是深远的，具体的结果还有待深入研究，但有一点可以肯定，他设立武学、改革武举的建议都得到了张居正主政的明朝政府的同意和支持。《明实录》和《大明会典》隆庆五年（1571）、万历元年（1573）、万历三年（1575）和万历八年（1580）有关遵化、密云、永平设立武学的记载，都充分证明了这一点。[1]戚继光的建议应该取得了较好的效果，为蓟镇地区培养了大量武学人才。《练兵实纪》杂集卷一《储练通论上》序言部分只涉及遵化、密云、永平三地，其他地方受到武学训练的人才数量实际上一定更多。此外，蓟镇地区的措施是否对全国其他地区有影响，也是值得注意的问题。

以上是戚继光就练将向刘应节提出的建议。同时，他还附上了他写好的有关练将的七段材料，在总题目为《储将》（也叫《储练》）的总论

---

[1]《明神宗实录》卷一八，万历元年十月癸丑，《明实录附校勘记》第51册，台北："中研院"历史语言研究所，1962年，第520页。《明神宗实录》卷三六，万历三年三月癸丑，《明实录附校勘记》第52册，第844—845页。《明神宗实录》卷一〇一，万历八年六月癸卯，《明实录附校勘记》第53册，第1996页。万历《明会典》卷一五六《武学》，北京：中华书局，1989年，第801页。

（见下）之后，是练将的七项内容：练将胆、练将艺、正习讹[1]、练真将、分将品、练心气和正选练。这就是1570年秋天戚继光写给刘应节条议的全部内容。

四　戚继光学以致用、读书治军

> 为将者，何所取材？必于经典中求之。——戚继光[2]

嘉靖三十年（1551）戚继光作诗《马上作》一首，后两句为"一年三百六十日，多是横戈马上行。"[3]这当然是他戎马倥偬岁月的真实写照，但不可否认，他也花了大量时间在读书撰文上。下面这一小节要考察一下戚继光如何读书，如何将书本知识以口头和书面形式转化成将士练兵和作战的动力，以便说明读书就是力量，有文化才能将兵。

戚继光不但是文武双全的奇才，还是学以致用的典范。戚继光自幼读书，成年后作为武将仍嗜书如命、博览群书，既读《四书》、《五经》，又读《武经七书》；既作诗《读史》嗟叹女娲、尧、舜，又读韩愈《孤愤集》为岳飞鸣冤。[4]明末文学家钱谦益（1582—1664）说戚继光自幼"折节为儒，通晓经术，军中篝灯读书，每至夜分"。戚继光在晚年穷困潦倒，"野无成田，囊无宿镪，惟集书数千卷而已"[5]。从戚继光所撰兵书、奏疏、诗文里旁征博引的书籍就可以看出其阅读的广泛，而他的《愚愚稿》上卷里还幸存有他阅读《大学》的笔记和对《武经七书》——尤其是《孙子兵法》的评论和阐述。该卷题名《〈大学〉经解》，继承和发展了王阳明的"心学"，是中国历史上武将释儒、以儒注兵的代表作之一，反映了明朝中后期"兵儒合流"的思想大潮。该卷前面用大量篇幅阐释"明德"和"新民"，提出这二者"皆吾人事业"，学问的目的在于"民

---

① 就是要纠正重文轻武的错误态度，培养文武双全的全才。
② 《练兵实纪》卷九《练将·辨效法》，第181页。
③ 《横槊稿》卷上《马上作》，《止止堂集》，第22页。
④ 《横槊稿》卷上《读史》、《读〈孤愤集〉》、《入关》，卷中《沧州儒学训导梁玠遇寇纪事》，第1—2、43—44、48、126—128页；范中义：《戚继光传》，第10—14页。
⑤ （明）董承诏：戚大将军孟诸公小传，《重订批点类辑练兵诸书》附《传》，中国国家图书馆藏天启二年刻本，叶4b。

之未新者而作新之"和"民之向新者而维新之"，而"其道又在止于至善焉"。要想"明明德"于天下、于国、于家，必须先修身，然后才能格物、致知、诚意、正心，才能齐家、治国、平天下。由此，戚继光乐观地认为，天下可以同心，万人可以一性："盖天下同是心，故因心即可以制治，千万人之心即一人之心故也；天下同是性，故因性即牖民，千万人之性即一人之性故也。"戚继光还指出"故学，心学也"，"心为主将，气为士卒，治心则得良将，治气则得猛卒"，及"去外寇易，去心寇难"等。①

在《练兵实纪》总论以及第九卷《练将篇》里的《辨效法》和《习兵法》两节里，戚继光主要讨论了读书练将的问题。为了"正心术"（详见下），武将首先需要反复阅读、反复琢磨《孝经》、《忠经》、《论语》、《孟子》和《武经七书》的注释本，体会其中的"义"和"理"。戚继光强调，阅读不要拘泥于字义的解释，不要专注句读，而是务必要"身体神会，……拟而研之，研而拟之，由恍惚而得，由得而复恍惚"。②这不是一般的似懂非懂、囫囵吞枣，而是融会贯通、心领神会，这应该就是戚继光本人读书时达到的境界，可能是受了老子的影响。③

戚继光建议将领们读《百将传》，其目的不仅仅是为了学习用兵之事，还要学习各位将领的人品、心术、功业，要思考以下一系列的问题："某何如而胜？某何如而败？孰为奸诈？孰为仁义？孰为纯臣？孰为利夫？孰为烈士？孰为逆臣？某如何完名全节？某如何而败名丧家？某何以非其罪？某何以为罔生幸免？某能守经，某能应变，逐节比拟，以我身为彼身，以今时为彼时，使我处此地当此事，而何如？"但人无完人，如何看待有缺点的将领？那就学习其优点，扬长避短："有不二之心、纯忠之行者，我则师其德；长于兵机而短于德行者，我则师其术；某将竟致败坏，属之自取，我则鉴而戒之；某将忠廉智勇，无愧于己，而

①《愚愚稿》卷上《〈大学〉经解》，《止止堂集》，第239—243、263—265、267页。
②《练兵实纪》杂集卷一《储练通论上·储将》，第209页。
③参见老子《道德经》"虚心"第二十一："孔德之容，惟道是从。道之为物，惟恍惟惚。惚兮恍兮，其中有象；恍兮惚兮，其中有物。窈兮冥兮，其中有精；其精甚真，其中有信。"

无妄得祸，我师其行，苟无彼之祸，是我所遭之时幸也，即有不虞之变，古人已然，我何避何嫌？"为了增加知识，开阔眼界，要读《春秋左传》、《资治通鉴》；为了理解心性的源头，还要读《大学》和《中庸》。在此之后，再去学习军事专业知识，才可以成为将才。戚继光还解释说，先读《百将传》，后读《春秋左传》、《资治通鉴》，再读《大学》和《中庸》，这是一个由易到难的过程。就像学习医学，先学习药性、脉诀和医方，然后再学《难经》和《素问》这样理论性的著作。①

戚继光针对将领们如何学习兵法也进行了比较详细的阐述。戚继光将学兵法比成学医。"兵之有法，如医之有方，必须读习而后得。"他强调不能只读《武经七书》，也要阅读宋代编撰的《将鉴论断》和《百将传》②，这是因为《武经七书》和医学著作《素问》一样，都是理论性和概括性极强的书籍。它们就同药店里的药物一样，"五金八石，草木麟虫，无所不备"，但"不知患者何症，所宜何药耳"。所以，必须由医生把脉诊断，对症下药，这样才会药到病除。《武经七书》就像是药店，"百法俱备"，将领必须"要先知士伍之情、山川之形，认察敌人动静，即问病胗脉之医也"。③《将鉴论断》和《百将传》中的具体战例就如同各种病例以及各种对症药方，可以用来指挥具体战斗，消灭敌人。用戚继光的原话来说，就是"《（武经）七书》如医之《素问》等类是也，论其体法则活；《（百）将传》如医之《海上》等方是也，论其用乃对症之实方云"④。戚继光还特别强调，从书本上学到的兵法必须到实战中去运用，才能真

①《练兵实纪》卷九《练将·辨效法》、杂集卷一《储练通论上·储将》，第185、200—224页；《纪效新书（14卷本）》卷一四《练将·辨效法》、《练将或问》，第344、365—367页。
②有关《百将传》和《将鉴论断》，参考许保林：《中国兵书通览》，北京：解放军出版社，2002年，第334—342页；翟士航、董恩林：《〈将鉴论断〉作者与版本源流考——兼论其在东亚范围内的传播》，《历史教学（下半月刊）》2020年第7期，第29—36页。
③《练兵实纪》卷九《练将·习兵法》，第183页。《纪效新书（14卷本）》卷一四《练将·精兵法》，第345页。
④《愚愚稿》卷上《〈大学〉经解》，《止止堂集》，第269页。"体法"原指书法的格局法式，这里指概括性或理论性的论述。《海上方》，又叫《海上名方》、《海上仙方》或《孙真人海上方》，系托名唐代孙思邈的宋代医方著作，书中胪列了120余种常见病症的药方。

正掌握并理解兵法的用处。那些不懂文字、不知兵法，或懂兵法但不去实践，或有实践但不学兵法的人都不可能成为全才。[①]这里戚继光强调的又是培养文武双全的通才。

虽然戚继光自己没有明确指出，但其兵书相对于《武经七书》这样的古典兵书来讲，属于"问病胗脉、对症下药"的练兵专书，从其面对广大将士、通俗易懂的特点来说，有点类似于《将鉴论断》和《百将传》。戚继光自己也在《纪效新书》（18卷本）的自叙里评论《孙子兵法》："犹禅家所谓上乘之教也，下学者何由以措？"[②]即该书那么深奥难懂，普通人怎么办呢？这就促使戚继光动手编写通俗易懂的兵书。与戚继光同时代的南京刑部尚书、文学家王世贞（1526—1590）也说："若孙、吴、穰苴、韩信、诸葛，发其藏为一家言，业业进是矣。其微旨奥义，往往使介胄之士见之而不能习，觚翰之士能习之而不能用……"[③]

清末学者李祖陶（1776—1858）也将《孙子兵法》与戚继光的兵书进行了形象的对比："孙子之书，形而上者也；戚氏之书，形而下者也。然形而上之道即寓于形而下者之器之中，倘兵无节制，虽有权谋，无所可用，即用亦不能成矣！至于《储将》之篇，精微广大醇乎！其醇则又为孙子书补其脑矣！读者须详味之。"[④]一是"形而上"，重理论；一是"形而下"，重实践。很明显，李祖陶套用了《易经·系辞》里"形而上者谓之道，形而下者谓之器"的论说，清楚形象地说明了《武经七书》和戚继光兵书的不同。近代兵学家陈龙昌（《中西兵略指掌》一书的作者）也说"《孙子》论多玄空微妙，非上智不能领取"。[⑤]

---

① 《练兵实纪》"杂集"卷一，第182—183、211页。
② 《纪效新书（18卷本）》自叙，第2页。
③ （明）王世贞：《戚将军〈纪效新书〉序》，《纪效新书（14卷本）》，第4页。该序为1566年王世贞为《纪效新书》（18卷本）所作，但戚继光却将其放在14卷本的前面。
④ （清）李祖陶：《迈堂文略》卷三《读戚武毅〈纪效新书〉〈练兵实纪〉有述》，《清代诗文集汇编》第519册影印同治七年敖阳李氏尚友楼刻本，上海：上海古籍出版社，2010年，第600页。
⑤ 陈龙昌辑：《中西兵略指掌》卷二〇《军防二》案语，《续修四库全书》第969册影印华东师范大学图书馆藏光绪二十三年东山草堂石印本，上海：上海古籍出版社，1996年，第397页。

　　阴阳、术数在古代属于兵阴阳范畴，相关书籍与兵事有关。这些兵书在戚继光的练兵、治军活动中不占主要位置，但他在论说中也略有提及，如上文提到的《六壬》，此外还有"丘索之书"，即《八索》和《九丘》。① 从实战的角度讲，阴阳术数对戚继光的影响很小，但他应该相当了解兵阴阳的书籍。

　　学以致用是戚继光读书的最大特点。"善为将者治其心"②，"正心"也就成了戚继光练兵、尤其是练将的理论基础，而《正心术》也被列为《练兵实纪》第九卷《练将篇》二十六个条目的第一项。他开宗明义：

> 将有本，心术是也。人之为类，万有不同，所同赋者，此心也。近而四海，远而外夷，贵而王侯，贱而匹夫，纷如三军，不言而信，不令而行，不怒而威，古今同辙，万人合一者，皆此心之同相感召之也。……惟有正此心术，光明正大，以实心行实事，纯忠纯孝，思思念念在于忠君、敬友、爱军、恶敌、强兵，任难上做去，尽其在我。③

　　紧接着，在本卷第二项《立志向》里，戚继光围绕的还是"心"："此志即心也。心之体则为神明，心之用则为志向。……呜呼！世有立志向上而所遭不偶，不得亨达者，有之矣，未有不立志之人便能做得事业。"④ 紧接第九卷《练将篇》是杂集卷一《储练通论上》，题为《储将》的部分的第一段如下："戚子曰：将之于兵，殆人身之有心乎？心附于胸，而运虚灵之理，酬酢万变，殆将附于法，而本虚灵之运，指挥三军者也。心蔽于物，将蔽于心，一而已矣。"⑤ 而在《纪效新书》（14 卷本）卷一四，《储将》的题名被改为《练将或问》，第一小段被简化为："或曰：'子所论著十余卷，皆教兵之法也，将则何先？'戚子曰：'先教心，次之

---

① 《愚愚稿》卷上《策问》，《止止堂集》，第 286、288 页。
② 《愚愚稿》卷上《〈大学〉经解》，《止止堂集》，第 266 页。
③ 《练兵实纪》卷九《练将·正心术》，第 155—156 页；《纪效新书（14 卷本）》卷一四《练将·正心术》，第 332 页。
④ 《练兵实纪》卷九《练将·立志向》，第 157—159 页。
⑤ 《练兵实纪》杂集卷一《储练通论上·储将》，第 205 页。

以理、法、艺、术.'"①就这样，由比较费解地把将、兵与身、心的关系改为"先教心"，简单易懂，重点突出。

戚继光还在不同场合强调正心术的重要性。隆庆四年（1570）夏六月，戚继光在三屯镇以西一里的滦阳召开全蓟镇地区中高级将领（包括副总兵、参将、都司、游击、提调、中军官、管操书记，以及掌号、吹鼓手等）会议，有三十人左右参加，为期六天。《年谱》记载说会议旨在讨论"边事利弊及御虏方略胜算"，这是戚继光任职总兵官、坐镇蓟镇的第二年，到此为止练兵的效果只体现在他直接领导的三屯营五千多将士"军容整治，……尽心厥职"，但其他"诸路损益兴革，势若秦越久矣！"即各自为政，我行我素。让人忧虑的是，"诸将积习，未可言转；而一二日登坛口语，期瘳数十年来已成已信之痼病，不易易也！"所以戚继光希望通过此次会议使大家"共变蓟习而新之"，"转移念头，改个肚肠"。在前一天半，戚继光和将领们集中讨论了"军中急务"（战略、武器、纪律等问题）后，在第二天下午，他话锋一转，说他要与各位讨论"练守战之本"，即如何"合万人为一心之本"的问题。"本在何处？"他用手指着自己的胸膛说："在此内，乃心也。心之所应则志。"然后，他讲述了汉朝班超带领三十六人取西域三十六国的故事，引用孟子"舜，人也，我，亦人也"的话鼓励诸将，并安排戏班演出《三国传》（即《三国演义》），并就此评论说："三人同心，即能立国"，我们三十人同心，一定能干出一番事业。他说："只要我们志坚，种子好，本镇纵不才，以位则为诸将之长，以责则在诸将之先。今日之事，只是要信我之言，无有不效。若肯拼死，决然得生。不止得生，决然立功。"在会议的最后，戚继光再三向将领们强调"万众一心"："今日蓟镇之事，惟有堂堂决一大战。大战之术，只是万人一心，数万人共为一死夫，务使胡虏大创。彼一败后，便有十数年安。"戚继光非常善于从历史中汲取力量和智慧，善于用历史故事激励将士。在会议的第一天，在谈到是否有可能击退蒙古入侵的问题上，他以晋朝谢玄用兵八万击败苻坚六十万大兵，岳飞以

---

① 《纪效新书（14 卷本）》卷一四《练将·练将或问》，第 362 页。

五百人击败金兀术的拐子马，卫青和霍去病大败匈奴，元末徐达、常遇春驱逐胡虏的故事来说明明军也可以战胜蒙古人。①

　　戚继光《〈大学〉经解》里的另外一个主题是以儒释兵，爱人爱兵。他写道："兵者，凶器也，圣人不得已而用之。只'不得已'三字，能用心详玩扩充，即成仁将儒将。节制之师，杀人安人，无不是使天下归仁。死而不怨者，此其效矣。"②《孟子·离娄下》第二十八章说"仁者爱人"，戚继光也说："赵普半部《论语》治太平。予曰：'不必半部，只'节用爱人'一节，万乘之国可治矣。'"③"仁"和"爱人"的思想贯穿戚继光练兵、行军和作战的全过程。他的"节制之师"实际就是"仁义之师"或"仁义之兵"，"杀人"是为了"安人"，使"天下归仁"；用兵不是为了"要（邀）功"，而是为了"安民"。戚继光在其三部兵书中多处引用《孟子·梁惠王上》中的"仁者无敌，执梃以挞秦楚之坚甲"，强调"仁"的巨大力量。他对"仁"的重视体现在对《孙子兵法·计篇第一》里所说"将者，智、信、仁、勇、严"的评论。他解释说："智者，仁之辨也；信者，仁之实也；仁者，人之本也；勇者，仁之志也；严者，仁之助也。……故直看则智为首，横看则仁居中。苟智、信、勇、严而不重夫仁，则皆为虚器，为礼文矣！"④在上文提到的戚继光设计的九道策问题中，就有一道是有关孔、孟"求仁之术"的问题，可见他对这一问题的关注和重视。此外，他从《司马法》里摘录的九句话里，就有两句是关于

①《横槊稿》卷上《集滦上赋诗》，《止止堂集》，第41—42页；《年谱》卷九，隆庆四年六月条，第293—300页；《练兵实纪》杂集卷四《登坛口授》，第263—299页。有关滦阳的具体情况，见《横槊稿》卷中《创修滦阳驿记》，《止止堂集》，第150—153页。有关这次会议的天数，《集滦上赋诗》明说是"登坛会盟者六日，日万言有奇"，但从"登坛口授"的记述来看似乎是三天，当代学者（例如范中义）也认为是三天。参见范中义：《戚继光传》，第264页。

②《愚愚稿》卷上《〈大学〉经解》，《止止堂集》，第264—265页。

③《止止堂集》，第258页。

④《练兵实纪》杂集卷一《储练通论上·练心气》，第219页。《愚愚稿》卷上《〈大学〉经解》，《止止堂集》，第266—267、270页。

"仁"的："古者以仁为本"和"礼为固，仁为胜"。①

仁即爱民。戚家军纪律严明，闻名海内外；在蓟镇练兵，戚继光也同样严格要求不许扰民，不许滥杀无辜和降卒。在《纪效新书》（18卷本）里，他说：

> 凡你们本为立功名报效而集，兵是杀贼的东西，贼是杀百姓的东西，百姓们岂不是要你们去杀贼？设使你们果肯杀贼，守军法，不扰害他，如何不奉承你们？只是你们到个地方，百姓不过怕贼抢掳，你们也曾抢掳；百姓怕贼焚毁，你们也曾拆毁；百姓怕贼杀，你们若争起也曾杀他，他这百姓如何不避，如何不关门锁户？……凡古人驭军，曾有兵因天雨取民间一笠以遮铠（即甲也）者，亦斩首示众。况砍伐人树株，作践人田产，烧毁人房屋，奸淫作盗，割取亡兵的死头，杀被掳的男子，污被掳的妇人，甚至妄杀平民假充贼级，天理不容，王法不宥者，有犯，决以军法从事抵命。②

他还以自己手下的戚家军因为纪律严明而受到欢迎为例，说明"兵民相体"的重要性。此外，他还强调军队每到一地与当地人民贸易，必须"两平交买，宁让毫厘，使市人心悦"，禁止"强买争斗"。③

仁即爱兵。在《练兵实纪》卷九《练将篇》里，戚继光专门列入一节（第二十二节）《爱士卒》。他指出热爱士卒，古已有之，他引用《孙子兵法·地形》的"视卒如婴儿，故可以之赴深溪"。他历来重视对士卒伤病的关心和救治，对这方面的规定也都非常具体。对迟报伤病而导致死亡者（以及装病者），都要以军法处置。④此外，戚继光对抚恤阵亡将士也格外关心。⑤但是，蓟镇的情况却不是如此："如今将领不惟不如此推

---

① 《愚愚稿》卷上《〈大学〉经解》、《〈司马法〉论题》、《策问》，《止止堂集》，第270—271、274—275、286—288页。《司马法》的两句话分别源自"仁本第一"和"天子之义第二"；"礼为固，仁为胜"的原句为"以礼为固，以仁为胜"。
② 《纪效新书（18卷本）》卷四《谕兵紧要禁令》，第81—82页。
③ 《练兵实纪》卷六《练营阵·治贸易》，第131页。
④ 《纪效新书（18卷本）》卷三《临阵连坐军法》、卷五《教官兵法令禁约》、卷七《行营野营军令禁约》，第76、87、100页。《练兵实纪》卷二《练胆气·恤病伤》，第62—63页；《纪效新书（14卷本）》卷一一《胆气·恤病伤》，第234—235页。
⑤ 《纪效新书（14卷本）》卷一〇《实战·恤阵亡》，第203页。

恩，且使之肩舆，使之供爨，使之厮役，死亡不恤，冻馁不问，甚至敛科财物，克减月粮；到处先择好歇处安眠，将领已熟睡，而士卒尚有啼饥号寒于通衢者；将士夜卧美榻，甚乃伴以伎女，而士卒终夜眠人檐下，枵腹而宿者，种种不可枚举。如此而欲人共性命，人谁肯哉？"所以，将领必须改掉这些压迫士卒的行为，"爱行恩结，力行气奋，万人一心，何敌不克？"①在《练兵实纪》第二卷《练胆气》的第二节《循士情》里，戚继光还提出："主将常察士卒饥饱、劳逸、强弱、勇怯、材技、动静之情，使之依如父母。"②在该书杂集卷二里，戚继光强调主将要"至诚待下，平居之时，视其疾病，察其好恶，实心爱之，真如父子一家。又谆谆忠义之辞，感召乎众；入操之时，虚心公念，犯必不赦，至亲不私，必信必果；出征之日，同其甘苦，身先矢石；临财之际，均分义让。"③

在《〈大学〉经解》的最后一部分（从第 262 页开始），戚继光从儒家的角度解释用兵之道，尤其是《孙子兵法》。他对这一兵学经典推崇备至，说它"文义兼美，虽圣贤用兵，无过于此。非不善也，而终不列之儒"④，为其没有被列为儒家经典而感到遗憾。他竭力使兵学向儒学靠拢，达到兵儒合流，所以指出"练兵"与"牧民"相对，"用兵制胜之道，即是心身性命之学"，"谋兵如谋身"等。⑤他还指出，创作诗歌不只是经生、学子的事情，也可以用到行伍中；选择一些忠义激烈之词，谱成军歌，可以激发士气、催人向上。所以在嘉靖四十一年（1562）八月，戚家军攻克福建的横屿后，屯驻野外，"断醒味者八日"（醒即酒）。又因为"信赏不至，众多忧色"，士气低落。正好是中秋佳节，又无酒可饮，于是戚继光"集吏士数百于庭，口授《凯歌》，一唱万和。更节以鼓，音响震林木，三军乃尽欢"，歌曰：

　　万人一心兮泰山可撼，惟忠与义兮气冲斗牛。

---

① 《练兵实纪》卷九《练将·爱士卒》，第 188 页。《纪效新书（14 卷本）》卷一四《练将·爱士卒》，第 350—351 页。
② 《练兵实纪》卷二《练胆气·循士情》，第 53 页。
③ 《练兵实纪》杂集卷二《储练通论下·原感召》，第 230 页。
④ 《愚愚稿》卷上《〈大学〉经解》，《止止堂集》，第 262 页。
⑤ 同上注，第 266、268 页。

主将亲我兮胜如父母，干犯军法兮身不自由。

号令明兮赏罚信，赴水火兮敢迟留！

上报天子兮下救黔首，杀尽倭奴兮觅个封侯。①

戚继光除了从《武经七书》里摘出一些他认为重要的句子外，还专门对《孙子兵法》里的一些句子和字词进行了富有创见性的诠释。例如，孙子谈到将领应该具备的五种素质"智、信、仁、勇、严"时说："凡此五者，将莫不闻，知之者胜"。戚继光解释说："此'知'字，指真知而能行之之谓也。苟不真知而力行，徒闻亦何益哉？'知'字最重，是要人着实知而行之也。不然，又何必曰'莫不闻'。'闻'谓虚闻，'知'谓实知。"② 他在评论以《论语》治国时说："苟不能身体力行，着实做去，即百部亦何益？近世人轻易看书，辞日繁，道益晦，只是欠'身体力行'四字耳！但将数圣贤真儒说过的话头，字字认真体贴，来我身上行之，只一良知，便可径到圣贤地位，便可日日见尧舜。若不实行，总读尽讲尽数圣人之书，必竟是水面看月而已。"③ 正是这种身体力行的思想基础造就了戚继光兵学的过人之处，成就了他传奇而辉煌的一生，与其在中国军事史上的崇高地位。

戚继光从《尉缭子》摘录的十九句短语里有一句是"善将者，爱与威"，出自《攻权第五》，原句为"善将者，爱与威而已"。戚继光非常欣赏这句话，并对其进行了辩证的解释。治军必须首先有"威"："兵必以威济，此万世不易之纲也。"但"恩"也不可缺少："所以救威令之必行而保无变者，恩也"，即"恩"是执行威令的保证。如果只有威而无恩，"人将怨法而不畏法矣"。上自天子，下至庶人，都必须以恩去维系关系。但只有"恩"没有"威"也不行，因为"能使恩之不亵而终能济事者，威也。不然，人将恃恩而不感恩矣"。打胜仗靠的是"气"，但"气"需要"威"来支撑："苟无威，则气决不作。苟无恩，则威决不行。"所

①《年谱》卷三，嘉靖四十一年八月条，第86—87页；《横槊稿》卷上《凯歌》，《止止堂集》，第19页；范中义：《戚继光传》第三章，第144—155页。
②《愚愚稿》卷上《〈大学〉经解》，《止止堂集》，第271页。
③ 同上注，第258—259页。

以，戚继光非常形象地形容"恩"和"威"的辩证关系为："恩如形而威如影，形动则影即动，形偃则影亦偃，形大则影亦大，形小则影亦小。孰能为无影之形则可以恩而去威？孰能为无形之影则可以威而胜恩？恩，其舟也；威，乃舟之舵也。"①

　　戚继光学以致用，一方面热爱、关心将士，另一方面又执法如山，恰到好处地把"恩""威"的辩证关系运用、融化到他练兵和治军中去。例如，他在《纪效新书》里就强调"恩威兼著，情法相融"，而他训练义乌兵的办法就是"恩威破格，赏罚相称"②。在《练兵实纪》卷九《练将篇》的第二十一节《正名分》里戚继光也这样说道："军中之政，以联情义为首务。恪执名分，情义颇隔，须于名分之间，寓以联属之道；尊严之地，通以共难之情。如此，在下事上，则尊而亲之，在上使下，则顺而悦之。三军之众，可使赴汤蹈火矣。"③紧接着第二十四节《明恩威》又专谈这个问题。④在《练兵实纪》杂集卷二《储练通论下·原感召》一节里，戚继光劝诫将领要"至诚待下，平居之时，视其疾病，察其好恶，实心爱之，真如父子一家，又谆谆忠义之辞，感召乎众，……同其甘苦，身先矢石"。⑤在同书同卷《原练兵》又强调："实心任事，至诚驭下，同甘苦，恤患难，以感召为工夫，使三军心服，恩威信于平日，必至杀之而不怨，利之而不庸"。⑥

　　但另一方面，如果触犯军法，戚继光则严惩不贷。他说："凡赏罚，军中要柄。若该赏处，就是平时要害我的冤家，有功也是赏，有患难也是扶持看顾。若犯军令，就是我的亲子侄，也要依法施行，决不干预恩

---

① 《愚愚稿》卷上《〈大学〉经解》，《止止堂集》，第 267 页。
② 《纪效新书（18 卷本）》总叙、卷一《束伍·原选兵》，第 23、30、44 页；《纪效新书（14 卷本）》卷一四，《练将·练将或问》，第 380 页。
③ 《练兵实纪》卷九《练将·正名分》，第 187 页。
④ 《练兵实纪》卷九《练将·明恩威》，第 190 页。
⑤ 《练兵实纪》杂集卷二《储练通论下·原感召》，第 230 页。
⑥ 《练兵实纪》杂集卷下《储练通论下·原练兵》，第 246 页。《纪效新书（14 卷本）》卷一一《胆气·原分数》，第 238—239 页。

仇。"①戚继光的兵书对触犯各种军法者施行捆打、穿耳、连坐、偿命、斩首的规定非常多。例如，戚继光在南方抗倭时，就亲手当场斩杀一个占有被掳妇女的士兵。②恩威并用和赏罚严明是戚继光练兵成功的主要原因之一。

　　戚继光读书笔记所反映的上述思想都渗透到他的练兵和作战中，成为其叱咤东南沿海、扬名北部边疆的理论基础。戚继光虽然以武艺为立身之本，但文化为他插上了翅膀。其实，在他身上，文武交融，兵儒合流，武中有文，文中有武。虽然中国历史自秦汉、尤其是隋唐以后，文武分途，特别是宋明两朝重文轻武，但戚继光是中国历史上为数不多的"文武双全"或"文武一道"的将领的典型代表。虽然他在官场上的起伏一直受文官制约，最后的解职还乡的悲壮命运也由文官促成，但他在历史上的声名远远超过了同时代以及前后的文官。他不仅对中国历史的发展产生了重要影响，同时也在亚洲历史上也写下了重重的一笔。

　　更为重要的是，戚继光不仅自己读书，而且给将士讲书，要求将士读书。例如，在上述 1570 年夏天蓟镇的中高级将领会议上，戚继光还拿出自己的《愚愚稿》一册（应该就是《〈大学〉经解》无疑），"逐章解示诸将，尽皆谈兵秘诀，治心做好人龟鉴"③。当然，这并非戚继光给将士讲书的唯一案例，他的上司、对他格外熟悉的蓟辽总督刘应节也说他"每当机必授方略"④。戚继光讲书，从家乡山东到东南沿海，再从东南沿海到北国长城，造就了一批批爱读书、有文化的军队。他们因为读书而纪律严明，因为读书而英勇善战。在戚继光的眼里，只有文武双全，才能成为大将；只有"有勇知方"，才能高人一筹。从上述的论述中，我们可以清楚看到这一点。

————————

① 《纪效新书（18 卷本）》卷四《谕兵紧要禁令》，第 80 页。《纪效新书（14 卷本）》卷一一《胆气·公赏罚》，第 231 页。
② 《练兵实纪》卷八《练营阵·刑俘奸》，第 150—151 页；《纪效新书（14 卷本）》卷一〇《实战·刑俘奸》，第 206 页。
③ 《练兵实纪》杂集卷四《登坛口授》，第 292 页。
④ 《年谱》卷一一，万历元年二月条，第 361 页。

1563 年，谭纶就称赞戚继光"礼仪诗书之宿将"①。戚继光对古时以及明初"文武一道"（或"文武无二道"，即文武合一）无比神往，但他无比感叹地说，那种情形"今亡久矣！"②"惟今时武不兼文衔，文不兼武任，而将才日乏，军事日缪而不可为矣！"③明朝大的时代背景虽然不允许文武合一，但戚继光在择将练兵的过程中，却没有放弃这种追求，所以他自始至终强调文化对武将的重要性。他说："夫如是而教养之矣，能是数者，纯乎纯矣，而兼以文义，雅有德量，则大将也。能是数者，优于技艺，励于鼓舞，短于文学，则偏裨也。才有余而志不足以当之，勇有余而志不足而承之，皆小将也。"④在戚继光看来，是否精通"文义"或"文学"是衡量一位武将能否成为"大将"的重要标准，仅仅有勇无谋是不行的。所以，他从来不欣赏"以勇为上"的将领："练兵者，将也。今日用将以勇为上。夫勇，一人敌耳，未可与言练兵也"；"勇者徒有斗心，无所着力，轻生陷阵，只能尽其一身而已，何益于成败之算哉！"⑤"夫勇悍之夫，鼓舞之而听指挥可也；若夫调三军而障一面，岂徒勇所能办哉！"⑥因此，那些没有文化的武士无法担当大任："世胄之子一丁不识者，谓之一兵夫可也。而责之以将事，至谓将才乏，岂其然乎！"⑦"又或拔自奴虏行伍之间，足堪一剑之任，而韬钤不谙，终非全

①《年谱》卷四，嘉靖四十二年十二月条，第 130 页。
②《愚愚稿》卷上《〈大学〉经解》，《止止堂集》，第 265 页；《练兵实纪》卷九《练将·明保障》、杂集卷一《储练通论上·正选练》，第 192—195、222—224 页；《纪效新书（14 卷本）》卷一四《练将或问》，第 362 页；《年谱》卷一一，隆庆六年十月条、万历二年正月条、万历十三年二月条，第 354、368、412 页。
③《年谱》卷七，隆庆二年五月条，第 216 页；《定庙谟以图安攘疏》，《奏议》卷二，第 47 页。
④《练兵实纪》杂集卷一《储练通论上·分将品》，第 215 页；《纪效新书（14 卷本）》卷一四《练将·练将或问》，第 370 页，"短于文学"改为"短于方略"。
⑤《年谱》卷七，隆庆二年十月条、隆庆二年十一月条，第 222、231 页。《练兵条议疏》，《奏议》卷二，第 51 页。《颁条悉边弊申谕将士以共图补报檄》，《奏议》补遗卷二，第 197—198 页。
⑥《年谱》卷七，隆庆二年五月条，第 216 页；《定庙谟以图安攘疏》，《奏议》卷二，第 47 页。
⑦《愚愚稿》卷上《〈大学〉经解》，《止止堂集》，第 268 页。

材。"① 这些都是匹夫之勇，不足以成为将才。要成为真正统帅千军万马的大将，除了胆艺双全、尊重武学和有实战经验外，还要长于"文义"或"文学"，即同时具备韬略和文化，因为在戚继光看来，"韬钤不谙，终非统驭之才"②。"而文、艺兼备者，谓非全器乎！"即文武双全者，才是全才。③ 在《愚愚稿》卷上所收《策问》里，他还设计了一系列的边防军事问题，其中包括各种将才的区别："夫将有三等，有大将焉，有偏将焉，有小将焉，莫不有德有业。惟德何述，而为大偏小将之辨？惟业何立，而竟大偏小将之归？"④要回答这个问题，需要透彻理解他有关将才的系统论述。这里的"德"即儒家的"忠君死上"、爱兵爱民，而"业"，就是业务或专业技术，包括兵法知识和文化水平。

五　蓟镇练兵过程中的读书与学习（1568—1583）

> 抽兵考背，书声彻外。——戚继光⑤

这一部分主要根据《练兵实纪》和《纪效新书》（14 卷本）两部兵书考察戚继光在蓟镇练兵时将士读书学习的情况。两部兵书有关学习练兵条约的内容大同小异，后者主要是对前者的继承。

1570 年 10 月之后不久，戚继光在写给总督蓟、辽、保定军务的刘应节的公移（即公文）里指出，他已经完成《练兵实纪》九卷本的编写，这是他根据两年以来练兵时颁发给将士们的"练兵条约"编辑而成的兵书。当时有些人对这种做法并不以为然："或谓行伍愚夫，岂能章章记诵，与其烦多难入，不如随意为便。"⑥当时明朝的将领大多数应该都没有如此强调和要求将领尤其是士卒认真读书、背诵练兵号令。但戚继光是个行动主义和乐观主义者，不同意这种看法。他认为，即使军士再蠢

---

① 《练兵实纪》杂集卷一《储练通论上》序言，第 200 页。
② 《请设三武学疏》，《奏议》补遗卷一，第 171 页。
③ 《练兵实纪》杂集卷一《储练通论上·正习讹》，第 214 页。
④ 《愚愚稿》卷上《策问》，《止止堂集》，第 290 页。
⑤ 《练兵实纪》杂集卷二，《储练通论下·原信》，第 232 页。《纪效新书（14 卷本）》卷一一《胆气·原立信》，第 217 页。
⑥ 《练兵实纪》公移，第 3 页。

笨，不能马上理解，但多教几遍，即使教给十条能记住二三条，也能把部队练个差不多。为了方便学习，戚继光特别在《练兵实纪》的目录和凡例里列出每一卷的条数和将领与士卒分别需要学习的条目，"列纲以前，以便授受"①。这种开门见山、一目了然的编排，与《纪效新书》（18 卷本）相比起来有了很大进步。《纪效新书》（14 卷本）完全继承了这一做法。

戚继光在《练兵实纪》一开始，首先纲举目张，在目录中列出每卷的题目和卷一至卷九的条数，即卷一《练伍法》（四十三条），卷二《练胆气》（将卒共四十三条），卷三《练耳目》（十六条），卷四《练手足》（三十四条，实为二十条），卷五《练营阵》（场操十八条），卷六《练营阵》（行营十九条，实为十八条），卷七《练营阵》（野营三十五条，实为二十九条），卷八《练营阵》（战约三十条），卷九《练将》（二十六条）。这九卷完成于 1570 年 10 月稍后。杂集六卷未分条，只列出题目《储练通论上》、《储练通论下》、《将官到任》、《登坛口授》、《军器制解》和《车步骑解》。杂集六卷写作时间不一，时间范围涵盖 1570 年 10 月之前到 1577 年之间。

凡例实际就是《分给教习次第》（十五条），是对将士学习各卷的时间顺序和内容进行说明。戚继光首先指出士卒愚钝，不通文墨，所以他撰写练兵条约都用通俗易懂的语言，也尽量把条约写得言简意赅。颁发给将士阅读学习的内容，要根据不同对象有所区分，"练将策给将，练卒策给卒"，②这是因为那些有关练将内容的条约都是"将兵之官"和"将将者"的事情，不需要士卒学习，但如果有士卒愿意自告奋勇学习的，则进行鼓励。

卷一《练伍法》关系重大，这是开始练兵的第一要务，是千军万马能否做到步调一致的关键，绝对不能掉以轻心，所以所有有练兵任务的将官都必须学习这一卷。戚继光在《练兵实纪》凡例里没有提到卷二《练胆气》，但《纪效新书》（14 卷本）清楚说明将领需要学习卷——《胆

---

① 《练兵实纪》公移，第 3 页。
② 《练兵实纪》凡例，第 7 页。

气篇》（内容与《练兵实纪》卷二《练胆气》大同小异）[①]，可知将领也须学习卷二《练胆气》。卷三《练耳目》为"将卒通习"，这是有关旗鼓号令的篇章，其重要性我们已经在上面详细讨论过，所以将领和士卒都必须学习。卷四《练手足》是练武艺、武器（包括火器），大小将领学习其中内容后，还要将具体的武器使用方法教授给士卒。卷六至卷八都为大小将领学习的内容。卷九《练将》也为将领学习内容。戚继光对中高级将领要求很严：凡是将领、偏将、裨将都必须"条条款款背记"，即把所有条目都背熟，包括练士卒条目。

　　将士如何学习兵书呢？戚继光以他一贯的细腻把所有细节都考虑到了。首先是在校场，将士人手一本兵书，每人都选择最重要的内容（在南方用《纪效新书》，在北方用《练兵实纪》），先让每队中识字者读给大家听，每天读一些条目，并要随时抽查、考核，不合格的就再找时间检查，偷懒的就要责罚。戚继光非常反对那种平时不求节制、战时各自为战的行为，强调"未战而庙算胜者"的秘诀就是在平时刻苦训练，严格要求："行之而必察，察之而必行"，就是既然布置下来，就要认真执行。[②]第二是在宿舍，将士们利用晚上的时间（"冬月长夜之时"），识字的人自己阅读兵法和《百将传》等，每天晚饭后看上几叶，晚上睡觉时"细细玩味"，有不懂的地方第二天再问别人，这样就会有收获。不识字的人就请文书或识字者，或者通文墨的武生、秀才高声朗读数页，先了解其大概内容，再请他们讲解数遍，睡前认真琢磨，也慢慢会有收获，"久则开口议论"。戚继光强调说，古人说"开卷有益"、"学不误人"，确实如此。为了保卫国家，目不识丁是万万不行的。[③]为了鼓励将士们

[①]《纪效新书（14 卷本）》卷一一《胆气》序言，第 210 页。

[②]《练兵实纪》杂集卷二《储练通论下·原信》，第 232—233 页。《纪效新书（14 卷本）》卷一一《胆气·原立信》，第 217—218 页。

[③]《练兵实纪》卷九《练将·习兵法》，第 184—185 页。《纪效新书（14 卷本）》卷一四《练将·精兵法》，第 345—346 页。在明朝军队的各级都配有文书一类的人，名叫"识字"或"书记"。例如，营将配备三名识字，中军或中军官二名识字，千总和把总一名识字。见《练兵实纪》卷一，第 15、32、63 页；详见温海波：《明代识字兵初探》，第 44—54 页。

多读书，戚继光还强调，读书比女色更重要："古今人为此（女色）败坏者，车载斗量。夫淫声过耳，便如大风吹去，随吹随灭。何似看些好书，操些武艺，教习士卒。书入心记便不可忘，武艺到手年年得用，士卒一熟便不能生疏，皆为我有用之物。"①所以，女色带来的快乐是一时的，读书学到的知识却是永远的。

　　戚继光清楚了解士卒的文化水平低，容易产生畏难情绪，例如，有的士卒会说："我辈能读书，必去考做秀才，不来当兵矣！"②鉴于这种情况，戚继光认为要多给士卒解释学习的重要性，然后注意士兵们的学习进度。每次只颁给士卒一册条约，每册也不过几十条，要求每天短的背三条，长的一条，这样一个月就可以背上两册。等一册背熟后，再给一册。每一卷都印成一本，为的就是方便发给队伍学习。为了鼓励士卒学习练兵条约，戚继光还规定了赏罚制度。例如，在比赛武艺时，如有迟到者，就要罚背条约。凡是能够背诵五条的，免打一棍。背诵时，不必一字一句背出来，只要能背出大意就算合格。背熟后，再把这些条约运用到实战中去，这样士卒们就会相信背诵的效果；学习过但仍不理解的条目，也会因为实践而搞懂。③戚继光还要求士兵们利用一切可以利用的时间学习条约。例如，早上起来，洗漱过后，各队围坐，请识字者把所有号令逐条讲说一遍，然后再各干各事。为了帮助士兵们背诵、记忆练兵条约，戚继光鼓励他们把条约改编为歌曲演唱："若将条约随俗改为唱曲，习学以代戏乐者，有赏。"④戚继光为了练兵，可谓绞尽脑汁。

　　这样学习、背诵、实践，即使再笨的士兵，不知不觉，循序渐进，也

①《练兵实纪》卷九《练将·声色害》，第168—169页。戚继光接着谈道："夫三军恃我为强弱，岂可以暮气临之，甚至败伦伤化，夺军士之妻、家丁之色，卒至全家受祸，名丧身亡，不可枚举。戒之，戒之！"由此可以看出，明军将领强占士卒和家丁妻子的例子很多。参见《纪效新书（14卷本）》卷一四《练将·惩声色》，第356—357页。

②《练兵实纪》杂集卷二《储练通论下·原信》，第232页。《纪效新书（14卷本）》卷一一《胆气·原立信》，第217页。

③《练兵实纪》凡例，第8页。《纪效新书（14卷本）》教习次第，第11—12页。

④《练兵实纪》卷二《练胆气·禁博奕》，第71页；《纪效新书（14卷本）》卷一一《胆气·禁博奕》，第237页。

都会慢慢理解、掌握练兵条约，每位将领也都会成为"知兵之将"。一年之内，一教十、十教百，这样十万军队就能练成"节制之兵"。①我们可以想见，在蓟镇的练兵场上，除了响彻云霄的操练声，还有"每书声彻场外"朗读声；在蓟镇的军营里，不仅有日常的吃喝拉撒，还有将士的寒窗苦读。②

《纪效新书》（14卷本）也是先列出目录和凡例，但没有列出具体条目数：卷一《束伍篇》，卷二《耳目篇》，卷三至五《手足篇》，卷六《比校篇》（即技艺比赛），卷七《营阵篇》，卷八《行营篇》，卷九《扎野营篇》，卷十《实战篇》，卷十一《胆气篇》，卷十二《舟师篇》，卷十三《守哨篇》，以及卷十四《练将篇》。在具体"教习次第"方面，也是将、士有别，只是提供了一些更为具体的规定。卷一《束伍篇》由"领兵材官"（即低于偏裨的领兵官，如把总、哨官）学习，士兵先给《耳目篇》学习，但强调"号铳手、掌号手、鼓手、旗手一体给习，尤为吃紧"。③"吃紧"这里就是重要、关键的意思。这说明了负责旗鼓、号令的军士在指挥训练和作战中的重要性。卷三至卷五《手足篇》是对官兵训练使用各种武器的规定，无论官兵都各自选择一件武器练习，只学习与自己使用的武器有关的条目，愿意多学者欢迎。戚继光对卷六《比校篇》阙而未谈。旗总（介于队长和哨官之间的头目）以上学习卷七《营阵篇》的条目，队长及以下的士卒只在操场上牢记就行了，不必阅读条目。这些有关营制、阵法的条目主要由中高级军官学习掌握，戚继光不想增加士卒的负担，因为他知道"盖兵愚，见多却自畏阻"。卷八至卷一〇的《行营篇》、《扎野营篇》和《实战篇》全营都要学习。陆军士卒需要学习的内容到此为止。卷一一《胆气篇》由将领学习，兵士可以学习其中有关部分，但不必全部学习。卷一二《舟师篇》只由水兵将

---

① 《练兵实纪》公移、凡例、卷二《练胆气·遵节制》、卷九《练将·习兵法》、杂集卷二《储练通论下·原信》，第5、6—10、64—65、184、232—233页。《纪效新书（14卷本）》卷一一《胆气》序言、《原立信》、《戒居常》，卷一四《练将·精兵法》，第210—211、217—218、238、345—346页。

② 《纪效新书（14卷本）》教习次第，第10页。

③ "号铳手"系三眼铳手，"掌号手"也叫"掌号笛"，即唢呐手。

领学习,陆军将领愿意学习者鼓励。卷一三《守哨篇》由有关人员(例如墩军)学习。卷一四《练将篇》只颁发给把总以上的将领学习,但鼓励其他愿意学习者(例如兵士、武生、地方儒生、民丁)学习。《纪效新书》(14卷本)教习次第部分规定的其他奖罚措施与《练兵实纪》同,只是在最后戚继光特别指出:该书按顺序颁发给各军营,每队一本,"不能惜费也"①。因为军费不足,戚继光在治军的费用上从来都是精打细算,甚至锱铢必较,总是想方设法开源节流,但他在这里却说不要怕花钱,足见学习、背诵练兵条约的重要性。

用南兵来带动北兵是戚继光的另外一个练兵措施。戚继光1568年初开始镇守蓟镇后,竭力主张从浙江调"南兵",目的就是为军纪涣散、萎靡不振的北兵做出榜样,"用南兵为北兵倡"(总督杨兆语),"以倡勇敢"(戚继光儿子语),"以为师范"(戚继光语)。南兵果真名不虚传。首批北上的南兵三千人抵达北京郊区,刚好赶上一场大雨,"自朝雨甚至日中,军容益肃。边将大骇,曰:'将军令固如是乎?是足以格虏矣!'"如此严明的纪律成为千古佳话,所以《明史》也特别记载,而且一直流传到现代。②

在蓟镇练兵的十五年期间,戚继光一共从浙江调来两万多名南兵③,在其练兵活动中起到了左膀右臂、中流砥柱的作用。南兵的任务之一是教授北兵火器:"且鸟铳一技,乃战虏长器,北人不习,北匠造亦不如法。此为南兵惯熟,尤不可已者,如得旧练南兵万数,先教成一营,以为师范,分发旧日毂中材官以练北兵,功省而效倍矣。"④戚继光还说:"若藤牌、长刀、鸟铳、神枪、火箭、佛郎机、虎蹲炮、六合铳、百子铳等

---

① 《纪效新书(14卷本)》教习次第,第9—12页。
② 《年谱》卷七、卷八、卷一一,隆庆二年三月条、隆庆三年二月条、万历五年八月条,第207、241、387页。《明史·戚继光传》的记载与此大同小异:"浙兵三千至,陈郊外。天大雨,自朝至日晏,植立不动。边军大骇,自是始知军令。"《明史》卷二一二《戚继光传》,第5615页。
③ 黄仁宇:《万历十五年》,第159页。参见辛德勇:《述明代戍卫长城之南兵》,《中国史研究》2004年第4期,第141—153页;范中义:《戚继光传》,第259—265页。
④ 《年谱》卷七,隆庆二年三月条,第207页。

器，皆御虏利器，仍遣教师于各路训练，设专官督之。"① 确实，南兵在北方发挥了重要的"师范"作用：在蓟镇地区各地的演武场上，在长城的空心敌台上，都有南兵矫健的身影。在蓟镇练兵总部三屯营，至少有915名练兵教师，他们当然就是南兵。此外，南兵是蓟镇地区十五万大军中冲锋在前的主力：早在隆庆五年（1571），"有发则南兵当选锋，入卫兵策应，主兵戍守，践更者任转输"②，而在次年的塘马攻战中，"本镇统领南兵为前列，家丁在中，左、右营马军在后"③ 就是明证。④

　　除了技术和武器，在学习条约、训练作风和军纪方面，戚继光也希望南兵能起到传、帮、带的作用，即让来自南方的"素练之兵"去影响、训练北方的涣散士卒。他在隆庆二年（1568）三月撰写的《请兵辩论》里说道："况教练生兵，必用条约告示。兵，愚卒也，目不知书，而告示、条约不得人人尽习，即主将耳提面命，亦未必能信。惟此辈与之共伍中，日夕言之曰：吾主将昔在吾土，所以练吾者，疾病如何恤，甘苦如何同，钱粮如何得实惠，号令如何可信，战阵如何万全，赏如何而明，罚如何而严，人心转移，期年可格，比之耳提面命加五倍，比之条约、告示加十倍矣！"⑤ 戚继光认为，如果南兵带北兵，可以事半功倍，一年就可以转换人心，比他自己反复说教要强五倍，比练兵条约和告示要强十倍。

　　其实，早在1562年戚继光带浙兵赴福建抗倭时，他就已经发现，训练"生兵"（新兵）是需要较长时间的（起码两年），所以为了应付紧急情况，他的办法就是把新兵和"素练之兵"（训练有素的军队）混在一起，"新旧相间，月日之间，俱为有制之兵"⑥。在这里他没有具体说明，但他的意思应该就是让老兵发挥传、帮、带的作用，而新兵向老兵学习，并在实践（即实战）中增加经验，尽快成长起来。例如，1563年二月戚继光亲自赴义乌招募新兵，三月就赶赴福建，将新兵投入战斗，"新兵

① 《年谱》卷七，隆庆二年十月，第225—226页。
② 《年谱》卷九，隆庆五年十二月条，第321页。
③ 《年谱》卷一〇，隆庆六年十月，第344页。
④ 《练兵实纪》杂集卷六《车步骑营阵解·敌台解》《烽堠解》，第326—328页。
⑤ 《年谱》卷七，隆庆二年三月条，第207页；《辩请兵》，《奏议》卷三，第91页。
⑥ 《年谱》卷三，嘉靖四十一年十二月条，第103页。

随募随发，未闲军政，幸于道途间寓训练耳，岂知良工苦心哉！"[1] 从后来戚家军在福建取得的一系列胜利、最后彻底"大创尽歼"倭寇来看，这种"新旧相间"的模式效果应该是成功的。

有理由相信，在戚继光蓟镇十五年的练兵生涯中，南兵发挥了榜样的力量，起到了催化剂的作用。虽然没有有关南兵如何影响北兵的具体记载，但从戚继光练兵成功的结果来看，南兵为加快北兵的练成应该起到了重要的作用。例如，蓟辽总督杨兆在1573年就说："今桃林、界岭二捷，可以见大将练兵之功，偏裨同心之助，亦可以见南兵破敌之勇，北军改弦之效。"[2] 上文提到南兵读书识字水平较高，而北兵水平非常低下，所以，戚继光在上任蓟镇总兵官伊始就力劝将士们"读书明理，有勇知方"。这里的"知方"也含有学习文化、甚至读书识字的意思。[3] 在与南兵的朝夕相处日子中，在南兵对北兵的言传身教中，北兵不仅仅提升了士气，学到了战术，而且也可能因此提高了读书识字水平。

官兵的识字能力也运用在签署保结（保证书）方面。戚继光早在浙江练兵时就有可能为了防止官兵之间舞弊和违法行为而要求官兵互签保结，并对签署保结的违法者实行连坐，不过具体做法没有体现在《纪效新书》（18卷本）里。该书第三卷《临阵连坐军法》概述了违法连坐的内容，但并没有提供保结文书的具体例子。该书仅有一处提到"保结"一词，指的是里长、邻居担保从军者的身份和行为等[4]。戚继光在《练兵实纪》开始把保结的内容具体化，并在1583年撰写的《纪效新书》（14卷本）里将其充实完善。

在《练兵实纪》的第一卷《车步旗保结式》一节里，戚继光列举了保结的格式和内容。保结分为两部分，第一部分是上保下，"自上而下，保无不堪"，即参将、游击保千总，千总保把总，把总保百总，其内容和

---

[1]《年谱》卷四，嘉靖四十二年四月条，第109页。"闲"即"娴"，娴熟；"军政"即军事知识。

[2]《年谱》卷一一，万历元年五月条，第364页。

[3]《年谱》卷七，隆庆二年十一月条，第230页。"知方"的"方"字，大到韬略、方略、战略，小到方法。

[4]《纪效新书（18卷本）》总叙，第6页。

格式是："某参、游某人，今当……处，保结得本哨下千总，并非怯懦不堪，如虚，甘罪，结状是实。"而百总保旗总，旗总保队总，队总保士卒，内容稍有不同："某百总某人，今当……处，保结得本局下旗总，并非怯懦不堪及冒名顶替，如虚及有逃走，甘罪，结状是实"，即增加了冒名顶替和逃走的内容。总之，上保下是要保证没有懦弱不堪、冒名顶替和逃走这些事情发生。第二部分是下保上，"自下而上，保本管不致失陷"，即队总保旗总，旗总保百总，百总保把总，把总保千总，千总保偏裨，偏裨保主将，其内容和格式是："千总某某等，今当……处，实保领过本管将官某，前去上阵，并不致临阵疏失。如有疏失，各甘死偿命。"①

《纪效新书》（14 卷本）里称保结为"甘结"，增加了在神灵前起誓与其他内容，可能是因为戚继光在蓟镇练兵发现这一做法行之有效。②上保下的格式和内容为："某营把总某人，今具甘结。为编选行伍事：结得部下哨官五员，系某自行抽选，俱心意相孚，胆勇好汉，守法向上，并无不堪。今当天地神灵之前，歃血同心。如或平时贪污科削，不恤军士，临阵退缩，纵兵搔扰，妄杀平民，冒争功级，一体甘坐军法。"下保上的格式和内容为："参、游某某等，今当神前，实保领过主将。前去上阵，并不敢生心退缩，不相救护。违令抛弃、疏失主将，各甘死偿命。"在誓师大会上，主将率各官兵在校场歃血为盟，对天起誓，然后收取甘结入档。③

《哨守条约》也涉及到文字和学习。蓟镇因为有险可守，所以历来不重视墩堠和烽火台。戚继光上任不久，就着手整顿边防报警系统（即

---

① 《练兵实纪》卷一《练伍法·车步骑保结式》，第 47—49 页。
② 有关戚继光带领将士们盟誓的内容，见《誓师会盟于神》，《奏议》附录，第 258—259 页；《年谱》卷三、卷四、卷五、卷八、卷一〇、卷一二，嘉靖四十一年九月条、嘉靖四十二年四月条、嘉靖四十四年九月条、隆庆三年八月条、隆庆三年九月条、隆庆六年二月条、万历八年七月条、万历十年八月条，第 88—89、109、163、247、264、327—329、398—400、403 页；《横槊稿》卷下《祭旗纛》、《祭马神》、《告景忠山三忠祠》、《祭关寿亭侯》、《歃血告文》、《誓将》、《誓师》，《止止堂集》，第 193—197、226—230 页。
③ 《纪效新书（14 卷本）》卷一《束伍·誓师旅》、卷八《行营·结状式》，第 7—8、175—177 页。

哨守）。为此，在隆庆五年（1571），制定《哨守条约》，颁给各空心敌台官兵，以便及时传递敌人入侵情报。根据戚继光的陈述，哨守一共有六个方面的内容，包括明哨（即派间谍深入敌营）和暗哨（派哨兵埋伏路旁，见敌便放炮报信）。其中戚继光详细列举了蓟镇地区十二路通向蒙古各部落的距离及其首领名字。戚继光强调，获得重要情报则重赏，获得假情报则重罚。同时，戚继光还创立烽燧，增设守墩军卒，每墩五名士卒，砌火池四座，立旗杆六杆，制定《传烽警报法》，包括各种号令和赏罚措施（阙载，但应该与《纪效新书》里的记载类似，见上），"载之条约，播之诗歌，使各军熟习，设专官督之"。[①] 这里的"诗歌"是指戚继光创作的《传烽歌》，目的在于方便士卒记忆：

　　一炮一旗山海路，一炮二旗石门冲，一炮三旗台头警，一炮四旗燕河攻。

　　二炮一旗太军（平）路，二炮二旗是喜峰，二炮三旗松棚路，二炮四旗马兰中。

　　三炮一旗墙子岭，三炮二旗曹家烽，三炮三旗古北口，三炮四旗石塘冲。

　　千贼以上是大举，百里以外即传烽。贼近墙加黑号带，夜晚添个大灯笼。

　　若是夜间旗不见，火池照数代旗红。贼若溃墙进口里，仍依百里号相同。

　　九百以下是零贼，止传本协各成功。单用炮声分四路，不用旗火混匆匆。

　　山海大墙皆一炮，石门喜曹二炮从。台头松古三炮定，四炮燕马石塘烽。

　　零贼东西一时犯，两头炮到一墩重。该墩停炮分头说，东接西来西接东。

　　但凡接炮听上首，炮后梆响接如风。炮数梆声听的确，日旗夜

[①]《额设守墩军卒定编传烽警报法》，《奏议》补遗卷二，第232页。

火辨分明。①

这里我们稍微讨论一下这种口诀的功能。运用简单易记的口诀帮助士兵记忆技艺要领的方法应该自古有之，但在近世时期才得到广泛的应用。明代将此称为"歌诀"。戚继光、俞大猷等将领都曾采用这一做法。上文谈到戚继光以歌曲的形式激励队伍，他解释道："歌诗不独可行于经生学子。行伍中，遇阴雨客邸之日，择好忠义激烈戒言、戎诗歌之，感发意气，愤悱志向，使习尊主庇民之道，亦一教也"。②此外，他还编写了《铳歌》，帮助士卒记住装填鸟铳和虎蹲炮的方法，特别交代载装填时要"照歌装"：

（鸟铳）《铳歌》：一洗铳，二下药，三送药实，四下铅子，五送铅子，六下纸，七送纸，八开火门，九下线药，十仍闭火门，安火绳，十一听令开火门，照准贼人举发。

（虎蹲炮）《铳歌》：一洗铳，二入药线，三下药，四下覆纸，五下送子③，六下木马，七下送子，用力打至药前第一箍乃止，八下子一层，下土下送子，九下子一层，下土下送子，十下子一层，下土下送子，十一下子一层，下土下送子，十二下子一层，下土下送子，十三下大子，下送子，用力打入口平。铳完候令。④

《纪效新书》（14 卷本）卷六《比较篇》谈到佛郎机装填时说道："人装一子，三人同装，念歌装筑如法毕，到射所……"，⑤这说明装填火器都有歌诀且士卒要遵照歌诀执行。戚继光编写的歌诀包括《潮汐歌》、《太阳歌》、《寅时歌》、《潮信歌》、《风涛歌》，目的在于帮助水兵将士掌握潮汐、风涛的规律，以利作战。⑥戚继光为了弥补士卒不识字的缺陷，编写各种歌诀，这一做法可能影响了后来的曾国藩（见下）。由此我们

① 《额设守堠军卒定编传烽警报法》，《奏议》补遗卷二，第 233—234 页。
② 《愚愚稿》卷上《〈大学〉经解》，《止止堂集》，第 265 页。
③ 该处有"轻"字，疑为衍文。
④ 《纪效新书（14 卷本）》卷三《手足·（鸟铳）铳歌》、《（虎蹲炮）铳歌》，第 59、62 页。
⑤ 《纪效新书（14 卷本）》卷六《比较·校火器》，第 136 页。
⑥ 《纪效新书》（14 卷本）卷一二《舟师·水战号令》，第 298—300 页。

可以猜想，在明末清初的"战争世纪"，既是枪声阵阵、炮声隆隆，又是书声琅琅、歌诀连连。

　　本节最后我要谈谈戚继光蓟镇练兵期间将士们文化水平提高程度的问题。限于材料，我们无法得知蓟镇地区的十五万大军在受到戚继光训练十五年之后文化水平有了多大提高，但戚继光蓟镇练兵的成就有目共睹，而且名扬海外。在他镇守蓟镇期间，确实遏制住了蒙古各部落内侵的势头，甚至促成了俺答部 1570 年与明朝议和（即俺答封贡）。[①] 戚继光在练兵八年后说："蓟后练至八载，将士实无二心而有死心，登坛则大将之威仪卓有可观；其车营十二，精甲十万，可联营数十里，指呼如一人之牧羊群。絜长度短，至无隙漏……"[②] 又说自己镇守蓟镇，"十五年虏未尝犯"[③]。《明史·戚继光传》也说"在镇十六年，边备修饬，蓟门晏然"。[④] 其实，从 1571 年到 1581 年的十年间，戚继光的上司们（刘应节、顺天巡抚和蓟辽总督杨兆、兵部右侍郎汪道昆、巡抚贺一桂、巡抚王一鹗、都御史郜光先、总督梁梦龙）和兵部曾多次以最华丽的辞藻高度赞扬其练兵成就。[⑤] 在对戚继光的一片赞扬声中，不止一个人指出戚继光的重大成功不在于他打了多少胜仗，杀死了多少敌人，而是他不战而屈人之兵的成就。

　　早在 1571 年，兵部就赞扬戚继光说："虏数苦蓟北，今修内备，不战而伐其谋，即军政无所课功，其功则上上也。"兵部还特地请求皇帝令戚继光"久留蓟，勿他徙"。汪道昆说戚继光"不战而伐虏谋，我得以其间治兵，边备益饬。此在兵法，非所谓'善之善者'与"。刘应节说他

①范中义：《戚继光传》，第 329—340 页；黄仁宇：《万历十五年》，第 163 页。
②《年谱》卷一二，万历十五年七月条，第 418 页。
③《纪效新书（14 卷本）》卷一四《练将·练将或问》，第 376 页；参见范中义：《戚继光传》，第 329—340 页。
④《明史》卷二一二《戚继光传》，第 5616 页。
⑤《年谱》卷九、卷一一、卷一二，隆庆五年十二月条、万历元年二月条、万历元年五月条、万历元年八月条、万历元年十月条、万历二年正月条、万历三年七月条、万历四年二月条、万历五年八月条、万历五年十二月条、万历六年七月条、万历七年十月条、万历九年五月条，第 321、361、364、366—369、376、380—381、387—390、395、396、401—402 页。

"收功不战"和"不战之功过于战胜"。[①] 兵部尚书邢玠在 1597 年也说："世之称戚将军者，皆盛推其功在南，而不知其功在北；皆言其善用南兵，而不知其妙在能以南法练北卒。……顾闽之功可迹而蓟之功不可迹，可迹者伐敌，不可迹者伐谋。用南以练南而南张，用南以练北而北劲；用练以战而战之功在一时，用练以不战而不战之功在百世。"[②] 这里强调"以南法练北卒"，其效果应该较好。

邢玠论及戚继光所练蓟镇兵士军容时说："当是时，南兵参伍，军容甚盛，冠于诸镇。"[③] 张鼐也说："昔者戚继光之练兵蓟镇也，……而蓟镇之兵独强。"[④] 清朝官员吴之勷在 1819 年也称赞戚继光"节制精明，器械犀利，蓟门军容遂为诸边冠。"[⑤] 这些都充分说明，在明代长城沿线的"九边"之中，蓟镇练兵的效果最佳，成就最大，是模范军区。在明朝卫所出现大量逃兵的情况下，万历二年（1574）直隶巡按卢明章却说戚继光领导下的蓟镇"营路逃亡数少而行伍充足"，这实在是难能可贵！[⑥] 也就在同一年，朝鲜赴明使节赵宪在北京获悉戚继光文武双全，治军有方，称赞其为世间名将，"今镇北方，善谋善御，有急必援，虏不敢近"，回国后就呼吁朝鲜国王为他和蓟辽总督杨兆作传。[⑦] 足见当时戚继光练兵治军成就巨大，威名远扬。

上面我们已经提到，戚继光整顿、改革的蓟镇地区武学和武举应该卓有成效。从上述戚继光蓟镇练兵的空前成功我们也可以推测，在戚继光的得力指挥下，在其人格魅力和爱卒如子作风的感召下，在严格的

---

① 《年谱》卷九、卷一一，隆庆五年十二月条、万历元年八月条、万历元年十月条、万历二年正月条，第 321、366—368 页。

② 邢玠：《重刻〈纪效新书〉序》，《练兵实纪》附录，第 344—345 页。

③ 同上注，第 345 页。

④ 张鼐：《辽筹》卷上《请议徐詹事练兵疏》，《四库禁毁书丛刊》集部第 105 册影印北京图书馆藏天启刻本，北京：北京出版社，1997 年，第 633 页。

⑤ （清）吴之勷：《〈练兵实纪〉跋》，《练兵实纪》附录，第 350 页。

⑥ 《年谱》卷一一，万历二年八月条，第 367 页。黄仁宇《万历十五年》（第 173 页注释 106）提到南兵也有逃亡的现象。

⑦ ［朝鲜］赵宪：《重峰先生文集》卷一〇《朝天日记》上，《韩国文集丛刊》第 54 册，首尔：韩国民族文化促进会，1990 年，第 350 页。参见孙卫国：《〈纪效新书〉与朝鲜王朝军制改革》，《南开学报》2018 年第 4 期，第 117 页。

考核制度督促下，在赏罚严明的制度的激励下，蓟镇的将士一定士气饱满，人人爱学，形成了一股积极学艺、认真读书的热潮。虽然戚继光练兵没有像现代军队那样，将读书比赛和知识竞赛这一类活动列为正规比赛项目，但从上述背诵练兵条目即免受处罚可以得知，认真读书、背诵条目确实是受到鼓励的。限于史料，我们无法得知士卒因为读书而得到奖励和提升的例子，但从"火兵（炊事员）有能奋学、武艺精熟者，升为战兵"这一点看，勤奋好学是可以在军中得到奖励和提拔的。[①]

蓟镇地区将士的文化水平，特别是读书识字能力也应该因戚继光的训练而得到了较大提高，从某种程度上讲，应该是成为了有文化的部队。《年谱》最后评价戚继光蓟镇练兵时说："士卒则有戍募、主客、南北不一，莫不有勇知方……"[②]因为史料的缺乏，我们仍然无法了解具体情形，但戚继光一贯坚持有勇有谋、文武双全的选将思想是非常清楚的，也应该得到了很好的贯彻。

六　戚继光读书练兵的深远影响

其人往矣，其书尚在。——福建布政司（1593）[③]

能读公书，能用公法，公固在也。——明朝兵部尚书邢玠（1597）[④]

（王鑫）常教士卒作字读书，书声琅琅，如家塾然。（1854）。[⑤]

没有文化的军队是愚蠢的军队，而愚蠢的军队是不能战胜敌人

---

① 《纪效新书（18 卷本）》卷四《谕兵紧要禁令》，第 81 页；《练兵实纪》卷二《练胆气·励火兵》，第 62 页；《纪效新书（14 卷本）》卷六《比校·劝火兵》，第 133 页。戚继光在 1572 年还说："本职数年以来，极力优遇将领，人心颇感。"（《年谱》卷一〇，隆庆六年十一月条，第 356 页）

② 《年谱》卷一二，万历十一年二月条，第 408 页。《练兵实纪》杂集卷二《储练通论下·原教》、《原练兵》，第 234、246 页；《纪效新书（14 卷本）》卷一一《胆气·原分数》，第 239 页。

③ 福建布政司：《刻〈纪效新书〉前言》，《纪效新书（14 卷本）》附录，第 389 页。

④ （明）邢玠：《重刻〈纪效新书〉序》，《练兵世纪》附录，第 345 页。

⑤ （清）罗正钧编：《王壮武公年谱》卷上，引左枢《王壮武传》，咸丰四年八月条，《北京图书馆藏珍本年谱丛刊》第 167 册影印光绪十八年刻本，北京：北京图书馆出版社，1999 年，第 672 页。

的。——毛泽东（1944）[①]

本节讨论戚继光兵书对后世的影响，主要是19世纪湘军和20世纪共产党军队的读书识字与戚继光兵书直接或间接的联系。实际上，在戚继光去世前，其兵书已经在中国产生了广泛的影响，在他1588年去世后，其影响不减反增，从中国到朝鲜，从日本到越南，戚继光兵书广泛流传。目前对戚继光影响的研究尚不够全面和深入，但本文限于篇幅，只着重考察湘军的读书练兵，同时也简单涉及国共两党军队的读书识字。

根据范中义的研究，戚继光的《纪效新书》（18卷本和14卷本）、《练兵实纪》刊刻情况大致如下：现存的明刊本和抄本有二十多种，清代则有近四十种刊本，民国年间也有十六七种（不包括丛书中的刊本）。从时段上来划分，大概有三个高潮：第一个高潮是壬辰战争日本侵略朝鲜、明朝出兵援助期间，即1592年至1598年。现存的明刊本《纪效新书》（18卷本和14卷本）和《练兵实纪》共有二十多种，这一时期刊刻的就有五种。第二个高潮是19世纪四五十年代，即鸦片战争和太平天国起义期间，刊刻的《纪效新书》（18卷本）和《练兵实纪》有十三种。第三个高潮是20世纪30年代，即日本加紧侵略中国之时，在1934年至1938年间，有十二种翻印本。自1588年戚继光去世到1941年的353年中，至少有七十一种刊本和手抄本，平均每五年就有一种新版本问世。这些当然只是大概而粗略的统计，历代传抄或刊刻的戚继光兵书的版本实际上要更多。此外，戚继光的兵书还被重新编撰，改头换面以其他形式出现，或被收录和吸收到其他兵书中去。[②]纵观中国兵书，除了《孙子兵法》具有经久不衰的巨大影响之外，戚继光兵书影响的广度和深度确实是罕见的。

我们最关心的一点，即在戚继光在世时与去世后，中国是否还有读书练兵、要求将士识字读书、训练有文化的军队的现象存在。这方面的

---

① 毛泽东：《文化工作中的统一战线》，《毛泽东选集》第3卷，北京：人民出版社，1991年，第1011页。
② 参见范中义：《戚继光传》第十一章第二节《广泛的影响》，特别是第571—572页。

资料极度缺乏，但答案是肯定的。一个非常有力的佐证就是与戚继光生活在相同时代且几乎齐名的俞大猷（有"俞龙戚虎"之说）。例如，他在隆庆五年（1571）曾写道："愚尝用数十年心力，求得其法，著为《剑经》。各把总、哨官取读而习之，以转教哨、队长，又转教各兵，则总营之技艺既熟，一人之伍法皆精，可以全争于天下矣。"①《剑经》的内容其实是棍经，以浅显易懂、短小精悍的口语短句教授棍棒的用法。后面附有"射法"，教授弓箭射法，行文偏重文言，但仍然好懂。②同一年，俞大猷谈到练兵："教兵之方，技艺为先，节制次之。而其要又在于申明忠孝大节以化导之，使心知乎亲上死长之义。至于用兵之际，条约尚多，唯'信赏必罚'四字，则泰山可移……"③俞大猷练兵的方法应该和戚继光相差不大，都要先进行政治思想教育，然后进行节制、教授技艺，再就是订立各项"条约"。这些条约也应该是要求背诵的。这样，我们得知，督促将士读书不仅仅是戚继光练兵的孤立现象，而应当是明末比较普遍的现象。此外，但朝鲜在壬辰战争期间以戚继光兵法为指南训练朝鲜军队的过程中也有读书练兵方面的内容（容专文论述）。但这方面我们还需要发掘更多的材料。

　　到了咸丰年间（1850—1861），在清朝与太平天国军队的战争中，我们开始见到稍微具体一些的材料，似乎可以为我们立论提供更有力的证据。为了对付太平军以及此后的捻军等，清朝从皇帝到儒生、从将领到士卒，都掀起了一股戚继光热，戚继光兵书成了畅销书，戚继光军事思想成了清朝军队、尤其是湘军的指导思想。根据《清实录》的记载，咸丰（1851—1861 在位）、同治（1862—1874 在位）和光绪（1875—1908

---

① （明）俞大猷：《正气堂集》卷一一《广西选锋兵操法》，廖渊泉、张吉昌点校：《正气堂全集》，福州：福建人民出版社，2007 年，第 289 页。
② （明）俞大猷：《正气堂集》卷一一《广西选锋兵操法》，廖渊泉、张吉昌点校：《正气堂全集》，第 753—773 页。这些有关棍棒、弓箭的技艺很有价值，被戚继光纳入其《纪效新书》的 18 卷本和 14 卷本中，并配上图画以便理解。见《纪效新书（18 卷本）》卷一二《短兵长用说》、卷一三《身法》，第 184—219、220—226 页。《纪效新书（14 卷本）》卷三《弓矢指机习法》，第 67—72 页。
③ 《正气堂集》卷一一《大同镇兵车操法》，《正气堂全集》，第 279 页。

在位）三帝都极力推崇戚继光兵书，但真正将其付诸实践的还是湘军将
领们。①

　　清末湘军崛起，"儒门出将，书生知兵，较其功烈，近古未有也"。
曾国藩以练兵对抗、击败太平天国军队而闻名，他借鉴戚继光练兵的事
实也广为人知，但实际上理学先生罗泽南等组织团练要略早于曾国藩。②
咸丰元年（1851）洪秀全领导太平军起兵于广西金田，第二年罗泽南
（1808—1856）就率领其儒家弟子李续宾、李续宜兄弟以及王鑫等在家
乡湖南湘乡开始团练，所以当时有"无湘乡，不成军"的说法，而经学
家、教育家钱基博（1887—1957）则更进一步说"无泽南，无湘军"，因
此罗泽南也被当代学者誉为"湘军之父"。虽然罗泽南"以宋儒理学治
兵"，并猛烈批判王阳明心学，但这并不妨碍他向信奉王氏心学的戚继
光学习军事："仿戚氏法部署其众，教之击刺，勖以忠义，纪律肃然"③；
"湘军营制，创于泽南。编队立哨，略仿戚继光束伍法"④。以儒生出身的
罗泽南将读书与治军结合起来，曾国藩就说他"矫矫学徒，相从征讨；
朝出鏖兵，暮归讲道"⑤；张之洞（1837—1909）也评论说罗泽南"军中讲
学，英雄洒泪"⑥；朱栿春也说他"朝出鏖战，暮归讲道，文儒武侠，并跱

①《清文宗实录》卷九二，咸丰三年四月乙未，《清实录》第 41 册，北京：中华书局，
1986 年，第 247 页。《清文宗实录》卷二八一，咸丰九年四月辛酉，《清实录》第 44
册，北京：中华书局，1987 年，第 123 页。《清穆宗实录》卷二七，同治元年五月壬
午，《清实录》第 45 册，北京：中华书局，1987 年，第 724 页。《清穆宗实录》卷二三
〇，同治七年四月己亥，《清实录》第 50 册，北京：中华书局，1987 年，第 168 页。
《清德宗实录》卷二二七，光绪十二年四月甲申，《清实录》第 55 册，北京：中华书
局，1987 年，第 63 页。《清德宗实录》卷三六六，光绪二十一年四月壬戌，《清实录》
第 56 册，北京：中华书局，1987 年，第 784—785 页。
② 萧一山：《曾国藩传》第七章《编练湘军》，北京：东方出版社，2009 年。
③《刘蓉集》卷二，长沙：岳麓书社，2008 年；（清）刘蓉：《养晦堂文集》卷九《政大
夫赠巡抚布政使衔浙江南绍门道罗忠节公》，光绪十一年思贤讲舍刻本。
④ 钱基博：《近百年湖南学风·罗泽南传》《李续宾传》；朱金泰：《湘军之父罗泽
南》，上海：上海古籍出版社，2009 年。有关罗泽南的理学思想，参见张晨怡：《罗泽
南与晚清理学复兴》，《清史研究》2006 年第 1 期。
⑤《忠节公神道碑铭》（http://www.luos.org/list.asp?unid=2033）。参见钱基博：《近
百年湖南学风·罗泽南传》。
⑥（清）张之洞：《张文襄公骈文》卷二二三《祭罗忠节公文》，叶 37b。

兼蹈"①。

罗泽南的得意门生之一王鑫（1825—1857）也参与创办团练，根据现有资料来看，有关王鑫读书练兵的史料更为详实生动。骆秉章《骆文忠奏议》记载说：王鑫"治军以训练为急，所部壮士，操刀矛火器之余，以《孝经》、《四书》相传诵。入夜，营门扃闭，刁斗之声与书声相间也。"钱基博《近百年湖南学风》的记载大同小异：王鑫"在军中，尝教士卒习字读书，日课《四书》、《孝经》，以义理反复训谕，而引论经史大义，譬晓耸切，听者至潸然泪下。迨夜，营门扃闭，刁斗之声与讽诵声相间也"；又说"鑫之治军，好整以暇，无日不课弁卒读书，而己亦无日不读书"。还有其他史料也都强调王鑫练兵读书的情景。②当代一位学者这样评论王鑫练兵："这种过去只在课堂上有的教育，现在进入了军队，可以说是一个创举，开创了军队教育的先河。曾国藩吸纳了王鑫这一好的做法，使用在他的军队教育上，在军队中推行礼的教育，把军队办成一所学校。"③这位学者看到读书与练兵相结合的重要性，但他不知道，戚继光才是这种做法的创造者，而罗泽南、王鑫只是继承者。

王鑫还著有兵书《练勇刍言》、《阵法新编》、《练勇臆说》与《尺一偶存》，其练兵思想与戚继光有明显的继承关系。例如，咸丰三年，王鑫"益日训练其军，令士卒足缚铁瓦习超距。复参变前明戚继光书，以意为阵法，令演之"④。《练勇刍言》于咸丰三年（1853）年底前已经完成，咸丰十年（1860）又由胡林翼在湖北重版，成为鄂军的指导教材。⑤根据王定安的《湘军记·水陆营制篇》记载，"湘军规制，多采之王鑫之《练

① （清）朱楙春：《洪山祭罗忠节公文》，（清）谭献：《经心书院续集》卷一二，光绪二十一年湖北官书处刻本。朱楙春于光绪二十九年（1903年）参加殿试，任知县。
② 熊治祁：《湖南人物年谱四·王鑫年谱》，咸丰四年条，长沙：湖南人民出版社，2013年；钱基博：《近百年湖南学风·王鑫传》。
③ 周玉柳，《向曾国藩学领导艺术》，北京：新世界出版社，2012年。
④ 熊治祁：《湖南人物年谱四·王鑫年谱》。还有更多简介资料说明戚继光的影响。例如，陈三立在《〈阵法新编〉跋》里就说："兹书文句浅易，取喻校卒颇详，规制、法程、号约、禁令，与戚氏《新书》相出入，殆古军礼之遗，而《司马法》之支裔与！"载熊治祁《湖南人物年谱四·王鑫年谱》。
⑤ 谭伯牛：《战天京：晚清军政传信录》，北京：中国工人出版社，2004年，第15页。

勇刍言》"。许保林认为，王鑫《练勇刍言》第五篇里的练目、练耳、练口、练手、练足、练身、练心、练胆、练谋、练识、练气、练精神是在戚继光"六练"（一练伍法，二练胆气，三练耳目，四练手足，五练营阵，六练将）基础之上的进一步扩展和发挥，并提出"练谋"和"练识"的新见解，不仅将官需要练谋，兵勇也需要练谋。[①] 这样戚继光的练兵思想在无形中又得到了传播。此外，陈三立评论《阵法新编》，认为"兹书文句浅易"，这有可能是受戚继光使用口语的影响。

　　毫无疑问，曾国藩当然是湘军的总设计师，也非常熟悉戚继光兵书。早在咸丰元年（1851）组织湘军以前，他就上奏说："明臣戚继光练金华兵三千人，遂以荡平倭寇。"[②] 曾国藩自称他组建湘军受到戚继光和傅鼐（1758—1811）的影响，但戚继光的影响最大，有学者甚至认为"湘军的制度几乎照搬戚继光理论"[③]。太平军于咸丰二年十二月四日（1853年1月12日）攻克汉口，曾国藩在十天后（1853年1月23日）就上奏说："臣拟现在训练章程，宜参访前明戚继光、近人傅鼐成法，但求其精，不求其多；但求有济，不求速效。"[④] 他在选将、募兵、组织（束伍）、保结（连坐）、练兵、训兵、训将、阵法、战术（"一一队言之，则以鸳鸯、三才二阵为要"）、军礼等方面可以说都采用"戚法"，练成能征善战的湘军，最后打败太平军，赢得不世之功。[⑤] 曾国藩在多种场合都提到他以戚继光的办法练兵治军。他在给湘军将领刘蓉（1816年—1873）的回信中提到军礼："军礼既居五礼之一，吾意必有专篇细目，如戚元敬氏所纪各号令者，使伍、两、卒、旅有等而不干坐作，进退率循而不越。"[⑥] 在咸

---

① 许保林：《中国兵书通览》，第283—285页。
②《曾国藩全集》首卷《奏稿一·议汰兵疏》（咸丰元年三月初九日），北京：中华书局，2018年。
③ 谭伯牛：《战天京》，第12页。
④《曾国藩全集》首卷《奏稿一·敬陈团练查匪大概规模折》；谢晓辉：《傅鼐练兵成法与镇筸兵勇的兴起：清代地方军事制度变革之肇始》，《近代史研究》2020年01期。
⑤ 详见谭仲池：《长沙通史·近代卷》"湘军兴起与长沙"；范中义：《戚继光传》，第576—578页；《1854—1855年间曾国藩办团练时手录阵法图》，湖南省博物馆藏。
⑥《曾国藩全集》卷九"复刘霞仙中丞"。

丰八年（1868）曾国藩上疏请建湘乡忠义祠，说他在咸丰二年"率同罗泽南、王鑫、刘蓉、罗信南数人督带湘勇赴省，仿照前明戚继光之法，编束队伍，练习胆技"①。第二年（1869）曾国藩撰写《湘乡昭忠祠记》，又追溯当年建立湘军（湘勇）时，"略仿戚元敬氏成法，束伍练技"②。在李鸿章创建淮军之时，曾国藩还叮嘱他："闻足下所带之勇，精悍而有纪律，务望更加训练，束以戚氏之法。"③

此外，曾国藩编写了一些通俗易懂、朗朗上口的军歌，目的是练兵治军。他于 1855 年编写《水军得胜歌》，"令士卒歌颂，口相习以熟，冀娴其大略"。他和戚继光一样，非常注意用歌诀的形式来教育、训练士兵，弥补士兵不识字的弱点。④ 三年之后，即 1858 年，为了整顿加强湘军纪律，禁止扰民害民，曾国藩就以白话编写了《爱民歌》，共八十句，深入浅出，通俗易懂。《爱民歌》一箭双雕，一歌两用，既是湘军的纪律手册，也是湘军的识字课本。曾国藩每天教上一两句，让士兵先认识字，再理解其中意思，这样翻来覆去，最后付诸行动，达到纪律严明。⑤ 我们从中仿佛看到了戚继光要求将士读书的影子。

梁启超曾在 1897 年写给清朝驻美国大使的信中，就如何教育美国"未尝识字，未尝读书，未尝受教化"的华人提出三项措施建议，其中第二条是："兴书院。夫旅居既久，渐有子弟无师可就，无书可读，幼而失教，长而洋佣，谬种流传，永难自立。今宜就各市镇创立书院、义学，由中土聘良师为教习，而兼请西人以课西学、授西文。昔王文成在军中自编俗语歌诀口授军士，以作其敌忾之气。近曾文正亦用其法，以授前敌

---

① 《曾国藩全集》卷一《湘乡县建忠义祠折》；熊治祁编：《湖南人物年谱》卷四《王鑫年谱》。
② 曾国藩，《湘乡昭忠祠记》，载朱东安选注：《曾国藩文选》，天津：百花文艺出版社，2006 年，第 298 页。
③ 《曾国藩全集》卷八《与李少荃》。
④ 李占虎：《曾国藩和他编写的军歌》，《唐山师范学院学报》2010 年第 1 期，第 64—67 页。另参见李静：《从"朝廷鹰犬"到"国家柱石"——浅析晚清的三部军歌》，《文史知识》2007 年第 10 期。
⑤ 朱诚如：《清朝通史》第 10 卷《咸丰同治朝》，北京：紫禁城出版社，2022 年，第 270 页。

及围城中人。此教乡曲粗人莫善之良法也！书院既立，则宜令各教习篇定此种书专发明振兴中国、保全种族之义及工作商业等理，皆编成俗语以授之，人手一编，口碑载道，自强之效油然生矣！"[①]梁启超将这种歌诀办法用于现代教育，足以显示近世时期以口诀、歌曲教育文盲的有效性。但他将编撰歌诀的行为归功于王阳明，而曾国藩又向王阳明学习，不无可能，但不能排除曾国藩学习戚继光的可能性。

就在曾国藩奏疏"宜参访前明戚继光、近人傅鼐成法"的三天前（1843 年 1 月 26 日），身为湖南巡抚张基亮幕僚的左宗棠（1812—1885）在代替前者起草奏疏时，也说："委明干官绅，选募……乡勇一二千名，即由绅士管带，仿前明戚继光束伍之法行之。所费不及客兵之半，遇有缓急，较客兵尤为可恃。"左宗棠还为湖南另外一位巡抚骆秉章起草奏疏，说明组建湘军为什么要慎重招募、严格训练、层层节制的奥秘：

> 夫用勇之多流弊，人人知之矣。湖南勇丁所以稍稍可用者，原于未募之初，先择管带，令其各就原籍选募，取具保结，而后成军。成军以后，严加训练，层层节制。该勇丁均系土著生长之人，有家室妻子之恋，故在营则什长、百长、营官、将领得而治之，散遣归籍，则知县、团总、户长得而察之。遇有私逃，则营官、将领禀知本省，得按籍捕之。此明臣戚继光所以有募勇必由知县之说也。[②]

这里骆秉章指的是，戚继光赴义乌募兵，组建戚家军，邀请县令赵大河为监军，因为"县令监兵，尤为有益"，赵大河"尺籍在握，逃则易缉，梗则易治"，所以，"即有逃避，在伍可以究其兄弟，在籍可以系其妻子。召之集则不敢后期，率之归则不敢生扰。……故军法虽严，不敢逃避，士心咸服，而无怨怼"[③]。与此相关的一点是，即湘军在组建时，家

---

① 梁启超：《致伍星使书：论美国华工六事》，载《皇朝经世文新编》卷一五下。

② （清）左宗棠：《左宗棠全集》卷九，长沙：岳麓书社，1989 年，第 18 页《张基亮奏稿》"筹办湖南堵剿事宜折"（十二月十九日）；第 66 页《骆秉章奏稿》。这两份奏折名义上的撰写者分别是湖南巡抚张基亮和骆秉章，但实际上是左宗棠作为幕僚起草的。另外参见孙良珠：《左宗棠全传：从三试不第到封疆大吏》，武汉：华中科技大学出版社，2012 年。

③ 《奏议》卷三，第 38、68 页。

族和血缘的纽带起了巨大的作用，因为有很多参军者来自一个家族，也有很多家族兵、父子兵、兄弟兵（最有名的是曾国藩及其四个弟弟）和叔侄兵。他们在战场上"互救互援，相依为命，兄亡弟及，父故子承"①。这种建军指导思想有可能是来自戚继光，因为他一直认为"兵莫如父子兄弟"，因为"父往子来，亲戚相助，其气常壮"②。此外，湘军将士的高薪也许是受了戚继光的启发，因为他深切知道，只有如此，"方得猛士"③。

　　湘军另一著名将领胡林翼（1812—1861）也深受戚继光兵书影响。早在咸丰元年、二年，胡林翼调任贵州黎平府知府，了解到绿营兵不堪使用之际，就采用明朝将领沈希仪（1491—1554 年，任职广西、四川等地参将、左参将、都督金事、都督同知等职）和嘉庆朝傅鼐"碉剿之法"，训练壮勇，效果显著。辅佐胡林翼练兵年的是黎平府州判（文官七品，知府助手）韩超，"熟精戚继光之书，佐公督练三载"。胡林翼对他赞赏有加，并多方推荐，说他是"知兵之员，殊不多得……深明兵略，刚直不挠。臣前所带黎平团勇，皆韩超训练之力。其才非臣所及"。后来韩超官至贵州巡抚。④虽然胡林翼本人没有明确提到，但这条资料透露出的信息是，韩超具体负责训练黎平壮勇，一定采用了戚继光的练兵方法。事情确实如此。咸丰三年，御史王发桂上疏推荐胡林翼任职湖北，对付太平军，说他"捕盗锄奸，有胆有识，平日训练壮勇，仿戚继光成法而变通之。勇不满三百，锐健果敢，一可当十。搜剿匪徒于深山密箐中，与士卒同甘苦。所著《保甲团练条约》及《团练必要》诸篇，行之均有成效，历任督抚深为倚重。倘蒙圣恩逾格畀以重任，留于湖北带兵剿贼，

---

① 刘铁铭：《湘军湘乡籍将领的人文特色》，《湖湘论坛》2009 年 1 期，第 58—60 页。
② 《奏议》卷三，第 91 页；《年谱》卷二，嘉靖四十年八月条，第 70 页；卷七，隆庆二年三月有条，第 206 页。
③ 《年谱》卷二，嘉靖四十年八月条，第 70 页。参见《年谱》卷九，隆庆四年六月条，第 308 页。
④ 梅英杰编：《胡文忠公年谱》"咸丰元年、二年"，载熊治祁编：《湖南人物年谱》（三）；（清）胡林翼：《胡林翼集》二 "咸丰二年"，长沙：岳麓书社，2008 年。

可期得力"①。胡林翼训练团练也采用了戚继光的方法，只是在具体编制上有所变通。例如，戚家军的编制是队、哨、总，每队十二人，四队为一哨；而胡林翼的团练（具体由韩超负责）的基本编制则是行、队、哨，分别为七人、十五人、四十五人，规模较戚家军稍小。②咸丰二年（1852），胡林翼对戚继光的选兵原则推崇备至："戚南塘选兵，不用城市而用乡农，用意最精。"此外，他还谈到戚继光的用矛法："譬之南塘矛法，须先让对手打一下，然后应之。此理至微妙。"③

湘军水师统领之一彭玉麟（1816—1890）也熟读戚继光兵书，并对其推崇备至。在同治十一年（1872）就筹建水师、慎选将才上奏清廷时特别指出："前明武臣中如戚继光，文臣中如王守仁，此不独水师可用，而实水师之奇才。"④确实，此前在曾国藩的领导下于1853年创建的湘军水师的编制的确也受到过戚继光的一些影响（例如哨、营这样的单位）。⑤

从上述讨论可以明显看出，所有湘军将领和清朝中兴的关键人物都仿效戚继光练兵治军、抗击太平军，确实证明戚继光兵法成为他们练兵治军的圭臬。⑥所以，范中义在《戚继光传》里（第579页）这样评论道："从明朝后期到十九世纪五六十年代……戚继光军事思想已成为中国军事领域的主导思想。"

上述侧重于讨论湘军在募兵、编制、战术等硬件方面如何受到戚继

①《清史列传》卷四十二"胡林翼传"，载梁启超著、彭树欣整理：《梁启超修身三书·曾文正公嘉言钞》，上海：上海古籍出版社，2018年。参见《清史稿》卷四百六十列传一百九十三《胡林翼传》。
②（清）胡林翼：《胡林翼集》二"咸丰二年"：《兵练支放操练章程》；薛雪其、吴晓斌：《胡林翼军事思想研究》第八章，长沙：湖南大学出版社，2013年。
③（清）胡林翼：《胡林翼集》二"咸丰二年"：《请通饬修筑碉堡启》；《致庄受祺、严树森》（九月十一日）。
④（清）彭玉麟：《彭刚直公奏稿·详酌水师事宜折》，曲园俞樾署检，光绪十七年（1891）。
⑤李井：《湘军水师营制初探》，《四川师范大学学报》1992年第2期，第56—60页。
⑥此外，太平天国将领忠王李秀成也酷爱戚继光的《纪效新书》，在他占领杭州时，"案头一卷未卒读，《纪效新书》戚公作"。见范中义《戚继光传》，第578—579页。

光影响，这些都有史料记载，很容易看到，但不易为人察觉的是其他软件方面、史料没有谈及的隐性影响。上文我们具体谈到戚继光着力培养文武双全的将领，在文的方面强调将领阅读儒家经典，以"正心术"，用儒家思想来武装将士，指导练兵、治军、打仗。用现在的话讲就是他要建立的是一支有理想、有道德、有纪律、有本领、有文化的军队。戚家军就是这样的一支部队。[①] 湘军也是。湘军的最大一个特点就是文人带兵，"儒门出将，书生知兵"，将领大多都是儒生出身。根据罗尔纲的统计，儒生出身的一般将领占 58%，高级将领更是占到 67%；而根据皮明勇《湘军》一书的统计，湘军高级将领儒生出身的占 78%。[②] 湖南学者朱汉民对湘军的文化底蕴有精彩的论述：湘军不仅仅是一个军事集团和政治集团，同时又是一个文化集团，"是一个有统一思想文化的军队，具体来说，是一支由具有共同价值信仰的儒将所主导的文化集团"。湘军按照"选士人，领山农"的原则组建军队，就是以儒家文化理念统率军队及战事，从而使湘军获得了一种文化品格、思想灵魂，以确保证湘军不是一支目不识丁的草莽武装、军阀队伍。"从湘军的治军训军的原则和方法，到他们对儒学的研究传播活动，无不深深地体现出一种儒家文化理念的全面渗透，使得湘军成为一支真正具有文化统摄力的军队，并且能够和清廷的武装力量及近代军阀的武装力量区别开来。"所以，"湘军是一支有文化的军队"[③]，是由"读书识字者"领导的农民（山民）武装部队。[④] 上面提到的著名湘军将领王鑫白天战斗，晚上给士兵讲授《四书》、《孝经》，"时以义理反复训喻，若慈父之训其爱子"，以及

---

① "戚家军"从狭义来讲是指戚继光在浙江招募义乌士卒训练而成的队伍，但从广义上来讲，他领导十五年的蓟镇十五万军队也可以说是戚家军。

② 谭伯牛：《战天京》，第 2 页；刘铁铭：《湘军湘乡籍将领的人文特色》，《湖湘论坛》2009 年 1 期，第 58—60 页。参见汤浩、朱汉民：《湘淮军集团的同源异流：一个理学文化视角的比较》（https://www.aisixiang.com/data/113279.html）。

③ 朱汉民：《湘军是一支有文化的军队》，《光明日报》2014 年 10 月 28 日 16 版。

④ 1854 年 2 月 25 日，曾国藩发表了《讨粤匪檄》，指出太平天国"举中国数千年礼义人伦诗书典则，一旦扫地荡尽。此岂独我大清之变，乃开辟以来名教之奇变，我孔子、孟子之所痛哭于九原"，接着号召"凡读书识字者，又乌可袖手安坐，不思一为之所也"。

并曾国藩"每次与诸弁兵讲说，至一时数刻之久。虽不敢云说法点顽石之头，亦诚欲以苦口滴杜鹃之血"[1]，就是最好的证明。从戚家军到湘军，都重视向将士灌输儒家思想，高度统一思想，强调万众一心，以精神来感化将士。两支军队高度相似，期间似乎有一定的联系。

湘军的建军指导思想和文化建设在多大程度上受到了戚继光练兵、治军的影响，我们不得而知，但鉴于湘军将领都熟读戚继光兵书，所以戚家军和湘军在这方面的联系应该是存在的。在硬件和软件两方面戚继光都对湘军产生了巨大影响，所以我们可以说，戚继光的兵法不但帮助明朝联军打败16世纪日本对朝鲜的侵略，也帮助了湘军最终击败了太平军，清朝的中兴有戚继光不小的功劳。有关这一点，还应该寻找更多的资料，这样我们的立论就会得到更多支持。戚继光的抗倭与湘军的抗击太平天国，在各自的发展轨迹方面也有类似之处。戚继光练兵是在明朝的中期以后卫所制度完全毁坏以后开始大量募兵的背景下进行的，而湘军也是在清朝中期以后绿营、八旗制度大幅度颓败之后开始大量募兵的背景下进行的；[2]面临被太平军灭亡的危机，湖南儒生首先想到了戚继光，于是采用其军事思想，对抗太平军，南征北战。就像受戚继光影响的浙兵遍布明末多个省区那样，湘军在平定太平军后，也东征西讨，又被派往北方、新疆等地，"湘乡一县之人，征伐遍于十八行省"[3]。人们所意识不到的是，清朝湘军竟然打着深深的明朝戚家军烙印！无论是曾国藩、左宗棠和彭玉麟这样的"大清三杰"，还是曾国藩、左宗棠、胡林翼和李鸿章这样的清朝中兴四大名臣，在某种程度上说都是戚继光的学生。

还有一点是可以肯定的是，从16世纪中晚期近世的戚家军再到三百年后19世纪中晚期近代的湘军，从戚继光的一花独放、孤星闪烁到以罗泽南、王鑫、曾国藩等为首的湘军儒将的百花争艳、群星璀璨，

---

[1]《曾国藩全集》卷八《与张石卿制军》，北京：中华书局，2018年。
[2] 有关清朝募兵制度的形成，参看李志茗：《勇营制度：清代军制的中间形态》，《史林》2006年4期，第29—34页。
[3] 朱东安选注：《曾国藩文选》，天津：百花文艺出版社，2006年，第299页。

中国在建设有文化的军队方面已经突飞猛进，清楚地说明这种近世性的趋势越来越强。所不同的是，戚继光是由武而文，而湘军将领们则是由文而武，路径不同，但却殊途同归。而到了 20 世纪，在蒋介石和毛泽东领导下的军队的文化建设就已经成了浩浩荡荡的现代洪流了。戚继光开创的以文化武装军队的涓涓细流到了蒋、毛时期就汇聚成了汪洋大海。

戚继光不仅仅影响了明清两代的官员和将领，也很可能影响了民国时期国共两党的练兵和治军。民国时期，戚继光兵书流行仍然很广。1922 到 1935 年，上海和长沙的商务印书馆、新民书局都影印或印行 18 卷本的《纪效新书》；从 1929 年到 1935 年，国民革命军和政府也多次印行《纪效新书·练兵实纪合编》。[①] 抗日战争时期，八路军和新四军曾把《练兵实纪》中的第九卷《练将篇》以及其他练将的论述编成《戚继光治兵语录》，供广大指战员学习。[②] 此后军学编译社还出版了贾赫的《戚继光治兵语录白话解》一书，将本来已经浅显易懂的戚继光兵书全部翻译为现代白话。

蒋介石和毛泽东本人都对戚继光的兵书非常了解。前者于 1925 年在黄埔军校颁布的"革命军连坐法"，从语言、口气到内容都是戚继光再三强调的"连坐法"的翻版，足见戚继光兵书影响之大。[③] 毛泽东也曾在 1965 年谈到过戚继光，劝诫人们不要学戚继光兵书里说到的那些"好看"东西（"花法"），而是要搞一些实战中能用的东西。[④]

曾国藩和胡林翼都是打败太平天国的湘军统帅，都受到戚继光的重

① 曹文明、吕颖慧：《纪效新书（18 卷本）》前言，第 11 页。
② 八路军军政杂志出版社，1943 年。
③ 秦孝仪：《先总统蒋公思想言论总集序》卷三六，1925 年 1 月 6 日于黄埔军校颁布，台北市：中国国民党中央委员会党史委员会，1984 年。1928 年 4 月 7 日南京国民政府制又公布《国军抗战连坐法》，对连坐法进行扩充，但却源自戚继光的兵书。见《练兵》卷八，第 144—145 页《申连坐》；《杂集》卷四，第 295—296 页；《纪效新书》（18 卷本）卷三《临阵连坐军法篇》，第 71—77 页。戚继光在《登坛口授》（第 296 页）里说："个个似刀在头上，个个似绳子缚住脚，一节一节，互相顾瞻连坐牵扯，却是那一个还好动的身。却不是万人一心、万人齐力的妙方。故兵法云：'强者不得独进，弱者不得独退。'"
④ 盛巽昌、欧薇薇、盛仰红：《毛泽东这样学习历史这样评点历史》，北京：人民出版社，2004 年。

大影响，但都没有撰写专门的兵书。1911年，蔡锷从他们的奏章、函牍和日记中摘录他们有关练兵治军的格言并加上按语，编成《曾胡治兵语录》（共十二章），但在1917年蔡锷去世一年后才由梁启超作序在上海振武书局出版。1924年，时任黄埔军校校长的蒋介石为该书增补《治心》一章——内容当来自戚继光的"正心术"，并以《增补曾胡治兵语录》为题印发，作为黄埔军校教材。1943年八路军的军政杂志社又将该书翻译为白话，以《曾胡治兵语录白话句解》为题出版，作为八路军将士的军事读物，1945年由八路军山东军区重版。①

上述内容揭示了两个方面，一是戚继光兵书的影响，二是戚继光使用白话的继续。戚继光和曾、胡兵法都被翻译成现代白话，充分说明戚继光练兵的近世性（即近代性和现代性的早期体现）。这种趋势一直在继续，因为文言文晦涩难懂，只有翻译成白话文才能容易被大众所接受，所以很多古代兵书都被翻译成白话文。②

毛泽东明显受到了湖南老乡曾国藩的深刻影响，早在1925年就把民歌当成识字课本来教育农民。③从1929年到20世纪60年代，从井冈山的"识字班"到"笔杆子和枪杆子结合起来"，再到1964年的"练武还要练文"，搞唱歌、搞春联到"大量吸收知识分子"，从1944年"没有文化的军队是愚蠢的军队，而愚蠢的军队是不能战胜敌人的"到1950年要"使军队形成为一个巨大的学校"，都充分显示出毛泽东一贯强调军队的知识学习和文化建设。④毛泽东的这些做法好像都能从戚继光的练兵中找到影子：识字班就是戚继光读书队，"手巾鼓励法"就是戚继光对背诵练兵约好坏的奖惩，"笔杆子和枪杆子结合起来"与"练武还

---

① （清）曾国藩、（清）胡林翼著，蔡锷辑录，苏晓点评：《曾国藩胡林翼治兵语录》，北京：中央编译出版社，2009年，第2页；许保林：《中国兵书通览》，第202—206页。
② 例如王贵元《明清兵书名著精华》（文白对照，北京：警官教育出版社，1993年）。此外，还有许多这类古兵书今译的出版物，恕不一一列举。
③ 江波：《"大跃进"时期的"新民歌运动"》，《党史纵览》2007年05期；卢志丹编著：《毛泽东的读书方法》，新北市：新潮社文化事业有限公司，2011年，第167页。
④ 李雨檬：《毛泽东："没有文化的军队是愚蠢的军队"》，《湘潮》2017年第6期。参见李晓巧：《战争年代共产党领导下的识字教育》，《文史天地》，2018年8月第251期。

要练文"就是戚继光的"文武全才",搞唱歌、搞春联就是戚家军的高唱《凯歌》和演出的三国戏,"大量吸收知识分子"就是戚继光的聘请儒生教授课程和鼓励儒生"有志于武","没有文化的军队是愚蠢的军队,而愚蠢的军队是不能战胜敌人的"就是戚继光的"况我国家疆场之计,而可以懵然一白丁克济乎?""使军队形成为一个巨大的学校"就是戚继光的鼓励武学、振兴武举。从戚继光到毛泽东,时间跨度三百多年,好像有一条线将他们紧紧连在一起,而这条线就是:建设一支有文化的军队。

结论:戚继光练兵的近世性

1559 年冬天戚继光和防海道副使谭纶同游浙江天台山。他们通过长达数里、茂草掩映的羊肠小道,由山脊盘旋而上,终于登顶。两人"左右下视,万壑无尽,白云生于其间,高低浓淡,渐次生错,虽丹青不能以笔妙争也!"戚继光这时感叹道:"学亦如是。一登绝顶,则傍门曲径无不洞见。"① 这也正是杜甫"会当凌绝顶,一览众山小"的深意。我们则可以说,戚继光的练兵也是这样:他从 17 岁在山东蓬莱继承父亲职位,后又南下浙江、福建,最后又应诏北上,赴蓟镇练兵,一直到 1583 年被贬广东之前他一步一步地登上了自己事业的巅峰,也登上了中国历史上练兵的绝顶。而对我们来说,在这个绝顶上还能看到一道美丽但常常被人忽视的风景,那就是戚继光奋笔疾书和他手下将士们琅琅读书的画面。

总结戚继光练兵和治军,可以用两个字来概括,即"真"和"新"。他练的是"临阵的真法、真令、真营、真艺"和"新兵/新军"和"新士气",用的是"新法",制的是"新器",写的是"新书"。② 戚继光的创新

---

① 《年谱》卷一,嘉靖三十八年十一月条,第 32 页。
② 《纪效新书》(18 卷本)《总叙》,第 4、19 页;《练兵实纪》卷一,第 18 页;《杂集》卷四,第 293 页(第 283 页,"干实事,图实战、实功");《止止堂集》,第 289 页(旧法、新法、实事、实用)。《年谱》卷七,第 233 页;卷十,第 329 页。"新器"指的是戚继光创造了许多新式的武器,特别是火器,包括虎蹲炮等。此外他还建造了新式的空心敌台和战车。当时与戚继光齐名且并肩战斗的俞大猷也强调"新意":"循旧法而不能出新意,何啻十百千万之相悬耶!"见(明)俞大猷著,廖源泉、张吉昌点校:《正气堂全集》,福州:福建人民出版社,2007 年,第 482 页。

被许多学者强调，而我们要强调的则是戚继光以白话写兵书、要求将士们读书学习方面的创新。从《孙子兵法》之后直到清朝，中国的兵书浩如烟海，但戚继光是唯一一位用浅显易懂的语言撰写兵书的将领，真可谓前无古人，后无来者。这种创新说明戚继光具有巨大的勇气和超人的睿智。现代人将其兵书与其他兵书翻译为白话，更说明戚继光这种做法的"近世性"和超前性。虽然将领读书古已有之，但比起一般此前武学的要求，戚继光要求将士读书的范围和种类大大扩展了，读书所涉及的人员也扩大了（从将领到士卒），考核标准也大大提高了，督促的手段也大大加强了。戚继光在浙江的戚家军就像是一所小学校，学生以士卒为主；而他领导下的蓟镇军区俨然一个大规模的军事学院（十五至十六万人），里面不光刀光剑影、杀声震天，同时也寒窗苦读、书声琅琅。戚继光严格要求将士读书的规定在中国历史上尚属首次，特别是尽量鼓励士卒读书更是前无古人。这不仅在中国历史上具有重要的意义，在亚洲和世界军事史上都是值得注意和进一步研究的现象。

《孙子兵法·计篇》说："令民与上同意"，就是将士上下一心，戚继光也多次引用这句话。[1]1562年，戚继光认为，他之所以能够"历年屡捷、建功三省者，皆士卒服习所致"，原因是"士愈习知臣意，臣亦愈识士情"[2]。而1592年王一乾所说的"兵识将意，将知兵能"也是这个意思。这里的关键是上下互通，"军士情通"[3]。治军如此，治国何尝不是！治国也同样需要上情下达，上令下行，下情上达，本质上都是传递信息、解决沟通的问题，而沟通就需要语言。这种克服语言障碍进行沟通需要翻译，而这里"翻译"一词的含义很广，不光是国与国之间即外语之间的翻译，也包括一国之内不同时期或不同形式语言的翻译（例如文言文和白话文），还包括各民族语言之间的翻译。通过各种翻译，冲破这些障碍，增进信息的沟通，促进物质、文化和技术的交流，最终强化国家

---

① 《纪效新书》（18卷本）《自叙》，第3页；《练兵实纪·杂集》卷二，第246页；《纪效新书》（14卷本）《自叙》，第7页。
② 《年谱》卷三，嘉靖四十一年十二月条，第102页。
③ 《纪效新书》（18卷本）《总叙》，第24页。

的统治。这一点是近世时期的一个主要特征，是全球史研究的一个新课题；它不仅仅涉及亚洲，也关联全球。①

　　具体到本文的主题，让我们回溯到永乐二年（1404）。因为边将大都不识字，对于他们呈上来的奏疏，成祖对臣下说道："武臣边将不谙文理，只用直言俗说，使之通晓，庶不误事。他日编入《实录》却用文。"②意思是说在答复边将奏疏时要用白话（口语）答复，这样他们才能理解，等写入《实录》时再用文言改写。文言文的难读难懂不光对武将如此，对绝大多数人都是如此，包括皇帝在内。戚继光的靠山、内阁首辅张居正以白话注解《四书》和《女戒》，作成《四书直解》和《女戒直解》，目的正是为了教育万历皇帝和宫女。③在本质上，戚继光和张居正在做着同样的事情：帮助他人理解书本的内容，只不过是戚继光的对象是将士，而张居正的对象是皇帝和宫女罢了。张居正的《四书直解》也对中国的耶稣会士产生了影响，后者从1624年开始阅读该书，并于1662年开始将其翻译为拉丁文。根据美国学者孟德卫（David Mungello）的看法，耶稣会士选择《四书直解》的一个原因正是因其浅显易懂。虽然这种说法受到挑战，但还是非常值得我们重视。④详细阐述读书、翻译与近世性这个问题需要更多的研究，尤其是需要将其放在整个亚欧大陆东部地区的范围内去考察，届时就会有更清晰的画面出现。

　　正如戚继光的上司顺天巡抚和蓟辽总督杨兆所言，戚继光"诚不世

① 参见拙文："The Flow of languages"。

② （明）杨士奇著，刘伯涵、朱海校，《东里文集》，北京：中华书局，1998年，第387页；温海波：前引文，第45页。参见《明实录》太祖卷二百三十六，洪武二十八年正月至二月，正月初五条："庚子陕西行都指挥使司指挥金事张豫言：治所北滨边塞，鲜有儒者，岁时表笺乏人撰书，武臣官子弟多不识字，无从学问。乞如辽东建学立师，本司卫所官俸旧皆给钞。"明代武将多不识字，应该是普遍的现象。

③ 张居正著，王岚、英巍整理：《四书直解》，北京：九州出版社，2010年；李媛：《张居正与宫廷女书〈女诫直解〉》，《古代文明》2013年第6期，第96—101页。

④ ［法］梅谦立（Thierry Meynard）：《耶稣会士与儒家经典：翻译者抑或叛逆者？》，《现代哲学》2014年第6期，第73页；David Mungello, *Curious Land: Jesuit Accommodation and the Origins of Sinology,* Honolulu: University of Hawaii Press, 1985, p.281.

出之才"①。这位不世出之才的确进行了多方面的创新，而他的练兵、治军饱含近世的意味，即具有丰富的近世性。除了李伯重指出的技术密集型和资本密集型的"新型军队"，戚继光以白话撰写兵书、要求将士读书学习、建立有文化的部队即是其中的一个重要方面。清朝湘军和后来国共军队的读书学习和文化建设都是对戚继光思想的继承和发扬光大。

①《年谱》，卷一一，万历六年十二月条，第 388 页。

浅谈全球史的史料问题
——以明清鼎革史的西文原始史料为中心

董少新
复旦大学文史研究院

一 引言

　　史料是一切历史研究的基础和依据。按照与研究主题关系的亲疏，史料可大致分为原始史料（一手史料）和间接史料（二手史料）两类。原始史料因其与研究对象关系直接而更具可信性和说服力，故向来受到研究者的重视。使用原始史料是科学的历史学研究的一项基本要求，是否充分使用原始史料也是评价一项研究成果优劣的标准之一。

　　那么，强调宏大叙事的全球史书写，是否也要以原始史料为基础呢？这个看似简单的问题其实并不容易回答。首先，作为历史研究的一种范式，以原始文献为基础也是全球史的一项基本要求。但另一方面，以宏大叙事为目标的全球史，研究对象涉及的空间往往会跨越多个区域，相关的文献也往往涉及很多语种。任何历史学家的能力都有局限，无法在有限的一生中掌握、阅读浩如烟海的、涉及多种语言的原始史料。我们目前看到的全球通史类著作，基本上是以各自的理论框架和视角来组织二手资料而成的，这实在是一件不得已的事情。

全球史作为一种理论方法，越来越多地被运用到具体的历史问题研究中。这种以全球史的方法和视野考察具有全球性的事件、人物、社会组织、思想、商品、物种、疾病等具体历史内容的研究路径，我们可以称之为全球专史。以疾病史为例，天花、梅毒、鼠疫等在全球范围内广泛传播的疾病，是全球专史研究的重要对象，但一些普通的、传播范围有限的疾病，便很难进入全球史研究者的视野。研究天花的全球史，需要考察天花在世界各地的传播情况、影响、治疗和预防，因此也就会涉及各种语言文字写成的原始史料，史料的数量亦很庞大。对于任何研究者而言这都是极大的挑战，但这一研究仍需以原始史料为主体和基础。其他如白银的全球流通、瓷器的全球流传、某种世界性宗教的传播等，都要求研究者尽可能发掘原始史料。

全球史以具有全球性质的人类历史活动为研究对象。这里的全球性体现在跨区域、跨国界的传播、交流、互动和影响等方面。一些对于国别史而言非常重要的内容，由于在全球性方面比较薄弱，无法被纳入全球史的书写框架中。例如在中国历史上影响深远的三省六部制，便很难在全球史书写中被凸显，但位于中国历史边缘的明代海禁政策，却会受到全球史学者的更多关注。全球史和国别史是历史研究的两种不同路径。视角不同，研究侧重便有差异。每一种路径都会导致一些历史内容被凸显，另一些历史内容被遮蔽。

那么，在全球史兴盛的当下，我们如何合理处理全球史和国别史之间的关系呢？又该如何有效地把中国史放入全球史的脉络下加以研究？这些问题学界已有一些讨论，[①] 而本文尝试以一个一般认为是纯粹

---

① 可参考葛兆光：《在全球史潮流中，国别史还有意义吗？》，收入复旦大学文史研究院编：《全球史、区域史与国别史——复旦、东大、普林斯顿三校合作会议论文集》，北京：中华书局，2016年，第3—9页；江湄：《重新将"中国史"置于"世界史"之中——全球史与中国史研究的新方向》，收入刘新成主编：《全球史论集》，北京：中国社会科学出版社，2015年，第156—181页。

的中国史的个案——明清鼎革为中心，从西文原始文献的角度分析它的全球性，并将其作为把中国史纳入全球史的一个示例；同时，本文也借此例略作展开，简单谈谈学界尚较少讨论的全球史的史料问题。

二　从全球史的视角看明清鼎革：必要性和可能性

明清鼎革是 17 世纪中国历史上最重大的事件。我们可以将万历四十六年（后金天命三年，1618）努尔哈赤发布"七大恨"檄文并起兵反明作为明清鼎革的起点，把康熙元年（永历十六年，1662）南明永历朝覆灭视为明清鼎革的正式完成之年。这前后近半个世纪中，中国战火纷飞，社会动荡，政局变换频繁，百姓生灵涂炭，农民军推翻大明王朝，紧接着满清入关并最终完成了对大明王朝的征服，定鼎中原。百余年来，中外学界从明朝灭亡、清朝开国、明清战争、农民起义、南明史、郑成功家族等多个角度，已对明清鼎革做了深入研究。[①] 但以往的研究囿于中国朝代兴替的范畴，基本上未超越国别史或双边关系史的研究框架。

然而，在东亚各国区域联系愈发密切、全球网络进一步发展的 17 世纪中期，发生于中国本土的这次重大政治变局必然会影响到中国周边，甚至引发全球关注。因此，我们有必要突破国别史的框架，将明清鼎革视为整个东亚的区域事件，甚至要在一定程度上把它看作当时的全球性事件。扩大研究视野不仅可以让我们观察到朝鲜、日本、越南、琉球、欧洲诸国对明清鼎革的态度，中国与这些国家和地区关系的演变，以及明清鼎革对中国周边、亚洲和全球的影响，或许更为重要的是有助于我们在世界历史发展脉络中认识中国历史。

---

① 关于明朝灭亡史，参见 Albert Chan（陈纶绪），*The Glory and Fall of the Ming Dynasty*, Norman: University of Oklahoma Press, 1982；关于明清战争史，参见孙文良、李治亭：《明清战争史略》，北京：中国人民大学出版社，2012 年；关于明末农民战争史，参见顾诚：《明末农民战争史》（修订版），北京：光明日报出版社，2012 年；关于南明史，参见顾诚：《南明史》，北京：中国青年出版社，1997 年；［美］司徒琳：《南明史：1644—1662》，上海：上海书店出版社，2007 年；钱海岳：《南明史》，北京：中华书局，2006 年；关于清朝开国史，参见［美］魏斐德著，陈苏镇、薄小莹译：《洪业——清朝开国史》，北京：新星出版社，2013 年；孟森：《满洲开国史讲义》，北京：中华书局，2006 年。

　　在国别史的框架下研究明清鼎革，汉文和满文史料已基本能够满足需求，而如果在东亚区域的背景下研究明清鼎革，则必须扩大史料范围。即使是原始史料，也不可避免地带有史料书写者的主观立场。正因为如此，我们便不难发现，有关明清鼎革的满文史料记录着征服者的雄心、胜利的凯歌以及统治的谋略，汉文史料记录下的则是血泪、悲愤、悔恨、哀怨与反省。同样，朝鲜、越南、日本、琉球方面的史料，也会各有自己的关注侧重和立场倾向，从各自的角度出发观察天朝上国的动荡和变局，并思考各自的处境和应对措施。

　　作为与后金政权接壤的明朝朝贡国，朝鲜很早便被卷入了明清战争中。在《朝鲜实录》和《燕行录》中，我们都可以读到大量有关明清鼎革的资料。[①]这期间越南正处于内战，而内战双方先后与明和清都有联系，南明弘光、隆武、永历诸朝也曾"屈尊"向越南求助，安南即曾派遣300舰船往广东协助抗清。我们可以在《大越史记全书》、《钦定越史通鉴纲目》等越南文献中读到此类信息。[②]明朝朝贡国琉球的文献《历代宝案》也保存着他们对明清鼎革的观察。[③]一海之隔的日本密切关注中国

① 吴晗辑：《朝鲜李朝实录中的中国史料》，北京：中华书局，1980年。有关明清鼎革的内容主要见于该书第8—9卷。[韩国]林基中编：《燕行录全集》(100册)，《燕行录续编》(50册)，首尔：东国大学校出版部，2001年、2008年；复旦大学文史研究院、成均馆大学东亚学术院大东文化研究院编：《韩国汉文燕行文献选编》，上海：复旦大学出版社，2011年。关于朝鲜燕行使对明清鼎革的看法，参见葛兆光：《想象异域：读李朝朝鲜汉文燕行文献札记》，北京：中华书局，2014年，尤其是该书的前七章。
② [越南]吴士连等撰：《大越史记全书》，《域外汉籍珍本文库》第4辑史部第2、3册影印，越南社会科学院汉喃研究院藏，越南黎朝正和十八年内阁刊本，重庆、北京：西南师范大学出版社、人民出版社，2013年。其他如[越南]柳江居士《北史新刊全编》、《北史总论》，[越南]邓春榜《通鉴辑览便读》，[日]增田贡《清史揽要》，[越南]阮登选《史歌》，以及《大南实录》、《钦定越史通鉴纲目》、《邦交录》、《历朝宪章类志》等，都有相关内容。相关研究参见牛军凯：《王室后裔与叛乱者：越南莫氏家族与中国关系研究》，广州：世界图书出版广东有限公司，2012年；陈文源、周亮：《明清之际中越关系的演变与抉择》，载《东南亚研究》2011年第1期，第61—66页。
③ 《传世汉文琉球文献辑稿》编委会：《传世汉文琉球文献辑稿》第一、二辑，厦门：鹭江出版社，2012、2015年。相关研究参见杨彦杰：《论明清之际的中琉关系》，载《福建论坛(文史哲版)》1995年第3期，第18—23页。

局势,而 13 世纪遭蒙古征伐的历史记忆,使日本对满清的动向更为敏感。德川幕府积极收集有关中国动态的情报,其中相当一部分"唐船风说书"被编入《华夷变态》中。①这些资料是我们从东亚视角研究明清鼎革的重要参考。

以往学界大都从双边关系的角度使用这些史料,但如果我们综合利用这些中国周边国家材料,从东亚视角研究明清鼎革,就会发现明清鼎革不仅仅是中国一国的历史事件,而且是 17 世纪整个东亚的重大事件,对中国周边国家和地区造成了重大影响,也深刻地改变了东亚国际政治秩序。传统的以中国为政治、文化、经济和礼仪中心的国际秩序遭到削弱,朝鲜、日本和越南都曾一度宣称自己取代了明朝中国而成为文化中心,成为中华的继承者。②

同样,如果将西文资料引入明清鼎革史的研究,不仅在理解这场战争过程时多了一种考察的维度,而且有助于我们把这场发生于东亚近代早期的政治变革置于全球史的背景之中,探讨当时的西洋人对明清易代的看法,西洋各国在对华贸易和传教政策方面的调整和应对,以及东亚的政治变革信息传入欧洲后对其社会文化造成的影响。

在明清鼎革期间,曾有数十名西洋传教士于中国十余省份传教。他们不仅是这场大变局的见证者、亲历者,有些更是参与者。例如,曾经为明朝修订历法、置办火器的德国耶稣会士汤若望(Adam Schall),见证了李自成攻陷北京和稍后清军入关及顺治皇帝登基,而清朝看重其才能,任命他为钦天监监正,并负责铸造西洋火炮;意大利耶稣会士利类思(Ludovico Buglio)和葡萄牙耶稣会士安文思(Gabriel de Magalhães)

---

① [日]林春胜、[日]林信笃编,[日]浦廉一解说:《華夷變態》,东京:东方书店,1981 年。相关研究见[日]石原道博:《明末清初日本乞師の研究》,东京:富山房出版株式会社,1945 年;孙文:《唐船风说:文献与历史——〈华夷变态〉初探》,北京:商务印书馆,2011 年;[日]松浦章:《海外情報からみる東アジア——唐船風説書の世界》,大阪:清文堂,2009 年;年旭:《南明情报的日本传播及其东亚影响》,《社会科学战线》2016 年第 10 期,第 90—102 页。

② 参见孙卫国:《大明旗号与小中华意识——朝鲜王朝尊周思明问题研究(1637—1800)》,北京:商务印书馆,2007 年。

跟随张献忠军队，目睹了其嗜血成性的残暴；耶稣会中国副省北部会长傅汎际（Francisco Furtado）、南部会长艾儒略（Julio Aleni）分别经历了中国北方和南方的动荡；意大利耶稣会士卫匡国（Martino Martini）亲历了清军征服浙江南部地区；葡萄牙耶稣会士何大化（Anóniode Gouvea）不仅目睹了自己一手创建的武昌传教驻地的覆灭，随后在福州也亲历了清军进入福建剿灭隆武政权，以及郑氏海上势力对福建沿海的侵扰；毕方济（Francesco Sambiasi）、曾德昭（Álvaro Semedo）、卜弥格（Michael Boym）和瞿纱微（Andreas Xavier Koffler）为南明诸政权效力，终无法反转危局，等等。更有多名耶稣会神父和修士，在兵荒马乱之中死于非命，如费乐德（João Rodrigues）、万密克（Michael Walta）、梅高（José Estevão de Almeida）、谢贵禄（Tranquillo Gracete）、陆有机（Manoel Gomes）等。

这些在华传教士面临的最严峻的问题是在如此动荡的局势下传教事业何去何从，这也是他们对中国局势极为关注的重要原因之一。此外，在华耶稣会士急需向欧洲教会上层及政、商各界汇报中国情况，以便上层对在华传教和贸易政策方面做出及时的调整。因此，这批在华传教士以欧洲文字撰写了大量的报告、书信和专书，向欧洲传达有关明清鼎革的各类信息。这批资料主要以葡萄牙文、西班牙文和拉丁文写成，有相当一部分留存至今，目前分藏于欧洲各地的图书馆和档案馆中。

由于语言工具的缺乏，加之资料收集难度大，在以往学界对明清战争史的研究中，西文文献远远没有被充分利用。例如孙文良、李治亭《明清战争史略》仅有两处引用卫匡国《鞑靼战纪》中译本；司徒琳（Lynn A. Struve）编的《明清之争：史学史与史料指南》①中也仅收入《鞑靼战纪》。对西文文献利用严重不足，是导致明清鼎革史研究仍无法真正突破本土框架或双边关系框架并从全球史的角度考察的重要原因之一。近年来又有个别几部有关明清鼎革的传教士著作被

---

① Lynn A. Struve, *The Ming–Qing Conflict: A Historiography and Source Guide*, Ann Arbor, Mich.: Association for Asian Studies, 1998.

翻译成中文，如何高济先生重译卫匡国《鞑靼战纪》，以及新译帕莱福（Juan de Palafox y Mendoza）《鞑靼征服中国史》、鲁日满（François de Rougemont）《鞑靼中国史》[①]，但更多的传教士文献仍未进入明清鼎革研究者的视野，对传教士相关文献的系统整理仍是空白，更没有出现系统利用西文文献研究明清战争史的论著。

三　有关明清鼎革的西文原始文献概览

现存有关明清鼎革的西文文献数量很多，可大致分为几类：1、传教士根据亲身经历所写的书信和报告；2、涉及明清鼎革的耶稣会中国年信；3、在华传教士撰写的有关明清鼎革的著作；4、在欧洲或美洲的教士根据在华传教士提供的资料编撰的作品；5、有关明清鼎革的欧洲文学作品。在这几类文献中，越是靠前的类型越具有原始文献的性质，而后面的类型往往以前面类型的文献为参考材料。因篇幅有限，本文仅选取部分第一类型的文献略加介绍，作为本文讨论的基础，其他几类文献我将另文阐述。

（1）郭纳爵《鞑靼入主中华纪》[②]

葡萄牙耶稣会士郭纳爵（Ignácio da Costa, 1603—1666）约于1638—1650年在陕西传教，1643年李自成农民军攻占西安时曾被抓获，后获准在西安继续传教。这份报告为葡萄牙文，写于陕西，篇幅长达68页，似从未出版过。里斯本阿儒达图书馆藏有18世纪抄本。郭纳爵根据自己的所见所闻，详细叙述了1644年10月至1645年10月期间，阿济格、吴三桂率领的清军在河南、陕西和山西一带追剿李自成农民军的经过，以及在此过程中西安、绛州、蒲州等地的传教住院和教务所受到的冲击。郭纳爵用第一人称叙述，而叙述的角度，则是站在农民军这一边

[①]［西］帕莱福：《鞑靼征服中国史》，［比］鲁日满：《鞑靼中国史》，［意］卫匡国：《鞑靼战纪》，何高济译，北京：中华书局，2008年。

[②] Ignacio da Costa, *Relação da entrada dos Tartaros nesta China, tomado do Imperio*, Xén Sí, Octubro 30, 1645. BA（里斯本阿儒达图书馆，下同），JA（《耶稣会士在亚洲》档案文献，下同），49–V–13, ff. 267—300v.

来观察清军的到来与征服，所以对农民军的节节败退、李自成的穷途末路，有着十分细致的描写。从立场上看，郭纳爵称呼李自成及其农民军为匪徒，又在对鞑靼人的习俗描写中透露出鄙夷的心态。显然，作者的立场仍是倾向于刚刚灭亡不久的大明。郭纳爵作为明末农民起义的亲历者，还曾写过一份有关李自成农民军的长篇报告，但不知存世与否。

（2）安文思《四川省的毁灭及四川教会的丧失》[①]

葡萄牙耶稣会士安文思的这份报告，学界比较熟悉，因为19世纪后期来华的法国传教士古洛东（Joseph Gourdon）曾在上海徐家汇获得该报告的一个抄本，并以此为基础撰成《圣教入川记》（1918）一书。[②] 安文思的这份报告根据其与利类思的亲身经历而成，揭露了张献忠的大量暴行，是对中文史料的重要补充。但该报告似未出版过，我们目前能够看到的，是藏于罗马耶稣会档案馆和汉文献中的手稿。这份珍贵的报告与郭纳爵的报告一道，成为来华耶稣会士记录明末农民起义最重要的文献。[③]

（3）阿泽维多《1642—1647年间中国的战争、起义、皇帝之死以及鞑靼进入中国报告》[④]

该文献现存至少四个葡萄牙文抄本。前三个抄本藏于耶稣会罗马档案馆（ARSI, Jap.-Sin.126, ff. 31–78, ff. 79–127; Jap.-Sin 123, ff.

---

① Gabriel de Magalhães, *Relação da perda, e destruição da Prov(incia), e Christiandade, de Sú Chuén, e do que os P(adres) Luiz Buglio, e Gabriel de Magalhães passaram em seu cativo*. 1649, Pekim. ARSI（罗马耶稣会档案馆）, Jap.-Sin.(《和汉文献》) 127, ff. 1—36.

② [法]古洛东：《圣教入川记》，成都：四川人民出版社，1981年。

③ 荷兰汉学家许理和曾以耶稣会士的文献研究利类思、安文思在张献忠朝廷中的活动，见 Erik Zürcher, "In the Yellow Tiger's Den: Buglio and Magalhães at the Court of Zhang Xianzhong, 1644—1647", in *Monumenta Serica*（《华裔学志》）, Vol. 50, （2002）, pp. 355—374.

④ Manuel de Azevedo, *Relação das guerras, e levantam.tos, queOuve na China, morte do seu éperador, e entrada dos Tartaros nella, desdo anno da 1642 atê o de 1647, do Visitador da Prov.a de Jappão, E da Vice Prov.a da China*. 关于这篇文献的研究，参见 Davor Antonucci, "The 'Eastern Tartars' in Jesuit Sources: News from Visitor Manuel de Azevedo," in *Central Asiatic Journal*, Vol. 58, No. 1–2,（2015）, pp. 117—132.

181—207v），其中第一、第二为从澳门寄到罗马的原本；第四个抄本藏于葡萄牙里斯本阿儒达图书馆（BA, JA, 49-V-13, ff. 1-49），为18世纪中叶根据耶稣会澳门档案馆藏抄本抄写而成。

编者阿泽维多（Manuel de Azevedo, 1581—1650）是葡萄牙耶稣会士，曾长期在东南亚和印度传教，1642年被任命为耶稣会日本和中国传教区巡按使，随即来到澳门，直至1650年在澳门去世。这期间正值中国政局最为动荡的几年，阿泽维多不时收到曾德昭、毕方济、傅汎际等在内地传教的耶稣会士发来的相关报告。这份写给耶稣会总长的报告，便是在这些报告的基础上整理、编纂而成的。报告中大量直接引录在内地传教的耶稣会士的报告，因此它具有一手文献的性质。

这份长达近100页的报告，内容的丰富性超过卫匡国的《鞑靼战纪》，包括中国社会的悲惨处境（其中引述了一部分安文思的四川报告）；隆武朝的情况，提及了隆武皇帝写给毕方济的信；永历朝的情况，尤其是庞天寿在拥立永历登基过程中的作用；李成栋的归附，永历朝反清复明事业出现生机；曾德昭和瞿纱微前往肇庆永历帝的宫廷；满清部队攻陷广州，以及曾德昭的遭遇；满清部队攻占海南岛；澳门在这期间的遭遇。尤其重要的是，这份报告还包括了几个小节，讲述周边国家——日本、安南、交趾等——对满清入主中原的反应，使得该文献比其他同主题的文献更多了一种跨越国界的区域特征。

（4）《1647年中国消息》①

这一文献由四封写于1647年的书信组成，分别为耶稣会士聂伯多（Pierre Canevari）、艾儒略、何大化写给在马尼拉的同会会士的书信，以及隆武皇帝写给毕方济的书信。此四信均为西班牙文抄本，现藏于美国明尼苏达大学图书馆。这四封信虽然总共只有4页，但却极为重要，因为它们是隆武朝与天主教密切关系的直接证据，而且也向我们揭示了耶稣会通讯信息从福建传至马尼拉，再传到美洲和欧洲的渠道。以往学界对永历朝与天主教的关系多有研究，也发掘了一批原始文献（见下），而

---

① *Nuebas de los Reinos de China de año de* 1647. 明尼苏达州立大学图书馆藏抄本。

对弘光、隆武两朝与天主教的关系一直不甚清楚。这两个南明朝廷虽然存在时间短,但与天主教关系密切,其中尤其是毕方济一直在为南明王朝恢复中原四处奔走。这四封信是研究弘光、隆武两朝与天主教关系的一手文献。

（5）三种站在永历朝的立场来叙述的文献。

这几份文献的内容多有重复,但详略各异。前两种未知作者名字,后一种为卜弥格所撰。它们依据的都是瞿纱微、卜弥格等人的报告,而瞿纱微和卜弥格又是永历朝的追随者,所记内容以亲身经历和所见所闻为主,且其作者往往直接把卜弥格、瞿纱微等人的书信抄录其中,因此它们具有一手文献的性质。

（5.1）佚名《1648 年中国皇后、太子及其他皇室成员皈依圣教记》①

这份葡萄牙文文献于 1650 年在里斯本出版。1938 年博克塞（Charles R. Boxer）在《澳门与明朝的覆灭（1644—1652）》一书中,刊布了注释本,同时还发表了其他三种 1651 年的相关文献。② 该文献分为六章：第一章为鞑靼军队进入中国之缘由及中国当时情势概况；第二章主要讲南明诸朝的建立以及传教士在南明的活动；第三章讲述皇后、皇太后等五位后妃的领洗（洗名分别为 Anna, Helena, Julia, Maria, Agueda）,以及皇子的诞生,其中抄录了皇太后致瞿纱微神父的一封短信。第四章讲述永历皇帝派遣使节至澳门,答谢天主赐福并招募葡兵,其中收录了永历皇帝颁给耶稣会巡按使神父、澳门兵头和委黎多的诏书；第五章讲述鞑靼人的一些习俗,以及他们想统治中国的原因；最后一章讲述鞑靼人对在华耶稣会士及中国教徒的态度。

---

① Anonymous, *Relação da Conversão a nossa Sancta Fè da Rainha, & Principe da China, & de outras pessoas da casa Real, que se baptizarão o anno de* 1648, Lisboa, 1650.

② C. R. Boxer, *A Cidade de Macau e a Queda da Dinastia Ming (1644—1652), Relações e Documentos Contemporaneos Reproduzidos, Anotados e Comentados*, Macau: Escola Tipográfica do Orfanato, 1938.

（5.2）佚名《中华帝国及其天主教情势纪略》①

这份西班牙文文献于 1650 年在墨西哥出版。华裔耶稣会士陈纶绪（Albert Chan S.J.）曾根据马德里国家图书馆藏本（codex 2369）翻译成英文并详加注释，于 1981—1983 年发表于《华裔学志》。② 黄一农先生在研究焦琏时使用了陈纶绪的译本，并将其中部分内容翻译成中文。③

该文献的内容与前一文献有一些重复，但更为丰富和详细。它首先描述了天主教在华发展概况，尤其是汤若望在崇祯宫廷中的传教活动，包括《进呈书像》在宫廷传教中发挥的作用，以及宫廷贵妇的领洗；接着叙述农民军攻陷北京、崇祯之死和吴三桂引清兵入关，并提及汤若望受到满清重视，朝鲜使节拜访汤若望；也提及福建穆洋传教的多明我会士，还简要阐述了日本对中国剧变的反应，及荷兰、葡萄牙与日本的关系。接下来，叙述了 1647 年鞑靼人攻陷福建，成为整个中国之主，以及隆武与毕方济的关系，这一部分抄录了隆武皇帝致毕方济的书信，与（4）中提及的隆武至毕方济书信为同一封，但文字上略有出入；接着叙述毕方济在广州的遭遇。再接下来，也是该文献的最重要部分，则是转录瞿纱微的报告（pp. 6—11），叙述人称也改为第一人称，讲述内容包括永历称帝、永历与绍武的矛盾、招募澳门葡兵、永历后宫的领洗，以及太子的出生与领洗过程。此处虽与前一文献多有重复，但也有值得注意的地方，比如提及永历皇帝亲母马太后（洗名玛利亚）为"妃"（concubina），亦提及洗名为朱莉娅者为王太后之母，以及说永历公主之死是因为其非正室所生，因而遭天主所罚，而太子为正宫所生，因而受到恩宠。该文献最后讲述庞天寿、瞿纱微等奉命率团前往澳门的经过，与前一文献亦大体相同。

① Anonymous, *Summa del Estado del Imperio de la China, y Christiandad del. Por las noticias que dan los Padres de la Compañia de Iesus, que residen en aquel Reino, hasta el año de* 1649. Impresso en Mexico: En la Imprenta de Juan Ruyz, Año de 1650.
② Albert Chan, S. J., "A European Document on the Fall of the Ming Dynasty（1644 —1649）", in *Monumenta Serica* Vol.35,（1981—1983）, pp. 75—109.
③ 黄一农：《两头蛇——明末清初的第一代天主教徒》，新竹：清华大学出版社，2005 年，第 333—337 页。

446全球视野中的明清鼎革

（5.3）卜弥格《永历王室奉教纪略》①

卜弥格的这份报告，是他作为永历朝使节返回欧洲后所写的，所依据的是他本人以及瞿纱微在永历朝中传教的经历。我所掌握的文本为意大利文抄本，有两种，藏于里斯本阿儒达图书馆。与前两份文献相比，这份文献所讲述的内容虽大略相同，但较为简略，抄本只有 21 页。该文献于 1652 年在欧洲出版，有法文版、拉丁文版、意大利文版、波兰文版乃至英文版，颇有一些影响。其中波兰文版翻译自法文版，近年出版的《卜弥格文集》中译本收入的这篇文献，即是从波兰文翻译而成的。②

（6）（曾德昭）《鞑靼围困广州纪事》③

这份葡萄牙文报告作于 1653 年末，有两个 18 世纪抄本，藏于里斯本阿儒达图书馆，约 16 页的篇幅。虽然该文献没有署名，但是因为使用第一人称叙述，而且其中提到了毕方济、瞿纱微等神父，据此判断，作者应为当时亦身处广州的曾德昭。此报告主要叙述了鞑靼人攻陷广州的过程，以及这期间这几位身处广州战乱之中的西洋传教士的遭遇，其中包括毕方济的去世。该文献所述均为曾德昭之亲身经历，故尤为珍贵。

（7）努内斯《鞑靼进入海南岛纪事》④

这份葡萄牙文手稿文献藏于耶稣会罗马档案馆和汉档案中，共

----

① Michael Boym, *Breve raconto de la conversione delIe Regine della Cina. Col battesimo del figlio primogenito dell' Jmperatore. e dalteri progressi de la S. Fede in quel Regni*, Havuto daI P. Michele Boim della Companhia de Giesu, 1657. BA, JA, 49–IV–61, ff. 326–336; 702–712.
②［波］卜弥格著，张振辉、张西平译：《卜弥格文集：中西文化交流与中医西传》，上海：华东师范大学出版社，2013 年，第 259—265 页。
③［Alvaro de Semedo］*Relação do que se passou no cerco de Quantum pelos Tartaros; e do que os Padres obrarão, e padecerão nesse tempo, e quando se tomou*, 1653. BA, JA, 49–V–61, ff. 252v–260; 668–675v.
④ Joam Nunez, *Relação da entrada dos Tartaros na grande Ilha do Háynán: As Guerras que tiverão com os Chinas naturais da Ilha, e dos grandes trabalhos, e perigos de vida que passaram os 4 P. P. que nella estavam pregando o S(an)to Evangelho*.15 Dezembro 1649. ARSI, Jap.–Sin. 126, ff. 155–164v.

计 20 页，完成于 1649 年 12 月 15 日。作者为葡萄牙耶稣会士努若翰
（João Nunes, 1613—1659）。努若翰于 1647 年到达海南岛传教，亲历满
清军队攻占海南岛。这份报告就是努若翰根据自己的亲身经历写成的，
其中详述了几位耶稣会士在战乱中的遭遇。该文献具有补充中文文献
的价值。

（8）佚名《鞑靼汉军对澳门圣保禄学院的侮辱与亵渎》①

满清攻占广州、控制广东之后，新的问题出现在澳门葡萄牙人面
前。虽然澳门从支持南明转而向清朝投诚②，但满清驻军却给澳门市民
生活带来了侵扰。这份文献比较有趣，讲述的是鞑靼汉军骚扰在圣保禄
教堂做弥撒的妇女教徒，以及由此引发的教堂神父与鞑靼汉军官员之间
的矛盾。该文献为 6 页葡文手稿，作于 1658 年 8 月 17 日，藏于里斯本
阿儒达图书馆。

以上罗举的西文原始文献，并非全部，但已大致能够呈现其对明清
鼎革史研究的重要性。这些原始文献虽然大都被寄回欧洲，且仅有少数
被公开出版，因此被阅读的范围及其影响相对有限。然而，以这些西文
原始文献为基础，产生出一系列"半原始"文献或二手文献，这些文献
尽管在准确性、真实性方面可能不如西文原始文献，但影响力更大。

最直接使用这些西文原始文献的是耶稣会中国年信。17 世纪来
华传教的耶稣会每年都会向位于罗马的耶稣会总部发一份年度报告
（Carta Annual 年信）。③1618 年至 1662 年间几乎每一份耶稣会中国年
信都包含有对明清鼎革期间重要军事、战争、政治、动乱等方面的介绍。

① *Jnformação e relação das injurias e dezacatos que os Chinas atartazados fizerão à Jgreja e Religiozos do Collegio de S. Paulo,* em 17 de Agosto do anno de 1658. BA, JA, 49-V-3, ff. 199-203v.
② 参见拙文：《明清鼎革之际的澳门》，《澳门理工学报（人文社会科学版）》，2013 年第 4 期，第 19—30 页。
③ 关于 17 世纪耶稣会中国年信，参见拙文：《17 世纪来华耶稣会中国年报评介》，《历史档案》2014 年第 4 期，第 128—132 页。

如果将这些内容抽离出来，则可以大致构成一部传教士眼中的明清鼎革编年史。其中 1643—1654 年间的年信，记录的有关明清鼎革、明清战争内容尤其丰富。相较于卫匡国、鲁日满等耶稣会士有关明清战争的著述，耶稣会中国副省年报所涵盖的时段更长，内容更为全面，也更为详细，描述了很多细节和经过。从 1618 年努尔哈赤以"七大恨"誓师正式入侵明朝开始，至萨尔浒之战、宁远之战、徐光启练兵、己巳之变、吴桥兵变、农民起义军攻占北京、清军入关、南明政权的抗争、郑氏政权的反清复明及其最后失败等内容，在耶稣会副省年报中都有大量描述，对满汉研究资料具有补充意义。

　　来华耶稣会士的这些报告和书信，成为其他传教士相关著作的主要参考。这些著作有一些是来华耶稣会士撰写的，其中尤以卫匡国的《鞑靼战纪》[1]影响最大，在 17 世纪即有十余种欧语版本[2]，是欧洲人了解明清鼎革最重要的文本。其他如何大化《远方亚洲》相关章节[3]，以及他的《中国分期史》最后一部分[4]，鲁日满《鞑靼中国史》[5]，毕嘉（Joannem Dominicum Gabiani）《鞑靼占领期间的中国教会史》[6]，聂仲迁（Adrien

——————————

① Martino Martini, *De bello tartarico historia in qua, quo pacto Tartari hac nostra aetate Sinicum Imperium inuaserint, ac ferè totum occuparin, narratur; eorumque mores breuiter describuntur cum figuris aeneis*, Amsterdam, 1654.

② Henri Cordier, *Biblioteheca Sinica*, vol. 1, Paris, 1904, pp. 623—627.

③ Antonio de Gouvea, *Asia Extrema*, Segunda Parte, Livro 1, Capitulo 7; Livro 2, Capitulos 2–5; Livro 3, Capitulo 3; Livro 4, Capitulos 4, 8; Livro 6, Capitulos 12, 13. BA, JA, 49–V–1, 40–V–2.

④ Antonio de Gouvea, *Historia da China dividida em seis idades tirada dos Livros Chinas e Portuguezes com o continuo estudo e observaçoens de 20 annos, em a Metropoli de Fó (Kien) a 20 de Janeiro de 1654. Com hum apendix da Monarchia Tartarica*. Biblioteca Nacional de Madrid, mss 2949.

⑤ François de Rougemont, *Relaçam do Estado Politico e Espiritual do Imperio da China, pellos annos de 1659 até o de 1666*, Lisbon, I. Da Costa, 1672. *Historia Tartaro-Sinica Nova*, Leuven: M. Hullegaerde, 1673.

⑥ Joannem Dominicum Gabiani, *Incrementa Sinica Ecclesia, a Tartaris oppgugnata...accurata et contestatâ narratione*, Wien, 1673.

Greslon)《鞑靼占领中国史》①，利奇（Vittorio Ricci）《本会在华传教士事迹》②，均为明清鼎革史的重要史料，但仅就在欧洲的影响力而言，这些书远比不上卫匡国的书。此外，在欧洲或美洲的教士根据在华传教士的书信、报告和著作撰写了多种有关明清鼎革的著作，例如帕莱福《鞑靼征服中国史》③，杜宁—斯珀特（Thoma Ignatio Dunin Szpot）《1641—1700 年中国史》④，杜宁—斯珀特《中华帝国史》⑤，巴托里（Daniello Bartoli）《耶稣会史》之中国部分⑥，均包含有明清鼎革的内容，尤其是帕莱福在墨西哥完成的《鞑靼征服中国史》，内容可谓所有此类著作中内容最为丰富者，亟待学界对其加以更深入的研究，考证其信息的来源及其所述内容的可靠性。大量有关明清鼎革的消息传到欧洲以后，引发了广泛关注，其中的一些内容甚至被改编成戏剧，在欧洲接连上演，例如荷兰冯德尔（Joost van den Vondel）的《崇祯》（1667）⑦，英国赛特尔（Elkanah Settles）的《鞑靼征服中国》（1675）。⑧ 此类文学作品无疑扩

---

① Adrien Greslon, *Histoire de la Chine sovs la domination des Tartares: ov l'on verra les choses les plus remarquables qui sont arrivées dans ce grand empire, depuis l'année 1651 qu'ils on achevé de le conquerir, jusqu'en 1669*, Paris, 1671.

② Vittorio Ricci（1621—1685）, *Hechos de la Orden de predicadores en el imperio de China*, APSR（圣玫瑰省档案馆，Avila）China 1, 1667.

③ Juan de Palafox y Mendoza, *Historia de la Conquista de la China por el Tartaro*, Paris, 1670. English translation, London, 1671.

④ Thoma Ignatio Dunin Szpot, *Collectanea Historia Sinensis ab anno* 1641 *ad annum* 1700*, ex varijs documentis in Archivo Societatis Existentibus excerpta duobus Tomis distincta*, Tomus I, ARSI, Jap.–Sin. 104.

⑤ Thoma Ignatio Dunin Szpot, *Historia Sinarum Imperii*, ARSI, Jap.–Sin. 102.

⑥ Daniello Bartoli, *Dell' Istoria della Comagnia di Gesu, La Cina, Terza Parte Dell' Asia*, 1663.

⑦ Joost van den Vondel, *Zungchin, of Ondergang des Sineesche Heerschappije*. Amsterdam: Joannes de Wees, Boekverkooper op den Middeldam, 1692. 关于该剧，参见 Manjusha Kuruppath, *Staging Asia: The Dutch East India Company and the Amsterdam Theatre*, Leiden: Leiden University Press, 2017, pp. 61—116.

⑧ Elkanah Settles, *The Conquest of China by the Tartars*, London, 1675. 关于该剧，参见 Jeannie Dalporto, "The Succession Crisis and Elkanah Settle's 'The Conquest of China by the Tartars,'" in *The Eighteenth Century*, Vol. 45, No. 2,（Summer, 2004）, pp. 131—146.

大了明清鼎革信息在欧洲的传播和影响面。

四 西文明清鼎革文献的全球史意义

上述仅是所有现存与明清鼎革有关的西文文献的一部分，还有更多的文献需要我们进一步调查补充。这些西文文献的作者来自欧洲的葡萄牙、西班牙、德国、波兰、意大利、法国等地，文献涉及的空间范围包括中国、日本、朝鲜、越南等整个东亚，其撰写、出版和流通的范围则更为广阔，包括亚洲、欧洲乃至美洲。因此，我们说这些记录中国明清鼎革的历史文献具有全球性质。

可能会有学者认为，这些文献所记载的明清鼎革内容大都已在中国汉文和满文史料中有记载，而且更为详尽，甚至可能比西文文献记载得更为准确，因此西文文献对明清鼎革史研究的价值不大。但我认为：第一，这些文献记载的内容很多都是传教士的亲身经历和所见所闻，具有原始文献的性质，传教士观察到的内容，对汉文满文文献是重要的补充，扩大了明清史研究的史料范围；第二，在华传教士在撰写这些内容时，有自己的立场和视角，与汉文、满文的立场互不相同，因此这些西文文献可以让我们深入考察传教士对待明清鼎革时期各政权、战争、社会动荡等方面的观点。第三，这些西文文献全部是写给欧洲人看的，目的是让欧洲教会、政界、文化界、商业界了解中国正在发生的剧烈变化，因此这些文献对于我们研究欧洲本土各界对中国观念、态度的转变，其传教政策、商业政策的调整，以及中欧关系的转变等，均具有重要意义；第四，这批史料对于目前学术界的一些热点问题、热门话题，例如《清史》修撰工程、新清史等，也具有很高的参考价值，因为无论何种新理论、新方法和新观点，都需要建立在多元化的、立体的、扎实的史料基础上。第五，也是本文最想强调的方面，即这批涉及欧洲多个语种的西文文献能够使明清鼎革史具有了全球史特征。发生在东亚、中国的这一场剧烈政治、社会变革，被大量以欧洲文字记载下来，并传播至欧洲，在欧洲产生了影响，也正是因为如此，我们说明清鼎革是一个全球性历史事件。这些文献有助于我们用全球史的视野和方法，突破原有的本国改朝换代的研究框架，把明清鼎革史放在全球背景中加以研究。

　　明清鼎革的西文史料具有全球性质，这一属性同时也是明清鼎革本身具有全球性的体现。本文通过对有关明清鼎革的西文文献的介绍和阐述，希望强调在全球史的研究中，尤其是在全球专史的研究中，原始文献的重要性。这一重要性不仅表现在实证意义上，也表现在视野和方法意义上。文献与其记录的内容一样，具有时间性和空间性，如果说全球史书写是对人类历史的时空的一次空前拓展，那么同时也应该是对人类历史的史料在时空维度上的拓展。与某一历史现象相关的史料具有全球性质，是该历史现象具有全球性的标志之一，也是我们以全球史的视野和方法对其加以研究的基础。综合利用本土史料、周边史料和西文史料来从全球史的视角研究明清鼎革，可被视为这一观点的典型个案。

　　原刊《首都师范大学学报（社会科学版）》2018 年第 5 期，第 38—45 页。

帝国水路：中国绘画和欧洲版画中的交流网络和通俗审美

古　柏

普林斯顿大学东亚系

　　拍照时镜头需要快速聚焦于某个对象，同样，艺术家们在册页画的创作中也会专注于描绘那些特别的风景。他们还会在某个地区的概览画目中将这些景色进行整合，就像是各个景点的图片合集一样……因此，与描述普遍地区的手卷相比，这类"风景名胜"画往往更符合当地的客观地貌。在卷轴画中，各个主要景观之间的过渡部分可能会被随意添入画面。但在册页画中，艺术家会将其过滤。在图集或是册页集中，景观之间的转换更多不是在纸面，而是在观众的脑中完成的……

　　肯尼斯·甘萨（Kenneth S.Ganza）《神游：中国地方风景肖像》[①]

---

① Kenneth S. Ganza, *Journeys of the Spirit: Landscape Portraits of Places in China*, Memphis: Memphis State University, 1987, p.14.

　　1574 年初春二月，大文豪王世贞（1526—1590）离开了自己位于太仓南部的园林，开启了长达 1200 公里的首都之旅。① 多年前，王世贞从首都被流放。内阁首辅严嵩（1480—1567）及其子严世藩（1513—1565）是王世贞的政敌。严世蕃贪污腐败，声名狼藉。严氏父子下台之后，王世贞被重新启用。他离开了僻静的南方住所，重新进入象征着帝国权力中心的北京城，加入朝廷重臣的队伍中。②

　　王世贞在旅途中留下了不少文稿，多是和各地文友及名流们的酬唱之作，以及面对名山大川时直抒胸臆的诗赋。这些文稿让我们可以对他的旅程一探究竟。③ 然而更引人注目的是，他还尝试用视觉语言——一套浅绛山水图册——来记录此次大运河之旅。《水程图》由三本共 84 幅册页画组成，描绘了从王世贞在苏州附近的小祇园开始，直到向北七百英里之外的通州的沿途景观。④ 在起点和终点之间，两位艺术家，即苏州的知名画家钱穀（1508—1579）以及他的学生张复（1546—1631），受命重现了王世贞的旅途视野，绘制了这一系列的画作。在画面中，皇家

① 有关王世贞的生平简历，参见 Barbara Yoshida–Krafft, "Wang Shih–chen," *Dictionary of Ming Biography* vol.II, in L. Carrington Goodrich and Chaoying Fang eds., New York: Columbia University Press, 1976, pp.1399–1401. 更为详尽的研究，参见郑利华：《王世贞研究》，上海：学林出版社，2002 年，第 116—117 页；郑利华：《王世贞年谱》，上海：复旦大学出版社，1993 年，第 232 页。郑利华在书中提及了《水程图》和《刘子威集》第十卷中刘凤［嘉靖二十三年（1544）进士］写的《送美元太仆序》。
② 有关严嵩的生平，参见 Kwan–wai So, "Yen Sung," in *Eminent Chinese of the Ming Period*, vol. II, Washington: U.S. Government Printing Office, 1943 pp.1586—1591.
③ 许建平在研究王世贞与《金瓶梅》时，收录了王世贞在毗邻运河的山东临清所写的两首诗。其中一首是即景咏怀诗，另一首是酬唱诗。参见许建平：《王世贞与〈金瓶梅〉》，郑州：河南人民出版社，2012 年，第 40—41 页。更多有关王世贞在旅途中的诗文创作，参见王世贞：《弇州山人四部稿》卷一二〇。有关王世贞诗歌创作的整体性研究，尤其是对其诗歌的修改，参见魏宏远：《王世贞诗文集的文献学考察》，《文学遗产》2020 年第 1 期，第 101—113 页；许建平：《弇州山人四部稿的最早版本与编纂过程》，《文学遗产》2018 年第 2 期，第 183—187 页。
④ 梅韵秋的文章出色地将王世贞的画册置于晚明的印刷文化和游记中进行研究，参见梅韵秋：《明代王世贞〈水程图〉与图画式纪行录的成立》，《台湾大学美术史研究集刊》第 36 期，2014 年 3 月，第 109—184 页。有关王世贞运河之旅的近期研究，参见陈远：《王世贞的〈水程图〉与明代大运河之旅》，中国美术学院博士学位论文，2019 年。

水道从江南南部直达首都北部，观众能够近距离观察到运河两岸的各地景观：有苏州这样喧嚣繁忙的城市，有优美的小村庄，还有无数的堤坝、桥梁和水闸。①

　　本文的研究对象共有三个，初衷也有三点：首先，我认为，我们可以用王世贞的《水程图》来启发对近代早期中国所特有的视觉性"现实主义"新的了解。有学者认为在这种"现实主义"的关照下，画家能捕捉到所观察的每个景观的真正精髓；也有学者认为这种"现实主义"并不是指视觉，而是指地理意义上的真实；还有另一种观点认为"现实主义"是出于谦逊而率真的品格，对非精英人群的日常生活进行描绘。②与这些早期的研究方法不同，我认为16世纪的这种"现实主义"不仅来源于一系列对日常生活或可辨识的特定地理位置的逼真描绘，它更存在于一种艺术创作过程中。这个过程通过广泛的网络系统，将各种看似有意义的日常生活细节和各个地方连接在一起，形成一件具有统一性和凝聚力的艺术作品。③王世贞对平凡日常的珍视不仅表现在那些栩栩如生

---

① 有关王世贞资助钱穀等晚明艺术家的研究，参见 Louise Yuhas, "Wang Shih-chen as Patron," in Chu-Tsing Li ed., *Artists and Patrons: Some Social and Economic Aspects of Chinese Painting*, Seattle: University of Washington Press, 1989, pp.139—150.

② 有关"现实主义"的第一个定义，参见杜娟：《晚明画家张复的实境山水画》，载尹吉男等主编：《中央美术学院美术馆藏精品大系·中国古代书画卷》，上海：上海书画出版社，2018年，第278—288页；有关"现实主义"的第二个定义，参见叶雅婷：《明代的宦游文化——谈院藏〈水程图〉的纪实特色及其观众》，《故宫文物月刊》第432期，2019年3月，第82—94页。有关"现实主义"的第三个定义，参见梅韵秋：《明代王世贞〈水程图〉与图画式纪行录的成立》。需要注意的是，这些学者都未曾使用"现实主义"一词，他们更常用的术语是"栩栩如生"或"记录现实"等。有关将"现实主义"更灵活地运用于这类实景山水画的研究中，参见 Richard Edwards, *The World Around the Chinese Artist: Aspects of Realism in Chinese Painting*, Ann Arbor: University of Michigan, 1989.

③ 我在此借鉴了里查德·门克的研究。他将19世纪欧洲人对于内容复杂的现实主义文学的偏爱（譬如狄更斯的作品）与当时的新讯息和通信技术及时间网络联系在一起，并指出："现实主义小说用现有的媒介为探索损耗和离散的各种可能性提供了平台，也启迪人们去思考有关现实错位的非物质化信息是否可以被称为真实的知识。"，参见 Richard Menke, *Telegraphic Realism: Victorian Fiction and Other Information Systems*, Stanford: Stanford University Press, 2008, pp.18—19.

的画册散页中，还在于他使用连通的手法（譬如将散页画面集结成册）赋予这些画面更大的意义。

其次，从形而上的观点来说，我认为这种有关"连通性"的美学思想对于中国早期现代的帝国形象构建具有重要的意识形态意义。正如魏希德（Hilde de Weerdt）所论证的那样，自宋代以来，中国的各级官僚体系越来越多地服务于不同的地方省份。因此，帝国中那些遥远的县城和乡镇逐渐汇集成单一的凝聚实体。^①虽然这种帝国网络反映了常年累积的地缘和政治现实，但它很大程度上是由当时越来越流行的印刷文化及其产品塑造起来的：地方志、地图和日历，这些印刷品协力将各地约束在一个相互联系的想象共同体中。在魏希德的研究基础上，我进一步认为：由国家资助生产的各种印刷品促成了对中华帝国的官方想象，同时它们还具有独特的美学意义。这种帝国美学在明末发生了完整的迭代：各种绘画、诗歌和小说中衍生出具有独特性的视觉和语言美感，譬如之前提及的"现实主义"。这些作品强调政治中心和相对质朴的各地方区域之间的联系，并以此精确地描绘帝国的雄伟景象。

第三，这种有关"连通性"的帝国美学取决于其自身的消解，那是一种诗意的沉默和高雅的含蓄，也是各地之间的一种现实差异。正如肯尼斯·甘萨所说的那样（出处同开篇所引）：图绘册页有意在连接处留白，但正是这种留白使得人们有可能将其想象成整体。当然，依然有一些视觉符号在物质、视觉或是语言形式上展现了帝国盛景。在本文中，我就将探讨这样一个特殊的符号：大运河。从地理上来说，大运河由复杂的水路系统连接而成，从北到南贯穿整个帝国，将帝国的中心北京和文化多彩、经济富庶的南方城市相连接。在此过程中，运河还途径了许多原本闭塞的地区。在美学意义上，大运河在王世贞的整套画册中呈现为不间断的视觉展示，并以此在不同的册页和各地的城镇、村庄以及其中的人物之间建立起视觉凝聚力。值得注意的是，《水程图》对运河的

---

① Hilde de Weerdt, *Information, Territory, and Networks: The Crisis and Maintenance of Empire in Song China,* Cambridge, MA: Harvard University Asia Center Press, 2015.

表现依然是含蓄低调的，这种美学思想是借鉴了"精简"（"白"）以及"虚空"或"非直接表达"（indirect depiction，"虚"）的理念，特别适用于明末通俗文学地位日益提高的历史情景。

为了在各个层面上阐明明末有关"隐性联系"（unspoken connections）的典型美学思想，我将本文分为三个主要部分。在第一部分中，我在视觉层面上通过王世贞委托创作的画册来探索与帝国相关的美学思想。在第二部分中，我转而探讨作为帝国视觉隐喻的大运河形象如何从中国进入西方早期现代美学。我尤其要谈到一篇在 17 世纪以来充满影响力的文本：约翰·纽霍夫（Johan Nieuhof, 1618—1672）的《荷使初访中国记》（1665）。我将通过文本来展示用于记录路途经历的图像和文字，是如何成功地将中国的形象塑造成一个恢宏的帝国，和一个等待勇敢好奇的西方人来开启的财富宝库。最后，我将探索帝国大运河的形象以及这个水路系统对 18 世纪经济学发展的影响。为此，我着重关注魁奈（Francois Quesnay, 1694—1774）著名的政治经济学著作《中华帝国的专制制度》（Le Despotisme de La Chine, 1767）。虽然魁奈这本具有开创性的著作受到各种思想的影响，但书中那个由水路连接而成的中华帝国的理想形象起着至关重要的作用。这表明在大革命之前，法国现代经济思想曾经从中国流传已久的帝国思想中得到过启发。简而言之，通过着眼于三种不同的视觉和理论作品中的大运河形象，并关注它们在相互联系和物质交换时所表现出的通俗现实主义倾向，本文提出了一种不仅在帝国内部、而且还存在于帝国之间的有关水路系统的早期现代想象。

一　王世贞的《水程图》：

帝国晚期的现实主义不仅是对日常生活做碎片化的近距离详细描绘，而且是寻找不同日常细节之间的联系。为了解这个论点只好先来看一下这种美学特征的视觉呈现：王世贞的《水程图》。[1] 正如梅韵秋所探

---

① 这套册页现存两个版本。第一个版本最为知名，正是我在此列举的《水程图》。第二个版本是由钱穀绘制的，被称为《纪行图》。这个版本在第一个版本的基础上进行了更为正式和丰富的临摹。这两个版本现都藏在台北故宫博物院。

讨的那样，这套册页最引人注目的地方在于它体现了对日常生活的热爱和极简且雅致的描绘方式。在每一幅册页中，观众面对的是日常的生活场景，有时它由一组简朴的建筑构成，一旁是农田，或是正用渔网或鱼竿在树荫下捕鱼的质朴渔民。

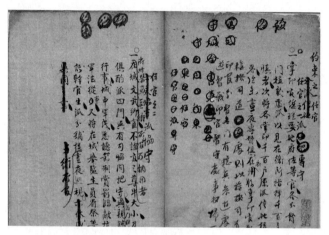

图 1　张复："白洋河"

《水程图》在另一些画面中也展现了城市中心的繁华景象。在那里，宏伟的高墙被无数简朴的民宅所淹没，日常劳作的行人身影使得高大宏伟的拱桥更显生机。

图 2　钱穀："苏州阊门桥"

　　画册所用颜色有意选得浅淡。色彩表现淡雅而有品位，所描绘的对象也都尽显朴素，整个形式朴实无华。84 幅册页放在一起，展现了苏州和北京之间的“整体”风景。而每张分开的册页却只有 23 × 37 厘米大小，这是与大运河近距离接触的最佳尺寸。

　　将王世贞的画册与当时其他纪行图的视觉风格进行比较，会使这种珍视朴素日常生活的态度更为突出。譬如，将王世贞的画册与后来康熙、乾隆描绘同一地点的恢宏皇家巨作放在一起比较时，我们不禁注意到这些后期的画作中所包含的宏大意义。[①] 皇家纪行图的尺幅庞大（45 英尺长，但只有一英尺宽），并且集中表现了皇帝亲自视察那些与黄河及大运河相关的大型水利工程的场景。相比之下，王世贞的画册只是由一系列小型的册页组成，且完全没有（一大群下属官员簇拥着的）王世贞本人的身影。皇家纪行图具有炫耀性的政治色彩，它反映了行程本身的目的：展现仪式场景。画家试图让皇帝的形象出现在其领地的各个关键地理位置，并通过这种形式来宣示其统治规则。[②] 相比之下，观赏王世贞的画册似乎是从一开始就在闲静地欣赏悠闲旅途中那些淳朴的日常景观。

　　对于雅致和闲适趣味的强调让这些画作传承了文人审美的传统，但正如梅韵秋所指出的那样，把王世贞对于画面地点的选择和当时文人精英常选择的出游地点相比较时，会很明显地发现王世贞有意规避了那些在上流社会旅行中常见的景点。王世贞的画册虽然与早期描绘文人游历的山水画有一些共同特点，如陆治（1496—1576）的《百岳游》等，

① 有关张复和钱穀的早期纪行图与后期皇家纪行图的比较，参见 Kenneth Ganza, *The Artist as Traveler: The Origin and Development of Travel as a Theme in Chinese Landscape Painting of the Fourteenth to Seventeenth Centuries,* Ph.D. Dissertation, Bloomington: Indiana University, 1990. 甘萨认为后期的皇家绘画既没有生命力又没有信息量，纯粹只是一种艺术个体精神对皇家纪行使命的服从。参见 Ganza, *The Artist as Traveler,* pp.272—276.

② 因此，对于水路系统的视察有着关键意义。当然，统治的术语并不局限于以圣贤帝王大禹的方式疏通水路这一种形式。譬如《康熙南巡图》中的第三卷就集中展现了康熙登顶泰山的场景。参见 https://www.metmuseum.org/art/collection/search/49156。

但王世贞的画册中并没有神秘的山景和文化名胜。[①] 王世贞所选择的地方尽是水闸、桥梁、码头和堤坝，这些地方与当时商业旅游指南为大众消费所指示的各种景点高度重合。这些显然都是更为朴质的绘画素材。例如，画册中有大量的地点被收录于 1535 年出版的《图相南北两京路程》中（一本图文并茂的介绍南北两京之间景观的旅游指南）。这是一本面向官员、商人和平民的通俗旅游指南。[②]

　　与大众旅行路线的重合，表明这些《水程图》的创作目的并非是要展现一场在人迹罕至的荒野中的高尚逃逸，而是试图向观众展示在帝国最繁忙的水路上旅行时的功利和日常本质。

　　当然，即使王世贞的画册没有像康熙、乾隆的卷轴画和文人山水画的精英美学那样将帝国的宏大场景强加于观众，《水程图》的朴质风格在很多方面依然暗藏着个人的勃勃野心。如前所述，这套作品是被用来纪念王世贞归京的。如此，它正是金旖妮（Elizabeth Kindall）所谓的"纪功图"（honorific painting）的极佳例证。"纪功图"是"为显赫的官员或其他的杰出个人（如寺庙住持）所创作的绘画，以庆祝其圆满完成公务、职位变迁，或在履行职务及退休后完成一段漫长的旅程"[③]。诚然，正如画家钱毂本人在画册的题文中所表明的：

　　　　右画册自小祇园以至维扬郡，共三十二番，赠送太仆王凤洲先生还天府作也。凤洲此册留予所三四年，未尝注意。今迫于行，勉尔执笔，维欲记其江城山市、村桥野店、舟车行旅、川涂险易、目前真境，工拙妍媸则不暇计也，观者请略之。时万历二年岁次甲戌上

① 对于整个帝国时期文人游记和绘画作品的概览，参见 Richard Strassberg, *Inscribed Landscapes: Travel Writing from Imperial China,* Berkeley: University of California Press, 1994. 其中囊括了王世贞游记的译本（只是不包括他的北京之行），参见书中第 297—302 页。
② 有关该书的版本及其探究，参见牧田谛亮：《策彦入明记の研究》下册，京都：法藏馆，1959 年，第 200—217 页。
③ 金德尔写道："善政是将全景视野和特征化的地貌、人物以及事件相结合的总纲领。"参见 Elizabeth Kindall, *Geo-Narratives of a Filial Son: The Paintings and Travel Diaries of Huang Xiangjian*（1609—1673），Cambridge, MA: Harvard University Asia Center, 2016, p.32.

图3　《水程图》中的枫桥

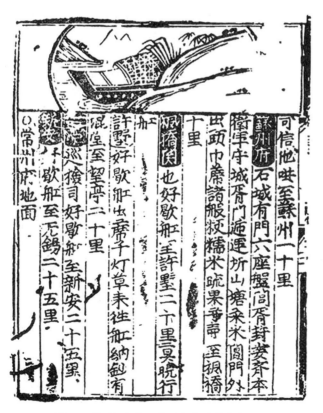

图4　《图相南北两京路程》中的枫桥

元日，彭城钱榖识于悬磬室之北斋。①

这段文字的用意不仅是向具有鉴赏力的画家强调"实景山水"中景色妍媸不同的特质，同时也表达了一项心愿：要将这些"实景山水"赠予即将开始仕途之旅的王世贞。在晚明的社会情境中，绘画作品被视为私人空间中挚友之间的"礼物"交换。②但《水程图》的创作契机并非只是私人间的友谊和交流，它更是由旅途中官方和公众的利益所决定的。王世贞或许视钱榖为"友人"，但钱榖在题文中直接以王世贞新晋的"太仆"称呼他。显而易见，此次旅程最值得庆贺的是"太仆"会重新在帝国的中心获得政治地位。

在"纪功图"的创作中，需要确立画面所要表现的归功对象。而金旖妮在这个过程中精准地发现了一种视觉语言，即画面旨在通过展现"善治"的场景来称赞某位官员的工作。《水程图》中的风景美学恰好与这种视觉语言相呼应。③譬如，黄河和大运河的正常运作需要大型水利工程的支持。虽然王世贞并未参与过大运河的修建，但有很多个瞬间，我们似乎亲眼目睹了这位士大夫视察这些水利工程时的场景。而营造之功往往是以十分含蓄的方式表现出来的。举例来说，画家会在册页上零散地绘制一些在堤防上工作的工人，又或者画家特别注重描绘那些新建的防洪堤坝。同样，画家用某些形象来隐喻一种纯良的典范和一个得到善治的国家，譬如喧嚣的城镇、宁静的村庄、辛勤劳作的质朴的渔民和农夫。

这些描绘太平治世的画面显然具有虚构成分。钱榖在题记中强调了画面的精准性。他指出图中描绘的地方虽然景致妍媸有别，但都是他

---

① 转引自叶雅婷：《明代的宦游文化——谈院藏〈水程图〉的纪实特色及其观众》，《王世贞的导览计划：〈纪行图〉研究》，台湾大学硕士学位论文，2017年，第100页。"天府"常被用于指四川省。但王世贞从未涉足四川，因此"天府"在此可能是"朝廷"之意。

② 王世贞在《水程图》的跋文中将钱榖视为"友人"。正如路易丝·尤哈斯所想努力表达的那样：虽然在《水程图》的创作受到金钱和雇佣关系的影响，但王世贞和钱榖（以及张复）之间也存在着真挚友谊。参见 Louise Yuhas, "Wang Shih-chen as Patron".

③ 参见 Kindall, *Geo-Narratives of a Filial Son*, p.2.

亲眼目睹过的。但事实上，这些图像很难做到完全真实。耶稣会士利玛窦（Matteo Ricci，1552—1610）明确指出晚明的大运河拥堵异常，并且是一条充满危险的水路。河上的船只往往超过了运河的承载量，导致长达数英里的交通堵塞。同时，运河上还存在许多凶险的水域，船只随时有沉没的可能。[①] 相比之下，王世贞的册页中却展现了各地具有象征意味的祥和景象。画面中的人物被策略性地绘制得并不拥挤，而水面也像是被上天降福过一样始终波澜不兴。"现实主义"在这里并不代表"绝对事实"或"绝对准确"，它只是一种意象，被用于策略性证明开明专制的理念是真实可行的。

　　与金旃妮所分析的许多其他"纪功图"不同，作为文人和官员的王世贞在《水程图》的画面中始终是缺席的。但王太仆并非真的缺席，画家只是将他转移到了一个较为不受打扰但依然能通览全局的位置上。这样一个独立于景观的位置让王世贞能更方便地与他人共赏画面。通过将观者所处的位置抬高到景观之上，可以看出画家思考的关键问题不仅是记录一场单纯的个人旅行（想达到那样的目标，可以将观者放在水平面的位置），而是标识出一个让人可以俯瞰辖区全景的理想位置。正如叶雅婷所说的那样，从鸟瞰的视角观看风景本是一件不可能的事，而地图就是表现这种不可能场景的旨在描绘地貌的作品。《水程图》的视觉语言在很多方面与地图并无二致。它和地图最终都呈现出一种特殊的美感，不仅表现了"地貌"这一特殊主题，而且强调了绘画具有一定的功利目的，它是辅助帝国官僚体系运作的重要工具。[②] 这套册页画有

---

① 利玛窦在描绘大运河的拥堵状况时写道："船的数量是如此之多，以至于在航行过程中经常因为相互拥挤而损耗大量时间，特别是当运河里的水位较低的时候。为了防止这种情况的发生，人们用木制的船闸把水限定在指定区域，同时船闸也起到了桥梁的作用。当后方水位涨到一定高度时，船闸就会被打开，船只就被涌出水流的动力所推动。从一个船闸航行到另一个船闸对水手们来说是一项艰巨的任务，并且之间的这段路程也颇为乏味。……有时，在一个船闸的出口或入口处，水流又高又猛，以致于船只倾覆，全体船员都溺水身亡。"参见 Matteo Ricci, *China in the Sixteenth Century: The Journals of Matthew Ricci:* 1593—1610, Louis J. Gallaghaer, S.J. trans., New York: Random House, 1953, p.306.
② 叶雅婷：《明代的宦游文化——谈院藏〈水程图〉的纪实特色及其观众》。

意结合了个人情趣与实用精神，是一套在本体艺术语言上充满了画家赞誉之情的帝国地图册。也因此，这套作品很容易被那些志趣相投的文人雅士们所接受，他们正是与王世贞理想一致的士大夫阶层。

个人情趣和公众利益，谦逊品格和宏大叙事，这些特质在整套册页中混合在一起且表现明显，而这种混合的特质十分适应帝国官僚系统的运作经验。正如金旖妮所说，"纪功图"中常用大量的册页来给收藏者增添威望。可以说，画面中所描绘的风景也有相同的功用。每个孤立的画面、城镇和人物都可被视为对特定任务或是官方管辖地区的得体展示，且共三本84幅的册页画体量巨大，这两种特质协同展现了一幅从北方政治中心到南方商业重镇的帝国概貌。王世贞在此高度评价帝国的整体景象，但这种景象的视觉象征并不是一个威严的皇帝坐在首都中央的宫廷中治理国家的画面。相反，帝国的整体景象是建立在对一系列质朴日常生活的轻描淡写之上的。画家有意将帝国全景拆分为多个由官僚阶层管理的地方区域，但这些分散的景观与整体仍保持联系。总之，《水程图》通过画面的联系网络展现出了画家的帝国理想。

大运河是帝国的地理标志、经济管道和政治路线，具有运输人员和传递信息的作用，对帝国的正常运作至关重要。选择大运河作为帝国的象征初看令人吃惊。毕竟，如果要选择一个基建设施来象征中国的帝国力量，长城一定是首选。[1] 然而，如果说长城作为帝国的象征看起来更富有视觉冲击力的话，那么毫无疑问，大运河在帝国发挥的实际作用更为显著，尤其是对王世贞这样的南方文人而言。在16世纪末王世贞北

---

① 长城不只是一个历代建造的建筑体系，它还是一个由传奇和神话组成的意象。有关长城的辉煌历史文化，参见 Carlos Rojas, *The Great Wall: A Cultural History,* Cambridge, MA: Harvard University Press, 2010. 正如此小节所示，我将大运河视为中华帝国力量的另一种实例，它不是被想象成一个简单的单一实体，而是由彼此之间充满联系的不同实体拼凑而成的，因此给人留下一种统一整体的印象。正如罗哈斯所明确指出的那样："这个国度是一个由多元元素伪装而成的单一体，它本质上是一个混杂的结构，但努力将自己构想成一个单一的实体。"参见 Rojas, *The Great Wall*, p. 41.

上京城的同一时间段，大运河每年向首都运送超过四亿石的贡粮。^①由大运河承载的这种运送工作不只带动了地方经济的蓬勃发展，还增加了政府的税收收入。朝廷沿运河在六个不同地区设置了税局，仅临清一地的"钞关"，每年就要向国库上缴近 84000 两白银。^②大运河对于帝国的经济和财政健康起到了关键作用，它在国家运送人员方面同样至关重要。富裕的江南地区是士大夫文化的中心，考生们总是选择从江南通过大运河进京赶考。同样，条例规定来自东南方国家的使团必须沿运河的驿站系统进京。^③反之，官员们在接受任命后，从首都向南旅行，通常也会选择大运河。官方的驿站路线和帝国游艇的华丽气派既提高了个人的旅途舒适度，又适度展示了象征皇权的庄严气氛。确实，即使就单纯的物质性而言，大运河对于帝国的大厦也同样至关重要。用来建造北京皇城的大部分砖块并非产于首都，而是在像临清这样更南边的地区（几个官窑的所在地）生产的。在那里，船只向北运输货物和谷物进京时，都会被勒令装载砖块。^④

─────────

① 一石约等于 60.5 公斤，四亿石则约重 24 万吨。参见 Ray Huang, "The Grand Canal During the Ming Dynasty, 1368—1644," Ph.D. Dissertation, Michigan: University of Michigan, 1964, pp. 74, 312.

② 此数字仅适用于 1599 年。一两白银约有 38 克重，84000 两白银就相当于 3200 公斤。按当前货币价值换算，约等于 5500 万人民币。需注意的是，临清"钞关"的白银税收超过了所有其他的内地税局，参见 Ray Huang, p.314.

③ 有关 16 世纪的著名艺术家文徵明作为考生在运河旅行期间所写的一系列精彩信件，参见 Richard Edwards, "Peking: 1523—1537," *The Art of Wen Cheng-ming,* 1470—1559, Ann Arbor: The University of Michigan Press, 1976,pp.85—93. 这些信件很好地说明了大运河在充当个人书信的传递管道时所起的作用。它不仅为官员们提供递送服务。大运河上还有诸多往来各地的士大夫们，他们每个人都自愿为"朋友"顺便传递书信。

④ 利玛窦在描绘大量的砖块和木头运送进京的场景时曾写道："他们通过运河运载大量的木头进入皇城。这些材料都是用于修建皇家建筑的。尤其是在皇宫被烧毁之后，据说有三分之二的横梁、圆柱和木板化为灰烬。在整个航行中，神父们看到大量的木梁被捆在一起用于拖运其他的木制货物。成千上万的工人在河岸上艰难地将这些木头拖上岸……中国人更喜欢砖块而不是石头，因此皇家宫殿注定要用砖块来建造。这些建筑材料可能是从 1500 英里之外由货船运送而来。有很多船只专门被用于这项工作，他们昼夜不停地运输着。沿着这条路线可以看到充足的建筑材料，它们不仅可以用于修建皇宫，甚至还能在此之外再造出一整个村庄。"参见 Matteo Ricci, *China in the Sixteenth Century*, pp.306—307。

　　然而，如果说大运河与长城在维护皇权时起到同样重要的作用，那么需要注意的是，它们在象征皇权时也存在一些关键性的区别。首先，长城成为帝国权力的象征是因为它划定了帝国与外部世界的边界。然而外族的入侵意味着长城原有功能的失效，凸显了帝国的衰落。① 相反，大运河建立了帝国内部的联系网络，这对于保持帝国的凝聚力十分重要。而小说《金瓶梅》正是表现了这种内部网络的腐坏，用实际案例展现了王朝的衰落。从地理上讲，大运河将经济文化发达的南方与北部的帝国政治中心联系在一起。在军事上，大运河长期以来致力于将最大数量的部队快速运送到帝国最广大的地区。② 通过修建水路来治理国家的理念实际上来自于治理帝国的核心"神话"。正如陆威仪（Mark Edward Lewis）所指出的那样，围绕着圣贤帝王大禹治理洪水的行为而创造出来的神话是帝王统治思想的基础。③ 反之，魏希德指出，宋代地图是建立在通过水路统治全国的神话之上的，用地图的形式还原早期文本，并在此基础上建立起一种新的帝国视觉表现形式。事实上，在 11 世纪版本的《禹贡图》中，帝国的大陆总是被水路系统分割或连接的。④

　　其次，长城通过其垂直陡峭的纪念碑形式，在视觉上表现自身对皇权的象征意义，相比之下，大运河被认为缺乏明显的视觉表现性。大运河的两岸景观可被挖掘呈现，但运河本身表现的是我们可称之为"负空间"（"negative space"）的东西。它像是一个在景观中被掏空的缝隙，或者说是一条只用来连接两个可见节点的看不见的线。这种视觉性的缺失可以这样理解：帝国的水路只有在以图像的方式呈现时才变得可

① 当然，这种失败可能要归因于帝国内部的腐败或愚昧。例如在 1644 年的著名历史事件中，吴三桂（1612—1678）向入侵的满族敌开长城之门。
② 大运河的军事功能尤其体现在各种有关其发源的"传说"中。最早的大运河是根据吴王夫差的秘密指令建造的，目的是便于吴国对附近的宋、鲁两国发动偷袭。另一段运河（不属于正式大运河的一部分，但在构建帝国霸业和运河文化的联系上同样发挥了重要作用）是根据中国第一位皇帝的命令修建的，以便帝国向南扩张。
③ 陆威仪认为"（治洪的）神话是对政治权威的认证标准，是整本书的基础，因此并没有在书中作为一个单独的章节出现。"参见 Mark Edward Lewis, *The Flood Myths of Early China*, Albany, NY: State University of New York Press, 2006, p.17.
④ 参见 Weerdt, *Information, Territory, and Networks*.

见。那是在地图上被抽象描绘的帝国，而不是实际生活中所直接感知到的那样。帝国的水路也可以被想象成一个血液系统：只有当现实的表面被剥离开，露出皮层中为人体提供养料的血管系统时，它才会变得可见。也就是说，虽然大运河缺乏直接的视觉表现性，但突出这种视觉缺失同样可以获得审美意义，王世贞的这套画作就是如此。如前所述，王世贞的运河画作将不同具体地理位置上的质朴物质现实与一个未阐明的理念联系起来了（充满内部联系的帝国形象的理念）。运河和那些广泛延伸的帝国水路具有关键作用，它们将这种"内部联系"的理念变得可视化。事实上，各张册页上描绘的景观包罗万象：从乡间到城镇到都市再到山岭。但贯穿所有册页的是大运河的形象。虽然运河在将帝国理念和各个辖区连接成一个无间隙的统一整体时贡献突出，其本身的形象却被表现为留白。

　　画面中有部分留白的区域（偶有一些绘有代表水纹的波浪线），它们的作用是将大运河图像在不同册页之间自然地衔接起来。

　　运河的连接甚至反映在每两张册页之间的缝隙中，这些缝隙都是空白的。与这种表现形式相匹配的是：单张册页都未注明所表现的是大运河。这种处理方式还是为了能将运河图像在不同册页之间很好地连接

图 5　钱榖："沙湖"

图 6　钱榖："夷亭"

起来。同样,将这些册页画与真实的地图做比较,对我们的研究颇有益处。正如叶雅婷所说,王世贞册页中的一些画面仔细记录了在关键交通岔口上的水路汇流(譬如表现苏州阊门桥的那一幅),这种画面很像是

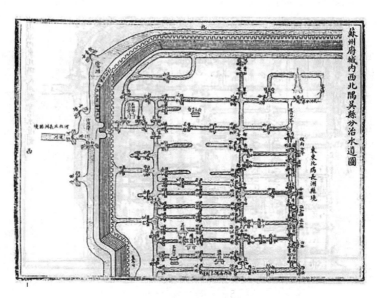

图 7　张国维:《吴中水利全图》

那些地区的地图。^①然而，无论是作为艺术创作还是地图制作，这种表现方式的重要性都并不只在艺术表达本身，而更体现于它正在地图制作和艺术创作的临界点上寻求表现水路图像的更多可能性。

正如1636年的地图《吴中水利全图》所示，由于单张册页地图的版面大小有限，连接苏州和帝国其他地区水路的图像可能会被截断。但只要题写出每条水路的方向，那么这些路线将远远延伸到地图边缘之外。一群工人正在大运河的石堤上劳作；两面飘扬的旗子标识出一所驿站；一个繁荣的城市中有一个管理良好的衙门……王世贞册页的每幅画面都在同时暗示着在大运河上的仕途旅程中所经历的那些官方活动场景。单幅册页的真正意义并不在于这些直接的视觉表达，而在于从中心的大运河场景穿过各种景致过渡到画面边缘的这个过程中，画家在肉眼可及的图像之外，暗示了更多的空间和风景。

总之，王世贞的册页画将大运河表现为中华帝国疆域的一种象征。有鉴于此，我认为我们在思想和美学上都应该重新理解"现实主义"这一议题。这种"现实主义"并非只表现在准确描绘某些特定地方的风貌或地形，更体现在如何将这些分散于地图上的地点连接起来，形成一个统一的具有凝聚力的帝国景象。在册页中，建立这种连接的艰巨任务是通过描绘大运河的形象来完成的。但具有讽刺意味的是，大运河本身的视觉形象是一片空白。反过来说，这种留白也允许读者进一步在脑中描绘并探索日常而儒雅的明末趣味。可以肯定的是，与那些表现名胜古迹或是令人肃穆的对象的绘画不同，《水程图》表现的是温润的景致和日常的生活场景，同时展现出含蓄的审美品味。孤立的画面无法承载这种通俗视觉语言的价值。这种视觉价值最终体现于一种创作过程中，它将每一幅温润的景致连接成一个庞大的想象共同体。在中文里，"白"（white）和"平"（plane）在被用于描绘通俗语言时意涵是一致的。例如"白"可等同于"虚"，被用于指称"非直接描绘"。我认为，《水程图》中的留白和"非直接描绘"可以被理解为一条看不见的线索：这些空出的

---

① 叶雅婷：《明代的宦游文化——谈院藏〈水程图〉的纪实特色及其观众》，第85—88页。

狭窄空间为整个册页和由水路系统连接而成的帝国提供了一种表现形式和深层意蕴。

二荷兰贸易使团

> 忽必烈汗在上都曾经
> 下令造一座堂皇的安乐殿堂：
> 这地方有圣河亚佛流奔，
> 穿过深不可测的洞门，
> 直流入不见阳光的海洋。

塞缪尔·泰勒·柯勒律治（Samuel Taylor Coleridge 1772—1834）[1]

1655 年 9 月 4 日，约翰·纽霍夫到达了中国南方的广州港口。他身兼画家、诗人、制图师、外交官、商人和间谍的多重身份。纽霍夫作为一个荷兰使团的成员，被荷兰东印度公司派往中国参见新加冕的顺治皇帝，并记录旅途见闻。此时的中国已经实施海禁长达数个世纪[2]。但是在 1644 年明亡之后，新的王朝政权得以建立，荷兰东印度公司使团希望能借机开启中国国门并达成与荷兰的贸易往来。

此次出使本身是一次巨大的失败。顺治皇帝在北京礼节性地听取了荷兰方面的请求之后命其离开，但允许其在数年后再度来访。然而纽霍夫记录旅途见闻的任务却完成得相当成功。尽管他绘制的有关中国题材的水彩画稿已经被封存了数百年，但他的游记得以在 1665 年出版。纽霍夫这本游记在他的哥哥亨德里克·纽霍夫（Hendrik Nieuhof）和阿姆斯特丹的出版商范·默尔斯（Jacob van Meurs，1619/1620—1680）的共同主持下得以出版。这本游记详尽地记载了他的旅途见闻，是一本名

---

[1] 有关柯勒律治诗歌中文学来源的深入研究，参见 John Livingstone Lowe, *The Road to Xanadu: A Study in the Ways of Imagination,* Princeton: Princeton University Press, 2014. 罗威指出：柯勒律治在写诗之前查阅了马可·波罗的游记。更有趣的是，柯勒律治在 20 世纪 20 年代创作的作品生动展示了文学作品是怎样被创造出来的。即使是高雅诗这样被认为是表意单一的作品，仍然是由不同的文字素材拼凑而成的（或罗威所称的"混乱"）。

[2] 此一表述并不准确。——译校注

副其实的中国百科全书，同时在商业上取得了巨大的成功。这本记载纽霍夫奉东印度公司之命出使中国的游记，装点了近 160 幅描绘相当细致且精准的中国题材铜版画，在欧洲吸引了大量充满兴趣的读者。在随后的几年中，该游记在欧洲以多种语言再版了十四次，但几乎每一版都包含了 1665 年初版的原始插图。①无论是从出版的初衷还是结果来看，书中的文字记录和图像都因此演变成了欧洲人眼中的"中国"形象。②

　　这本游记在卷首画和作者肖像之后附有一幅中国地图，它向欧洲读者展示了整个中国帝国的真实面貌，也由此引入整本游记的正文。为了绘制这幅地图，纽霍夫对前人的地图进行了大量的参考借鉴。其中最值得关注的是卫匡国（Martino Martini, 1614—1661）的《中国地图新志》（Novus Atlas Sinensis, 1655），这是西方第一本详尽真实地描绘中国内陆的地图册。③像稍早的卫匡国地图和地理记载一样，纽霍夫将中国视为一个有边界的整体：南边和东边被大海包围，东北部有长城阻隔，西北部则是有人居住的沙漠和山脉，而内部则被构建成一个统一的、固若金汤的大陆帝国。为了将整个帝国划分为可管理的单位，中国共确立了16 个省份。制作者在地图中正确无误地辨认并标示出这些省份的名字，

① 泰维诺（Thevenot）的法语版是一个例外。这个版本的插图并非以默尔斯版本的铜版画为底稿，而是在纽霍夫的原始水彩画稿基础上制作的，画面上还附带有纽霍夫的手写文字。参见 Dawn Odell, "The Soul of Transactions: Illustration and Johan Nieuhof's Travels in China," The Seventeenth Centry Vol.12, NO.3,（2001），p.226 和第 240 页的注脚 4。
② 正如施密特所说，荷兰共和国作为海事大国的实际鼎盛时期是相对短暂的。它作为一家出售世界图像的出版集团的影响力要远超其实际的政治实力。参见 Benjamin Schmidt, Invention Exoticism: Geography, Globalism, and Europe's Early Modern World, Philadelphia: University of Pennsylvania Press, 2015。此外，需注意的是纽霍夫游记中图像的生命力要比此次旅行本身更持久，其中一些图像之后成为了各类装饰性瓷器、家具和墙纸的主要图像素材。参见 Friederike Ulrichs, Johan NieuhofsBlick auf China（1655—1657）: Die Kupferstiche in seinem Chinabuch und ihre Wirkung auf den Verleger Jacob van Meurs, Wiesbaden: Harrassowitz Verlag, 2003,pp.141—150.
③ 卫匡国可能是第一个绘制了真实中国内地地图的欧洲人，但他在地图的绘制过程中又大量借鉴了中国本土的地图和文字记载。有关这些地图的准确性以及其对中国内地做首次图像展示的重要意义，参见 Michele Castelnovi, "From the Polo's Marvels to the Nieuhof's Falsiability," Documenti Geografici, Vol.4,No.1,（2016），pp.55—101.

并且为每个省都附上详细的介绍性短文。文字内容包各省的主要城市、对国库的贡献以及最重要的地理特征。

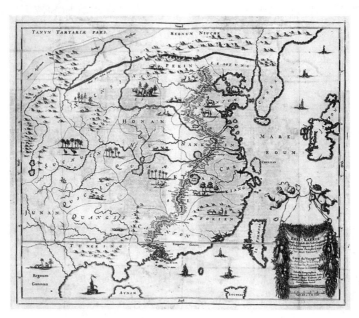

图8　约翰·纽霍夫："旅行图"（《荷使初访中国记》）

　　纽霍夫书中的地图可算是对中国的真实描绘，但地图中最精确的部分（实际上也是整本书对中国的整体描述中最准确的部分），是在中华帝国的版图上那些曲折延绵的线条旁横向书写的不同地名。其中每一个地名都是纽霍夫在觐见中国皇帝的旅途中亲自到访过的地方，这些地方也都被他以第一见证人的身份制成了精美的书籍插图。而那条蜿蜒的线条表现的就是纽霍夫抵达皇帝居所的通道，即大运河。

　　在近代早期中欧交流的研究中有一项经常被忽略的事实：从近代早期开始，越来越多的欧洲人不是从北方，而是从南方进入中国的，他们是从广州南部港口开始进入"天朝上国"的。因此这些西方人最常面对的象征中华帝国的权力的工程不是长城，而是大运河。就好像纽霍夫在山东省的地图中绘制了骆驼，而把马匹画成福建的动物，甚至还在直隶绘制了大象一样，纽霍夫的地图上或许包含长城，但实际上他从未亲自看到过长城。相反，纽霍夫真正目睹过并随后贩卖给欧洲观众的中国景象是大运河的形象。所以纽霍夫的绘画常与王世贞的早年创作有异曲同工之妙。这位荷兰画家在页复一页的画作中描绘了优雅的水畔城镇、大运河边的宝塔、撑着伞沿河漫步的中国人、马背上的中国官员和远处的群山。

图9　纽霍夫："江西"（《荷使初访中国记》，第 95B—96A 页 ）

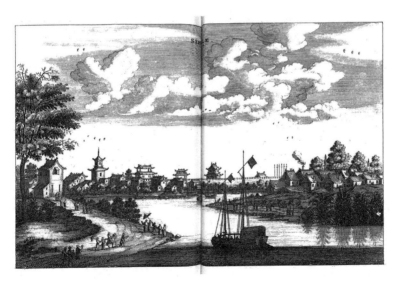

图10　纽霍夫："沧州"（《荷使初访中国记》，第 185B—186A 页 ）

　　可以肯定的是，正如许多学者所指出的那样，约翰·纽霍夫的哥哥和阿姆斯特丹的出版商利用阳伞和宝塔的形象来装点风景画，并以此强调插图中虚幻的东方主义色彩，但原始的水彩画稿中并未出现这类图像。[①] 同样，王世贞本应最感兴趣的一些图像元素，也就是被中国官僚视为帝国治理良好的各种视觉标志，并未像在16世纪的画册中那样出现在纽霍夫的画稿或出版物中。虽然如此，因为16世纪王世贞和17世纪纽霍夫的绘画都是为了捕捉帝国的宏伟气质而创作的，并且两者都旨在记录从南方到首都的旅程，所以它们还是共享了大运河这一视觉符号，并以此为基础塑造了人们对中华帝国的想象。

　　然而，尽管王世贞对于隐藏在大运河背后的政府运作避而不谈，纽霍夫却清晰地表达了他将这条运河视为通往帝国财富和权力的渠道。以下列内容为例，纽霍夫在他的记录结束时回忆中国首都，对北京城的描述是：

> （北京）城有十二个城门，每个城门都位于上述的内外城墙之间。通过这些城门，整个中国的财富如百川入海般地涌入都城。整个疆域中一切引人注目和令人愉悦的物产，都通过这些大门被带到北京城中。这里充斥着所有能满足人们欲望和日常需求的物产，且数量丰沛。数以千计的帝国船舶……被制造出来，只是为了将来自帝国所有地区的各种商品和财富通过航行带到皇帝和他的统治精英面前。由于北京是皇室财富的聚集之地，各地所需上缴皇帝的所有收入和税款也都被汇集于此。为了达成这一目的并将各色商品带到北京，中国的劳动者们尽力确保所有河道的畅通，并在所有缺少河道的省份开凿运河，从而使所有地方都能通过水路抵达京城。人们理应为中国的劳动者感到惊叹，他们通过人力和自然的合力，创造出了这一使得人们能够跨越数百英里的水路抵达首都的公共工程。[②]

---

① Leonard Blussé and F. Falkenburg, *Johan Nieuwhofs Beelden van een Chinareis, 1655—1657*, Middelburg: Stichting VOC publicities, 1987.

② Johan Nieuhof, *Het Gezantschap der Neêrlandtsche Oost-Indische Compagnie, aan den Grooten Tartarischen Cham, den tegenwoordigen Keizer van China*, Amsterdam: Jacob van Meurs, 1665 pp.185—86.

很明显，纽霍夫重视对于中华帝国的体察整体。他点明了输入都城的物产具有多样性，指出奢侈品（"所有能满足人们欲望的物产"）和必需品（"各个满足日常需求的物产"）两者都被带到了都城。他指出物产具有惊人的财富价值（"人们发现这些物产数量丰沛"）。但最重要的当然是纽霍夫不假思索地运用了强调整体性的词汇："整个中国"（"geheel Sina"），"整个疆域的一切物产"（"al wat in het ganscherijk"），"所有能满足（人们欲望）"（"alles,'t geen de dewellustkanverzadigen"），"帝国所有地区"（"allegewesten des Rijks"），"所有收入和税款"（"alle d'inkomsten and schattingen"）。作为纽霍夫旅途的高潮，北京城在此被视为整个帝国的绝对中心和叙事的最终目的，是纽霍夫在中国之旅中见到的所有财富的集合。

这种聚集于帝国中心的整体性得益于各地精心开凿的河运和水路网络。当叙述帝国的货物如何被运往首都时，纽霍夫对于水路网络的描绘并无失误。当他提及所有的中国货物如何"涌入"（"instorten"）时，他的用词令人联想起水从堤坝外喷薄而出的景象。当提及"丰沛"（"overvloed"）时，他使用了一个与"洪水"相关的词。当强调各种物产如何"被带到"首都时，他用到了"航行/航运"（"voeren"）这个与水上交通相关的词。这些词汇的运用暗示着读者之后的文本会描述中华帝国纵横交错的运河和河流。正是这些运河网络和整个国家所为之付出的卓绝劳动，最终使得缔造一个具有向心力的帝国成为可能。简而言之，王世贞可能会惊讶于那些荷兰商人对财政事务所表现出的重商主义态度，但他肯定会同意这一基本观点：帝国的福祉有赖于这一庞大的运河系统对帝国中央的供给。

虽然纽霍夫和王世贞都强调大运河对于帝国的运作体系而言至关重要，但他们的认知依然有很大的区别。其中最显著的是，纽霍夫将观察者放置在一种能不断产生探索感的位置上，从而将观察者带入帝国/图像的更深层面。与王世贞官僚主义的视角相比，纽霍夫的作品所具有的这种探索感更为明显。与王世贞的画作相反，纽霍夫没有从高处俯览运河，而是选择了从陆上的固定位置观看运河风景。纽霍夫倾向于将视角聚焦于运河本身并将其设置得稍高于水平面，以暗示观众正在随着运河旁的水路漫行。① 此外，王世贞的一系列画作强调的是横向的观看体验。若将大运河视作水平线，可以将不同的册页连在一起，联想成一张完整的长卷轴画。而纽霍夫则强调大运河的纵向构图，他从观众的视角出发，将纵向的画面引入视野。

图 11　约翰·纽霍夫："天津"（《荷使初访中国记》，第 191B−192A 页）

简而言之，王世贞的画册和纽霍夫的插图都将一系列的地理印象，通过大运河的视觉形象，串联成一个统一的帝国景象。但纽霍夫将大运河表现为一条从观众视野延伸到画面内部的纵向线条。这种表现方式产生了一种特殊的动感，暗示着观众会不断被在视野外等待的新景观所吸引。纽霍夫此次出使的初衷和当时欧洲帝国主义在世界各地的投资和入驻相吻合，图像视野（当然还有纽霍夫的文字叙述）诚邀读者不断

————————

① 唐·奥德尔曾以类似的方式宣称纽霍夫通常将观众置于水域之上，与大运河保持一定距离。她进一步指出：使用船舵需要从远处描绘海岸线以识别航行地标。纽霍夫这种绘制视角很可能来源于荷兰东印度公司制图和用舵的悠久传统。与奥德尔的观点相反，我认为在视觉上用纵向构图表现大运河是为了以此吸引观众步入画面，而非将观众保持在鉴赏者的距离上。详见 Dawn Odell, "The Soul of Transactions," pp.225—242。

走进中华帝国的更深处，希望最终得以进入它的核心都城。①

　　与王世贞充满凝固感的册页画不同，纽霍夫的图像叙述具有一定的时效性。其中不断消失的视野将观众带入探索中国的体验中，并提供了清晰的即时目的。正如唐·奥德尔（Dawn Odell）指出的那样，纽霍夫的《荷使初访中国记》是从船员日记的形式演化而来，其中每一幅图像都能与纽霍夫行程的明确日期记录相匹配。视觉图像和文字记录在书中协力引起读者继续阅读以及进一步探索的欲望。② 相比之下，王世贞的册页中很难分辨出任何明确的时效性。可以肯定的是，这三本册页是被同时送给王世贞的。跋文记载了这些画册被赠予王世贞的时间，但画面本身并没有显示出任何有关时间进展的痕迹。因此，王世贞画册图像中的空间表现与时间感完全脱节。这种对时间的掌控导致整组绘画都在表现一个发生于某个特定时间的私人事件（王世贞在1573年动身前往京城）。但与这个私人事件互相映衬的是一组非私人的即时图像：它有点像一幅地图，表现的是江山永固的大明王朝。与之相反，和纽霍夫的叙述相匹配的是对使团旅行见闻的历史记录，它清晰地标注了每个日期和作者身处的具体地理位置。这种对时间和地理的标识就如同细致的画面一样，为旅途见闻增加了真实性。同时，这些记录也为纽霍夫吸引了观众的注意力，使观众紧跟其步伐，逐渐走近此次出使的最终目的地：鞑靼国王的宫殿。

　　纽霍夫游记中的强烈时效特征不仅引领作者和读者不断前进，还与当时清帝国本身强势的历史地位相关。王世贞对明王朝的描绘充满了永恒的意味，而纽霍夫在对旅途日常进行私人化的叙述的同时，还记载了与之相关连的历史叙事，即强调清王朝的建立为新近事件。纽霍夫1655年前往北京，此时距离满族入主中原仅隔了11年，因此纽霍夫的

① 正如卡斯特诺威在讨论帝国主义早期和晚期的区别时指出的那样，早期帝国主义者更看重将海岸线和港口城市作为海洋贸易网络中的节点，而后来的帝国主义者寻求对领土本身的掌控，因此更看重腹地和内陆地区。正如卡斯特诺维所说："只有大陆内部的都城被征服了，真正的殖民才开始。" Castelnovi, *From the Polo's Marvels to the Nieuhof's Falsiability*, p.70.
② Dawn Odell, "The Soul of Transactions," p.236.

游记中漫布着对不久之前战争的记录。这种历史叙事也引发了文中更有深度的探讨。王世贞坚信明王朝会历经万世，而纽霍夫却在提及不久之前明朝灭亡的同时，还强调了满族在建立一个新的繁荣帝国时所取得的辉煌成就，并由此开启了有关帝国权力非稳定性和世俗统治的政治偶然性的议题。

纽霍夫有明确的理由去强调中华帝国统治的时效性。一方面，如上所述，新近建立的清王朝结束了前一个王朝的闭关政策，使得中国与荷兰直接贸易变得可能。在漫长的旅途即将结束时，顺治皇帝十分礼貌地拒绝了荷方所提出的直接贸易的形式（"由于您的国家路途遥远，而这里的风又很大……这里的气温极为严寒，常下冰雹和大雪。如果您从您的国度赶来，这会使我的内心非常愧疚。"）。[①] 然而对纽霍夫和他的读者来说，未来贸易依然是可期的。皇帝"八年一贡"的邀请为未来贸易关系的探索提供了足够的视野空间。除了东印度公司的自身利益之外，未来可能的贸易和持续的短期来访都会促成中荷之间不断发展的政治局面。而这种局面正是纽霍夫所肩负的近代早期目的性议程（early-modern teleological agenda）的一部分。对于近代早期欧洲人而言，历史越来越被视为具有进步和发展性的过程，而停滞越来越被认为是地位下降和灭亡的先兆。由此得出的结论是：明王朝的覆灭难道不是因为其固执己见拒绝向世界开放而造成的吗？[②] 如果不追随荷兰的商业利益，现在的政权是否也会同样落入历史的尘埃中而不得善终呢？

纽霍夫提供了持续探索的叙事方式和视野不断后移的图像之旅给读者很多吸引人的真实感。但是这种真实感当然依靠叙述和作画的幻象以及操控。纽霍夫将中华帝国视作其终极目的，因此交错的运河系统并非他个人探索时原定的成果目标。他只是战略性地将这些传承性的图景／想法纳入自己的叙事中。诚然，纽霍夫并非第一个记录中国拥有

---

① Nieuhof, *Het Gezantschap der Neerlandtsche Oost-Indische Compagnie*, p.183.
② 有关"向世界开放中国"和"明王朝对于开放的不同定义"的讨论，参见古柏：《向世界打开中国：17 世纪两部荷兰戏剧中的明朝之亡》，《复旦学报（社会科学版）》2013 年第 3 期，第 2—10 页。

惊人财富的人。前人也记载过中华帝国将所有财富积聚于其政治中心，而水路系统在其中发挥了关键作用。正如纽霍夫在地图的整体轮廓上很大程度借鉴了耶稣会士早期绘制的地图一样，他对于帝国财富源头的理解也来自耶稣会士们在叙事中的塑造。举例来说，利玛窦大约在60年前沿大运河前往北京，他的这段叙述也提到了帝国运河的重要功能：

> 北京城的河道进出口都是由运河形成的，修建它们是为了方便船只运送货物进城。运河是为将货物运入城市的船只建造的。据说有数以万计艘船只从事这种贸易，而这些船仅来自中国的五个省份：江西、浙江、南京、湖广和山东。这些省每年向国王提供大米和谷物作为岁贡。其他十个省份以白银支付税款。[①]

虽然纽霍夫对于北京城作为运河网络中心的描述可能更为详尽，但他本质上只是在重复利玛窦之前的观察，而且可能还添加了一些不那么准确的内容。[②]

其实利玛窦也不是第一个评论中华帝国水道奇观的人。马可·波罗（Marco Polo, 1254—1324）也评述过忽必烈的帝国是由精致的运河和水运体系维持的，这使得领土上难以想象的财富都能集中到其中心。以下内容来自马可·波罗对九江市的观察，他告诉我们：

> 这个城市虽然规模不大，却是一个满是船舶和商品的繁忙集散地。这里人人都是偶像崇拜者并服从大汗。他们的钱是纸做的。这座城市脚下有世界上最大的河流，被称为江（Kiang）。……因为有河流，所以这座城市充斥着无数运载了大量货物和商品的船只。它们是大汗的重要收入来源。我向你保证，这条河流如此之长，流经许多地区，河岸边有许多的城市。事实上，这条河上的船只运送商品的数量和价值都超过了所有基督教河流和海运贸易的总和。我对你说，我在这座

[①] Ricci, *China in the Sixteenth Century: The Journals of Matthew Ricci:* 1583—1610, p.305.

[②] 利玛窦已指出，帝国财富只能通过帝国水道网汇聚到首都。利玛窦观察到，帝国水道网"覆盖全国……可通过水路可以到达几乎所有地方"。 Ricci, *China in the Sixteenth Century: The Journals of Matthew Ricci:* 1583—1610, p.12.

城市已经看到了一共 5000 艘船，全部漂浮在这条河上……①

马可·波罗在描述下一个城市瓜州时指出：

（瓜州）位于江的东南岸。这里的居民都是偶像崇拜者并服从大汗。他们使用纸币。大批的谷米运集在此，其中绝大部分要通过水路运往汗八里城供给皇廷。水路并不是走海运，而是走河运。你必须知道来到这个城里的粮食构成了朝廷食物供给的主要部分。可以告诉你们，这条从瓜州到汗八里的运河是由大汗下令挖掘的。这条由深又宽的运河由许多河流和湖泊组成，这使它看上去像是一条大河。它能承载非常大的船只，从而可以从蛮子省可直达汗八里。②

马可·波罗确实重复了一些相同的内容（"居民是偶像崇拜者，服从大汗使用纸币"）。就如同利玛窦和纽霍夫一样，马可·波罗描绘了中国各地所拥有的惊人财富，还有自然和人工协力打造的最重要的大运河水路系统。通过这种形式，他一次又一次地重复着同样的景象。其本质就是将中国视为一个理想和永恒的帝国形象。而这个帝国将其全部力量都集中在首都这一个点上。

总之，纽霍夫前往中国朝廷之旅的图像记录可被视为帝国权力的展现。而这种展现在叙事的发展意义上来说是渐进的。这种叙事的最终目标是将建立在"自由贸易"基础上的帝国不断推向视野之外的更深处。这种叙述似乎是呈发展状态的，且在时间的洪流中具有特定的时间节点和地点定位／进步。为了呈现出这种动态效果，创作者运用文字和图像的双重表现技巧，向我们展示了一种个人探索的叙事模式和如同旅途中不断平移的视觉效果。这种叙事模式和视觉效果当然是一种技巧，为的是吸引观众进入那幅异常平坦而隽永的画面。永恒帝国的景象正等待着马可·波罗、利玛窦和纽霍夫那样的西方商人的到来和探索。

三　法国重农主义自由流动或"放任自流"思想

我们不应忘记中国在公共工程支出方面的一个奇迹，那就是皇

---

① Marco Polo, *The Travels*, Ronald Lathom trans., New York: Penguin Books, 1958, pp.208—209.

② Marco Polo, *The Travels*, p.210.

家大运河。它有 300 英里长，从北到南横贯中国。第二十代王朝
的创立者忽必烈在北京建都，作为自己的统治中心。他下令建造了
这条美丽的运河，用来为他的居住地提供宫廷和军队所需的一切用
品。经常有四五千艘船在大运河上航行，其中许多船只载重达 80
吨，它们不断地为这座伟大的城市运送生活物资。维护运河的工作
交给了许多巡查官员，他们不断地与河工一起视察运河情况，并立
即修复遭到破坏的河道。

弗朗索瓦·魁奈《中华帝国的专制制度》[①]

纽霍夫结合个人观察、荷兰商业利益、耶稣会前辈以及马可·波罗
关于永恒帝国的梦想，创造出幻影般的中华帝国。这一形象变成了法国
重农主义学派著作中现代经济理论诞生的灵感源泉。这种现象在重农
主义学派的重要成员之一弗朗索瓦·魁奈的《中华帝国的专制制度》一
书中体现得最为明显。这本著作对政治经济学进行了开创性的研究。[②]

---

① François Quesnay, *Le Despotisme de la Chine*,（首次出版于 1767），再版收入 Oeuvres
Économiqnes *et Philosophiques de F. Quesnay, Fondateur du Système Physiocratique*,
Paris:Jules Peelman and Cie, 1888, p.613; Lewis Maverick, *China a Model for Europe*,
San Antonio: Paul Anderson, 1946.
② 有关魁奈的多处引用[最著名的是杜赫德（Jean Baptiste du Halde, 1674—
1743）的《中华帝国全志》（ *Description Géographique, Historique, Chronologique,
Politique, et Physique de l'Empire de la Chine et de la Tartarie Chinoise*, 1735）和
赛尔吉（Jacques-Philibert Rousselot de Surgy, 1737—1791）的《趣味与好奇的混合
体》（ *Mélange Intéressans et Curieux*, 1766）]，他对其他思想家的影响[最著名的
是亚当·斯密（Adam Smith, 1723—1790）在《国富论》（*An Inquiry into the Nature
and Causes of the Wealth of Nations*, 1776）中所体现的理念]以及他近代和近代早
期的不同版本著作的详细研究，参见 Gabriel Sabbagh, "Quesnay's Thought and
Influence Through Two Related Texts, *Droit Naturel* and *Despotisme de la Chine*, and
Their Editions," *History of European Ideas,* Vol.46,No.2,（ 2020），pp.131—156. 近
期在 18 世纪法国中国风背景下对魁奈的讨论，参见武斌:《孔子西游记：中国智
慧在西方》,广东：广东人民出版社,2021 年。值得注意的是，关于强调魁奈（或
重农主义者）并非 18 世纪法国经济学唯一创造者的内容，参见 Catherine Larrère,
L'Invention de l'Économie au XVIIIe Siècle: Du Droit Naturel à la Physiocratie, Paris:
Presses Universitaires de France, 1992. 许多经济思想理论是建立在荣誉和民族主义
的流行观点之上的，有关这些理论的研究参见 John Shovlin, *The Political Economy
of Virtue: Luxury, Patriotism, and the Origins of the French Revolution*, Ithaca: Cornell
University Press, 2006. 这种思想很值得重视。正如《金瓶梅》中表现的那样，这种
广为流行的帝国经济学观点强调 "盈余" 并不是一种有益的东西，而是一种需要抑
制的过度奢侈。

尽管魁奈从未到过中国，他却深受商人和耶稣会传教士多部游记的影响。魁奈从未提过纽霍夫的名字，但他确实和纽霍夫一样在书中描绘了中国的中央政府如何利用运河网络实现对各地的直接管辖。在此基础之上，魁奈将中华帝国塑造成了一个理性化的国度。

如同纽霍夫的手笔，魁奈也用文字将中国描绘成了一个理想帝国和一个汇聚着难以想象的财富的地方，其财力可以用密集的道路和运河网络将各个偏远省份连接起来：

> 中国的富饶不仅仅源于它肥沃的土壤，也源于诸多滋养它的湖泊和运河。在中国尤其是中国南方诸省，没有任何城市、甚至没有任何小的村落不是坐落在河流、湖泊、运河或是溪水旁的。大型的湖泊，以及许多许多相对小的湖泊，……刺激了中国产业的发展：它们从运河中获得了庞大的利润。这些运河负责灌溉土地，同时在省、市之间建立起方便的通讯网络。①

魁奈的经济学思想明确强调：国家的财富只能建立在对主要部门，即农业的扎实投资之上。②然而，需要注意的是魁奈如何从早期资料中借鉴理想化的中国形象，并从中为强大的法兰西帝国算出治理公式。魁奈不仅提出了连通运河的想法，还将人工运河的概念引申为一个经济系统。这个系统旨在将国家导向的投资引入一个兼具农业生产和官场调动功能的交流网络，并形成一种持续的能源循环，其生产的盈余可以用来为国家谋利。③魁奈认为，仅仅拥有土壤肥沃的地方或是开发这些地方是不够的，此外还需要能有连接这些地方的网络系统。简而言之，被纽霍夫以个人观察的形式所写出来的游记（尽管是建立在马可·波罗的

---

① Quesnay, *Le Despotisme de la Chine*, pp.578—579.

② 有关魁奈的经济学理论，特别是他"农业创造剩余价值"的观点，参见 Giannbi Vaggi, *The Economics of Francois Quesnay,* Durham: Duke University Press, 1987.

③ 魁奈阐述了国库（或象征性地说，作为国父的皇帝）对于这种网络的投入有多么的惊人。例如在下面这段摘录中，他强调官员和使节往来于都城："官吏们从各省被召到朝廷，或由朝廷派往省的。他们和随从的整个旅程都会有所保障，朝廷会为他们提供所需的船只和车辆。外国使团也是如此，他们从第一天进入皇帝的领土到最终离开，都是以皇帝在为之出资。"参见 Quesnay, *Le Despotisme de la Chine*, p.611.

忽必烈帝国的永恒幻影之上的）在魁奈这里变成了经济学思想和终极网络理论的基础。

　　魁奈不仅强调了帝国的基础是将皇帝统治的各个偏远地区互相联系起来。在一种具有创造性的自由主义思想基础上，他还把这个帝国的形象理想化了。他认为这样的帝国是通过调动每个公民的热情来维持最佳状态的：

　　　　由于大量的运河穿越诸省，中国境内商品货物的运输十分方便。运输和销售都非常迅速；个人利益——中国人最重要的热情所在，使得他们保持连续的活力；城市和村镇的一切事物都在运动之中。从公路到商业都市都同样的拥挤，整个帝国看上去和一个巨大的集市并无二致。①

　　魁奈在这里描写了一个为不朽帝国创造财富的综合系统，并再次强调了帝国的运转依赖于这些四通八达的运河。帝国的集权不只取决于把各省联系在一起，更重要的是，帝国的集权基础是公民自发的个人热情可以转化为一种高效和高收益率的生产方式。这种"热情"最终被用来为帝国统治者的利益服务，无论他是法国国王还是中国皇帝。而培养人类天性中利己主义的思路可以在这幅图景中找到根源。

　　当然，对任何个人权力的设限都是必要的，哪怕他是皇帝。魁奈在此提出了第二个连通系统，它可以创建一个连续的反馈机制。因此，不仅都城里皇帝的国库可以不断被帝国生产的剩余农产品所填满，而且皇帝还能不断得知国民对他的统治可能存在哪些疑虑。

　　　　在这个庞大的帝国中，经政府批准的公共作品不断披露统治者的所有错误和不当行为，以确保帝国的所有的省份都能遵守法律，避免滥用权力。这是确保政府稳定不变的必要条件之一。人们普遍认为，帝国政府只能是临时的；世界上的一切事物都在不断变迁；帝国有其开始、发展、衰落，也有其终结。我们对这种观点深以为然，以致于把所有的政府干扰都归于事物的自然秩序。这种荒

① Quesnay, *Le Despotisme de la Chine*, p.603.

谬的宿命论会被理性的启蒙所采纳吗？反之，构成自然秩序的法则是永恒不变的，政府的干扰不过是对父权法则的搪诿，这难道不是显而易见的吗？中华帝国的延续、范围及永恒繁荣难道不是因为遵守自然法则而实现的吗？ [①]

在魁奈对中国政治经济研究的结论中，他对于经济和政治事务的兴趣明显地转移到了信息渠道上。帝国的持久繁荣，也就是永恒帝国的理想，并不仅仅是一个交通网络，而更是一个通讯系统。正如纽霍夫的游记中写的一样，这个帝国被描述成了不朽的（"庞大帝国"），就是因为它的纠错反馈系统是互联的整体（"所有的错误和不当行为"）。这种制度以自由（"自由开垦"）为保障，毫无疑问是由公民自身利益驱动的，与自然法则相协调。这种持续的自利的交流体系最终塑造了永恒帝国的理念。这种理念是通过经济和信息渠道网络来实现的，这种网络的持续运作酝酿出了稳定不变且影响深远的规则。

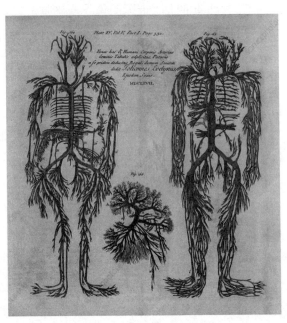

图 12　John Evelyn（1620—1706）and William Cowper,"Philosophical Transactions"（1734）

---

① Quesnay, *Le Despotisme de la Chine*, p.660.

魁奈贡献性地将东方思想转化成了科学经济理论。魁奈常将商品和资本的流通抽象成一系列经济图表并因此受到称赞。[①] 如果说他的部分想法来自中国灵感，那么另一部分想法则存在于魁奈的医学背景中，而基本上明代儒家也同样把国家视为"国体"。[②]

当然，魁奈并不是唯一一个提出可以将国家经济的自然流动与体液自然循环相类比的人。中国的针灸基于经络、穴位和"气"的循环而存在。从早期《禹贡图》上的注文到宋代根据早期神话故事所创作的地图，比如12世纪程大昌的《九州山川实证总图》，可以发现中国早期的地理思想中贯穿着一种观点：运转良好的帝国依赖于类似人体能量循环的运作系统。

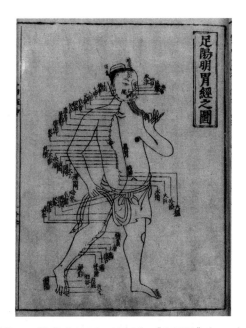

图 13　滑寿（1304—1386）：《十四经》（1704）

① 参见 Anna Nagurney, "Financial and Economic Networks: An Overview," in Anna Nagurney ed., *Innovations in Financial and Economic Networks*, Edward Elgar Publishing, 2003, pp.1—2. 纳谷奈指出，魁奈并不是第一个将网络作为科学主题来讨论的人［这份荣誉应属于莱昂哈德·欧拉（Leonhard Euler, 1707—1783）］，但可以说他是第一个将金融网络分解为商品、金钱和信贷流动来讨论的人。

② 有关魁奈对法国经济观点的医学和亚洲观点出处，参见 Ina Baghdiantz McCabe, *Orientalism in Early Modern France: Eurasian Trade, Exoticism, and the Ancien Régime,* Oxford:Berg Publishers, 2008.

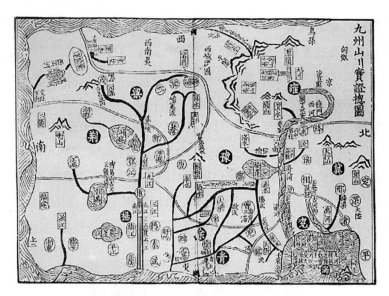

图 14 程大昌:《九州山川实证总图》(1163)

四 结论

19 世纪 40 年代初,鸦片战争刚刚结束,英国画家托马斯·阿洛姆 (Thomas Allom)发表了一组画作,描绘了他的大运河之旅。和明代画家张复和钱毂、荷兰使团画家纽霍夫一样,阿洛姆也通过一系列画作记录下了他在旅途中的见闻,他用"现实主义的"手法描绘了一系列风景,展现了一个强大帝国的形象。事实上,在记录沿途的某些景色时,阿洛姆似乎受到了前人的直接启发。例如,阿洛姆对临清宝塔的描绘与大约 200 年前纽霍夫创作的插图有惊人的相似之处。

然而,尽管这两幅风景画在视觉上有惊人的相似之处,但阿洛姆的插图在细节上有着一些明显的差异。最引人注目的是,阿洛姆把一群赤脚踢毽子的中国人放到了前景中。虽然在出版过程中,这可能仅仅是一个为插图增色的生动民族志细节,但在传教士 G.N. 赖特(George Newenham Wright)的描述中,这种娱乐方式却变成了困扰"中国古帝国"形象的一系列病症。

在长江河口,闸口或皇家运河附近,有一座宏伟的八角形宝塔:塔有九层,装饰塔身的挑檐逐渐收拢,优雅地缓缓汇聚在一

图 15　托马斯·阿洛姆，1843 年，《临清宝塔》

图 16　约翰·纽霍夫，1665 年，《临清宝塔》

起。从地下室到水边，地面呈缓坡状倾斜，这块休闲区域是临清州特有的娱乐场所，通常呈现出欢乐的景象，但并不总是符合道德。杂耍艺人们在这里展示他们对幻觉艺术无与伦比的灵巧运用：翻筋斗和踩高跷的艺人以及戏班小丑都展现出对人体力量和功能的惊人利用，而被文明的欧洲人长期喜爱的普启涅罗①则宣称自己是一个卓越的人物。如果这个欢乐王国不进一步膨胀，这一切都将是美好而无可非议的，欢乐的力量也不会被不诚实和邪恶投机分子所歪曲。可以肯定的是，基于人类本身的劣根性，斗鹌鹑和斗蟋蟀的、玩世不恭的，以及这个庞大帝国的各种赌徒都聚集于此，从事着各种玩物丧志的行业，并加速毁灭着成千上万轻易被他们恶行所愚弄的人。②

古塔装点着大运河的水域，尽管可敬的赖特对这种情景表达了浪漫之欣赏，但当谈到如今这片土地上人们的习俗时，他就不那么优雅了。在简短提及欧洲那些类似的强调身体灵活性和力量的娱乐活动之后，赖特很快就开始抨击一系列被认为是中国人特有的恶习，比如踢毽子和放风筝，还有更糟糕赌博和打牌。在整篇文章和之后的段落中，他把这种活动描述为"幼稚"、"一点都不适合已经那么大年纪的人，他们早就不该进行这种青少年的娱乐活动了"。而且，正如中国人被说成"婴儿"一样，他们也被描述得不够成熟，无法控制自己的恶习和欲望。赖特承认，欧洲人也同样被体育消遣和游戏所吸引，但他很快补充说，中国人追求这些游戏的"热情程度在西方世界是很少能见到的"。中国是一个把精力都放在琐事上（放风筝和玩毽子）的帝国，一个由"玩家和赌徒"组成的帝国，他们很容易被令人堕落的行业所吸引。事实上，读者不禁会认为中国人就像他们所属的帝国一样，很容易走向"毁灭"。

赖特和阿洛姆在19世纪中叶出版的作品中所体现出的轻蔑语气和

---

① 译者注：普启涅罗是意大利传统即兴喜剧 Commedia dell'arte 中的一个主角。他的面貌古怪，性情滑稽，爱逗人发笑，同时喜欢说大话。
② George Newenham Wright, *China, in a Series of Views, Displaying the Scenery, Architecture and Social Habits of that Ancient Empire,* Vol. 3, London: Fisher, son and Co. 1843 pp.32—33.

异国趣味并不让人惊讶。赖特用负面语言描述的中华帝国，乍看之下信息丰富且客观，但仔细考察可发现掺入了不少帝国主义的偏见、传教士的优越感以及被鸦片战争之火激发的必胜信念。虽然学者们通常对阿洛姆的系列画作赞赏有加，但值得注意的是，目前尚不清楚阿洛姆是否真的去过中国，或者他只是对自己找到的资料中的中国插图进行了复制和阐述。①然而，令人关注的并不是这两位 19 世纪中期英国绅士的特殊偏见，而是他们对大运河沿岸某处看似真实的描述，给人们提供了想象中华帝国的机会。显然，19 世纪的阿洛姆和赖特为大运河赋予的价值与18 世纪的魁奈、17 世纪的纽霍夫和 16 世纪的王世贞完全不同。然而，尽管存在差异，但这些人的美学理念和思想方法却非常相似：根据对这条一千英里长水路的偶然一瞥，他们想象出了一个整体画面。尽管写实主义美学、经济学理论和民族志描述都在不断发展，但中华帝国的形象似乎总是比他们的想象要更丰富一点。

（华东师范大学美术学院　　陈妤姝　译）

---

① 参见 Diana Brooks, *Thomas Allom*（1804—1872）, London: British Architectural Library, 1998.

美国全球通史书写中的中国

——以其中有关明清史的叙述为例

董少新
复旦大学文史研究院

在全球通史书写的过程中必然会面临一个棘手的问题，即如何在整体框架下呈现各个国家和地区的历史。这一问题起码涉及三个方面：一是各个国家和地区的历史内容所占的比重，二是对各个国家和地区的历史内容的选择侧重，三是对所选内容如何阐述以及如何评价。简单说，就是在全球通史书写过程中，对于各个国家的历史内容选择什么、选择多少以及如何评价。这些方面取决于全球通史的书写目的和作者所设定的贯穿全书的主线。此外，作者的史学观念和知识水平也是重要的因素。

全球通史的书写目的包含多个方面，诸如回应当下全球化的飞速发展，反思以往历史学研究自身的碎片化、刻板化的问题，在西方传统历史学脉络中反省欧洲中心论历史观，满足知识界对人类整体发展脉络的兴趣等，而最重要的目的，或许是构建人类认同。目前学界较为公认的全球通史书写主线，是跨国界、跨区域的交流与互动，并将跨国界、跨

区域的交流与互动视为人类社会发展的主要动力之一。但是这里我们
要提出两个问题,一是这样的书写主线能否较好地实现全球通史的预设
目的;二是在这样的书写目的和主线要求之下,对各个国家和地区的历
史内容作出的选择和评价,是否能够让各个国家和地区的人满意。本文
将以美国全球通史书写中的明清历史为例,考察在几部重要的全球通史
著作中,中国明清时段的历史是如何被呈现、如何被评价的,进而尝试
从一个侧面初步探讨上述两个问题。

一　全球通史书写的"主观性"与"多元性"

全球史作为一种人类历史书写范式,始于美国,至今仍以美国为最
兴盛,欧洲的英、法、德和亚洲的日本、中国虽有一些跟进,[①] 但无法撼
动美国全球史书写上的主导地位。

任何历史书写,都是历史学家按照其主观判断对历史内容的选择。
全球史也不例外。因为要梳理整个人类社会的发展脉络,所以全球史尤
其关注人类历史上的不同文明、区域之间的交流和互动,此类内容成为
全球史书写的重心。在交流相对较少的古代,横向对比便成为全球史书
写中的常见处理方法,截取一个时期,横向观察不同区域的发展程度。换
个角度说,以往在国别史框架中被凸显的某些内容,可能在全球史书写
框架中根本就没有被提及,而在国别史中处于边缘的内容,可能在全球
史书写中被凸显。如果把历史学家对历史内容的选择比作筛子,则全球
史这张筛子的孔甚至要比国别史那张筛子大,被过滤掉的内容也更多。

历史书写既然是一种对历史内容的选择,便不可避免地带有作者的
主观性。在书写历史的过程中,选择什么,不选择什么,突出什么,忽
略什么,是历史学家主观性的重要表现。历史书写的主观性有时是书写
者的有意为之,更多时候则是书写者所受的教育、知识水准、所处的政

---

① 美国之外,重要的全球史研究机构或个人包括英国华威大学全球历史与文化研
究中心,法国高等社会科学研究院(EHESS)和法国国家科学研究院(CNRS),德
国有柏林自由大学康拉德(Sebastian Conrad)、哥廷根大学汉学系夏德明(Dominic
Sachsenmaier),日本东京大学东洋文化研究所羽田正团队,中国首都师范大学全球
史研究中心,等等。

治社会文化环境、所处的学术脉络等因素的影响。同是中国历史，中国学者写的会与美国学者写的差别很大；同是美国史，日本学者和欧洲学者写的也会有很大不同。作为历史书写范式之一的全球通史书写也存在一样的问题。美国学者书写的全球史，会与日本学者书写的全球史存在差异。不同国家的学者所书写的全球史，都一定程度上带有本国学术脉络的痕迹和烙印。无论谁写，书写者所在、所属的国家、地区、宗教、文化都会被相对较多地强调。所以，在目前所见的美国全球通史类著作中，欧洲或西方的内容占一半以上的比重，是自然的结果，尽管几乎每一部都宣称要突破或抛弃"欧洲中心论"。

　　历史书写的重要功能是构建或巩固身份认同。一个国家的历史，是该国人的国家认同的主要基础。地方史和区域史书写也都一定程度上起到构建或巩固地方认同和区域认同的作用。全球通史所试图构建的认同是人类认同，书写"我们"的历史。麦克尼尔（William H.McNeill）说："在我看来，很明显，通过构建有洞察力的、准确的世界历史，历史学家可以在为全人类和各民族创造尚可接受的未来中发挥绵薄而有益的作用，……对整体的人类历史有一种清晰而鲜明的认知，可以使人类认清共同的利益进而缓和未来的冲突，从这个意义上说它也是非常实用的。"① 在全球化日益加强的当下，人类面临着很多共同的问题，如环境、疾病、难民、贫富分化、资源配置等，而这些问题不是单一国家能够解决的，必须通过全球协作方有解决的可能。人类认同也因此成为一个必要的前提。羽田正先生提出：新世界史"是一种为地球居民书写的以地球为中心的世界史。它是这样一种态度：珍爱我们赖以生存的地球，尝试从全球公民的角度解决地球上出现的诸多问题——包括政治、经济、社会和环境问题。"② 新世界史成为在民族、国家认同之外构建地球公民

---

① ［加］威廉·H.麦克尼尔著，张虹译，夏继果校：《变动中的世界历史形态》，夏继果、［美］杰里·H.本特利主编：《全球史读本》，北京：北京大学出版社，2010年，第20—21页。
② 日本原著为羽田正：《新い世界史へ——地球のための構想》，东京：岩波书店，2011年。

认同的重要手段。

但人类认同是一种什么样的认同？目前主流的全球通史书写能够满足此种认同的构建吗？本特利（Jerry Bentley）和齐格勒（Herbert Ziegler）认为："以全球史观透视历史，要求尊重世界上所有民族——而不是一个或少数几个民族——的历史经验，考察每一个民族为人类所做的贡献。"[①] 但实际上已出版的绝大多数全球通史类著作都没有做到这一点。举一个例子，在多数美国全球通史著作中，在叙述16—17世纪这段历史时，朝鲜半岛几乎完全被忽略，只是在叙述日本两次侵略朝鲜的时候被提到了一下。朝鲜人、韩国人对这样的历史书写会满意吗？会认同吗？而如果韩国人写一部全球史，会是怎样一种面貌呢？这些棘手的问题，意味着一部让全人类或多数人满意、认可的全球通史很难写成。但这不等于说大家都不要写全球通史了，而是说，全球通史的书写也是一个动态的、不断发展的过程，同时也是多元的，可以有不同的形态，需要更多国家和民族的学者，从各自的背景、视角和立场去书写，更需要书写范式、框架、核心问题的不断更新。

二　美国全球通史著作对明清历史的呈现

自20世纪90年代以来，尤其是近十几年，中国学界翻译出版了大量的欧美学者书写的全球通史著作[②]，也翻译介绍类欧洲全球史理论[③]，

---

① ［美］杰里·本特利、赫伯特·齐格勒著，魏凤莲、张颖、白玉广译：《新全球史：文明的传承与交流》（*Traditions and Encounters: A Global Perspective on the Past*）（第三版）下，北京：北京大学出版社，2007年，"前言"，第9页。

② 除了本文稍后重点考察的五种美国学者写的全球通史著作外，还有多种，如［德］马克斯·克鲁泽著，何珊、郭颖杰译：《人类文明史》，北京：新世界出版社，2016年；［美］坎迪斯·古切尔、琳达·沃尔顿著，陈恒等译：《全球文明史：人类自古至今的历程》，上海：格致出版社，2013年；［英］乔治·威尔斯、［美］卡尔顿·海斯著，李云哲编译：《全球通史：从史前文明到现代世界》，北京：中国友谊出版公司，2017年。

③ 例如［美］柯娇燕著，刘文明译：《什么是全球史》，北京：北京大学出版社，2009年；夏继果、［美］杰里·H.本特利主编：《全球史读本》，［德］塞巴斯蒂安·康拉德著，杜宪兵译：《全球史是什么》，北京：中信出版集团股份有限公司，2018年。

这为我们了解西方史学发展动向、把握国际历史学研究前沿乃至参与学术对话、刺激中国历史学界的跟进等方面均起到了积极作用。已被翻译介绍到中国的多种美国学者写的全球通史著作，多以 1500 年为界线分为上下两卷，千余页左右的篇幅。此类书大都是为美国的大学本科生撰写的，这样的篇幅刚好适合教学。美国大学广设全球史课程，这类教材也就一再出现，并都有一定的发行量。可以说，美国在培养年轻人的"全球意识"方面，走在了前面。这里顺便强调一下，教科书往往比一般的学术著作有着更为广泛、更为持久的影响力。但如果我们带着批判的眼光细读这类通史著作，便会发现其中仍存在很多问题。接下来我将选择五种美国全球通史的中译本，着重考察其中对中国明清时期历史内容的呈现情况，并分析其中存在的一些问题。本文选取的五种北美全球通史著作的中译本分别是：

（1）威廉 H. 麦克尼尔《世界史：从史前到 21 世纪全球全文明的互动》。该书于 1967 年首次初版后，多次修订再版，被翻译为中文的是其第四版。[①] 作者麦克尼尔因为其《西方的兴起》和本书而被誉为全球史的开创者。该书有关明清时期中国历史的内容主要在第 22 章"1500—1700 年的远东"（第 879—888 页），第 25 章"亚洲对欧洲旧制度的反应（1700—1850）"（第 995—1003 页），第 27 章"亚洲对工业主义和民主主义的反应（1850—1945）"（第 1130—1134 页）。

（2）斯塔夫里阿诺斯（Leften Stavrianos）《全球通史》。该书于 1971 年出版第一版，后经多次修订，已经出版至第七版，是美国高校世界通史课程的经典教材。本文使用的是该书的第一个中译本。[②] 该书有关明清时期中国历史的内容主要在第一册第 16 章"传统的儒家文明"（第 441—447 页），第二册第 4 章"西方扩张时的儒家世界"（第 66—82

① ［美］威廉·麦克尼尔著，施诚、赵婧译：《世界史：从史前到 21 世纪全球全文明的互动》，北京：中信出版社，2013 年。此本系据原书第四版译出。
② ［美］斯塔夫里阿诺斯著，吴象婴、梁赤民译：《全球通史：1500 年以前的世界》，上海：上海社会科学院出版社，1988 年。［美］斯塔夫里阿诺斯著，吴象婴、梁赤民译：《全球通史：1500 年以后的世界》，上海：上海社会科学院出版社，1992 年。

页），第二册第 16 章 "中国和日本"（第 463—480 页）。

（3）皮特·N. 斯特恩斯（Peter N. Stearns）等《全球文明史》。该书完成于 20 世纪 90 年代初，至 2001 年出版了第三版，中译本即译自该版。[①] 该书中有关明清时期中国历史的内容主要在第 21 章 "旧秩序的衰落"（第 463—464 页），第 28 章 "全球变化时代亚洲的转变"（第 611—626 页），第 32 章 "危机中的文明：奥斯曼帝国、伊斯兰腹地和清代中国"（第 730—739 页），以及第 33 章中 "日本与中国的不同道路" 这一节。

（4）杰里·本特利、赫伯特·齐格勒《新全球史：文明的传承与交流》。该书自 21 世纪初首版问世以来，至今已出至第六版。中译本译自其 2006 年的第三版。[②] 该书中有关明清时期中国历史的内容主要在第 22 章 "延展：跨文化交流" 中的 "中国的复苏：明朝" 和 "中国人对印度洋盆地的勘察" 两节（第 613—614、620—621 页），第 27 章 "东亚的传统与机遇"（第 765—783 页），和第 34 章中 "被围攻下的中华帝国" 一节中。

（5）菲利普·费尔南德兹 - 阿迈斯托（Felipe Fernandez Armesto）《世界：一部历史》。该书中译本译自其英文本的第二版。[③] 有关明清时期中国历史的内容，在该书中很多章节都有涉及，主要包括第 15 章 "扩张的世界：14 世纪末和 15 世纪的经济复苏" 中 "中国帝制的局限性"（第 579—583 页），第 16 章 "帝国竞技场：16 和 17 世纪的新帝国" 中 "陆上帝国：俄罗斯、中国、印度莫卧儿和奥斯曼土耳其"（第 627—628 页），第 17 章 "16 和 17 世纪的生态革命" 中 "欧洲和亚洲的帝国主义和殖民地"（第 666—669 页），第 18 章 "思想革命：16 和 17 世纪的宗教与科学"（第 693,696 页），第 19 章 "国家与社会：16—17 世纪的政治

---

① ［美］皮特·N. 斯特恩斯等著，赵轶峰等译：《全球文明史》，北京：中华书局，2006 年。此本系据原书第三版译出。

② ［美］杰里·本特利、赫伯特·齐格勒著，魏凤莲、张颖、白玉广译：《新全球史：文明的传承与交流》，北京：北京大学出版社，2007 年。

③ ［美］菲利普·费尔南德兹 - 阿迈斯托著，叶建军等译：《世界：一部历史》，北京：北京大学出版社，2010 年。

和社会变迁"中的"中国"（第740—743页），第20章"增长驱动：18世纪的全球经济"中"经济趋势：中国、印度和奥斯曼帝国"（第775—777页），第21章"全球接触时代：18世纪帝国的扩张与交接"中"受限或衰落中的亚洲帝国主义：中国、波斯和奥斯曼"（第798—801页），第22章"启蒙运动的交流：18世纪的思想"（第838—840,842—843页），第23章"代替体力：能量革命"中"中国和工业化"（第906—908页），第25章"19世纪西方称霸世界：权力的西移和全球帝国的崛起"中"鸦片战争"（第960—964页）。

这五部著作是半个多世纪以来美国全球通史的代表。这些作者努力尝试突破欧洲中心主义，将全球各区域均纳入人类历史发展的脉络中。相较于19世纪的欧洲中心论，全球史的书写范式无疑是进步的。另一方面，相较于近代以来中国历史学界"世界史中无中国、中国史中无世界"的书写模式，这些全球通史都把中国历史纳入其中，让我们在一定程度上能够看到某一时期中国在世界范围中的地位和发展状况，这也是此类全球通史著作一再被引进并都比较受欢迎的原因之一。但对这些全球通史著作，中国学界需要有多一些学术批评与反思。

这些全球通史著作涉及明清历史的内容，少则占20余页，多则占30余页的篇幅。明清两朝共历四个半世纪，被选择书写的内容少之又少。以斯塔夫里阿诺斯《全球通史》为例，如果与同期朝鲜、日本甚至南亚、非洲的内容相比，有关中国的内容所占篇幅似并不低，但如果与同期欧洲历史所占篇幅相比，则仅约其十分之一。篇幅的多少当然与作者的取舍标准有关，但也体现出作者对各国、各地区历史的重要性的主观判断。作为中国读者而言，在阅读一部全球通史著作时，看到自己国家的历史仅占如此少的篇幅，而大量重要的内容不被提及，或许不会满意。

早期全球通史著作中的明清时期中国的整体形象是保守、停滞、落后和缺乏变革的。斯塔夫里阿诺斯《全球通史》从地理、人口、农业生活方式、书面语和儒家思想等几个方面解释中国文明的内聚性和连续性，又由周代至明清的中国王朝兴替，认为中国历史是循环的而缺乏革命性。他认为"从 14 世纪中叶到 19 世纪欧洲人开始真正侵入中国为止，这整个时代是人类有史以来政治清明、社会稳定的伟大时代之一；传统的制度和习俗——农业经济、儒家生活方式、选拔政府官员的考试制度和身居北京的天子的受人尊敬的统治——一直在顺利地、令人满意地继续着"，但同时又认为这种"秩序"和"持久性"是不幸的。他评论道：

> 在这些世纪里，一个生气勃勃的新欧洲正在崛起——文艺复兴、宗教改革运动、商业革命、工业革命、法国大革命以及把自己的统治迅速扩大到全球的强大的民族国家的崛起，都发生在这些世纪里。在这样一个时代，稳定成了可诅咒的东西，而非幸事。相对地说，中国不仅看起来，而且事实上是静止的、落后的。不断变化和"进步"的观念，尽管那时在西方被认为理所当然，但依然不合中国人的思想。变化只有局限在传统秩序的范围里，才是可接受的。在一个发生全球规模的革命性变化的时代里，安逸自在、心满意足的中国人目不转睛地注视着过去。①

麦克尼尔在他的《世界史》中，将 1500—1700 年间的中国定义为"繁荣"与"保守"并存的时代。他说："文化生活证明了中国的极端保守态度。1500—1700 年间，中国的任何经验都适应传统学术和敏感性结构。"他认为当时中国学者专注于古典文献，"一种更无危害的、哲学气息更浓的'汉学'因此出现了，它不鼓励隐喻解释的勇敢行为，而较早的新儒家可以自由地进行这样的解释"。因此在他看来，传教士带来的科学技术和其他新奇事物只是偶尔受到注意也就不足为怪了。麦克尼尔甚至认为，这一时期中国活跃的商品经济也只是"大大强化了社会的传统结构，所以这种变化仅仅是强化了中国的传统特色"②。

把中国历史视为停滞的、循环的，是 19 世纪欧洲历史学家的主流

---

① [美] 斯塔夫里阿诺斯著，吴象婴、梁赤民译：《全球通史：1500 年以后的世界》，第 74—75 页。

② [美] 威廉·麦克尼尔著，施诚、赵婧译：《世界史：从史前到 21 世纪全球全文明的互动》，第 884—888 页。

看法，是欧洲中心论的重要体现。从欧洲进步历史观的角度而言，欧洲历史是人类历史发展的代表和模板，而中国则成为停滞、落后的反面教材。黑格尔曾写道："出现在我们面前的是一个最为古老但没有过去的国度，我们所了解的这个国家的现状在古时就已如此。中国到了甚至没有历史的地步。"① 兰克进一步认为，从蒙古人征服时期起，野蛮状态就统治着亚洲，在东方没有进步，只有倒退。② 我们看到尽管麦克尼尔和斯塔夫里阿诺斯都尽力摆脱这种欧洲中心论的思想，但在他们的著作中，起码在涉及中国的部分，仍有着欧洲中心论的烙印。

　　欧美学界摆脱欧洲中心论需要一个过程。我们在后出的三部全球通史著作中，可以看到明显的欧洲中心论表述减少了。斯特恩斯在他的《全球文明史》前言中说，这本书除了侧重于对各社会之间相互接触的结果进行比较分析之外，也重视"对各个社会内部的独立发展予以有意义的归纳"③。对各文明内部独立发展的历史内容的重视，修正了很多全球史著作主要关注各文明间的互联的偏颇④，但是在有限的篇幅中如何呈现内容复杂而丰富的各文明的内部发展史，的确是一个很棘手的问题。所以我们看到，在后三部全球通史著作中，尽管都尝试叙述明清时期中国的政治、经济、社会、文化、思想、宗教等的许多变化与成就，甚至关注中国社会中的女性地位，但是这些叙述均过于泛泛而谈，看上去似乎涉及了许多以往全球史中没有的内容，但读后又感觉其实什么也没说。而从篇幅、侧重来看，在叙述 16—19 世纪的全球历史中，"西方的崛起"仍是这些全球通史的主体脉络，包括中国在内的非西方区域，均在这一脉络中处于明显的从属地位。

---

① 转引自［英］雷蒙·道森著，常绍民、明毅译：《中国变色龙——对于欧洲中国文明观的分析》，北京：中华书局，2006 年，第 84 页。
② 对欧洲中心论历史观的梳理，参见张广勇：《从文明中心的到全球文明的世界史——〈全球通史〉中译本导言》，［美］斯塔夫里阿诺斯著，吴象婴、梁赤民译：《全球通史：1500 年以前的世界》，第 34—39 页。
③ ［美］皮特·N. 斯特恩斯著，赵轶峰等译：《全球文明史》，"前言"，第 1 页。
④ 刘新成先生便对全球史书写中忽视社会内部发展的现象提出了批评。参见刘新成：《中文版序言》，［美］杰里·本特利、赫伯特·齐格勒著，魏凤莲、张颖、白玉广译：《新全球史：文明的传承与交流》，第 10 页。

对非西方的各区域的历史叙述，主要在与西方的关系的框架中呈现。在这样的框架中，明清时期的中国历史是作为西方历史的参照物而被纳入叙述的。这些全球通史中的 16 世纪以后的历史，基本上可以概括为欧洲扩张的历史和非欧洲地区"全球化"（西方化）的历史。这一特点不仅在此类全球通史著作的目录中有明显的体现，在内容的叙述上更为如此。在对明清时期中国历史的叙述中，随处可见的是将中国历史与西方历史做对比，呈现中国的保守与落后和西方的进步与优胜，并从这个角度来诠释 19 世纪中国的全面失败。斯塔夫里阿诺斯写道：

> 明朝政府极力控制、压迫商人阶层。这是中国社会同西方社会根本的、最有意义的差别。在西方，资产阶级由于所处的社会的多样性，从一开始就享有相当大的自治权；而且，这种自治权随着时间的推移而不断增长。……中世纪主要的技术发明大多数出自中国。然而，不像在西方，商业革命和技术进步都未给中国带来彻底改变社会的革命影响。其根本原因，如第十一章第六节所述，是中国历史的连续性，……直到 1912 年帝国历史结束。传统的官僚贵族统治集团，以新儒学为精神支柱，吞噬了新技术和经济发展的作用。①

做横向的跨区域对比的确有助于我们了解各区域发展的不同特点，但此处的比较显然有一种以欧洲为标准的价值判断，也是以后世的历史结果评判数百年前的社会发展的优劣。从这个角度而言，这样的对比不仅有失公允，而且缺乏对历史的同情之理解。

斯特恩斯在书中有专门一小节"海外扩张的条件与动机：欧洲与中国的比较"，分析了这样一个问题："为什么令人震惊的郑和远征无疾而终，而哥伦布和达·伽马的相对较差的探险却成了持续 500 年的欧洲海外扩张和全球统治的开端呢？"作者结论式的观点认为：

> 西欧国家的精英们有充分的理由来推进探险航行和海外扩张。中国的统治者和官僚则没有充分的理由这样做。事实上，他们鉴于许多世纪以来反对游牧民族的斗争，有许多理由把可以用于海外远

① ［美］斯塔夫里阿诺斯著，吴象婴、梁赤民译：《全球通史：1500 年以后的世界》，第 443 页。

征的资源用到巩固国内前线中去。像中国历史上以前就经常发生的那样，中国人被引向内部，沉溺于内部的斗争和应付来自中亚的威胁。当中国人撤退的时候，欧洲人则大举向外部发展。这段历史对这两个文明和全人类的后果无论怎样强调都不过分。①

这样的分析是否符合历史实情，尚有讨论的余地。尽管作者并未明确地对中国和西方这两种历史发展进程做优劣的评判，但大举海外扩张活动似更具正面意义；中国没有继续郑和航海事业而逐渐转向内部，成为令人遗憾的失策之举。

这些著作也常把中国与日本、伊斯兰地区做对比，但对比的角度是看这些不同地区在与西方交往和接受西方文明方面的不同。斯特恩斯《全球文明史》即有两个小节："伊斯兰和中国对西方挑战的反应"和"日本和中国的不同道路"。在前者中，作者分析了中国和伊斯兰两个文明在与西方的相互作用中存在的几个关键差异，以解释"为什么伊斯兰文明虽然遭到严重的震撼却存活下来，而中国文明则在国内大变动和外国侵略的双重压力下垮掉了"②。后者则分析了日本和中国在19世纪末走上不同道路的原因，其中除了灵活性和人口压力等因素外，最主要一点是19世纪的中国"正经历着周期性的王朝衰落期。政府效率降低，知识生活沉寂，大众骚动不断。随之而来的可能是新一轮改朝换代，新王朝也许会进行更有生机的统治。但西方的干涉破坏了这一过程，使改革更为复杂，并导致了各种新的不满情绪，从而最终颠覆了帝国的统治"。③这种分析是否有道理，也需要进一步的讨论。中日之间在面对西方势力时的不同回应也的确需要历史学家的深入对比研究，但中日之对比应该有更为多元的角度，作者仅比较这一方面，潜台词仍是日本道路更为优胜的价值判断，而这种判断根本而言是以西方历史为中心的立场。

在对16—19世纪明清历史的叙述中，这些全球通史著作均凸显中

---

① ［美］皮特·N.斯特恩斯著，赵轶峰等译：《全球文明史》，第627页。
② 同上注，第739—740页。
③ 同上注，第754页。

国与西方关系的内容,中葡关系、中俄关系、中英关系以及西方传教士
在华传教活动等内容往往占据较多的篇幅,甚至超过对明清历史所有其
他方面叙述的篇幅。由于全球史书写侧重于不同区域文明的互动,因
此这种做法似乎是可以理解的。但是我们也发现,明清时期中国与周
边国家和地区的关系,以及中国与中亚、西亚、南亚地区国家的关系,
在这些书中基本上都被中西关系遮蔽了。除了简单提及的中日关系之
外,在长达四百年的历史中,中西关系被呈现为主导性的双边关系。但
从中国历史的角度而言,这几个世纪的中西关系绝非中国历史的主要内
容,其之所以被用较多的篇幅凸显出来,仍是以欧洲中心的立场来做取
舍标准的。而且与西方的接触一般被视为是中国的机遇,例如本特利、
齐格勒《新全球史》第 27 章题为"东亚的传统和机遇",这一章以利玛
窦(Matteo Ricci)在北京进献自鸣钟为开篇,其实是把大航海时代到来
的欧洲贸易、宗教与科技视为东亚的重要历史机遇,中国本可以通过开
放贸易、接纳基督教和西方科技而顺应历史潮流,但由于"明朝和清朝
的皇帝都非常保守,他们首要关注的是在一个巨大的农耕社会中保持稳
定"[1],因此错过了这一重要的历史机遇,而最终导致失败。这一逻辑看
似有道理,但也只是后见之明,如果回到历史中去看,一方面明清时期
并非如一般认为的那样封闭保守,另一方面起码在 16—18 世纪这段时
间,时人很难看出东来的西方贸易与传教活动是什么机遇,相反与中国
贸易,以及通过传教士大量向欧洲介绍中国文化,可以说是当时欧洲的
机遇。正如阿迈斯托《世界:一部历史》中所说的:"历史学家通常认为
那时中国人对欧洲思想的态度是傲慢的、不现实的、受旧传统约束的。
事实上,它反映了力量平衡的历史现实。西方人总是从中国学到许多而
不是中国人从西方学到很多。即使在 18 世纪,西方的劣势才开始逆转。
所以中国人在接受西方思想上仍有高度选择性就毫不奇怪。"[2]值得一提

---

[1]［美］杰里·本特利、赫伯特·齐格勒著,魏凤莲、张颖、白玉广译:《新全球史》,
第 766 页。
[2]［美］菲利普·费尔南德兹－阿迈斯托著,叶建军等译:《世界:一部历史》,第
842 页。

的是，阿迈斯托的书是这五部全球通史著作中最晚近出版的，也是唯一叙述了18世纪中国对欧洲启蒙思想有所影响的著作。

一定会有人问，这些全球通史呈现的明清时期中国历史面貌难道不是事实吗？明清时期的中国难道不是闭关保守、缺乏变革，并因为没有跟上西方的发展步伐而导致最终在与西方的冲突中彻底失败了吗？这些后见之明看似有道理，但我更倾向于认为，这些观点其实是包括此类全球通史著作在内的大量东西方历史著作影响的结果，而14世纪末至20世纪初近六个多世纪的中国历史的实际情况要复杂得多。

首先，19世纪前的中国，无论是在经济总量、社会管理、政治制度还是在思想文化、伦理道德各方面，即使与同时代的欧洲相比，也并不落后。其次，与包括欧洲在内的诸多地区和文明相比，中国也并不闭关保守，一方面明清两代一直存在官方或私商的对外贸易，自从葡萄牙东来后，中国和欧洲的贸易从未间断过，而且贸易规模和频率均逐渐提升，中国成为全球贸易网络中非常重要的一个环节，甚至是推动全球贸易的重要枢纽；另一方面，从万历年间利玛窦来华直到嘉庆年间，一直有欧洲传教士在华传教，将西方的宗教、文化和科技传入中国，并将大量的中国信息传回欧洲，中西文化交流在中国和欧洲均产生了重要影响，而且中国在许多方面是欧洲借鉴、学习、模仿的对象。设想一下，如果在16—19世纪中国派遣一批佛教、道教僧侣到欧洲去传教，会是怎样的情形呢？他们恐怕很大概率会被禁止。从这个角度来说，在文化上当时的中国其实更有包容性。第三，我们有必要强调的是，欧洲的科技、资本主义、民族国家、民主政治等近代性，也是在全球化过程中形成的，其中当然有欧洲自身的文化传统因素，同时也有包括中国在内的世界各地、各文明的贡献。把近代人类文明等同于西方文明是过于简单、过于草率的做法，是不正确的。

如果以人类近代历史单线发展的进步史观，即以欧洲历史发展为标准来呈现和评判明清时期的中国历史，则塑造出来的中国历史形象会与历史本来面貌存在巨大的偏差。全球通史的历史书写范式有打破欧洲中心论的动机，我们把本文讨论的五部全球通史著作与19世纪欧洲很多历史著作对比，可以看出其对欧洲中心论历史书写已有较大的颠覆，而且将这五部全球通史著作做比较，欧洲中心观念有逐渐减弱的趋向。但整体而言，这些著作仍有着较强的欧洲中心论色彩，在对包括中国在内的非欧洲区域的叙述中，仍可看出明显的欧洲标准和西方立场。将15世纪以来的人类各区域历史整合到一个全球历史的框架中，还是需要在对各区域历史有更深入的了解的基础上，回到历史情境中，注重时人的感受和看法。简单地用一种后世成败的标准来衡量各区域发展的历史，不仅不公平，也无法呈现更为客观的历史面貌，更无助于全球史书写的一项重要目标的达成，即构建人类认同。

以不同区域、不同文明间的互联、互动为侧重的全球史书写，除了会导致各区域、各文明内部发展的历史内容被忽视、被掩盖之外，还存在其他一些问题，例如对历史人物的忽视。康拉德认为："那些针对特定主体的概览以及对长时段问题的研究，往往在描述大规模进程时忽略人的存在，好似人类个体未曾参与其中。历史学家在解释宏大历史进程，探究能将不同地区的历史经验联通起来的诠释模式时，他们选取的分析范畴大都将人的主体性排除在外。"[1]但人类社会的主体是人，人类历史的主要内容是人的历史。人的历史最能触发人的共鸣，最能打动人，因此也最有助于人类的自我认同。中国传统的历史书写，特别是纪传体的历史书写，历史人物均受到特别的重视。然而在本文所讨论的这些全球通史著作中，都存在严重的见网络而不见人的现象。历史人物在全球史的框架中不占据核心的位置，即使重要的历史人物，在这些历史叙述中也往往被一笔带过。我们看不到历史人物的经历、事业，更看不出历史人物的性格特征，甚至有的连名字都被省略了。例如斯特恩斯《全球文明史》是这样叙述明朝建立的："汉族的反抗运动在1368年把极受憎恶的蒙古统治者驱逐出去。一个农民家庭出身的反抗领袖占领了蒙古的首都（今北京），宣告了新的明朝的建立。"[2]作为开国皇帝，朱

---

① ［德］塞巴斯蒂安·康拉德著，杜宪兵译：《全球史是什么》，第195页。
② ［美］皮特·N.斯特恩斯著，赵轶峰等译：《全球文明史》，第463页。

元璋的名字实在不应被省略。而像李贽、顾宪成、顾炎武、王夫之、黄宗羲这样的明清时期大学者，他们的名字几乎在全球通史中找不到，更别说他们的著作和思想了。即使与西洋传教士有密切关系的徐光启、李之藻，我们在全球通史著作中也很难找到他们的身影。历史有助于认同的构建，原因之一在于历史有血有肉，讲人物的故事要比讲商品的流通有效得多。而全球通史的叙述则显得如一副干巴巴的骨架一样，没有温度，也就必然缺乏共鸣。

在全球通史的著作中，明清时期的中国历史往往被作为一个整体纳入全球史的叙述框架中，强调两个朝代在政治、文化方面的保守及其延续性，而忽视而明清两代的诸多不同。事实上，明清易代深刻地改变了中国的历史面貌，甚至可能也改变了中国的历史进程。明清易代，对满清而言是征服史，对朱明王朝而言是败亡史，对中华百姓而言是血泪史。但在上述全球通史的叙述中，我们听不到胜利的凯歌，感受不到败亡的悲愤，看不见生灵涂炭的血泪，而明遗民的气节与无奈更是完全没有被涉及，亡国、亡天下之论作为明遗民的重要心志，我们也完全看不到一个字的诠释。明清易代的过程跨越半个多世纪，直接涉及上亿人口，大小战争难以计数，死伤人数更无法准确统计，空间范围涵盖整个中国，还波及整个东亚。但斯塔夫里阿诺斯《全球通史》却说“由明到清的转变比较容易。尽管改朝换代时，不可避免地有起义和盗匪活动相伴随，但比较起同时代欧洲三十年战争（1618—1648）期间的残杀和破坏，是微不足道的。”[①] 麦克尼尔《世界史》写道：“在漫长的中国历史中，这种从一个王朝到另一个王朝的顺利过渡也是罕见的。此外，满族皇帝的行为完全是传统的。”[②] 这些表述不仅严重与史实不符，而且也缺乏感同身受的人文关怀。明清易代在整个东亚区域都产生了重要影响，朝鲜卷入其中，日本、越南密切关注，明亡后，这些国家均出现继承“中华”

---

① ［美］斯塔夫里阿诺斯著，吴象婴、梁赤民译：《全球通史：1500年以后的世界》，第74页。

② ［美］威廉·麦克尼尔著，施诚、赵婧译：《世界史：从史前到21世纪全球全文明的互动》，第881页。

的动向。可以说，明清易代不仅改变了东亚的政治面貌，甚至改变了东亚区域的发展轨迹。强调互动互联的全球史书写，本应从这个角度来阐述这场发生于17世纪东亚的重大政治变动，但从上述五部著作中，我们看不到这样的阐述。可能这些内容对美国读者而言没有兴趣，但历史著作不能按照读者兴趣来书写，特别是有着构建人类认同这样宏大目标的全球通史书写，更需要这些内容来触动读者心灵。

　　由上述分析可见，美国全球通史著作对明清时期中国历史的呈现并不能令我们满意。无论是中国学者还是其他国家的学者，要想全面深入地了解明清史，读此类全球通史显然不会是明智的选择。同样，此类全球通史著作对其他国家和区域历史的呈现，是否会令其他国家和区域的人满意呢？答案恐怕也是否定的。例如，仅就篇幅而言，越南和韩国的读者读此类全球通史著作或许会感到失望，因为很难读到与他们有关的内容。这起码可以说明两个问题：首先，无论如何全球史无法取代国别史，因为我们无法通过阅读全球通史类著作来获得对某个国家的历史的较为全面和深入的认知。以国别史的书写标准来要求全球通史当然也有失公允，毕竟这是两种不同的历史书写范式。但也正因为如此，这两者不存在谁取代谁的问题，而是并行不悖乃至相互影响的关系。其次，如果全球通史的书写中在处理与国别史关系的方面存在着如此多的问题，进而导致大量各国学者无法满意，那么构建人类认同的目标也就成了空中楼阁。怎样的全球通史书写能够让更多的人满意，以及如何更好地达成人类认同的目标，是全球通史学界亟须探讨的理论问题。

三　中国学者书写全球通史的意义

　　本文所讨论的五部美国全球通史著作，之所以对明清时期中国历史的呈现存在比较大的问题，除了源于全球史与国别史书写范式不同之外，也与这些作者自身所处的欧美学术背景和对中国历史的了解程度有关。完全摆脱欧洲中心主义恐怕还有很长的路要走。而这些作者都不懂中文，均没有阅读和使用中国历史文献的经验，对中国历史内容的叙述只能依赖西方学者研究中国的二手资料，因此在对中国历史的叙述中，无法突破西方史学脉络也就不足为怪了。不仅如此，从这五部全球通史著作来看，西方汉学界的研究成果也并未得到充分利用，或许这些著作中涉及中国的内容，也难以让西方汉学家满意。

但要求全球通史的作者通晓各国语言，能够利用各国的文献资料，并且能够深入了解各国的史学脉络，这显然也不现实，任何人穷尽一生的努力也无法达到这样的条件。一个可能的途径或许是这样的，即各个国家和地区都有一些学者，如西方学者一样从各自的角度和立场出发，进行全球通史的书写；经过相当一段时期，各国、各地区都出现了各具特色的全球通史著作后，再由学者在这些全球通史著作的基础上，从整个人类历史发展的高度加以综合，庶几可产生较为令人满意的、真正能够发挥构建人类认同作用的全球通史著作。如前文所述，全球史书写应该是动态的，也需要是多元的。

从这个角度而言，中国学界应该从中国的立场和角度出发，积极开展全球通史的书写工作。中国学者书写的全球通史，也必然会带有偏见和不足。但起码中国历史的内容会受到充分的重视和较好的呈现，而且也将为国际学界更为出色的全球通史著作的书写贡献中国的视角。

其实在翻译引进西方全球史著作的过程中，很多中国学者已经提出了这样的看法。张广勇《从文明中心的到全球文明的世界史——〈全球通史〉中译本导言》梳理西方悠久的世界通史编纂和传统，介绍了斯塔夫里阿诺斯《全球通史》的理论和方法，并希望"为我国的世界史理论建设和编纂具有中国特色的《世界通史》尽一份绵薄之力"[①]。于沛认为，要"在全球化背景下，自觉地构建有中国风格和特点的新的世界史研究理论体系和话语体系"[②]。刘新成先生也认为，作为一种构建世界历史的新方法和新理论，全球史观目前还不能说完全成熟，还存在明显的理论缺陷，"我们也不能全盘照搬全球史观，中国学者对于人类历史进

---

① 张广勇：《从文明中心的到全球文明的世界史——〈全球通史〉中译本导言》，斯塔夫里阿诺斯著，吴象婴、梁赤民译：《全球通史：1500 年以前的世界》，第 2 页。
② 于沛：《全球史观和中国史学断想》，收入于沛主编：《全球化和全球史》，北京：社会科学文献出版社，2007 年，第 5 页。

程应该有自己独特的理解和表达"①。

　　有一个现象值得注意,这些欧美全球通史著作的中译本在中国卖得都很好。例如本特利、齐格勒的《新全球史》自 2007 年中文版出版后,至 2015 年已经第六次印刷,而斯塔夫里阿诺斯的《全球通史》中译本更是一版再版,成为学术畅销书。这表明中国读者和知识界对此类全球通史著作的强烈兴趣和认可。但这并不等于说我们就应该忽视这些全球通史著作中存在的诸如欧洲中心论之类的问题,相反我们更有必要通过批评这些问题来提醒读者,至少这些全球通史所叙述的中国历史的部分,仍有很大的改进空间。另一方面,这一全球通史著作广受欢迎的现象,是不是在一定程度上也反映了中国读者和知识界对中国传统的世界史书写不够满意呢? 中国世界史学界应该反思一下这个问题,并不断思考在大量翻译和引进西方全球史著作和理论的同时,如何写出我们自己的更受欢迎的全球通史,不仅赢得中国读者,也能被翻译成其他文字并受到包括欧美国家在内的其他国家和地区的读者的欢迎。

　　美国全球通史均侧重于跨区域、跨国界的互联与互动,这当然是对传统的国别史的一种超越,但我想,全球通史的书写范式一定存在更多的可能。例如近年来广受欢迎的以色列学者尤瓦尔·赫拉利(Yuval Noah Harari)《人类简史》②,便是一部真正以人类为主语的全球通史作品。该书不仅完全突破国家、区域等空间、文明和政治框架,梳理作为一个整体的人类社会发展的大脉络,而且尤其关注人类目前所面临的科技发展带来的巨大挑战,从而表现出对人类未来命运的深切关怀。全球通史应该以全人类的发展和命运为核心,除了以往全球史所讨论的环境、气候、帝国、战争、疾病、贸易网络、文化交流等方面之外,还有很多问题需要在全球史框架下进一步讨论,例如如何处理全球化与民族文化、地方文化特色的保留的问题? 国家、民族主义、种族主义会彻底消

---

① 刘新成先生便对全球史书写中忽视社会内部发展的现象提出了批评。参见刘新成:《中文版序言》,杰里·本特利、赫伯特·齐格勒著,魏凤莲、张颖、白玉广译:《新全球史:文明的传承与交流》,第 10—11 页。
② [以色列]尤瓦尔·赫拉利著,林俊宏译:《人类简史》,北京:中信出版社,2014 年。

失吗？世界会大同吗？地球共和国会出现吗？起码，联合国的权力需要强化吗？如何在全球史的书写中更多地关注人性？人类的未来有哪些可能性？全球史理论需要更多的哲学式的探讨，中国学界应该更多地参与其中。而且，全球史原本就是由全球化的现实引发出来的学科，因此其书写也需要更加贴近人类现实，这样才更有助于人类认同的构建，有助于人类协同解决共同面临的问题。

原刊《首都师范大学学报（社会科学版）》2020年第3期，第52—61页。